FLUSSKREUZFAHRTEN
FRANKREICH

Unterwegs auf den großen Flüssen des Landes

Joost Ouendag

D1726372

Trescher Verlag

2., aktualisierte und erweiterte Auflage 2014

Trescher Verlag Berlin
Reinhardtstr. 9
10117 Berlin
www.trescher-verlag.de

ISBN 978-3-89794-266-0

Herausgegeben von Detlev von Oppeln und
Bernd Schwenkros

Reihenentwurf und Gesamtgestaltung:
Bernd Chill
Gestaltung, Satz und Bildbearbeitung:
Ulla Nickl
Lektorat: Corinna Grulich
Stadtpläne und Karten: Johann Maria Just,
Martin Kapp, Ulla Nickl
Druck: Druckhaus Köthen

Gedruckt auf chlorfrei gebleichtem Papier

Printed in Germany

Alle Angaben in diesem Reiseführer wurden sorgfältig recherchiert und überprüft. Dennoch können aktuelle Entwicklungen vor Ort dazu führen,
dass einzelne Informationen unvollständig oder
nicht mehr korrekt sind. Gerne nehmen wir dazu
Ihre Hinweise und Anregungen entgegen. Bitte
schreiben Sie an: **post@trescher-verlag.de**

Aquitanien 384

Essays

Vorwort

Wo Wasser fließt, entfalten sich Kulturen. Den Parisii, die auf einigen Inseln in der Seine ihre Palisaden errichteten, und den Römern, die in Arles eine Brücke bauten, war das fließende Wasser lebenswichtig. Auf die Rhône blickte Papst Clemens IV. vom Zinnenkranz seiner Festung in Avignon hinab, und auf der Garonne begann der Bordeauxwein bereits vor Jahrhunderten seine Eroberung der ganzen Welt. Und heute machen sich die Teile der Ariane-Raketen über die Seine auf den Weg nach Französisch-Guayana, um dort in das Weltall geschossen zu werden. In den Kraftwerken bei Bollène, Cruas und St-Alban an den Ufern der Rhône wird Atomkraft erzeugt wie sonst nirgends in der Welt, und der Gastronom Paul Bocuse führt an der Saône eines der besten Restaurants der Welt.

Franzosen sind stolz auf ihr Land und die Kultur, die es hervorgebracht hat – und halten mit diesem Stolz nicht hinter den Berg. Dabei ist dieser zumeist von regionaler Prägung. Wer, auf der Durchreise, einem Franzosen die Richtung in eine bestimmte Region abverlangt, muss damit rechnen, dass er aufgefordert wird, Fragen zu beantworten: Warum nicht hier geblieben? Ist nicht diese meine Region die schönste Frankreichs? Haben wir nicht hier die meisten Kulturdenkmäler? Den besten Wein, den besten Käse?

Solchen Fragen muss man die Antwort schuldig bleiben. Im französischen Kaleidoskop ist eine Stadt charmanter als die nächste, eine Landschaft reizvoller als die andere. Gerade deswegen ist es sinnvoll, sich vom Lauf der grossen Flüsse leiten zu lassen. Von Paris zum Ärmelkanal, Chalon-sur-Saône zum Mittelmeer und von den Hügeln Sauternes zur Zitadelle von Blaye: Es gibt kaum einen besseren Querschnitt dessen, was Frankreich zu bieten hat. Vom üppigen Grün der normannischen Wiesen mit ihren schwarz-weissen Kühen zu den rapsgelben Hügeln bei Les Andelys und von den steilen Weinlagen des Hermitage zu den goldenen Reisfeldern der Camargue durchmessen diese Flüsse ein unvergleichbare Vielfalt an landschaftlicher Schönheit. Auch die großen Städten der Republik liegen an den Flüssen – allen voran natürlich Paris. Aber auch Bordeaux, Rouen, Lyon, Avignon und Arles bieten dem Besucher mit ihren Museen, ihrer Architektur, ihren Straßenlandschaften und Parkanlagen tausend Gründe, etwas länger verweilen zu wollen, bevor es wieder weiter geht. Und schließlich stellt man fest: Ja, es stimmt! Tatsächlich ist der Époisse-Käse der beste, den man je gegessen hat. Sicher ist das filigrane Kirchenportal des St-Maclou in Rouen das schönste, was die Flamboyant-Gotik zu bieten hat. Und unumstritten ist, dass keine Kleinstadt einen schöneren Hafen hat als Honfleur.

Eine Flusskreuzfahrt in Frankreich bietet Besuchern dieses großartigen Landes Jahrtausende von Geschichte und Geschichten, einen breiten Fächer von Hochkultur und Volksbrauchtum, von Altem und Modernem. Vor allem aber bietet es die Möglichkeit, diese stolzen Menschen entlang der Flüsse kennenzulernen. Sollte der vorliegende Band dabei etwas behilflich sein, so hat er seine Aufgabe erfüllt.

Wassertanz im Stravinski-Brunnen in Paris

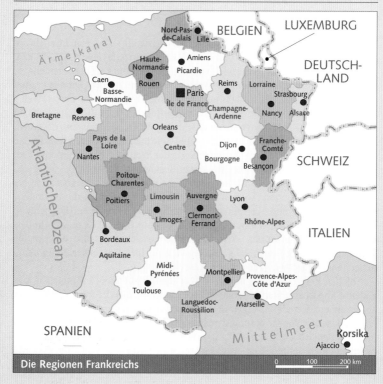

Die Regionen Frankreichs

0   100   200 km

Hinweise zur Benutzung

Dieser Reiseführer richtet sich vornehmlich an Kreuzfahrtreisende und beschreibt die Flüsse Seine, Saône und Rhône sowie die Flüsse der Bordeaux-Region; die Sehenswürdigkeiten zwischen Paris und Honfleur (Seine) und Chalon-sur-Saône und dem Mittelmeer (Saône und Rhône), um Bordeaux herum (Dordogne, Garonne und Gironde) sowie die Orte, die während der Landausflüge besucht werden. Er ist in fünf Abschnitte gegliedert: Zunächst wird auf Land und Leute eingegangen. Anschließend wird **Paris** vorgestellt, danach die **Seine**, dann der **Saône-Rhône-Lauf** und schließlich **Bordeaux** und seine Umgebung.

Zur Seine und zur Rhône/Saône findet man **Streckenverlauftabellen**. Während auf Saône und Rhône die Flusskilometer deutlich angegeben werden, fehlen Angaben entlang der anderen Flüsse fast ganz. Oft ist vom **rechten** oder **linken Ufer** die Rede. Diese Angaben verstehen sich als ›in Fließrichtung rechts‹ oder ›in Fließrichtung links‹.

Einige der vorgestellten Orte werden im Rahmen einer Kreuzfahrt nie besucht, andere ab und an, manche immer. Beliebten Anlaufpunkten wurde etwas mehr Raum gewidmet. Die Beschreibungen gehen in der Regel von den **Liegeplätzen der Schiffe** aus; die Stadtplanausschnitte sind so gewählt, dass man eine Entdeckungstour ohne zusätzliches Material beginnen kann. Viele der Orte bieten so viele Sehenswürdigkeiten, dass sie im Rahmen eines Tagesbesuchs auch nicht annähernd besichtigt werden können. Daher werden diejenigen präsentiert, die als besonders erwähnenswert gelten. Den Orten, die nur im Rahmen von Ausflügen besichtigt werden, wurde weniger Platz eingeräumt worden als denen, in denen das Kreuzfahrtschiff sozusagen vor der Tür liegt.

Da Kreuzfahrtreisende mit dem Schiff zugleich Hotel, Restaurant und Verkehrsmittel nutzen, beschränken sich die **reisepraktischen Hinweise** (Tourismusbüros, Verkehrsmittel, Einkehrmöglichkeiten, Museen und Einkaufsadressen)

auf die Städte, in denen die Passagiere diese Angebote auch nutzen können. Frankreich ist ein **Land der Regionen**. Geschichtliche Verhältnisse, aber auch Brauchtum und Lebensart sind in hohem Maße mit der Geografie verzahnt. Frankreich zählt (abgesehen von Korsika und den Landesteilen über See) 22 Regionen, die zwar hier und dort umstritten sind, aber dennoch helfen, sich im Hexagon, wie die Franzosen ihr Land nennen, zurechtzufinden. In den historischen Ausführungen wird generell nur dann von der französischen Namensgebung abgewichen, wenn Namen im deutschen Sprachraum verwendet werden wie zum Beispiel bei Karl dem Großen. Dort, wo dies nicht der Fall ist, wird von einer ›Eindeutschung‹ abgesehen.

Zeichenlegende

🛈 Tourismusbüros, allgemeine Informationen

🚢 Schiffsanleger, Dampfer- und Ausflugsfahrten

Ⓜ Métro

🛏 Übernachtungsmöglichkeiten

🍴 Cafés und Restaurants

🍷 Weinkeller, Weinverkostungen

🛍 Einkaufsmöglichkeiten

🏛 Museen und Ausstellungen

🎵 Veranstaltungen

🚲 Fahrradverleih

Schiffsanleger in Tain l'Hermitage

Früher, gestern und heute – stets gab und gibt es viele hundert, ja tausend verschiedene Frankreichs. Diese Wahrheit, diese Vielfalt, diese Hartnäckigkeit müssen wir akzeptieren. Außerdem ist es weder unangenehm noch gefährlich, ihr nachzugeben.

Fernand Braudel, französischer Historiker

Ente auf dem Place de la Concorde in Paris

LAND UND LEUTE

Frankreich im Überblick

Ländername: Frankreich (République Française).

Fläche: 543 965 km² (anderthalb mal so groß wie Deutschland, drittgrößtes Land Europas nach Russland und der Ukraine).

Die französische Flagge

Bevölkerung: 65,2 Millionen Einwohner (91,2 % Franzosen, 1,2 % Algerier, 1 % Marokkaner, 0,9 % Portugiesen, 0,5 % Italiener, 0,2 % Belgier, 0,2 % Deutsche).

Bevölkerungsdichte: 116 Menschen/km².

Sprachen: Amtssprache Französisch. Andere Sprachen: Arabisch, Berbersprachen, Baskisch, Katalonisch, Provençal sowie viele regionale Dialekte.

Staatsgrenzen: Belgien, Luxemburg, Deutschland, Schweiz, Italien, Spanien, Andorra.

Hauptstadt: Paris, ca. 2 Millionen Einwohner, mit Vororten mehr als 12 Millionen.

Weitere größere Städte: Lyon (1,4 Millionen), Marseille (1,4 Millionen), Lille (1 Million), Nizza (970 000).

Staatsform: Republik. Zwei Kammern: Senat mit 331 Mitgliedern, nationale Volksversammlung (Assemblée Nationale) mit 557 Mitgliedern. Der Staatspräsident wird alle 5 Jahre direkt gewählt. 2012 gewann François Hollande, der Kandidat der Parti Socialiste, die Wahl über den amtierenden Präsidenten, den zentrumsrechten Nicolas Sarkozy. Der Präsident ernennt den Premierminister, der sein Kabinett zusammenstellt. Da der Premierminister die Unterstützung der Assemblée Nationale braucht, wird dieser normalerweise von der größten Partei gestellt.

Gliederung: 96 Départements, die in 22 Regionen gegliedert sind.

Religionen: 85 % der Bevölkerung sind katholisch; 8 % Muslime, und damit ist Frankreich das Land mit der größten muslimischen Minderheit in Westeuropa. Nur etwa 2 % sind protestantisch, und 1 % ist jüdisch.

Lebenserwartung: Männer 78 Jahre, Frauen 85 Jahre. Durchschnittsalter: 39,9 Jahre.

Bevölkerungsentwicklung: 0,5 % Zuwachs pro Jahr.

Bruttoinlandsprodukt: Ca. 40 242 US-Dollar je Einwohner.

Erwerbstätigkeit: Dienstleistungen 46 %, Industrie, Bergbau 17 %, Handel und Gastwirtschaft 17 %, Verwaltung 9 %, Baugewerbe 6 %, Landwirtschaft 5 %.

Arbeitslosenrate: 10,2 % (2009).

Wichtigste Handelspartner: Import: Deutschland 19,1 %, Belgien 11,3 %, Italien 7,7 %, Niederlande 7,5 %, Spanien 6,6 %, , Großbritannien 5,1 %, Vereinigte Staaten 6,4 %.

Export: Deutschland 16,7 %, Italien 8,3 %, Belgien 11,3 % Spanien 7,4 %, Großbritannien 6,7 %. Frankreich ist größter Handelspartner Deutschlands.

Währung: seit 2002 der Euro.

Nationalfeiertag: 14. Juli, im Volksmund Quatorze Juillet genannt. An diesem Tag 1789 wurde die Bastille in Paris gestürmt.

Telefonvorwahl: +33.

Internetkennung: fr.

Geschichte Frankreichs

Aus der heutigen Perspektive mag es erscheinen, als ob es Frankreich schon seit Jahrhunderten gibt, und doch ist die Nation von heute ein Gebilde, dessen Einzelteile noch vor einigen Generationen deutlich auszumachen waren. Frankreich ist ein Land der Vielfalt und der Unterschiede, manche sind nur für die hier Geborenen offenbar, viele aber auch für den Besucher leicht erkennbar. Das Burgund hat eine andere Architektur, andere historische Wurzeln, eine andere Landwirtschaft als die Provence oder die Normandie. Vor diesem Hintergrund ist der folgende historische Überblick nur als Rahmen zu verstehen – auf regionale Geschichte wird in diesem Band an den entsprechenden Stellen eingegangen.

Kelten, Griechen und Römer

Wo beginnt Frankreich? Etwa in den Höhlen von Lascaux, wo Großwildjäger vor 18 000 Jahren die Decken ihres Unterschlupfs mit Tiermotiven bemalten? Oder mit den Kelten des Parisii-Stammes, die vom Tal der Seine aus bereits im 3. Jahrhundert vor Christi eine Kolonie in Yorkshire gründeten?

Zur Zeiten Cäsars gab es jedenfalls, so wissen wir nicht nur aus den Geschichtsbüchern, sondern auch aus den Astérix-Comics, eine verbreitete und vernetzte Kultur, die den römischen Herrschern ordentlich Schwierigkeiten bereitete. So könnte sich mit einigem Recht der Gallier-Anführer Vercingetorix der erste Herrscher Frankreichs nennen, bevor er schließlich von Julius Cäsar bei Alésia nach sieben Jahren Krieg geschlagen wurde. Dennoch wissen wir von den Römern, dass es sich bei den Galliern eher um ein loses Bündnis von mehr als fünf Dutzend Stämmen handelte, deren Widerstand gegen die römische Gewalt schließlich vor allem an internen Streitereien scheiterte.

Gallo-römisches Mosaik

Die Kelten hatten ab dem 8. Jahrhundert vor Christus etwa 400 Jahre gebraucht, um sich auf dem ganzen Gebiet des heutigen Frankreich und auf der Iberischen Halbinsel anzusiedeln. Die Völker, die bereits in dem Gebiet lebten, wurden unterworfen oder vermischten sich mit den neu angekommenen, und ihre Kultur ging in der keltischen auf.

Im 6. Jahrhundert vor Christus gründeten griechische Handelsleute die Kolonie Massalia, das heutige Marseille. Von hier verzweigte sich schnell ein weites Netz von Handelswegen. Zinn kam vom Süden Englands und aus der Bretagne. Leder, Eisen, Getreide und Sklaven kamen vom Norden. Bernstein von der Ostsee fand den Weg in den Burgund. Hier, wo die Seine nicht länger befahrbar war, entstand Vix, ein Umschlagplatz, dessen Reichtum durch Ausgrabungen belegt werden konnte. Unweit von Vix waren Portagen zur Saône und Rhône und damit nach Marseille. Aus dem Süden kamen Wein, Edelsteine, Juwelen und dekorierte Töpfe und Teller. Um Massalia herum verbreitete sich der Oliven- und Weinbau.

Massalia ergriff in den Kriegen gegen die Karthager Partei für Rom, und auf Dauer entwickelte sich aus der engen Beziehung ein Anspruch Roms auf die Kolonie, die von römischen Soldaten vor ihren Nachbarn beschützt wurde. Die Niederlassung wurde schließlich der Ort, von dem aus römische Truppen ganz Gallien unterwarfen.

Das römische Gallien

Der erste Schritt zur Eroberung Galliens durch die Römer war die Unterstützung gegen Angriffe der germanischen und helvetischen Stämme im 1. Jahrhundert vor Christus. Julius Cäsar, ein junger, ambitionierter militärischer Anführer, wurde mit der Befriedung Galliens beauftragt. Die in aller Eile geformte Koalition gallischer Stämme unter Vercingetorix harrte bis 52 vor Christus aus, doch dann musste sie sich geschlagen geben. Das Gebiet wurde in vier Provinzen eingeteilt: Aquitania, Lugdunensis, Narbonensis und Belgica. Teile des heutigen Belgien, der Niederlande, Spaniens und Deutschlands gehörten zu Gallien. Der Provinz Narbonensis, die sich von den Pyrenäen entlang der Mittelmeerküste bis fast nach Italien erstreckte und die Städte Tolosa (Toulouse), Nemausus (Nîmes), Avennio (Avignon) Arelate (Arles) und Vienna (Vienne) umfasste, kam eine Sonderstellung zu: Das Gebiet, zu dem auch Massalia gehörte, war schon länger in das Römische Reich eingegliedert, und im römischen Weltbild gehörte es nicht zu Gallien, obwohl die Einwohner Kelten waren. Als Lugdunum (Lyon) 43 vor Christus zur Hauptstadt Galliens erhoben wurde, ging es um die nördlichen drei der vier Provinzen. 12 vor Christus wurde am Zusammenfluss von Rhône und Saône ein der Göttin Roma und dem Kaiser Augustus gewidmeter Altar aufgestellt, um die Einverleibung Galliens zu bekräftigen.

Der römischen Eroberung folgte eine lange Entwicklung zu einer gallo-römischen Kultur, in der Elemente beider Kulturen zusammenschmolzen. So lag der Organisation der Provinzen in Gemeinden (Civitas) die Stammesgeographie zugrunde, nur in wenigen Fällen wurden Stammesverbände durch die neue Verwaltung zerschlagen. Und die von Rom angeordnete religiöse Feier am Altar von Roma und Augustus fiel nicht von ungefähr mit der Feier für den keltischen Gott Lug zusammen, der übrigens Lugdunum (Lyon) seinen Namen gab. Die Intoleranz des Christentums gegenüber der polytheistischen Religion der Kelten hingegen ist wohl die Erklärung dafür, dass dessen Verbreitung in Gallien nur langsam Fortschritte machte. Doch entlang der Rhône drang die neue Religion immer weiter vor, bis sie sich schließlich nach der Bekehrung Konstantins im ganzen Römischen Reich festigen konnte.

Unter der Pax Romana, dem Römischen Frieden, blühten vor allem im Süden die größeren Niederlassungen auf: Foren und Kurien, römische Gerichtshöfe und die sogenannten Basilicae sowie mehrere Tempel wurden in den Städten gebaut, aber auch Bäder,

Vercingetorix-Statue in St-Germain-en-Laye

Theater und Amphitheater sowie andere Unterhaltungsstätten. In einer Stadt wie Lyon kannte man Zünfte für Schiffer, Floßfahrer, Weinhändler, Getreide- und Ölhändler, Silberschmiede, Glasmacher, Töpfer, Weber und Seifenmacher. Die Infrastruktur, die zu diesem Wachstum beitrug, war erstaunlich umfangreich: Steine für die großen Gebäude Lyons mussten über 200 Kilometer transportiert werden, und das Trinkwasser erreichte die Stadt mittels Kanälen und Aquädukten mit einer Gesamtlänge von 75 Kilometern.

Viele öffentliche Bauten spiegelten kaum die Größe der damaligen Niederlassungen wieder. Es ging mehr darum, zu imponieren. In Lutetia (Paris) zum Beispiel gab es eine Arena, die 15 000 Zuschauern Platz bot – dabei hatte die Stadt nur 8000 Einwohner. Militärische Überlegungen bestimmten andere Entwicklungen: Zur Vorbereitung der Invasion in Britannien im Jahr 43 wurde das Straßennetz im Norden weiter ausgebaut, und Trier verdankte seine Größe vor allem seiner Nähe zur Grenze mit den germanischen Stämmen.

258 wurde Lutetia von einer Gruppe germanischer ›Barbaren‹ angegriffen, und nachdem man sich erfolgreich, aber nicht ohne Verluste verteidigt hatte, wurden die Stadtmauern ausgebaut. Es sollte ein Vorzeichen des mehr als 200 Jahre dauernden Zerfalls sein, in dem das Römische Reich nach und nach den Angriffen aus dem Osten erlag. Wirtschaftliche Probleme beschleunigten den Zerfall: In der Zeit der Expansion hatte man die großen öffentlichen Werke aus Plünderungen finanziert, doch als das Reich seinen größten Umfang erreicht hatte, musste man die Bevölkerung besteuern. Das regressive Steuersystem er-

›Die Unterwerfung des Vercingetorix‹, Gemälde von 1899

zeugte Unruhen unter den kleinen Bauern, die als Ärmste die höchsten Beiträge leisten mussten. In vielen Bereichen brach die Wirtschaft unter der Steuerlast zusammen. Franken und Alemannen wurden in ihren Angriffen immer dreister, und schließlich ließen sie sich, lange vor dem Fall des Römischen Reiches, in Gallien nieder. Burgunder nahmen das Land nördlich von Lyon ein, und Westgoten bauten im Südwesten einen Staat auf.

Merowinger und Karolinger

Weniger als 100 Jahre nach dem Zerfall von Römisch-Gallien entstand ein neues Reich, dessen Hauptstadt Paris wurde. Der Merowinger Clovis (Chlodwig, 466–511), der noch im Rheinland viele seiner Rivalen geschlagen hatte, bekannte sich zum Christentum, führte das Salische Gesetz ein und wurde zum Gründervater des Frankenreichs. Mit brutaler Gewalt wurden Burgunder (536) und Ostgoten (537) von Clovis' Söhnen unterworfen, bis schließlich ganz Gallien – tatsächlich, wie zu römischen Zeiten, bis auf einen kleinen Streifen Land im äußersten Westen der Bretagne – sowie größere Teile Mitteleuropas zum Frankenreich gehörten. Von einer starken Zentralmacht konnte aber zu dieser Zeit nie die Rede sein, und das Brauchtum, das Gebiet nach dem Tod des Königs unter dessen Söhnen zu verteilen, sorgte dafür, dass das Reich nur selten in einer Hand war. Die Herrschaft Dagoberts I. (608/610–639) von 632 bis 638 über das ganze Frankenreich war eher eine Ausnahme. Darüber hinaus waren die Franken schlicht und ergreifend eine Minderheit (sie stellten meist nur zwei bis drei Prozent der Bevölkerung des Reichs), so dass die Regierungsgewalt relativ schwach war. Die Frankenkönige konnten dennoch mit der Unterstützung größerer Bevölkerungsgruppen rechnen: Durch seine Bekehrung zum orthodoxen Christentum stellte Clovis eine Beziehung zum Ost-römischen Reich her und gewährleistete so in den Augen vieler eine Kontinuität, die besonders angesichts der Angriffe anderer barbarischer Stämme sowie der islamischen Eroberer aus dem östlichen Mittelmeerraum eine gewisse Sicherheit zu bieten schien. Dieser politische Schachzug bewirkte zudem, dass nicht der germanische Dialekt der Franken, sondern Latein zur Landessprache wurde.

751 ging die Frankenkrone auf die Dynastie der Karolinger über. Als Berater des Königs hatte die Familie bereits seit der Regierungsperiode Dagoberts große Macht innegehabt. Pepin III. (Pippin, 714–768), genannt der Kurze, der zunächst noch einen Mero-

Denkmal Karl des Großen

winger, Childeric III., als Herrscher zu akzeptieren schien, ließ sich von einer Gruppe fränkischer Adliger zunächst zum König wählen und erhielt schließlich vom heiligen Bonifatius den Segen der Kirche.

Pepins Sohn, Karl der Große (747/748–814), führte die expansionistische Politik der Dynastie weiter, und das Frankenreich erreichte seine größte Ausdehnung. 774 wurde Karl König der Lombarden und konnte den Norden Italiens zu seinem Reich hinzufügen. Bis zur Elbe und zur Ostsee wurden die Sachsen geschlagen. Die heidnischen Völker wurden vor die Wahl gestellt: Bekehrung zum Christentum oder Tod. Am Weihnachtstag im Jahr 800 wurde Karl von Papst Leo III. zum Kaiser gekrönt.

Das Reich Karl des Großen zerfiel unter seinem Nachfolger, Louis dem Frommen (778–840). Er hatte bereits zeitlebens beschlossen, es nach seinem Tod unter seinen drei Söhnen zu verteilen. Diese fingen an, zunächst den eigenen Vater und dann einander zu bekämpfen. Im Vertrag von Verdun wurde das Reich dreigeteilt: Das Westfränkische Reich wurde von Karl dem Kahlen (823–877) regiert, das Ostfränkische Reich von Louis dem Deutschen (806–876), und dazwischen lag Lothringen, das Erbteil Lothars I. (795–855). Langsam wurden hier die Konturen des modernen Frankreichs

Die Taufe Clovis auf einer Darstellung des 15. Jahrhunderts

sichtbar, obwohl ein Viertel des heutigen Staatsgebiets in Lothringen oder im Deutschen Reich lag. Wichtiger war, dass sich ab jetzt linguistische und kulturelle Unterschiede immer klarer abzeichneten: Bei den Verhandlungen, die dem Vertrag von Verdun vorangingen, brauchte man bereits Übersetzer.

Bereits als Karl der Große noch die Macht hatte, gab es im Süden seines Reiches, im Languedoc, immer wieder Einfälle der sarazenischen Piraten aus Nordafrika. 842 kamen diese bis Arles, und erst 973 war man imstande, sich von dieser Gefahr zu befreien. In der ersten Hälfte des 10. Jahrhunderts fielen auch die Magyaren ein. Doch verblassten diese Gefahren im Vergleich zu der, die von den Wikingern ausging. 844 griffen sie Toulouse, Tours und Paris an, und spätestens dann war klar, dass man in ganz Frankreich nicht vor den Normannen sicher sein konnte. Bereits ab 851 überwinterten die Wikinger in Frankreich.

Die Normannen

Zu Beginn des 9. Jahrhunderts wurden die ersten Schiffe mit dem Drachenkopf, die Dreki, an der Küste der Normandie gesichtet. 842 wurde es ernst: Die Wikinger segelten die Seine hinauf, plünderte die Abtei von Jumièges und fuhren weiter, um Rouen in Schutt und Asche zu legen. Dabei wurde auch die erste Kathedrale aus dem 4. Jahrhundert zerstört.

885 fuhr eine Flotte von 700 Drachenschiffen die Seine hinauf, zusammen mit kleineren Schiffen und mit 30 000 bis 40 000 Fußsoldaten, die an den Ufern entlang marschierten. Das Ziel: Paris. Unter dem Anführer Odo verteidigte man sich auf der Île de la Cité. Charles III. le Gros (Karl der Dicke, 839–888) kam gerade rechtzeitig zu Hilfe, doch nicht seine Truppen siegten, sondern sein Lösegeld. Schließlich kam Charles le Simple (Karl der Einfältige, 879–929) mit dem Wikingerführer Rollo zu einem Vergleich. Alles Land an den Ufern

flussabwärts vom heutigen Vernon gehörte fortan den Eindringlingen, und die Normandie war geboren.

Die Normannen reisten mit ihren Schiffen um die Welt, gründeten das Königreich Sizilien und die Stadt Kiev. Wilhelm der Eroberer (1027/1028–1087) griff von der Normandie England an und wurde 1066 zum König gekrönt. Damit legte er die Fundamente der englischen Herrschaft in der Normandie bis ins frühe 13. Jahrhundert. Viele Hafenstädte entstanden in dieser Zeit: Trouville, Harfleur, Honfleur, Fécamp. Die Endung ›fleur‹ kommt wohl von ›flot‹, was ›See‹ bedeutet. Wegen des großen Tidenhubs im Ärmelkanal suchte man Buchten und auch Flusstäler.

Wikingerdenkmal an der Boeïldieu-Brücke in Rouen

Der Papstpalast in Avignon

Mit dem Zerfall der Einheit des karolingischen Reiches und der Angriffe der Magyaren, Sarazenen und Wikinger gewann der Adel in vielen Regionen immer mehr an Bedeutung. Als 877 die Grafen sich weigerten, ihre Bilanzen der Krone zu überreichen, vollzog sich die Verwandlung der Grafschaften von Lehngütern zu vererbbarem Besitz. In der Provence entstand 890 ein Königreich, in Arles 933. Um die Bretonen wenn schon nicht zu bezwingen, dann doch wenigstens im Griff zu halten, wurde eine Mark kreiert, die man dem Lothringer Robert dem Starken überließ. Dieser wurde Graf von Anjou, Touraine und Maine. Dessen Urenkel, Hugues Capet (Hugo Capet), wurde der Gründer der Dynastie der Kapetinger.

Das späte Mittelalter

Die Macht der Kapetinger war zunächst sehr bescheiden. Zwar hatten sie Anspruch auf das Westfränkische Reich, in Wirklichkeit aber war von diesem nur ein Bruchteil wirklich unter Kontrolle. Man könnte durchaus behaupten, dass die ersten Könige der Dynastie nur deswegen ihren Anspruch behalten konnten, weil von ihnen keine praktische Bedrohung für die lokalen Machthaber ausging. Diese hatten ihre Stellung nach und nach ausgebaut: In den Zeiten der Einfälle von Wikingern, Magyaren und Sarazenen waren es die von ihnen gebauten Burgen, die ein gewisses Maß an Schutz boten. In zunehmendem Maße waren die Bauern ihren Grafen, Herzögen und Rittern unterworfen und bezahlten für ihre Sicherheit meist einen hohen Preis. Die ständige Bedrohung kreierte eine Zweiklassen-Gesellschaft aus Adel und restlos ausgelieferten Bauern. Daneben baute die Kirche ihren Einfluss aus. Söhne der mächtigsten Familien übernahmen die wichtigsten Kirchenämter, und da die Kirche fast ein Drittel des verfügbaren Landes besaß, war sie zugleich auch der einflussreichste Großgrundbesitzer. Klosterorden entwickelten sich zu mächtigen Organisationen, allen voran die Benediktinermönche von Cluny.

Die ständigen Probleme mit dem deutschem Kaiser ließen den Papst die französische Krone in einem sehr günstigen Lichte zu sehen. Die Kapetinger

ihrerseits verstanden, dass man sich durch die Beziehung zur Kirche eine
Sonderstellung erkämpfen konnte. Zwar waren manche Herzöge und Grafen
mächtiger und reicher, aber nur der König wurde in seinem Machtanspruch
von einer höheren Gewalt sanktioniert. Zum Tragen kam die Beziehung zwischen einer immer einflussreicheren Kirche und dem Haus der Kapetinger vor
allem in den Kreuzzügen. 1095 zogen etwa 4500 Ritter nach Jerusalem, um
dort die heilige Stadt von den türkischen Seldschuken zu befreien. Untertanen
des französischen Königs waren in dieser Gruppe in der Mehrzahl, wie auch
in den nachfolgenden Kreuzzügen. Im Dritten Kreuzzug (1189–1192) führte
Philipp II. Augustus (1165–1233) seine Ritter selbst an. An dem Unternehmen
nahmen auch Friedrich II. Barbarossa und Richard I. Löwenherz teil. Obwohl
die Kreuzzüge nur sehr bedingt Erfolg hatten, brachten sie den französischen
Königen zum einen mehr Ansehen, und zweitens konnten sich die französischen
Ritter nun einem externen Feind widmen, wodurch die internen Machtkämpfe
erheblich abgeschwächt werden konnten. Die königliche Salbung und die mit
König Salomon assoziierte Fleur de Lis (Lilie) auf weißem Grund im königlichen Wappen waren darauf ausgerichtet, dem König eine quasi-göttliche Aura
zu verleihen.

Das Ansehen der Könige stieg somit im Laufe des 11. und 12. Jahrhunderts,
aber darüber hinaus bemühten sich die Kapetinger auch, durch strategische Ehen
ihre Macht auszubreiten. 1137 heiratete König Louis VII. (1120–1180) Eleonore
von Aquitanien, und 50 Jahre später nahm Philippe Auguste die Tochter des
Grafen von Flandern zur Frau. Paris, im Zentrum einer reichen Region mit guter
Infrastruktur, wurde zum permanentem Zentrum der Macht. Philippe Auguste
ließ die schnell wachsende Stadt ummauern. Zu dieser Zeit war ihre Fläche
bereits fünfundzwanzigmal so groß wie zur Zeit der Wikingerangriffe. Philippe
Auguste war auch hauptsächlich verantwortlich für die Eroberung größerer Teile
des damaligen Reichs der Angevinen. Diese englischen Könige herrschten Mitte
des 12. Jahrhunderts über die Grafschaft Anjou, die Normandie, die Bretagne
und, nachdem Eleonore von Aquitanien in Henry Plantagenet, dem späteren
König Henry II. (1133–1189), ihren zweiten Ehemann gefunden hatte, auch
über diese Region. Unter Louis IX. (1214–1270) wurde der Vertrag von Paris
unterschrieben, der, abgesehen von Guyenne, sämtliche ehemaligen englischen
Besitze der französischen Krone zusprach. Im Süden ging Louis VIII. mit
päpstlichem Segen brutal gegen die Katharen vor, eine dort weit verbreitete
ketzerische Gruppe, und nahm en passant das Land ein. Wie ein Ölfleck breitete
sich der Einfluss der Kapetinger von der Île-de-France-Region immer weiter
aus, und langsam nahm Frankreich eine Form und eine Identität an, die eine
spätere Vorherrschaft in Europa erahnen ließ. Gleichzeitig begann im Heiligen
Römischen Reich Deutscher Nation nach dem Tod Friedrich Barbarossas der
Zerfall der zentralen Gewalt.

In zunehmendem Maße gerieten die französischen Könige und der Papst
aneinander. Anfang des 14. Jahrhunderts spitzte sich die Situation zu, als Philipp der Schöne (1268–1314) den Papst verhaften ließ und dieser kurz darauf
starb. Französische Kardinäle wählten kurz darauf einen französischen Papst,

und dieser ließ sich in Avignon nieder, einer Stadt, die zwar damals amtlich noch zum Heiligen Römischen Reich gehörte, aber unter direktem Einfluss der französischen Krone stand. Mehr als 100 Jahre hatten die Päpste ihren Sitz in der Rhône-Stadt, teils ohne Opposition, und teils mit einem Gegenpapst in Rom.

Das späte Mittelalter war eine Periode wirtschaftlichen Wachstums in Frankreich. Die Plünderungen der Normannen, Sarazenen und Magyaren hatten aufgehört. Eine lange Periode besonders guter Ernten, gekoppelt an technische Fortschritte wie etwa die Entwicklung der Windmühlen, führten zu einem raschen Bevölkerungszuwachs, der seinerseits zu einer Steigerung der Produktion in allen Bereichen der Wirtschaft führte. Der Landadel konnte sich immer mehr leisten, und in den Dörfern bildete sich im Schatten der Ritterburgen eine Bürgerschicht aus Handwerkern und Handelsleuten. 1268 gab es in Paris bereits an die 100 anerkannte Zünfte. Die Stadt verfestigte in dieser Zeit ihre Vorrangstellung. Der Pariser Dialekt wurde zur Sprache der französischen Elite und die Universität die wichtigste im Land. Um 1300 herum war Paris die größte Stadt des Abendlandes. Über Seine und Rhône breiteten sich Frankreichs kulturelle Einflüsse über Europa aus. Als Anfang des 14. Jahrhunderts der letzte Kapetinger ohne Nachfolger starb, hatte sich eine deutliche französische Identität ausgeprägt. In der Frage der Nachfolge entschied man sich folgerichtig für Philipp von Valois (1293–1350) und gegen den englischen Edward III., der einen genauso starken Thronanspruch hatte. Diese Entscheidung war der Auslöser für den Hundertjährigen Krieg von 1337 bis 1453.

Der Hundertjährige Krieg

Anfang des 14. Jahrhunderts war die spätmittelalterliche Blüte in Frankreich vorbei. Der Wachstum im Bereich der landwirtschaftlichen Erträge konnte mit dem Bevölkerungszuwachs nicht länger Schritt halten, und das Volk, das bereits unter den Steuerforderungen des ewig mittellosen Monarchen litt, hungerte. Unruhen brachen aus, in Flandern und Nordfrankreich wurden Aufstände brutal niedergeschlagen, in Straßburg kamen bei einem Pogrom mehr als 2000 Juden ums Leben. Der Hundertjährige Krieg hätte kaum zu einer schlechteren Zeit kommen können. Zunächst ein Konflikt zwischen Frankreich und England, breiteten sich die Kämpfe immer weiter aus. Zwischen den Adelsfamilien von Burgund und Orléans und ihren jeweiligen Anhängern, den Bourguignons und den Armagnacs, kam es zu einem Bürgerkrieg, wobei sich die Burgunder zunächst mit England verbündeten.

Neben der Frage der Thronfolge war der Kampf um den Handel mit Flandern direkter Auslöser. Die Webereien der flämischen Städte produzierten Stoffe, die in ganz Europa gefragt waren. Da man die Nachfrage mit der eigenen Wolle-Produktion nicht bewältigen konnte, wurde aus England Wolle importiert, es entstand ein Dreieckshandel: Schiffe brachten Wolle von England nach Flandern, wo Stoffe geladen wurden. Diese wurden in Frankreich verkauft, und mit dem Geld kauften englische Händler Wein ein. In England hatte der Bierkonsum dem Wein Platz machen müssen, aber Weintrauben konnte man in England nicht anpflanzen. Als Frankreich versuchte, den Handel in Flandern unter seine Kontrolle zu bringen, brach dort ein Aufstand aus, der von den Engländern tatkräftig unterstützt wurde. In den Jahren des Krieges brach in Frankreich die Pest aus, und ganze Dörfer wurden entvölkert. Überall im Land zogen kleinere und größere Armeen herum, oftmals nicht viel mehr als Räuberbanden.

Der Krieg wirkte sich verheerend auf die Menschen aus. In mehr als 100 Jahren Krieg wurde die Bevölkerung von 20 Millionen auf weniger als 12 Millionen reduziert. Dennoch, im dunkelsten Abschnitt dieses grausamen Krieges entstand eine Legende, die noch heute für viele Franzosen von großer Bedeutung ist. Das Bauernmädchen Jeanne d'Arc befreite die Stadt Orléans von der englischen Belagerung und bahnte für den französischen Kronprinzen den Weg nach Reims, zur Krönung. Vom König verraten, von den Burgundern an die Engländer ausgeliefert, starb die Jungfrau von Orléans wenig später auf einem Scheiterhaufen in Rouen, doch Charles VII. setzte sich gegen England durch, obwohl es bis 1558 dauerte, bis die Engländer den Kontinent endgültig verließen.

Nach dem Ende des Hundertjährigen Krieges erlebte Frankreich ein Jahrhundert von Wachstum und Stabilität. Das Haus von Valois hatte viele seiner Feinde besiegt, und nicht nur Städte wie Paris und Lyon, sondern auch Häfen wie Marseille, Rouen, Bordeaux und Nantes blühten auf. Die französische Hauptstadt wurde ein Zentrum des Buchdrucks. Lyon, nahe der italienischen und der Schweizer Grenze und gerade südlich vom Herzogtum Burgund, wurde zu einer wahrlich kosmopolitischen Stadt, in der Menschen aus ganz Europa zusammenkamen. In einem weiteren Schritt zur nationalen Einswerdung löste Französisch als Schriftsprache nach und nach Latein ab, obwohl in den Provinzen nach wie vor viele der Sprache der Île de France nicht mächtig waren. Die Religionskriege (1561–1598) bereiteten dieser Ära ein jähes Ende.

Jeanne d'Arc, Märtyrerin des Hundertjährigen Krieges

Die Religionskriege

Wie zu Anfang des Hundertjährigen Krieges verursachten Unklarheiten in der Thronfolge die Verschärfung einer Krisensituation. Die Reformation hatte in Frankreich zu einer äußerst problematischen Lage geführt. Der nordeuropäische Weg hin zum Protestantismus blieb Frankreich verschlossen: Dafür hatte die katholische Kirche einen zu großen Einfluss. Doch war eine einseitige Unterdrückung wie etwa in Spanien auch nicht möglich. Dafür gab es bereits sehr früh zu viele Protestanten, die sich in Frankreich Hugenotten nannten. Frankreich zerfiel in zwei Lager, die sich einen erbitterten Kampf leisteten. Dieser gipfelte in der Bartholomäusnacht von 1572, in der Regentin Caterina de' Medici, Witwe von König Henri II., 3000 Hugenotten umbringen ließ. Viele der späteren Opfer waren als königliche Hochzeitsgäste nach Paris eingeladen worden: Die Schwester des Königs, Marguerite, heiratete Henri von Navarra, einen Protestanten. Als König Henri IV. (1553–1610) ließ sich dieser katholisch taufen. Dieser Realpolitiker gewährte den Hugenotten im Edikt von Nantes weitgehende Freiheiten und konnte damit die Einheit seines Landes retten. 1610 musste er allerdings dafür bezahlen: Er wurde von einem katholischen Fanatiker in Paris erstochen.

Die Zeit des Absolutismus

Die Nachfolger Henris IV., Louis XIII. (1601–1643) und vor allem Louis XIV. (1638–1715), der Sonnenkönig, konnten die Früchte der Stabilisierung ernten. Unter den Bourbonen wuchs in Frankreich eine Weltmacht heran. Großen Einfluss auf diese Entwicklung übte unter Louis XIII. Kardinal Richelieu aus, der als wichtigster Minister und Berater des Königs sehr tatkräftig auftrat. Als Geistlicher half er, die religiöse Aura des Königs zu untermauern, und dies wiederum stärkte dem König in der Ausbreitung seiner Macht den Rücken. Die Religionskriege wurden von den Machthabern als Schreckensvision benutzt: Der heiligen Macht des Königs und der daraus hervorgehenden Ordnung stand die Anarchie des Volkes gegenüber, wenn man es dem eigenen Schicksal überließe. Das stehende Heer, seit Ende des Hundertjährigen Krieges ein wichtiges Instrument königlicher Macht, wurde verstärkt, bis es unter dem Sonnenkönig eine Stärke von einer Viertelmillion hatte. Die stark zentralisierte Staatsgewalt brauchte einen umfangreichen Apparat von Beamten, die sich mit dem Aufstellen von Regeln sowie mit dem Eintreiben von Steuergeldern beschäftigten. Die höchsten Ämter im Staat konnte man sich für sich selbst und seine Nachkommen sichern, indem man den König dafür bezahlte. Je mehr dieser sich verschuldete, desto mehr sah er sich gezwungen, durch den Verkauf von Ämtern Geld einzutreiben. Um 1650 gab es an die 50 000 Beamte.

Richelieu brachte Frankreich in den Dreißigjährigen Krieg. Dieser hatte zwar als Religionskrieg angefangen, aber war nach und nach längst zum Kampf der großen europäischen Mächte geworden. Als Frankreich die Waffen aufnahm, verbündete man sich mit den protestantischen Schweden und Niederländern gegen die katholischen Habsburger, die in den Niederlanden, im Burgund und

Schloss Versailles

in Spanien das Sagen hatten. Mit dem Westfälischen Frieden machte Frankreich im Kampf um die europäische Vorherrschaft wichtige Schritte. Die Habsburger verloren die Niederlande, mussten Katalonien und Roussillon preisgeben, und schließlich kamen die Bistümer Metz, Toul und Verdun zu Frankreich. Gegen Spanien wurde auch nach 1648 weitergekämpft, und obwohl Katalonien aufgegeben werden musste, gewann Frankreich insgesamt im Norden und Süden einiges dazu. Mittlerweile war Louis XIII. gestorben, und Richelieu war von seinem Nachfolger abgelöst worden, Kardinal Jules Mazarin, einem gebürtigen Italiener. Während der Regentschaft der Anna von Österreich lenkte dieser den Staat.

Nach dem Westfälischen Frieden entstanden bald Spannungen im eigenen Land: Der Adel sah mit dem Heranwachsen der Staatsbürokratie seine Macht immer kleiner werden. Zudem bäumte man sich wieder zunehmend gegen die erdrückenden Steuern. Vier Jahre lang herrschte im Land ein Zustand permanenter Rebellion, der junge König Louis XIV. wurde im Palast vom Louvre von Aufständischen mehr oder weniger gefangen gehalten.

1661 starb Kardinal Mazarin, und Louis XIV. entschloss sich, seinen Premier nicht zu ersetzen, sondern die Zügel selbst in die Hand zu nehmen. Der Absolutismus hatte hiermit seine Vollendung erreicht. Louis hatte zwar seine Minister, aber diese waren ganz deutlich der Gnade des Königs ausgeliefert, wie manche von ihnen, vor allem der Finanzminister Nicolas Fouquet, am eigenen Leibe erfahren mussten. Neben Innen- und Außenpolitik beschäftigte sich der Sonnenkönig vor allem mit den schönen Künsten. Als Auftraggeber ließ er die schönsten Paläste in Frankreich errichten, aber darüber hinaus ließ er ein Staatstheater gründen sowie eine Tanzakademie, eine Musikakademie und eine höhere Ausbildungsstätte für Architekten. Diese Ausbildungsinstitute bestimmten den Geschmack in ihren jeweiligen Bereichen. Der Palast von Versailles und die gegenüber seinen Toren entstehende Stadt waren der steingewordene Machtausdruck des Königs. Der Palast wurde in ganz Europa nachgeahmt, während in der Stadt jeder, der in Frankreich Einfluss haben wollte, sich eine feste Bleibe bauen ließ.

Louis XIV. breitete Frankreichs Grenzen weiter aus, doch dafür musste er immer mehr Geld zusammenbringen – schließlich schien es, als ob die Staatsmaschinerie nur noch dazu diente, den Bürgern das letzte Geld aus der Tasche zu holen. Sein Tod brachte denn auch eine gewisse Erleichterung bei vielen, und seine Nachfolger erwiesen sich tatsächlich als etwas redlicher, nicht zuletzt, weil der Adel zunächst an Macht wieder gewann. International verlor man unter Louis XV. und Louis XVI. viele der kolonialen Besitze. Der Siebenjährige Krieg gegen England (1756–1763) kostete Frankreich einen großen Teil seiner Kolonien: Kanada wurde an die Engländer abgetreten, Spanien nahm Louisiana ein, die karibischen Inseln und die Handelsniederlassungen in West-Afrika gingen verloren. In Europa dagegen gewann man – durch Diplomatie, nicht durch Krieg – Lothringen.

In der Kunst und Literatur blühte die Aufklärung. Denker wie Montesquieu, Voltaire und Denis Diderot, die sich selber ›Les Philosophes‹ nannten, stellten dem Absolutismus, der seit Louis XIV. mit der Abschaffung des Edikts von Nantes von religiöser Intoleranz gekennzeichnet war, ein aufgeklärtes Weltbild gegenüber. Die satirischen Kritiken der ersten beiden sowie die ›Encyclopédie‹ von Diderot waren Ausdruck einer rationalen, kritischen Beobachtungsweise, die zum Katalysator einer Bewegung wurde, die in der französischen Revolution gipfelte. Bestimmend war auch, dass wirtschaftlicher Wachstum im 18. Jahrhundert eine Bürgerschicht heranwachsen ließ, die finanziell immer besser situiert, besser gebildet und mündiger wurde. Auch wenn Louis XV. (1710–1774) und Louis XVI. (1754–1793) versuchten, sich über jeglichen Widerstand mit dem absoluten Herrschaftsanspruch hinwegzusetzen, wurde dies zunehmend schwieriger.

Die Revolution

Am 14. Juli 1789 stürmten wütende Bürger in Paris die verhasste Bastille, das Gefängnis, seit dem 14. Jahrhundert ein Symbol der häufig brutalen königlichen Gewalt. Die Revolution hatte begonnen. Die Jahre des Wachstums hatten einer tiefen Wirtschaftskrise Platz gemacht: In diesen Julitagen war Brot, Hauptnahrungsmittel für die überwiegende Mehrzahl der Franzosen, so teuer wie noch nie. Ganze Herden fielen der Viehpest zum Opfer, während die Staatsgewalt sich vor allem um den Auf- und Ausbau ihrer militärischen Gewalt bemühte. Zwar konnte man damit durch die Unterstützung der rebellierenden amerikanischen Kolonien den verhassten Engländern eins auswischen, doch zu Hause brach die Wirtschaft unter den Staatsschulden zusammen: 50 Prozent der Steuergelder dienten zur Schuldentilgung. Der König rief zum ersten Mal in mehr als 150 Jahren die Adelsversammlung zusammen, eine Art Parlament, um sich Rückendeckung für seine immer umstritteneren Maßnahmen zu holen.

Der König wurde die Geister, die er rief, nicht wieder los: Sein Versuch, die Volksversammlung zu untergraben, führte direkt zum Sturm auf die Bastille. Auf dem Land brach unter den kleinen Bauern eine Revolte aus, Burgen wurden in Brand gesteckt, Akten zerstört und Herren verjagt. Innerhalb kürzester Zeit wurde dem Feudalismus ein Ende bereitet. Man sprach in den Straßen bereits vom ›Ancien Régime‹, vom alten Regime.

›Die Freiheit führt das Volk‹, Gemälde von Eugène Delacroix

Innerhalb von zwei Jahren wurde eine konstitutionelle Monarchie gegründet, die die damalige politische Ordnung radikal veränderte. Es wurden die 83 Départements kreiert, die noch heute die Basis der administrativen und juristischen Grundordnung bilden. Die Verwaltung Frankreichs bekam ihr modernes Gesicht. Dennoch führte die Revolution zu keinem wirtschaftlichen Aufschwung oder auch nur zu einer halbwegs stabilen Regierung. Ein Krieg mit Österreich brach 1792 aus, und bald stand der Feind vor der Festung von Verdun. Diese militärische Krise wurde dem König zum Verhängnis: Louis XVI. wurde am 10. August gestürzt. Eine Miliz aus Marseille marschierte nach diesem Sturz von der südlichen Hafenstadt gleich weiter an die Front im Osten, begleitet von der Musik des ›Rouget de l'Isle‹, einem Lied, das als Marseillaise schließlich zur Nationalhymne wurde. Am 21. September 1792 wurde die Republik ausgerufen.

Bald kämpfte Frankreich mit Europa und mit sich selbst. In Paris stritten sich die moderaten Girondisten mit Maximilien Robespierres extremistischen Jakobinern. Während in ländlichen Regionen Streitereien zwischen Kirchentreuen und Revolutionären ausbrachen, siegte in Paris Robespiere über seine Gegner. In den folgenden Jahren des Terrors sollten Hunderttausende umkommen, in Paris waren es in den ersten Monaten ›nur‹ einige Tausend.

In allen Bereichen des täglichen Lebens suchte man sich vom Ancien Régime zu trennen. Eine neue Zeitrechnung, das metrische System, sogar eine neuartige Religion wurden eingeführt. Diese Neuerungen gingen vielen zu weit, und Robespierre wurde bald gestürzt. Die folgende Regierung der Girondisten war aber alles andere als stabil, und so konnte ein korsischer General, gerade zurück von einem misslungenen Feldzug in Ägypten, relativ einfach die Macht ergreifen. Napoléon Bonaparte, zunächst als Konsul, ab 1804 als Kaiser, sollte Frankreich 15 Jahre lang regieren – und seinem Land in dieser Zeit gewaltige Siege und vernichtende Niederlagen bringen.

Das Kaiserreich

Die Revolution hatte verheißungsvoll angefangen, aber Napoléon, der sich selbst durchaus als Revolutionär sah, löste die Versprechen nur sehr bedingt ein: Die Kirche musste ihr Land größtenteils verkaufen, was den kleinen Bauern und Bürgern zugute kam. Finanzielle Stabilität wurde mit der Gründung einer zentralen Bank erreicht, und die Steuergesetzgebung wurde stark vereinfacht. Die Infrastruktur wurde deutlich ausgebaut, und politisch und wirtschaftlich zurückgebliebene Regionen konnten durchaus von diesen Neuerungen profitieren. Aber Napoléon war ein autoritärer, konservativer Herrscher. Die Hoffnungen der Revolution bei der Pressefreiheit und der Frauenemanzipation zum Beispiel wurden zunichte gemacht.

Dennoch ging es den Untertanen des Kaisers über einige Jahre verhältnismäßig gut. Doch für den relativen Wohlstand im Land bezahlte man einen hohen Preis. Napoléons ›Kontinentalsystem‹ basierte auf die Ausbeutung besetzter Länder zur Finanzierung des Heers und des Staatshaushaltes. Auf Dauer war dieses System zum Kollaps verurteilt. Dieser begann mit Misserfolgen in Spanien und gipfelte schließlich 1813 in der katastrophalen Niederlage in Russland, wo der Kaiser ein

Napoléon Bonaparte auf einem Gemälde von Jacques-Louis David

Land und Leute

Heer von einer halben Million Soldaten verlor. Ein Jahr noch kämpfte er weiter, doch dann wurde Napoléon gestürzt und auf die Insel Elba verbannt. Ein Jahr später versuchte er ein Comeback, das auf dem Schlachtfeld von Waterloo endete. Weiter weg und endgültig schickten die Franzosen ihren Kaiser ein zweites Mal ins Exil auf die Insel St. Helena, wo er 1821 starb. 1840 erreichte seine Urne über die Seine Paris, wo sie im Dôme des Invalides beigesetzt wurde.

19. Jahrhundert

Das Jahr 1815 sah einen bourbonischen Monarchen auf dem Thron: Louis XVIII. In den nächsten Jahren wurden fruchtlose Versuche unternommen, Frankreich zum vorrevolutionären Staatsgefüge zurückzuführen – ganz klar unterschätzten die Könige die Nachhaltigkeit der Entwicklungen seit 1789. Louis' Nachfolger, Charles X. (1757–1836), wirkte in seinen Bestrebungen, die Glorie des Monarchen mitsamt der religiösen Aura wiederherzustellen, auf die Gegner des Königshauses wie ein rotes Tuch. Drei Tage Aufstand in den Straßen von Paris reichten zum Sturz des Monarchen. Die Thronfolge trat der Herzog von Orléans, Louis-Philippe I., an. Dieser moderate Herrscher, von den Gegnern seines Vorgängers unterstützt, schien zunächst als ›Bürgerkönig‹ ein Mann des Volkes, und in den ersten Jahren seiner Herrschaft gelang ein wirtschaftlicher Aufschwung, der dem Land den Anschluss an Europa ermöglichte. Die Revolution und ihre Folgen, die Napoleonischen Kriege sowie die Anstrengungen der Bourbonen, die Uhr zurückzudrehen, hatten die Wirtschaft zurückgeworfen, aber nun ging es voran. In seinen späteren Jahren aber wurde der König immer reaktionärer, und 1848 musste er zurücktreten und sich ins Exil retten. Louis Bonaparte, Neffe des

Bismarck und Napoléon III. nach der Schlacht bei Sedan 1870

großen Napoléon, wurde zunächst zum Präsidenten gewählt, doch 1852 ließ er sich zum Kaiser krönen. Die Zweite Republik war nach vier Jahren gestorben, und das Zweite Kaiserreich nahm seinen Anfang.

Zunächst überraschte der zumeist unterschätzte neue Kaiser durch sein dezidiertes Auftreten. Unter seiner Leitung entstand das französische Banksystem, viele der heutigen großen französischen Banken stammen aus der Zeit des Zweiten Kaiserreichs. Sein Präfekt im Département der Seine, Baron Georges-Eugène Haussmann, modernisierte Paris. Savoyen und Nizza kamen zu Frankreich, aber ansonsten blieben Napoléons Versuche erfolglos. Das Zweite Kaiserreich ging schließlich an der Selbstüberschätzung des Kaisers zugrunde: Im Spanischen Thronfolgestreit erwies er sich als dermaßen ungeschickt, dass er durch die gekonnten diplomatischen Machenschaften Bismarcks mehr oder weniger gezwungen wurde, Deutschland den Krieg zu erklären, mit verheerenden Konsequenzen. Napoléon wurde in der Schlacht von Sedan, nahe der heutigen belgischen Grenze, gefangengenommen und in Deutschland eingesperrt.

Auf die Gefangennahme des Kaisers folgte die Gründung der Dritten Republik. Unter Adolphe Tiers bildete sich eine konservative Regierung, die den Krieg schnellstmöglich zu beenden suchte. Eingeständnisse gegenüber dem deutschen Feind wurden als realpolitisch notwendig angesehen, doch gerade in Paris sahen republikanische Milizen in dem Krieg nicht länger einen vom Kaiser angekurbelten Aggressionskampf, sondern vielmehr eine berechtigte Verteidigung Frankreichs. Die Proklamation Wilhelms I. zum deutschen Kaiser im Spiegelsaal von Versailles traf diese Kämpfer wie ein Faustschlag ins Gesicht. Als die Tiers-Regierung versuchte, die Pariser Milizen zu entwaffnen, kam es zum Aufstand. Merkwürdigerweise kämpfte hier nun die Stadt Paris unter Führung des Gemeinderats gegen die französische Regierung sowie gegen das preußische Heer. Das französische Wort für Gemeinde gab der Pariser Kommune seinen Namen. Im Frühling 1871 verabschiedete der von Sozialisten und Kommunisten dominierte Stadtrat eine Reihe von Verordnungen, die auf die Gründung einer sozialistischen Gesellschaft zielten: Mietschulden wurden erlassen, Kirche und Staat wurden streng voneinander getrennt, im Krieg von ihren Besitzern verlassene Fabriken wurden kollektiviert. Im Mai aber wurde der Aufstand blutig unterdrückt. 30 000 Kommunarden kamen in den Straßenkämpfen ums Leben, weitere 40 000 wurden verhaftet. Frankreich trat das Elsass und Lothringen an Deutschland ab und verpflichtete sich zu Reparationszahlungen, die dem Land über längere Zeit die Chance zum Wirtschaftsaufbau nahmen.

20. Jahrhundert

Aus diesen trüben Anfängen entwickelte sich eine erstaunlich stabile Republik, die bis 1940 überlebte. In dieser Zeit gelangen die Wiedereingliederung von Elsass und Lothringen, die Ausbreitung der Kolonien und ein kultureller und wirtschaftlicher Aufschwung, der in der Belle Époque der Jahrhundertwende seinen Höhepunkt fand. 1889 und 1900 fanden in Paris Weltausstellungen statt, auf denen die technischen und kulturellen Errungenschaften Frankreichs gefeiert

Land und Leute

Métroeingang in Paris

wurden. Zur Ausstellung von 1889 bescherte Gustave Eiffel Paris seinen Turm, während 1900 das Grand Palais, das Petit Palais, der Orsay-Bahnhof und die Métro eröffnet wurden.

Doch war die Dritte Republik auch nach ihren turbulenten Anfängen immer noch nicht vor politischem Trubel gefeit. Als 1894 der jüdische Offizier Alfred Dreyfuss wegen Verrats degradiert und zu lebenslänglicher Haft verurteilt wurde, entbrannte eine öffentliche Diskussion, die sich über Jahre hinzog und Frankreich bis in die Fundamente erschütterte. Dreyfuss' Familienangehörige, vor allem sein Bruder Mathieu, kämpften über Jahre für die Freilassung und Rehabilitierung des Offiziers. Die Gesellschaft spaltete sich in zwei Lager: Für Dreyfuss war die linke Intelligenz, unter anderem der Schriftsteller Émile Zola, dessen wütende Anklage ›J'accuse‹ dem Militär vorwarf, entlastende Beweise zurückgehalten zu haben. Gegen den jüdischen Artilleristen standen die konservativ-religiösen Kreise, deren anti-republikanische Tendenzen sie zum Ziel von Regierungsmaßnahmen werden ließen. Im Laufe dieser Auseinandersetzung wurden tausende von religiösen Schulen geschlossen, und die Kirche verlor weiter an Einfluss. Inzwischen meldete sich der freigesprochene und rehabilitierte Offizier 1914 für den Kriegsdienst und erreichte den Rang des Oberstleutnants. Als er 1935 starb, war er zunächst in Vergessenheit geraten, aber 2006, genau 100 Jahre nach der Rehabilitierung, wurde Dreyfuss vom französischen Präsidenten Jacques Chirac im Rahmen einer Feierlichkeit in der Pariser Militärschule gehuldigt.

Erster Weltkrieg

Der Erste Weltkrieg brachte Frankreich zwar den Sieg und damit die an Deutschland 1871 abgetretenen Grenzgebiete zurück, doch zahlte man dafür einen sehr hohen Preis. 1,3 Millionen Tote, drei Millionen Verletzte und eine zusammengebrochene Wirtschaft erlaubten den Franzosen kaum, dem Sieg Positives abzugewinnen. Nur in einem von den 38 000 französischen Dörfern und Städten musste man keine Kriegsopfer verzeichnen. Dabei war man im Sommer 1914 in der festen Überzeugung in den Krieg gezogen, bis Weihnachten längst wieder zu Hause zu sein. Das vom Ersten Weltkrieg ausgelöste Trauma war mit ein Grund für die unbeugsame Haltung der französischen Regierung in Fragen der französisch-deutschen Beziehungen.

In den 1920er Jahren erlebte Frankreich so etwas wie ein Wirtschaftswunder – die Produktion in den Fabriken wuchs wie in sonst keinem Land in Europa. Da aber das Bevölkerungswachstum stagnierte, brauchte man Gastarbeiter aus Polen, Italien und Spanien – insgesamt mehr als eine Million. Politisch blieb die Dritte Republik aber in den Zwischenkriegsjahren instabil, 40 Regierungswechsel gab es in den zwei Jahrzehnten vor dem Zweiten Weltkrieg. Ein Kabinett existierte gerade mal drei Tage. Zusammen mit der sich vertiefenden Wirtschaftskrise, die ab 1931 auch Frankreich im Griff hatte, sorgte diese Instabilität für Unruhen und Auseinandersetzungen in einer sich immer weiter radikalisierenden politischen Landschaft.

Zweiter Weltkrieg

Als die deutschen Nationalsozialisten 1936 das demilitarisierte Rheinland einnahmen und sofort aufzurüsten begannen, hatte die französische Regierung dem wenig entgegenzusetzen. Vier Jahre später wurde der ›Blitzkrieg‹ zugunsten von Deutschland innerhalb von sechs Wochen entschieden. Der Norden und Westen Frankreichs wurden besetzt, während die französische Regierung sich im Kurort Vichy zunächst nur provisorisch einrichtete, dann aber eine neue Regierung bildete. An ihrer Spitze stand der autoritäre 84-jährige Marschall Philippe Pétain (1856–1951), ein Held des Ersten Weltkrieges, der sich durch das Unterschreiben des Waffenstillstandsabkommens gegen Premierminister Paul Reynaud und den ambitionierten Kavallerie-Offizier Charles de Gaulle durchsetzte und der Dritten Republik ein Ende bereitete.

Das Regime in Vichy stellte sich bald als erzkonservativ heraus: Gewerkschaften und Streiks wurden verboten, die Pressefreiheit stark eingeschränkt, Frauen zum Gebären und Gehorsam aufgefordert. Gegner des Regimes wurden zunächst eingeschüchtert, bald aber auch gefoltert und hingerichtet. In beiden Teilen Frankreichs trat ein virulenter Antisemitismus zutage, der einerseits auf eine

Denkmal für den Widerstand

lange Tradition zurückgriff, andererseits aber überraschend war, da ja Frankreich sich seit der Revolution den Juden, vor allem denen Osteuropas, gegenüber tolerant und gastfreundlich gezeigt hatte.

In ganz Frankreich, vor allem in den ländlichen Gebieten, bildete sich nach und nach eine Widerstandsbewegung, die Résistance. Zunächst unkoordiniert und ohne effektive Führung, fand diese in Charles de Gaulle (1890–1970) eine Stimme. Dieser war 1940 nach England geflohen und hatte es zunächst nicht leicht, als Leiter des Widerstandes anerkannt zu werden. Als er aber am 26. August 1944 über die Champs Élysées marschierte, kauften ihm die Franzosen seine Version des Kriegsverlaufs ab: Die Franzosen hätten sich – freilich mit etwas Hilfe der Alliierten – selbst befreit. De Gaulle gab der neu gegründeten Vierten Republik mit diesem Mythos ein Selbstvertrauen mit auf dem Weg, das sie bald brauchen würde.

Nachkriegszeit

Die Nachkriegsjahre brachten neue Schwierigkeiten: Über ein neues Grundgesetz konnte man sich nicht einig werden, und in dem Gerangel trat de Gaulle zurück. Erst nach mehr als zehn Jahren kam er in Frankreich wieder an die Macht. Wie auch für andere europäische Länder bedeutete das Ende des Zweiten Weltkriegs den Anfang vom Zerfall der Kolonialmacht. Frankreich verlor Vietnam, Marokko und Tunesien, hielt aber zunächst an Algerien noch fest. Mehr als eine Million Franzosen waren hier zu Hause, und die Kolonie gehörte bereits seit 1830 zu Frankreich. Das Land trennte sich in zwei Lager – die Linke riet den Kolonialen, sich auf einen Übergang zur Unabhängigkeit vorzubereiten, die Rechte wollte davon nichts wissen. 1958 kam es in Algerien zu einem förmlichen Putsch: Die Kolonialen zogen auf Kosten der Algerier, die die Unabhängigkeit wollten, die Macht an sich, das Militär fügte sich den neuen Verhältnissen. In Frankreich machte man sich auf einen Bürgerkrieg gefasst, so sehr hatte sich die Lage zugespitzt. Die Nationalversammlung wusste nichts Besseres zu tun, als de Gaulle zu bitten, den Notstand auszurufen, was der General auch prompt tat. Die Vierte Republik endete mit einer neuen Verfassung, in der de Gaulle seine Wünsche größtenteils durchsetzen konnte und die Macht des Präsidenten weiter ausdehnte. De Gaulle tat aber nicht, was die Kolonialen erwartet hatten: 1959 handelte er den Übergang zur Unabhängigkeit mit den Algeriern aus. 800 000 Franzosen, Pieds Noirs genannt, kehrten nach Frankreich zurück, während wütende Radikale Attentate auf de Gaulle planten und auch durchführten. Doch nach und nach fand man sich mit den neuen Verhältnissen ab, und das Land widmete sich dem wirtschaftlichen Aufschwung: Die Nachkriegszeit bis 1975 war eine Ära erstaunlichen Wachstums. Der französische Bürger sah seinen Lebensstandard in diesen Jahren immer weiter wachsen: Drei Wochen bezahlter Urlaub 1956 wurden zu vier Wochen 1963 und zu fünf Wochen 2008. Eine zweite Wohnung leisteten sich 1954 300 000 Franzosen, 1975 waren es bereits 1,7 Millionen. Bis 1969 führte de Gaulle die Republik. Doch dann trat er, nachdem die Studentenunruhen von 1968 eine Krise ausgelöst hatten, zurück.

Die Göttin

»Ich glaube, dass das Auto heute das genaue Äquivalent der großen gotischen Kathedralen ist. Ich meine damit: eine große Schöpfung der Epoche, die mit Leidenschaft von unbekannten Künstlern erdacht wurde und die in ihrem Bild, wenn nicht überhaupt im Gebrauch von einem ganzen Volk benutzt wird, das sich in ihr ein magisches Objekt zurüstet und aneignet.«

Ein bisschen hat der Kulturphilosoph Roland Barthes wohl übertrieben. Aber man kann ihn gut verstehen, denn er verfasste diese Sätze, kurz nachdem die Automarke Citroën Frankreich und die Welt mit dem Modell DS beschenkt hatte. Anders als bei den gotischen Kathedralen weiß man, wer für die Form zuständig war: der Italiener Flaminio Bertoni.

In Hollywood wurde das Auto auch 20 Jahre nach Produktionsende noch in Science-Fiction-Filme eingesetzt. Eine führende Autozeitschrift kürte das Auto 2009 zum schönsten aller Zeiten. Nach vielen Jahren der Entwicklung wurde die DS auf dem Pariser Autosalon von 1955 vorgestellt, und bevor der erste Tag vorbei war, hatten 12 000 Menschen eine DS bestellt. Ob es Zufall oder Marketingstrategie war, ist nicht mehr mit Sicherheit zu sagen, aber bald wurde die Modellbezeichnung nur noch ›Déesse‹ ausgesprochen: Aus der DS wurde die Göttin. ›Flunder‹, so wurde das Auto auch genannt, wegen seiner Stromlinie. Servolenkung, damals etwas Revolutionäres, gehörte zur Standardausstattung, und das hydraulische Brems- und Federungssystem gab dem Fahrer das Gefühl, über die Straßen zu schweben.

Für Frankreich, das Mitte der 1950er Jahre in einer tiefen Krise steckte, war die DS mehr als ein schönes Auto, es war Symbol für kreative Kühnheit und technologisches Können. Insgesamt wurden anderthalb Millionen Flundern verkauft. Auch in Deutschland wurde das Auto vermarktet. In den USA war die Göttin kein großer Erfolg, doch in den Niederlanden begeisterte man sich für das Auto, das dort ›Hecht‹ oder ›Bügeleisen‹ genannt wurde.

In jüngster Zeit scheint die Marke, die heute Teil des Peugeot-Konzerns ist, wieder großen Anklang zu finden. Bisher ist es ihr aber nicht gelungen, ein Auto auf den Markt zu bringen, das eine ähnliche Begeisterung auslösen könnte. Hinter der hypermodernen Fassade der 42, Avenue des Champs Élysées kann man heute die bekanntesten Modelle von Citroën bestaunen. In diesem Showroom befindet sich das Citroën-Panthéon, in dem natürlich auch die Ente, hier Deux-Chevaux (2 PS) genannt, nicht fehlt. Keine Frage aber, welches der Modelle die meisten Blicke auf sich zieht, denn hier, an der schönsten Straße der Welt, herrscht die Königin.

Zeitschriftenwerbung für den DS

Tribüne für die Feiern zum Nationalfeiertag

Die 1970er und 80er Jahre

De Gaulles Nachfolger wurde der ehemalige Premierminister Georges Pompidou, der seinerseits von Valéry Giscard d'Estaing abgelöst wurde. Giscard d'Estaing führte Frankreich in den schwierigen 70er Jahren, die von einer Wirtschaftskrise gekennzeichnet waren. Die Krise traf Frankreich härter als die meisten Nachbarländer, unter anderem, da das Land selber kein Öl oder Erdgas hat. In den folgenden Jahrzehnten wurde daher die Atomkraft in Frankreich stark ausgebaut; kein anderes Land in Europa ist heute in solch hohem Maße von Atomenergie abhängig.

1981 siegte der Sozialist François Mitterand bei den Präsidentschaftswahlen. 14 Jahre lang hatte er das höchste Amt der Fünften Republik inne, länger als jeder andere Präsident, bis auf De Gaulle. Zunächst war Mitterand in der Lage, einen linken Wunschzettel durchzusetzen: Die Todesstrafe wurde sofort abgeschafft, es kam eine fünfte Urlaubswoche zum jährlichen Pensum, die Arbeitswoche zählte nur noch 39 Stunden, und Sozialprogramme wurden gestärkt. Doch Mitterand musste zweimal während seiner Amtszeit einen Premierminister der Opposition neben sich dulden: zunächst zwei Jahre lang Jacques Chirac – von 1986 bis 1988 – und danach zwei Jahre Édouard Balladur. Da der Premierminister in der Fünften Republik das Kabinett zusammenstellt, musste sich Mitterand in diesen vier Jahren in der Realpolitik üben. Dies tat er mit Jacques Chirac, indem er diesem die Innenpolitik größtenteils überließ und sich dafür der Außenpolitik und Verteidigung widmete. Mit Balladur war das Verhältnis weniger problematisch, dennoch kam es 2000 zu einer Verkürzung der Amtszeit des Präsidenten. Die führte dazu, dass nun Nationalversammlung und Präsident in etwa zur gleichen Zeit und mit einer gleichen Frist gewählt wurden, so dass die Wahrscheinlichkeit der sogenannten Kohabitation relativ gering wurde. Allerdings musste sich Jacques Chirac als Präsident trotzdem fünf Jahre mit einem sozialistischen Kabinett vertragen.

Frankreich heute

Am 11. November wird in Frankreich mit großer Feierlichkeit der Waffenstilstand von 1918 gefeiert; das Land verlor unzählige junge Männer in La Grande Guerre. 2013 wurde während der Feier in Paris François Hollande bei seiner Ansprache von Zwischenrufen gestört, ein Zwischenfall, der überall Empörung auslöste: So etwas am November 11, das wäre äußert unverschämt. Zugleich versuchten seine Gegner, vorsichtig darauf hinzuweisen, dass Monsieur le Président nun aber auch arg unbeliebt sei. Tatsächlich schnitt noch kein anderer Präsident bei Meinungsumfragen so schlecht ab wie Hollande, der als Kandidat der Parti Socialiste die Wahlen im Mai 2012 gegen Nicolas Sarkozy, der sich bei den Wählern unmöglich gemacht hatte, gewann.

Zunächst hatte man aufgeatmet: Hollande war skandalfrei, wurde sogar als etwas langweilig empfunden, und das konnte den Franzosen nach fünf Jahren Sarkozy nur recht sein. Der französische Präsident hat, ganz im Sinne von Charles de Gaulle, großen Einfluss, was unter anderem dazu führt, dass die Politik und die Wahlen stark von den jeweiligen Persönlichkeiten geprägt werden. Sarkozy hatte sich in seiner Amtszeit, die ihn vor allem in der Wirtschaft vor enorme Herausforderungen stellte, immer wieder bei Freund und Feind angeeckt. Auch machte sich ›Sarko‹ bei vielen Bürgern unbeliebt, als er sich sofort nach der Wahl von seiner Frau scheiden ließ und das Model Carla Bruni heiratete. Und so wurde der skandalöse Sarkozy von Monsieur Normal abgelöst; dass der Präsident bereits nach einer Amtszeit gehen musste, das hatte es seit Giscard d'Estaing nicht mehr gegeben.

Doch es kam anders: Monate nach der Wahl schickte Hollandes Lebensgefährtin Valérie Trierweiler einen Tweet in die Welt, in dem sie die Gegnerin Ségolène Royal, ehemalige Präsidentskandidatin und Leiterin der Parti Socialiste bei lokalen Wahlen in La Rochelle unterstützte. Detail am Rande: Royal war nicht nur die ehemalige Lebensgefährtin Hollandes, sondern auch die Mutter seiner vier Kinder. Innerhalb von Stunden hieß Mme Trierweiler in den Medien Tweetweiler, und Monsieur Normal hatte seinen ersten Skandal.

Dabei waren die Herausforderungen enorm: Frankreich litt unter den Folgen der Wirtschaftskrise, und über den Weg nach vorne war sich das Land alles andere als einig. Bei den Sozialisten machte Hollande mit seiner ›75%-Steuer‹ für Einkommen über einer Million Euro beliebt; seine Gegner erkannten in ihm den Antichrist. Schauspieler Gérard Depardieu wanderte mit Sinn für Dramatik nach Russland aus. Das Durchsetzen der Homosexuellenehe löste heftige Demonstrationen aus, und die Immigrationsproblematik bietet auch immer wieder Zündstoff. Andererseits punktete Hollande überraschend, als er zur Befriedung von Mali Truppen in die ehemalige Kolonie entsandte und dem Chaos dort ein schnelles Ende bereitete.

Monsieur Normal wird mehr solche Erfolge brauchen, um nicht wie Sarkozy bereits nach fünf Jahren den Elyséepalast wieder verlassen zu müssen. Es gibt Stimmen, die behaupten, Nicolas Sarkozy wäre an einer zweiten Amtszeit durchaus interessiert.

Frankreich als Hausbootmekka

Zählt man die in diesem Buch beschriebenen Flusskilometer entlang Seine, Rhône, Saône, Garonne, Dordogne und Gironde zusammen, entspricht die Summe gerade etwas mehr als einem Zehntel der befahrbaren Wasserwege Frankreichs. Mit 8800 Kilometern an Flüssen und Kanälen besitzt Frankreich ein umfangreicheres Verkehrsnetz als jedes andere Land in Europa, wenn man Russland nicht mitrechnet.

Herkömmliche Kreuzfahrtschiffe verkehren auf diesen verbleibenden 90 Prozent zwar nicht, doch sind sie alles andere als vom Tourismus unberührt: Frank-reich gilt als das Hausbootmekka schlechthin. Man kann entweder nur das Boot an sich mieten und sich in einigen Stunden die Grundkenntnisse des Bootlenkens beibringen lassen, oder, wenn man es gerne etwas luxuriöser hat, eine Reise auf einem Boot buchen, das mit Kapitän und Koch ausgestattet ist. Gerade im Burgund, das von Kanälen durchzogen ist, findet letztere Variante unter betuchteren Besuchern großen Anklang. Die größten Hausboote bieten etwa 20 Passagieren Platz, die überwiegende Mehrzahl hat aber gerade mal vier bis sechs Kabinen.

Das Fahren eines Hausbootes ist relativ einfach – hier und dort braucht man nur reichlich Geduld. Viele Strecken, die im frühen 19. Jahrhundert oder sogar noch früher ausgebaut wurden, haben erstaunlich viele Schleusen. Diese werden zwar größtenteils sehr einfach elektrisch bedient, aber der eine oder andere Freizeitkapitän könnte schon mal verzweifeln. Zählen zum Beispiel die 450 Kilometer von Chalon-sur-Saône zum Meer gerade mal 18 Schleusen, so sind es im Canal de Nantes à Brest satte 71, und zwar auf einer Entfernung von nur 49 Kilometern!

Wie auf der Seine und dem Rhône-Saône-Lauf hat die Schifffahrt auf der Loire, Frankreichs längstem Fluss, eine sehr lange Geschichte. Bereits in vorchristlicher Zeit kannte man die verhältnismäßig günstige Verbindung zur Rhône. Zwischen Roanne und Lyon sind es keine 90 Kilometer, und damit sind sich diese beiden Flüsse relativ nahe. Von Anfang an kämpfte man auf der Loire mit ständig wandernden Sandbänken und starken Schwankungen im Wasserstand; darüber hinaus war der Weg zum Meer sehr lang. Dennoch blieb die Loire bis ins 19. Jahrhundert ein wichtiger Verkehrsweg. Ausgerechnet der Ausbau der Kanäle in der Mitte Frankreichs zu dieser Zeit leitete den Niedergang der kommerziellen Schifffahrt auf der Loire ein. Nach und nach verlor der Fluss für die Schifffahrt an Bedeutung, und auch heute, trotz seines großen Reizes – das Flusstal wurde im Jahre 2000 zum UNESCO-Weltkulturerbe gekürt –, sind die Möglichkeiten einer Flussfahrt sehr eingeschränkt. Auf der Cher, einem Nebenfluss der Loire, der stromabwärts von Tours seine Mündung hat, sind ein paar Schiffe unterwegs. Höhepunkt einer Fahrt in diesem Gebiet sind die weltberühmten Loire-Schlösser, von denen eines, das Château Chenonceaux, während der Fahrt unterquert wird, da es teilweise über den Fluss gebaut wurde.

Weitaus größerer Beliebtheit aber erfreuen sich die Kanäle durch das Burgund, wie zum Beispiel der Canal Latéral à la Loire oder der Loire-Seitenkanal: Von Briare bis Digoin folgt dieser Kanal dem Lauf der Loire in nord-südlicher Richtung (flussaufwärts gesehen) im westlichen Burgund. Gleich bei Briare gibt es ein wasserbautechnisches Highlight. 1896 wurde hier die 663 Meter lange, von 14 riesigen Pfeilern getragene Kanalbrücke eröffnet, die das Wasser über die Loire führt. Das Prunkstück wurde mit moderner Beleuchtung ausgestattet, dessen Strom von Generatoren im Kanal, der in diesem Bereich acht Meter fällt, erzeugt wird. Am Kanal liegt das malerische Sancerre, bekannt für seinen hervorragenden Weißwein und einen Schafskäse aus dem Nachbardorf Chavignol, und etwas weiter südlich das hübsche La Charité-sur-Loire mit seiner beeindruckenden romanischen Kirche. Nevers, noch mal einige Stunden weiter, wartet mit einer massiven Kathedrale auf, doch ist die Stadt vor allem für ihre lange Tradition der Porzellanherstellung bekannt, und der ehemalige Herzogspalast beherbergt heute das Keramikmuseum der Stadt.

Nordöstlich von Strasbourg befindet sich an einer der intensivst befahrenen Strecken, dem Marne-Rhein-Kanal, eine weitere interessante Anlage, das Schiffshebewerk von Arzviller. Mittels eines erstaunlich einfachen Mechanismus, der sich der Schwerkraft bedient, werden hier Schiffe an einem steilen Hang 45 Meter hinauf oder herab befördert.

Die meisten Hausbootfahrer zieht es zum Canal du Midi, der am Fuße der Pyrenäen die Stadt Toulouse seit Ende des 17. Jahrhunderts mit dem Mittelmeer verbindet, und dabei wunderschöne Städte wie Carcasonne und Béziers sowie den Badeort Agde streift. Mit dem Bau dieses Kanals und seiner Weiterführung zur Garonne konnte man die Umsegelung Spaniens abkürzen. Der Handelsweg um die Iberische Halbinsel war wegen der Piraten gefährlich und wegen der Zollstation bei Gibraltar kostspielig geworden. 1996 wurde der Kanal wegen seiner historischen Bedeutung zum UNESCO - Weltkulturerbe erklärt. Nirgends sonst findet man eine ähnliche Fülle an malerischen Orten, Brücken und Schleusen.

Hausboot auf dem Marne-Rhein-Kanal

Architektur und Kunst

In einem Land mit einer großen Prähistorie wie Frankreich ist es zugegebenermaßen recht willkürlich, eine Abhandlung zur Architektur und Kunst in der gallo-römischen Zeit anzusetzen. Da sind die Höhlen in der Ardèche, in denen der Speläologe Jean-Marie Chauvet mit seinen Kollegen 1994 mehr als 500 Darstellungen von Wollnashörnern, Mammuts, Wisenten, Wildpferden, Höhlenbären und Auerochsen fand, die vor 30 000 bis 33 000 Jahren gemalt wurden. Oder die Dolmen oder Menhire, die vor allem in der Bretagne gefunden wurden und deren Zweck nach wie vor nicht ganz geklärt ist, und geschnitzte Objekte aus Holz und Elfenbein aus der vorchristlichen Zeit. Im Bereich von Seine, Rhône und Saône aber sind die frühesten Zeitzeugen die aus der Zeit nach der römischen Eroberung, die gerade im Rhônetal in großer Fülle zu finden sind.

Gallo-römische Anfänge

Das Gebiet des heutigen Frankreich kam im 4. vorchristlichen Jahrhundert mit der griechischen Antike in Berührung, doch es waren die Römer, die sich zunächst im Südosten und nach Cäsars Sieg über die Truppen des Vercingetorix in ganz Gallien niederließen. Aus dieser Besatzung entstand eine Mischkultur, die durch regional unterschiedliche Verschmelzungen der keltischen und römischen Kulturstränge gekennzeichnet war. Da die Rhône von Anfang an die Hauptverkehrsader der römischen Eroberung gewesen war und das Rhônetal darüber hinaus größtenteils früher und gründlicher befriedet wurde, erlebte die gallo-römische Kultur hier ihre größte Blüte. Mit Marseille, Arles, Nîmes, Vienne und Lyon entstanden Städte, die sich zwar nicht mit Rom, aber doch mit Städten im Kernland des Römischen Reiches messen konnten. In diesen Städten baute man nach römischem Vorbild Theater, Tempel und andere Anlagen, deren Überreste zum Beispiel in Arles, Nîmes und Vienne noch heute das Stadtbild stark prägen. Theater bestanden aus gestuften Zuschauerreihen, die gegenüber einer Kolonnade, der Cavea, angelegt wurden. Vor dieser befanden sich etwa im Halbkreis das Orchester und die Bühne (Scena). Würdenträger saßen auf den besseren Rängen, und reiche Bürger konnten sich einen festen Platz kaufen. Hinter der Bühne war eine Mauer mit Türen, durch die die Schauspieler auf die Bühne kamen. Jenseits der Mauer waren die Umkleideräume, und von dort hatten die Künstler Zugang zum Garten, in dem sich in den Pausen die Zuschauer mit ihnen treffen konnten. Noch heute finden viele dieser Bühnen Verwendung, und obwohl praktisch überall die Cavea und die Mauern verschwunden sind, verfügen sie meistens noch über eine gute Akustik.

Das Odeon ist im Grunde genommen ein kleineres Theater, das allerdings eine andere Funktion hat. Hier wurden Versammlungen abgehalten und Musik gespielt, und zumeist war der Zugang einer Elite vorbehalten.

Die Tempel bestanden aus zwei Teilen, einem offenen Vestibül und einem geschlossenen Bereich, dem Heiligtum, in dem sich das Bildnis der Gottheit befand, oder wie im Falle des Tempels von Augustus und Livia in Arles, des Kaisers und seiner Gemahlin.

Obelisk auf dem Rathausplatz in Arles

Land und Leute

Bäder waren mit modernster Technik und Komfort ausgerüstet: Die Körperpflege, bis hin zum Stuhlgang, war eine öffentliche Angelegenheit. In Arles und in Saint-Romain-en-Gal sind gut erhalten gebliebene Einrichtungen zu sehen. Das Baden an sich war ein Ritual, in dem eine ganz bestimmte Folge von Warm-, Lauwarm- und Kaltwasserbädern vorgeschrieben war, und diese Abfolge lässt sich in den Thermen noch erkennen. Viele dieser Anstalten wurden durch eine Bodenheizung erwärmt und waren prunkvoll mit Marmorplatten und Mosaiken ausgestattet.

Die Amphitheater wurden für große Veranstaltungen genutzt: Gladiatoren traten hier gegeneinander, aber auch gegen wilde Tiere an, und öffentliche Hinrichtungen fanden hier in einer Vielzahl von Formen statt. Im Amphitheater von Lyon starben im Jahre 177 Mitglieder der ersten Christengemeinde den Märtyrertod.

Im Zirkus fanden die Pferderennen statt. Die Einrichtungen waren die größten der Antike, allerdings sind nur Reste geblieben, da sie größtenteils aus Holz gebaut wurden. Von den Obelisken, die den Drehpunkt der Rennen markierten, sind Exemplare in Vienne und Arles erhalten.

Fast alle Niederlassungen wurden von einem Netzwerk von Wasserleitungen und Aquädukten versorgt. Diese sind vielerorts in Ausgrabungen belegt. Das mit Abstand imposanteste Aquädukt der Antike ist die Pont du Gard bei Remoulins.

Schließlich findet man in vielen Museen im Rhônetal exquisite Mosaikböden, die zu den attraktivsten Überresten der gallo-römischen Epoche zählen. Ob sie nun mythologische Figuren, geometrische Muster, spektakuläre Wagenrennen oder auch ganz einfache Tiere darstellen, sie überraschen immer wieder mit den eleganten, realistischen Abbildungen und einer enormen Farbenvielfalt.

Romanik

Aus der Zeit nach dem Zusammenbruch des Römischen Reiches sind nur wenige Zeugen der Architektur und der Kunst erhalten. Unter Karl dem Großen fand eine Art von Renaissance der Antike statt, von der aber nur wenig übriggeblieben ist. Zur Jahrtausendwende, nachdem die Einfälle der Wikinger und Sarazenen nachgelassen und die Völkerwanderungen aufgehört hatten, entstand eine neue kulturelle Blüte, in der das antike Erbe zunächst aufgegriffen wurde, dann aber in eine eigenständige Ausprägung mittelalterlicher Kunst überging: die Romanik.

In Frankreich begann die Romanik etwas früher als in Deutschland, etwa um die Jahrtausendwende. Sie dauerte bis zum Ende des 12. Jahrhunderts und wurde von der Gotik abgelöst. Ganz sauber sind übrigens die herkömmlichen Einteilungen in Stil-Epochen nie: Es gibt international große Abweichungen zur ›Norm‹, sogar regional sind im Erscheinen einer bestimmten Bau- oder Kunstform Unterschiede von mehreren Jahrzehnten durchaus üblich. So unterscheiden sich die Baustile der vorromanischen Zeit, etwa der Merowingischen oder der Karolingischen Zeit, hauptsächlich in der Größe der Bauten und in ihrer Dekoration. Allerdings gibt es in Frankreich wie in ganz Europa nur noch relativ wenige Bauten aus dieser Zeit, was Vergleiche schwierig macht.

Am einfachsten erkennt man romanische Bauten an ihren Rundbögen und meistens auch an ihren massiven Formen. Ab dem frühen 19. Jahrhundert verwendete man in Frankreich den Begriff romanesque für diesen Baustil, dessen Bögen, Pfeiler, Säulen und Gewölbe an die römische Baukunst angelehnt sind. Die ersten romanischen Bauten hatten flache Decken, das Kreuzgratgewölbe fand erst später Verbreitung. Das, was wir heute als Frankreich kennen, war im 11. Jahrhundert eine Sammlung von Herzogtümern, kleinen Königreichen und anderen kleinen Staaten. Eine große Macht und einen prägenden Einfluss auf das kulturelle Leben hatten die Klöster, wie zum Beispiel Cluny und Cîteaux im

Romanisches Gewölbe

Burgund und Jumièges und St-Wandrille an der Seine. Technische Neuerungen erlaubten es, immer größer zu bauen: Noch heute imponieren die Ruinen von Cluny und Jumièges mit ihrem Umfang. Diese großen Gewölbe mussten von entsprechend massiven Mauern getragen wurden. Vor allem in der Frühromanik waren die Bauten sehr dunkel, die Entwicklungen im Gewölbebau änderten daran nach und nach etwas. Die romanische Kirche von Tournus ist mit ihrem Quertonnengewölbe ein gutes Beispiel dieser Innovation.

Von der bildenden Kunst dieser Epoche sind wenige Fresken, einige Mosaiken (Tournus) und vor allem die Skulpturen der Kapitelle übriggeblieben. Die Bildhauerkunst der Romanik fand zunächst in der Kunst Byzanz', der Wikinger und der Antike ihre Vorbilder, doch Motive und Bearbeitung des Steins wurden zunehmend komplizierter und filigraner. Schöne Beispiele dieser Kapitelle finden man an der Fassade und im Kreuzgang der Kirche St-Trophime in Arles, im Schiff der Kirche St-Maurice in Vienne und im Museum des Klosters Cluny.

Gotik

1137 begannen an der Abteikirche von St-Denis eingreifende Renovierungsarbeiten unter Abt Suger, einem der einflussreichsten Geistlichen seiner Zeit. Obwohl bereits andere Kirchen teilweise mit Kreuzrippengewölben ausgestattet und hier und dort Rundbogenfenster von Spitzbogenfenstern abgelöst worden waren, bestand die Leistung des Abtes darin, diese Neuerungen in einem Bau zusammenzubringen. Sofern es überhaupt zulässig ist, den Beginn einer Stilepoche an einem Bau festzumachen, kann die Abteikirche von St-Denis als erste gotische Kirche gesehen werden.

Eine dritte wichtige Neuerung war die Konstruktion der Strebebögen, die mit wesentlich weniger massiven Mitteln die große Last der Gewölbe tragen konnten. Die Mauern, die damit weniger in Anspruch genommen wurden, lösten sich zunehmend in riesige Glasfenster auf. Aus einfachen Spitzbogenfenstern entstanden Lanzettfenster, in denen die Fläche in schmale, vertikale Glasstreifen (zunächst nur zwei, später mehr) aufgeteilt wurden, die voneinander durch schlanke Steinsäulen getrennt wurden. Das Feld in der Spitze des Bogens wurde mit Maßwerk in immer kompliziertere Muster aufgeteilt. Nach und nach verschwand immer mehr Mauerfläche, bis in der Hochgotik des späten 14. Jahrhunderts sich die Mauern praktisch aufzulösen schienen. Besonders schön ist dies in der Ste-Chapelle in Paris zu sehen.

Danach fanden zunächst keine strukturellen Neuerungen mehr statt, doch die Kirchen und Kathedralen wurden immer filigraner ausgeschmückt. Im Maßwerk tauchte eine Form auf, die an eine Flamme erinnert, und man spricht denn auch vom Flamboyant-Stil der Gotik. Dieser ist durch besonders üppige, fast spitzenartige Steindekorationen gekennzeichnet, die manchmal die Struktur des Gebäudes fast verbergen. Das beste Beispiel dieses Stils ist zweifellos die Kirche St-Maclou in Rouen. In der Kunst erlebte vor allem die Buchmalerei mit wunderschönen Illustrationen eine Blüte. Daneben entstanden unter flämischem Einfluss Gemälde mit hauptsächlich religiösen Themen.

Renaissance

Die von François I. und Charles VIII. in der Lombardei geführten Kriege brachten italienische Einflüsse nach Frankreich: Pilaster, Girlanden, Kassettendecken und andere Dekorationselemente tauchten in der französischen Architektur auf. Die stark vertikal betonte Architektur der Gotik wurde von einer mehr horizontalen abgelöst. Mit den sich verändernden gesellschaftlichen Verhältnissen kamen neben der Kirche auch der Adel und das Bürgertum zu einem Reichtum, der gezeigt werden wollte. Die Renaissancearchitektur prägte private Häuser, Schlösser und öffentliche Gebäude wesentlich mehr als die religiösen Bauten, und in diesen Bereichen spielten sich die wichtigsten Entwicklungen ab. Mit François I. tauchte zum ersten Mal ein französischer Monarch als Mäzen und Richtungsweiser eines Stils in Erscheinung: Auf seinem Schloss in Fontainebleau entstand eine Stilrichtung, die als Schule von Fontainebleau bekannt wurde. Unter starkem Einfluss der italienischen Renaissance entstanden Gemälde, in denen immer häufiger neben religiösen Motiven Landschaften und tägliches (bürgerliches und höfisches) Leben dargestellt wurden.

Französischer Klassizismus

Mit dem immer größer werdenden Einfluss des Monarchen wurde bereits unter Louis XIII. die Kunstrichtung zunehmend vom Hof bestimmt. In der Architektur waren es die Hofarchitekten wie Jacques Lemercier, Louis Le Vau und François Mansart, die den Ton vorgaben, und diese wiederum bauten, was dem König gefiel. Aus diesem Grund wird der französische Klassizismus oft in Perioden eingeteilt, die den Namen des jeweiligen Monarchen tragen. Der französische

Detail einer Fassade von Schloss Versailles

Klassizismus war in etwa zeitgleich mit dem Barock in Mitteleuropa, der sich in Frankreich nur bedingt durchsetzte. Die Monarchen, vor allem Louis XIV., zogen einen monumentalen, symmetrischen und etwas eckigen Stil in der Architektur vor, symmetrische und wohlproportionierte Gebäude mit einem zentralen Bereich und Seitenflügeln. Die Dekorationselemente waren an antike Vorbilder angelehnt. André Le Nôtres Gärten sind von dieser Strenge gekennzeichnet, genauso wie die Gemälde von Simon Vouet und Nicolas Poussin. Der Bildhauer Pierre Puget war mit seinen barocken Skulpturen eher eine Ausnahme.

Allerdings teilte der französische Klassizismus mit dem Barock die prächtige Ausstattung der Innenräume, wenn diese auch etwas strenger gehalten wurden. Das Schloss von Versailles ist der Inbegriff dieses Stils. Alle Kunst wurde stark zentralisiert von den Künstlern am Hof bestimmt; die Architekten Louis Le Vau und Jules Hardouin-Mansart, der Maler Charles Le Brun, die Bildhauer François Girardon und Antoine Coseyvox wurden landesweit nachgeahmt.

18. Jahrhundert

Louis XIV. starb 1715, und es dauerte einige Zeit, bis der junge Louis XV. seinen eigenen Stil fand. Er zog sich vom extrem öffentlichen Leben seines Vorgängers zurück, und der Hofstil wurde intimer und etwas verspielter. Spätere Kritiker warfen ihm Dekadenz und mangelnde Moralität vor. Frankreich gab sich aber zunächst wenigstens in der Innenausstattung und der Gartengestaltung dem Rokoko hin. Dieser wird hier oft Rocaille genannt. So nennt man die Dekorationen, die zum Beispiel häufig in Brunnen Verwendung fanden und die von kunstvoll hergerichteten Felsen und Muschelschmuck gekennzeichnet waren. Antoine Watteau und Jean-Honoré Fragonard waren die wichtigsten Maler dieser Zeit. Die Brüder Adam bauten den Neptunbrunnen in Versailles, ein hervorragendes Beispiel des Rocaille-Stils. Unter Louis XVI. fand eine Rückkehr zu einer strengeren Formensprache in Kunst und Architektur statt.

19. Jahrhundert

Seit Louis XIV. nahm sich jeder französische Herrscher heraus, die Kunst seiner Zeit stark prägen zu wollen. Aus der napoleonischen Zeit sind vor allem in Paris die an die Antike angelehnten Bauwerke des Kaisers zu sehen, allen voran der Arc de Triomphe. Doch der schnelle Wechsel der Regierungen seit der Revolution schien zunächst mehr zu zerstören als zu schaffen. In der Mitte des Jahrhunderts erkannte man das enorme bauliche Erbe der Jahrhunderte, und zum ersten Mal fanden groß angelegte Restaurationsarbeiten statt. Die herausragende Persönlichkeit dieser Restaurierungen war Eugène Viollet-le-Duc, ein Architekt und Kunsthistoriker, der unter anderem die romanische Wallfahrtskirche von Vézelay im Burgund sowie Notre-Dame de Paris restaurierte. Viollet-le-Duc war in seiner Tätigkeit seiner Zeit weit voraus, doch fehlte es ihm an moderner Restaurationstechnologie, und er ließ sich oft von romantisierenden kunstgeschichtlichen Auffassungen leiten. Manche Kritiker behaupten, er sei bei seinen Arbeiten häufig viel zu weit

Land und Leute

Der Arc de Triomphe

gegangen. Jedenfalls war die Zufügung einer Skulpturengruppe auf dem neuen Dachreiter der Kathedrale Notre-Dame, in dem er sich selbst inmitten der Apostel darstellte, ein Skandal.

Unter Napoléon III. wurde Paris einschneidend umgeplant, und in der Kunst machte sich ein Eklektizismus breit, der unter anderem am Gebäude der Pariser Oper von Charles Garnier zu sehen ist. In der Malerei zeigten sich die ersten Risse in der von der Akademie der Künste vorgegebenen Einheitskunst, die historisierende, monumentale Kunst vorschrieb. Die Landschaftsmaler der Barbizonschule und später die Impressionisten bereiteten den Weg für die Vielfalt der Kunst im 20. Jahrhundert.

Art Nouveau

Im späten 19. Jahrhundert herrschte nicht nur in Frankreich Aufbruchsstimmung: Auch in anderen Ländern fanden in vielen gesellschaftlichen Bereichen tiefgreifende Änderungen statt. In der Kunst ging man in England, in Deutschland und in Belgien neue Wege, Japan öffnete sich der Welt, und seine Kunst fand ihren Weg in die Galerien der europäischen Großstädte. Mit dem Heranwachsen einer wohlhabenden Mittelschicht wurde die hohe Kunst immer mehr Menschen zugänglich und drang zunehmend ins tägliche Leben. Banale Gebrauchsgegenstände, Möbelstücke und ganze Innenausstattungen wurden als Gesamtkunstwerke gesehen, an denen Handwerker gemeinsam mit Künstlern arbeiteten.

In Frankreich war die neue Stilrichtung mit dem Namen eines Kunsthändlers aus Deutschland verbunden. 1871 kam Samuel Bing aus Hamburg nach Paris. Er brachte japanische Farbholzschnitte mit, Keramik und Gebrauchskunst, die er hier in einer Galerie verkaufte. 1894 lernte er in den USA Louis Comfort Tiffany kennen und verkaufte dessen Glas in Europa. 1895 gründete er den ›Salon de l'Art Nouveau‹. 1896 gab es hier eine aufsehenerregende Ausstellung, und eine für Frankreich neue Kunstbewegung war geboren: In Deutschland hieß sie Jugendstil, in Wien Sezession, und in Frankreich Art Nouveau. Die Maler des Impressionismus zeigten sich begeistert: Claude Monet fing an, Holzschnitte zu sammeln, Henri de Toulouse-Lautrec stellte bei Bing aus, und Vincent van Gogh hielt sich gerne in der Galerie auf. In Frankreich entwickelte sich neben Paris Nancy zu einer Hochburg der neuen Kunst. In der Hauptstadt verhalf Hector Guimard durch seine eleganten schmiedeeisernen Entwürfe den neuen Métrostationen zu einem modernen Image.

20. Jahrhundert

Die Zeit vor dem Zweiten Weltkrieg war eine der schnell aufeinander folgenden Stilrichtungen in der bildenden Kunst. Die Auflösung des Abgebildeten, die im Impressionismus angefangen hatte, setzte sich fort. Bei Georges Braque und Pablo Picasso, der aus Spanien nach Frankreich zog, lösten sich die Formen in kubistischen Darstellungen auf, und bei den Fauvisten rückten Farben, losgelöst von ihren Gegenständen, in den Mittelpunkt. Marcel Duchamp, René Magritte und François Picaba waren in Frankreich wichtige Vertreter des Surrealismus.

In der Architektur begeisterten sich Auguste Perret und seine Brüder für neue Konstruktionstechniken und Baumaterialien: Im Théâtre des Champs-Élysées in Paris verwendeten sie für ein monumentales Gebäude Beton, zu dieser Zeit etwas fast Unerhörtes. Ein Schüler von Perret, Le Corbusier, wurde in Frankreich zum herausragendsten Architekten des 20. Jahrhunderts. Seine Cité Radieuse in Marseille, lange als banaler Plattenbau missverstanden, wird jetzt als eine seiner wichtigsten Schöpfungen gesehen.

Das 21. Jahrhundert hat in Jean Nouvel bereits einen weltweit bekannten Superstar. Seine Bauten findet man in Lyon, in Paris und in großen Metropolen in der ganzen Welt. Der 1985 verstorbene Jean Dubuffet, abstrakter Maler und Bildhauer, dessen Werke ebenfalls in der ganzen Welt zu bewundern sind, gilt als einer der international wichtigsten Künstler der Moderne.

Art-Nouveau-Fassade in Paris

Land und Leute

Literatur

Im Mittelalter waren die wichtigsten Formen der Literatur die epischen Gedichte, die Liebeslieder der Troubadoure und die langen Erzählungen, die man Romances nannte. Während der Renaissance wurde der Lyoner Arzt François Rabelais mit seinen Erzählungen über Gargantua und Pantagruel, zwei Riesen, berühmt. Noch heute werden diese Werke, die damals wegen ihrer derben Sprache und Thematik schockierten, gerne gelesen. Rabelais war ein Wortkünstler, der der französischen Sprache hunderte von neuen Worten schenkte. Zur gleichen Zeit nahmen die Dichter der Gruppe La Pléiade antike Gedichte zum Vorbild ihrer eigenen Werke.

In der Zeit des Klassizismus (15./16. Jahrhundert) wurde wie auch in der bildenden Kunst und in der Architektur großer Wert auf Ordnung, Harmonie und Form gelegt. Dramatiker wie Pierre Corneille aus Rouen und Jean Racine, die meistens Tragödien schrieben, sowie der Meister der Komödie, Molière, sind die bekanntesten Autoren dieser Zeit.

Die Aufklärung (17./18. Jahrhundert) brachte vor allem philosophische Schriften hervor, eine Tradition, die mit René Descartes und Blaise Pascal bereits im französischen Klassizismus angefangen hatte. Voltaire, Denis Diderot und Jean-Jacques Rousseau waren die wichtigsten Denker dieser Zeit. Rousseaus Philosophie, die Spontaneität und Gefühle mehr betonte als Ratio und Disziplin, wurde Vorreiter der Romantik, die in Frankreich im 19. Jahrhundert mit Victor Hugo, Honoré de Balzac, Georges Sand und Stendhal eine große Blüte erreichte.

Realismus und Naturalismus waren die Strömungen der zweiten Hälfte des 19. Jahrhunderts. Gustave Flaubert wurde mit seinem Roman ›Madame Bovary‹ (1856) der wichtigste Autor der ersten Strömung, während sein Freund Guy de Maupassant mit seinen Kurzgeschichten Anerkennung fand. Émile Zola war der

Französische Literatur

Émile Zola

führende Vertreter des Naturalismus, in dem der Mensch vor allem als Produkt seiner natürlichen Umstände gesehen wurde. Das 20. Jahrhundert begann mit den Romanen von André Gide und Marcel Proust und den Gedichten von Paul Valéry. In den Zwischenkriegsjahren sowie nach dem Zweiten Weltkrieg gab sich die französische Literatur wieder ihrem Hang zur Philosophie hin. Albert Camus und Jean-Paul Sartre sind, zusammen mit Sartres Lebensgefährtin, der Feministin Simone de Beauvoir, die wichtigsten Vertreter dieser Jahrzehnte. In den letzten Jahrzehnten des 20. Jahrhunderts war vor allem Marguerite Duras eine herausragende Figur.

Land und Leute

Bandes Dessinées

Comics haben in Frankreich – eigentlich im ganzen französischen Sprachgebiet Europas, also auch in der Westschweiz und Wallonien – eine lange Tradition und ein komplett anderes Image als in den meisten anderen europäischen Ländern. Obwohl man sich mittlerweile auch in anderen Ländern sich als Erwachsener nicht mehr verstecken muss, wenn man einen Astérix-Band lesen will, versteht man hierzulande schon seit Generationen, dass die besten Autoren der Bandes Dessinées (BD) durchaus zum ernstzunehmenden kulturellen Erbe gehören.

Das zeigt sich alleine schon an den Ausgaben der Comics, denn diese werden durchgängig mit hartem Umschlag auf den Markt gebracht: Sie sind für das Bücherregal bestimmt, nicht für einen Stapel im Kinderzimmer. In den Filialen der FNAC, Frankreichs größter Kette von Elektronik- und Mediengeschäften, findet man immer auch eine große Auswahl an Comics, für die man etwa das Doppelte oder Dreifache bezahlt wie in anderen Ländern. Nach René Goscinny und Albert Uderzo, dem Zeichner von Astérix, werden in Frankreich Grundschulen benannt und über die Erzählungen Dissertationen geschrieben.

Goscinny und Uderzo gehören in Frankreich mit Hergé (Tim und Struppi), Franquin (Spirou und Fantasio), Jean-Michel Charlier und Jean Giraud (Leutnant Blueberry) zu den wichtigsten Vertretern der sogenannten École franco-belge. Ein wichtiger Vorreiter dieser Schule war der Westschweizer Rodolphe Töpffer (1799–1846) aus Genf, der Bildgeschichten zeichnete und Johann Wolfgang von Goethe zu seinen Fans zählen durfte. Obwohl sich das Comic-Angebot in den letzten Jahrzehnten enorm ausgebreitet hat – die aus Japan stammenden Manga-Comics haben 40 Prozent des französischen Marktes erobert –, liest man in Frankreich immer noch das aus dem eigenen Kulturkreis Hervorgegangene am liebsten.

Ganz Gallien?

Das Pariser Viertel Bercy wurde in den 1990er Jahren eingreifend neu gestaltet, nachdem der ehemalige Industriebezirk ziemlich heruntergekommen war. Heute wartet es mit Kinos, Parks, Einkaufsbereichen und einem hypermodernen Stadion auf und ist vor allem bei jungen Parisern sehr beliebt. Das gegenüberliegende Ufer wird von der Bibliothèque Nationale de France eingenommen, einem riesigen Bau von Dominique Perrault.

Unweit der protzigen Nationalbibliothek befindet sich eine kleine, tapfere Buchhandlung, die für viele wesentlich besser das französische Kulturgut repräsentiert. In der Librairie René Goscinny werden die gesammelten Werke des geistigen Vaters

Straßenschild in der Rue René Goscinny

von Astérix, dem berühmtesten Gallier der Welt, aufbewahrt; natürlich werden die Bände hier auch verkauft. Unweit der Librairie ist die nach dem Autor benannte Straße, deren Schilder mit Sprechblasen dekoriert sind: Die spinnen, die Römer!

Fast hätte es Astérix gar nicht gegeben, denn René Goscinny hatte eigentlich vor, in den USA als Zeichner für die Disney-Studios zu arbeiten. Daraus wurde nichts, aber hier kam er mit dem Zeichner Morris in Berührung, für den er die Texte für Lucky Luke zu schreiben begann. Zurück in Europa, lernte Goscinny, nachdem er mit mittelmäßigem Erfolg einige Comics gezeichnet hatte, in Brüssel Albert Uderzo kennen, und aus der Zusammenarbeit dieser beiden entstand zunächst der Indianer Umpah-pah und 1959 der weltberühmte Gallier, dessen Abenteuer bis 1974 in Feuilleton-Form in der Zeitschrift ›Pilote‹ erschienen. Danach veröffentlichte das Paar die Folgen direkt, bis Goscinny 1977 an einem Herzinfarkt starb. Für die Abenteuer des Galliers, die danach erschienen, lieferte Uderzo sowohl die Zeichnungen als die Texte, und von Astérix-Kennern werden diese allgemein als weniger gelungen angesehen.

Die Abenteuer des aufgeweckten Galliers, seines einfältigen, starken Freundes Obélix und der anderen Einwohner des Dorfes in der heutigen Bretagne – wo es wohl wirklich ein kleines Gebiet gab, das von den Römern nie ganz unter Kontrolle gebracht worden war – wurden in 107 Sprachen und Mundarten übersetzt, darunter auch Plattdeutsch, Schwäbisch und Bayerisch. 500 Millionen Exemplare wurden weltweit verkauft, und im Sprachunterricht mancher Länder werden sie mit Begeisterung benutzt.

2009 gab es zum 60. Geburtstag des Galliers einen Jubiläumsband, und das Gesamtwerk wird momentan mit dem Ernst und der Gründlichkeit, die ein literarischer Nachlass verdienen würde, neu bearbeitet und herausgegeben. Und am 24. Oktober 2013 erschien nach langer Zeit die 35. Folge der Abenteuer der beiden Freunde. Uderzo, mittlerweile 86 Jahre alt, übergab für ›Asterix bei den Pikten‹ den Stab Jean Yves Ferri (Text) und Didier Conrad, beide Jahrgang 1959, und damit genauso alt wie Astérix selbst.

Musik

Mittelalterliche Troubadoure spielten häufig zu ihren vorgetragenen Liedern ein Instrument, etwa die Laute oder eine kleine Harfe. Aus diesen gingen die Instrumente der Volksmusik, die in vielen Gebieten Frankreichs immer noch gepflegt wird, hervor. Der ersten große Komponist Frankreichs war Jean-Baptiste Lully, der am Hof von Versailles arbeitete. Er schrieb vor allem Opern und ließ sich dabei zunehmend von den tragischen Opern Italiens beeinflussen. Jean Philippe Rameau gilt als der wichtigste Komponist des 18. Jahrhunderts, während Hector Berlioz der berühmteste Vertreter der romantischen Epoche war. Seine innovative Arbeit

Hector Berlioz

bereitete den Weg für die Komponisten des späten 19. Jahrhunderts wie George Bizet, Gabriel Fauré, Maurice Ravel und Claude Debussy. Die beiden letzteren, die ihrerseits von den Impressionisten beeinflusst wurden, hatten eine großen internationalen Einfluss, der zum Beispiel in den Werken von Igor Stravinsky und Béla Bartók zum Ausdruck kam. Der normannische Komponist Erik Satie schrieb Musik, die seiner Zeit so weit voraus war, dass sie erst Ende des 20. Jahrhunderts Nachfolger bekam. George Bizet schrieb mit ›Carmen‹ (1875) eine der beliebtesten Opern aller Zeiten.

Ab dem späten 19. Jahrhundert wurde dem Publikum in den Musiksälen und Tanzdielen immer öfter eine Musik geboten, die weder klassisch war noch als

Georges Bizet

Volksmusik eingestuft werden konnte, sondern Elemente beider Formen verband: Es war die Geburt der populären Musik. Franzosen, vor allem in den großen Städten, begeisterten sich fortan für viele neue Musikströmungen und tun dies noch heute: Jazz und Blues wurden aus Amerika importiert, die typisch französischen Chansonniers, die Schlagersänger, machten in den 1930er, 40er und 50er Jahren Furore. Maurice Chevalier, Charles Trenet, Charles Aznavour, Jacques Brel, George Brassens und vor allem Edith Piaf wurden auch weit außerhalb des französischen Sprachraums bekannt.

Im späten 20. Jahrhundert kamen zur musikalischen Palette nicht nur elektronische Musik, wie etwa von Jean-Michel Jarre und später Air, dazu, sondern auch Klänge aus den ehemaligen Kolonien. Afrikanische Fusionmusik aus dem Senegal, wie zum Beispiel von der Gruppe Touré Kunda, und algerischer Rai, eine Musikart, die zu den beliebtesten bei der französischen Jugend gehört, erfreuen sich weit über die ethnischen Kulturkreise hinaus großer Beliebtheit. Die algerische Sängerin Souad Massi, die mal in französisch, mal in englisch, aber oft in ihrer Muttersprache singt, gehört zu den beliebtesten Musikern in der Popszene.

In vielen größeren Städten in Frankreich findet man Filialen der FNAC, einer Kette von Geschäften, die ein breit gefächertes Angebot an Büchern und Tonträgern bieten, wobei französische Musik und Literatur natürlich gut vertreten sind. Die hier erwähnten Musiker und Schriftsteller dürfte man dort ohne Probleme finden können. FNACs gibt es unter anderem in Paris, Lyon, Le Havre, Rouen, Avignon, Marseille und Bordeaux.

Essen und Trinken

In Honfleur kann man die leckeren normannischen Buttersandplätzchen kaufen, und zwar von einer Qualität, die den Preis von rund sechs Euro für 200 Gramm gar nicht so unverschämt erscheinen lässt. Die Butter, die in dieser Köstlichkeit verarbeitet ist, stammt von den Kühen von Isigny-sur-Mer, einem kleinen Ort an der normannischen Küste, und ist mit dem Siegel der Appellation d'Origine Contrôlée (AOC) ausgezeichnet. Weinliebhaber kennen diese Bezeichnung vor allem von den Etiketten der guten Tropfen aus Frankreich, doch es gibt sie hierzulande für eine Vielzahl landwirtschaftlicher Erzeugnisse (AOC wird zunehmend von der Appellation d'Origine Protégée, das Siegel der EU, ersetzt). Olivenöl aus den Tälern um Les Baux de Provence, Käse aus Pont l' Évêque bei Honfleur, das Fleisch der schwarzen Stiere der Camargue, ja sogar das Heu aus St-Martin de Crau im Tal der unteren Rhône wird mit diesem Siegel gewürdigt. Es gewährleistet, dass ein Produkt aus einem bestimmten, häufig sehr kleinen Gebiet kommt, nach genauen Regeln erzeugt wurde und klar umschriebene Zutaten enthält. Damit erreicht man einerseits, dass ein Verbraucher genau weiß, was er kauft, und andererseits werden traditionelle Produkte und Erzeugungsmethoden geschützt. Es ist sozusagen das französische Pendant des deutschen Reinheitsgebots, allerdings mit einer wesentlich größeren Reichweite.

In einem Land, in dem die Plätzchen sechs Euro kosten, dafür aber der Kunde weiß, von welcher Kuh die Butter stammt, nimmt man Essen und Trinken sehr ernst. Was man isst, und was man trinkt, so weiß man in Frankreich, das sagt etwas darüber aus, wer man ist. Jede Region hat ihre Spezialitäten und eigenen Zubereitungsweisen, und dies verbindet den Menschen mit dem sogenannten Terroir. Auch dies ist ein Begriff, den man in Deutschland vor allem aus dem Munde von Weinkennern hören kann, aber in Frankreich wesentlich breiter gefasst ist. Denn

Bäckerei in der Provence

Gemüsestand

Terroir meint nicht nur das Zusammenspiel von Bodenbeschaffenheit, Geographie und Klima, das im Wein einer ganz bestimmten Lage seinen Ausdruck findet. Für einen Franzosen bezeichnet Terroir im breitesten Sinne den Charakter der jeweiligen Landschaft. Wer in der Fromagerie in Paris einen Livarotkäse kauft, bringt nicht nur ein Milchprodukt des gleichnamigen normannischen Ortes und die dortige Käsereitradition mit nach Hause, sondern auch die Tautropfen der Weiden, den Geruch der Normandiekühe und das Plätschern des Touques-Flusses. Und wahrscheinlich wird er zu dem Käse ein Glas Cidre trinken, jenes bittersüße Getränk aus Äpfeln, dessen Gärung im kaltnassen normannischen Winter stattfinden muss, damit der Cidre seinen AOC auch wirklich verdient.

Sogar in den Städten sind Franzosen in gewisser Weise mit dem Land verbunden, was sich alleine schon in der enormen Zahl der Zweitwohnungen zeigt. Ein IT-Manager, der seine Arbeitswoche in einem Hochhaus in La Défense verbringt, versteht sich selbst vielleicht zuallererst als Bretone, auch wenn er in seiner kleinen Strandwohnung nur ein paarmal im Jahr eine Woche verbringt. Und diese Landverbundenheit drückt sich eben im Essen und Trinken aus.

Geschichte

War es denn schon immer so? Wie auf andere Fragen zur französischen Küche ist die Antwort zu dieser Frage nicht ganz einfach. Zum einen nämlich ist da die Haute Cuisine, deren Wurzeln am Anfang des 19. Jahrhundert anzusiedeln sind. Man sagt, dass die Köche des Adels, nachdem ihre Herren in der Revolution und den Wirren danach Hab und Gut verloren hatten, anfingen, Restaurants zu gründen, um dem gemeinen Volk gegen Bezahlung die Genüsse der ehemaligen Privilegierten anzubieten. Zu dieser Zeit war die Küche des französischen Adels das Maß aller Dinge für den Adel anderer Länder. In dieser Zeit arbeitete Marie-Antoine Carême sich aus einfachen Verhältnissen zum Chefkoch für den Diplomaten Talleyrand hoch, der gerne aß und in seiner Rolle als Staatsmann auch häufig Gastgeber großer Bankette war.

Man sagt, dass Caterina de' Medici in ihrem Gefolge italienische Konditoren nach Paris brachte, die der Fürstin Eiscreme servierten und den Brandteig erfanden. Richtig oder nicht (Italiener glauben fest daran, Franzosen zweifeln), bereits eine Generation nach der Hochzeit wurde Pâtissier als Beruf anerkannt, und heute gehören die süßen Leckereien zu jeder Mahlzeit, nicht zuletzt, weil Carême in erster Linie Pâtissier war. Der Meister schrieb seine Ansichten und Geheimnisse nieder und macht damit Schule. Er wird als einer der Begründer der Haute Cuisine gesehen, zusammen mit Auguste Escoffier, dessen ›Guide Culinaire‹, veröffentlicht 1903, immer noch benutzt wird. Escoffier ging es vor allem darum, die Kochkunst seines großen Vorgängers der Zeit anzupassen und für ein größeres Publikum zugänglich zu machen.

Törtchen aus Lyon

Ein weiterer Meilenstein in der Verbreitung der Kochkunst war die Ausgabe eines weiteren Standardwerkes, der ›Larousse Gastronomique‹ 1938. Eine deutsche Übersetzung dieses Kochlexikons gibt es auch: Mit satten 2500 Rezepten auf 992 Seiten verspricht es lebenslangen Genuss.

Der Haute Cuisine steht die traditionelle Küche gegenüber, die von Region zu Region unterschiedlich ist. Sie teilt mit ihr die Vorliebe für feinste frische Zutaten. Insgesamt ist ihre Devise ›Souvent simple, parfois sophistiqué, toujour bon‹: Oft einfach, manchmal anspruchsvoll, immer gut. Der französische ›Nahrungsarchäologe‹ Michel Bouvier erklärt gerne, dass die traditionelle Küche Wurzeln hat, die Jahrtausende zurückreichen. Wein und Käse, so behauptet er, seien aus der Notwendigkeit, Nahrung länger haltbar zu machen, hervorgegangen. Bouviers Bücher werden in Frankreich gerne gelesen, denn sie verbinden Essen und Geschichte – für Franzosen eine unwiderstehliche Kombination. Die Geschichte der regionalen Küchen lässt sich weniger leicht an Daten festmachen. Die griechischen Siedler von Massalia brachten Olivenbäume mit, und anhand der Archive der Abtei Jumièges lässt sich die Kultivierung der lokalen Apfelbäume ab dem 13. Jahrhundert belegen, doch vielerorts hat sich natürlich sehr viel Folklore eingeschlichen. Geschichte und Geschichten gehen ineinander über, aber trägt nicht auch das zur Großartigkeit der französischen Küche bei?

Spezialitäten aus der Region Bresse

Französische Tischgewohnheiten

Die erste Mahlzeit des Tages verdient kaum den Namen: eine große Tasse Kaffee (häufig auch eine Schale ohne Henkel), je nach Geschmack reichlich mit heißer Milch verdünnt, und ein Croissant, ein Pain au Chocolat oder ein Stück Weißbrot – meistens von einem Baguette –, und damit hat's sich auch schon. Aber erste Eindrücke täuschen: Auch wenn das Frühstück sehr schlicht gehalten ist, es muss dennoch von hoher Qualität sein. Ein Franzose geht, wenn es sein muss, auch zweimal am Tag zum Bäcker, denn das Brot muss frisch sein – und die Croissants mit echter Butter zubereitet.

In ländlichen Regionen ist das Frühstück üppiger, und jede Region kennt ihre eigenen Traditionen. Beim Frühstück der Seidenweber in Lyon zum Beispiel gab es neben der Kochwurst ein Gericht aus Frischkäse mit Salz, Pfeffer, Kräuter, Schalotten, Olivenöl, das man la Cervelle de Canut nennt, das Hirn des Webers. Zu Fest- und Feiertagen kam zu diesem Frühstück noch etwas Weißwein. Da aber immer mehr Franzosen in Büros ihrer Arbeit nachgehen, sind diese deftigen Frühstücke heute eher eine Seltenheit.

Zum Mittag und zum Abend isst man warm, wobei es sicherlich nicht immer Haute Cuisine sein muss. Dennoch isst man gerne vor dem Hauptgericht eine kleine Vorspeise oder eine Suppe und schließt mit etwas Käse und vielleicht einem Dessert ab. Dabei lässt man sich Zeit – in dem meisten kleineren Städten und Dörfern ist eine Mittagspause von zwei Stunden immer noch durchaus üblich. Man lebt ja nicht, um zu arbeiten, sondern arbeitet, um zu leben.

Regionale Küchen

Mehr als beim Frühstück kommen die regionalen Traditionen beim Mittag- und Abendessen zum Tragen.

Normandie

In der Normandie, die durch ihre Größe mit einer Vielfalt an Terroirs gesegnet ist, gibt es viele Traditionsgerichte. Der Schriftsteller Gustave Flaubert sagte von den Einwohnern dieser Region, es fließe Cidre in ihren Venen. Doch das gemäßigte, feuchte Klima gibt mehr her als nur die kleinen Äpfel, aus denen der Saft für das typisch normannische Getränk gepresst wird. Die Normandie ist das Land der Fische und Meeresfrüchte, der Äpfel und der Milch. Das milde, feuchte Klima wird stark von atlantischen Tiefdruckgebieten beeinflusst. Mit 500 Kilometer Küste ist das Meer nie besonders weit. Von Dieppe bis zur Bucht von Mont St-Michel fahren die Fischer hinaus in den Kanal und bringen Garnelen, Austern und Makrelen mit, die man mit Weißwein zubereitet und mit frittierten Zwiebelringen isst. Das Meer schenkt der Normandie eine weitere Spezialität, auf die man nicht ohne weiters kommen würde: Von den Schafen der Küstenbereiche wird gesagt, dass ihr Fleisch einen besonderen Geschmack hat, da ihre Weiden ab und zu vom Seewasser überflutet werden und somit Seesalz in den Pflanzen vorhanden ist.

Französisches Frühstück

Die Wiesen der Normandie eignen sich hervorragend als Weideland höchster Qualität, dies wusste man bereits am Hof von Versailles, an dem das Kalbfleisch aus dem Caux besonders beliebt war. Obwohl die Region eine Vielzahl an Käsesorten produziert, gibt es doch drei, die herausragen: der Camembert, der Livarot und der Pont l'Évêque. Oft grasen übrigens die Kühe, vor allem in älteren Kulturlandschaften, unter Apfelbäumen, denn diese findet man in der Normandie überall. Viele Apfelsorten dieser Region kommen nie in einen Laden, da der Löwenanteil der Ernte zu Cidre verarbeitet wird, einem leicht alkoholischen Getränk, in dem Süße, Säure und Bitterkeit der Äpfel zusammen in genauester Abstimmung genossen werden können. Zum Brennen des berühmten Digestifs Calvados nimmt man ebenfalls Äpfel, und in den Desserts der Normandie fehlen sie praktisch nie.

Burgund

Im Burgund waren es vor allem die Herzöge, die vom 14. zum 15. Jahrhundert diese Region zu einer ungekannten Blüte führten, und dabei auch in Sachen Essen und Trinken prägend wirkten: Phillip dem Kühnen verdankt man es, dass im Kerngebiet dieser Weinregion für die besten Weine nur die Pinot-Noir-Traube genommen wird, und sogar zum Senf äußerten sich die hohen Herren, was dazu führte, dass Dijon eine Hochburg dieser Zutat wurde. Die Hügel des Burgunds bieten Weideland für die Charolais-Rinder, die bedeutendste Fleischrasse Frankreichs. Das Fleisch der weißen oder cremefarbenen Tiere wird mit einem Label Rouge ausgezeichnet, aber nur, wenn sie aus dem fest umrissenen Charolais-Gebiet kommen, dort neben Gras nur traditionelles Futter bekommen und in einer bestimmten Art und Weise geschlachtet werden.

Provence

In der südlichen Provence gibt es wohl kaum ein bekannteres Gericht als die Fischsuppe aus Marseille. Die Bouillabaisse wurde ursprünglich mit Meerwasser zubereitet, unverkaufte und beschädigte Fische kamen in die Suppe. Auch Kartoffeln konnten zugefügt werden. Später machte man aus Felsenfischen, Tomaten, Zwiebeln, Knoblauch, Fenchel und Safran einen Fond, in dem weitere Fische gegart wurden. Heute werden in den Restaurants nur ausgewählte frische Fische genommen, und die Bouillabaisse ist von ihrer einfachen Herkunft recht weit entfernt, denn in guten Restaurants ist sie mittlerweile recht teuer.

Ein weiterer Genuss sind die Oliven der Provence. Ab Ende August werden die ersten grünen Früchte gepflückt. Die richtige Ernte in der Provence beginnt aber ab Oktober. Reifere Fruchte pflückt man Ende November und Anfang Dezember, die voll ausgereiften schwarzen Oliven im Dezember und Januar. Vom Baum kann man allerdings die Früchte nicht essen, dafür sind sie zu bitter. Erst durch das Einlegen in Öl, Kräuter, Wasser oder auch Salzlaken entfalten sich der Geschmack.

Île de France

Die Île de France, dessen Herz die Hauptstadt ist, gibt in vielerlei Hinsicht den Ton vor, unter anderem weil Restaurants in ganz Frankreich teilweise von hier beliefert werden.

Der weltgrößte Lebensmittelgroßhandelsmarkt befindet sich auf einem Gelände von mehr als 230 Hektar in der Nähe des Flughafens Orly. Von hier werden 18 Millionen Menschen versorgt, zwei Drittel davon Franzosen. 14000 Menschen sind hier beschäftigt. Der neue Bauch von Paris löste Ende der 1960er Jahre die total verstopften Markthallen im Les-Halles-Bereich mitten in Paris ab. Das Leben spielt sich heute wie damals hauptsächlich in der Nacht ab.

Fleischstand in Lyon

Gegen Morgen sind die meisten Geschäfte gelaufen, und ist die Ware auf dem Weg zum Verbraucher. Früher konnten nach der Schlacht der professionellen Kaufleute die Hausfrauen von Paris auf dem Markt einkaufen, und dann, als das Treiben wirklich vorbei war, läutete man eine Glocke (Cloche), das Signal für die Landstreicher, die Reste des Tages einzusammeln; eine Tradition, die ihnen den Namen Clochards einbrachte.

Das erste Pariser Café wurde 1686 geöffnet und existiert noch heute als Restaurant, unter dem Namen ›Procope‹ – damals hieß es nach seinem sizilianischen Inhaber ›Procopio‹. Lange Zeit war dieses Café Treffpunkt für Literaten und Philosophen. Von Paris aus verbreitete sich im 19. Jahrhundert die Tradition der Stehcafés, in denen man bald mehr als nur Kaffee bekommen konnte.

Brot

Obwohl es in Frankreich eine Vielzahl an Broten gibt, haben es zwei zur nationalen Ikone gebracht: das Baguette und das Croissant. Baguette nennen die Franzosen die etwa 70 Zentimeter langen Weißbrote, die zunächst vor allem in Paris Verbreitung fanden, aber nach und nach überall erhältlich wurden. Brot hat in der Île de France eine lange Tradition – der landwirtschaftliche Reichtum der Ebenen um Paris herum war für den Aufstieg der Stadt so wichtig wie ihre militärische Macht. Beim Bau der Kathedrale Notre-Dame stifteten die Bäcker von Paris vier Fenster, mehr als irgendeine andere Zunft – dies zeigt, welch wichtige gesellschaftliche Rolle sie einnahmen. Noch heute isst ein Franzose sein Brot am liebsten frisch, und das heißt, das auch in den kleinsten Orten die Bäckerei sieben Tage in der Woche geöffnet hat. Konsequenterweise schließen die Bäckereien aber auch nicht zu einer bestimmten Uhrzeit, sondern dann, wenn das Brot ausverkauft ist.

Früher wurde das Brot in Kugelform gebacken, und es ist anzunehmen, dass das französische Wort für Bäcker, Boulanger, dieser Tradition entstammt, denn

In der Bäckerei

Land und Leute

Kugel heißt auf französisch boule. Der Sonnenkönig Louis XIV. mochte sein Brot gerne ohne Kleie, dafür aber schön leicht. In den Städten aß man fortan immer mehr Weißbrot, mit Bierhefe angereichert. Im Jahrhundert darauf setzte sich die Vorliebe für ein Brot mit viel Kruste und wenig Krume durch, und so wurden die Brote immer schlanker. Den Höhepunkt erreichte man mit einem Ficelle genannten Brot, das so lang ist wie ein Baguette, aber nur noch halb soviel wiegt. Frisch gebacken gibt es nichts Besseres als dieses perfekte Zusammenspiel von Geschmack und Knusprigkeit, dennoch essen immer mehr Franzosen heute wieder Pain de Campagne, das Brot vom Lande. Immerhin aber werden in Frankreich täglich noch mehr als zehn Millionen Baguettes verkauft.

Die Geschichte des Croissants wird so erzählt: Im 17. Jahrhundert, als die osmanische Armee Budapest (in einer anderen Version geht es um Wien) belagerte, gruben osmanische Soldaten Tunnel unter den Stadtmauern hindurch. Die wurden aber von den früh aufstehenden Bäckern entdeckt, und diese wurden damit zu Helden, da sie Alarm schlagen konnten. Daraufhin fertigten die Bäcker triumphierend halbmondförmige Brötchen aus Blätterteig an (das Wort Croissant heißt nichts mehr als zunehmend), die über Marie-Antoinette im 18. Jahrhundert nach Paris wanderten und von dort Frankreich eroberten. Allerdings, so schön die Geschichte sein mag, sie stimmt wahrscheinlich nicht. Jim Chevallier, selbsternannter Frühstücksexperte, hat eine ganz andere Theorie: Es soll ein ehemaliger österreichischer Offizier namens August Zang gewesen sein, der in den 30er Jahren des 19. Jahrhunderts die Kipferl nach Paris brachte. Und die österreichischen Kipferl gab es wohl lange vor der Zeit der Türkenbelagerungen.

Mit Zucker, Eiern, Butter und Milch als Zutaten zu einem lockeren Hefeteig, backt man die dritte berühmte Brotsorte, die Brioche. Als in den Revolutionstagen die wirklichkeitsfremde Marie-Antoinette erfuhr, dass die aufständischen Pariser kein Brot zum Essen hatten, bereitete sie späteren Übersetzern Schwierigkeiten, als sie sagte: S'ils n'ont plus de pain, qu'ils mangent de la brioche – Wenn sie kein Brot haben, dann sollen sie doch Brioche essen. Da man aber Brioche in anderen Ländern nicht kannte, wurde sie mit ›Kuchen‹ übersetzt, was die in dem Satz ausgedrückte Haltung der Königin noch schlimmer erscheinen ließ, als sie ohnehin schon war. Ob der Satz überhaupt von ihr stammt, auch daran scheiden sich die Geister.

Käse

Charles de Gaulle soll 1962 in einem Interview mit der amerikanischen Zeitschrift ›Newsweek‹ seufzend gefragt haben: »Wie kann man ein Land regieren, in dem es 246 Käsesorten gibt?« Nun meinte dies der General wohl eher mit einem gewissen Stolz, und die Zahl war völlig willkürlich gewählt. Dennoch ist es eine Tatsache, dass außer beim Wein der kulinarische Reichtum Frankreichs nirgends so zum Ausdruck kommt wie in der unglaublichen Vielfalt der Käsesorten.

Es ist nicht ohne Ironie, dass gerade der Wissenschaftler Louis Pasteur, dem man das Prozedere des Pasteurisierens verdankt, ausrechnet Franzose war, denn hierzulande wird hartnäckig gegen EU-Bestimmungen gekämpft, die die Ver-

Käse in großer Vielfalt

arbeitung pasteurisierter Milch vorschreiben soll. Ein guter Käse, so weiß man, wird aus roher Milch gefertigt. Der Bauer macht sie, der Affineur begleitet den Reifeprozess. Er ist ständig auf der Suche nach den besten Käseproduzenten, und erst nach der Affinage wird der Käse angeboten. Nach Herkunft der Milch sowie Herstellungsverfahren unterscheidet man Frischkäse, Weichkäse mit weißer Schimmelrinde, Weichkäse mit roter Schimmelrinde, Edelschimmelkäse, Ziegenkäse und Schafskäse, Hartkäse aus gekochter und aus nicht gekochter Masse.

Die Lagerung spielt in der Geschmacksentwicklung eine sehr wichtige Rolle: Camembert zum Beispiel braucht 98 Prozent Luftfeuchtigkeit, Hartkäse nur etwa 80 Prozent und Ziegenkäse 75 Prozent.

45 Käsesorten werden mit einer AOC ausgezeichnet, unter anderem Brie de Meaux, Brie de Melun, Camembert aus der Normandie, Neufchâtel, Epoisses aus dem Burgund, Livarot, Pont l'Évêque, Picodon de l'Ardèche, Picodon de la Drôme. Vorreiter aller dieser Käse war der mit Blauschimmel durchsetzte Schafskäse Roquefort, der seine Appellation bereits 1921 bekam. Jede Appellation hält die genauen Erzeugungsmethoden fest: Camembert reift mindestens 21 Tage und kann für einen Franzosen nur aus roher Milch zubereitet werden, die Käsemasse muss mit einer Holzkelle in seine Form geschöpft werden und nicht etwa von einer Maschine. Viele Sorten haben lange Geschichten, und laut Michel Bouvier gibt es auch ausgestorbene sowie wiederauferstandene Sorten. Neufchâtel wird in der Normandie bereits seit dem 11. Jahrhundert gegessen,

während Brie bereits von Karl dem Großen geschätzt wurde. Die flachen Torten mit 35 Zentimetern Durchmesser, etwa 2,5 Zentimeter dick, werden in aller Welt imitiert, doch die besten gibt es in Meaux oder Melun.

Manche Käsesorten werden von Puristen nur zu einer bestimmten Jahreszeit gegessen – die Milch und die Bedingungen der Herstellung sind eben nicht zu jeder Jahreszeit die gleichen. Epoisses wird mit einem Trester, Marc de Bourgogne, affiniert. Seine Rinde ist glänzend, oft geriffelt und orange. Wenn die Masse gerade zu laufen beginnt, ist dieser Käse am geschmackvollsten. Livarot aus der Normandie wurde früher mithilfe von Binsenstreifen zusammengehalten (heute ist es Papier), die dem Käse zum Beinamen Colonel (Oberst) verholfen haben. Die gelbe Masse ist etwas elastisch, und der Käse hat den für die Normandie typischen, vollen, etwas nussigen Geschmack. Aus dem Burgund kommen neben dem Epoisses der Charolais, der aus einer Mischung aus Kuh- und Ziegenmilch erstellt wird, und der Montrachet, ein sehr cremiger Käse, den man jung isst. Im mittleren Rhônelauf, um Tournon, sollte man den Picodon, einen reifen, kräftigen Käse, probieren.

Wo isst man?

Natürlich isst man bei einer Kreuzfahrt an Bord. Mindestens dreimal am Tag wird serviert, und die Küche wird immer üppiger, ohne dass man sich allzu sehr mit Unbekanntem auseinandersetzen muss. Dennoch sollte man nicht versäumen, vor Ort eine gute Flasche zu kaufen, ein Stück Käse und ein Baguette und den Abend auch mal am Sonnendeck à la française ausklingen lassen.

Restaurants gibt es natürlich in großer Auswahl auch an Land, und vielleicht nimmt man in Lyon oder Paris auch einmal ein Mittag- oder Abendessen in einem Restaurant ein. Alleine in Paris gibt es mehr als 5000. Während viele von ihnen den Kunden mit einer umfangreichen Karte zu imponieren versuchen, ist häufig das Tagesmenü mit festem Preis (Menu prix fixe) eine gute Lösung.

Von Michelin-Sternen muss man sich dabei nicht beeindrucken lassen. Sie sind aber gut für eine letzte Geschichte zum Essen und Trinken in Frankreich: Die erste Guide Michelin wurde zur Weltausstellung 1900 herausgegeben und hatte bereits damals 400 Seiten. Das Buch des Reifenherstellers war gratis und sollte weniger zum Essen als zum Autofahren anregen. Aber wenn man schon mal unterwegs war, sollte man wissen, wo man gut essen konnte. Ab 1920 wurde das Buch verkauft, das Sternesystem wurde 1926 entwickelt. Aus dem roten Reiseführer ist heute ein Imperium gewachsen, das neben dem roten Buch jede Menge grüne Bücher, Karten und Atlanten herstellt. Anders als beim berühmten roten deutschen Reiseführer, der vom Koblenzer Verleger Charles Baedecker herausgegeben wurde, um Reisenden am Rhein die Frage zu beantworten ›Wo gibt es etwas zu sehen?‹ war am Anfang des Michelin-Verlags die große Frage ›Wo gibt es etwas Gutes zu essen?‹

Restaurant in Vieux Lyon

Französische Rezepte

Anchoïade

Dieses Vorgericht kommt aus der Provence, und obwohl es sehr einfach ist, enthält es viele der Zutaten, für die die Provence bekannt ist.

Zutaten: 125 g Sardellen in Öl, 125 g Sardellen in Salzlake, 3 Knoblauchzehen, 1 trockene Feige, etwas Zitronenschale, 1 Esslöffel Olivenöl, 1 Teelöffel Essig, 4–6 dicke Scheiben Bauernbrot

Zubereitung: Ofen auf 250 Grad erhitzen. Ölsardellen mit etwas Küchenpapier trocknen; Salzsardellen unter dem Wasserhahn spülen und trocknen. Die Sardellen in kleine Stückchen schneiden. Knoblauch, Feigen und Zitronenschale fein hacken. Sardellen, Knoblauch und Feige mit einem Mörser oder in einer Küchenmaschine zu einem Brei zermahlen, und Olivenöl, Essen und Zitronenschale zufügen. Die Brote mit der Paste fest einschmieren, damit die gut in die Krume eindringt. 5–7 Minuten im Ofen backen und sofort servieren.

Bœuf Bourgignon

Zugegeben, das Rindfleisch bei Ihrem Metzger kommt wahrscheinlich nicht von den Charolais-Rindern, doch dieser Klassiker der deftigen französischen Küche bringt trotzdem das Burgund auf dem Tisch. Beim Wein reicht ein kräftiger roter; es muss sicherlich kein Premier Cru sein, doch sollte man hier nicht sparen.

Zutaten: 1,2 kg Schmorfleisch, 2 Karotten, 2 große Zwiebeln, 3 Knoblauchzehen, 5 dl Kalb- oder Rindfleischfond, 2 Esslöffel Öl, 150 g kleine Speckwürfel, 2 Esslöffel Mehl, 6 dl Rotwein aus dem Burgund, 1 Bouquet garni (Kräutersträußchen), 12 kleine Zwiebeln, 20 g Butter, 1 Teelöffel Puderzucker, etwas Salz, 200 g Champignons, 20 g Butter, Pfeffer und Salz

Zubereitung: Das Fleisch in Würfel von 3–5 Zentimeter schneiden. Karotten in Scheiben und Zwiebel in Stücke schneiden und Knoblauchzehe pressen. Ofen auf 250 Grad vorheizen. In einer Casserole den Speck im Öl anbraten und herausnehmen. Anschließend das Fleisch schnell goldbraun braten. Danach Karotten und Zwiebel mit etwas Salz und Pfeffer dazugeben. Alle Zutaten aus der Casserole nehmen und das Fett abgießen. Fleisch, Zwiebeln und Karotten wieder in die Casserole geben, Mehl über die Zutaten verteilen, gut durchrühren und etwas bräunen lassen. Fond, Wein, Knoblauch und Bouquet Garni dazugeben und im Ofen 2–2,5 Stunden abgedeckt schmoren lassen.

Restaurant in Honfleur

Inzwischen Zwiebeln und Champignons zubereiten: Butter in einer Pfanne schmelzen lassen, Puderzucker und etwas Salz hinzufügen und die Zwiebel in Wasser (gerade genug, um die Zwiebel zu bedecken) 10–15 Minuten kochen lassen, bis das meiste Wasser verdampft ist. Die Zwiebeln in dem Sirup schließlich etwas bräunen lassen. Champignons in Stücke schneiden und in 20 Gramm Butter etwa 10 Minuten backen.

Das Fleisch aus der Casserole nehmen und auf eine Servierplatte legen. Die anderen Zutaten aus der Casserole nehmen, das Fett von der Flüssigkeit abschöpfen und noch etwas einkochen lassen. Alle Zutaten wieder in die Casserole geben, zusammen mit Champignons, kleinen Zwiebeln und Speckwürfeln. Gut durchrühren und mit Pfeffer und Salz abschmecken. Zutaten über das Fleisch geben und mit Nudeln servieren.

Im Burgund serviert man den Fleischeintopf mit Croûtons. Zu diesem Gericht trinkt man zum Beispiel einen kräftigen Beaujolais wie den berühmten Moulin à Vent.

Zwischen den Gängen

Zwischen Hauptgang und Dessert passt ein Gläschen Calvados, was der Verdauung dermaßen helfen soll, dass der Magen bald wieder knurrt. In diesem Zusammenhang spricht man vom normannischen Loch.

Tarte Tatin

Dieser Apfelkuchen kommt ursprünglich aus der Normandie. Am besten nimmt man dafür saure, feste Äpfel wie etwa Boskop oder Goldreinette.

Zutaten Mürbeteig: 150 g Mehl, 75 g Butter, 1 Ei, 1 Prise Salz, eventuell etwas Zucker,
Zutaten Belag: 1,3 Kilo Äpfel, 100 g Zucker, 50 g Butter
Zubereitung: Die kalte Butter in kleinen Stücken mit Mehl, Ei, Salz und nach Bedarf etwas Zucker zu einem Teig kneten, in Frischhaltefolie einschlagen und im Kühlschrank etwa eine Stunde liegen lassen. Ofen auf 200 Grad vorheizen. Äpfel schälen und in dicke Scheiben schneiden. 100 g Zucker mit zwei Esslöffeln Wasser langsam in einem Topf bei 150–160 Grad karamellisieren. Die Butter dazugeben, gut mischen und die Masse in eine Backform von 18–20 Zentimetern geben. Äpfel auf der Masse verteilen und im Ofen 40–45 Minuten backen. Backform aus dem Ofen nehmen und Äpfel abkühlen lassen.

Den Mürbeteig zu einer Kreisform mit etwa 20 Zentimeter Durchmesser ausrollen. Teig auf die Äpfel legen, fest am Formrand andrücken und 30–35 Minuten backen. Die Tarte aus der Form stürzen und warm servieren.

In der Normandie wird die Tarte Tatin mit Crème Fraîche serviert, aber Sahne geht natürlich auch, vor allem mit etwas Calvados!

Käse

Eine Käseplatte mit Sorten der in diesem Buch beschriebenen Regionen setzt sich vielleicht aus einem Livarot, einem Camembert, einem Epoisses sowie einem Chèvreton aus dem Mâconnais zusammen. Dazu passt ein roter Wein wie der Condrieu, aus der Appellation südlich von Vienne, im nördlichen Côtes-du-Rhône-Gebiet.

La tour Eiffel a froid aux pieds
L'Arc de Triomphe est ranimé
Et l'Obélisque est bien dressé
Entre la nuit et la journée

Il est cinq heures
Paris s'éveille

Der Eiffelturm hat kalte Füße
Der Arc de Triomphe wird wieder-
belebt
Und der Obelisk steht wohl erzogen
Zwischen Nacht und Tag
Es ist fünf Uhr
Paris erwacht

Jaques Lanzmann und Anne Ségalen; gesungen von Jacques Dutronc

Die Seine in Paris

PARIS UND VERSAILLES

Paris

Paris, so sagte der Schriftsteller Edmondo de Amicis, ist immer ein Wiedersehen. Damit meinte er, dass Besucher, auch beim ersten Mal, die Stadt bereits aus so vielen Geschichten und Filmen, Bildern und Gedichten kennen, dass man nie das Gefühl loswird, schon einmal da gewesen zu sein. Ein anderer Schriftsteller, Georges Perec, dagegen meinte, man könne die Stadt nie ganz kennen, sie nie ganz beschreiben, sie nie ausreichend in Worte fassen. Freilich haben beide recht: Zugleich neu und vertraut, bietet Paris Besuchern immer Bestätigung und Überraschung und wird somit nie langweilig. Wer glaubt, bei seinem Besuch ›alles‹ sehen zu müssen, setzt sich einer unvermeidbaren Enttäuschung aus. Es gilt, aus dem Füllhorn auszuwählen und den Besuch sorgfältig zu planen. Dabei sollte das Wissen, dass man nicht alles Sehenswürdige berücksichtigen kann, Grund zur Heiterkeit, nicht zur Tristesse sein. Denn Paris kann man immer wieder sehen.

Auf den ersten Blick ist die Millionenstadt recht überschaubar: Der historische Kern – das Rive Droite, das Rive Gauche, von Notre-Dame bis zum Place de l'Étoile mit dem Arc de Triomphe und von Montmartre bis Montparnasse – umschließt nur 20 Quadratkilometer. Rund 500 000 Menschen leben auf dieser Fläche. Nimmt man die ganze Stadt, dann vervierfacht sich die Einwohnerzahl: Die Gesamtfläche ohne Vororte beträgt 105 Quadratkilometer bei 2 258 000 Einwohnern. Zählt man die Vororte und die Trabantenstädte mit, dehnt sich die Stadt auf 1800 Quadratkilometern aus und zählt an die zwölf Millionen Einwohner. Ob sie im Herzen der Stadt oder am Rand wohnen, die meisten verstehen sich als Pariser und sind stolz auf 1800 anerkannte historische Denkmäler, 157 Museen, drei Opernhäuser, 142 Theater und fast 400 Kinos. Jährlich zieht die Stadt 30 Millionen Besucher an, 60 Prozent davon aus dem Ausland. Die meisten kommen im

Blick vom Eiffelturm auf Paris

Abend in Paris

Sommer: Sobald der 14. Juli vorbei ist, die Fahnen geschwenkt und die Soldaten marschiert sind, fahren die Pariser in den Urlaub – und machen den Besuchern Platz. Wenn die Einwohner nicht im Urlaub sind, wird in Paris hart gearbeitet: Ein Viertel des Bruttosozialprodukts Frankreichs wird im Pariser Raum erzeugt.

Geschichte

Kurt Tucholsky sagte in einem Essay zu Paris: »In Frankreich hat kein wichtiges historisches Ereignis stattgefunden, das nicht von Paris ausgegangen oder in Paris beendet worden wäre.« Tatsächlich ist insofern die Pariser Geschichte in großen Teilen mit der der Nation identisch. Der folgende Abriss konzentriert sich auf Ereignisse, die Spuren im heutigen Stadtbild hinterlassen haben.

■ Anfänge

Eine menschliche Präsenz im Pariser Becken kann bereits für das 4. Jahrtausend vor Christus belegt werden, doch es sind die Parisii, ein keltisches Volk, mit denen die Geschichte von Paris wirklich beginnt. 250 Jahre vor unserer Zeitrechnung ließen sie sich auf der heutigen Île de la Cité in der Seine nieder, und fingen an, den Verkehr am Fluss zu kontrollieren. Die Insel hatte eine perfekte Lage. Jeder, der die Wahl hatte, bevorzugte die Seine als Reiseweg, sie war friedlich, verlässlich und frei von Räubern – ganz anders als die Wälder an den Flussufern. Unter Camulogenus, einem mit Vercingetorix alliierten Hauptmann, schloss man sich dem gallischen Aufstand an, der schließlich von Cäsar in die Knie gezwungenwurde. Einer von Cäsars Leutnants, Labienus, nahm die Insel ein, doch die Niederlassung wurde von den fliehenden Kelten in Brand gesteckt. Südlich der Insel, am linken Ufer, gründeten die Römer darauf die Siedlung Lutetia. Aus dieser Zeit sind die Bäder unter dem Stadtpalais der Äbte von Cluny sowie die Reste des Amphitheaters geblieben.

Die christliche Ära begann mit dem ersten Bischof, Saint Denis, der um das Jahr 250 mit zwei Kollegen festgenommen und enthauptet wurde.

Erstaunlicherweise wurde ausgerechnet in Paris, das sich in Reichtum, Fortschritt und kulturellen Errungenschaften mit den Städten des Südens nicht messen konnte, Flavius Claudius Julianus (Julian der Abtrünnige) von seinen Truppen rund 360 zum römischen Kaiser ausgerufen. Spätere Herrscher bezogen sich auf dieses Ereignis, um ihre eigenen Thronansprüche zu untermauern.

■ Das Mittelalter

Nach dem Zusammenbruch des Römischen Reiches kam es vermehrt zu Einfällen, unter anderem der Hunnen. Eine sehr gläubige junge Frau, Geneviève, soll aber durch ihr Beten den Hunnenkönig Attila davon abgebracht haben, Paris anzugreifen. Als ihre Reliquien

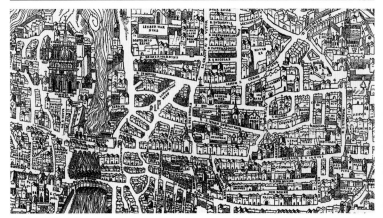

Paris im Mittelalter

durch Graf Eudes von Paris, den späteren Frankenkönig, bei der Verteidigung gegen die Normannen 885 beigesetzt wurden, hatte sich ihr Mythos längst gefestigt. Heute ist Sainte Geneviève die Schutzpatronin der Stadt.

464 wurde Paris von den Franken unter Childeric I. eingenommen. Dessen Sohn Clovis I. (Chlodwig) machte Paris zur Hauptstadt seines noch sehr bescheidenen Reiches. Zum Christentum bekehrt, wurde er neben Sainte Geneviève begraben. 751 wurde die merowingische Dynastie von den Karolingern abgelöst, doch unter Karl dem Großen zog der Hof nach Aachen.

Bald danach begannen die Einfälle der Wikinger. 855 segelten sie auf der Seine bis Rouen und kamen im Jahr danach wieder. Also ließ Charles II., genannt le Chauve (Karl der Kahle), Festungen an beiden Seiten der Notre-Dame-Brücke errichten. 885 kamen die Männer aus dem Norden, 30 000 an der Zahl. Die beiden Befestigungen fielen, doch die Stadt hielt unter Graf Eudes stand, und Charles III., genannt le Gros (Karl der Dicke), schlug den Plünderern vor, doch

an Paris vorbeizuziehen, um sich den Wein aus dem Burgund, um den es den Eindringlingen ging, zu holen. Diese Ereignisse führten zu einem zunehmenden Einfluss der Grafen von Paris, der schließlich dazu führte, dass Hugues Capet, ein Verwandter von Eudes, im Jahr 987 zum König Frankreichs gewählt wurde. In den folgenden Jahrhunderten entwickelte sich die Stadt zu einer der wichtigsten des Mittelalters. Am linken Ufer entstand ein Bildungszentrum, am rechten Ufer eine Handelsstadt. Dazwischen befand sich das religiöse Zentrum, die Île de la Cité, auf der man eine Kirche nach der anderen baute. Philippe Auguste, der Frankreichs Grenzen stark erweiterte, ließ eine Stadtmauer errichten, von der noch heute hier und dort Teile bewahrt worden sind. Im 13. Jahrhundert wurde unter Louis IX., dem späteren Saint Louis (heiliger Ludwig), die Ste-Chapelle gebaut, um die Dornenkrone Jesu zu beherbergen.

Im 14. Jahrhundert folgte eine Katastrophe nach der anderen: Der Hundertjährige Krieg, die Pest und regelmäßige Aufstände suchen die Stadt heim. Unter

◀ **Karte:** hintere Umschlagklappe

Charles V. wurde eine neue Stadtmauer gebaut, und die Bastille wurde zum Symbol einer repressiven Herrschaft. Von 1420 bis 1436 war Paris in englischer Hand. Jeanne d'Arc wurde in dieser Zeit, 1429, bei dem Versuch, die Stadt zu befreien, verletzt. An der Stelle, wo dies passiert sein soll, an der Rue Rivoli nahe der Tuilerien, steht heute ein Reiterdenkmal der Magd von Orléans. Die Könige vom Haus Valois zogen die Schlösser an der Loire vor, und Paris musste lange ohne Monarchen auskommen, obwohl François I. den Louvre, begonnen unter Philippe Auguste, weiter ausbauen ließ und einen prächtigen Hofhaushalt führte. Die Religionskriege machten vor Paris keinen Halt: In der Nacht vom 23. August 1572 wurden 3000 Protestanten in der Stadt ermordet und in die Seine geworfen. Die sogenannte Bartholomäusnacht war von der königlichen Familie geplant worden. In der Zeit danach brach in Paris ein offener Aufstand aus. Henri III. musste am Tag der Barrikaden aus Paris fliehen, und ein Jahr später wurde er von einem fanatischen Dominikanermönch getötet, ohne jemals die Macht in der Stadt wiedererlangt zu haben.

■ **Das Grand Siècle und die Revolution**

Der spätere Nachfolger Henris III., Henri de Navarre, belagerte die Stadt im Sommer 1590, doch es dauerte fast vier Jahre, bis sie nachgab und Henri IV. gekrönt werden konnte. Dieser richtete in Paris seine Residenz ein und ließ den Louvre ausbauen, die Pont Neuf errichten und den Place des Vosges anlegen. Er wurde 1610 unweit von der Pont Neuf ermordet. Seine Witwe, Maria de' Medici, ließ das Palais de Luxembourg errichten, in dem heute der Senat tagt. Unter ihrem Sohn Louis XIII. begann für Paris und Frankreich das Grand Siècle, das Große Jahrhundert, das von einer enormen kulturellen Blüte gekennzeichnet war. Die Wirtschaft erlebte einen Aufschwung, doch in der verschwenderischen Pracht des Hofes lag auch der Keim der Revolution, die 1789 über Paris hereinbrach. Am 14. Juli wurde die Bastille gestürmt. Die aufständischen Pariser zogen zunächst zum Hôtel des Invalides, erbeuteten dort die nötigen Waffen und stürmten das Gefängnis. Es befand sich zwar nur eine Handvoll Gefangener in dem verhassten Bau, doch der Abbruch, der sofort begann, bedeutete das Ende eines Herrschaftssymbols, das seit dem 14. Jahrhunderts dem Einsperren von Regimegegnern gedient hatte. Heute findet man dort, wo die Rue St-Antoine auf den Platz trifft, im Pflaster noch die Umrisse der Bastille. Auch die Revolutionen von 1830 und 1848 begannen hier, und noch heute demonstriert man am Platz der Bastille regelmäßig.

Sechs Jahre lang wütete in Paris und im ganzen Land ein blutiger Kampf zwischen verschiedenen Gruppierungen, der sich erst legte, als Napoléon Bona-

Darstellung des Sturms auf die Bastille

Paris und Versailles

parte die Macht ergriff. Seine Regierungszeit war zunächst von Wachstum geprägt, doch seine Feldzüge erschöpften das Land und brachten es schließlich an den Rand des Abgrundes: 1814 wurde Paris von der russischen Armee eingenommen.

■ Paris im 19. Jahrhundert

Erstaunlicherweise kehrte das Haus der Bourbonen mit Louis XVIII. zurück an die Macht, doch im 19. Jahrhundert gab es zwei weitere Revolutionen. Unter dem zunächst demokratisch gewählten, dann zum Kaiser ernannten Napoléon III. wurde das heutige Gesicht der Stadt gestaltet.

Waschboote im Paris des 19. Jahrhunderts

Sein Präfekt der Seine, Georges-Eugène Haussmann (1809–1891), prägte das Stadtbild mehr als sonst jemand. Unter seiner Führung wurde die schmutzige, verstopfte Stadt des Mittelalters zur ›Hauptstadt des 19. Jahrhunderts‹, wie Walter Benjamin sie nannte. Haussmann wurde als Anwalt ausgebildet, begann jedoch eine Laufbahn im öffentlichen Dienst und arbeitete sich unter Napoléon III. hoch. Mitte des 19. Jahrhunderts fing er an, die alten Straßen zu demontieren. 20 Jahre zuvor waren 20 000 Pariser während einer Cholera-Epidemie gestorben, und man ging damals wohl zu Recht davon aus, dass die Wiederholung einer solchen Katastrophe nur durch bessere hygienische Zustände vermieden werden konnte. Also plante Haussmann eine großzügig angelegte Stadt mit breiten Boulevards nach einem geometrischen Muster. Dass bereits eine Stadt da war, schien ihn nicht besonders zu stören. Aus der heutigen Perspektive mag diese Herangehensweise fragwürdig erscheinen, doch das Resultat fand unter Zeitgenossen großen Anklang.

Als Napoléon III. 1870 Preußen den Krieg erklärte, bereitete diese katastrophale Entscheidung seiner Herrschaft ein abruptes Ende. Am 19. September stand das preußische Heer vor Paris; der Kaiser hatte da bereits abgedankt. Die Belagerung und die darauf folgende Kapitulation der Stadt wurde von den Bürgern als Verrat verstanden, und im März 1871 brach ein Aufstand aus: Die Kommune von Paris erklärte sich unabhängig. Blutige Kämpfe brachen aus, und die Zerstörungen waren enorm. Mehr als 10 000 Kommunarden fanden den Tod.

■ 20. Jahrhundert

Trotz politischer Instabilität war das ausgehende 19. Jahrhundert von einem wirtschaftlichen Aufschwung gekennzeichnet. 1889 wurde der Eiffelturm errichtet, bei der Ausstellung von 1900 die Métro eröffnet. Mit dem Ersten Weltkrieg endete die Belle Époque. Paris fiel erstaunlicherweise nicht, obwohl deutsche Truppen so nahe an die Hauptstadt herankamen, dass Soldaten mit Taxis zur Front gefahren wurden.

Die Zwischenkriegszeit war zunächst von einer Rückkehr zum heiteren Lebensgefühl der Belle Époque geprägt.

Karte: hintere Umschlagklappe
▲

Die Roaring Twenties brachten Jazz und Josephine Baker nach Paris, doch mit der Wirtschaftskrise der 1930er Jahre kam die politische Instabilität an die Oberfläche. Faschisten versuchten 1934 einen Putsch, in dem 15 Menschen das Leben ließen und hunderte verletzt wurden. Durch die Wirren war Frankreich militärisch nicht in der Lage, dem Blitzkrieg der Deutschen die Stirn zu bieten, und Paris fiel innerhalb von Wochen nach Kriegsbeginn. 1,6 Millionen Menschen flohen aus der Stadt, etwas weniger als die Hälfte. Die jüdischen Bürger der Stadt wurden mit einer mörderischen Effizienz im Vorort Drancy zusammengebracht und von dort in die Vernichtungslager transportiert. An vielen Häuserfassaden im Marais, wo die meisten Juden zu Hause waren, erinnern heute Gedenktafeln an das Schicksal der Einwohner.

Der Umstand, dass die Eisenbahngleise in den Pariser Bahnhöfen enden, sorgte dafür, dass die Stadt nicht zum Ziel alliierter Bombardements wurde. Damit und mit der Weigerung des Stadtkommandanten Dietrich von Choltitz, die Stadt beim Rückzug zu zerstören, kam Paris relativ ungeschoren aus dem Zweiten Weltkrieg.

Die Nachkriegszeit brachte den Zusammenbruch des Kolonialreichs. 1962 wurde Algerien unabhängig, 700 000 Kolonialfranzosen und Algerier verließen das Land und zogen nach Frankreich, wo sich die Mehrzahl in den Vororten der großen Städte niederließ. Charles de Gaulle und sein Nachfolger Georges Pompidou regierten die Vierte und Fünfte Republik mit einer autoritären, konservativen Hand. Unter Einfluss der Hippiebewegung in den USA, der Antikriegsstimmung in Westeuropa und der Ereignisse in Nachbarländern wie Deutschland machte sich Unmut gegen das veraltete, autoritäre Unterrichtssystem an den Universitäten breit, der im Pariser Vorort Nanterre dazu führte, dass Studentenheime von den sogenannten Enragés (Wütenden) besetzt wurden. Daraufhin schloss man die Universität, doch dies löste an der Sorbonne weitere Proteste aus. Daniel Cohn-Bendit, in den Medien bald als Dany le Rouge (der rote Dany) bekannt, wurde zum Sprachrohr der Studentenbewegung der 68er. Gegen die Proteste an der Sorbonne ging man ähnlich hart vor, doch dies löste eine unerwartete Solidarität der Bevölkerung aus. Straßenschlachten und wenig später ein Generalstreik im ganzen Land waren die Folgen. Charles de Gaulle löste seine Regierung auf, und obwohl in den nächsten Wahlen die Konservativen zulegten, war die Ära des Générals zu Ende. Nur durch eingreifende Reformen sowohl an der Universität als in den Fabriken konnte sich de Gaulles Nachfolger Pompidou behaupten.

In den darauf folgenden Jahrzehnten kehrte eine relative Ruhe ein, und Paris wurde von den Präsidenten Valéry Giscard d'Estaing, Mitterand und Chirac mit einer Reihe von Prestigebauten beglückt. Die Stabilität, symbolisiert durch den Bürgermeister Jacques Chirac, der den Posten fast zwei Jahrzehnte innehatte, täuschte über Jahre darüber hinweg, dass die Hauptstadt einige größere Probleme vor sich hinschob. Die Krawalle, die 2005 in den Vororten im Osten der Stadt ausbrachen, waren ein Zeichen dafür, dass der Wandel von traditioneller Industrie zur modernen Informations- und Medientechnologie, der im Westen und Norden des städtischen Gebiets so hervorragend geklappt hatte, nicht überall gelungen war.

Grand Paris 2030

Im Grande Siècle war der König nicht nur Herrscher, sondern auch der wichtigste Auftraggeber und Mäzen für die besten Maler, Architekten, Bildhauer und andere Künstler des Landes. Nach ihnen wurden die vorherrschenden Stilrichtungen sogar benannt: Was der König schön fand, wurde in ganz Europa maßgebend.

1789 ging das Grand Siècle in den Flammen der Revolution unter, doch auch im 19. Jahrhundert prägten die mächtigsten Männer des Landes Kunst und Kultur.

In der unter Führung des Charles de Gaulle 1958 ins Leben gerufenen Fünften Republik fand man in der Kunst freilich dieselbe Vielfalt wie in allen anderen Ländern Europas auch. Dennoch ist im Élysée-Palast etwas aus dieser glorreichen Zeit erhalten geblieben: Kein Präsident möchte seine Amtszeit beenden, ohne mindestens ein prestigeträchtiges Denkmal zu hinterlassen.

Obwohl manche Projekte Kritik und Proteste auslösen, steht ein Volk, das sich als Kulturnation versteht, solchen Unterfangen durchaus positiv gegenüber. Ieoh Ming Peis Glaspyramide im Louvre mag zwar in vielen Kreisen zunächst verdammt worden sein, aber nur wenige sprachen François Mitterand öffentlich das Recht ab, ein solches Projekt durchzuboxen. Und so bekam Georges Pompidou das nach ihm benannte Kunstmuseum, Valéry Giscard d'Estaing sein Museum im ehemaligen Bahnhof von Orsay und Jacques Chirac das Musée du Quai Branly. Letzterer hatte es nicht ganz leicht, nachdem François Mitterand mit der Grand Arche de la Défense, der neuen Nationalbibliothek, der Bastille-Oper und der Pei'schen Pyramide die Messlatte sehr hoch gelegt hatte.

Nicolas Sarkozy wollte es aber bei ein paar Gebäuden nicht belassen. Und so bat er 2009 im Rahmen des Projektes ›Grand Paris 2030‹ zehn der weltweit führenden Architekten und Stadtplaner, Ideen für ein Paris der Zukunft zu entwickeln, eine Stadt, in der Umwelt und Nachhaltigkeit groß geschrieben werden sollten. Sogar einen Staatssekretär gibt es einzig für dieses Unterfangen. Die Kühnheit der Ideen war erstaunlich: Antoine Grumbach schlug eine Metropole vor, die sich entlang der Seine bis nach Le Havre erstrecken würde, und trat damit gedanklich in die Fußstapfen des Napoléon Bonaparte, der gesagt hatte, Paris, Rouen und Le Havre seien eine einzige Stadt mit der Seine als Hauptstraße.

Leider blieb Sarkozy nur eine Amtszeit, um seine grandiose Idee umzusetzen. Vielleicht hätte er sich doch besser mit einem bescheideneren Projekt zufrieden gegeben, etwas, das in wenigen Jahren realisierbar gewesen wäre. Inwiefern sein Nachfolger die Planung weiterführen wird, bleibt immer noch abzuwarten. Das Durchbrechen der Barriere der Stadtautobahn Boulevard Peripherique, die die Pariser Innenstadt von den Vororten trennt, ein Kernpunkt von Grand Paris 2030, steht immer noch auf dem Programm. Doch genau hier wird es schwierig: Paris mit seinen Vororten bildet zwar einen Wirtschaftsraum, in dem jeder fünfte Franzose lebt und arbeitet, doch die Verwaltung der Region ist alles andere als einheitlich. Heute ist damit Grand Paris nicht mehr so ›grand‹ – es geht jetzt hauptsächlich um die groß angelegte Erweiterung des U-Bahnnetzes in die Vorstädte, ein nützliches, aber nicht gerade spannendes Projekt, das durchaus seine Schwierigkeiten hat. Von Rouen oder gar Le Havre spricht freilich heute niemand mehr.

Kathedrale Notre-Dame de Paris

Bevor die Kirche erbaut wurde, gab es an dieser Stelle ein keltisches Heiligtum, einen gallo-römischen Tempel, eine frühchristliche Basilika und eine romanische Kirche. Maurice de Sully, der Bischof von Paris, schaute neidisch auf St-Denis, wo die Könige Frankreichs beerdigt wurden, und die Kathedrale von Reims, wo sie gekrönt wurden, und wollte im Herzen von Paris ein ähnlich gewaltiges Gotteshaus. Unter Louis VII. wurde mit dem Bau begonnen, im Jahre 1163. Jean de Chelles und Pierre de Montreuil waren die Baumeister.

Die Kathedrale wurde erst 1300 fertiggestellt, doch bereits lange zuvor wurden innerhalb ihrer Mauern Zeremonien gefeiert und Gottesdienste abgehalten. 1302 öffnete Philippe le Bel hier das erste Parlament, einen Gerichtshof. Henry IV. von England ließ sich in der Kathedrale 1430 zum König von Frankreich krönen, Maria Stuart wurde zur Königin von Frankreich gekrönt, und Marguerite von Valois heiratete 1572 ihren Mann, Henri von Navarra, der allerdings draußen bleiben musste, weil er Hugenotte war. Am 2. Dezember 1804 krönte Papst Pius VII. Napoléon I. hier zum Kaiser. Ab 1239 wurde in dem Bau, bis zur Fertigstellung der Ste-Chapelle, die Dornenkrone Christi aufbewahrt.

Im Laufe der Jahrhunderte wurde die Kathedrale immer wieder umgebaut und erneuert. Dabei waren Beschädigungen im Zuge der Erneuerungen eher Regel als Ausnahme: Die Baumeister Jules Hardouin-Mansart und Robert de Cotte zerstörten 1699 den Lettner, und im 18. Jahrhundert ließ man die bunten Glasfenster durch klare Fenster ersetzen. Das Hauptportal wurde von Jacques-Germain Soufflot, einem weiteren führenden Architekten seiner Zeit, breiter

Notre-Dame de Paris

gemacht, um die immer größer werdenden Prozessionen durchzulassen. Während der Revolution wurden die Könige von Judäa und Israel, die sich über den Portalen über die gesamte Breite der Fassade reihen, alle geköpft, denn man hielt sie für Abbildungen der Herrscher Frankreichs.

Anfang des 19. Jahrhunderts kamen Stimmen auf, die solchermaßen gezeichnete Kathedrale abreißen zu lassen. Doch dann erschien 1831 Victor Hugos ›Der Glöckner von Notre Dame‹, und die Bewegung der Romantik tat danach das ihrige dazu, dass man sich für die Restaurierung des Baus einsetzte. Eugène Viollet-le-Duc begann damit 1841 und brauchte 23 Jahre. Aus dieser Zeit stammt der Dachreiter mit seiner Skulpturengruppe, eine fantasievolle Erweiterung.

Das Bauwerk überstand den Kommunenaufstand recht gut und die deutsche Besatzung im Zweiten Weltkrieg ebenso. Eines der letzten großen Ereignisse in Notre-Dame war die Beerdigung Charles de Gaulles 1970. 26 Jahre zuvor, am 26. August 1944, war er hier fast einem Attentat zum Opfer gefallen.

In der Rue du Cloître Notre-Dame befindet sich das **Museum der Kathedrale**.

■ Fassaden und Portale

Die **Westfassade** gilt zu Recht als eine der elegantesten der Gotik überhaupt; auch wenn sie nicht ganz symmetrisch ist, wirkt sie sehr ausgewogen. Das linke Portal trägt einen Giebel, die anderen beiden nicht. Die Skulpturen der Portalbögen waren im Mittelalter bunt angemalt, der Hintergrund in gold gehalten. Dem Schöpfer der großen Türen sagt man nach, er hätte seine Seele dem Teufel verkauft, so schön waren die Metallplatten. Die heutigen Türen wurden im 19. Jahrhundert gefertigt und sind Nachbildungen.

Das linke Portal, das **Marienportal**, ist der heiligen Jungfrau gewidmet. Das Tympanon dieses Portals wurde im Mittelalter so etwas wie ein Standard. Es zeigt von unten nach oben: die Bundeslade, flankiert von drei Propheten und drei Königen aus dem Alten Testament, den Tod der Jungfrau Maria und die Krönung durch Christus. In den Archivolten sind Engel, Patriarchen, Könige und Propheten zu sehen. Die Säule zwischen den beiden Türen zeigt die Muttergottes mit dem Kind. Neben den Türen kann man, von links, das ganze Jahr in Sternzeichen und Symbolen traditioneller Arbeiten (zum Beispiel Jagd im Mai, Traubenernte im September) verfolgen. Die großen Statuen neben den Türen wurden bei der Restaurierung

im 19. Jahrhundert zugefügt. Links neben der Tür findet man Saint Denis mit seinem Kopf in der Hand (Denis war Bischof von Paris und christlicher Märtyrer), rechts neben der Tür unter anderem die heilige Geneviève (Schutzheilige von Paris, dritte von rechts).

Das **zentrale Portal** zeigt das Jüngste Gericht, die wohl am weitesten verbreitete biblische Darstellung sowohl in der Romanik als auch in der Gotik. Die Archivolten werden hier von himmlischen Richtern eingenommen. Im Tympanon richtet Christus, von Maria und Johannes dem Täufer flankiert. Abraham empfängt die guten Menschen links unten – rechts geht es zur Hölle. Die Apostel flankieren die Türen. Phantastisch und fabelhaft sind vor allem die schaurigen Höllenvisionen.

Das **rechte Portal** schließlich ist der heiligen Anna gewidmet. Im oberen Bereich des Tympanons befinden sich die ältesten Skulpturen der Fassade: Eine majestätische Maria mit dem Kind auf dem Schoß wurde rund 1165 kreiert, ist also älter als die Kathedrale. Flankiert wird sie von zwei Engeln und (links)

Holzrelief am Chorstuhl

Detail des Hauptportals

dem Bischof Sully und einem knienden Louis VII. Das Linteau aus dem 12. Jahrhundert zeigt Szenen aus dem Leben Marias. Zwischen den Türen befindet sich eine Statue von Saint Marcellus, einem Bischof des 5. Jahrhunderts.

Die vier großen Statuen in den Nischen zwischen den Portalen stellen von links den heiligen Stefan, die Kirche, die Synagoge und Saint Dénis dar. Über den Portalen ist die Reihe der Könige Judas und Israels zu sehen. Im Grunde genommen ist dies eine horizontale Version des Jessebaums, ein beliebtes Motiv der Gotik, das die Vorfahren Christi darstellt.

Das riesige Rosettenfenster in der Fassade hat einen Durchmesser von fast zehn Metern. Sieben Jahrhunderte scheinen an ihm keine Spuren hinterlassen zu haben, ein Beweis für die Höchstleistung der Baumeister und Glasmacher.

Die beiden **Türme**, 69 Meter hoch, sind von lanzettförmigen Nischen gekennzeichnet. Im südlichen Turm befindet sich die Glocke Emmanuel, mit der Quasimodo wohl die größten Schwierigkeiten gehabt haben dürfte: Das Mons-

trum wiegt 13 Tonnen – der Klöppel alleine wiegt schon 500 Kilogramm. Man sagt, dass der perfekte Ton daher kommt, dass die Frauen von Paris Silber- und Goldschmuck spendeten, als die Glocke im 17. Jahrhundert neu gegossen werden musste. Von den Türmen hat man, gemeinsam mit den Monstern und Wasserspeiern, einen einmaligen Blick auf die Seine und die Stadt. Bevor man die Kathedrale von innen besichtigt, lohnt es sich, einmal um sie herumzugehen, denn auch die **Querschiffportale** sind sehr sehenswert.

Hinter der Kirche liegt der **Platz Johannes XXII.** Der kleine Park wird oft von Straßenmusikern belebt und lädt zum längeren Verweilen ein. Auch das Seineufer ist angenehm gestaltet: Unter den großen Kastanien treffen sich in einem großen Sandkasten die kleineren Kinder der Île de la Cité, vom regen Treiben um sie herum gänzlich unbeeindruckt.

■ Besichtigung der Kathedrale

Geht man nun in das Gotteshaus hinein, so fallen sofort die Ausmaße des Baus auf: Das **Hauptschiff** ist 130 Meter lang und 35 Meter hoch; die doppelten Seitenschiffe sowie der doppelte Chorumgang und die Tatsache, dass das Querschiff nur wenig breiter ist als die fünf Schiffe, sorgen dafür, dass der Bau sehr einheitlich und imposant wirkt. Der Obergaden des Hauptschiffes wurde im 13. und 14. Jahrhundert vergrößert, damit mehr Licht in die Kapellen vordringen konnte. Die mittelalterlichen Glasfenster wurden im 18. Jahrhundert durch klare Fenster ersetzt, die ihrerseits wiederum Grisaille-Fenstern Platz machen mussten. Erst 1965 ersetzte man diese durch farbige Fenster, die nach mittelalterlichem Verfahren hergestellt wurden.

Die **Kapellen** – mehr als zwei Dutzend –, erlaubten zunächst dem Adel, dann aber auch reichen Händlerfamilien und schließlich den Zünften, zu spenden und damit nicht nur ihr weltliches Ansehen zu steigern, sondern sich auch einen Platz im Himmel zu sichern. Seit 1949 stiftet die Goldschmiedezunft nach uraltem Brauch wieder jedes Jahr im Mai ein Kunstwerk, die Mais genannt werden. Die südliche Rosette zeigt Christus mit Heiligen und Engeln.

Der Altarbereich wurde von Robert de Cotte (1708–1725) gestaltet. Von den ursprünglichen Chorstühlen sind noch 78 übriggeblieben. Der Bildhauer Guillaume Coustou schuf die Pietà sowie eine Skulptur von Louis XIII. Die Statue von Louis XIV. stammt von Antoine Coysevox. Im Chorumgang befinden sich die Grabplatten vieler Bischöfe. Die von Viollet-le-Duc gebaute Sakristei enthält kostbare Manuskripte und Ornamente sowie wertvolle Reliquien: Die heiligen Nägel, die Dornenkrone und ein Stück vom Kreuz werden während der Fastenzeit bis zum Karfreitag jeden Freitag im Altarbereich ausgestellt.

Die Île de la Cité

Noch immer befindet sich dort, wo Paris angefangen hat, der Nabel der Weltstadt. Hier beginnt Frankreich: Auf dem Platz vor der Kathedrale Notre-Dame markiert eine Bronzeplatte im Pflaster den Nullpunkt, von dem sämtliche Entfernungen in Frankreich gemessen werden.

An geschäftigen Tagen könnte man zudem meinen, dass hier alle Paris-Besucher zur gleichen Zeit angetreten sind. Vor Notre-Dame, auf dem sogenannten Parvis, werden alle Sprachen dieser Erde gesprochen, geduldig wartet man auf Einlass in die Kathedrale.

■ Parvis de Notre Dame

Von der Kathedrale über den Platz geht man am enormen Krankenhaus **Hôtel Dieu** vorbei, das erst im 19. Jahrhundert im Zuge der Haussmannschen Stadterneuerung gebaut wurde. Das alte Hôtel Dieu lag näher am Seineufer, dort, wo heute ein Reiterdenkmal Karl des Großen steht.

Vor dem 19. Jahrhundert war der Platz wesentlich kleiner, und die Kathedrale stand in einem kleinen Wald von Kirchen. Im 13. Jahrhundert zählte man auf der Insel mindestens 22 Glockentürme. Zu dieser Zeit organisierte man vor der Kirche religiöse Spiele für das gemeine Volk, um Bibelinhalte zu vermitteln. Das Portal des Gotteshauses wurde dabei das Tor zum Paradies. Wahrscheinlich kommt das Wort Parvis daher.

Die **Archäologische Krypta** (Crypte Archéologique) zeigt Überreste der Vorgängerbauten der Kathedrale, unter anderem zwei Räume eines gallorömischen Baus, die mittels eines ausgeklügelten Heißluftsystems erwärmt wurden, und Reste einer römischen Stadtmauer sowie Fundamente eines Waisenhauses.

Bluesband auf der Île de la Cité

Karte S. 81 ▲

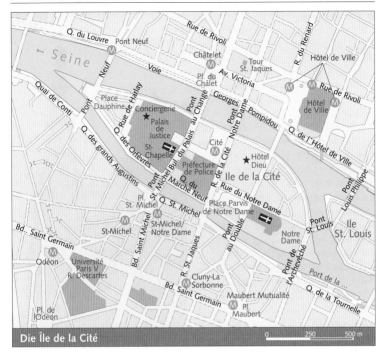

Die Île de la Cité

Paris und Versailles

■ Polizeipräsidium

Gegenüber der Kathedrale an der Rue de la Cité steht ein großes Polizeipräsidium, die Préfecture de Police. Im August 1944 hissten Pariser Polizisten die französische Flagge über dem Gebäude, in dem sie sich verschanzt hatten, und hielten aus, bis die französische Armee unter Général Leclerc die Insel erreichte. Die Rue de la Cité führt zur Rue de Lutèce, die am Louis-Lépine-Platz entlangführt. Hier gibt es jeden Tag einen **Blumenmarkt**, bis auf sonntags, denn dann verkauft man hier vor allem Vögel und Haustierzubehör.

■ Justizpalast

Am Ende der Rue de Lutèce befindet sich der schmucke **Justizpalast** (Palais de Justice), in dem sich neben einem Landgericht auch das Appellationsgericht und der Kassationsgerichtshof, die höchste juristische Instanz des Landes, befinden.

Vom mittelalterlichen königlichen Palast, der einst den ganzen Zipfel der Insel einnahm, sind heute die **Conciergerie** und die Ste-Chapelle, die Palastkapelle, übriggeblieben. Die Conciergerie war vor und während der Französischen Revolution ein wichtiges Gefängnis. 1793 und 1794 wurden hier viele der nach kurzen Prozessen ausgesprochenen Todesurteile vollstreckt. Prominentere Opfer wie Marie-Antoinette wurden auf dem Place de La Concorde hingerichtet.

Der gewaltige gotische **Salle des Gens d'Armes** (Rittersaal) bot 1800 Gästen Platz, auch die Küche hat dementsprechend riesige Ausmaße.

■ Ste-Chapelle

Geht man vor dem Justizpalast nach rechts, kommt man auf den Boulevard du Palais, der unter Baron Haussmann gleich um das Zwölffache verbreitert wurde. An dieser Straße ist der Eingang, der zur Ste-Chapelle führt. Louis IX., der spätere Saint Louis, ließ diese Kapelle im 13. Jahrhundert bauen, um die Reliquien der Passion aufzubewahren. Das Gebäude besteht aus zwei Kapellen – die untere ist eine Gemeindekirche für die Einwohner des Viertels, die obere Kapelle war für den König und sein Gefolge reserviert. Sie ist eine absolute Höchstleistung der Gotik und gehört unbedingt auf die Besichtigungsliste.

Ein französischer Kreuzritter, der in die Geschichte als Baudouin (Balduin II.) einging, war nach dem Vierten Kreuzzug Kaiser von Konstantinopel geworden. In dieser Rolle war er in Besitz der Dornenkrone Jesu gekommen, doch weil er schwer verschuldet war, drohte die Krone in die Hände seiner venezianischen Gläubiger zu fallen. Daraufhin bat er den französischen König, die Krone für Frankreich zu kaufen. Dies geschah 1239. Allerdings musste der König nun für die kostbare Reliquie eine passende Umgebung schaffen: ein Reliquiar und ein Gotteshaus. Der Baumeister Pierre de Montreuil schaffte es in weniger als drei Jahren, ein Meisterwerk zu schaffen, das 1248 geweiht wurde. Auch diese Symphonie aus Glas und Stein blieb während der Revolution nicht verschont: Der Schrein wurde umgeschmolzen, und von der Dornenkrone sind nur Teile erhalten geblieben – diese befinden sich nun in der Kathedrale Notre-Dame. Zwischen 1802 und 1837 diente das Gebäude als juristisches Archiv, und erst 1841 fing man mit der Restaurierung an.

Filigrane Gotik an der Ste-Chapelle

Die Besichtigung beginnt in der **unteren Kapelle**. Diese erhielt ihre Ausmalung erst bei der Restaurierung im 19. Jahrhundert. Das zentrale Gewölbe dieses Raums ist nur sieben Meter breit und wird von 40 Säulen getragen, die ihrerseits von Strebepfeilern gestützt werden. Im Boden sind Grabmäler eingelassen. Eine schmale Wendeltreppe führt zur **oberen Kapelle**, wo sich nach der etwas klaustrophobischen Erfahrung der unteren Kapelle der Himmel zu öffnen scheint: Die Glasfenster der königlichen Kapelle sind 15 Meter hoch – es wirkt, als bestünde der Bau nicht aus Stein, sondern aus Glas. Erstaunlicherweise fehlen Strebebögen ganz; es scheint wie ein Wunder, dass die Kapelle nicht zusammengebrochen ist.

▲ Karte S. 81

Blinde Bögen schmücken den unteren Bereich. An jeder Pfeilerbasis ist eine Nische, in dem sich eine Statue eines Apostels befindet. Sechs sind Originale, die anderen sind Nachbildungen, deren Originale sich heute im Musée Cluny befinden. Im dritten Joch ist in den Wänden eine großzügige Nische für die königliche Familie eingelassen, und im vierten Joch rechts ließ Louis XI. das Oratorium bauen, in dem er dem Gottesdienst ungesehen beiwohnen konnte.

Die **Fenster** sind die ältesten in ganz Paris. Insgesamt sind hier auf 618 Quadratmetern mehr als 1100 Darstellungen zu sehen, hauptsächlich Szenen aus der Bibel. 720 sind Originale. Es sind kleine Felder, die Farben leuchtend, die Kompositionen meist schlicht gehalten. Das zentrale Fenster hinter dem Altar stellt die Kreuzigung dar. Beginnt man links, so werden nacheinander folgende Geschichten erzählt: das Buch Genesis mit den Geschichten von Adam und Eva, Noah und Jakob; das Buch Exodus – Moses auf dem Berg Sinai; Exodus – das Gesetz von Moses; Deuteronomium – die Erzählungen von Josua, Ruth und Boas; Buch Richter – Gideon und Samson; Jesaja – der Jessebaum; der heilige Johann der Evangelist – das Leben der Jungfrau – die Kindheit Jesu; die Kreuzigung; Johannes der Täufer und Daniel; Ezechiel; Jeremias und Tobias; Esther; Könige: Samuel, David und Salomon; die heilige Helena und das wahre Kreuz, und Saint Louis und die Reliquien des heiligen Kreuzes. Im Rosettenfenster wird die Apokalypse dargestellt.

■ **Zur Pont Neuf**

Am Seineufer biegt man nun rechts ab und geht am Quai des Orfèvres entlang, wo einst die Juweliere zu Hause waren. Hier erfand der Elsässer Juwelier Georg Friedrich Strass den synthetischen Diamanten, und Charles Böhmer und Paul Bassenge kreierten ein kostbares Halsband, das zur sogenannten ›Halsbandaffäre‹ führte, in die Marie-Antoinette unschuldigerweise verwickelt wurde.

Über die Rue de Harlay erreicht man den **Place Dauphine**. Im 14. Jahrhundert war auch dieser Bereich nicht mehr als ein Stück Sumpfland. Philippe le Bel ließ hier 1314 den Großmeister des Templerordens, Jacques de Molay, auf dem Scheiterhaufen hinrichten. Unter Maria de' Medici wurde aus dem Land, das den Namen ›Jardins du Roi‹ (Gärten des Königs) nicht wirklich verdiente, ein Botanischer Garten. Allerdings war es Henri III., der den Zipfel der Insel befestigen und den Sumpf trockenlegen ließ. Aus dieser Zeit stammt der dreieckige Platz, der sich aber seitdem stark verändert hat. Eines der wenigen Häuser, die noch wie im frühen 17. Jahrhundert aussehen, ist die Nummer 14.

Am anderen Ende führt ein Weg zur Pont Neuf. Biegt man rechts ab, verlässt man die Insel. Ein paar hundert Meter weiter entlang am Quai du Louvre kommt man zum größten Museum Frankreichs.

Der Louvre

Um es gleich vorwegzunehmen: Um dieses Museum wirklich genießen zu können, müsste man sich mehrere Tage Zeit nehmen. Wenn man für den Besuch nur einige Stunden Zeit hat, sollte man sich einen Teilbereich aussuchen und sich auf diesen beschränken. Alternativ kann man eine Art von ›Best of‹-Rundgang machen, dann aber reduziert man dieses gewaltige Museum zu einer Streichliste, und dies wird kaum befriedigen.

Bevor man das Museum besucht, ist es durchaus lohnenswert, die verschienen Stilepochen des Komplexes auf einem kurzen Rundgang etwas näher zu betrachten. Beginnt man an der Ostfassade, gegenüber der Kirche **St-Germain l'Auxerrois**, steht man vor der Kolonnade, die Louis XIV. errichten ließ. Drei der besten Architekten der Zeit arbeiteten an diesem Projekt: Claude Perrault, Louis Le Vau und François d'Orbay. Nachdem der Graben am Fuße der Mauern wieder hergestellt wurde, sieht die Kolonnade wieder so aus, wie sie von den Architekten gedacht war. Geht man im Uhrzeigersinn um das Gebäude herum, so erreicht man den Durchgang zum **Cour Carrée**, den Innenhof des Palastes, in dem vor allem die Renaissancefassade von Pierre Lescot mit Skulpturen von Jean Goujon direkt links nach dem Durchgang sehenswert ist. Geht man durch das Tor des **Pavillon de l'Horloge**, das unter Louis XIII. gebaut wurde, fällt der Blick sofort auf die Glaspyramide von Ieoh Ming Pei, mit Abstand der kontroverseste Teil des ganzen Komplexes. Wie der Eiffelturm löste die Glaspyramide zunächst große Empörung aus, doch mittlerweile haben ihn die Pariser als ein Wahrzeichen ihrer Stadt akzeptiert.

Jenseits der Pyramide ist der kleine **Arc de Triomphe du Carrousel** zu sehen. An diesem Platz hatte man anlässlich der Geburt Louis XIV. 1662 eine große Feier in Form eines Reitspektakels abgehalten; daher stammt der Name Carrousel. Das Siegestor ist als Fingerübung für das Bauwerk am anderen Ende der Champs Élysées zu sehen, denn Napoléon Bonaparte feierte mit diesem Bauwerk seine Siege von 1805. Die Quadriga, die er von der Basilika San Marco in Venedig hatte stehlen lassen, um diesen Bogen zu schmücken, musste er 1815 zurückgeben.

■ Geschichte

Kurz bevor er zusammen mit Richard Löwenherz zum Dritten Kreuzzug (1189–1192) in das Heilige Land aufbrach, ließ König Philippe Auguste eine Festung am rechten Ufer der Seine bauen, um dort eine Schwachstelle abzusichern. In den folgenden Jahrhunderten bauten Könige diese Festung immer weiter aus. Als Paris weiter wuchs, wurde aus dem Wehrbau ein Palast. Charles V. brachte zudem seine 973 Bücher mit, als er einzog, und damit bot das Gebäude der damals größten Bibliothek Frankreichs Obdach: ein recht bescheidener Beginn für eine der wichtigsten Kulturhochburgen der Welt. Nachdem Charles V. gestorben war, wohnte zunächst anderthalb Jahrhunderte kein König im Palast an der Seine. Das änderte sich, als François I. 1528 dringend Geld brauchte und sich entschloss, da er nun die Bürger von Paris besteuern sollte, sich doch wenigstens diesen Bürgern gegenüber etwas mehr als König zu geben. Bis dahin hatte er reichlich Zeit an

Der Arc de Triomphe du Carrousel

▲ Karte S. 85

der Loire verbracht und ab und zum im Marais gewohnt, doch glänzte er meistens durch Abwesenheit. Der Donjon der Festung wurde abgerissen, Mauern geschliffen, und an der Stelle des mittelalterlichen Baus entstand nun ein Renaissancebau, den der König allerdings nicht mehr beziehen sollte, da der Umbau sich in die Länge zog. Der König hinterließ aber seine Kunstsammlung. Als großer Bewunderer der italienischen Renaissance brachte er unter anderem die ›Mona Lisa‹ mit, ein Porträt von sich selbst, das der Italiener Tizian gemalt hatte, sowie ›La Belle Jardinière‹, ein Madonnabild von Raffael.

Unter Henri II. konnte der Architekt Pierre Lescot weiterbauen. Als Henri II. aber starb, dauerte es nur wenige Jahre, bis seine Witwe, Caterina de' Medici einen neuen Palast in den Tuilerien bauen ließ. Dieses Unternehmen wurde vom Architekten Philibert Delorme geleitet. Eine Verbindung zwischen beiden

Paris und Versailles

Der Louvre und Place de la Concorde

Der Louvre mit der Pyramide

Palästen musste warten, bis die Religionskriege vorbei waren. Unter Henri IV. wurde am Palast wieder fleißig gebaut, doch erst unter Louis XIII. und vor allem Louis XIV. ging es mit großen Schritten voran. Ironischerweise sollte Louis XIV. in dem Palast nach seiner Jugend kaum Zeit verbringen. Nachdem er sich endgültig in Versailles einquartiert hatte, hörten die Bautätigkeiten auf, und dem Palast fehlten in größeren Bereichen sogar die Dächer.

Nach der Revolution wurden die Kunstsammlungen dem Publikum zugänglich gemacht. Definitiv vor dem Untergang gerettet wurde der Palast von Napoléon I. Das Cour Carrée, der viereckige Innenhof, wurde fertiggestellt, und auf dem Place du Carrousel ließ der Kaiser Paraden abhalten. Darüber hinaus ließ er aus den von ihm eroberten Ländern unzählige Kunstschätze nach Frankreich verschleppen, und obwohl die gegen ihn verbündeten Mächte viele dieser Werke wieder zurückholten, wuchs die Sammlung unter dem Feldherrn enorm. Die Arbeiten am Bau wurden eingestellt, als Napoléon starb. Unter Napoléon III. erreichte der Palast seine heutige Form. Zunächst gestaltete Louis Visconti die Erweiterung, danach Hector Lefuel.

Bis zum Aufstand der Pariser Kommune war der Palast der Tuilerien die Residenz der Herrscher Frankreichs. Während der blutigen Straßenkämpfe steckte man ihn aber in Brand, und er wurde völlig zerstört. Die Kunstsammlung konnte gerettet werden und wurde nun in den Louvre-Palast gebracht. Die Dritte Republik, die aus dem verheerenden Krieg gegen Preußen hervorging, entschied sich gegen den Wiederaufbau des Tulierien-Palastes, und somit blieben die Kunstwerke im Louvre.

Die Sammlung umfasst mittlerweile mehr als 455 000 Stücke und wächst stetig weiter. Das Grand-Louvre-Projekt, die erste große Arbeit am Komplex seit mehr als 100 Jahren, wurde unter François Mitterand durchgeführt. Es wurde 1981 begonnen, und 1993 war der Ausbau größtenteils fertig.

Karte S. 85

◼ Sully-Bereich

Der Louvre ist in drei Teile untergeteilt, die nach historischen Persönlichkeiten benannt wurden: Maurice de Sully, Kardinal Richelieu und Dominique Vivant Denon, der erste Direktor des Museums. Der Bereich Sully umfasst die Gebäude um das Cour Carrée herum. Vom Haupteingang unter der Pyramide führt der Weg durch zwei Galerien, die die Geschichte des Palastes erzählen. Danach kommt man in einen unterirdischen Bereich, in dem die Reste der Festung Philippe Augusts zu sehen sind, und von hier in die **ägyptische Sammlung**. Diese kann man zwar auch durch die orientalische Sammlung erreichen, doch dann verpasst man den geschichtlichen Aufbau, der zur Erschließung der Kunst des alten Ägypten beinahe unerlässlich ist. Die Sammlung verdankt ihre Existenz in nicht geringem Maße der Arbeit von Jean-François Champollion, dem Mann, dem es 1822 gelang, den Rosettastein teilweise zu entschlüsseln. Angeregt von seiner Begeisterung, konzentrierte sich das Museum auf das Sammeln und Studieren ägyptischer Kunst. Eines der interessantesten Stücke ist die Kalksteinstatue eines sitzenden Schreibers. Die vor mehr als 4000 Jahren geschaffene Figur wirkt erstaunlich lebensecht.

Die **Sammlungen griechischer antiker Kunst** verteilen sich auf den Sully-Bereich und einen Teil des Denon-Flügels. Sie umfassen die weltberühmten Skulpturen ›Venus von Milo‹ und ›Nike von Samothrace‹ aus dem 1. beziehungsweise 2. Jahrhundert vor Christus. Darüber hinaus wird hier ein Fragment des Parthenonfrieses aufbewahrt. Der **Karyatidensaal** ist die ehemalige große Halle des Palastes. Die weiblichen Figuren, die den Balkon des Saals tragen, stammen vom Meister Jean Goujon.

◼ Denon-Flügel

Ganz im Denon-Flügel untergebracht ist die **Etruskische Sammlung**. Das Volk der Etrusker erreichte einen sehr hohen kulturellen Stand der Entwicklung, bevor es seine Unabhängigkeit preisgab und dem Römischen Reich einverleibt wurde. Der Sarkophag eines Ehepaars aus Terrakotta stammt aus dem 6. Jahrhundert vor Christus und bildet den Höhepunkt dieser Sammlung.

In der **Orientalischen Sammlung** sind Kunstwerke und Gegenstände der großen Zivilisationen des Nahen Ostens zu sehen. Gegründet wurde sie, als der französische Konsul Paul-Émile Botta, der im Norden des heutigen Irak stationiert war, dort die Reste des Assyrerreichs entdeckte. Die Reliefskulpturen und Stelen der Sammlung gehören weltweit zu den wertvollsten der Kulturen dieser Region. Der hier ausgestellte Codex Hammurapi ist eine der ältesten Gesetzessammlungen der Welt, und die Kapitelle des Apadana-Tempels von Dareios I. geben einen Eindruck von den erstaunlichen Ausmaßen dieses Bauwerks.

Wer bereits mehrere Male im Louvre war, kann sich auf die 2012 in der Cour Visconti eröffnete **Sammlung Islamischer Kunst** konzentrieren. Hier findet man 3000 Kunstgegenstände aus 1300 Jahren, aus Spanien, dem Nahen Osten und Südostasien.

In der **Galerie d'Apollon** befinden sich neben wertvollen Tapisserien, Skulpturen und Gemälden die französischen Kronjuwelen, darunter der unschätzbare 140-karätige Regent-Diamant.

Im ersten Stock des Denon-Flügels befindet sich mit der **Sammlung der italienischen Gemälde** ein weiterer Höhepunkt des Museums. Fresken von Botticelli, 30 großformatige Werke der

Primitiven Malerei von Florenz, darunter Giotto und Fra Angelico, Leonardo da Vincis Meisterwerk, die ›Mona Lisa‹, die ›Hochzeit zu Kana‹ von Paolo Veronese, die ›Wahrsagerin‹ von Caravaggio und sein ›Tod der Jungfrau‹, das durch seinen Realismus umstritten war, die Werke von Giambattista Tiepolo, dem Barockmaler – die Auflistung hat kein Ende.

Das 19. Jahrhundert war in der französischen Malerei zunächst eine Zeit der monumentalen, historisierenden Werke, ein Stil, der dann in der zweiten Hälfte des Jahrhunderts vom Impressionismus, der im Musée d'Orsay zu sehen ist, abgelöst wurde. Neben dem ›Floß der Medusa‹ von Théodore Géricault ist hier das ikonische Gemälde ›Die Freiheit führt das Volk‹ von Eugène Delacroix zu sehen.

Die Malerei aus Deutschland, den Niederlanden und Flandern ist stark vertreten. Das ›Narrenschiff‹ von Hieronymus Bosch findet man hier sowie die ›Madonna mit dem Kanzler Rolin‹ von Jan van Eyck. Ein Porträt von Erasmus von Rotterdam von Hans Holbein dem Jüngeren, Werke von Lucas Cranach dem Älteren und ein Selbstporträt Albrecht Dürers sind Exponate der nördlichen Renaissance. Die Werke des flämischen Meisters Pieter Paul Rubens nehmen einen eigenen Saal ein.

■ Richelieu-Flügel

Im Richelieu-Flügel befindet sich die **Sammlung der französischen Malerei vom 14. bis zum 18. Jahrhundert**.

Skulpturen von Michelangelo bis Tilman Riemenschneider sind im Louvre zu sehen, neben den Werken von François Rude, dessen ›Marseillaise‹ den Arc de Triomphe schmückt und Pierre Puget, dem bekanntesten Barockbildhauer Frankreichs.

Das wohl berühmteste Werk im Louvre

Die **Galerien der Objets d'Art**, der Kunstgegenstände, sind ein Sammelsurium, das von Grabbeigaben aus Elfenbein über die geplünderten Schätze von Konstantinopel zu kostbaren Tapisserien und Kunstwerken aus Glas Kunsthandwerk aus 1000 Jahren zeigt.

Die sieben **Räume der kaiserlichen Appartements Napoléons III.** sind in all ihrem Prunk erhalten geblieben und bieten einen einmaligen Blick in den unalltäglichen Alltag des zweiten und letzten Kaisers.

Die neueste Sammlung des Louvres, die der **Kunst aus Afrika, Asien, Ozeanien und Nord- und Südamerika**, die im Jahre 2000 ihre Türen öffnete, gehört heute amtlich zum Museum am Quai Branly, ist aber nach wie vor hier zu besichtigen. Im Richelieuflügel befinden sich zudem das **Museum der dekorativen Künste** sowie das **Museum für Mode und Textil**.

Karte S. 85 ▲

Vom Louvre zum Place de la Concorde

Auch Besucher der Stadt, die die Sammlungen des Louvre nicht in ihr Programm aufnehmen wollen, zieht es zur Pyramide, eine der meistfotografierten Sehenswürdigkeiten von Paris. Der Architekt Pei hatte ganz bestimmte Vorstellungen zum Glas und beauftragte mit der Herstellung die Firma, die von Finanzminister Jean-Baptiste Colbert im Grand Siècle gegründet worden war, um die Spiegel des Spiegelsaals in Versailles herzustellen. Das Glas hat also eine imposante Ahnentafel. Es wird regelmäßig von einer Gruppe von bergsteigenden Putzmännern und -frauen poliert. Im unterirdischen Bereich gibt es übrigens nicht nur die Eingänge zu den Galerien des Museums, sondern auch ein breites Angebot an kleinen Cafés und Geschäften.

■ Palais Royal

Geht man vom Place du Carrousel durch die Torbögen des nördlichen Flügels des Louvre, erreicht man zunächst die Rue Rivoli und dann den Place André Malraux, an dem das Palais Royal liegt. Dieses wurde als Palast für Kardinal Richelieu erbaut, der Jacques Lemercier mit dem Entwurf beauftragte. Er vermachte es 1642, keine 20 Jahre später, Louis XIII. Als auch der Monarch gestorben war, zog die Witwe des Königs in das Haus, das mehr Komfort bot als der pompöse Louvre-Palast. Seitdem ist es als königlicher Palast bekannt. Der Fronde-Aufstand zwang die königliche Familie zur Flucht. Als Louis XIV. vorübergehend nach Paris zurückkehrte, ließ er sich im Louvre nieder, und im Palais Royal wohnten fortan vornehme Gäste. Louis-Philippe von Orléans erwarb den Palast und ließ um den Garten herum Arkadenreihen bauen, in denen Geschäfte und darüber Appartements untergebracht wurden.

Im späten 18. Jahrhundert wurden das Théâtre Français (später die Comédie Française) und das Palais-Royal-Theater gebaut. Nach der Revolution war eine Spielhalle in dem Bau untergebracht, bis Napoléon Büroräume einrichten ließ. Heute sind im Palast das Kulturministerium, der Verwaltungsrat und der Staatsrat untergebracht. Im Innenhof fahren Skateboarder gerne um die schwarzweißen Säulenreste des Künstlers Daniel Buren. Der hinter dem Hof liegende Garten bildet eine schöne Stadtoase, in der man angenehm spazieren gehen kann. Zwischen Palast und Louvre findet man das Louvre des Antiquaires, einen Komplex mit 250 Antiquitätengeschäften.

■ Kirche St-Roch

Dieser Barockbau, einer der wenigen in Paris, wurde 1653 begonnen, doch bald ging den Bauherren das Geld aus. 1705 leistete eine Lotterie Abhilfe. Man entschied sich beim Neuanfang dazu, statt dem geplanten 80 Meter langen Schiff eine Reihe von Kapellen zu bauen. Diese lockern die übliche Strenge des französischen klassizistischen Barock auf, und obwohl die Kirche für Puristen nicht besonders gelungen erscheinen mag, ist sie mit ihrer Verspieltheit in Paris eine Besonderheit. Jules Hardouin-Mansart und Robert de Cotte arbeiteten an dem Bau. In der Kirche sind neben André Le Nôtre auch der Dichter Pierre Corneille und der Philosoph Denis Diderot beigesetzt.

■ Die Tuilerien

In den Tuilerien entspannen sich die Pariser, und Besucher gönnen sich eine Verschnaufpause. Ganze Schulklassen ruhen sich auf dem gepflegten Rasen

Paris und Versailles

aus, schauen den Enten beim Plantschen zu und essen Eiscreme; es wird gelesen, gelacht und gedöst.

Früher benutzte man den vom Fluss aufgeschwemmten Ton zum Fertigen von Ziegeln (tuiles), daher der Name. Ein königlicher Palast wurde errichtet, und als die Monarchen wegzogen, fanden im Salle des Suisses Konzerte statt. 1778 spielte Mozart hier, und als die Comédie Française hier untergebracht war, wurde Beaumarchais' ›Barbier von Sevilla‹ aufgeführt, die Komödie, die den Stoff für Rossinis Oper lieferte. Am 10. August 1792 wurde der Palast von Revolutionären angegriffen, bei der Verteidigung fanden 600 der 900 Schweizer Gardisten den Tod. Während des Aufstands der Pariser Kommune ging der Palast in Flammen auf.

Bereits im 18. Jahrhundert konnten Besucher des Parks Stühle mieten, und von Anfang an erfreute er sich beim Publikum großer Beliebtheit. Der Premierminister Louis XIV., Colbert, musste allerdings vom Hofarchitekten Charles Perrault erst davon überzeugt werden, den Garten der Öffentlichkeit zugänglich zu machen.

▲ *In den Tuilerien*

In den letzten Jahrzehnten hat man den Park wieder so hergestellt, wie er von André Le Nôtre konzipiert worden war, seit 1998 mit modernem Flair, denn zwischen den klassizistischen Skulpturen von François Girardon und den Brüdern Coustou sind auch moderne Werke von Pablo Picasso oder Jean Dubuffet zu sehen. Einen Abguss von Rodins ›Kuss‹ kann man hier finden, ebenso wie Werke von Roy Lichtenstein, Jacques Lipchitz, Ellsworth Kelly oder Alexander Calder und die üppigen Nackten von Aristide Maillol. Das Riesenrad, das zunächst nur vorübergehend aufgestellt werden sollte, scheint nun ebenso dazuzugehören; sicherlich nicht ganz im Sinne Le Nôtres. Am westlichen Ende des Parks gibt es zwei Museen, die **Galerie Nationale du Jeu de Paume** an der Rue Rivoli, die der Foto- und Filmkunst gewidmet ist, und das **Musée de l'Orangerie** gegenüber auf der Seine-Seite, in dem große Werke von Claude Monet aus seiner Seerosenzeit in Giverny zu sehen sind.

■ Place de la Concorde

Vom friedlichen Tuilerienpark gerät man nun mitten in den heftigen Verkehr der Hauptstadt, denn an den Schönheiten dieses riesigen Platzes rast der Verkehr uninteressiert vorbei. Dennoch muss man den Platz wenigstens einmal sehen, wenn auch nur, um zum Anfang der Champs Élysées zu gelangen. Zu diesem Zweck braucht man den Platz nur im Schatten des Obelisken zu überqueren, doch sollte man sich ruhig etwas mehr Zeit lassen, denn es lohnt sich.

Der Platz war ursprünglich als Kulisse für ein Denkmal gedacht, das die Stadt König Louis XV. widmen wollte. Ange-Jacques Gabriel, der renommierteste Architekt dieser Zeit, gewann eine Ausschreibung der Stadtväter, und ab 1755

Abend auf dem Place de la Concorde

wurde am Platz gebaut. Vollendet wurde er erst 20 Jahre später. Während der Revolution wurde das Denkmal für den König abgerissen. Am Sonntag, den 21. Januar 1793, wurde in der Nordwestecke des Platzes die Guillotine aufgebaut und wenig später Louis XVI. exekutiert. Danach wurde die Guillotine in der Nähe des Tuilerienzauns aufgestellt, und hier fanden 1343 Menschen den Tod, darunter Marie-Antoinette. Das Direktorium benannte den Place de la Revolution um in Place de la Concorde (Platz der Verbrüderung).

1838 wurden unter Louis-Philippe I. der Obelisk und zwei Brunnen, den Brunnen auf dem Petersplatz in Rom nachempfunden, hier aufgestellt sowie in den Ecken acht Statuen als Symbole französischer Städte: Brest, Rouen, Lille, Strasbourg, Lyon, Marseille, Bordeaux und Nantes.

Die zwei mächtigen Gebäude am Nordrand des Platzes stammen auch vom Architekten Ange-Jacques Gabriel. Das rechte Gebäude beherbergt das Amt der französischen Marine, während im linken Haus der französische Automobilclub und das noble ›Hôtel de Crillon‹ zu Hause sind. Weiter links ist das US-amerikanische Konsulat im ehemaligen ›Hôtel Talleyrand‹ zu Hause, in dem Napoléons Außenminister Charles-Maurice de Talleyrand-Périgord 1838 starb. Der **Obelisk** kommt aus Luxor und war ein Geschenk des Mohamed Ali, des osmanischen Unterkönigs von Ägypten. Er ist 3300 Jahre alt, 23 Meter hoch und 220 Tonnen schwer. Am Eingang zu den Tuilerien scheinen die Pferde des Bildhauers Antoine Coysevox den berühmten ›Pferden von Marly‹ von Guillaume Coustou am Anfang der Champs Élysées entgegenzurennen.

Der in Köln geborene Jakob Ignaz Hittorf war für den Sockel des Obelisken sowie für beide Brunnen verantwortlich. Er war auch der Mann, der zwölf der großen Häuser am Place de l'Étoile entwarf.

■ La Madeleine

Vom Place de La Concorde durch die Rue Royale am berühmten **Restaurant Maxim's** (Nummer 3) vorbei kommt man zur Madeleine, einer Kirche, die mehr wie ein griechischer Tempel aussieht. Begonnen wurde der Bau 1764,

Am Place Vendôme

Paris und Versailles

und als Vorbild diente zunächst die strenge Kirche St-Louis des Invalides. Die Kirche wurde dann aber abgerissen und wieder aufgebaut, diesmal mit dem Parthenon als Vorlage. Erst als Napoléon 1814 anordnete, dass das Gebäude als Kirche in Gebrauch genommen werden sollte, fand es eine definitive Verwendung – fast wäre es der erste Bahnhof von Paris geworden. Das Gebäude ist von 52 Säulen umgeben, die alle 20 Meter hoch sind. Geht man die Stufen zum Portal hoch, ist der Blick zurück auf den Place de La Concorde und das Gebäude der Assemblée Nationale die Anstrengung durchaus wert.

Die Kirche La Madeleine

Auf den Bronzetüren sind die zehn Gebote dargestellt. Die Vorhalle der Kirche ist mit Flachreliefs und Skulpturen von François Rude und dem Schweizer Jean-Jacques Pradier geschmückt, der auch am Gebäude der Assemblée Nationale arbeitete. Der polnische Komponist Frédéric Chopin wurde in der Madeleine beigesetzt, während ein anderer berühmter Komponist hier jahrelang die Orgel bediente: Camille Saint-Saens trat sein Amt 1858 an, und schrieb in seiner Zeit als Organist einige seiner bekanntesten Werke, darunter seinen ›Karneval der Tiere‹.

Rechts von der Madeleine kommt man an einem schönen **Blumenmarkt** vorbei, und geht man anschließend geradeaus durch die Rue Tronchet, so erreicht man den Boulevard Haussmann, an dem nebeneinander die großen Warenhäuser ›Printemps‹ und ›Galeries Lafayette‹ liegen.

Die Grands Boulevards

Abreißen, damit etwas Neues her kann, das kannte man auch schon zur Zeit des Sonnenkönigs. Die Zeit war gekommen, um die alten Stadtmauern zwischen La Madeleine und der Bastille zu schleifen, und an ihrer Stelle entstand der erste Boulevard von Paris. Das Wort kommt vom französischen Wort für Bollwerk. Zunächst traute man sich nachts kaum in dieses Niemandsland, doch 100 Jahre später entwickelte sich eine wahre Flanierkultur. Bald ließen die, die hierher kamen, um gesehen zu werden, sich in Appartements entlang der Boulevards nieder. 1778 wurden die Boulevards befestigt und mit Gaslampen ausgestattet. 1828 fuhr ein Omnibus zwischen

Brasserie am Boulevard Haussmann

La Madeleine und der Bastille hin und her. Baron Hausmann plante auch im Bereich der Grands Boulevards heftig um, dennoch blieb das bunte und modebewusste Treiben, und es hat sich bis heute gehalten.

■ **Opéra Garnier**

Gegenüber der ›Galeries Lafayette‹ liegt das berühmte Opernhaus, allerdings muss man um den Bau herumgehen, um die schöne Fassade bewundern zu können.

Das erste (und für viele das einzige) Zuhause der Pariser Oper, das hauptstädtische Ballett und die Kulisse eines weltberühmten Romans, erst vor kurzem von innen und außen ganz restauriert – das Opernhaus des Architekten André Garnier strahlt wie nie zuvor. Die prachtvolle Treppe, das Foyer und der Saal, dessen Decke von Marc Chagall aus-gemalt wurde, reichen eigentlich als Anreiz, einer Vorstellung beizuwohnen, egal was gerade gespielt wird. Dabei sah es nicht immer so gut aus, denn als man mit den Arbeiten anfing, stieß man bald auf einen unterirdischen toten Arm der Seine, und es brauchte viel Ingenieursleistung, um den Bau dennoch errichten zu können. Der mysteriöse See war wohl eine Hauptinspirationsquelle für den Autor des ›Phantoms der Oper‹, Gaston Leroux.

Links vor dem Haus an der Place de l'Opéra ist das vornehme **Café de la Paix**, eine Pariser Institution, in der die geschichtsträchtige Atmosphäre den etwas überteuerten Kaffee durchaus wert ist. Durch die Rue de la Paix kommt man zum **Place Vendôme**, der den Mittelpunkt eines Bezirks bildet, in dem es vor feinen und entsprechend teuren Geschäften nur so wimmelt. Der Platz wurde nach dem Herzog von Vendôme, einem unehelichen Sohn Henris IV., benannt. Die Gebäude am Platz wurden von Jules Hardouin-Mansart entworfen. Ursprünglich stand eine Statue von Louis XIV. auf dem Platz, diese fiel der Revolution zum Opfer. 1810 ließ Napoléon hier eine Siegessäule errichten, die der Trajanssäule in Rom nachempfunden war. Gegossen wurde die Säule aus der Bronze der Kanonen, die in Austerlitz erbeutet wurden. Im Aufstand der Pariser Kommune wurde die Säule abgerissen, aber einige Jahre später wieder aufgebaut.

Paris und Versailles

Die Opéra Garnier

Rive Droite

Am rechten Ufer, etwa vom Rathaus bis zum Place de la Concorde, erstreckt sich eines der geschäftigsten Viertel der Hauptstadt. Wenn es auch nicht so eine lange Geschichte wie die Île de la Cité hat, so ist doch hier einiges passiert, anfangend mit der Gründung im 13. Jahrhundert unter einer Stadtregierung, die von der Reederzunft beherrscht wurde. Ab 1357 versammelte man sich im Maison aux Piliers (Haus der Säulen), das in etwa dort stand, wo

sich jetzt das **Rathaus** befindet. 1358 gab es unter dem Ratsvorsitzenden Étienne Marcel einen Aufstand gegen den König, der aber bald niedergeschlagen wurde.

200 Jahre nach dem Aufstand erhielt der Stadtrat ein neues Gebäude, entworfen vom Italiener Domenico Bernabei. Der zentrale Teil des heutigen Rathauses entspricht diesem Entwurf. 1789 marschierten die Stürmer der Bastille auf das Rathaus, das während der ganzen Revolution von der Kommune gehalten wurde.

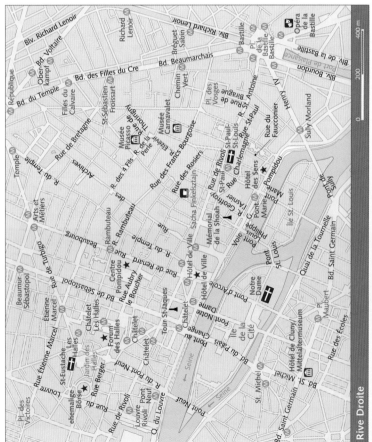

Das Rathaus von Paris

1848 rückte der Bau erneut ins Rampenlicht der französischen Geschichte, als hier eine vorläufige Regierung gebildet und die Zweite Republik verkündet wurde. Als Napoléon III. die Macht übernahm, wurde der Rathausplatz vergrößert, und hinter dem Gebäude entstanden zwei Kasernen. Die Dritte Republik wurde nach einer verheerenden Niederlage der französischen Armee am 4. September 1870 wieder am Rathaus ausgerufen, doch als die Stadt sich wenige Monate später ergab, ging auch das Rathaus beim Aufstand der Kommunarden in Flammen auf. Am 25. August 1944 sprach Charles de Gaulle nach der Befreiung von der deutschen Besetzung hier vor einer jubelnden Menge.

In alten Zeiten konnte man vor dem Rathaus Boote von der Seine an Land ziehen, denn das unbefestigte Ufer fiel direkt zum Wasser ab. Dem Kiesstrand verdankte der Platz bis 1803 seinen Namen: Place de Grève. Oft hielten sich hier im geschäftigen Treiben Männer auf, die Arbeit suchten. Ohne Arbeit zu sein, nannte man daraufhin ›être en grève‹, später bedeutete das Wort ›streiken‹. Vom Rathausplatz führt die Rue de Renard zum Centre Georges Pompidou.

■ **Centre Georges Pompidou**

Eine Anarchie von Wasser und Farben bietet der Stravinski-Brunnen mit seinen Mobiles von Jean Tinguely und den knallbunten Skulpturen aus Kunstharz von Nikki de Saint-Phalle. Mitten im Herzen des Rive droite, umgeben von mittelalterlichen Resten, ist hier einer der buntesten und modernsten Teile von Paris entstanden. Sein Zentrum bildet das Centre Georges Pompidou, entworfen von Renzo Piano und Richard Rogers, das nach seiner Fertigstellung 1977 Aufsehen erregte: Die Infrastruktur – Klimaanlage, Stromversorgung, Heizung – war hier nicht wie üblich diskret versteckt worden, sondern wurde in bunten Röhren außen herum geleitet. Im Inneren bewirkt diese Bauweise eine unerhört flexible Raumgestaltung, die wechselnden Ausstellungen gerecht werden kann. Das Gebäude bietet nicht nur dem **Nationalmuseum für moderne Kunst** (Musée National d'Art Moderne) Obdach, sondern auch einer sehr beliebten öffentlichen Bibliothek sowie einem Musikforschungsinstitut. Darüber hinaus werden im Haus Konzerte, Ballett- und Theatervorstellungen abgehalten und Filme vorgeführt.

Das Centre Pompidou

Paris und Versailles

Das Museum nimmt den 3. und 4. Stock ein. Ganz oben ist die **moderne Sammlung** zu sehen, die den Zeitraum zwischen 1905 und 1960 abdeckt. Hier sind Werke von den Fauvisten wie Henri Matisse und Raoul Dufy zu sehen, von den Kubisten wie Georges Braque und Pablo Picasso; die Dada-Kunst von Marcel Duchamp und seinen Weggefährten; Werke von Marc Chagall, Amadeo Modigliani, Valery Kandinsky, Paul Mondriaan, Paul Klee, Max Ernst, Salvador Dali und Karel Appel. In seiner Breite und in der Qualität der Werke ist das Museum für diesen Abschnitt der Kunstgeschichte absolute Weltspitze.

Die **zeitgenössische Sammlung**, in der wie in der modernen Sammlung Malerei, Skulptur und Architektur einer Bewegung, einer Schule oder einer Zeit zusammen vorgestellt werden, ist nicht weniger bedeutet. Hier sind Kunstwerke von Joseph Beuys, Jean Dubuffet, Andy Warhol und Robert Rauschenberg zu sehen.

Über diesem Füllhorn moderner Kunst findet man eine Dachterrasse, die einen schönen Blick über die Dächer des rechten Ufers und weit darüber hinaus bietet. Im Vordergrund sieht man hier den **Tour St-Jaques**, den Glockenturm von St-Jacques-la-Boucherie aus dem 16. Jahrhundert, ehemals eine Station für die Pilger auf dem Weg nach Santiago de Compostela. Die Kirche wurde 1802 abgerissen; den Turm kann man im Sommer besteigen.

■ Les Halles

Durch die Rue Aubry le Boucher kommt man in die Rue Berger, die zum Forum des Halles führt. An dieser Stelle gab es bereits 1135 zweimal in der Woche einen Markt, der über die Jahrhunderte immer weiter wuchs. Émile Zola be-

schrieb ihn am Ende des 19. Jahrhunderts als ›Bauch von Paris‹. Jede Straße auf dem Markt hatte sich spezialisiert. Nach und nach hatten mit dem Wachstum der Stadt Lebensmittel an Bedeutung gewonnen, bis nur noch diese hier gehandelt wurden. 1969 war es aber endgültig vorbei: Der Großhandelsmarkt wurde auf ein Gelände außerhalb der Stadt verlegt. Dem Verkehr der Hauptstadt half dies enorm, doch das Viertel hat sich bis heute nicht ganz erholt. Derzeit werden eingreifende Renovierungsarbeiten geplant, um dem Komplex neues Flair und größere Anziehungskraft zu verleihen. Am Ende des Gartens, des **Jardin des Halles**, steht das ehemalige runde **Börsengebäude**, in dem 1889 die Getreidebörse untergebracht wurde. Heute befindet sich in dem Haus die Pariser Handelskammer. Nördlich der Gärten ist die Kirche **St-Eustache**, eine sehenswerte Mischung aus Flamboyant-Gotik und Renaissance. In dieser Kirche liegt Jean-Baptiste Colbert begraben. Sein Grabmal wurde von Charles Le Brun und Antoine Coysevox geschaffen.

Das Marais

Bereits im 13. Jahrhundert wurde der Sumpf trockengelegt, der diesem Viertel seinen Namen gab. Die Hauptstraße, Rue St-Antoine, verbindet heute den Rathausplatz mit der Place de La Bastille. Charles V. flüchtete vom königlichen Palast hierher und zog in das Hôtel St-Paul ein. Charles VI. lebte ebenfalls hier. Der Place Royale, der heutige Place des Vosges, stammt aus der Zeit des Henri IV. Immer mehr Stadtpalais entstanden, und viele davon stehen noch heute. Ein sehr gutes Beispiel ist das **Musée Carnavalet**. In diesen noblen Häusern entstanden bereits im 17. Jahrhunderts die sogenannten Salons, zu denen Künstler,

▲ Karte S. 94

Schriftsteller, Freidenker und Philosophen von adligen Damen eingeladen wurden. Doch nach und nach verschwand der Adel und zog immer weiter nach Westen, zunächst zur Île St-Louis, dann zum Faubourg St-Germain und zum Faubourg St-Honoré. Nach dem Sturm auf die Bastille verfiel das Quartier allmählich, und erst unter De Gaulles Kulturminister André Malraux fing man an, das Viertel zu renovieren.

Im Marais ließen sich Ende des 19. Jahrhunderts als Folge der Pogrome Juden aus Osteuropa und Russland nieder, und trotz der brutalen Kollaboration des Vichy-Regimes bei der Judenvernichtung

Hausfassade im Marais

überlebte diese Gemeinschaft den Zweiten Weltkrieg, wenn auch stark dezimiert. Den deportierten Juden wurde mit dem 2005 eröffneten **Mémorial de la Shoah** in der Rue Geoffroy-l'Asnier (Nr. 17) ein bewegendes Monument gesetzt. Die Mauern mit Namen der Opfer, die **Mur des Noms**, zählt insgesamt 76000 Namen. In den 1960er Jahren kamen sephardische Juden aus Algerien dazu, und heute werden im kleinen jüdischen Viertel Sprachen aus aller Welt gesprochen. Und so kann man

Kleiner Laden im Marais

heute mitten in Paris in Cafés einkehren, in denen die Kuchenauswahl Käsekuchen aus Russland, Mohnkuchen aus der Slowakei und Apfelkuchen aus Polen umfasst. Zum Naschen lädt zum Beispiel das **Café Sacha Finkelsztajn** ein, 27 Rue des Rosiers.

Vom Rathausplatz kann man am Fluss entlang zur Rue du Fauconier gehen und dort links abbiegen. An der Kreuzung mit der Rue du Figuier steht das gotische Stadtpalais **Hôtel des Sens**, das ehemals den Erzbischöfen von Sens gehörte. Marguerite de Valois, genannt la Reine Margot, die erste Frau von Henri IV., wohnte hier ab 1605, nachdem sie zunächst nach der Scheidung vom König eine Zeitlang gezwungenermaßen außerhalb von Paris gelebt hatte. Es lohnt sich, kurz in den Hof hereinzuschauen. Das **Hôtel de Cluny** am linken Ufer ist eines der ganz wenigen mittelalterlichen Häuser in Paris. Durch die Rue de l'Avé Maria kommt man zur Rue des Jardins de St-Paul, entlang der man ein Stück der alten Stadtmauer von Philippe Auguste sehen kann. Geht man rechts in die Rue Charlemagne und links in die Rue St-Paul, kommt man zu einer Gasse (links), die zum Seiteneingang der Kirche **St-Paul-St-Louis** führt. In der im 17. Jahrhundert von Jesuiten erbauten Kirche wohnte Victor Hugo dem Gottesdienst bei, und der romantische Maler Eugène Delacroix malte den ›Christus im Olivenhain‹, der hier zu sehen ist. Geht man an der Rue St-Antoine entlang bis zur Rue de Birague und biegt dort links ein, kommt man zu einem der schönsten Plätze in ganz Paris.

■ Place des Vosges

Mit seinen mächtigen Laubbäumen, seinen symmetrischen Fassaden aus Natur- und Backstein und seinen regelmäßigen Arkaden strahlt der älteste Platz von Paris eine enorme Ruhe aus. Zunächst wurde der Platz, für den Caterina de' Medici einen Palast hatte abreißen lassen, Place Royale genannt. 1605 ließ Henri IV. ihn so bauen, wie er heute aussieht. Er wurde ein Zentrum des Hoflebens: Paraden und Feste wurden hier abgehalten, Hofdamen und -herren hatten hier Appartements. Ab 1800 wurde er nach dem Départment der Vogesen benannt, dem ersten, das seine Steuern zahlte.

▲ *Am Place des Vosges*

Die 36 Häuser mit ihren Schieferdächern und eleganten Dachfenstern sind erstaunlicherweise praktisch so erhalten geblieben, wie sie gebaut wurden. Die etwas größeren Häuser auf der Süd- und Nordseite des Platzes sind die sogenannten **Königs- und Königinnenpavillons**. Im Haus 1a wurde die Marquise de Sévigné geboren, aus deren Briefen man sehr viel über das Leben am Hof des Grande Siècle erfahren hat. In der Nummer 21 lebte Kardinal Richelieu, während in Hausnummer 6 das **Victor-Hugo-Museum** versteckt ist, eingerichtet in der ehemaligen Wohnung des Dichters. Zeichnungen von Hugo, Möbel und Gebrauchsgegenstände aus verschiedenen Häusern, die er bewohnt hat, sind hier zu sehen.

■ Carnavalet-Museum

Vom Place des Vosges geht man links in die Rue des Francs Bourgeois, um zum Musée Carnavalet zu gelangen, einem sehr verspielten Museum, das die Stadtgeschichte von Paris anschaulich macht. Von Einbaumkanus, die in Bercy ausgegraben wurden, über Straßenschilder vom Anfang des 20. Jahrhunderts bis zu prachtvollen Innenausstattungen und Stadtmodellen ist hier eine enorme Vielfalt ausgestellt. Nicht zuletzt besticht das Museum mit seinem kleinen, herrlichen Hofgarten. Ursprünglich wurde das Hôtel Carnavalet für Jacques de Ligneris, Präsident des Parlaments, gebaut. 1655 folgte ein Umbau von François Mansart. 20 Jahre lang lebte Marie de Rabutin-Chantal, die Marquise de Sévigné, in diesem Haus.

Kurz hinter dem Hôtel Carnavalet kann man rechts in die Rue Elzévir abbiegen, die nach einer Linksbiegung in die Rue de Thorigny übergeht, in der sich das Picasso-Museum befindet.

Karte S. 94

Der Hofgarten des Musée Carnavalet

■ Picasso-Museum

In diesem Haus wohnte einst ein Salz-steuereintreiber, der, gemessen an der Größe des Hauses, recht eifrig und verhasst gewesen sein dürfte. In den 1970er Jahren wurde das Haus renoviert, und 1985 öffnete das Musée Picasso seine Türen. Pablo Picasso kam als 23-Jähriger aus Spanien nach Paris und machte Frankreich zu seiner neuen Heimat. Als er 1973 starb, bezahlten seine Nachkommen keine Erbschaftssteuer, sondern schenkten dem Staat 250 Skulpturen, Collagen, Gemälde, 3000 Zeichnungen und 88 keramische Arbeiten, die einen sehr breiten Überblick über das Schaffen des Künstlers erlauben. Nach einer eingreifenden und langen Renovierung plant man, das Museum im Frühjahr 2014 wieder zu öffnen.

■ Place de Bastille

Schon nicht mehr zum Marais gehörend, aber nicht weit vom Place des Vosges, befindet sich die Place de la Bastille. Die den Platz beherrschende 52 Meter hohe **Julisäule** ist den Opfern der beiden Revolutionen von 1830 und 1848 gewidmet.

Südlich vom Platz liegt der **Port de Plaisance**, ein kleiner Hafen für Sportboote. Von hier fahren Schiffe ab, die eine Rundfahrt auf dem Canal St-Martin anbieten. Der von Napoléon begonnene Kanal verläuft unter dem Platz. Die am Platz gelegene **Opéra de la Bastille** ist so hässlich, wie der Garnier-Bau schön ist.

Rive Gauche

Das Paris der alten Römer, der Studenten und der Künstler ist das Rive Gauche am linken Seineufer, entlang der Boulevards Saint-Michel und Saint-Germain. Hier befinden sich die berühmte Sorbonne-Universität, die Überreste der römischen Niederlassung und die schönen Jardins du Luxembourg.

■ Quartier Latin

Im 3. Jahrhundert war hier Lutetia, am linken Ufer der Seine, gegenüber der keltischen Niederlassung auf der Île de la Cité. Im 12. Jahrhundert ließen sich Gelehrte in den Klostergemeinden von

Gasse im Quartier Latin

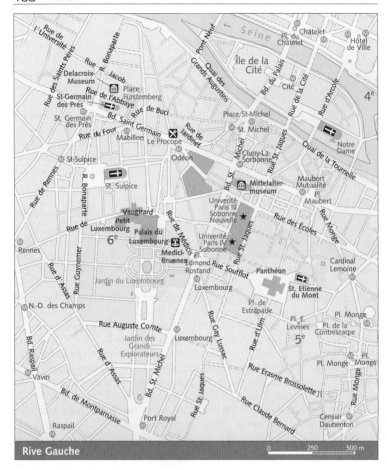

Rive Gauche

0   250   500 m

St-Geneviève und St-Victor nieder, und 1215 erhielt man vom Papst die Erlaubnis, die Universität von Paris zu gründen, die erste in Frankreich. Studenten aus ganz Europa kamen hierher, und so war bis zur Revolution die Umgangssprache Latein, daher der Name dieses Viertels. Bereits 14 Jahre nach der Gründung der Universität gab es einen ersten Streik und eine Demonstration, der Beginn einer langen Protesttradition, die bis heute andauert.

1806 veranlasste Napoléon die Gründung der kaiserlichen Universität, die sehr schnell wuchs und bald aus allen Nähten platzte. Neue Gebäude kamen zwar hinzu, doch im Mai 1968 entstanden die Studentenrevolten teilweise auch aus der Unzufriedenheit mit den schlechten Studienbedingungen.

Vom Seineufer ist der **Place St-Michel** das Tor zum Quartier Latin. Der von Gabriel Davioud entworfene **Michaelsbrunnen** mit einer Statue vom Bildhauer

Joseph Duret überragt den Platz. Sie entstand an einer Häuserfassade im Zuge der Haussmannschen Umgestaltung der Stadt. Von hier führt der Boulevard Saint-Michel durch das Viertel. Mit seinen Cafés, Buchhandlungen und kleinen Restaurants ist er seit Jahr und Tag die Herzschlagader des Quartier Latin.

■ Mittelaltermuseum

Im früheren **Stadtpalais der Äbte von Cluny,** im Mittelalter einflussreiche Gäste am französischen Hof, ist ein Museum für mittelalterliche Geschichte untergebracht (Musée Nationale du Moyen Age). Die Lage des Hauses auf einer ehemaligen römischen Badeanstalt, die größtenteils ausgegraben wurde, schenkte dem Museum gleichzeitig die wichtigsten römischen Ruinen von Paris. Höhepunkt der mittelalterlichen Sammlungen sind einige Wandteppiche, die die Legende von der Dame und dem Einhorn erzählen.

■ Die Sorbonne

Robert von Sorbon wurde 1201 in Sorbon nördlich von Reims geboren. Der spätere Hofkaplan zog schon jung nach Paris, wo er 1250 begann, in einer Scheune neben seinem Haus auf dem Mont St-Geneviève mittellose Studenten zu unterrichten. Drei Jahre nach diesem bescheidenen Anfang wurde Sorbons Schule als Theologieschule (Collège de Sorbonne) der Universität von Paris angeschlossen und 1257 von Louis IX. bestätigt. In den nächsten Jahren folgten Kollegien der Geisteswissenschaften und Philosophie. Die theologische Fakultät wurde häufig in Konflikten herangezogen, und mit der Macht der Monarchen wuchs auch ihr Einfluss. Allmählich wurde sie eine Hochburg des religiösen Konservatismus: Als Philippe IV. (der Schöne) gegen die Tempelritter vorging, wurde er von der Sorbonne tatkräftig unterstützt. Unter den Kardinälen Mazarin und Richelieu wurde die Universität großzügig beschenkt und wuchs weiter.

In ihrer langen Geschichte zählte die Universität viele berühmte Absolventen, darunter Thomas von Aquin, Johannes Calvin, Ignatius von Loyola, Marie und Pierre Curie, Simone de Beauvoir, Claude Lévi-Strauss und Françoise Sagan.

■ Das Panthéon

Zwischen den durchaus imposanten Gebäuden der Universität sticht dieser monumentale Bau noch hervor und bildet mit dem Platz ein eindruckvolles Ganzes. Jacques-Germain Soufflot entwarf dieses Gebäude in Auftrag von Louis XV. (1710–1744), der ein Gelübde abgelegt hatte, als er einmal todkrank war. Sollte er geheilt werden, wollte er anstelle der alten verfallenen Abteikirche von St-Geneviève einen neuen Bau errichten lassen. Probleme aller Art führten aber dazu, dass die Kirche erst 1789 fertiggestellt wurde.

Bereits zwei Jahre später beschloss die damalige Regierung, das Gotteshaus in ein Mausoleum für die großen Männer

Monument zum Nationalkonvent im Panthéon

des Freiheitskampfes umzuwandeln. Nachdem es noch zweimal wieder als Kirche geweiht wurde, erhielt 1855 Victor Hugo hier ein Ehrengrab. Seitdem werden hier große Franzosen, vor allem Wissenschaftler und Künstler, beigesetzt, unter ihnen Voltaire, Jean-Jacques Rousseau, Émile Zola, Louis Braille, Pierre und Marie Curie und Jean Moulin, Alexandre Dumas, Jean Jaurès und André Malraux. In der großen Halle unter dem Dom konnte Léon Foucault mithilfe seines 28 Kilogramm schweren Pendels an einem 67 Meter langen Stahlkabel die Rotation der Erde nachweisen. Foucaults Pendel wird heute im Technikmuseum **Musée des Arts et Métiers** im Marais aufbewahrt.

■ **Jardin du Luxembourg**
Durch die Rue Soufflot erreicht man den Jardin du Luxembourg, eine der wohltuenden Oasen in der Großstadt und eine, die seit Napoléon sogar ausdrücklich kinderfreundlich gestaltet ist.
Maria de' Medici kaufte das Land von den Herzögen von Luxemburg, um hier nach dem Tode ihres Mannes einen **Palast** zu bauen. Sie beauftragte den Architekten Salomon de Brosse und bat diesen, als Vorbild den Palazzo Pitti in Florenz zu nehmen, in dem sie ihre Jugend verbracht hatte. Begonnen wurde der Bau 1615, vor allem die Innenausstattung wurde groß angegangen. Peter Paul Rubens bekam einen Auftrag für 24 allegorische Gemälde, die das Leben der Königin darstellen sollten. Diese sind heute im Louvre zu sehen.
Das **Petit Luxembourg**, ein Geschenk der Königin für Kardinal Richelieu, ist heute die Residenz des Senatspräsidenten. Wie vieles, was die Unglückliche anging, stand der Bau des Palastes unter keinem guten Stern. 1617, als das Ge-

bäude noch nicht einmal fertig war, wurde sie von ihrem Sohn, an den sie gerade die Regentschaft verloren hatte, verbannt und musste Paris verlassen. Erst auf Drängen von Kardinal Richelieu konnte sie schließlich zurückkehren. Nachdem sie sich gegen den Kardinal gewandt hatte, dieser aber von ihrem Sohn bevorzugt wurde, wanderte sie ein zweites Mal ins Exil. Sie starb schließlich mittellos in Köln, weit weg von ihrer Heimat, dem Palast und dem Garten, den sie geplant hatte. Am meisten erinnert der **Medici-Brunnen** direkt neben dem Palast an die Königin. In anderen Bereichen ist der Park auf Kinder ausgerichtet: Man kann hier auf Ponys reiten, es gibt ein Marionettentheater und Spielplätze.
1790 wurde die Gartenanlage zum Observatorium verlängert. In den Jahren des Terrors wandelte man den Palast, wie andere große königliche Gebäude, in ein Gefängnis um. Dann tagte die Parlamentsversammlung des Direktorats im Haus, danach das Konsulat und später der Senat. Im Zweiten Weltkrieg wurde das Gebäude von den Besatzern in Beschlag genommen, heute ist es Senatssitz.
Von der Nordwestecke des Gartens führt die Rue Bonaparte zur Kirche St-Germain des Prés am Boulevard Saint Germain.

■ **Kirche St-Germain-des-Prés**
Die ehemalige Abteikirche gab diesem Viertel seinen Namen. Boulevards laden zum Flanieren, Cafés zum Verweilen und Geschäfte zum Kaufen ein, man könnte hier getrost einen ganzen Tag verbringen. Im 8. Jahrhundert war St-Germain-des-Prés eine mächtige Abtei, die direkt dem Papst unterstellt, also keiner weltlichen Macht Verantwortung

schuldig war. Viermal in 40 Jahren wurde der Komplex von den Wikingern zerstört, viermal wurde er wieder aufgebaut. Als Charles V. eine Mauer um Paris errichten ließ, baute die Abtei ihre eigenen Mauern und bekräftigte damit ihre Eigenständigkeit. Im späten Mittelalter verfiel sie aber und wurde ab 1674 als Gefängnis genutzt.

Während der Revolution wurde die Abtei weitgehend zerstört, nur die **Kirche** und der **Abtpalast** blieben erhalten. Einer der ursprünglich drei romanischen **Türme** steht noch. Im Inneren ist die Kirche eine Mischung aus Gotik und Romanik, mit einer Ausmalung aus dem 19. Jahrhundert von Hippolyte Flandrin, einem Schüler des bedeutenden Malers Jean-Auguste-Dominique Ingres. In der Abteikirche wurde René Descartes' Herz beigesetzt. Die anderen Überreste des Philosophen befinden sich im Panthéon. Einige merowingische Könige wurden hier in der Kapelle St-Symphorien begraben. Aus dieser Zeit stammen die Marmorsäulen des Triforiums.

Im Café Les Deux Magots

Gegenüber der Kirche, am Boulevard St-Germain, befinden sich das charaktervolle **Café Les Deux Magots** und das **Café de Flore**, in denen sich früher Schriftsteller, Philosophen und Filmregisseure trafen, darunter Pablo Picasso, Jean-Paul Sartre, Simone de Beauvoir, Jose Luis Borges, Ernest Hemingway und François Truffaut.

Geht man die Straße links von der Kirche entlang, kommt man zum **Abtspalast** aus dem 16. Jahrhundert, der für den Kardinal und Abt Charles de Bourbon gebaut wurde. Links geht es in die Rue de Furstemberg, die sich zum Place Furstemberg verbreitet, an dem im ehemaligen **Studio von Eugène Delacroix** ein Museum für den Maler eingerichtet ist. Geht man etwas weiter, gibt es eine Möglichkeit rechts abzubiegen. Folgt man dem Verlauf der Rue Cardinale, dann kann man links wieder in die Rue de l'Abbaye einbiegen. Wieder links geht es in die Rue de Buci. Dieser kann man bis zur Rue de l'Ancièrne Comédie folgen, an der das **Restaurant Le Procope** liegt (Hausnummer 13), einst das erste Café von Paris und daher von Touristen gerne besucht. Biegt man hier rechts ab, dann gibt es kurz vor dem Boulevard St-Germain auf der linken Seite einen Durchgang, der zu einem sehr hübschen Hof und zur etwas versteckten Straße Cour du Commerce St-André führt. In einem der Häuser an dieser Stadtoase experimentierte der Arzt Joseph-Ignace Guillotin mit seiner Maschine, die Hinrichtungen für das Opfer humaner machen sollte – er benutzte dazu Schafe. Geht man diese Gasse entlang, öffnet sich rechts die Cour de Rohan, eine weitere Gasse, die durch drei Innenhöfe führt. Entlang der Rue de Jardinet und der Rue de l'Eperon kommt man wieder zum Boulevard St-Germain.

Vom Orsay-Museum zum Trocadéro

Von der Pont Royal bis zur Pont d'Iéna ist die Seine von prächtigen Gebäuden, großzügigen Gartenanlagen und vornehmen Häuser gesäumt. Es bietet sich an, die Strecke zu Fuß zurückzulegen (siehe auch Seite 126). Mindestens ein Museum ist im Rahmen einer Flusskreuzfahrt schon fast eine Pflichtsache: Im Musée d'Orsay findet man einen Überblick über die Maler, die ihre Staffeleien entlang der Seine aufstellten, fasziniert vom Licht der Wasseroberfläche und vom Leben an den Ufern. Am Anfang einer Reise stimmt ein Besuch dieser Sammlung auf die Fahrt in kunstvoller Weise ein, am Ende einer Fahrt wird er zu einem schönen Rückblick. Am Ende des Flussabschnitts steht das Wahrzeichen der Stadt, ja der Nation: der Eiffelturm.

■ Orsay-Museum

Dieses Museum, im grandiosen ehemaligen Bahnhof von Orsay untergebracht, widmet sich der Kunst von 1848 bis 1914. Am Ende des 19. Jahrhunderts erwarb die Orléans-Eisenbahngesellschaft das Land des ehemaligen Orsay-Palastes, der während des Kommunenaufstands völlig zerstört worden war. In zwei Jahren entstand ein monumentaler Bau, der am 14. Juli 1900 eingeweiht wurde. 40 Jahre lang fuhren die Züge ab und an, bis zu 200 am Tag. Aber als man zunehmend von Diesel auf Strom umstieg, wurden die Züge für die Bahnsteige zu lang. Vorübergehend benutzte der Nahverkehr den Bahnhof, doch dann wurde er geschlossen. Nach dem Zweiten Weltkrieg empfing man hier Rückkehrer aus den Gefängnissen und Konzentrationslagern, und 1962 drehte Orson Welles seine Kafka-Verfilmung

▲ *Das Musée d'Orsay*

›Der Prozess‹. Als das traditionsreiche Auktionshaus Drouot umgebaut werden musste, fanden die Auktionen im Bahnhof statt.

Erst 1977 fand man für das Haus eine neue Verwendung. Der Architekt Gae Aulenti begann mit einem sorgfältigen Umbau, und neun Jahre später wurde das neue Museum eröffnet. Bei der Neugestaltung wurde die Halle mit ihrer riesigen Uhr größtenteils intakt gelassen – die Wechselwirkung zwischen Museumsgebäude und Kunstwerken ist damit sehr gelungen. Die Sammlungen umfassen Malerei, Skulpturen und vor allem in den Art-Nouveau-Sammlungen Möbel

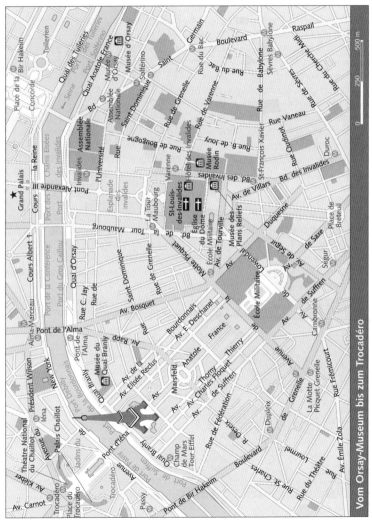

Paris und Versailles

Vom Orsay-Museum bis zum Trocadéro

und ganze Zimmereinrichtungen. Daneben gibt es heute eine Fotosammlung. Am besten beginnt man ganz oben bei den Impressionisten und geht dann nach unten, wo im großen zentralen Bereich die Skulpturen zu sehen sind. Zu den Höhepunkten des Sammlung zählen ›Das Frühstück im Grünen‹ und ›Olympia‹ von Édouard Manet, der ›Strand von Trouville‹ von Eugène Boudin, fünf Gemälde der Kathedrale von Rouen von Claude Monet, das ›Junge Mädchen mit Stock‹ von Camille Pissarro; Cézannes ›Kartenspieler‹, van Goghs ›Sternennacht‹ und seine ›Kirche von Auvers-sur-Oise‹. Die ulkigen ›Parlamentarier‹ von Honoré Daumier bilden in der Skulpturensammlung eine heitere Note, während die Kunsthandswerksammlung einen schönen Überblick über die Art Nouveau bietet.

Das Hôtel des Invalides

◼ Hôtel des Invalides

Drei Brücken weiter flussabwärts kommt man zum einem Park, dessen Südrand vom riesigen Hôtel des Invalides eingenommen wird. Dieses monumentale Gebäude wurde unter Louis XIV. begonnen, um Kriegsveteranen Obdach und Versorgung zu bieten. Er veranlasste einen Bau, in dem 4000 Männer untergebracht werden konnten. 1670 wurde der Bau fertiggestellt. Libéral Bruant war der Architekt des Komplexes, dessen Kern die strenge **Église de St-Louis-des-Invalides** bildete. Nachdem der symmetrische Bau von allen Seiten als Höchstleistung gepriesen worden war, entschloss sich der Fürst, ihn noch schöner zu gestalten und hat Jules Hardouin Mansart, eine zweite, wesentlich größere Kuppelkirche zu entwerfen. Es sollte das Meisterwerk des Architekten werden. Robert de Cotte stellte die Kirche nach dem Tod des Meisters fertig. Die Bleikuppel wurde 1715 mit Blattgold bedeckt. 1989 wurde sie neu vergoldet, mit zwölfeinhalb Kilo Blattgold.

1793 wurden beide Kirchen in einen Mars-Tempel umgewandelt, aber sieben Jahre später ließ Napoléon die Überreste des Generalmarschalls Henri de Tu-

Blick in die Kuppel des Doms

rennes hier neu bestatten (auf Anordnung von Louis XIV. war dieser ursprünglich in der königlichen Gruft in St-Dénis beigesetzt worden), und damit entstand eine Tradition – die Kirche des Doms wurde zu einem militärischen Mausoleum. Napoléons Asche wurde hier am 3. April 1861 beigesetzt. Nach den beiden Weltkriegen wurde Les Invalides wieder zu einem Krankenhaus.

Heute befinden sich im Gebäude die militärische Verwaltung und das **Musée de l'Armée**, das militärische Museum. Mit 500 000 Ausstellungstücken ist es eines der besten seiner Art in der Welt. Waffen und Rüstungen sind hier zu sehen, daneben werden die Kriege des 20. Jahrhunderts eingehend dargestellt. Im **Musée des Plans Reliefs** findet man Modelle von Städten, Wehranlagen und Häfen, die in den letzten 300 Jahren gebaut wurden. Seit 2008 ist im Museum das **Historial Charles de Gaulle** zu sehen, eine multimediale Ausstellung, die das Leben und Werk des Staatsmannes schildert.

Viele Besucher aber beschränken sich auf die enorme **Kirche**, in der Napoléons Sarkophag steht. Die Innenausstattung, reich an Säulen, Pilastern, Kuppel- und Deckenmalereien, Flachreliefs und Bildhauerwerken, verleiht dem letzten Ruheplatz des Feldherrn und Kaisers eine beeindruckende Würde. Gleich sechs Särge schließen die Urne mit der Asche ein; der Erste ist aus Zinnblech, der nächste aus Mahagoniholz, zwei weitere aus Blei; der fünfte ist aus Ebenholz, der sechste aus Eiche. Diese sind alle in einen großen Sarg aus Porphyrgestein gefasst, der wiederum auf einem Granitsockel ruht. Zwei enorme Bronzestatuen stehen als Wächter am Eingang zur Krypta, die kein Dach hat, so dass der Kaiser unter der gewaltigen Kuppel des Doms liegt.

Von der Seine aus gesehen links vom Hôtel des Invalides befindet sich in einem kleinen Park das **Rodin-Museum**, das nicht nur viele Skulpturen des großen Bildhauers zeigt, sondern auch Gipsmodelle, Werke seiner Lebensgefährtin Camille Claudel und Gemälde, die Auguste Rodin zeitlebens sammelte. Zu den Höhepunkten der Sammlung zählen Skulpturen wie ›Johannes der Täufer‹, ›Der Denker‹, ›Der Kuss‹, ›Die Bürger von Calais‹, ›Das Höllentor‹ sowie das Monument für Honoré de Balzac.

■ Museum am Quai Branly

Geht man vom Hôtel des Invalides zurück zur Seine und dann weiter flussabwärts, kommt man zum Musée du Quai Branly, dem Museum für Kunst aus Ozeanien, Afrika, Asien und Nord- und Südamerika. Das Museum im modernen Gewand von Jean Nouvel geht weiter als die meisten Museen dieser Art, denn es ist nicht in erster Linie eine anthropologische Sammlung im traditionellen Sinne, sondern will einen Dialog zwischen Kulturen anregen. Viele der Ausstellungsstücke sind zeitgenössisch, und Video- und Multimedia-Installationen haben ihren Platz neben Volkskunst.

Für die grüne Haut des Gebäudes zeichnete der Pflanzenkünstler Patrick Blanc verantwortlich. Die lebendigen Mauern bestehen aus 15 000 Pflanzen und 150 Arten. Blancs Werke findet man mittlerweile auch in München, Frankfurt und in den Galeries Lafayette in Berlin.

■ Der Eiffelturm

Etwas weiter steht der Turm von Gustave Eiffel, der zur Weltausstellung von 1889 errichtet wurde. Mit seinen 300 Metern war er damals der höchste Turm der Welt. Heute, durch Antennen noch etwas gewachsen, misst er 312,75 Meter.

Eiffel begann mit dem Bau 1884, im reifen Alter von 52 Jahren. Ab 1887 jagten 300 Arbeiter zwei Jahre lang an die zweieinhalb Millionen Nieten durch den Stahl. Eiffel wollte mit dem Bau vor allem demonstrieren, was mit dem Baustoff Stahl alles möglich war, Stahlskelettbauten waren damals noch nicht weit verbreitet. Als der Turm immer höher wurde, stieg bei Teilen der Bevölkerung die Empörung: 300 prominente Künstler und Schriftsteller, darunter Charles Garnier, der Architekt der Pariser Oper, unterschrieben eine Bittschrift, in der sie sich gegen den Turm aussprachen. Als er dann aber da war, wurde er bald zum Symbol einer neuen Zeit. Guillaume Apollinaire besang ihn im Gedicht, Künstler wie Camille Pissarro, Raoul Dufy und Georges Seurat malten ihn, Jean Cocteau feierte ihn in seinem Theater. Dennoch wurde der Turm, wie üblich für die Gebäude einer Weltausstellung, nicht für die Ewigkeit gebaut. 1909 sollte er abgerissen werden, doch die Antennen retteten den Turm, sie waren für den Funkverkehr zu bedeutend geworden.

Immer noch wird das Bauwerk gerne in Zahlen beschrieben, um die enormen Dimensionen herauszukehren: Der Turm wiegt etwa 7000 Tonnen und braucht alle sieben Jahre an die 50 Tonnen Farbe. Er hält auch bei starkem Wind gut stand: Nur etwa zwölf Zentimeter wankt die Spitze hin und her. Wenn es wärmer wird, wächst der Turm durch die Dehnung des Stahls bis zu 15 Zentimeter! Die Warteschlangen sind meistens lang, doch es passen recht viele Menschen auf einmal in einen der Aufzüge, so dass die Wartezeiten sich in Grenzen halten.

Drei Plattformen gibt es, zunächst auf 57 Meter Höhe, dann auf 115 Meter und schließlich auf 276 Meter. Bis dahin sind es 1652 Stufen; die allermeisten Besucher fahren freilich mit dem Lift. Bei gutem Wetter sieht man von ganz oben fast 70 Kilometer weit. Am schönsten ist es hier ein bis zwei Stunden vor Sonnenuntergang, während nachts der Turm eher vom Boden zu genießen ist, wenn er wie ein wildgewordener Leuchtturm in Farben ausbricht und wie ein Juwel funkelt.

Gustave Eiffel (1832–1923) war unter anderem auch für die Halle des Budapester Nyugati-Bahnhofs und für die Stahlskelettkonstruktion der Freiheitsstatue verantwortlich. Auch einige Brücken über die Seine baute er. Unglücklicherweise arbeitete er auch mit Ferdinand de Lesseps zusammen, der nach dem erfolgreichen Bau des Suezkanals sich auf spektakuläre Weise am Bau des Panamakanals die Zähne ausbiss. Das Projekt scheiterte an Planungsmängeln, technischen Schwierigkeiten und Inkompetenz. Eiffel wurde der Bestechung bezichtigt und schuldig befunden. Obwohl er später freigesprochen wurde, war seine Karriere als Staringenieur mit dem Skandal vorbei.

■ Trocadéro und Marsfeld

Vom Trocadéro am rechten Ufer bis hin zur École Militaire erstreckt sich das Marsfeld (Champs de Mars), der ehemalige Exerzierplatz, heute ein lebendiger Park. Im Trocadéro-Park steht das **Palais Chaillot**, 1939 errichtet. Er besteht aus zwei Pavillons mit jeweils einem Flügel zur Seine, eine vollkommene Symmetrie. Die Gärten wurden bereits zwei Jahre

Paris und Versailles

Der Eiffelturm

Das Palais Chaillot

Gegenüber vom Palais Chaillot, jenseits des Champs de Mars, steht das imposante **Gebäude der militärischen Akademie**, die von Louis XV. gegründet wurde, auf Drängen seiner Mätresse, Madame de Pompadour. Das Haus des Architekten Ange-Jacques Gabriel imponiert durch seine gewaltigen korinthischen Säulen und seine strenge Form. Der berühmteste Schüler dieser Akademie war zweifelsohne der 15-jährige Napoléon Bonaparte, der 1784 nur ein Jahr für die eigentlich zweijährige Ausbildung brauchte.

Vor dem Gebäude steht ein **Reiterdenkmal von Marschall Joseph Joffre**, Oberbefehlshaber der französischen Kräfte zwischen 1914 und 1916. Geschaffen hat es der Bildhauer Real del Sarte, der auch die Skulptur der Jeanne d'Arc in Rouen kreierte. Die Akademie ist heute immer noch ein militärisches Ausbildungsinstitut.

zuvor zur Weltausstellung angelegt. Unter der Terrasse zwischen den beiden Gebäuden befindet sich das **Théâtre National du Chaillot**. Im Palais Chaillot sind gleich fünf Museen untergebracht, von denen das sehenswerteste das Architekturmuseum **Musée des Monuments Français** ist, in dem man zwischen enormen Repliken französischer Architektur aller Jahrhunderte wandeln kann. Im Museum befindet sich zudem eine Buchhandlung mit einer hervorragenden Auswahl an Kunst- und Architekturbüchern sowie vielen Büchern zu Paris. Die meisten Besucher des Palais schaffen es aber kaum bis zu einem der Museen, denn hierher kommt man vor allem wegen des wunderschönen Blicks auf den Eiffelturm und die dahinter liegende Stadt.

Die Grande Perspective

Es ist sicherlich nicht empfehlenswert, die ganze von André Le Nôtre geplante Achse vom Louvre bis La Défense während eines Parisbesuches abzulaufen. Dafür hat sie über längere Strecken einfach nicht genug zu bieten, und auch das Geschäftsviertel von La Défense mit seinen Hochhäusern ist sicherlich nicht jedermanns Sache. Um die Sehenswürdigkeiten entlang dieser Achse zu besuchen, sollte man zwischendurch die Métro benutzen.

■ Champs Élysées

Der Straße, über die der Verkehr normalerweise in acht Spuren vorbeirast, verändert sich regelmäßig in einen Schauplatz für Ereignisse nationaler und internationaler Bedeutung. Ob es nun eine Militärparade oder die Tour de

France ist, bei wichtigen Gelegenheiten wird der Verkehr ohne Wenn und Aber umgeleitet. Ob man nun auf dem Arc de Triomphe steht, in der Grande Arche de la Défense oder auf der Verkehrsinsel am Place de la Concorde, der Blick entlang der Hauptstraße Frankreichs ist etwas Besonderes.

Beginnt man am **Place de La Concorde**, so hält man es auf der Insel wegen des gewaltigen Verkehrs nicht lange aus. Zum Glück aber ist Frankreichs Hauptstraße hier von Parkanlagen gesäumt, in denen Denkmäler, prächtige Gebäude und Theater den Flaneur erwarten. Hinter dem Kreisverkehr Rond Point beginnt die Einkaufsmeile, die traditionell Kunden mit dicker Brieftasche vorbehalten war, wo sich aber heute auch Normalsterbliche etwas leisten können.

Doch zunächst geht es durch den **Espace Pierre Cardin**, einen nach dem Modedesigner benannten Park. Im hier gelegenen **Théâtre Marigny**, einem von Charles Garnier entworfenen Musiktheater, wurden lange Zeit fast ausschließlich Offenbach-Operetten aufgeführt. Biegt man

nach dem Gebäude rechts ab in die Avenue de Marigny, kommt man zum **Élysée-Palast**, der Residenz des Staatspräsidenten.

Entlang der **Avenue Winston Churchill** findet man Statuen des englischen Staatsmanns sowie am Place Clemenceau die von Charles de Gaulle und Georges Clemenceau. Zwei monumentale Bauten, das **Grand Palais** und das **Petit Palais**, stehen an dieser Straße. Das **Musée du Petit Palais** ist das Museum der schönen Künste der Stadt Paris. Den Kern bilden zwei Privatsammlungen von wertvollen Antiquitäten, Zeichnungen, Gemälden und Möbeln sowie die Gemäldesammlung der Stadt, die hauptsächlich aus Werken des 19. Jahrhunderts, der Barbizonschule und des Impressionismus sowie deren Vorreiter und Zeitgenossen besteht. Das **Grand Palais** ist als Architekturdenkmal interessant. Die riesige Kuppel und das Glasdach mit seinem gusseisernen Skelett, die üppigen Skulpturen und Fassadenmosaiken sind sehenswert, auch wenn es gerade keine wichtige Ausstellung gibt. Im hinteren

Nacht auf den Champs Élysées

Paris und Versailles

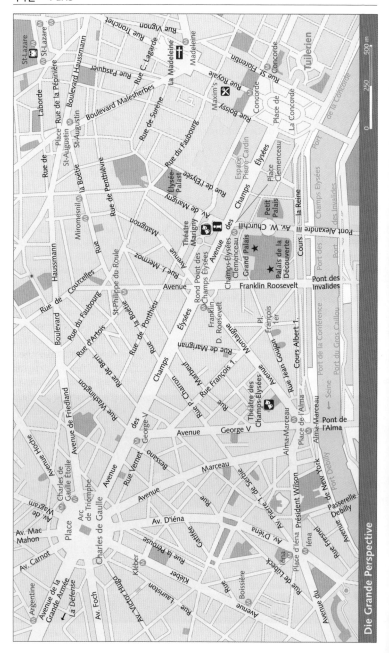

Die Grande Perspective

Bereich des Grand Palais, das den Eingang an der Avenue Franklin D. Roosevelt hat, wurde 1937 das **Palais de la Découverte** eröffnet, ein vor allem für Kinder interessantes Wissenschaftsmuseum. Im ersten Stockwerk des Hauses befindet sich ein **Planetarium.**

Das **Théâtre des Champs-Élysées** in der Avenue Montaigne wurde 1912 von Auguste Perret und seinem Bruder gebaut. Es war einer der ersten Betonbauten des wegweisenden Architekten. Die Skulpturen an der Fassade stammen von Antoine Bourdelle, dem in Montparnasse ein Museum gewidmet ist. Der Hauptsaal bietet 2100 Menschen Platz und gilt als einer der besten Säle in Paris. Igor Stravinskys ›Frühlingsopfer‹ löste hier bei der Uraufführung Empörung aus. Stravinsky musste sich aus dem Theater retten, so schockiert war sein Publikum. 1925 gab es einen weiteren Skandal, als Josephine Baker hier halbnackt den Charleston tanzte. Das Viertel hat diese Tradition beibehalten: Nicht weit weg, an der Avenue George V., befindet sich das ›Crazy Horse‹-Cabaret, wo die meisten Damen immer noch oben ohne auftreten.

■ **Arc de Triomphe**

Doch, es lohnt sich, hier hoch zu klettern. Es gibt kaum einen schöneren Blick über die Stadt, er reicht von Sacré Coeur über Montparnasse bis zum Eiffelturm, und nirgends sonst ist die Vision des Baron Haussmann so offensichtlich. Wie Sonnenstrahlen führen gleich zwölf Straßen und Boulevards den Verkehr vom Place Charles de Gaulle, der auch Place de l'Étoile (Platz des Sterns) genannt wird, in alle Richtungen. Das kolossale Tor erinnert an die siegreichen Schlachten Napoléon Bonapartes und ehrt zudem den unbekannten Soldaten, an

dessen Grab täglich um 18.30 Uhr von alternden Veteranen der französischen Streitkräfte ein Kranz niedergelegt wird. Im 18. Jahrhundert gab es den Place de l'Étoile bereits, aber damals gingen nur fünf Wege vom Platz ab. Auf dem Platz war einfach nur eine runde Rasenfläche, und genau dort ließ Napoléon I. vom Architekten Jean-François Chalgrin den Triumphbogen planen. Er sollte dann aber erst 1840 als Leichnam durch das Tor getragen werden, denn das Bauwerk wurde erst unter Louis-Philippe I. fertiggestellt.

Die vier Fassaden des Tors lassen sich wie Kapitel eines Geschichtsbuches lesen, allerdings decken diese nur einen relativ kurzen Abschnitt der französischen Geschichte ab. Am bekanntesten ist die Skulptur auf der rechten Seite der Fassade gegenüber der Champs Élysées. Amtlich heißt diese ›Der Aufmarsch der Freiwilligen Miliz‹, im Volksmund aber kennt man sie als **Marseillaise,** der Stein gewordene Ausdruck französischen revolutionären Elans. Der Künstler war François Rude. Über der Marseillaise ist das ›Begräbnis des Generals Marceau‹ zu sehen. An der gleichen Fassade rechts erinnert die große Skulptur an den Sieg von 1810 und den daraus hervorgegangenen Vertrag von Wien, darüber ist die Schlacht von Aboukir abgebildet. Geht man nun im Uhrzeigersinn um den Bau herum, so sieht man nacheinander die Schlacht bei Jemmapes, die Résistance und darüber die Überquerung der Brücke von Arcola, den Frieden, darüber die Eroberung Alexandriens und schließlich die Schlacht bei Austerlitz. In den vielen Gewölben des Tors sind die Namen kleinerer Schlachten sowie die von 558 Generälen zu lesen, wobei die Namen der im Kampf Gefallenen unterstrichen sind.

Kranzniederlegung am Arc de Triomphe

Der 50 Meter hohe Koloss scheint jeden Besucher dermaßen imponieren zu wollen, dass ja keiner die Ironie erkennt: Dass nämlich im freien und gleichen Frankreich den Generälen ein Denkmal gesetzt worden ist, das den Krieg als glorreiches und edles Unterfangen verherrlicht, dabei aber das Elend der Soldaten, die unter Napoléon zu tausenden ums Leben kamen, sträflich vernachlässigt. Die tägliche feierliche Kranzniederlegung ändert daran trotz ihrer Aufrichtigkeit nicht viel.

■ La Défense

Am linken Ufer liegt, zwischen den Vororten von Puteaux und Courbevoie eingeklemmt, das Hochhausviertel von La Défense. Es ist das größte Geschäftsviertel Frankreichs und eines der größten der Welt, das Manhattan von Paris. Benannt nach der Statue ›Verteidigung von Paris‹, wurde das Viertel 1958 begonnen, unter der Aufsicht einer eigens zu diesem Zweck ins Leben gerufenen Behörde, der Établissement Public d'Aménagement de la Défense (EPAD). Die ersten Hochhäuser waren sehr

gleichförmig und nie mehr als 100 Meter hoch. In den 1970ern wurde das Viertel zunächst stark erweitert, doch mussten infolge der Wirtschaftskrise von 1973 viele Pläne auf Eis gelegt werden. Unter François Mitterand wurde in La Défense emsig gebaut: Es entstand eine neue Generation von Hochhäusern, und das Viertel wurde an das Métronetz angeschlossen. Monsieur le Président initiierte zudem einen Wettbewerb für einen monumentalen Bau am Ende der historischen Achse, die den Louvre, die Champs Élysées und den Arc de Triomphe verbindet. Gewonnen wurde dieser vom Dänen Johann Otto von Spreckelsen. Sein Entwurf wurde der enorme **Grande Arche de la Défense**, ein hohler Kubus von 108 mal 110 mal 112 Metern aus Beton, Glas und Carrara-Marmor.

Mehr als 70 Hochhäuser zählt La Défense, mehr als ein Dutzend davon über 150 Meter hoch, und es wird mittlerweile wieder fleißig gebaut. Bernard Bled, Chef der für das Viertel verantwortlichen Behörde, stellte Ende 2005 einen ambitionierten Plan vor, der über neun Jahre eingreifende Um- und Neubauprojekte in La Défense vorsieht. Veraltete Hochhäuser sollen abgerissen werden und neuen Wolkenkratzern Platz machen. 300 000 Quadratmeter neue Büroflächen und 120 000 Quadratmeter Wohnflächen werden entstehen. Momentan leben in La Défense lediglich 20 000 Menschen, und dieses Missverhältnis zur Zahl der Beschäftigten soll verbessert werden. An der Infrastruktur wird gearbeitet, von einer neuen Fußgängerzone bis zu besseren öffentlichen Verkehrsmitteln. Nachhaltigkeit in allen Aspekten der Projektentwicklung will man fördern und den Einwohnern bessere Einkaufs- und Unterhaltungsmöglichkeiten anbieten.

Karte S. 112 ▲

Das Viertel La Défense

Stolz listet die Behörde die Namen der Superstars der modernen Architektur auf: Jean Nouvel zeichnet für den **Tour Signal**, den prestigeträchtigsten Neubau, verantwortlich. Norman Fosters Firma baut gleich zwei Türme, und der Amerikaner Thom Mayne vom Kollektiv Morphosis plant den **Tour Phare**, der 2017 fertiggestellt werden soll.

Montmartre

Die höchste Erhebung der Stadt ist der Montmartre, der Berg der Märtyrer, der 128 Meter über den Meeresspiegel liegt. Gewiss ist dies nicht gerade eine schwindelerregende Höhe, doch man sieht von allen Aussichtspunkten in der Stadt den Berg mit der unverwechselbaren Silhouette der **Basilique du Sacré Cœur**.

Zwischen dem Französisch-Preußischen Krieg und dem Ersten Weltkrieg ließen sich in diesem Stadtviertel, das erst 1860 eingegliedert wurde und seinen Dorfcharakter noch bewahrt hatte, Maler, Musiker und Schriftsteller nieder. Es entstand eine kreative Blüte auf dem Berg, die heute durch die Straßenzeich-

ner gewissermaßen am Leben gehalten wird, wenn auch nur für die Touristen, die im Sommer Montmartre praktisch überrennen, auf der Suche nach etwas, was es nur noch vereinzelt gibt: die Ruhe an den malerischen Plätzen und Gassen.

In der gallo-römischen Zeit standen auf dem Berg zwei Tempel, einer für Mars und einer für Merkur. Im Jahr 250 hieß der Berg denn auch Mons Mercurius, doch er wurde dann zum Berg der Märtyrer, Mons Martyrum, als hier Saint Denis seinen Kopf verlor. Da der Hügel in der Stadtentwicklung eher ein Hindernis darstellte, wurde er links liegen gelassen und hatte auch im 19. Jahrhundert noch einen sehr ländlichen Charakter. Mühlen mahlten den hier abgetragenen Gips, Weinberge entstanden. 1535 gründete Ignatius von Loyola in Montmarte den Jesuitenorden, doch ansonsten tat sich nicht besonders viel bis zur Mitte des 19. Jahrhunderts. Als Baron Haussmann aber anfing, seine Verkehrsschneisen zu schlagen, mussten Zehntausende umziehen, und vielen, denen die Mieten in den schönen neuen

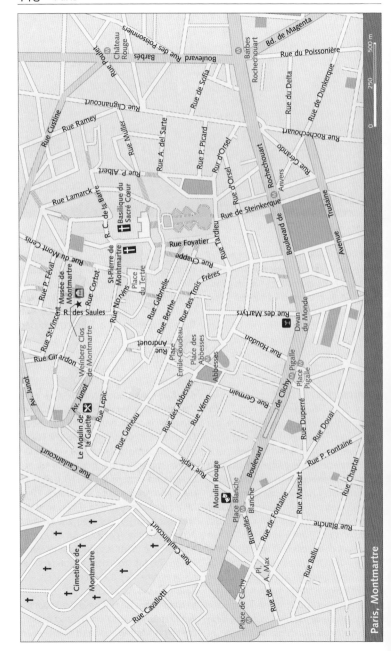

Häusern zu hoch waren, blieb nichts anderes übrig, als sich ›auf dem Lande‹ niederzulassen. Viele der Arbeiter vom Montmartre beteiligten sich am Aufstand der Kommune. Eine der ersten Aktionen dieses Aufstandes fand im Viertel statt, als Einwohner 171 Kanonen auf den Hügel schleppten, um diesen gegen die Preußen zu verteidigen. Nachdem der Krieg und der Aufstand vorbei waren, nahm das Leben in Montmartre seinen gewohnten Gang, und die kulturelle Blüte, deren erste Anzeichen bereits vor dem Krieg zu sehen gewesen waren, setzte sich nun durch. Viele junge Künstler leisteten sich in größeren Häusern ein Zimmer und ein Studio. Unter ihnen waren Hector Berlioz, der Komponist; Jean Baptiste Clément, Chansonnier und später Kommunarde; die Maler Paul Gauguin, Vincent van Gogh, Georges Seurat, Paul Cézanne und der Schriftsteller Émile Zola. Die Künstler, ihre Modelle und andere Bohémiens hielten sich in den Cafés und Cabarets am Fuße des Berges auf. Poeten rezitierten ihre Gedichte im ›Chat Noir‹, für das der Künstler Théophile-Alexandre Steinlen das berühmte Plakat entwarf. Der Chansonnier Aristide Bruant war Sänger in diesem Lokal. Henri de Toulouse-Lautrec malte die Plakate für das ›Moulin Rouge‹, in dem er ein häufiger Gast war. Louise Weber, eine Tänzerin, die als La Goulue, die Gefräßige, bekannt war, tanzte hier den Cancan, einen Tanz, der aus den Volkstänzen der Gegend hervorgegangen war. Auch im ›Cabaret au Lapin Agile‹ trugen Dichter ihre Werke vor, im ›Bateau Lavoir‹ arbeiteten die Maler in kleinen Studios, unter ihnen Kees van Dongen, Max Jacob und Amedeo Modigliani. Als aber die nächste Generation von Künstlern nach dem Ers-ten Weltkrieg nach Montparnasse weiter zog,

Steinlen-Plakat für das ›Chat noir‹

blieb in Montmarte nur das Nachtleben, das nach wie vor blüht: Das **Divan du Monde** zum Beispiel, in dem Baudelaire und Toulouse-Lautrec sich aufhielten, ist heute einer der bekanntesten Klubs der modernen Musikszene. Und immer noch findet man hier kleine Theater, in denen künstlerische Traditionen aufrechterhalten werden.

■ Ein Rundgang

Beginnend an der Métrostation Anvers am Boulevard de Rochechouart, kommt man durch die Rue de Steinkerque zum Fuße der Treppen, die zur Kirche **Sacré Cœur** hinaufführen. Wer seine Energie sparen möchte, nimmt den Funiculaire. Eine letzte Treppe muss man immer hochgehen, meistens zwischen den Reihen der Jugendlichen, die hier auf den Treppen Musik hören und die Aussicht genießen.

Das von Paul Abadie entworfene schneeweiße Gotteshaus ist Geschmackssache. In den Jahren nach dem Französisch-Preußischen Krieg befand sich Frankreich in einer tiefen Identitäts- und Glaubenskrise, und die Bürgerschaft war vom Aufstand der Kommunarden bis ins

Die Kirche Sacré Cœur

Mark erschüttert. Man wollte mit der Kirche so etwas wie ein Sühneopfer darbringen und gleichzeitig etwas bauen, auf das man wieder stolz sein konnte. Der Bau wirkt dadurch pompös und recht nationalistisch. Das Portal zieren zwei Reiterdenkmäler: die Magd von Orléans und der Sonnenkönig. Man griff weit in die Baugeschichte zurück, um passende Vorbilder zu finden: Venedig, Byzanz, das französische Mittelalter: Alle diese Richtungen findet man in dem eklektizistischen Bau. Vor allem der Kult um Jeanne d'Arc nahm in den Jahren nach der Niederlage große Ausmaße an. Zola nannte die Kirche schon damals die ›Basilika des Lächerlichen‹. Immerhin genießt man von der Kuppel einen herrlichen Blick in alle Himmelsrichtungen. Der 80 Meter hohe Glockenturm beherbergt die Savoyarde. Die 19 Tonnen schwere, in Annecy gegossene Glocke war ein Geschenk des Bistums Savoyen, das erst 1860 zu Frankreich kam.

Neben der Basilika steht die Kirche **St-Pierre de Montmartre**, deren älteste Teile aus dem Jahr 1134 stammen. Damit ist diese Kirche – das einzige, was von einer großen Abtei übrig geblieben ist – eine der ältesten in Paris. Einige schöne romanische Kapitelle sind erhalten geblieben.

Man lässt nun die Basilika rechts liegen, bis man links in die Rue Chevalier de la Barre abbiegen kann. Anschließend geht es kurz rechts in die Rue du Mont Cenis, dann links auf der Rue Cortot zum **Musée de Montmartre** (Nummer 12). In dem Haus, in dem einst Pierre-Auguste Renoir, Raoul Dufy und Maurice Utrillo wohnten, ist heute eine Sammlung untergebracht, die die Kunstszene von damals sowie andere Episoden der Geschichte Montmartres erzählt. Neben dem Museum steht der einzig übriggebliebene **Weinberg**, von dem der Clos-de-Montmartre-Wein geerntet wird, ein eher zu vernachlässigender Tropfen.

Rechts biegt man in die Rue des Saules. Vor dem ›Cabaret au Lapin Agile‹ biegt man links in die Rue St-Vincent ab. Wo diese rechts abbiegt, geht man zweimal links und ein Stück geradeaus und gelangt in die Rue Girardon, der man bis zur Rue Lepic folgt. Rechts von der Kreuzung liegt das legendäre Restaurant **Le Moulin de la Galette**, von vielen Malern verewigt, aber nie so heiter wie von Pierre-Auguste Renoir. Hier geht man links und folgt der Rue Lepic, wo diese nach links abbiegt und die Rue Norvins erreicht. Nach rechts geht es von hier zum **Place du Tertre**, dem Zentrum von Montmartre, wo die Straßenkünstler ihre Staffeleien aufgebaut haben und man sich für einige Euro ein Porträt zeichnen lassen kann.

Jenseits des Platzes führt der Weg zur Rue Gabrielle, in die man links abbiegt. Dem Straßenverlauf hier folgend, kommt man am kleinen **Place Émile-Goudeau** vorbei, wo man an der Hausnummer 13 das **Bateau lavoir** findet, das Waschboot,

in dem viele berühmte Künstler wohnten und arbeiteten. 1870 brannte der Bau, der einem zweistöckigen Waschboot, wie es sie damals auf der Seine gab, etwas ähnlich sah, völlig ab. Der heutige Bau, in dem immer noch Künstlerappartements und Studios untergebracht sind, ist pittoresk, sieht aber dem ursprünglichen Bau nicht allzu ähnlich.

Weiter links der Straße folgend, geht diese in die Rue Berthe über. Von hier führt nach rechts die Rue Androuet zur Passage des Abbesses. In der Rue des Abbesses angekommen, geht es schließlich nach rechts zum **Place des Abbesses**, der mit einem der zwei letzten erhalten gebliebenen Métroeingänge von Hector Guimard aufwartet. Mit der Métro ist es nur eine Station zu der wohl berühmtesten Fassade von Montmartre, der des ›Moulin Rouge‹.

■ Pigalle

Dieses Viertel und die Straße, die es durchquert, wurden nach Jean-Baptiste Pigalle (1714–1784) benannt, einem Bildhauer, der hier tätig war. Hier spielt sich eine bestimmte Art von Nachtleben ab, die mittlerweile hauptsächlich Tou-

Das ›Moulin Rouge‹

risten anzieht, auf der Suche nach einem Kitzel, wie man ihn sich von der Hamburger Reeperbahn oder dem Amsterdamer Rotlichtviertel verspricht. Wie auch diese Viertel wird man Pigalle meistens etwas enttäuscht verlassen. Sehenswert ist aber die Fassade des berühmten **Moulin Rouge** allemal. Die Tanzshows mit den kaum bekleideten jungen Damen wirken dagegen unzeitgemäß.

Montparnasse

Historisch verbindet Montparnasse mit Montmartre die Bewegung der Bohème, die sich nach dem Ersten Weltkrieg vom Berg der Märtyrer zum Mons Parnassus bewegte. Die liegengebliebenen überwucherten Reste eines Steinbruchs inspirierten Studenten, die sich hier trafen, den Hügel nach dem Berg in Griechenland zu benennen, auf dem die mythologischen Musen Appolons gelebt haben sollen. Im ehemaligen Weinpavillon der Weltausstellung von 1900, der hier wieder aufgebaut wurde, fanden 24 Künstler Obdach. Unter denen, die hier arbeiteten und lebten, waren Marc Chagall, Ossip Zadkine und Amedeo Modigliani.

▲ *Auf dem Friedhof Père Lachaise*

Revolutionäre wie Wladimir I. Lenin und Leo Trotzki trafen sich hier, der Komponist Erik Satie, der Filmregisseur Sergej Eisenstein, der Avantgarde-Fotograf Man Ray und der künstlerische Tausendsassa Jean Cocteau. Diese Künstlergemeinde sollte man später mit dem Begriff Pariser Schule bezeichnen. Heute ist Montparnasse ein lebendiges Viertel, in dessen Mittelpunkt der höchste Wolkenkratzer der Stadt außerhalb von La Défense steht. Vom 209 Meter hohen **Tour Montparnasse** – gegenüber vom hässlichen, riesigen Bahnhof – hat man einen spektakulären Blick über die ganze Stadt. Unweit vom Turm liegt der berühmte **Friedhof Montparnasse**, auf dem unter anderem Serge Gainsbourg, Jean-Paul Sartre, Simone de Beauvoir, Jean Seberg, Samuel Beckett und Alfred Dreyfuss begraben liegen.

Friedhof Père Lachaise

Der andere berühmte Friedhof der Stadt liegt auf dem anderen Seineufer: Père Lachaise ist mehr noch als der Friedhof von Montparnasse ein Wallfahrtsort geworden, wegen der vielen Berühmtheiten, die hier begraben liegen. 1626 kauften Jesuiten hier ein offenes Stück Land, um darauf ein Haus für Priester im Ruhestand zu bauen. Vater La Chaise verbrachte hier viel Zeit und spendete für den Wiederaufbau des Hauses 1682 große Summen. Lachaise hatte als Kaplan des Sonnenkönigs eine sehr einflussreiche Stellung und konnte sich einiges leisten. 1763 wurde auf dem Land ein Friedhof eingerichtet, ausgelegt von Alexandre Théodore Brongniart, der 3000 Laubbäume pflanzen ließ.

Hier findet man die Gräber von Frédéric Chopin, Sarah Bernhardt, Camille Corot, Molière, Guillaume Apollinaire, Edith Piaf, Honoré de Balzac, Marcel Proust,

Das Grab von Edith Piaf

Oscar Wilde, Colette und Jim Morrison. Das Grabmal des Rockstars ist für viele Amerikaner ein Wallfahrtsort, und es ist entsprechend grell ausgeschmückt.

An der **Mauer der Föderalisten** wurden am 28. Mai 1871 die letzten Kämpfer der Pariser Kommune erschossen, die auf dem Friedhof einen Rückzugskampf geführt hatten. Neben dieser Mauer befindet sich ein Denkmal für die Deportierten des Zweiten Weltkriegs.

Bois de Boulogne

Gegenüber St-Cloud erstreckt sich über fünf Kilometer am rechten Seineufer der große Stadtwald. Dort, wo früher die Könige Frankreichs Bären, Rotwild, Wölfe und Wildschweine jagten, findet man heute Wanderwege, das Rolland-Garros-Tennisgelände, die Rennbahnen von Auteuil und Longchamp, und auch der **Botanische Garten** von Paris liegt im Bois de Boulogne.

War der Wald unter Henri II. noch königlicher Privatbesitz, wurde er unter dem Sonnenkönig Louis XIV. für die Öffentlichkeit zugänglich gemacht. Im 19. Jahrhundert erhielt der Park seine heutige Form in Zuge der Stadtplanungsarbeiten des Baron Haussmann. Napoléon III. war von den großen Parks in London sehr angetan und ließ in Paris zwei große Anlagen entstehen: den Bois de Boulogne und den Bois de Vincennes. Heute findet man im 846 Hektar großen Park Spaziergänger, Radfahrer und Reiter, und immer noch verwandelt sich ein Teil des Bois de Boulogne nachts in einen großen Straßenstrich. Sechs Millionen Menschen besuchen jährlich den Bois de Boulogne, der heute vor allem auch als ein Stück Natur mitten in der Großstadt gesehen wird, das es zu bewahren gilt. Mittels einer ambitionierten Aufklärungskampagne versucht man den Besuchern die natürliche Vielfalt näher zu bringen, und Teile des Parks überlässt man bereits immer mehr der Natur.

Immer noch gibt es aber die im 19. Jahrhundert angelegten **Gärten**, die einer idealen Vorstellung der Natur entsprachen, freilich aber genauso minutiös von Menschenhand geplant wurden wie die strengen Gärten des Klassizismus. In ihnen werden teilweise Arten erhalten, die es in der freien Natur schon nicht mehr gibt.

Natürlich findet man auch alles das, was in einem Park dieser Größe zu erwarten ist; es gibt Fußball-, Tennis- und Rugbyplätze, einen großen und mehrere kleinere Seen sowie einen Rosengarten und den Jardin d'Acclimatation für Kinder, mit einem kleinen Zug, Spielplätzen und weiteren Attraktionen.

Vor dem Bois de Boulogne liegt im 16. Arrondissement das **Musée Marmottan Monet**, in dem eine interessante Impressionistensammlung zu sehen ist. Unter anderem hängt hier das Werk von Claude Monet, das dieser Bewegung seinen Namen gab, ›Impression, soleil levant‹ (Impression, Sonnenaufgang).

Der Fluss und seine Brücken

Den sagenumwobenen Rhein säumen viel mehr Burgen als die Seine, doch der Fluss trennt Groß- von Kleinbasel, Köln von Deutz, Deutschland von Frankreich. An den Ufern der Donau leben die Völker von zehn Nationen, aber bereits die Brücke von Trajan beim rumänischen Turnu Severin diente der Eroberung, nicht der Einigung. Pariser leben aber seit eh und je sowohl links als rechts vom Fluss. Und nirgends in der Welt ist die Liebe zwischen Stadt und Fluss ausgeprägter als hier, nirgends umarmt die Stadt ihren Fluss wie hier. Nicht von ungefähr bedeutet das keltische Wort Parisii ›Bootsleute‹. Paris, so sagt man, ist ein Geschenk der Seine. Vor unserer Zeitrechnung bot das Wasser den Inselbewohnern Schutz, erlaubte einen weit verzweigten Handel und ernährte sie. Sogar den Obdachlosen unter ihren Brücken verleiht der Fluss eine gewisse romantische Aura: Ein Clochard ist eben etwas Besseres als ein Penner.

An der Seine wurde schon immer gelebt, und immer mal wieder versuchte die Obrigkeit, das Leben am Fluss zu regulieren. Die Lumpenhändler ließen sich jenseits des Tors von Clignancourt verbannen, in den Stadtteil Saint-Ouen, wo noch heute ein riesiger Trödlermarkt eine Attraktion für viele jüngere Touristen bildet. Die Waschweiber, auch poulets d'eau genannt, Wasserhühner, die – wie skandalös! – mit nackten Oberarmen im Flusswasser die schmutzige Wäsche von Millionen zu reinigen versuchten, wurden auf Dauer in Waschbooten untergebracht, wo sie nicht länger den lüsternen Blicken ausgesetzt waren. Unter den Brücken gingen die Matratzenstopfer ihrer Arbeit nach, und Angler zogen nicht nur Fische aus dem Wasser – der Fluss gab auch so manche Leiche preis. Pferde und Hunde wurden hier gewaschen, und man konnte sich am Ufer die Haare schneiden und rasieren lassen.

Heute geht es ordentlicher zu, und hier und dort scheint man die Seine sogar vergessen zu haben. Nicht überall ist der Fluss leicht zu finden, oft versperren vierspurige Boulevards dem Fußgänger

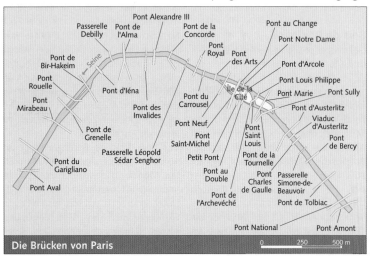

Die Brücken von Paris

Das Institut du Monde Arabe

den direkten Weg. Im Stadtkern aber ist der Fluss nie weit, und es werden immer wieder neue Initiativen wie das Projekt ›Paris Plage‹ entfaltet: An drei Stellen entlang der Seine werden im Juli und im August Strände aufgeschüttet, die mittlerweile an die vier Millionen Besucher jährlich anziehen.

In einem Boot treibend würde man fünf Stunden brauchen, um den Bogen der Seine durch Paris zu durchfahren, von der ersten bis zur letzten Brücke sind es etwa 13 Kilometer. 37 Brücken überqueren innerhalb der Stadtgrenzen diese Strecke. Um alle zu Fuß zu überqueren, bräuchte man sehr gute Schuhe und etwa zwei Tage Zeit. Mindestens einem Teil des Flusslaufes durch die Hauptstadt sollte man aber folgen. Ein guter Anfang ist das **Institut du Monde Arabe**, ein moderner Bau von Jean Nouvel, der ein Museum sowie ein Studienzentrum beherbergt. Die arabischen Motiven nachempfundene Form des Gebäudes besticht durch ihre Eleganz. Oben auf dem Dach befindet sich ein Geheimtipp: eine bescheidene Terrasse mit Café, von der man eine wunderschöne Aussicht auf die Île de la Cité und die Île St-Louis hat.

■ Ile St-Louis

Die Kilometrierung der Seine zwischen Paris und dem Ärmelkanal beginnt bei der Île St-Louis. Besonders hilfreich ist diese Feststellung aber nicht, denn auf der Seine gibt es keine Markierungen, und man muss sich an Brücken, Kirchtürmen und landschaftlichen Merkmalen orientieren. Die Straßen der kleinen Insel sind mit großen Herrenhäusern gesäumt, sie gehören zu den teuersten Adressen der Stadt. Früher gab es hier zwei Inseln, die Île aux Vaches (Kuhinsel) und die Île Notre Dame. Beide wurden als Weideland genutzt. Im 17. Jahrhundert wurde aus zwei Inseln eine gemacht, und wo vorher Kühe grasten, standen bald Häuser. Verantwortlich für die Metamorphose war der Bauunternehmer Christophe Marie, nach dem die Pont Marie benannt wurde. Eine wichtige Adresse auf der Insel ist der **Eissalon Berthillon** in der Rue St-Louis. Kenner behaupten, der Genuss sei die lange Schlange im Sommer durchaus wert.

■ Pont de La Tournelle

Vom Institut du Monde Arabe lässt man die Pont de Sully rechts liegen und geht über die Pont de La Tournelle. Diese

Sommertag am Paris Plage

Blick auf die Île de la Cité

verbindet über drei Bögen das linke Ufer mit der Insel. Sie wurde 1928 fertiggestellt und ersetzte eine steinerne Brücke aus dem 17. Jahrhundert. Davor gab es eine Holzbrücke, die immer wieder vom reißenden Wasser zerstört wurde. Die Pont de La Tournelle fällt durch die **Statue der heiligen Geneviève** auf. In ihren Armen beschützt sie ein Kind, das das Boot aus dem Pariser Stadtwappen in den Händen hat. Das Werk des Bildhauers Paul Landowski ist nicht unumstritten. Geneviève blickt gen Osten

▲ *Bücherstände an der Seine*

und nicht gen Westen, wie es der Künstler vorgesehen hatte. Doch man meinte, die Heilige müsste ein Auge auf den Osten halten, denn schließlich war von dort Attila mit seiner Horde gekommen.

■ Pont Marie

Das Gegenstück der Brücke auf der anderen Seite der Insel ist die Pont Marie. Als sie fertiggestellt wurde, standen auf ihr, wie es damals üblich war, zu beiden Seiten des Weges Häuser mit kleinen Geschäften im Erdgeschoss. Am 1. März 1658 wurden die zwei Bögen an der Inselseite vom Wasser mitgerissen, 22 Häuser stürzten ein, und 120 Menschen kamen ums Leben. Man baute sie aber schnell wieder auf: Auf den Brücken war viel Verkehr, das Geschäft also gut, und die Gefahr eines Kollapses wurde in Kauf genommen. Allerdings mussten dann diese Häuser dem wachsenden Verkehr weichen: Zwischen 1741 und 1789 wurden die letzten Häuser abgerissen.

■ Pont St-Louis

Die nächste interessante Brücke ist die Pont St-Louis. Das heutige schmucklose Bauwerk über den Seitenarm zwischen den Inseln (Bras St-Louis) im majestätischen Schatten von Notre Dame stammt von 1970. Im Laufe der Geschichte gab es hier nicht weniger als neun Brücken. Die erste war aus Holz und stammte aus dem Jahr 1627. Für sie war Christophe Marie verantwortlich. Bereits vier Jahre später brach sie unter dem Gewicht von drei Prozessionen zusammen, und bald darauf ging eine zweite Brücke in Flammen auf. Brücke Nummer drei wurde 1656 fertiggestellt und bereits 1709 vom Hochwasser davongetrieben. Die Nachfolgerin wurde als Pont Rouge bekannt, weil sie mit Mennige angestrichen worden war. 1795 wurde infolge eines

Hochwasser zunächst der Fluss rot, dann trug er die Brücke davon. 1803 schien man endlich einen stabilen Bau errichtet zu haben, aus Eichenholz, mit Teer belegt und mit Kupferteilen verstärkt. Weit gefehlt: Acht Jahre später setzte sich zunächst ein Brückenpfeiler, dann brach die ganze Brücke zusammen. Die sechste und siebte Brücke fanden ein ähnlich ruhmloses Ende, bei der achten Brücke ging es spektakulär, wenn auch sehr tragisch zu: Sie flog 1939 in die Luft, als ein Kahn gegen die Brücke fuhr und die Gas- und Stromleitungen abriss. 20 Menschen landeten im Fluss, drei ertranken. Die Nummer 9 wurde 1941 als Provisorium erbaut, doch sie hielt bis 1969.

Hinter Notre-Dame verbindet die **Pont de l'Archevêché** die Insel mit dem linken Ufer. Bei Schiffern ist diese besonders unbeliebt, weil sie zu niedrig und dadurch gefährlich ist.

■ Pont Notre-Dame und Pont au Change

Zwei Brücken weiter ist die **Petit-Pont**, die sich dort befindet, wo die ersten Brücken über den Fluss geschlagen wurden. Zusammen mit der Pont Notre-Dame bildet sie den Flussübergang. Im 9. Jahrhundert stand an der Stelle der Pont Notre-Dame eine Plankenbrücke, die aus großen Holzbrettern bestand, die über Boote gelegt wurden. Später wurde sie von einer Steinbrücke ersetzt. Über diese hielten die Könige ihren feierlichen Einzug auf die Insel.

Flussaufwärts von der Pont Notre-Dame überspannt die Pont au Change den Fluss. Im 17. Jahrhundert standen auf dieser Brücke fünfstöckige Häuser, und unter den Bögen hatte man Wassermühlen eingebaut. Die letzten Häuser auf dieser Brücke wurden 1788 entfernt, um einer Einsturzgefahr vorzubeugen.

An der Seine

■ Pont Neuf

Am Ende der Île de la Cité steht die älteste erhalten gebliebene Brücke von Paris – und viele sagen, auch die schönste: die **Pont Neuf**. Henri IV., genannt le Vert Galant (der Lustgreis – der König hatte nachgewiesene 73 Mätressen), weihte diese Brücke ein. Man verdankt sie allerdings seinem Vorgänger Henri III., der mit dem Bau 1578 anfangen ließ. Doch Religionskriege und Finanzprobleme sorgten dafür, dass die Brücke erst während der Amtszeit seines Nach-

Die Pont Neuf

folgers fertiggestellt wurde, und es ist denn auch das Reiterdenkmal Henris IV., das den Zipfel der Île de la Cité ziert. Unweit von hier wurde der Monarch übrigens von einem Religionsfanatiker ermordet. Die Brücke zählt zwölf Bögen: Sieben überbrücken den Fluss zwischen der Île de la Cité und dem rechten Ufer, die anderen fünf führen von der Insel aufs linke Ufer. Hier wohnte früher der Adel, und Aufgabe der Brücke war es, den Hof mit dem Adel zu verbinden. Der Architekt hörte auf dem Namen Jacques II. Androuet du Cerceau. Schnell musste gebaut werden, so teilte man ihm mit, denn damals gab es nur zwei Verbindungen, die meistens verstopft und zudem in einem ziemlich schlechten Zustand waren. Es sollte die erste Steinbrücke der Hauptstadt werden. Die Brücke war ein solcher Erfolg, dass der König entschied, fortan glorreiche und heitere Feste hier abzuhalten. Über die Brücke zogen die Bräute der Kronprinzen, und hier gab es die schönsten Feuerwerke.

Die Brücke – dies war etwas ganz Neues – trug keine Häuser, und es verliefen an beiden Seiten Bürgersteige. Diese wurden sofort von Händlern, Bärenzähmern und anderen Künstlern entdeckt. 1990 wurde die Brücke renoviert und die am schlimmsten zerstörten Steine ersetzt. Insgesamt musste man drei Viertel der 384 grotesken Masken durch exakte Kopien ersetzen. 25 Millionen Euro wurden für die Renovierung ausgegeben.

Am 22. September 1985 wurde die Brücke vom Verpackungskünstler Christo zu einem Kunstwerk auf Zeit gemacht: die verpackte Pont Neuf. Eine Gruppe von 300 Arbeitern hatte dafür 40 000 Quadratmeter gewebten Polyamidstoff verwendet.

■ Pont des Arts

Weiter flussabwärts befindet sich die schlanke Pont des Arts. Ihren Namen (Brücke der Künste) verdankt sie dem Louvre, der früher Palais des Arts (Palast der Künste) genannt wurde. Als die erste Brücke an dieser Stelle erbaut wurde, war es die erste Eisenkonstruktion über die Seine in Paris. Obwohl die zahlreichen Beschädigungen, die durch Bombenangriffe in den Weltkriegen und häufige Schiffskollisionen entstanden, immer wieder repariert wurden, brach sie 1979 zusammen. Die heutige Konstruktion wurde 1984 eröffnet. Sie verbindet den Louvre mit dem Institut de France. George Brassens widmete der Brücke das Lied ›Le vent‹: »Si par hasard/ Sur le Pont des Arts/Tu croises le vent/ le vent fripon/prend garde à ton jupon« – Solltest du zufällig auf der Brücke des Arts den Wind kreuzen, diesen Schelm, dann halte deinen Unterrock gut fest!

■ Pont Alexandre III.

Die nächsten Brücken sind die **Pont du Carrousel**, die **Pont Royal** (eine der ältesten), die **Passerelle Léopold Sédar Senghor**, eine elegante, moderne Struktur, und die breite **Pont de la Concorde**.

Die Pont St-Alexandre

Blick auf die Pont St-Alexandre und den Eiffelturm

Danach kommt man zu einem Meisterstück, zur Pont Alexandre III. Sie wurde zwischen 1897 und 1900 erbaut und zur Eröffnung der Weltausstellung eingeweiht. Sie trägt den Namen des damaligen Zaren, dessen Sohn Nicolas im Jahr 1896 den Grundstein legte. Sie besteht aus einem einzigen 108 Meter langen Metallbogen und ist reich verziert. Es war damals eine der längsten Überspannungen weltweit. 1991 wurde sie vollständig renoviert, und seitdem strahlt sie wieder im alten Glanz.

■ Pont d'Alma

Nach der Pont des Invalides kommt die Pont d'Alma. Die heutige Brücke wurde in den 1970er Jahren gebaut und ersetzte diejenige, die Napoléon III. zur Erinnerung an seinen Sieg im Krimkrieg erbauen ließ. Nur eine der vier Statuen, die die alte Brücke schmückten, ist noch erhalten. Die Statue des Zouave, eines nordafrikanischen Berbersoldaten, ist der inoffizielle Wassermesser der Stadt. Solange er trocken bleibt, ist alles in Ordnung, und wenn ihm das Wasser bis zum Halse steht, sieht es schlecht aus.

1910 stand das Wasser dem Zouave bis ans Kinn. In der Nähe dieser Brücke, im Alma-Tunnel, ereignete sich 1997 der tödliche Unfall von Prinzessin Diana. Auf dem Place d'Alma ist eine Kopie der Flamme der Freiheitsstatue in Originalgröße zu sehen.

■ Pont d'Iéna und
Pont de Bir Hakeim

Zwischen Eiffelturm und Trocadéro liegt die Pont d'Iéna. Napoléon I. ließ diese Brücke zwischen 1808 und 1814 erbauen. 1937 wurde sie vergrößert, um das stärkere Verkehrsaufkommen zu bewältigen und den Anforderungen der Weltausstellung dieses Jahres Rechnung zu tragen. Die nächste Brücke, die Pont de Bir Hakeim, ist nach einem Ort in der nordafrikanischen Wüste benannt, an dem ein wichtiger Sieg der Alliierten im Zweiten Weltkrieg stattfand. Die Pont de Bir Hakeim ist ein zweistöckiger Bau (unten Fußgänger und Autos, oben die Métro) und sicherlich eine der schöneren Brücken über den Fluss. Von hier sind es nur noch zwei oder drei Brücken zum Schiffsanleger.

■ **Passerelle Simone-de-Beauvoir**

Die 37. Brücke von Paris (es werden nur die von der Pont Amont, wo der Boulevard Périphérique die Seine flussaufwärts überquert, bis zur Pont Aval gezählt) ist die Passerelle Simone-de-Beauvoir. Sie verbindet die Nationalbibliothek mit dem Parc de Bercy. Der österreichische Architekt Dietmar Feichtinger entwarf sie. Die Brücke besteht aus mehreren Kurven aus Holz und Metall, die in der Mitte ein Auge bilden, das auf die Seine zu blicken scheint. Die Brücke lädt zum Verweilen ein und unterscheidet sich von ihren mehr zweckmäßigen Artgenossen. 2006 wurde sie eingeweiht. Zur gleichen Zeit wurde etwas flussabwärts das **Piscine Josephine Baker** eröffnet, ein neues Schwimmbad im Fluss, in dem man allerdings mit dem Wasser der Seine nicht in Berührung kommt – und das ist gut so. Im Sommer schiebt man einfach das Dach zurück und hat ein Freibad. Das letzte Bad an der Seine, am Quai Anatole France, war 1993 ruhmlos untergegangen.

 Paris

Vorwahl: 01.

Tourismusbüro, 25 Rue des Pyramides, 75001 Paris. Neben diesem Hauptamt gibt es im Sommer an der Champs Élysées, an der Notre-Dame und am Place de la Bastille Kioske, an denen man Stadtpläne und Informationen bekommen kann.

In Paris gibt es zwei Schiffsanlegestellen, beide im Westen der Stadt: **Port de Grenelle** zwischen der Pont de Grenelle und der Pont de Rouelle und **Port de Javel Haut** zwischen der Pont Mirabeau und der Pont de Grenelle, gegenüber dem schönen Parc André Citroën. Von der Station ›Javel‹ kommt man mit der RER schnell in die Stadt und nach Versailles (Linie C).

Eine **Bootstour auf der Seine** ist in Paris schon fast ein Muss. Da die größeren Kreuzfahrtschiffe seit einigen Jahren jenseits der Brücke von Bir-Hakeim nicht mehr zugelassen sind, muss diese Fahrt extra gebucht werden. Am besten sucht man sich ein nicht allzu großes Schiff aus: Die Bateaux mouches, die mehr als 1000 Passagieren Platz bieten, meidet man lieber.

Die Vedettes de Pont Neuf oder die Vedettes de Paris (am Eiffelturm) z. B. sind wesentlich kleiner.

Die erste Pariser **Métrolinie** wurde am 19. Juli 1900 in Gebrauch genommen: Noch heute ist die Verbindung zwischen Porte de Vincennes im Osten und Porte Maillot im Westen die Linie 1. Fulgence Bienvenue war der verantwortliche Ingenieur, doch bekannter ist der Architekt Hector Guimard aus Lyon, der aus vielen Stationen kleine Höhepunkte der Art Nouveau machte. Das Métronetz hat 15 Linien und ist 199 Kilometer lang. Die **RER** ist eine Erweiterung der Métro und schließt nahtlos an diese an. Es ist sehr empfehlenswert, eine oder mehrere Tageskarten zu kaufen, denn jede Sehenswürdigkeit in Paris ist nicht weiter als 500 Meter von einer Station entfernt – die Métro ist die schnellste und einfachste Art, in Paris herumzukommen.

Wo kann man in Paris nicht essen? Entlang der Rue Rivoli gibt es jede Menge Restaurants, dies gilt auch für das Marais und das Quartier Latin. Nach einem Besuch im Louvre gibt es Leckeres im **Saut du Loup**, 107, Rue de Rivoli, Tel. 42 25 49 55.

Wer geschichtsträchtige Atmosphäre schnuppern möchte, dem sei ein Besuch im **Café de la Paix**, 5 Place de l'Opéra, Tel. 40 07 36 36, empfohlen.

Wer in Paris Museen besuchen will, sollte im Voraus planen. Der **Paris-Pass** mag auf den ersten Blick teuer erscheinen, gewährt aber freien Zutritt zu dutzenden Museen und die kostenlose Métronutzung. Zudem erleichtert er die Planung, da er im Voraus zu bestellen ist. Und der wichtigste Vorteil: Bei vielen Museen sind vor allem in der Hochsaison die Warteschlangen an den Museumskassen sehr lang; der Pass erlaubt einen wesentlich schnelleren Eintritt. **Achtung**: Die meisten Museen haben wenigstens einen Wochentag geschlossen, meistens entweder Montag oder Dienstag. Mehr unter www.parispass.com (auch deutsch).

Louvre: Obwohl der Eingang durch die Pyramide für viele Besucher ein Erlebnis an sich ist, sind die Schlangen bei den Eingängen am Arc de Triomphe du Carrousel wesentlich kürzer, und wer bereits eine Eintrittskarte hat, kann auch den Eingang im Richelieuflügel benutzen.

Wer ein oder zwei Nächte in einem Hotel in Paris verbringen möchte, kann auf Websites wie www.tripadvisor.de oder www.expedia.de von anderen Kunden erfahren, wie ein bestimmtes Hotel gefallen hat. Dabei ist es wichtig zu berücksichtigen, wie alt die Kritiken sind (Hotels können zwischenzeitlich renoviert worden sein) und von wem sie kommen: Ein Geschäftsreisender legt möglicherweise Wert auf schnellen Internet-anschluss und kümmert sich weniger um die Lage oder den Charme des Hotels.

Velib' ist eine Initiative der Stadt, die das Radfahren zurückgebracht hat. Tausende von Rädern stehen überall bereit, und man braucht man nur eine EC-Karte mit Chip. Man sagt, die Pariser Autofahrer hätten sich mittlerweile an die Räder gewöhnt, und der Verkehr wäre heute anständiger und toleranter. Vor der Fahrt sollte man gründlich prüfen, ob das Rad in Ordnung ist.

Buchhandlung des Louvre, im unterirdischen Shopping-Bereich des Louvre. Enorme Auswahl an Kunstbüchern, erfreulicherweise nicht nur in französischer Sprache.

Buchhandlung, auf dem Weg von den Tuilerien zum Place de la Concorde auf der rechten Seite, neben einer Büste von Le Nôtre. Schöner kleiner Laden mit einem erstaunlich umfangreichen Sortiment zur Gartenkunst.

Open-Air-Shopping der Pariser Art: Entlang der Seine, von der Île St-Louis bis zu den Tuilerien, befinden sich mehr als 200 Buden, an denen Bücher, alte Poster und neuerdings Souvenirs verkauft werden. Diese Buchverkäufer am Fluss gibt es schon seit 400 Jahren. Ansonsten gibt es um den **Place Vendôme** die teuren Geschäfte. Im **Quartier Latin** und rund um **St-Germain-des-Prés** gibt es viele kleinere Geschäfte, die von schönen, erschwinglichen Mitbringseln bis zu teuren Antiquitäten alles bieten.

Versailles

Wer für den Besucher von Versailles Hinweise und Ratschläge niederschreibt, weiß sich in königlicher Gesellschaft: Der erste Führer durch den Schlosspark wurde vom Sonnenkönig selbst geschrieben. Dies deutet darauf hin, dass das Schloss und sein Park von Anfang an nicht unbedingt nur für den königlichen Haushalt gedacht waren, sondern vielmehr eine wichtige offizielle Funktion erfüllten. Hier unterhielt Louis XIV. den Adel und richtete für ihn große Feste aus. Hier konnte aber genauso das gemeine Volk den Hof erleben. Für den König und seine Familie war Versailles sicherlich keine Zufluchtsstätte: Vielmehr war es das Schaufenster des Absolutismus.

Wollte man sich aus der Öffentlichkeit etwas zurückzuziehen, war die nächste Möglichkeit das Grand Trianon. Weitere Schlösser gab es in den Wäldern entlang der Seine westlich von Paris: Marly-le-Roi, St-Germain-en-Laye und St-Cloud. Obwohl Versailles als Mittelpunkt Frankreichs und damit in gewisser Hinsicht der ganzen westlichen Welt, seinen Höhepunkt bereits im 17. Jahrhundert erlebte, dient es immer noch als Kulisse bei besonderen Anlässen, etwa dem Besuch wichtiger Gäste aus dem Ausland. Hauptsächlich aber bietet es Besuchern die Möglichkeit, sich in eine längst vergangene Zeit mit all ihrem Prunk und ihrer Pracht zu versetzen.

Geschichte

Die Herrscher des Hauses Valois sowie die ersten Bourbonen waren eigentlich königliche Nomaden. Man wohnte im Louvre-Palast oder in einem der anderen Häuser um Paris, doch auch die Schlösser der Loire waren beliebte Aufenthaltsorte.

Unter Louis XIII. war Versailles wenig mehr als ein Jagdschloss aus Stein und

Karte S. 135

▲ *Versailles im Jahr 1668*

Backstein. Sein Sohn Louis XIV. schenkte dem Bau zunächst kaum Beachtung,
er wohnte im Louvre, in den Tuilerien,
in Fontainebleau und vor allem in seinem Geburtsort St-Germain-en-Laye. Als
seine Mutter starb, ließ er sich zunächst
mehr oder weniger permanent dort nieder – der Louvre war ihm unsympa-
thisch.

■ Louis XIV.

Der junge Louis hatte enorme Ambi-
tionen, glaubte wahrscheinlich genau
wie seine Zeitgenossen an seine eigene
Quasi-Göttlichkeit und wollte ein
Schloss, das zu diesem Anspruch passte.
Finanzminister Colbert empfahl daraufhin, den Louvre auszubauen, doch der

Der Sonnenkönig

König wollte etwas Persönlicheres haben. Um Versailles herum gab es viel
Platz – die Tabula Rasa, die er sich
wünschte. Allerdings wollte er den alten
Bau nicht abreißen lassen – dieser Res-
pekt vor den Ahnen zieht sich wie ein
roter Faden durch die Baugeschichte.
Aus dem Grund blieben die Backsteine,
zur Zeit des Sonnenkönigs bereits völlig
veraltet, im Schlossbau erhalten.
Der Meisterarchitekt Louis Le Vau wurde engagiert, um das bescheidene Haus
von Louis XIII. auszubauen. Le Vau war
es gewesen, der zusammen mit André
Le Nôtre und dem Maler Charles Le
Brun das Schloss von Vaux le Vicomte
geschaffen hatte. Drei Jahre, nachdem
mit dem Ausbau angefangen worden
war, verstarb Le Vau aber, und Jules
Hardouin-Mansart übernahm die Bauleitung. Schon bevor der König seine Ab-
sichten 1677 amtlich machte, zogen
manche Adlige nach Versailles, wo sich
bald ein symbiotisches Verhältnis zwischen König und Hof offenbarte, das es
zwar auch schon vor Louis XIV. gegeben
hatte, aber hier seine stärkste Ausprä-

gung erfuhr: Der König verschenkte das
Land und verlieh großzügige Privilegien,
damit der Hof sich in Versailles nieder-
lassen konnte. Und die Adligen akzep-
tierten dies nur allzu gerne, weil man
sich von der Präsenz am Hof weitere
Privilegien, Reichtümer und eine ordentliche Dosis königlicher Gnade versprach,
sollte diese einmal benötigt werden.
Und so entstand das Dorf, in seiner
Pracht und sorgfältigen Planung zum
Schloss passend, schon bevor der Hof
1682 endgültig umsiedelte.
Hardouin-Mansart verstand den absoluten Herrschaftsanspruch seines Auf-
traggebers intuitiv und plante mit großer Hingabe. Zwei enorme Flügel für
Ministerialämter wurden auf der Stadt-
seite hinzugefügt, die Gartenfassade
wurde zu einem Meisterwerk ausgebaut, die königlichen Gemächer mit
unvorstellbarer Pracht ausgeschmückt.
Gegenüber dem Schloss wurden Ställe
für 600 Pferde gebaut.
Etwa ein Jahr, nachdem der Sonnenkönig entschlossen hatte, sich in Versailles

niederzulassen, gewann er im Vertrag von Nimwegen Lothringen, das Elsass und die Franche Comté. Er war am Höhepunkt seiner Macht angelangt. Als Jugendlicher hatte er im Louvre förmlich unter Hausarrest die Fronde, den Aufstand der Adligen und des Parlaments, erlebt. In Versailles, wo die Organisation der ständigen Präsenz für den Adel sowie die Politiker zur Vollzeitbeschäftigung wurde, sammelte der Sonnenkönig gekonnt seine Freunde und vor allem seine potentiellen Feinde um sich herum. Versailles wurde somit vor allem ein Machtinstrument. Die verschwenderischen Feste und Bälle dienten zur Beschäftigung und Unterhaltung des Adels.

Am 6. Mai 1682 zog der Hof nach Versailles und fand dort eine riesige Baustelle vor. Zwar konnte man hier leben, doch wichtige Teile des Hauses, zum Beispiel die königliche Kapelle, wurden erst Jahrzehnte später fertiggestellt. Einmal war die Planung in ihrem Umfang einfach beispiellos, doch vor allem waren es die ständigen Kriege, die manchmal gleich ein Jahrzehnt lang die Arbeit stagnieren ließen. Der Pfälzische Erbfolgekrieg (1688–1697) ging für Frankreich nicht besonders gut aus, und nach dem Spanischen Erbfolgekrieg (1701–1714) verlor die Herrschaft des Sonnenkönigs zunehmend an Glanz. Nach dem ersten Krieg wurde bescheidener weitergebaut, das Hofleben etwas ruhiger gestaltet. Doch während des zweiten Krieges verlor der König zunächst seinen Sohn, dann die Frau seines Enkels, Marie-Adélaïde von Savoyen, die dem Hof mit ihrer Lebensfreude wieder etwas Heiterkeit gebracht hatte. Der Sonnenkönig zog sich immer häufiger in sein Schloss in Marly zurück und starb schließlich im Alter von 76 Jahren.

◄ Karte S. 135

■ Louis XV.

Louis XV. war der Urenkel des Sonnenkönigs, und er verbrachte während seiner Regentschaft (er war ein fünfjähriger Knirps, als er König wurde) viel Zeit in den Tuilerien. Erst 1722 kehrte der Hof nach Versailles zurück. Der neue König ließ renovieren und fertigstellen, änderte aber am Aussehen des Schlosses bis auf das Opernhaus nicht viel. Das öffentliche Hofleben nahm wieder seinen Lauf, doch in abgeschwächter Form. Der neue Monarch wollte häufig einfach seine Ruhe haben. Man vermutet, dass er an einer Form von Platzangst litt, er bevorzugte auf Dauer einen kleineren Palast, das Große Trianon. Neben diesem Schloss ließ er für seine Mätresse, Madame de Pompadour, das Kleine Trianon errichten. Es war dann allerdings Madame du Barry, eine Nachfolgerin in der Rolle der Geliebten, die hier einzog. Die Indiskretionen des Königs waren nichts Ungewöhnliches, aber er trieb es doch recht weit. Die Königswürde war beschädigt, und sicherlich genoss Louis XV. wesentlich weniger Ansehen als sein Urgroßvater. Nur noch große Feste wie etwa Hochzeiten der königlichen Familie verliehen dem Schloss die einstige Aura. Louis XV. brachte zwar das Kriegsministerium, das Auswärtige Amt und das Ministerium der Marine nach Versailles, aber dennoch war der Monarch selbst nicht allzu oft präsent.

■ Louis XVI.

1774 starb Louis VX., und zunächst schien sein Nachfolger, Louis XVI., dem Schloss gut gesinnt: Das Hofleben schien seine alte Form wieder zu finden. Doch unter Einfluss vor allem der Königin, Marie-Antoinette, wandte man sich immer mehr von den formellen Umgangsformen und Traditionen des Hofes ab,

Marie Antoinette mit ihren Kindern

Paris und Versailles

sie wurden als unzeitgemäß empfunden. Die Revolution raubte dem Schloss seinen Herren, und als der Revolutionär Charles Delacroix, der Vater des berühmten Malers, forderte, dass man das Schloss einfach unterpflügen solle, schienen die Tage von Versailles gezählt. Tatsächlich wurden sämtliche königlichen Abzeichen entfernt und viele Möbel verkauft, doch der jetzt leere Bau blieb erhalten.

Louis-Philippe I., der Bürgerkönig, entschloss sich, aus Versailles ein Museum und ein Symbol der nationalen Einheit zu machen. In den Tagen der Pariser Kommune zog die Regierung sich hierher zurück, und über Jahrzehnte, beginnend mit der Ausrufung des deutschen Kaiserreichs 1871, wurden wichtige Entschlüsse hier getroffen und der Öffentlichkeit mitgeteilt. Doch bereits 1873 wurde der Élysée-Palast amtlich zum Sitz des Präsidenten der Republik, und in den nachfolgenden Jahrzehnten wurde die öffentlich-politische Rolle des Schlosses immer kleiner.

■ **Leben in Versailles**

Der Absolutismus war alles andere als absolut. Sicherlich hatte der Sonnenkönig sehr viel Macht, doch das ihm zugeschriebene ›L'état, c'est moi‹ mag er gar nicht geäußert haben. Er wusste um seine Grenzen, auch wenn das ganze höfische Leben sich darum drehte, ihn als eine Gottheit zu behandeln. Das Leben in Versailles spielte sich für den Monarchen und sein Gefolge ohne jegliche Privatsphäre ab. Das Aufstehen und das Schlafengehen des Königs war ein Ritual, dem viele Menschen beiwohnten, genau wie das Anziehen. Dabei gab es für den Sonnenkönig zunächst ein petit lever, das Aufstehen im familiären Kreis, und anschließend das grand lever, das Aufstehen, bei dem auch Gäste geladen waren. Tagtägliche Vorgänge wurden zu Ritualen, und wer sich daran beteiligen durfte, schätzte sich glücklich. Strenge Vorschriften regelten, wer was machen durfte, und diese Regeln konnten vom König willkürlich geändert werden.

Bis auf Bettelmönche, Prostituierte und Pockenkranke wurde jeder, solange er annähernd anständig bekleidet war, in Versailles eingelassen. Die Schaulustigen, die ohne Anliegen hierher kamen, nannte man Voyeux. Wer ein Anliegen hatte, meldete sich im Palast mit einem sogenannten Placet, einer Bittschrift, und überreichte dieses einem der vielen Beamten, die den Auftrag hatten, es innerhalb von 15 Tagen zu beantworten.

Bereits Ende des 16. Jahrhunderts hatte Henri III. bestimmte Regeln festlegen lassen, die den Umgang mit dem Monarchen regelten. Der König konnte sich nicht hinter Mauern verstecken, und somit war er, wie heute etwa ein Filmstar, stets von Leibwächtern umgeben.

Der Hof bestand aus hierarchisch getrennten Klassen. Zunächst war da die königliche Familie: der König selbst, die Kinder und Enkelkinder, die Prinzen und Prinzessinnen – Neffen und Nichten des Königs, auch deren Eltern – und die anerkannten unehelichen Kinder des Königs. Nicht anerkannte uneheliche Kinder, derer es auch genügend gab, waren am Hof nicht zugelassen.

La Maison du Roi regelte das tägliche Leben. Etwa 10 000 Hofherren und -damen zählte das Schloss, und daneben gab es eine kleine Armee an Angestellten: Stallknechte, Ärzte, einen königlichen Uhrmacher, einen Intendanten der Springbrunnen, Waschfrauen. Alle drei Monate wurde viel Personal gewechselt, damit ein anderer sich ein Hofamt kaufen konnte, so dass sich die Kasse des Königs füllte. Nähe oder Abstand zum König wurden zum Maßstab des gesellschaftlichen Ranges: Logeants wohnten im Schloss – oft allerdings unter dermaßen erbärmlichen Umständen, dass Victor Hugo das Schloss später als ›Mietskaserne für den Adel‹ beschrieb. Galopins mussten morgens in Kutschen oder auf Pferden von der Stadt hereinkommen.

Das Schloss

In Versailles muss man sich nie fragen, wie das Schloss an ruhigeren Tagen aussehen würde. Die gibt es nämlich nicht. Zehn Millionen Besucher im Jahr kommen hierher, davon besichtigen drei Millionen das Schloss selbst. Mehr als 100 Gemächer sind restauriert und zugänglich, wenn auch nicht alle für jeden Normalsterblichen.

Vom Place d'Armes, heute ein riesiger Parkplatz, der im Osten von den Ställen begrenzt wird, kommt man durch schmiedeeiserne Tore zunächst in den

Hof der Minister, der hinter dem Denkmal von Louis XIV. in den **Königlichen Hof** übergeht. Von diesem durch einen prunkvollen Zaun getrennt ist der **Marmorhof**, mit schwarzem und weißem Marmor gepflastert. Im Königlichen Hof befindet sich das moderne Eingangsgebäude, durch das man zum eigentlichen Schloss gelangt.

■ Schlosskapelle

Auf der Führung sieht man zunächst die zweistöckige Schlosskapelle, die von Jules Hardouin-Mansart begonnen und von seinem Schwager Robert de Cotte nach elf Jahren Bauzeit vollendet wurde. Die Deckenmalereien stammen von Charles-Antoine Coypel, Charles de la Fosse und Jean Jouvenet. Guillaume Coustou war für die meisten Skulpturen verantwortlich. Das Mobiliar, bis auf das Orgelprospekt, wurde während der Revolution zerstört oder versteigert.

■ Königliche Oper

Am Ende des Gangs befindet sich die Königliche Oper, die zur Gelegenheit der Hochzeit des Dauphins, des künftigen Louis XVI., eröffnet wurde. Ange-Jacques Gabriel wurde mit seinem Bau beauftragt. Der ovale Saal war damals ein sehr fortschrittlicher Raum. Es ist das einzige der großen Theater aus dem 18. Jahrhundert, das erhalten geblieben ist. 2004 wurde mit der Modernisierung der Mechanik begonnen. Diese entzückte bereits damals die vielen Gäste, denn sie erlaubte erstaunliche Spezialeffekte. Das Haus wurde der Akustik wegen vollkommen aus Holz erbaut.

■ Grands Appartements

Im ersten Stock beginnen die Grands Appartements, eine Folge von sechs Räumen, in denen der Sonnenkönig

◀ Karte S. 135

Paris und Versailles

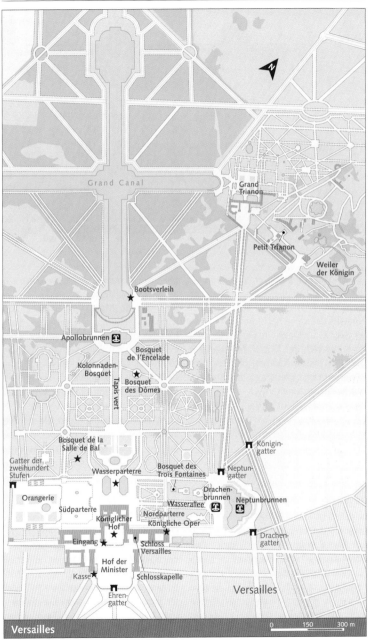

Grand Canal

Grand Trianon

Petit Trianon

Weiler der Königin

Bootsverleih

Apollobrunnen

Bosquet de l'Encelade

Kolonnaden-Bosquet

Tapis vert

Bosquet des Dômes

Bosquet de la Salle de Bal

Königin-gatter

Gatter der zweihundert Stufen

Wasserparterre

Bosquet des Trois Fontaines

Neptun-gatter

Drachen-brunnen

Orangerie

Südparterre

Wasserallee

Neptunbrunnen

Königlicher Hof

Nordparterre

Königliche Oper

Eingang

Schloss Versailles

Drachen-gatter

Kasse

Hof der Minister

Schlosskapelle

Ehren-gatter

Versailles

Versailles

0   150   300 m

Die Gartenfassade des Schlosses

seine Gäste empfing. Der erste Raum ist der **Salon d'Hercule**, der sein heutiges Aussehen 1736 bekam, als der Maler François Lemoyne nach drei Jahren harter Arbeit die Deckenmalerei, Hercules im Königreich der Götter, fertiggestellt hatte. In diesen Räumen pflegte Louis XIV. montags, dienstags und freitags Audienzen abzuhalten.

Im nächsten Raum, dem **Salon de l'Abondance**, gab es dann an drei Buffets Getränke: Kaffee und heiße Schokolade, Liköre, Sorbets, Säfte und Wein.

Durch den **Salon de Venus**, der früher den Eingang zu den Grands Appartements bildete, erreicht man den **Salon de Diane**, wo eine Büste von Louis XIV. zu sehen ist, die vom italienischen Meisterbildhauer und Architekten Giovanni Lorenzo Bernini gefertigt wurde. Der Sonnenkönig hatte ihn gebeten, Pläne für einen Umbau des Louvre-Palastes zu erstellen, doch der Italiener erfuhr eine solche Ablehnung durch seine französischen Mitbewerber, dass er schließlich aufgab. Die Büste ist alles, was Bernini

beisteuern konnte, sie ist allerdings ein absolutes Meisterwerk.

Im **Salon de Mars** wurden Bälle und Musikvorstellungen abgehalten. Hier hängen seit einiger Zeit wieder zwei Werke aus der Sammlung von Louis XIV.: ›Das Zelt des Darius‹ von Charles Le Brun, das seinem Maler zum großen Ruhm verhalf, und die ›Emmauspilger‹ nach einem Gemälde von Veronese.

Im **Mercurius-Salon** lagen die Könige aufgebahrt. Nach seinem Tode 1715 lag hier der Sonnenkönig eine Woche lang, bevor er beerdigt wurde.

■ Spiegelsaal

Durch den **Salon de la Guerre** kommt man in den großen Spiegelsaal von Jules Hardouin-Mansart. Hier fanden die wichtigsten Feier und Empfänge statt, der Saal ist der Inbegriff des höfischen Lebens unter Louis XIV. Er misst 75 Meter lang, ist 10 Meter hoch und 12 Meter breit. Auf der Gartenseite entsprechen 17 enorme Fenster 17 Glaspaneelen auf der gegenüberliegenden Seite. Insge-

◀ Karte S. 135

samt zählt der Saal 578 Spiegel. Charles Le Brun war für die Decke verantwortlich, auf ihr ist das Leben des Sonnenkönigs, vor allem seine militärischen Siege, dargestellt. Das deutsche Kaiserreich wurde in diesem Saal ausgerufen, und der Versailler Vertrag von 1919 wurde hier unterschrieben. Das einstige Silbermobiliar ließ der Sonnenkönig umschmelzen und verkaufen, um den Pfälzischen Erbfolgekrieg finanzieren zu können.

■ Appartements der Königin

Durch den **Salon de Paix** kommt man zu den Appartements der Königin. Im ersten Saal spielte sich, in voller Öffentlichkeit, das Leben der Fürstin ab. Selbst solche intimen Ereignisse wie Geburten fanden in diesem Saal statt: 19 Kinder wurden hier geboren, darunter auch der spätere Louis XV. Als Marie-Antoinette ihr erstes Kind zur Welt brachte, kam sie dabei fast ums Leben, weil so viele Zuschauer sie bedrängten.

Erbaut wurden die Räume für Marie-Thérèse, die Frau des Sonnenkönigs, die hier 1683 starb. Dieser Salon wurde

Im Spiegelsaal

allerdings für Maria Leczczynska, die Gemahlin von Louis XV., im Rokokostil neu gestaltet. Marie-Antoinette ließ weitere Änderungen ausführen: Porträts des österreichischen Fürstenhauses sind zu sehen, und der Doppelkopfadler taucht in den Dekorationen auf.

Die Wandbedeckung wurde in Lyon neu angefertigt und entspricht dem Original von 1786. Je nach Jahreszeit wurden die Wände mit einem anderen Material und in anderen Farben verkleidet.

■ Saal der Adligen

Neben dem Salon der Königin ist der Saal der Adligen eingerichtet, in dem das berühmte Porträt Marie Antoinettes mit ihren Kindern hängt, das von Élisabeth-Louise Vigée-LeBrun gemalt wurde, der berühmtesten Malerin ihrer Zeit. Neben diesem Saal befindet sich der Raum, in dem sich die Leibwächter der Königin aufhielten.

Der nächste Saal war ursprünglich eine Kapelle, wurde aber dann zum **Krönungssaal**. Drei enorme Gemälde sind zu sehen, das berühmteste stellt die Selbstkrönung Napoléons I. dar. Es wurde vom Hofmaler des Kaisers, Jacques-Louis David, gemalt.

■ Galerie des Batailles

Von diesem Salon geht es rechts in die Galerie des Batailles, die unter Louis-Philippe entstand und in dem die großen militärischen Siege Frankreichs in unverschämt glorifizierender Form dargestellt werden. Im Sommer 2009 wurde in der Galerie eine aufsehenerregende Ausstellung geöffnet, die jedes dieser riesigen Gemälde an eine fotografische Darstellung der Kriegsleiden der modernen Zeit koppelte. Gekonnt und gewagt wurde damit die Verherrlichung des Krieges hinterfragt.

Paris und Versailles

■ **Appartement du Roi**

Die oben beschriebene Säle, bis auf die Galerie des Batailles, liegen in Hufeisenform um den Marmorhof des Schlosses. An der Innenseite dieses Hufeisens, also näher am Hof, befinden sich die privaten Gemächer der Fürsten. Diese wurden vor allem unter Louis XV. ausgebaut, und vor allem die Räume des Königs sind herausragende Beispiele des französischen Rokoko. Im Appartement du Roi befinden sich das **Schlafzimmer**, in dem der Sonnenkönig starb, und der **Salle du Conseil**, wo sich der Fürst mit seinen Ministern traf. Die Ausstattung dieser Räume stammt von Ange-Jacques Gabriel, dem Hofarchitekten Louis XV. Die filigrane Holzschnittkunst in den privaten Räumen stammt zum großen Teil vom Belgier Jacques Verberckt.

Die Gärten

Links neben dem Zentralbau geht es zu den Gärten. Sie bilden als Ensemble eines der besten Beispiele der klassizistischen Gartenkunst Frankreichs, und alle großen Künstler der Zeit des Sonnenkönigs arbeiteten an ihnen. Nach dem verheerenden Sturm von 1999 ist man nun dabei, den Garten nach und nach in seine ursprüngliche Form zurückzubringen. Zunächst kommt man in das **Parterre de Midi**, auf das die Königin hinausblickte. Sie ist etwas weniger streng als andere Bereiche, und das Grün der Hecken ist mit Blumen durchsetzt. Links vom Parterre de Midi geht es über eine mächtige Treppe hinunter zur **Orangerie**, eine der größten der Welt. Hinter der Orangerie ist ein Teich zu sehen, das **Pièce d'Eau des Suisses**, ausgehoben von der Schweizer Garde.

Geht man nun zurück zum Garten unmittelbar hinter dem Hauptbau, dem Corps de Logis, kommt man zum **Wasserparterre** und zur **Grande Perspective**. Jenseits von zwei schmalen Wasserbecken erstreckt sich der **Grand Canal**. Die Wasserbecken werden von Skulpturen von Jean-Baptiste Tuby gesäumt, die die großen Flüsse Frankreichs darstellen. Am Ende des Wasserparterres führt eine breite Treppe zum **Letobrunnen**. Hier ist die Mutter von Apollo und Diane dargestellt, wie sie ihre Kinder vor den Bauern von Lykien schützt, die von Jupiter in Frösche verwandelt wurden.

Hinter dem Brunnen führt ein zentraler Weg entlang des **Tapis vert**, einem makellosen Grünstreifen, zum Apollobrunnen. An beiden Seiten des Weges befanden sich früher jeweils sechs **Bosquets**, ›kleine Wäldchen‹ mit Brunnen, kunstvoll arrangierter Bepflanzung und Skulpturen. Momentan wird an der Wiederherstellung der Bosquets gearbeitet. Auf der linken (Süd-)Seite befindet sich zunächst das **Bosquet de la Salle de Bal**, der Ballsaal. Dieser wurde von Le Nôtre zwischen 1680 und 1685 ausgeführt. Der kreisförmige Brunnen ist mit Muscheln aus dem Indischen Ozean dekoriert, die von der französischen Marine mitgebracht wurden. Das dritte Bosquet links enthält eine von Jules Hardouin-Mansart 1864 entworfene Kolonnade aus 32 ionischen Säulen. Gegenüber, auf der rechten Seite, liegen das **Bosquet de l'Encelade** und das **Bosquet des Dômes**, beide von Le Nôtre entworfen. Die namensgebende Kuppel gibt es heute nicht mehr.

Am Ende des Tapis verts öffnet sich die Perspektive, denn hinter dem **Apollo-**

◀ Karte S. 135

Drachenbrunnen in Versailles

Der Latona-Brunnen

sprünglich für seine Mätresse, Madame de Pompadour, gebaut, doch es war Marie-Antoinette, die dem Bau ihren Stempel aufdrückte. Unglücklich mit der Strenge des höfischen Lebens, ließ sie nach englischem Beispiel einen natürlich anmutenden Garten anlegen, komplett mit einer Dorfidylle, den sogenannten **Weiler der Königin** (Hameau de la Reine). Heute wieder ganz hergestellt, bietet dieser Bereich einen erstaunlichen Kontrast zum Schloss und den Gärten von Le Nôtre.

Eine lange Allee führt am **Neptunbrunnen** vorbei, dem dritten der großen Brunnen von Versailles, zurück zum Schloss. Zum Nordparterre geht man auf der sogenannten **Wasserallee**, die von kleinen, von Putten gestützen Brunnen gesäumt wird. Rechts von der Wasserallee befindet sich das **Bosquet der drei Brunnen** (Bosquet des Trois Fontaines), ganz im strengen Stil von Le Nôtre.

brunnen beginnt der **Große Kanal**. Der Brunnen zeigt Apollo, den Sonnengott (und damit natürlich Symbol des Sonnenkönigs), wie er aus dem Wasser auf seinem Streitwagen herausragt. Der zentrale Brunnen erreicht eine Höhe von 20 Metern. Der Entwurf der Skulpturengruppe stammt vom Hofmaler Charles Le Brun, doch er wurde erst nach dessen Tod fertiggestellt. Rechts vom Anfang des Kanals kann man heute Ruderboote mieten; einst fuhren hier Gondeln mit Gondolieres aus Italien, für die man eigens ein kleines Dorf errichtete. Das Restaurant hier heißt denn auch nicht von ungefähr ›Petit Venise‹. Diagonal nach rechts gehen hier Wege zum Lustschloss, dem **Grande Trianon**, in das sich Louis XV. zurückzuziehen pflegte. Das nahegelegene **Petit Trianon** wurde ur-

ℹ Versailles

Für Versailles besteht die Möglichkeit, Eintrittskarten im Voraus zu kaufen. Wie bei den Pariser Museen ist dies kein übertriebener Luxus, es sei denn, man besucht nur die Gärten. Diese sind, bis auf sonntags und zu besonderen Veranstaltungen, kostenfrei zu genießen. Das Schloss ist montags geschlossen.

Sehr schön ist eine Fahrt mit einem **Ruderboot** über den Grand Canal. Boote kann man am Anfang des Kanals mieten. Besonders schön ist im Sommer die Veranstaltung **Eaux Musicales**, bei der viele Brunnen zu musikalischer Begleitung Wasser spritzen.

Mehr Informationen unter www.chateauversailles.fr (nur französisch, englisch, japanisch).

Die Gärten von Le Nôtre

André Le Nôtres Vater war Gärtner. Sein Großvater war Gärtner. Beide waren mit der Verantwortung für die Gärten des Tuilerienpalastes beauftragt worden. Seine Patentante war die Frau Claude Mollets, einem der renommiertesten Gärtner des Königs. Und er? Zunächst war es für den jungen Mann gar nicht unbedingt offensichtlich, in die Fußstapfen der Ahnen zu treten. Und so studierte er nach Herzenslust Mathematik, Malerei und Architektur. Als Lehrling von Simon Vouet, königlicher Maler unter Ludwig XIII., studierte er klassische Kunst und die Theorie zur Perspektive. Beim einflussreichen François Mansart lernte er mehrere Jahre Architektur. Gerade diese breitgefächerten Studien bildeten die Grundlage seiner Karriere, die alles, was vor ihm im Bereich der Gartenkunst erreicht worden war, in den Schatten stellte.

Sein Debüt als Gartenarchitekt hätte aufsehenerregender gar nicht sein können. Nicolas Fouquet, der Oberintendant der Finanzen unter Ludwig XIV., bat ihn, zusammen mit dem Architekten Louis Le Vau und dem Maler Charles Le Brun das Anwesen Vaux-le-Vicomte zu gestalten. Fouquet beauftragte das Team, einfach ganz von vorne anzufangen, denn von dem kleinen Wasserschloss war kaum etwas übrig geblieben. Bei der feierlichen Einweihung am 17. August 1661 war das Anwesen südöstlich von Paris eine Sensation: Haus und Gartenanlagen bildeten ein harmonisches Gesamtkunstwerk, die Anlagen bezauberten durch schier endlose, grandiose Perspektiven, elegante Proportionen und subtile optische Täuschungen. Die Gäste waren äußerst angetan, doch der König fühlte sich von Fouquet blamiert: Seine Gartenanlagen verblassten gegen die von Vaux-le-Vicomte. Für seinen Besitzer brachte das Schloss letztlich nur Unglück. Fouquet wurde

Der Garten des Schlosses Vaux-le-Vicomte

drei Wochen nach der grandiosen Feier verhaftet und starb im Gefängnis. Heute wissen wir durch die peinlich genaue Beschreibung aller ›Extravaganzen‹ in der Anklageschrift sehr viel über den Bau des Schlosses und seiner Anlagen.

Inzwischen brachte man Le Vau, Le Brun und Le Nôtre nach Versailles, wo sie ein ebenso einfacher wie anspruchsvoller Auftrag erwartete: Versailles sollte zum schönsten Palast auf Erden werden. Teile von Vaux-le-Vicomte, die von Nicolas Poussin entworfene Thermengruppe zum Beispiel, wurden sogar abgerissen und in Versailles wieder aufgebaut. Le Nôtre war 39 Jahre alt, als er die Arbeit in Vaux-le-Vicomte antrat. Er hatte viele Wegbereiter: Viele seiner Zeitgenossen, allen voran seine Taufpaten, waren mit den modernen Prinzipien der Gartenkunst vertraut. Doch in Le Nôtres Schaffen erreichte der französische Garten seinen Höhepunkt, und er verstand darüber hinaus die Politik seiner Zeit so gut, dass er im mächtigen administrativen Apparat des Sonnenkönigs höher aufstieg als jeder Gärtner vor und nach ihm.

Es ist nicht ganz abwegig, Le Nôtre als ersten wahren Gartenarchitekten zu bezeichnen. Sein Stil, der Maßstab, in dem er arbeitete, die Anwendung modernster Techniken und seine Vision, die immer Garten, landschaftliches Umfeld und Gebäude als Ganzes verstand – alles trug zum Entstehen von wahren Gesamtkunstwerken bei. Le Nôtre war ein Kind des absolutistischen Zeitalters: Der elitäre Herrschaftsanspruch seiner Auftraggeber, alles Höflinge des Sonnenkönigs, gekoppelt mit einer begeisterten Bejahung des technischen Fortschrittes, ließ Werke entstehen, die in ihrem Umfang und ihrer Kühnheit atemberaubend waren und oft immer noch sind.

Perspektiven spielen in Le Nôtres Gärten eine große Rolle – er hatte bereits bei der Planung immer vor Augen, wie der Garten wahrgenommen werden würde. In Versailles sowie in Vaux-Le-Vicomte und vielen seiner anderen Gärten machte er sich zum Grundsatz, dass, je weiter ein Gartenteil in der gewaltigen zentralen Achse vom Haus entfernt war, es desto länger angelegt wurde, damit es in der Perspektive besser proportioniert aussah. Er brach mit der Tradition, den Gartenteil direkt hinter dem Hauptgebäude eines Palastes in vier gleich große Teile einzuteilen. Stattdessen kreierte er zwei langgedehnte Hälften, zwischen denen eine Achse die Tiefe des Gartens betonte.

Le Nôtre begann zudem als erster, die einzelnen Teile des Gartens so miteinander zu verbinden, dass eine geschlossene Einheit entstand. Eine wichtige Basiseinheit dabei sind die Parterres, (meist) rechteckige Flächen mit niedriger Bepflanzung, die, verbunden durch Terrassen, dem Haus angeschlossen sind. Sie dienten repräsentativen Zwecken, hier wurden Feste gefeiert, und ein Teil des Palastlebens spielte sich im Freien ab. In Versailles ist es vor allem das Wasserparterre, das bis auf den heutigen Tag die Besucher verzaubert. Als Broderieparterre bezeichnet man eine Fläche, auf der mit niedrigem Buchs komplexe Muster (Ranken, Arabesken) wie Stickereien ausgeführt sind. Die Flächen zwischen den Linien aus Buchs wurden früher mit Sand, Rasen oder auch mit Blumen gefüllt. Heute verwendet man in vielen Gärten roten Splitt, und die Muster sind meist weniger komplex als die, die auf Bildern bewahrt worden sind. In ihrer strengen Gestaltung passten diese Broderieparterres hervorragend zum damaligen Verständnis der Gartenkunst: Es ging nicht wie im englischen Garten darum, natürlich wirkende Kompositionen aus Pflanzen und Bäumen zu kreieren, sondern vielmehr darum, die Natur bis ins Detail einem Plan zu unterwerfen. Von daher ist es durchaus richtig, Le Nôtre als Gartenarchitekten und nicht als Gärtner zu bezeichnen. Ihm ging es mehr um die Planung des Raums, das Schaffen eines von Menschen stark geprägten Umfelds eines Gebäudes. Aus diesem Grund benutzte Le Nôtre gerne Rasenflächen, Kies und Wasser, denn diese Elemente machten seine Entwürfe unabhängig vom Einfluss der Jahreszeiten. Von Blumen hielt er nicht viel, obwohl in Versailles dem Blumenparterre eine unüblich prominente Lage eingeräumt ist.

Nachdem er in Versailles den Garten gestaltet hatte, erlebte Le Nôtres Karriere einen unglaublichen Aufschwung, er wurde zum Superstar. Finanzminister Colbert beauftrage ihn mit der Verschönerung der Tuilerien und der Gärten des Châteaus von Sceaux. Für den Herzog von Orléans gestaltet er die Gärten von St-Cloud. Die Paläste von Chantilly und Fontainebleau sind von Le Nôtres Gärten umgeben, und zwei Jahre vor seinem Tod schickte er Wilhelm III. von England einen Plan für die Anlagen von Windsor Castle.

Als Le Nôtre 1700 starb, hatte er der Gartenarchitektur in ganz Europa ein neues Ansehen verliehen, und von London bis Berlin war seine Arbeit zum Maßstab geworden, an dem noch hunderte von Jahren später Gärten gemessen wurden. In Deutschland liegen seine Pläne den Gärten von Schloss Nymphenburg und dem Orangerieschloss in Kassel zugrunde.

Doch die Geschichte blickte jahrhundertelang nicht gerade wohlgefällig auf das Erbe Le Nôtres: Seine Anlagen mussten intensiv gepflegt werden, und dieser Unterhalt war kostspielig. Zudem wandelte sich bald der Geschmack dahingehend, dass ausgerechnet der Zerfall des von Menschen Geschaffenen zum Inbegriff der Gartenästhetik wurde. Erst Anfang des 20. Jahrhunderts fing man an, die ursprünglichen Entwürfe häufig wortwörtlich auszugraben. Doch vielerorts hat man Le Nôtre wiederentdeckt, und seine Werke werden so gut es geht wiederhergestellt. Und am Anfang des 21. Jahrhunderts, mehr als 300 Jahre nach seinem Tod, ehrt ein europaweites Netzwerk von mehr als 100 Hochschulen und Universitäten, das den Austausch von Ideen, Konzepten und Erfahrungen im Bereich der Landschaftsarchitektur zum Ziel hat, das Erbe des französischen Meisters: Es nennt sich die Initiative LE:NOTRE.

In den Gärten der Tuilerien mit ihren strengen Mustern, ihren Wasserflächen und ihren Bäumen in Reih und Glied wird heute Fußball gespielt, Eis gegessen, gespielt und flaniert. Hier, im Herzen der Hauptstadt, findet man die flächenmäßig umfangreichste Komposition des Meisters, wenn man vom Arc de Carrousel den Blick an den Tuilerien, den Champs Élysées, und dem Arc de Triomphe vorbei auf die Hochhäuser von La Défense wirft: Diese Grande Perspective verdanken wir André Le Nôtre. Damit gehört der Gärtner des Sonnenkönigs nun, mehr als 300 Jahre nach diesem denkwürdigen Abend im August, dem ganzen französischem Volk.

Le-Nôtre-Büste in den Tuilerien

Hundert Generationen von Dichtern und Malern haben
die sich ständig ändernde Seele der Seine einzufangen
versucht, und keiner hat es bisher geschafft. Das ist wahrscheinlich auch gut so.

Mort Rosenbaum, The Secret Life of the Seine, 1994

Der Hafen von Honfleur

DIE SEINE

Flussporträt Seine

Zwischen Paris und Le Havre kann man Wirtschaft, Geschichte, Kunst und Alltag der Seine Revue passieren lassen. Fast jeder Flusskilometer hat Geschichten zu erzählen, ruft Bilder hervor, hat wirtschaftliche Bedeutung. Die Seine ist wie andere große Flüsse dieser Erde, sie ist die Lebensader und der Schlüssel einer Nation. Vor allem in dieser Hinsicht ist die Seine Frankreichs wichtigster Fluss.

Der Fluss

Die Seine entspringt auf 471 Meter Höhe auf dem Plateau von Langres, eine halbe Autostunde nördlich der Senfstadt Dijon. Zu Anfang fließt der Strom noch relativ schnell von den leicht abfallenden Hügeln des nördlichen Burgunds herunter, aber nach 165 Kilometern bleiben nur noch 67 Meter Höhenunterschied zum Meer, die Stromgeschwindigkeit lässt nach, und die Seine beginnt zu mäandern.

Von ihrer Quelle bis zur Einmündung der 240 Kilometer langen Aube wird der Fluss **Petite Seine** genannt. Bald danach, wenn auch die Yonne ihre Wässer hinzufügt, wird er zur **Haute Seine** und bleibt

Kreuzfahrtschiff beim Eiffelturm

Karte: vordere Umschlagklappe

dies bis Paris. Von der Hauptstadt trennen nur noch 24 Höhenmeter den Fluss vom Meeresniveau. Dies macht die Seine relativ einfach befahrbar – nur die wandernden Sandbänke stellen Gefahren da, die Strömung an sich ist bei einem Gefälle von nur sieben Zentimetern pro Kilometer schon sehr langsam. Man vergleiche dazu den Rhein, der bei Bingen 65 Zentimeter pro Kilometer an Höhe verliert, und man versteht: Mit nur anderthalb bis drei Kilometer pro Stunde hat es die Seine wahrlich nicht eilig, zum Meer zu kommen. Vor allem nordwestlich von Paris bildet sie riesige Mäander und fließt endlos träge zur See.

Von Paris nach Rouen spricht man von der **Basse Seine**, und von der normannischen Hafenstadt zum Ärmelkanal heißt der Fluss **Seine Maritime**. Von der Quelle bis zur Mündung legt das Wasser 782 Kilometer zurück; in Frankreich sind nur Loire und Rhône länger.

Von Marcilly-sur-Seine, wo die Aube in den Fluss fließt, sind 517 Kilometer zum Ärmelkanal befahrbar, es werden aber vor allem die 365 Kilometer zwischen Paris und Le Havre wirtschaftlich intensiv genutzt. Neben den oben genannten sind die wichtigsten Nebenflüsse der Seine die Loing, die Marne, Oise und Aisne und die Eure.

Auf etwa halbem Wege zwischen Quelle und Meer, zwischen der Marnemündung im Osten und der Oisemündung im Westen, liegt Paris. Das Einzugsgebiet der Seine, dessen Zentrum die Region Île de France ist, umfasst 75 000 Quadratkilometer. An der Mündung ist die Seine 15 Kilometer breit, geht fast unmerklich in den Ärmelkanal über. Bis Rouen sind die Gezeiten deutlich spürbar, und die Flusskreuzfahrtschiffe müssen dem beim

Allegorische Figur der Seine an der Fassade der Petit Palais

Auslegen der Laufplanken Rechnung tragen, denn stündlich ändert sich der Höhenunterschied zwischen Ufer und Schiff. Ab Rouen wird der Fluss ausgebaggert, und bis hierher, 120 Kilometer vor der Mündung, kommen die großen Ozeanriesen.

■ **Namensgebung**

In der Nähe der Quelle im Dorf Sainte-Seine-de-L'Abbaye wurde 1864 eine Statue gefunden. Laut Archäologen handelt es sich um ein Bildnis der römischen Göttin Sequana. Das Kunstwerk stellt eine Frau in griechischem Gewand dar, stehend auf einem flachen Boot mit einem Entenkopf als Bug. Offensichtlich wurde die Göttin im Quellgebiet verehrt, doch viel ist über den Kult nicht bekannt. Angeblich kommt der Name Seine vom keltischen Wort Squan, was soviel wie ›wie eine Schlange‹ bedeuten soll. Sequana ist heute im Museum für Archäologie in Dijon zu bewundern.
Laut einer anderen Interpretation kommt der lateinische Name von Seqauna, was in Keltisch etwa ›heiliger Fluss‹ heißen soll. Eine dritte Erklärung geht von einem Fall der Verwechslung aus: Sicauna soll

der keltische Urname für die Saône gewesen sein. Und es gibt noch eine weitere Möglichkeit: Die Kelten könnten von Issicauna gesprochen haben, die kleine Icauna oder kleine Yonne. Diese Erklärung wäre zumindest in geographischer Hinsicht sinnvoll, denn dort, wo die Yonne in die Seine mündet, hat erstere ein größeres Wasservolumen – eigentlich müsste man somit den ganzen Strom Yonne nennen.
Flussabwärts von Paris ist die Namensgebung eindeutiger: Hier wurde der Fluss Rodo oder Roto genannt, ein Standardbegriff der Kelten für Flüsse – von dem auch die Namen Rhône und Rouen stammen. Rotomagus nannten die Kelten die Niederlassung, ›Markt am Fluss‹.

Geologie

Den Boden des Seine-Beckens kann man sich geologisch wie einen Stapel riesiger Teller vorstellen: Auf dem Urgestein des Kontinents wurden über Jahrmillionen Kreide, Sandstein und Kalkstein in dicken Schichten aufgetragen, wobei in jedem geologischen Zeitalter die vorangegangene Ablagerungsschicht von einer neuen bedeckt wurde. Durch Erosion wurde im weiteren Verlauf Gestein aber

Kreidefelsen bei Guyon

Die Seine

auch wieder abgetragen, und in mehr oder weniger konzentrischen Kreisen gelang älteres Gestein wieder an die Erdoberfläche. Die jüngste geologische Formation findet man um Paris herum – je weiter man sich in beiden Richtungen von der Hauptstadt entfernt, desto älter wird das Gestein. Die Kreidefelsen von Étretat unterscheiden sich geologisch nicht von den Kreideböden der Champagne-Region.

Das heutige Landschaftsprofil der Seine geht auf geologische Vorgänge zurück, die in jüngerer Zeit stattgefunden haben. Noch vor zwei Millionen Jahren floss der Strom in großzügigen Mäandern durch die Landschaft, doch dann fand in der Region eine Anhebung statt, durch die der Fluss tiefer und tiefer in den Boden einschnitt. Lehm- und Sandschichten trug der Fluss ab, und Kreide wurde freigelegt.

Während der Eiszeiten senkte sich das Wasserniveau im Meer, und durch das größere Gefälle floss der Fluss nun schneller, trug mehr Geröll mit und schliff damit noch tiefer in die Erde ein. Hinzu kam, dass kältebedingt die Vegetation abstarb und der nackte Boden an den Ufern vom reißenden Wasser wesentlich einfacher abgetragen werden konnte. An der Außenseite der Mäander wurden die Kreideklippen vom schnell fließenden Wasser unterminiert, während sich Sedimente auf der Innenseite der Biegungen ablagerten. Noch heute werden die Kies- und Sandschichten abgegraben: Für den Straßenbau in und um die Hauptstadt sind diese unentbehrlich. Péniches, Lastkähne, bringen diese Rohstoffe nach Paris.

Am Ende der Eiszeiten stieg der Meeresspiegel an. Träge bahnte sich der Fluss nun einen Weg durch die tiefen Alluvialböden, die er aufgetragen hatte.

Hier und dort bildeten Sand und andere Flussablagerungen kleine Inseln. Auenwälder, Moorgebiete und Sümpfe säumten die Ufer. In diesen Bereichen, wo der Übergang zwischen Land und Wasser nur ansatzweise definiert ist, gedieh eine Artenvielfalt, die sich aus Spezies beider Bereiche zusammensetzt.

Schifffahrt auf der Seine

Das Rad wurde ungefähr 3500 Jahre vor Christi erfunden. Etwa zur gleichen Zeit wurden die ersten Ruderboote gebaut. Doch rudimentäre Kanus gab es bereits lange vorher. Und auch auf der Seine begann die Geschichte der Schifffahrt vor unserer Zeitrechnung. Im Mündungsgebiet der Marne, östlich von Paris, fand man 1991 die Überreste von mehreren Einbaumkanus aus der Jungsteinzeit. Diese wurden vor etwa 6500 Jahren aus einer einzigen Eiche gebaut.

Es waren griechische Händler, die als erste das Potential der Flüsse Frankreichs erkannten. Die Siedler von Massalia, dem heutigen Marseille, suchten für den Handel mit Nordwesteuropa einen kürzeren und sichereren Weg als die Gibraltar-Route. Diesen fanden sie, indem sie Rhône und Saône flussaufwärts verfolgten und schließlich über eine Portage die Seine erreichten. Damit lag der Weg nach England offen. Julius Cäsar ließ über diese Route seine von Heimweh verzehrten Soldaten auf den britischen Inseln mit Olivenöl beliefern.

In diesem weitverzweigten Handelsnetz nahm der keltische Stamm der Parisii eine wichtige Rolle ein. Die Niederlassung am Fluss, von der aus sie den Handel kontrollierten, wurde von den Römern Lutetia genannt – natürlich ist hier die Rede von Paris. Die Wikinger nutzten die Seine, wie auch andere Flüsse Europas, um in das Landesinnere

Karte: vordere Umschlagklappe ▲

vorzudringen, und im Falle der Normandie, um das Uferland zu besiedeln. Wi-
kingerschiffe waren etwa 25 Meter lang
und hatten einen Tiefgang von etwa
1,80 Metern, etwa so viel wie ein modernes Flusskreuzfahrtschiff. Nachdem
sich Rollos Wikinger am Seineufer niedergelassen hatten, fingen die neuen
Siedler sofort an, den Wasserlauf anzupassen: Insel und Ufer wurden befestigt
und der Fluss begradigt, so dass von
Vernon bis zum Meer die Seine wesentlich verlässlicher wurde.

Im Mittelalter nahm vor allem der Verkehr flussaufwärts von Paris stark zu.
Besognes, Boote mit einem riesigen Ruder, erschienen auf dem Strom. Im
Hochmittelalter erreichte über Wasser
alles mögliche Paris: Bau- und Brenn-
holz, Getreide und Wein waren die
wichtigsten Produkte.

Ab dem 16. Jahrhundert wurde der Verkehr über den Atlantischen Ozean wirtschaftlich wichtiger. 1642 verband man
die Seine über Kanäle mit der Loire und
damit mit dem Seehafen von Nantes. Im
17. Jahrhundert wurden niederländische Ingenieure von Jean-Baptiste Colbert, dem Finanzminister Ludwigs XIV.,

nach Frankreich gebracht. Die Seine
wurde weiter begradigt, Land trockengelegt, der Fluss und sein Becken weiter
nutzbar gemacht.

Im Laufe des 18. Jahrhunderts entstanden Treidlerwege, und Schiffe für den
Personenverkehr tauchten auf. Bis dahin
waren die Menschen einfach mit den
Schiffen mitgefahren, die es eben so
gab, und eine Reise war meistens alles
andere als eine Kreuzfahrt.

■ Schifffahrt im 19. Jahrhundert

Nach und nach wurde klar, dass die
Schifffahrt ohne eine bessere Regel-
gebung und einen weiteren Ausbau
nicht länger den Bedürfnissen der Großstadt gerecht werden konnte. Zwischen
1810 und 1860 wurden Kanäle gegraben und Frankreichs Flüsse zudem immer mehr kanalisiert. Der Ausbau war
auf der Seine wegen der geringen
Stromgeschwindigkeit relativ unaufwen-
dig. Wehr- und Schleusenanlagen regu-
lierten bald den Lauf des Flusses, und
eine neue Ära brach an. Geleitet wurden
diese Entwicklungen von Charles de
Freycinet, dem späteren Premierminister. Freycinet verstand, wie wichtig ein
hohes Maß an Standardisierung für die
Weiterentwicklung des Wasserstraßen-
verkehrsnetzes war. So weiß man heute
auf Anhieb, das eine Freycinet-Péniche
38 Meter lang und 5 Meter breit ist und
einen Tiefgang von 1,80 Meter hat. Die
entsprechenden Schleusenmaße sind
nicht besonders großzügig: In der Länge
gibt es 50, in der Breite gerade mal zehn
Zentimeter extra. Péniches dieser Art
transportieren etwa 500 Tonnen. Auf
der Seine gibt es zudem die sogenannten Chalands de Seine, fast zweimal so
lang wie die Péniche, mit einer dreifachen Kapazität. Man verdankt Freycinet
die vielen Kanalverbindungen, die fran-

Ozeanschiff und Flusskreuzer

Die Seine

›Kohlelöscher an der Seine‹ Bild von Claude Monet

zösischen Schiffern die Möglichkeit gaben, neben Frankreichs Flüssen auch Schelde, Maas, Mosel und Rhein zu befahren.

1816 erschien das erste Dampfschiff, die ›Elise‹, auf der Seine. Die Geschwindigkeit von acht Stundenkilometern wurde kopfschüttelnd beobachtet: Man hielt sie für unnatürlich. Sofern die Schiffe manchmal neben Rauch auch Funken von sich gaben und ab und zu ein Dampfkessel explodierte, sahen sich die Skeptiker zunächst bestätigt. Die Probleme bekam man jedoch rasch in den Griff, und zehn Jahre später waren 20 Passagierschiffe und 5 Frachtdampfer am Fluss entlang unterwegs. Ein Zug brachte Pariser nach Le Pecq, und von dort ging die Reise per Schiff weiter nach Rouen.

Bald fuhren auch die ersten Kettenschiffe. Diese Schiffe bewegten sich fort, indem sie sich an einer im Flussbett verankerten Kette stromaufwärts zogen. Die Ketten lagen dabei in der Fahrrinne, und wo sich zwei Schiffe begegneten, musste man die Kette öffnen, aneinander vorbeikommen, und die Kette wieder schließen – ein kompliziertes Manöver. Um 1840 nahm die Kettendampfschifffahrt auf der Seine ihren Anfang. Zunächst in Frankreich, dann in Holland und Belgien und schließlich auch in Deutschland ließ man in den Flüssen kilometerlange Ketten legen. Nachdem die Dampfmaschinen auf den Schiffen von Dieselmotoren abgelöst worden waren, verschwanden die Ketten wieder aus den Flüssen, doch einst gab es alleine im Seine-Becken an die 1000 Kilometer dieser Ketten.

Bis Anfang des 19. Jahrhunderts hatte man den Wasserlauf eines Flusses durch den Bau von Staudämmen zu regulieren versucht. In der Staustufe wurden eine und später mehrere Schleusen eingebaut, damit Schiffe passieren konnten. Diese Bauwerke konnte man aber nur dort planen, wo ein Fluss relativ eingeengt und der Wasserlauf stabil war. Auf

die Seine trifft dies keineswegs zu: Das
Wasser bahnt sich über eine Ebene einen
sich ständig ändernden Weg. Zudem
bringt der Fluss im Frühling so viel Wasser, dass es bei den ersten festen Dämmen zu verheerenden Überschwemmungen kam. Man plante daher einen Kanal
von Paris nach Le Havre, quer durch die
Mäander des Flusses. In der zweiten
Hälfte des 19. Jahrhunderts wurden tatsächlich im Seinebecken etwa 1200 Kilometer Wasserwege kanalisiert.

Glücklicherweise aber erfand der Ingenieur Charles André Poirée das flexible
Wehr. Dies bestand zunächst einfach
aus Planken auf einem Rahmen, die
durch die Strömung auf der Stelle gehalten wurden. Bei drohendem Hochwasser musste man nur die Planken aus
dem Wasser ziehen, und der Fluss konnte sich frei bewegen. Heutzutage wird
die Höhe eines Wehrs computergesteu-
ert. Dabei kann bei einem sehr hohen
Wasserstand das Wehr soweit herunter-
gebracht werden, dass die Schiffe darüber hinweg fahren können. Um heute
die Schifffahrt noch stillzulegen, muss
das Wasserniveau schon extrem niedrig
oder extrem hoch sein. Vielmehr sind es
heute die Streiks der Schleusenwächter
oder Binnenschiffer, die den Verkehr
vereinzelt noch lahmlegen.

Seit 1840 konnten Schiffe mit bis zu
1,5 Metern Tiefgang Paris fast das ganze Jahr erreichen, und nachdem 1876
die Schleuse bei Suresnes etwas unterhalb von Paris in Betrieb genommen
worden war, waren es schon drei Meter.
Vom Norden, über den Kanal von St-
Quentin, kamen bald die Kohlenschiffe
nach Paris, die an den Kais der Seine
entladen wurden. Acht Tonnen Kohle
schleppte ein Arbeiter täglich über die
schmalen Laufplanken vom Schiff, eine
brutale Arbeit.

■ Schifffahrt im 20. und 21. Jahrhundert

Die ersten Dampfschiffe, die aus eigener
Kraft nach Paris hochfuhren, erschienen
1866. Es dauerte jedoch noch 15 Jahre,
bis diese profitabel eingesetzt werden
konnten. Um 1930 war die Zeit der
Kettenschlepper ganz vorbei, und es
herrschten die Holzboote mit Diesel-
motor. Nach dem Zweiten Weltkrieg
wurden diese wiederum immer mehr
von Stahlschiffen ersetzt, auch wenn
diese von den Mariniers, wie in Frankreich die Binnenschiffer genannt werden,
lange als unnütze Neuerung beschimpft
wurden.

Die Stahlpéniches wiederum machten
ab den 1970er Jahren zunächst dem
kleinen Schubverband Platz, der etwa
fünfmal so viel Fracht transportieren
konnte. Bald danach erschienen die größeren Schubverbände, die wiederum ein
Vielfaches beförderten.

In den letzten Jahrzehnten des 20. Jahrhunderts, als Züge und Automobile
zunehmend wichtiger wurden, verlor
die Binnenschifffahrt an Bedeutung: Sie
wurde oft als überholt, unwirtschaftlich
und unzeitgemäß belächelt. Mort Rosenbaum, ein amerikanischer Journalist,
der in den 1990er Jahren entlang der
Seine unterwegs war, beschrieb eine
sterbende Zunft. Doch der erneute Fo-
kus auf Nachhaltigkeit, Umweltfreund-
lichkeit und Sicherheit beschert heute
der Binnenschifffahrt eine neue Perspektive. Ein einziger Schubverband transportiert so viel wie 125 Güterwaggons oder
250 LKWs: 5000 Tonnen Fracht. Auch
im Verbrauch schneidet der Flussverkehr im Vergleich sehr gut ab: Im Zug
transportiert 1 Kilogramm Treibstoff
9 Tonnen über einen Kilometer, im
LKW 50 Tonnen und im großen Schubverband 127 Tonnen. Und schließlich

Die Seine

Schubverband auf der Seine

finden in Frankreich mehr als 93 Prozent aller Transportunfälle auf den Straßen statt, 6,3 Prozent auf den Schienen und nur 0,5 Prozent auf den Wasserstraßen. Dabei betragen die Frachtpreise auf dem Wasser nur etwas mehr als die Hälfte von denen der Bahn und des Straßentransports.

Symbol der Wiederauferstehung der Binnenschifffahrt sollte eigentlich der Kanal Seine-Nord Europe werden. 2008 wurde der Bau dieses neuen Wasserweges beschlossen, der die Seine über die Oise mit der belgischen Schelde für größere Schiffe verbinden wird. Allerdings ist in den letzten Jahren durch die Wirtschaftskrise die Finanzierung des Projektes ins Stocken geraten, und seine Zukunft ist ungewiss.

2007 wurden 23 Millionen Tonnen Güter, hauptsächlich Baumaterialen, Getreide, Öl und Autos, über die Seine transportiert. Damit verkehrt im Seine-Becken knapp die Hälfte des französischen Transportvolumens.

Menschliches Eingreifen

Bereits vor dem Anfang unserer Zeitrechnung suchte man den Fluss zu bezwingen, ihn dienstbar zu machen. Der Niederschlag im Seinebecken (650 bis 750 Millimeter im Jahr) verteilt sich zwar recht gleichmäßig über den ganzen Flusslauf, dennoch war der Fluss widerspenstig: Mal fehlte das Wasser, und Schiffe steckten im Flussbett fest, mal zerstörte reißendes Wasser Häuser, Ackerland und Menschenleben. Zwei katastrophenartige Überschwemmungen 1910 und 1924 führten dazu, dass flussaufwärts von Paris riesige Rückhaltebecken gegraben wurden, mittels derer der Fluss endgültig bezwungen wurde. Nun fahren die Schiffe auch im Spätsommer, was früher wegen des geringen Wasserniveaus nicht möglich war. Im Winter und im Frühjahr bleiben die Überschwemmungen aus, und, auch sehr wichtig, die Trinkwasserversorgung für 14 Millionen Menschen kann gewährleistet bleiben. Darüber hinaus bieten diese Seen, die Grand Lacs De Seine (Lac de Marne, Lac de Seine, Lac d'Aube und Lac de Pannecière) für die Anrainer eine Vielzahl an Freizeitmöglichkeiten.

Eine Flut wie die von 1910 würde heutzutage drei Millionen Menschen treffen und die ganze Region lahmlegen. Allerdings war diese Flut auch die schlimmste seit 1658. Die letzten Hochwasser – 1955, 1982, 2000 und 2003 – waren wesentlich weniger verheerend. 2003 gab es dann später noch eine Dürre, doch dank der Rückhaltebecken wirken sich auch diese Naturereignisse wesentlich weniger katastrophal aus. Allerdings berichtete man seitens der französischen Regierung noch 2002, dass eine Überschwemmung im schlimmsten Fall immer noch Schäden in Höhe von zehn Milliarden Euro verursachen könnten.

▲ Karte: vordere Umschlagklappe

2003 wurden folglich 100 000 Kunstwerke aus Paris entfernt. Viele Museen bewahren nämlich die nicht ausgestellten Stücke in Kellern auf. Da sowohl der Louvre mit seinen enormen Sammlungen wie auch das Musée d'Orsay direkt am Seineufer liegen, ist eine gewisse Nervosität sicherlich nachvollziehbar.

Ökologie

Jeder vierte Franzose wohnt im Einzugsgebiet der Seine, und 80 Prozent des Trinkwassers für Paris kommt aus dem Fluss. Insgesamt müssen 14 Millionen Menschen mit Wasser versorgt werden, von Industrie und Landwirtschaft ganz zu schweigen. Es ist daher nicht verwunderlich, dass das Ökosystem der Seine Zeichen extremer Belastung zeigt.

Dieses Ökosystem entwickelte sich, nachdem die Kontinentalgletscher am Ende der letzten Eiszeiten von Nordeuropa geschmolzen waren. Flora und Fauna fingen sofort an, das Land und seine Flüsse zurückzuerobern. Die Seine ist ein isolierter Fluss, was unter den Fischen eine relative Artenarmut mit sich bringt. Die Donau zählt 100 indigene Fischarten, der Rhein 60, die Rhône 58 und die Seine nur etwa 33. Die Römer hatten bereits Karpfen ausgesetzt, im Mittelalter kamen von Klosterorden Rotfeder und Hecht dazu. Naturalisten des 19. Jahrhunderts brachten Regenbogenforellen, Sonnenbarsch und Katzenwelse. Zander tauchte auf, nachdem die Seine durch Kanäle an das europäische Wasserwegenetz angeschlossen worden war. Donauwelse sind erst in jüngerer Zeit aufgetaucht und bereiten Naturschützern Kopfzerbrechen, weil sie ohne natürliche Feinde eine Bedrohung für die Artenvielfalt darstellen.

1995 stand der Fischstand kurz vor dem Zusammenbruch: Um Paris und flussabwärts gab es nur noch vier Arten, und deren Zahlen gingen zurück. Tausende Fische starben jährlich an Verschmutzung. Aale, Lachse und andere Wanderfische waren längst verschwunden, der Flussotter ebenso. Schwermetalle, Nitrate, Pestizide und Phosphate machten aus dem Seinewasser eine toxische Suppe, und in Paris scherzte man, es wäre längst nicht mehr nötig, von einer Brücke zu springen: Für den Suizid würde ein simples Bad im Fluss durchaus genügen. Noch heute ist das Schwimmen untersagt.

Dennoch gibt es mittlerweile Zeichen dafür, dass sich der Fluss allmählich erholt. Die Verschmutzung, vor allem durch Phosphate, Schwermetalle und organisches Material, wurde stark zurückgedrängt, und ein sehr aufwendiges System von Fischtreppen soll es den Wanderfischen ermöglichen, in der Seine wieder abzulaichen. Zwar gibt es in den Bächen, Flüsschen, Seen und Teichen des Seine-Beckens nur an sechs Stellen noch Flussotter, aber in den Bäumen am Ufer trocknen wieder Kormorane ihre Flügel.

Leben auf der Seine

Die Seine

Diese Vogelart war vor einigen Jahrzehnten aus der Region praktisch verschwunden. Auch Fische erleben ein Comeback, Stint und Finte findet man wieder, und im August 2009 erschien in Zeitungen ein hoffnungsvolles Bild: Ein Sportfischer hält, staunend über sein Glück, einen sieben Kilo schweren atlantischen Lachs in den Armen, den er beim Pariser Vorort Suresnes gefangen hat.

Streckenverlauf der Seine zwischen Paris und dem Ärmelkanal

Flusskilometer	Ort	Region
0	Paris, Île St-Louis	Île de France
6,5/7,5	Paris, Schiffsanlegestelle	Île de France
17	Schleuse von Suresnes	Île de France
20	La Défense	Île de France
50	Schleuse von Bougival	Île de France
68	Conflans-Sainte-Honorine	Île de France
73	Schleuse von Andresy	Île de France
77	Schleuse von Carrières	Île de France
109	Mantes-la-Jolie	Île de France
133	La Roche Guyon	Île de France
148	Vernon	Normandie
174	Les Andelys	Normandie
202	Schleuse von Amfreville	Normandie
218	Elbeuf	Normandie
240	Rouen	Normandie
259	Château Robert le Diable	Normandie
296	Jumièges	Normandie
308	Pont de Brotonne	Normandie
310	Caudebec-en-Caux	Normandie
314	Villequier	Normandie
324	Vieux Port	Normandie
338	Pont de Tancarville	Normandie
353	Pont de Normandie	Normandie
355	Honfleur	Normandie
357	Le Havre	Normandie

▲ Karte: vordere Umschlagklappe

Zwischen Paris und Conflans-Ste-Honorine

Auf dieser Strecke macht der Fluss seinem keltischen Namen Ehre: Gleich viermal wechselt er innerhalb von nur 60 Kilometern die Richtung und schlängelt sich durch Paris und seine Vororte. Die Fahrt nach Conflans, die per Zug in etwas mehr als einer halben Stunde zurückgelegt wird, dauert mit dem Schiff mehr als fünf Stunden, flussaufwärts sogar sechs Stunden. Auch wenn zwischen Paris und Conflans nur sehr wenige Kreuzfahrtschiffe anhalten, die Ufer meist also nur vom Fluss aus gesehen werden, entfaltet sich hier die Geschichte und Kultur Frankreichs in ungewohnt geballter Form.

Vom Quai de Grenelle in Paris unterqueren die Schiffe auf ihrem Weg zum Meer zunächst die **Pont de Grenelle**. Diese ist bereits die dritte Brücke an dieser Stelle. Eine 1827 gebaute Holzbrücke wurde bei einer Feier zu Ehren des Schahs von Persien so schwer belastet, dass sie zusammenzubrechen begann. Die zweite Brücke wurde 1968 durch die heutige ersetzt. Der mittlere Pfeiler dieser Brücke ruht auf der Île des Cygnes (Schwaneninsel). Hierbei handelt es sich um eine schmale Verlängerung einer natürlichen Insel, die etwa einen Kilometer flussaufwärts mitten im Fluss liegt. Auf der Südseite der Brücke steht ein Abguss der Freiheitsstatue von Frédéric-Auguste Bartholdi.

Drei Brücken weiter flussabwärts unterquert man die Brücke, über die sich der Verkehr auf dem **Boulevard Périphérique** meist mühsam einen Weg um

Die Seine

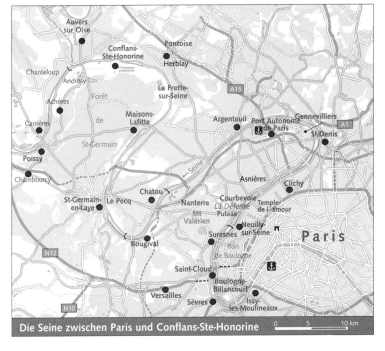

Die Seine zwischen Paris und Conflans-Ste-Honorine

Paris herum kämpft. Amtlich verlässt man nun die Stadt und befindet sich in den Vororten. Die 34 Kilometer lange Autobahn rund um Paris entstand dort, wo bis zum Ersten Weltkrieg die Stadtmauern standen. Bis in die 1930er Jahre dauerte die Schleifung an. Obwohl man ursprünglich die Idee hatte, Paris besser mit seinem unmittelbarem Umfeld zu verbinden, scheiterten die ambitionierten Entwicklungspläne an einer Bewegung, die sich für den Erhalt der ungeregelten Bebauung, die im historischen Verwaltungsvakuum direkt außerhalb der Mauern entstanden war, stark machte. Trotzdem verschwanden auf Dauer die Schrebergärten, Mietskasernen und kleinen Fabriken. Somit fehlt in Paris so etwas wie die Wiener Ringstraße, und mittlerweile ist klar, dass die Boule Périphérique alles andere leistet als eine Erschließung der Innenstadt für die Einwohner der Banlieues oder des Umfeldes für die Pariser. Vielmehr trennt sie wie einst die Stadtmauern Paris von seinen Vororten.

Musiker an der Seine

Issy-les-Moulineux und Île St-Germain

In der ersten Schleife durchmisst der Fluss das Val de Seine, einen Wirtschaftsbereich aus Vorstädten, die den Rutsch von traditioneller Industrie ins 21. Jahrhundert erfolgreich geschafft haben. Hier ist das französische Fernsehen zu Hause. TF1, France Television, Arte, Canal+, Eurosport und France 24 haben hier Büros und Studios. Darüber hinaus haben sich mehrere renommierte IT-Firmen in diesem Bereich niedergelassen. **Issy-les-Moulineux** liegt am linken Ufer, unmittelbar außerhalb der Périphérique. Der Merowingerkönig Childebert wies das Gebiet von Issy 558 den Benediktinern von St-Germain-des-Prés zu, und

diese begannen hier mit dem Weinbau. Noch zu Beginn des 19. Jahrhunderts machten Weintrauben 76 Prozent der landwirtschaftlich nutzbaren Fläche aus. Bereits im 17. Jahrhundert zogen betuchte Bürger von Paris in diese Vororte, wo große Landhäuser gebaut wurden. Nach der Französischen Revolution entstand jedoch eine Industrielandschaft, die ihrerseits Ende des 20. Jahrhunderts ausgedient hatte. Nach der Eingemeindung von Teilen der Stadt zu Paris schloss Issy sich mit einem anderen Vorort zusammen und heißt seitdem Issy-les-Moulineux. Ab 1908 fand hier auf dem militärischen Exerzierplatz begeistertes Experimentieren in der Luftfahrt statt, und in Frankreich ist der Vorort als ›Berceau de l'Aviation‹ bekannt, die Wiege der Luftfahrt. Heute ist das Gelände ein Hubschrauberflugplatz.

Kurz nach der **Pont Aval des Boulevard Périphérique** spaltet sich die Seine, und das Schiff biegt in den rechten Arm ein – der linke Arm ist wesentlich schmaler und bleibt dem Wassersport vorbehalten. Links liegt die Insel **St-Germain**, auf der Jean Dubuffets 24 Meter hoher

▲ Karte S. 155

Tour aux Figures aus den Bäumen hinausragt. Kurz vor dem 200. Jahrestag der Französischen Revolution fand das Werk aus blau-weiß-rot-schwarz bemalter Glasfaser ein Zuhause.

Die Insel St-Germain ist ein Teil eines umfangreichen Unternehmens, das den Charakter der Seine ändern soll. Wo gestern noch die Fabriken von Issy-les-Moulineux und Boulogne-Bilancourt am rechten Ufer die Luft und das Wasser verschmutzten, arbeitet man heute an einer grünen Umgestaltung des Flusses und seiner Ufer. Mit ihren Gärten und Wanderwegen ist die verkehrsberuhigte Insel mittlerweile ein beliebtes Ausflugsziel für die Pariser geworden.

Île Seguin

Sofort hinter der Île St-Germain liegt die Île Seguin. Bevor der Fluss die Metropole und ihre Vororte verlässt, kommt man an einem Dutzend Inseln vorbei. Viele von ihnen wurden im Laufe der Kanalisierung der Seine abgetragen, während andere zusammengelegt und mit Dämmen aufgebaut wurden. Auf ihnen findet man neben Parkanlagen und Freizeitzentren auch immer noch Industrie und Wohnhäuser.

Auf der Île Seguin, jetzt eine Baustelle, stand bis vor einigen Jahren das Renault-Autowerk, eine mächtiger Koloss aus Stahlbeton und Glas, der 1929 seine Türen geöffnet hatte. Jahrzehntelang war die Fabrik, die größte im Lande, ein stolzes Symbol der französischen Industrie – auch wenn der Bau von den meisten Parisern zunächst als recht hässlich empfunden wurde.

Auf der ›Île du Diable‹ (Teufelsinsel, Louis Renault galt als ein harter Mann) wurde Geschichte geschrieben: 1936 wurde hier für den bezahlten Urlaub demonstriert, und am 1. Februar 1966 rollte hier

der millionste Renault 4 vom Fließband. Das Werk hatte ein eigenes Kraftwerk, einen eigenen Hafen und sogar eine unterirdische Teststrecke, zwei Kilometer lang. Doch die Krise der 1980er Jahre bereitete dem Werk ein unrühmliches Ende. Renault musste sparen, und so wurde beschlossen, die Fabrik auf der Seine-Insel zu schließen. Bis 2005 stand der Bau leer. Trotz heftiger Proteste wurde die Fabrik, die mittlerweile für viele zum industriellen Erbe Frankreichs gehörte, schließlich abgerissen.

Heute leitet der Stararchitekt Jean Nouvel das Projekt, die Insel in eine kulturelle Hochburg umzuwandeln. Ausstellungsräume, Kinos, eine Konzerthalle, Kunstgalerien und ein vier Hektar großer Park sind geplant. Die neue Île Seguin soll 2014 fertig sein.

Am rechten Seineufer wird unterdessen fleißig an einem neuen Viertel gebaut, das in Sachen Nachhaltigkeit und Lebensqualität in Frankreich richtungsweisend sein will.

In der Vorstadt **Boulogne-Bilancourt** am rechten Ufer befindet sich ein bescheidenes Museum zur Geschichte der Automarke.

Immer gibt es was zu tun

Die Seine

Sèvres

Nach Meudon, das hinter der Île Seguin versteckt liegt, beginnt am linken Ufer Sèvres. Hier wird seit Mitte des 18. Jahrhunderts in der **Manufacture Royale de Porcelaine de Sèvres** das berühmte gleichnamige Porzellan hergestellt. Die Geschichte der Manufaktur ist eng mit der des Zeitalters der absoluten Monarchen verbunden. Louis XV. hatte bereits 1745 die Manufaktur von Vincennes, die fünf Jahre zuvor gegründet worden war, unter seinen Schutz gestellt und ihr in Frankreich das Monopol zugesprochen. In den darauf folgenden Jahren sollte vor allem Madame de Pompadour, die Mätresse des Königs, die Entwicklung der Porzellanherstellung vorantreiben. Nach ihr wurde die Farbe ›Rosé Pompadour‹ benannt, und ihr Geschmack wirkte prägend auf die Formen und Farben des Porzellans. Es ging bei der Förderung des Porzellanhandwerks nicht nur um Kunst; man wollte vielmehr der Meissner Manufaktur, wo man das Geheimnis der Porzellanherstellung Anfang des Jahrhunderts bereits erschlossen hatte, Konkurrenz machen.

Nachdem die Manufaktur nach Sèvres in einen neu gebauten Palast umgesiedelt worden war, begann man die Erzeugnisse im Schloss von Versailles auszustellen und zu verkaufen, wobei Madame de Pompadour unmissverständlich klarmachte, dass der Kauf so etwas wie eine Vaterlandspflicht war. Wiederholt experimentierte man erfolglos mit neuen Herstellungsverfahren, was dazu führte, dass das Werk mehrmals vom König finanziell unterstützt werden musste. Im Laufe der Jahrhunderte zog die Manufaktur durch ihr Prestige immer wieder große Künstler an: Auguste Rodin, Hans Arp, Alexander Calder und George Mathieu arbeiteten hier.

Noch heute werden jährlich an die 4000 Stücke mit der Hand produziert. Neben der Manufaktur in Sèvres befindet sich das Museum **Sèvres – Cité de la céramique**, in dem an die 10 000 Exponate zu sehen sind, unter anderen ein Rhinozeros aus Meissner Porzellan nach dem berühmten Stich von Albrecht Dürer.

Boulogne-Bilancourt

Am rechten Seine-Ufer erstreckt sich von der Boulevard Périphérique bis zur Autobahnbrücke, über die der Verkehr Richtung Normandie rast, Boulogne-

Karte S. 155

Hausboot in Boulogne-Bilancourt

Bilancourt. Wie Issy-les-Moulineux war diese Vorstadt Anfang des 20. Jahrhunderts ein Zentrum des industriellen Fortschritts: Die ersten Filmstudios wurden 1912 gegründet, der Flugzeugbau fasste auch hier Fuß, und 1898 öffnete die erste Renault-Autofabrik hier ihre Tore. Wie die Nachbargemeinden hat Boulogne-Bilancourt den Rutsch ins 21. Jahrhundert hervorragend gemeistert. Renault hat hier auch heute seinen Hauptsitz, Flugzeugbauer und chemische Firmen beschäftigen immer noch Tausende. Fahrräder und elektrische Geräte kommen vom Fließband.

St-Cloud

Diese Stadt, einer der reichsten Vororte von Paris, ist auch einer der geschichtsträchtigsten. Seine Gründung geht auf Chlodoald, einen Enkel des Frankenkönigs Chlodwig I., zurück. Dieser rettete sein Leben, indem er den Herrschaftsanspruch aufgab – seine Onkel hatten bereits seine beiden älteren Brüder umbringen lassen –, Mönch wurde und im 6. Jahrhundert ein Kloster gründete. 1658 ließ der Herzog von Orléans, Bruder des Königs, einen Palast errichten. Antoine Le Pautre und Jules Hardouin-Mansart, der renommierteste Architekt seiner Zeit, arbeiteten am Entwurf des Hauses, und für die Neugestaltung der Gartenanlagen zeichnete André Le Nôtre verantwortlich. Die Wasserkaskaden, von Le Pautre begonnen, von Mansart weiter ausgebaut und von Le Nôtre in ihrem Umfeld vorteilhaft eingebettet, entzückten Marie-Antoinette, die daraufhin das Anwesen 1785 übernahm. Von dem Zeitpunkt an wurde das Schloss von St-Cloud zur Sommerresidenz der Herrscher Frankreichs und blieb es bis zum Ende des Zweiten Kaiserreichs bleiben. Napoléon Bonaparte bereitete hier sei-

nen Staatsstreich vor und ließ sich fünf Jahre später zum Kaiser krönen. Unglücklicherweise wurde das Haus während des Französisch-Preußischen Krieges von einem französischen Querschläger getroffen und brannte komplett ab. Ironischerweise war gerade hier die Kriegserklärung am 28. Juli 1870 unterschrieben worden.

Zwei Jahre nach der Zerstörung wurden die Reste auch noch abgerissen, und es blieb nur der **Garten**. Dieser steht heute unter Denkmalschutz im Domaine National de St-Cloud. Das 400 Hektar große Gelände wird nach und nach in seinen alten Zustand versetzt.

Ein kleines **Museum** erzählt die Geschichte des Schlosses und seines Gartens. Ein **Rosengarten**, für Marie Antoinette angelegt, liefert immer noch Blumen für den französischen Staat, und ein Aussichtspunkt, der einen Blick über Paris bietet, wird ›la Laterne‹ genannt, zur Erinnerung an den ersten Kaiser: Eine Laterne am Schloss brannte nämlich immer, wenn Napoléon I. in St-Cloud war. Gegenüber St-Cloud erstreckt sich über fünf Kilometer am rechten Ufer der Bois de Boulogne.

Suresnes

Die erste Schleuse, die man auf dem Weg zum Ärmelkanal passiert, ist die von Suresnes. Seit der Eröffnung 1967 können Schiffe mit einem Tiefgang von drei Metern Paris ganzjährig erreichen. Zuvor war der maximale zulässige Tiefgang anderthalb Meter gewesen, nicht mal ausreichend für die größeren Flusskreuzfahrtschiffe von heute. Der Komplex – drei Schleusenkammern, die größte davon 220 Meter lang und 12 Meter breit, und ein Stauwehr, ersetzte die Schleuse von 1930. Damals war diese die erste elektrisch gesteuerte Schleuse in Frankreich. Eine erste Schleuse gab es hier bereits 1864, und 20 Jahre später wurde eine zweite gebaut. Im Laufe der Jahrzehnte wurden die Schleusen immer größer, mit immer größerer Hubhöhe, und so konnte ihre Anzahl entsprechend reduziert werden. Zwischen Paris und Meer durchfährt man jetzt nur noch sechs Schleusen.

In Suresnes geht das Schiff flussabwärts 3,20 Meter hinunter. Heute ist es nach wie vor die Anlage von Suresnes, die dafür sorgt, dass der Fluss durch Paris während des ganzen Jahres relativ gleichmäßig fließt. 1942 wurde das Wehr von Suresnes von alliierten Bomben so stark beschädigt, dass es zusammenbrach und die Seine in wenigen Stunden praktisch leer lief.

Die Schleuse von Suresnes

Am Ende des 18. Jahrhunderts entstand in Suresnes entlang der Seine eine Industrie, die die Nähe des Flusses ausnutzte: Etwas mehr als 100 Jahre später operierten hier an die 30 Bleichereien. Wie auch die Waschfrauen verschwanden Anfangs des 20. Jahrhunderts diese ersten Industrien und wurden durch neuartige Unternehmen ersetzt. Der Luftfahrtpionier Louis Blériot baute seine Fabrik in Suresnes, und auf der Seine

wurden die allerersten Wasserflugzeuge getestet. Die Blériot-Fabrik heißt heute Aérospatiale, aber die Stadt ist nach wie vor Standort für Luftfahrtunternehmen, Automobilentwicklung und Kommunikationselektronik.

Suresnes war einer der ersten Vororte von Paris, der ab etwa 1830 von den Einwohnern der Großstadt als Erholungsort entdeckt wurde. Bis dahin war die Schifffahrt auf der Seine eine strikt wirtschaftliche Angelegenheit gewesen. In Badeanzügen kamen die ›Canotiers parisiens‹ nach Suresnes und Chatou und fuhren zunächst mit kleinen Segelbooten, dann mit Ruderbooten auf dem Fluss auf und ab, von Zeitgenossen häufig belächelt und verhöhnt. Kleine Angestellte, Studenten und Künstler taten sich zusammen, um ein Boot zu mieten. Sonntags früh zog man mit Picknickkorb, Badetuch und Angel los und vergnügte sich bis spät am Abend. Am Ufer entstanden Guinguettes, Tanzflächen im Freien. Die jungen Männer wurden freilich von der feinen Pariser Gesellschaft mit äußerstem Argwohn betrachtet, und die jungen Frauen, die sich zu den Canotiers gesellten, brachten sich sofort um ihren Ruf.

Karte S. 155

▲ *Kanuclub bei Suresnes*

Von Anfang an waren auf dem Fluss auch viele Ruderer ernsthaft unterwegs: Der erste Wettkampf fand bereits 1834 statt. Jahrzehntelang waren Ruderwettkämpfe Bestandteil der Nationalfeier. Ab 1853 gab es die offizielle Seine-Meisterschaft, die erste ihrer Art in Frankreich. Ein Teil der Weltausstellung von 1867 war dem Wassersport gewidmet. Als Ende des 19. Jahrhunderts Guy de Maupassant und Émile Zola in ihm einen Ausdruck der Freiheit und der jugendlichen Unbekümmertheit erkannten und Impressionisten wie Èdouard Manet, Gustave Caillebotte, Claude Monet und Pierre Auguste Renoir die geselligen freien Tage auf ihren Leinwänden festhielten, war der Wassersport längst zu einem unabdingbaren Bestandteil der Flusslandschaft geworden. Heute befinden sich in Suresnes, auf der Île de Puteaux hinter der Schleuse und weiter flussabwärts, Ruder- und Segelvereine, die im Rahmen der Sommerveranstaltung ›La Mer à Suresnes‹ ihre Pforten für jeden öffnen, der Rudern, Segeln, Kajak- oder Kanufahren lernen möchte.

Puteaux, Neuilly-sur-Seine und Courbevoie

Hinter der Schleuse engen hohe Gebäude den Fluss zunehmend ein. Rechts, dem Ufer von Neuilly vorgelagert, liegt die **Puteaux-Insel.** Am linken Ufer liegt **La Défense.** Puteaux war zu Beginn des 20. Jahrhunderts eine industrielle Hochburg. 1900 war die Firma De Dion-Bouton der größte Autohersteller der Welt: Ganze 400 Autos baute das Werk in dem Jahr. Eine Tintenfabrik, Parfumhersteller und der Vorläufer des Zodiacwerkes, Hersteller der bekannten Schlauchboote, waren ebenfalls in Puteaux zu Hause. Nach und nach verschwanden aber die Fabriken, und die

Stadt stürzte sich in das Abenteuer von La Défense. Es hat sich ausgezahlt: Die Firmen in den Hochhäusern füllen die Steuerkassen von Puteaux und Courbevoie.

Neuilly-sur-Seine am rechten Ufer war schon immer eine der wohlhabendsten Städte in Pariser Raum. Heutzutage ist die Stadt vor allem durch seinen ehemaligen Bürgermeister bekannt, denn dieser hieß von 1983 bis 2002 Nicolas Sarkozy. Eine erste Brücke über den Fluss wurde 1606 hier gebaut, nach einer Fährenfahrt, die für das Königreich fast katastrophal geendet hätte: Schlecht beladen und aus dem Gleichgewicht, kippte die Fähre, auf der Henri IV. von St-Germain-en-Laye zurückkehrte. Der König kam mit einem Schrecken davon und ließ sofort eine Holzbrücke bauen. In **Courbevoie** machte am 14. Dezember 1840 das Schiff ›La Dorade 3‹ fest. An Bord war die Asche des Kaisers

Neues Projekt von Norman Foster bei Courbevoie

Napoléon I. Louis-Philippe war zu dieser Zeit König, und die ›Retour des Cendres‹ wurde zu einem umstrittenen Spektakel. Die Prozession, die am 15. Dezember von Neuilly durch den Arc de Triomphe zum Dôme des Invalides führte, wurde von tausenden Parisern begleitet, trotz der bitteren Kälte. Napoléon selbst hatte übrigens den Wunsch geäußert, am Seine-Ufer beigesetzt zu werden.

Nachdem man an La Défense fast vorbei ist, liegt rechts auf dem Zipfel der **Île de la Jatte** in einem kleinen Park der ebenso kleine **Temple d' Amour**, ein eleganter Bau mit korinthischen Säulen und gefälligen Proportionen – ein markanter Kontrast zu den Hochhäusern. Der Tempel wurde von Louis-Philippe I. hierher gebracht. Dieser übernahm von Louis XVIII. das Château de Neuilly und den Park, der sich zum Seineufer erstreckte. Bei seinen Spaziergängen entdeckte der König die Insel, die er bald mittels einer Fußgängerbrücke mit dem rechten Ufer verbinden ließ. Die Insel wurde daraufhin ein beliebter Schauplatz für venezianische Feste und Feuerwerke. Unter Napoléon III. wurde die Insel vermessen und in Parzellen aufgeteilt. Abends vergnügte man sich in den Cabarets und Tanzhallen, und auf der Insel entstanden zwei Kulturen: die der Nachtarbeiter und die der betuchten Einwohner. Kein Wunder, dass sie auf die Künstler der Zeit eine enorme Anziehungskraft hatte. Claude Monet, Vincent van Gogh, Alfred Sisley – alle malten sie die Insel. Weltberühmt wurde vor allem das pointillistische Meisterwerk von Georges Seurat, ›Un Dimanche après-midi à l'Île de la Grand Jatte‹ (Ein Sonntagnachmittag auf der Insel La Grande Jatte).

Heute wohnen auf der Insel ungefähr 4000 Menschen, die einen sehr hohen Lebensstandard genießen. Die Bebauung ist eine Mischung aus Wohn- und Geschäftsbereichen. Um die ganze Insel herum gibt es eine Uferpromenade.

In **Asnières** am linken Ufer gibt es seit 1899 den ersten **Tierfriedhof** der Welt. Auf dem Cimetière des chiens liegen

Georges Seurat: ›Ein Sonntagnachmittag auf der Insel La Grande Jatte‹, 1884–1886

Karte S. 155

mehr als 100 000 Hunde, Katzen, Vögel, aber auch Löwen, Pferde und Affen begraben. Berühmt wurde der Bernhardiner Barry, der vielen Bergsteigern das Leben rettete. Vom 41. Bergsteiger wurde er angegriffen und tödlich verletzt, weil dieser ihn für einen Wolf hielt. Der weltberühmte Filmhund Rin Tin Tin liegt auch hier.

St-Denis

Sainte Geneviève ließ im 5. Jahrhundert eine Kapelle errichten, dort, wo nach der Überlieferung Saint Denis, der erste Bischof von Paris (damals Lutetia), 200 Jahre zuvor begraben worden war. Die Kapelle wurde schnell zu einem Wallfahrtsort, und der Frankenkönig Dagobert ließ ein Kloster errichten. Pepin le Jeune (Pippin der Jüngere) ließ sich hier krönen. Dagobert I. wurde 639 hier beerdigt, und seitdem wurde fast jeder Herrscher von Frankreich in der Kirche beigesetzt. Im 12. Jahrhundert verhalf der Abt Suger, Berater von Louis VI. und Louis VII., der Abtei zu einer enormen Prominenz. Der Markt Foire du Lendit zog Händler aus dem ganzen Abendland nach St-Denis. 600 Jahre dauerte die Tradition dieses Marktes, auf dem an 1200 Ständen Waren angeboten wurde.

1137 wurde die Kathedrale unter Suger neu gebaut, und es entstand die erste gotische Kathedrale Europas. Das Rosettenfenster, die Spitzbögen, das Kreuzrippengewölbe, die Strebewerke – all das hatte es bereits in früheren Bauten gegeben, doch erst hier kamen sämtliche architektonischen Neuerungen zusammen und kreierten einen radikal neuen Stil. Suger, der zur Zeit der Kreuzzüge vorübergehend als Regent Frankreichs Herrscher des Landes war, spielte in der Entwicklung des Königshauses

Grabmal von Marie Antoinette in der Kathedrale

eine wichtige Rolle. Er war es, der die Salbung des Königs in Reims initiierte. Indem er den Herrschaftsanspruch religiös untermauerte, stellte Suger gewissermaßen die Weichen für die spätere Vorherrschaft der Frankenkönige. Zudem beauftragte er seine Mönche mit einer ersten amtlichen Geschichtsschreibung Frankreichs und hatte somit auch die Kontrolle über deren Deutung. Die gotischen Kathedralen der Île de France waren Symbole des königlichen Herrschaftsanspruches, lange bevor der Baustil sich in ganz Europa ausbreitete. Noch zur Zeit der Revolution gab es in St-Denis gleich fünf Klöster.

In der zweiten Hälfte des 19. Jahrhunderts entwickelte sich der Ort zu einer Industriestadt. Die Krisen der 1970er und 80er Jahre setzen St-Denis arg zu, und erst der Bau des Stade de France 1998 sorgte wieder für einen bescheidenen wirtschaftlichen Aufschwung. Immer noch ist St-Denis nicht unbedingt einer der attraktivsten Vororte von Paris.

Die Seine

■ Die Kathedrale

Vor der Kathedrale stehend, erkennt man leicht die romanischen Bauelemente: Für einen gotischen Bau wirken die Mauern besonders massiv, und auch fehlt die vertikale Betonung der späteren Kathedralen hier noch. Der Innenraum ist aber bereits sehr hell – durch die großen Fenster des Obergadens fließt das Licht in das Kirchenschiff hinein. Im Querschiff sowie in Chor und Altarbereich befinden sich die Grabmäler der Herrscher Frankreichs. Für diesen Teil muss Eintritt bezahlt werden. Zur Kasse gelangt man durch eine Seitentür, und jenseits der Kasse betritt man die Kathedrale erneut am Querschiff.

Rechts vom Altarbereich befindet sich das große **Grabmal Dagoberts I**. Um ihn herum liegen die Gebeine von 42 Königen, 32 Königinnen, 63 Prinzen und Prinzessinnen sowie von 10 weiteren bedeutenden Persönlichkeiten, darunter Abt Suger selbst. Die merowingischen Könige wurden erst im 19. Jahrhundert hierher gebracht. Napoléon wollte die Kathedrale zunächst auch zur Grabstätte der Kaiser machen. Insgesamt sind hier 70 Grab-

Detail des Portals

figuren zu sehen, und vom Mittelalter bis ins 19. Jahrhundert kann man hier diese Kunst bewundern, von den liegenden Figuren mit offenen Augen bis hin zu den eklektizistischen Skulpturen der Bourbonen aus dem 19. Jahrhundert.

Gennevilliers

Bei Gennevilliers erstreckt sich einer der größten Flusshäfen Europas entlang der Seine. Ölpipelines, Zugverbindungen und Autobahnen kommen zum Fluss und bilden mit ihm ein Transportnetzwerk, das Frankreich und vor allem Paris mit der Welt verbindet. Täglich legen etwa 50 Schiffe an, und der Hafen beschäftigt 8000 Menschen in 300 Firmen. Die ersten Hafenanlagen entstanden kurz nach dem Ersten Weltkrieg.

Bis dahin war Gennevilliers ein Ort, den man höchstens als eine der vielen Flussstädte kannte, die von den Malern des Impressionismus besucht wurden. Die Familie Manet war hier zu Hause, und obwohl Édouard Manet sich nicht als Impressionist verstand, zog seine Präsenz andere Maler an. Berthe Morisot heiratete Édouards Bruder Eugène, und das Haus der Familie wurde bald zum

Abt Suger an der Tür der Kathedrale

Karte S. 155

einem Künstlertreff. Monet kam vorbei, ebenso Alfred Sisley, Pierre-Auguste Renoir und Camille Pissarro. Gustave Caillebotte war in Gennevilliers zu Hause – dieser Maler baute seine eigenen Boote und nahm an Regatten auf der Seine teil. Den bereits mit 46 Jahren verstorbenen Künstler kannte man eigentlich bis zu den 1970er Jahren vor allem als Mäzen, weniger aber als Maler. Aus betuchtem Hause, half er vielen Impressionisten, die gerade in den ersten Jahren der neuen Bewegung auf so viel Widerstand stießen, dass sie zumeist mittellos waren.

Ab 1923 ging es mit der Entwicklung des Hafens richtig los, heute ist das Areal 400 Hektar groß. 1970 wurde die Behörde Port Autonome de Paris gegründet, und seit 1975 werden hier Container verladen. Baumaterialien, Maschinen, Öl, Metallprodukte – fast alles wird auf den zwölf Kilometer Kais umgeschlagen. Der Containerverkehr allein umfasst jährlich mehr als 290 000 dieser großen Kästen.

1869 war in Gennevilliers die erste Rieselfeldanlage zur Reinigung des Pariser Abwassers in Gebrauch genommen. Verantwortlich dafür war der Ingenieur Alfred Durand-Claye, dem man im Ort ein Denkmal gesetzt hat.

Zwischen Gennevilliers und Conflans

Hinter Gennevilliers beginnt die zweite Seineschleife, und man kommt ein wenig aus den Industrievororten von Paris heraus. Entsprechend grüner sind die Ufer des Flusses.

■ Argenteuil

Bei Argenteuil bildet die Seine eine Wasserfläche von vier Kilometer Länge, 200 Meter Breite und 20 Meter Tiefe: ideal zum Segeln und Rudern. Dies entdeckten auch die Canotiers im ausgehenden 19. Jahrhundert, und mit ihnen die Maler. Manet, Monet, Caillebotte, aber auch der aus Honfleur stammende Eugène Boudin fanden an den Ufern reichlich Motive. Monet wohnte sogar eine Zeitlang in Argenteuil.

1832 wurde in Argenteuil zunächst eine Brücke über den Fluss eröffnet, und 1851 erreichte die Eisenbahn die Stadt.

Die Seine

›Richard Gallo und sein Hund in Gennevilliers‹ von Gustave Caillebotte

›Frühstück der Ruderer‹ von Pierre-Auguste Renoir

Eine erste Segelmeisterschaft gab es 1865. Die Impressionisten konnten hier malen, ohne ganz auf die Großstadt verzichten zu müssen. Im 20. Jahrhundert übernahmen Fabriken nach und nach die Landschaft, und wohl keiner der Maler würde die Stadt heute noch erkennen.

■ Chatou

Bei Chatou durchquert das Schiff die zweite Schleuse mit einer Hubhöhe von 3,25 Metern. Die Eisenbahnbrücke von Chatou war ein beliebtes Motiv der Impressionisten, die durchaus nicht nur die Landschaft, sondern auch die Neuerungen der Zeit zum Thema machten. Auf der Île de Chatou steht das **Maison Fournaise**, die Tanzdiele, in der Pierre-Auguste Renoir sein ›Déjeuner des Canotiers‹ (Frühstück der Ruderer) malte. Claude Monet, Jean-Baptiste Corot, Camille Pissaro, Alfred Sisley und später Maurice de Vlaminck und André Derain kamen gerne hierher. 2003 wurde das Restaurant renoviert. Unter anderem ist hier auch ein Boot nach einem Entwurf von Caillebotte zu sehen.

■ Bougival

Die Schleuse von Bougival, nur wenige Kilometer weiter, hat drei Kammern und eine Hubhöhe von etwa 3,50 Metern. Auch in Bougival malten die Impressionisten, und darüber hinaus wohnte hier viele Jahre lang der russische Schriftsteller und Dramaturg Ivan Turgenijev, der aus Liebe zur Sängerin Pauline Viardot hierher gezogen war.

Auf der Höhe der Schleuse von Bougival befand sich früher die Machine de Marly, ein Pumpwerk, das mithilfe von 14 riesigen Rädern Wasser aus der Seine in ein 162 Meter höher gelegenes Reservoir pumpte, um Versailles mit Wasser zu versorgen. Man brauchte drei Jahre, um die Pumpe fertigzustellen, und es wurden unerhörte Summen Geld dafür ausgegeben. 60 Mann sorgten für den Betrieb der Maschine, die ständig zusammenbrach. Mitte des 19. Jahrhunderts wurde sie durch dampfbetriebene Pumpen ersetzt. Bis 1963 gab es einen elektrischen Generator, seitdem sind die Brunnen von Versailles an das Wasserleitungsnetz angeschlossen.

Karte S. 155

■ St-Germain-en-Laye

Nach der Schleuse durchquert die Seine die schönen Vororte Le Pecq, St-Germain-en-Laye und Maisons-Lafitte. In St-Germain-en-Laye baute der Schriftsteller Alexandre Dumas sein Château du Monte Christo. Doch der geistige Vater der ›Drei Musketiere‹ musste das Haus bereits 1849, zwei Jahre nach Einzug, aus Geldmangel wieder verkaufen. Am linken Ufer zieht sich eine 2400 Meter lange Terrasse entlang, an deren stromaufwärts gelegenen Ende sich ein **Backsteinpavillon** mit Kuppel erhebt, in dem Louis XIV. getauft wurde. Ein erstes Schloss an dieser Stelle stammte aus dem 12. Jahrhundert, dies ist aber vom Fluss her nicht zu sehen. Ein zweites wurde am Rande der Böschung als Lustschloss im italienischen Stil errichtet und war wegen seiner herrlichen Lage bald berühmt. Charles X. ließ es abreißen, um einen Neubau zu errichten, verlor dann aber das Interesse, und so blieb nur der Pavillon, der 1836 in ein Luxushotel umgewandelt wurde. Es erfreute sich großer Popularität und wurde vor allem von Künstlern, Schriftstellern und Politi-

Westseite des Schlosses St-Germain-en-Laye

kern frequentiert. Hier schrieb Dumas die ›Drei Musketiere‹ und ›Der Graf von Monte Christo‹. Louis XIV. ließ die enorme Terrasse von Le Nôtre anlegen. Da ihm die beiden vorhandenen Schlösser nicht groß genug waren, ließ er Versailles ausbauen und verlegte den Hof dorthin. Er war aber des Öfteren in St-Germain-en-Laye zu Besuch.

■ Maisons-Lafitte

Im nahegelegenen Maisons-Lafitte entstand 1646 unter der Bauleitung von François Mansart das **Château Maisons**, ein perfektes Beispiel des französischen Klassizismus. 1777 wurde es von Charles X. gekauft, der damit das Interesse an seinem Projekt in St-Germain-en-Laye verlor. Er ließ die **Rennbahn** anlegen, die noch heute von Parisern gerne besucht wird. Im 19. Jahrhundert kaufte der Bankier Jacques Lafitte das Schloss, der auf dem Gelände zahlreiche Wohnungen bauen ließ und dem Ort schließlich auch seinen Namen gab. 1905 wurde das Château Maisons vom französischen Staat gekauft, heute beherbergt es eine **Ausstellung der Reitsporttradition** und kann besucht werden.

■ La Frette-sur-Seine

La Frette-sur-Seine liegt an einer Stelle, wo zwei Talwege von der etwas höher gelegenen Ebene zum Fluss führen. Bauern und Handwerksleute, die hier zum Fluss kamen, um für ihre Ware ein Boot zu mieten, handelten am Ufer den Preis (le Fret) aus. Der kleine Ort war bei Malern wie Paul Cézanne, Charles-François Daubigny und Paul Signac und bei Schriftstellern wie Guy de Maupassant und Roger Ikor recht beliebt. Die Kirche **St-Nicolas** aus dem 11. Jahrhundert wurde von Schiffern direkt am rechten Ufer gebaut.

Die Seine

Conflans-Ste-Honorine

Deutschsprachigen Besuchern mag der Name des 35 000-Einwohner-Ortes bekannt vorkommen, und dies ist kein Zufall. Sowohl der Name Conflans als auch Koblenz gehen wohl auf das lateinische ›Confluentes‹ (Zusammenfluss) zurück. Dort, wo die Oise in die Seine mündet, waren die Ursprünge der Stadt, und diese Konfluenz gab ihr, genau wie dem deutschen Koblenz – hier fließt die Mosel in den Rhein –, ihren Namen. Wie in Koblenz spielte die strategische Lage des Ortes eine wichtige Rolle in ihrer wirtschaftlichen Entwicklung. Das **Musée de la Batellerie** (Museum der Binnenschifffahrt) liegt auf einer Anhöhe 50 Meter über dem Fluss, neben der hübschen kleinen Kirche **St-Maclou** und dem **Tour Montjoie**, einem romanischen Donjon. Insgesamt bilden diese Gebäude eine kleine, aber reizvolle ›Skyline‹.

Péniches in Conflans

Geschichte

Funde belegen eine menschliche Präsenz an der Oise-Mündung im Neolithikum. Im Mittelalter war Conflans ein Dorf von Bauern und Fischern. Von dieser Zeit ist relativ wenig geblieben, doch die Wikinger sorgten schließlich dafür, dass die Geschichtsschreibung auf Conflans aufmerksam geworden ist. Im Kloster Graville in der Nähe vom heutigen Le Havre befanden sich zur Zeit der ersten Angriffe der Normannen die Reliquien der heiligen Honorine vom keltischen Stamm der Caleti. Sie starb 303 den Märtyrertod und wurde in die Seine geworfen. Ihre Leiche wurde aber aus dem Wasser geholt und in Graville beigesetzt.

876 kamen Mönche vom Kloster nach Conflans, um hier die Reliquien sicher aufzubewahren.

Mit der Schifffahrt wurde auf Dauer das Priorat der Mönche von Graville die Basis der lokalen Wirtschaft. Ein Zollamt brachte Geld in die Stadtkasse. Daneben blieben viele Einwohner einfache Bauern, während andere in den Steinbrüchen arbeiteten, aus denen der Blanc Royal kam, ein Stein, aus dem so manches Monument in Paris erbaut worden ist.

Im 11. Jahrhundert ließ der Graf von Beaumont, Herr von Conflans-Sainte-Honorine, den Montjoie-Turm bauen. Zur gleichen Zeit wurde die Kirche St-Maclou etwas höher auf dem Hügel errichtet. Die Schifffahrt nahm zu, und zwischen Conflans und Paris wurde eine Kette in den Fluss gelegt. Kettenschlepper konnten bis zu zwölf Frachtkähne flussaufwärts ziehen. Conflans entwickelte sich zu einem Zentrum der Binnenschifffahrt. Kanäle verbanden die Seine bald mit anderen großen Flüssen in Europa, und Conflans wurde nun sogar international so etwas wie eine Drehscheibe.

1869 ließ der Großindustrielle Jules Gévelot das Prioratsgebäude zu einer

Karte S. 170 ▲

Neorenaissance-Villa umbauen. Andere große Villen – keine so üppig dekoriert wie das Hôtel Gévelot – kamen dazu, als sich eine wohlhabende Mittelklasse bildete.

Die Péniches (Frachtkähne) befuhren ein immer größer werdendes Handelsnetz. Die Eisenbahn zwischen Mantes-la-Jolie und Argenteuil überquerte bei Conflans den Fluss, die Brücke entwarf ein prominenter Ingenieur namens Gustave Eiffel. Auf der Seine erschienen immer größere Schiffe, zunächst die Chalands de Seine, dann die Schubverbände. Die in Conflans angesiedelte Société de Remorquage des Batelleries Réunies (S.R.B.R.) geriet daher zunehmend unter Druck. Die blauen Schlepperboote, Les Bleus, fuhren noch bis zum Anfang der 1930er Jahre. Es war aber vor allem die motorisierte Konkurrenz aus anderen Ländern, die dem Schlepperbetrieb ein Ende bereitete. In Belgien waren bereits 1925 die meisten Boote motorisiert, während es in Frankreich bis 1963 immer noch Schiffe gab, die von Pferden oder zur Not von Menschen gezogen wurden.

Auch wenn es immer schwieriger wird, als Binnenschiffer sein Geld zu verdienen, gibt es viele Familien, die hartnäckig am Leben auf dem Wasser festhalten. Mittlerweile hat man wieder Hoffnung auf eine bessere Zukunft. Je verstopfter die Straßen der Republik sind und je teurer das Benzin wird, desto attraktiver erscheint ein Transport per Schiff. Ob aber die relativ kleinen Péniches im 21. Jahrhundert die Kanäle und Flüsse Frankreichs befahren werden, ist fraglich.

Immerhin wird in Conflans das Erbe mittlerweile intensiv gepflegt. Seit 1960 begeht man über drei Tage im Juni das ›Pardon de Batellerie‹, eine Feier, bei der zunächst die Schiffer geehrt werden, die in den Kriegen gekämpft haben. Eine Flamme, die man am Arc de Triomphe ansteckt, wird per Schiff nach Conflans gebracht und am Kirchenschiff ›Je Sers‹ (Ich diene) in Empfang genommen. Von dort geht die Flamme zur Schale am Fuße einer Statue, der geflügelten Viktoria. Nach der Zeremonie wird gefeiert, getanzt und getrunken; mittlerweile kommen auch viele Nicht-Schiffer zu dieser Feier.

Ein Rundgang

Vom Schiffsanleger an der Rue René Albert kommt man zunächst zum **Place Fouillère**, der 1860 entstand, als der Bürgermeister Jean Fouillère in die Seine hinausbauen ließ. Montags, freitags und sonntags findet hier der **Markt** statt, man findet hier zudem das **Tourismusamt**. Am Ufer sieht man häufig die Schiffe der Wasserpolizei oder -feuerwehr, die beide in Conflans ihren Département-Sitz haben. Auch geht hier manchmal die ›Marotte‹ vor Anker, ein Theaterboot, das im ganzen Wassernetz der Île de France unterwegs ist.

■ Kirchenschiff Je Sers

Etwas weiter flussabwärts findet man das blau-weiße Kirchenschiff ›Je Sers‹, ein umgebauter Getreidekahn aus Stahlbeton. Die Kapelle öffnete 1935 ihre Türen und ist seitdem zum Zentrum der Binnenschifffahrt geworden. Hier können Schiffer Hilfe suchen, die mit den Papierstapeln der internationalen Schifffahrtsbestimmungen nicht fertig werden oder in finanzielle Not geraten sind. Hochzeiten und Beerdigungen finden statt, und für viele Schiffer ist ›Je Sers‹ eine Postadresse. Gebaut wurde der Frachter für den Kohletransport auf einer Werft in Amfreville. Das 70 Meter

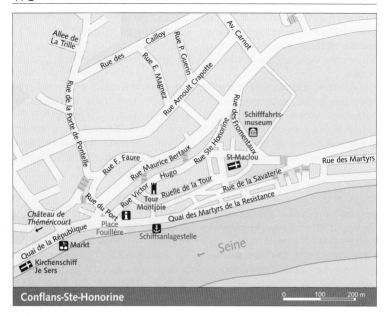

Allee de La Trille
Cailloy
Rue P. Guérin
Av. Carnot
Rue des
Rue E. Magnez
Rue Arnoult Crapotte
Rue de la Porte de Pontelle
Rue des Fromentaux
Schifffahrts-museum
Rue F. Faure
Rue Maurice Bertaux
Rue Ste-Honorine
St-Maclou
Rue des Martyrs
Hugo
Rue Victor
Ruelle de la Tour
Rue de la Savaterie
Rue du Port
Tour Montjoie
Château de Théméricourt
Place Fouillère
Quai des Martyrs de la Resistance
Quai de la République
Markt
Schiffsanlegestelle
Seine
Kirchenschiff Je Sers

Conflans-Ste-Honorine

0   100   200 m

lange Schiff hieß ursprünglich ›Lange-mark‹, nach einem Ort in Belgien. Fei-erlich eingeweiht wurde es am Sankt-Martinstag 1936. Eines der ersten Kunstwerke für die bescheiden ausge-stattete Kirche war die Statue ›Notre Dame des Eaux‹ (Unsere Frau des Was-sers). Vom Künstler Jules Rigal aus Tou-louse angefertigt, werden Kopien dieser Schutzpatronin der Binnenschiffer in ganz Frankreich bei Prozessionen und Zeremonien eingesetzt.

Geht man am Quai de la République noch etwas weiter, sieht man rechts in einem Park das **Château de Théméri-court**, in dem die Verwaltung des Na-turparks Vexin ihren Sitz hat. Hinter dem Gebäude ist das Internat für Schif-ferskinder. An einem Pfeiler der ersten Brücke ist eine Skulptur des heiligen Nikolaus angebracht, Schutzpatron der Seeleute. Die drei Kinder, mit denen er in Frankreich häufig abgebildet wird und

die er der Legende nach vom Tode er-weckt haben soll, sitzen hier nicht wie üblich in einer Tonne, sondern in einem kleinen Schiff.

■ **Schifffahrtsmuseum**
Zurück am Place Fouillère, führt die Rue Victor Hugo hinauf auf den Hügel. Geht man zunächst an der Kirche St-Maclou vorbei, so erreicht man den Platz vor dem Schifffahrtsmuseum (Musée de la Batellerie). Das Haus ist im eklektizisti-schen Stil des Second Empire gebaut und erregte reichlich Aufsehen in der kleinen Stadt. Auffällige Medaillons des Herrn Gévelot und seiner Frau Emma schmücken die Fassade. Gévelot starb 1904 und liegt in Paris auf dem Friedhof Père Lachaise begraben. Hinter dem Haus liegt ein Park mit einem maleri-schen Taubenschlag. Bei der romanti-schen Skulptur ›Der Kuss‹ von Raoul Raba lassen sich junge Paare an ihrem

Hochzeitstag gerne ablichten. Ein **Aussichtspunkt** bietet einen sehr schönen Blick über die Seine und die Péniches, die hier in Reihen von bis zu fünf Schiffen vor Anker liegen. Praktisch alle sind Hausboote. Unter dem Aussichtspunkt führt eine Treppe hinunter in die gotischen Gewölbe des alten Priorats.

Entstanden ist das Museum 1967. Zu einer Zeit, in der sich fast niemand für die historischen, sozialen und kulturellen Aspekte der Binnenschifffahrt zu interessieren schien, begann Louise Weiss mit dem Aufbau der Sammlung, die in kurzer Zeit einmalig in Frankreich wurde. Das Museum konnte weiter wachsen und einen Anspruch auf die Qualifikation ›national‹ erheben, nachdem es von anderen prominenten Museen wie dem der Armee und der Marine beschenkt worden war.

Die Ausstellungen umfassen fünf Bereiche: Im Hof des Gebäudes sind Schiffsteile und Navigationshilfen ausgestellt. Der zweite Bereich widmet sich der Schifffahrt des 19. und 20. Jahrhunderts und zeigt insbesondere die technischen Entwicklungen dieser Zeit. Der Binnenschifffahrt im Norden Frankreichs ist ein

Der heilige Nikolaus am Brückenpfeiler

dritter Bereich gewidmet. Im vierten Teil des Museums wird in mehreren Sälen die ganze Vielfalt regionaler Traditionen und Schiffsbauarten vorgestellt. Der letzte Teil des Museums ist dem Thema Wasserbau gewidmet.

Die herausragenden Exponate sind die etwa 200 Schiffsmodelle. Die Erklärungen sind durchweg in französisch gehalten, dennoch lohnt sich ein Besuch. Auch wer sich generell kaum für das Thema begeistern kann, wird diesem charmanten Museum etwas abgewinnen können.

In der **Bibliothek** des Hauses ist auf gut 50 Meter Regalmetern so ungefähr alles zur Binnenschifffahrt zu lesen, was es gibt. Tausende von sorgfältig sortierten Fotografien, Postkarten und andere Dokumente geben einen Einblick in die Geschichte der Binnenschifffahrt.

Etwas flussaufwärts von der Schiffsanlegestelle liegen zwei große Exponate des Museums: Der Schlepper ›Jacques‹ von 1904 ist die letzte Guêpe (Wespe), die gebaut wurde, der ›Triton 25‹ wurde als Schlepper gebaut und 1960 zum Schubboot umgebaut.

Schifferfamilie in Conflans

Die Seine

■ **Kirche St-Maclou**

Unweit vom Museum befindet sich die Kirche St-Maclou, in der die Reliquien der heiligen Honorine aufbewahrt werden. Maclou oder Malo ist der französische Name für den heiligen Machutus, einen der Reisegefährten von Brendan dem Reisenden und erster Bischof im Gebiet des heutigen St-Malo in der nördlichen Bretagne.

Begonnen im 11. Jahrhundert, wurde die Kirche schließlich erst im 19. Jahrhundert vollendet. In ihr befinden sich zwei Grabmäler der Herren von Montmorency, einem ehrwürdigen Adelsgeschlecht in Frankreich, das einige Generationen lang über Conflans herrschte. Mathieu IV. (gestorben 1304) und Jean I. (1325) sind hier beigesetzt. Vor allem die bemalte Grabplatte des Grabes von Johann ist sehenswert.

Das romanische Kirchenschiff ist der älteste Teil der Kirche. Der Chor ist gotisch und wurde am Ende des 19. Jahrhunderts im neogotischen Stil ausgemalt. Der Kirchturm musste nach einem Blitzschlag 1923 wieder aufgebaut werden. Die Glasfenster in der der heiligen Honorine gewidmeten Kapelle erzählen die Geschichte der Reliquien. 1800 gingen sie vom Priorat zur Kirche über. Zudem werden in den Fenstern die Wundertaten der Heiligen festgehalten, die aus ihr die Schutzpatronin der Gefangenen und der schmerzlosen Entbindung machten. Darüber hinaus ist Honorine die Patronin der Binnenschiffer. Früher hingen ehemalige Gefangene nach der Freilassung aus Dank ihre Ketten und Fesseln in der Kirche auf.

■ **Tour Montjoie**

Eine schmale Gasse führt von der Kirche zum Tour Montjoie. Dieser Bau ersetzte den Holzturm, der an der Stelle, wo die Reliquien der heiligen Honorine aufbewahrt wurden, errichtet worden war. Mathieu I. de Beaumont, der Herr von Conflans, zerstritt sich mit seinem Schwager Bouchard, und man vermutet, dass im Zuge dieses Konflikts der Holzturm in Flammen aufging. Mathieu ging als Sieger aus dem Streit hervor und ließ im späten 11. Jahrhundert den Bau aus Stein errichten. Im Erdgeschoss des Turms waren Lagerräume, während im ersten Stock der Herr und seine Familie lebten. Soldaten und Diener wohnten im zweiten Stock. Löcher in den Wänden zeigen die Stellen, an denen das Baugerüst festgemacht war. Um von den immer noch starken Mauern Gebrauch zu machen, baute man kleinere Gebäude im Inneren. Bis zur Revolution gab es hier einen kleinen Gerichtssaal, ein Gefängnis und einen Archivraum, danach stand der 15 Meter hohe Turm leer. 1979 und 1980 wurde er oberflächlich restauriert.

Blick auf die Kirche St-Maclou

Karte S. 170

Auvers-sur-Oise

Das kleine Dorf mit seinen 7000 Einwohnern erstreckt sich am rechten Ufer
der Oise. Nur 30 Kilometer von Paris
entfernt, liegt sie heute am Rande des
Großraums, doch als sich hier Maler wie
Vincent van Gogh, Charles-François
Daubigny und Paul Cézanne aufhielten,
lag Auvers auf dem Lande, und das
machte seinen Reiz aus: Nahe genug an
der Großstadt, um Zugang zum kulturellen Leben (und zu den nötigen Mäze-
nen) zu haben, und weit genug entfernt,
um ländliche Ruhe zu erleben.

Noch heute wirkt die Stadt recht verschlafen, und nur einen kurzen Spaziergang von der Hauptstraße entfernt beginnen die Weizenfelder, die Van Gogh
unter schwarzblauem Himmel malte.

Seine Bekanntheit verdankt der Ort
hauptsächlich Charles-François Daubigny
(1817–1878), der unweit von Auvers,
in Valmondois, geboren wurde. Von seinem Vater und seinem Onkel lernte er

das Malen. Zunächst arbeitete er in der
Tradition seiner Zeit, doch 1840 schloss
er sich der Schule von Barbizon an, einer
Gruppe von Malern, die sich der Malerei
im Freien verschrieben hatten. Hier lernte er Camille Corot und Honoré Daumier
kennen. Als einer der ersten in dier Gruppe fing er an, auf Genauigkeit in der
Darstellung zu verzichten und sich mehr
auf das Spiel von Licht und Schatten und
die Farben zu konzentrieren. Er begann,
Landschaftselemente mit ›Taches‹ darzu-
stellen, kurzen Pinselstrichen, die wie
kleine Flecken wirken. Hiermit wurde er
zu einem Vorreiter des Impressionismus.
Mit 40 kaufte er ein Boot, das er ›Le
Botin‹ taufte, und kehrte in seine Heimat
zurück, wo er auf Oise und Seine unterwegs war und vom Boot aus malte. Vier
Jahre später ließ er in Auvers ein Haus
bauen, die Villa des Vallées, und hier
empfing er seine Malerfreunde. Von
Cézanne sagt man sogar, er sei in Auvers
zum Impressionismus bekehrt worden.

Die Seine

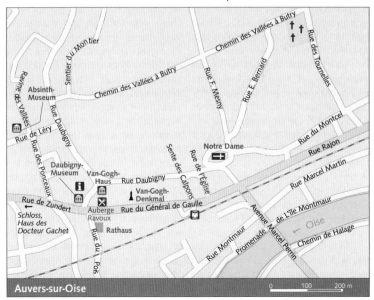

Auvers-sur-Oise

0   100   200 m

Weizenfelder bei Auvers

1890 kam Vincent van Gogh nach Auvers, auf Empfehlung seines Bruders Theo. Dieser wusste, dass Paul-Ferdinand Gachet in Auvers lebte, ein Nervenarzt und Amateurmaler. Doch in Auvers wurde van Gogh immer aufgewühlter und manischer. Zwar war er oft deprimiert, wenige Tage vor seinem Tode jedoch voller Hoffnung, und es ist unklar, was ihn am 27. Juli dazu veranlasste, sich eine Kugel in die Brust zu schießen. Tödlich verletzt, schaffte er es zurück zur Auberge Ravoux, wo er zwei Tage später in Anwesenheit seines Bruders starb. Außerhalb des Dorfes, am Rande eines Ackers, den er gemalt hatte, wurde van Gogh beerdigt. Auf dem Friedhof liegt er neben seinen Bruder, der ihn nur ein halbes Jahr überlebte.

In den 70 Tagen, die er in Auvers verbrachte, malte van Gogh wie ein Besessener und hinterließ mehr als 70 Gemälde und 60 Zeichnungen und Skizzen, darunter einige Werke, die heute zu den bekanntesten seines Œuvres zählen, wie das ›Weizenfeld mit Krähen‹, die beiden Porträts des Doktor Gachet und ›Die Kirche von Auvers-sur-Oise‹.

Karte S. 173

■ Daubigny-Museum

In dem schönen Landhaus **Manoir des Colombières** befindet sich neben dem Tourismusamt das dem berühmten Sohn gewidmete Museum, das eine interessante Sammlung enthält: Neben Werken von Daubigny, seinen Schülern, darunter sein Sohn Karl, und Mitgliedern der École Barbizon gibt es eine Sammlung von Katzen-Kunstwerken. Unter anderen ist hier das Gemälde ›Die Katzen‹ von Théophile-Alexandre Steinlen zu sehen.

Im **Tourismusamt** befindet sich ein sehr gut bestückter Laden. Hier bekommt man einen Plan von Auvers, auf dem die insgesamt 29 Tafeln verzeichnet sind, die berühmte Gemälde mit dem Ort ihrer Entstehung zusammenbringen. Etwa die Hälfte sind Werke von Vincent van Gogh, ansonsten sind Paul Cézanne, Charles-François Daubigny, Camille Pissarro, Camille Corot und Henri Rousseau vertreten.

■ Van-Gogh-Haus

Hinter dem Gebäude der Auberge Ravoux, das an der Hauptdurchgangsstraße Rue du Général de Gaulle liegt, befindet sich der Eingang zu einer Ausstellung, deren Kern das Zimmer Nr. 5 bildet, in dem van Gogh starb (Maison de van Gogh). Das Zimmer wurde nie wieder vermietet, und man sieht es heute spartanischer, als es wohl der niederländische Mieter kannte. Im Zimmer nebenan wohnte ein Kollege und Landsmann van Goghs, der Maler Anton Hirschig, und hier kann man sehen, wie diese Kammern (van Gogh hatte gerade mal sieben Quadratmeter) ausgesehen haben dürften. Neben den beiden Zimmern ist unter dem Mansardendach ein kleiner Saal, in dem eine bewegende Multimedia-Vorstellung den Aufenthalt Van Goghs in Auvers schildert.

Der Weg hinaus führt durch den obligatorischen Laden, der allerdings viel Geschmackvolles bietet. Im Erdgeschoss ist immer noch ein schönes Restaurant, das sich Mühe gibt, wie im 19. Jahrhundert auszusehen.

■ Friedhof

Neben der Auberge Ravoux findet man im bescheidenen Stadtpark eine rührende **Statue van Goghs** vom Bildhauer Ossip Zadkine, die den Maler unterwegs zeigt, mit Staffeleien, Leinwänden und Farbbürsten ausgerüstet. Zadkine zeigt einen entschlossenen, dennoch gequälten van Gogh. Schräg gegenüber befindet sich das **Rathaus**, ein Motiv des Malers.

Links abbiegend, kommt man in die Rue Daubigny, an der die **romanische Kirche** von Auvers liegt, die van Gogh malte, und am Weizenfeld vorbei erreicht man schließlich, etwas höher liegend, den Friedhof, wo die beiden Brüder begraben liegen. Die schlichten Steine sind häufig mit Blumen von Verehrern des Malers bedeckt.

■ Weitere Sehenswürdigkeiten

Zurück im Dorfkern führt die Rue de Zundert, nach dem Geburtsort van Goghs benannt, zum **Château d'Auvers**. 1635 für einen italienischen Bankier im Gefolge der Maria de' Medici gebaut, wurde es 1987 nach jahrelanger Verwahrlosung renoviert. 1994 eröffnete man in dem schönen Bau eine Multimedia-Ausstellung zum Impressionismus. Obwohl keine Kunstwerke zu sehen sind, werden Besuchern die Zeit und die Hauptfiguren der Bewegung auf spielerische Art näher gebracht. Der zum Fluss abfallende Garten ist ein schöner Bonus zum Besuch.

Unweit vom Château ist das **Wohnhaus und Studio von Daubigny** als Museum eingerichtet, eine kleine Sammlung mit Werken von Freunden des Malers ist hier ausgestellt.

Das **Musée de l'Absinthe** ist dem Caféleben des 19. Jahrhunderts gewidmet. Viele Maler trafen sich in Paris in bestimmten Cafés mit möglichen Käufern, und je mehr der Pariser Salon an Einfluss verlor, desto mehr wurden diese Cafés

Die Seine

Die Gräber von Vincent und Theo van Gogh

zu Künstlertreffs. Besonders beliebt in den Cafés war Absinth, eine Spirituose, die Anis, Wermut, Fenchel und weitere Kräuter enthält. Anfang des 20. Jahrhunderts geriet das Getränk in Verruf und wurde verboten. Allerdings meint man heute, dass es die schlechte Qualität des Alkohols war, die sich schädlich auswirkte – und wohl auch der ungebremste Konsum. Vincent van Gogh war ein großer Liebhaber der ›Grünen Fee‹. Etwas weiter weg ist das **Haus des Docteur Gachet**, in dem es unter anderen Briefe von van Gogh an den Arzt zu sehen gibt.

Zwischen Conflans und Vernon

Hinter der Oise-Mündung am linken Ufer liegt **Andrésy**. Bereits die Römer überwachten diesen Punkt und hatten hier eine Niederlassung. Ketten wurden nachts über die Seine gespannt, um den Zugang zu Paris zu kontrollieren. Die Erhebung in diesem Ort, l'Hautil genannt, ist mit 169 Metern weit und breit der höchste Punkt in der Landschaft. Vom Eiffelturm und sogar vom Arc de Triomphe ist er deutlich zu sehen. Der benachbarte Wald war lange Zeit ein beliebtes Jagdrevier der französischen Könige. Während diese der Jagd nach-

Die Seine bei Herblay, Gemälde von Maximilien Luce

gingen, hielten sich die Königssöhne in Andrésy auf, was dem Flussarm zwischen dem linken Ufer und der Île Nancy, in dem heute eine Doppelschleuse und ein Stauwehr liegen, den Namen Bras des Dauphins einbrachte (Dauphins war die Bezeichnung für die Thronerben). Louis XIV. ließ aus mehreren Inseln eine große befestigte Insel kreieren, um die Schifffahrt einfacher zu gestalten. Der heutige **Schleusenkomplex** wurde 1957 in Betrieb genommen und 1974 noch einmal erneuert. Er ist somit die modernste Schleusenanlage zwischen Paris und Rouen. Eine der beiden Schleusenkammern kann von Sportbooten genutzt werden, die andere ist für den Frachtverkehr und für Kreuzfahrtschiffe. Die Hubhöhe beträgt etwa 2,80 Meter. Seit Mai 2009 gibt es an dieser Stelle eine moderne Fischwanderhilfe. Bis 2014 sollen sämtliche Schleusen zwischen Paris und dem Meer Fischleitern bekommen; das Projekt wird bis dahin 30 Millionen Euro gekostet haben.

■ Achères

Hinter Andrésy liegt Achères, wo das Abwasser von Paris gereinigt wird. Die **Anlage Paris Aval** (wörtlich: Paris flussabwärts) ist nicht nur die größte in ganz Europa (und, nach der Anlage von Chicago, der Welt), sie ist auch eine der modernsten. 1,7 Milliarden Liter Wasser werden hier täglich gereinigt, 24 000 Liter pro Sekunde. Bevor das Wasser zum Fluss kommt, treibt es eine Turbine an, die Strom für das Werk erzeugt. 500 Millionen Euro kostete die Anlage, die im Sommer 2007 den Betrieb aufnahm.

■ Poissy

Die Stadt Poissy ist von der Autoindustrie geprägt. An der Nordgrenze der Wohnsiedlung liegt das riesige Gelände, das

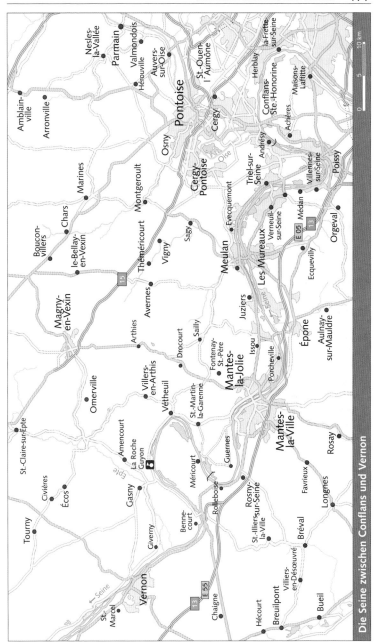

Die Seine

Die Seine zwischen Conflans und Vernon

von einem enormen, mit dem Peugeot-Löwen bemalten Golfball auf einem Turm beherrscht wird. Die Geschichte des Ortes begann, als die Römer eine Brücke über den Fluss bauten. Dafür mussten sie 23 Bögen errichten, denn damals war der Fluss erheblich breiter (er wurde bei der Schiffbarmachung verengt). Die Brücke wurde häufig zerstört und wiederaufgebaut. Saint Louis, der einzige König Frankreichs, der heilig gesprochen wurde, wurde 1214 in Poissy geboren. Im Ort findet man neben der Kirche **Notre-Dame** aus dem 12. Jahrhundert, die von Viollet-le-Duc restauriert wurde, die **Villa Savoye**, ein Wohnhaus, das von Le Corbusier in den 1920er Jahren entworfen wurde. Es kann heute besichtigt werden.

In **Médan**, nur wenige Kilometer flussabwärts von Poissy, steht am Rande des schönen alten Dorfkerns eine Villa am Ufer, die allerdings von einer Insel verdeckt wird. In dieser wohnte bis zu seinem Tode der Schriftsteller Émile Zola.

■ Triel-sur-Seine

Triel-sur-Seine teilt seine Geschichte mit vielen anderen Orten am Fluss: Es war Raststation für Leute auf der Durchreise. Auf dem Fluss reiste man schneller als über Land. Dort, wo ein Fluss leicht zu überqueren war, kreuzten sich Wege und entstanden Niederlassungen. Im Falle von Triel, wahrscheinlich nach drei Inseln im Fluss benannt, passierte dies in der Merowingerzeit, wie Ausgrabungen belegen. Im Mittelalter reisten von hier Pilger nach Vézelay und weiter nach Santiago de Compostela. Aus dieser Zeit stammt die Kirche **St-Martin**, die über die Ortschaft hinausragt. Damals empfing sie die Pilger, die für ihren Aufenthalt etwas spendeten und der Kirche zu einer schönen Innenausstattung verhalfen.

Später gab es in Triel eine Postkutschenstation, und mehrere Könige kamen auf dem Weg nach Rouen durch den Ort. Eine Brücke brachte Geld: Zoll bezahlen mussten sowohl die, die unter der Brücke durchfuhren als auch die Leute, die über die Brücke kamen. Diese Zollgebühren waren durchaus eine Notwendigkeit, denn Brücken waren kostbar, wurden oft vom Wasser beschädigt oder gar weggespült und verlangten somit ständigen Unterhalt. Alte Fotografien zeigen ein Zollschild über der letzten Hängebrücke, die 1940 von französischen Ingenieuren auf dem Rückzug vor der deutschen Wehrmacht gesprengt wurde. Die jetzige Brücke wurde erst elf Jahre nach dem Krieg in Gebrauch genommen.

Sieben Kilometer nach Triel erscheint am linken Ufer ein riesiger **Gebäudekomplex der europäischen Weltraumorganisation ESA**. Hier werden die Ariane-5-Raketen zusammengebaut und zum Raketenstartplatz in Kourou in Französisch-Guayana gebracht. Mit den Raketen werden vor allem Erdsatelliten in eine Umlaufbahn um die Erde gebracht.

Eine weitere große Industrieanlage ist einige Kilometer weiter zu sehen, jenseits von **Meulan**. Am linken Ufer befindet sich das enorme Gelände der Renault-Fabrik. Übrigens wurden auf der Seine bei Meulan bei den Olympischen Spielen von 1900 und 1924, die in Paris stattfanden, Segelwettbewerbe ausgetragen. Zwischen hier und Mantes-la-Jolie sind beide Ufer stark von Industrie geprägt: bei **Gargenville** am rechten Ufer eine große Zementfabrik, das Gasölkraftwerk von **Porcheville** auch rechts, direkt am Fluss und danach der Hafen von **Limay**, nach Gennevilliers der größte Flusshafen an der Seine. Der Hafen kann hochseetüchtige Schiffe mit einer Tonnage von bis zu 2000 Tonnen aufnehmen.

▲ Karte S. 177

Mantes-la-Jolie

Zur Zeit der Kelten mag es hier eine erste Niederlassung gegeben haben. Jedenfalls kommt Mantes oder Mante, wie der Ort lange hieß, wohl vom keltischen Medunta, was soviel bedeutet wie Eiche. In der karolingischen Zeit wurde der Ort zum ersten Mal urkundlich erwähnt. Die Hafenstadt wurde wegen ihrer strategischen Lage befestigt und trotzdem von den Wikingern dreimal in 40 Jahren weitgehend zerstört. 1087 wurde Mantes von Wilhelm dem Eroberer niedergebrannt. In den Jahrzehnten danach wurde sie wieder aufgebaut und bekam den Rang einer freien Stadt unter Louis VI. Im Hundertjährigen Krieg wurde Mantes mehrmals von den Engländern eingenommen und wieder befreit, und in den Religions-kriegen plante Henri IV. von hier aus seine Belagerung von Paris. Er mag in dieser Zeit eine seiner vielen Mätressen kennengelernt haben, Gabrielle d'Estrées, die er in den Jahren seiner Amtszeit immer mal wieder besuchte. Dabei gefiel ihm der Ort offenbar sehr gut, denn er lobte Mantes als sein ›früheres Paris‹. Im 17. und 18. Jahrhundert entstanden in Mantes immer mehr gro-

ße Stadtpaläste, und unter Louis XV. wurden die mittelalterlichen Befestigungen geschleift. Im frühen 19. Jahrhundert erreichte die Eisenbahn von Paris nach Rouen die Stadt.

Das heutige Mantes ist leider stark geprägt von den Ereignissen im August 1944, als die Stadt bei Luftangriffen übel zugerichtet wurde. Tapfer schlug man sich in den Nachkriegsjahren durch den Wiederaufbau und ging dabei so weit, die Stadt in Mantes-la-Jolie, Mantes die Schöne, umzutaufen. Angeblich soll Henri IV. seiner Mätresse einmal geschrieben haben: »Ich komme nach Mantes, meine Schöne« – doch wahrscheinlich kam diese Geschichte aus der Feder eines Mitarbeiters der Handelskammer.

In weniger als zwei Stunden kann man heute die wenigen historischen Bauten der Stadt besichtigen.

Ein Rundgang

Vom Schiffsanleger unterhalb der großen **Gemeindekirche** kommt man zunächst auf die Seinebrücke, und wenn man diese in Richtung Limay überquert, hat man auf etwas mehr als halbem Wege eine schöne Sicht auf die Reste der **Brücke von Limay**, die vom Maler Camille Corot in einem seiner berühmtesten Werke verewigt wurde. Das Gemälde hängt heute im Louvre. 1923 wurde der jahrhundertelange Zwist zwischen Limay und Mantes über die Zugehörigkeit der Brücke vom Ministerium für öffentliche Werke zugunsten von Mantes entschieden. Zur gleichen Zeit wurde sie unter Denkmalschutz gestellt. Sie wird immer noch Pont de Limay genannt, auch in Mantes. Die Idee, sie mit ihren 37 Bögen wiederaufzubauen,

Bei Mantes-la-Jolie

Die Seine

nachdem sie 1940 von französischen Truppen gesprengt worden war, fiel ins Wasser, und ein moderner Bau verbindet jetzt beide Ufer miteinander. Elf Bögen blieben von der alten Brücke.

■ **Collégiale Notre-Dame**

Mit dem Bau des Wahrzeichens der Stadt, der Collégiale Notre-Dame, wurde 1140 begonnen. Die Kirche, die davor diesen Platz eingenommen hatten, wurde laut Überlieferung 1087 zerstört. Man behauptet, dass Wilhelm der Eroberer, als er in die Stadt einritt, verletzt wurde, dies als Strafe Gottes verstand und deswegen Geld für den Wiederaufbau spendete. Wahrscheinlicher ist es, dass man die Kirche nach den neuesten bautechnischen und ästhetischen Einsichten der Gotik umgestalten wollte. Zunächst der Kathedrale von Senlis nachempfunden, lehnte der neue Bau sich später an Notre-Dame de Paris an. Die Türme wiederum, die erst 60 bis 80 Jahre nach Baubeginn fertiggestellt wurden, erinnern an die der Kirche von Laon.

1300 wurde das **Portal** komplett erneuert. Während der Revolution war die Kirche ein ›Tempel der Vernunft‹ und blieb so wenigstens erhalten. Dennoch musste man im Laufe des 19. Jahrhunderts den Bau gründlich renovieren. Ganz ungeschoren kam die Kirche dabei nicht davon, weil es zu dieser Zeit üblich war, im Zuge einer Restauration den

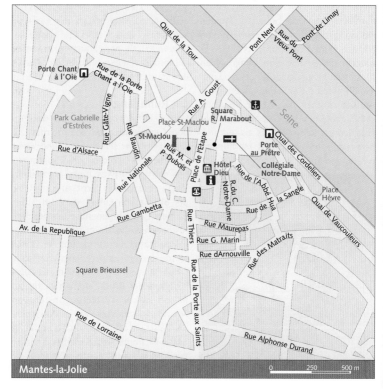

Mantes-la-Jolie

0   250   500 m

Die Kirche Collégiale Notre-Dame

Vaucouleurs zur Rue de la Sangle. Etwas weiter auf der rechten Seite ist das **Maison au Pilier**. Kurz nachdem man an der Rue de la Sangle links abgebogen ist, geht es rechts in die Rue de l'Abbé Hua, die größtenteils zwischen mittelalterlichen Mauern verläuft. Sie mündet in die pittoreske Rue du Cloître Notre-Dame. Eine größere Abtei gab es in Mantes bereits im 9. Jahrhundert, und im Mittelalter war der ganze Bereich der heutigen Innenstadt von religiösen Bauten dominiert. Vom religiösen Leben, an das die Straßennamen hier erinnern, ist aber nichts mehr geblieben.

ursprünglichen Bau hier und dort etwas zu verschönern. So entstanden unter Baumeister Alphonse Durand die filigranen Säulen zwischen den beiden Türmen, die vorher nie da gewesen waren. 1939 entfernte man glücklicherweise das wunderschöne Rosettenfenster, dass so den Zweiten Weltkrieg heil überstand und heute in seiner ursprünglichen Pracht bewundert werden kann. Allerdings scheinen Renovierungsarbeiten an der Kirche nie so ganz abgeschlossen zu sein.

■ Porte au Prêtre

Links neben der Kathedrale verläuft parallel zum Fluss die Rue du Fort. An dieser biegt man links ab durch das Porte au Prêtre (Tor des Priesters) und erreicht den Quai des Cordeliers (Kai der Seiler). Dieses kleine Tor aus dem 13. Jahrhundert ist das einzig erhalten gebliebene Stadttor. Angeblich soll ein Priester den Franzosen 1421 durch dieses Tor Zugang zur Stadt verschafft haben, um die Engländer anzugreifen.

Flussaufwärts geht es von hier bis zum Place Hèvre, hier biegt man rechts ab. Gleich wieder rechts führt der Quai de

■ Square Raymond Marabout

Wieder in der Rue de la Sangle angelangt, geht man direkt rechts und kommt zum Square Raymond Marabout, dessen Zentrum von einem eleganten Renaissancebrunnen eingenommen wird und an dem sich das ehemalige **Hôtel Dieu** befindet. In diesem Bau ist das Tourismusamt von Mantes untergebracht sowie das **Museum des Hôtel Dieu**, das hinter der schönen klassizistischen Fassade einer ehemaligen Kapelle versteckt ist. Ursprünglich wurde das Krankenhaus unter Charles V. im 14. Jahrhundert erbaut. Im 16. und 17. Jahrhundert wurde es stark verändert, und während der Revolution musste es als Gefängnis herhalten. 1854 wurde das Haus geschlossen und fand dann unter anderem als Music-Hall ›Petit Montmartre‹ eine neue Bestimmung. Die Stadt kaufte das Gebäude 1962 und richtete das Museum ein, um hier die Privatsammlung des leidenschaftlichen Reisenden François-Victor Duhamel, dem Onkel des Schriftstellers Georges Duhamel, auszustellen. Neben Keramik und Möbelstücken sind vor allem Gemälde von Maximilien Luce zu sehen, der in der Gegend um Mantes

Die Seine

herum viel arbeitete. Luce gehörte dem Kreis der Postimpressionisten an, beschäftigte sich wie diese mit neuen Techniken wie dem Pointillismus, doch ging auch seinen eigenen Weg. Er engagierte sich stark auf Seiten der einfachen Leute und stellte diese oft in seinen Werken dar. Auch politisch war er aktiv – er malte zum Beispiel Szenen vom Aufstand der Pariser Kommune.

■ Turm St-Maclou

Von hier geht es durch die Rue Marie et Pierre Dubois zum Place St-Maclou, an dem der Turm St-Maclou steht, alles, was von der während der Revolution abgerissenen Kirche noch steht. Die Kirche stammte aus dem 14. Jahrhundert, doch was heute vom Turm noch übrig ist, wurde größtenteils erst im 18. Jahrhundert errichtet.

Jenseits des Turms erstreckt sich die Rue des Marmousets. Hier biegt man rechts in die Rue Baudin. An den Mauern der Höfe der kleinen **Stadtpalais** kann man lesen, in welchen dieser opulenten Häuser der Sonnenkönig und sein Gefolge auf der Durchreise wohnten. Louis XIV. wohnte im Haus Nummer 6, sein Bruder nebenan in der Nummer 8 und Anna von Österreich im Haus Nummer 1.

Am Ende dieser Straße führt die Rue de la Porte Chant à l'Oie nach links. Hier befindet sich noch ein Stück der alten **Stadtmauer**, und hinter einem Durchgang auf der linken Straßenseite befindet sich eine kleine Parkanlage, die die alten Wehrmauern elegant einbezieht. Durch den Park, nach Gabrielle d'Estrées, einer Mätresse Henris IV., benannt, kommt man über die Rue Gâte-Vigne und die Rue d'Alsace wieder zurück zum Turm St-Maclou, und von dort ist man in wenigen Minuten an der Schiffsanlegestelle.

Zwischen Mantes und Vernon

Ab **Rolleboise** beginnt ein schöner Streckenabschnitt. Der Name dieses Dorfes mag wohl auf den Wikingerführer Rollo zurückgehen: Rolleboise würde demnach Wald von Rollo bedeuten. Rolleboise war der westlichste Punkt einer Bootsverbindung ab Poissy. Diese wiederum verband zwei Netzwerke: Von Paris und seinen Vororten kam man nach Poissy, um hier flussabwärts zu reisen, und ab Rolleboise gingen weitere Wege nach Rouen und Evreux. Das Schiff, Galiote genannt, hielt auch in Meulan und Mantes. Es verkaufte Plätze an 89 Fahrgäste, die allerdings teilweise mit dem Dach vorliebnehmen mussten. Im 19. Jahrhundert reisten auf diesem Weg Kinder betuchter Pariser Bürger mit ihren Kindermädchen aufs Land, was für die Kinder als gesundheitlich wünschenswert galt. Der Komfort der Kutschen damals war dermaßen katastrophal, dass vereinzelt Kinder bei der Fahrt das Leben ließen; das Boot schien eine bessere Alternative. Die Fahrt flussabwärts wurde innerhalb von vier Stunden zurückgelegt, während die Rückfahrt nach Poissy gleich sieben Stunden dauerte, hierbei wurde die Galiote von vier kräftigen Pferden gezogen.

■ Vetheuil

Unweit von Rolleboise liegt die Schleuse von **Méricourt**, mit drei Kammern und einer Hubhöhe von 5,10 Metern. In der nächsten Kurve liegt der kleine Ort Vetheuil, in dem eine Zeit lang Claude Monet zu Hause war. Hier hatte er bereits angefangen, seiner Leidenschaft als Gärtner nachzugehen. Das Gemälde des Gartens in Vetheuil ist eines der vielen großen Werke des Impressionisten. Vetheuil selbst ist ein sehr charmanter Ort, der steil zum Fluss abfällt. Die **Kirche** im

▲ Karte S. 180

Ort ist ein schönes Beispiel der normannischen Romanik. Auf dem kleinen **Friedhof** liegt Monets erste Frau Camille begraben, die im Alter von nur 32 Jahren starb.

Ab Vetheuil untergräbt der Fluss das Kreideplateau bis nach Guyon, und dies formt steile Klippen, die sich wie Türme entlang der Seine reihen. In das weiche Gestein bauten Menschen bereits vor Jahrhunderten Wohnungen, und noch heute gibt es einige Häuser, deren hintere Zimmer in den Felsen gebaut sind. Unweit von Vetheuil gab es sogar eine Kapelle im Felsen.

■ **La Roche Guyon**

Nach fünf Kilometern erscheinen am rechten Ufer die **Festung** und das **Schloss** von La Roche Guyon. Von hier reicht der Blick entlang des Flusses sehr weit, und unweit beginnt die Normandie. Dies heißt, dass man sich in einem ehemaligen Grenzgebiet befindet, entsprechend ist die Geschichte der Festung zu verstehen. Sie wurde im 11. Jahrhundert hoch über dem Fluss halb in die Felswand hinein gebaut. Später kamen eine Kirche, ausgedehnte Wohnquartie-

Schloss und Bergfried von La Roche Guyon

re und Ställe dazu. Im 13. Jahrhundert entstand eine weitere Festung, das heutige Château, das mit einer Treppe im Felsen mit dem Donjon verbunden war. 1944 richtet Feldmarschall Erwin Rommel hier sein Hauptquartier ein. Heute kann das Schloss besucht werden. Zur Seine hin erstreckt sich seit einigen Jahren eine originaltreue Nachbildung des **Schlossgartens** aus dem frühen 18. Jahrhundert.

Kurz bevor man Vernon erreicht, kommt man an der **Mündung der Epte** vorbei. Dieser unscheinbare Fluss ist von historischer Bedeutung, denn er bildete die Grenze zwischen dem Herzogtum Normandie und dem französischen Königreich. In **Ste-Claire-sur-Epte** trafen sich der französische König Charles III., genannt le Simple (der Einfältige), und der Wikinger Rollo, um zu einem Vergleich zu kommen, der nach langen Jahren der Plünderungen der Normandie zu einer Zeit großer Blüte verhalf.

■ **Geschichte der Normandie**

6000 vor Christus tauchten die ersten permanenten Siedler in der Normandie auf. 500 bis 450 Jahre vor unserer Zeitrechnung verschwanden die Bronzekulturen unter Druck der vorrückenden Kelten. Eine erste kulturelle Blüte gab es mit den Abteien, die im Seinetal gegründet wurden, vor allem Jumièges und St-Wandrille. Ab dem 9. Jahrhundert mehrten sich die Einfälle der Wikinger, und die Abteien wurden immer wieder in Mitleidenschaft gezogen. Am Anfang des 10. Jahrhunderts begannen die Wikinger, sich im Gebiet niederzulassen.

Im ersten Jahrhundert der Wikingerherrschaft in der Normandie blieb die Verbindung mit dem Mutterland erhalten. Ab und zu kamen Krieger aus Skandinavien den Herzögen der Normandie zu

Die Seine

Wilhelm der Eroberer auf dem Bayeux-Teppich

Hilfe. Nach und nach aber bildete sich eine eigenständige Kultur. In dieser Zeit wurde Rouen in bizarrer Weise zu einer kosmopolitischen Stadt, denn von überall im Wikingerreich kamen Sklaven hierher, und Beute aus fremden Ländern wurde auf dem Markt angeboten. Zur gleichen Zeit ließ man die Mönche ihre Abteien wieder aufbauen: St-Ouen, Jumièges, St-Wandrille und Mont St-Michel erlebten eine erneute Blüte.

1066 schlug Wilhelm der Eroberer die Engländer bei Hastings und nahm England ein. Der Teppich von Bayeux (vor 1082) erzählt diese Geschichte. Mit der Eroberung von England kreierte Wilhelm das anglo-normannische Reich, in dem es zu einem regen kulturellen Austausch zwischen beiden Kulturen kam. So übernahm man beim Kirchenbau in der Normandie das in England entwickelte Rippengewölbe, das wesentlich größere Überspannungen und zugleich leichtere Konstruktionen erlaubte. Ohne diese Innovation wäre die Architektur der Gotik undenkbar gewesen.

Das anglo-normannische Reich war immer wieder Angriffen ausgesetzt, bis

schließlich 1144 Geoffroy Plantagenet, der Graf von Anjou, die Herrschaft über das Herzogtum übernahm. Sein Sohn Henri erweiterte das Plantagenet-Reich, indem er Eleonore von Aquitanien heiratete. Die Grundlage für eine jahrhundertelange blutige Auseinandersetzung um die Vorherrschaft auf dem westlichen europäischen Festland zwischen den Engländern und den Franzosen, beide unterstützt von Gruppen häufig wechselnder Alliierter, wurde damit gelegt.

Die Normandie wurde 1204 vom französischen König Philippe Auguste eingenommen. Von England abgeschnitten, fand relativ rasch eine unwiderrufliche Umorientierung auf Frankreich statt. 1315 legte eine Charta die Rechte der normannischen Franzosen fest und bestätigte damit die besondere Stellung des Herzogtums.

Im Hundertjährigen Krieg wurde die Normandie besonders stark in Mitleidenschaft gezogen. Die Befreiung von den Engländern war ein langer, zäher Prozess: Die schlecht bezahlten englischen Soldaten stahlen sich ihren Lebensunterhalt von der Bevölkerung zusammen, die schließlich Charles VII. anflehte, die Normandie zu befreien. Es dauerte lange, bis die fruchtbare Landschaft sich von den Jahrzehnten der Verwahrlosung, des Plünderns und des Krieges erholt hatte.

In den letzten Jahrzehnten des 16. Jahrhunderts erlebte die Seefahrt in der Normandie einen Aufschwung. Die britischen Inseln, die Niederlande und die Küste der Iberischen Halbinsel bildeten einen wichtigen Wirtschaftsraum. Darüber hinaus segelten die Kapitäne von Dieppe, Rouen und Honfleur um die ganze Welt. Von den Grand Banks vor der Küste Neufundlands brachten die Fischer Kabeljau und Hering, aus dem

Karte S. 177 ▲

Mittelmeergebiet holte man sich Alaun und Farbstoffe und aus Südamerika tropisches Holz. Rouen wurde auf diese Weise das Tor zu Brasilien. Am Ende des Jahrhunderts kolonisierte Jean de Bethencourt die Kanaren. Die Westküste Afrikas und später die Insel Sumatra folgten.

Die Religionskriege unterbrachen diese Entwicklung, es kam aber in dieser Zeit eine weitere Hafenstadt dazu: François I. ließ Le Havre de Grâce bauen. Nach und nach wurde die reichste Provinz dem Kapetinger-Reich einverleibt. Dies geschah zunächst vor allem durch Besteuerung, die vermehrt zu Aufständen führte.

Strand in der Normandie Anfang des 20. Jahrhunderts

Nach der Revolution gab es in der westlichen Normandie eine royalistische Armee, die schließlich erst von Napoléon geschlagen wurde. Im Ersten Weltkrieg lag die Normandie nicht an der Front, doch versammelten sich hier die Soldaten, die aus Großbritannien und anderen Ländern des Commonwealth nach Europa kamen, um dort zu kämpfen. Die Industrie wurde auf Kriegsgüter umgerüstet, und viele Flüchtlinge aus den Frontgebieten landeten in die Normandie.

Im Zweiten Weltkrieg freilich war die Normandie eines der wichtigsten Schlachtfelder überhaupt. 1940 wurde der Norden Frankreichs nach einem kurzen, brutalen Krieg von Deutschland besiegt. Hielt sich zunächst die Last der Besatzung noch in Grenzen, litten die größeren Städte wie Rouen und Evreux stark unter den Luftangriffen der Alliierten.

Als der Krieg fortschritt, wurde die Bevölkerung immer mehr in Anspruch genommen, als die Normandie in eine riesige Festung verwandelt wurde und dann, am Morgen des 6. Juni 1944, in ein riesiges Schlachtfeld. Die deutschen Truppen hatten den Angriff an der Küste von Calais erwartet und waren völlig überrascht, als Amerikaner, Kanadier und Engländer und andere Alliierte an fünf Stränden nördlich von Caen landeten. Man kam zunächst sehr schnell voran, aber die Befreiung der Normandie, die nur drei Wochen dauern sollte, zog sich durch den zähen Widerstand zwölf Wochen hin. Viele Flüchtlinge starben bei Luftangriffen, zumal ihnen keine Fluchtwege offen standen: Straßen waren zerstört und die Seine durch gesunkene Boote und eingestürzte Brücken blockiert. Erst im September, nach verheerenden Bombardements, wurde Le Havre, die letzte Stadt in deutscher Hand, eingenommen.

Nach dem Krieg wurden traditionelle Industrien (Metallurgie, Textilien) nicht wieder aufgebaut. An ihre Stellen traten Autoindustrie, Energieerzeugung, Petrochemie und Raumfahrt. 1973 wurde die Normandie bei der letzten administrativen Umorganisation in Basse und Haute Normandie geteilt, was viele Einwohner bedauern.

Vernon

Diese Kleinstadt kam, wie viele andere Städte der Normandie, nicht ganz unbeschädigt aus dem letzten Weltkrieg. Dennoch ist im kleinen überschaubaren Zentrum rings um die Stiftskirche genug Sehenswertes übrig geblieben, um Vernon ein paar Stunden zu schenken. Häufig werden von Vernon aus die Gärten von Claude Monet in Giverny besucht, und es bleibt für Vernon nicht viel Zeit. Da sich der Stadtkern nur einige hundert Meter vom Schiffsanleger befindet, kann man auch in kurzer Zeit einiges sehen.

Bereits die Kelten erkannten die Stelle, an der man über den Fluss kommen konnte. Jäger aus dem Paläolithikum trafen hier auf Tierherden, die beim Überqueren des Flusses leichter zu töten waren. Eine erste Brücke stammte aus der Zeit der Wikingeransiedelung, die 911 begann. Der Ort wurde vom Wikingerführer Rollo weiter ausgebaut – eine

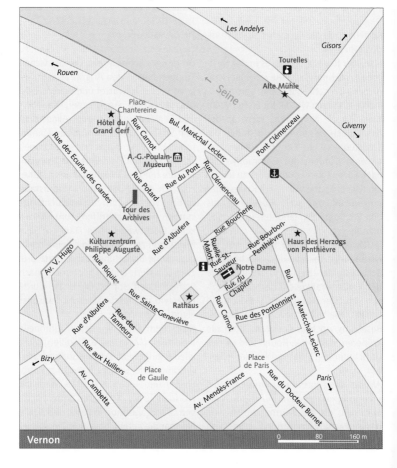

Vernon

0   80   160 m

Fachwerkhaus in Vernon

Niederlassung an dieser Stelle wurde bereits unter Pépin le Bref (Pippin der Kurze) 750 urkundlich erwähnt. Im Grenzgebiet zweier Machtansprüche wurde Vernon immer wieder umkämpft, und Philippe Auguste ließ eine Festung errichten. Auf dem gegenüberliegenden Ufer entstand eine kleinere Festung, die Tourelles. Der später heilig gesprochene Louis IX. ließ ein Krankenhaus errichten und erweiterte die Stadt nach Süden. Die heutige Innenstadt deckt sich mit dem Plan dieses Königs. Im späten Mittelalter gab es in Vernon einen wichtigen Weinberg, man baute auf den Kalksteinschichten Getreide an, und die Brücke wurde mit ihren Mühlen zu einem Wirtschaftsmotor. Der Aufschwung wurde auch dadurch beflügelt, dass Vernon sich nicht länger im gefährlichen Grenzgebiet befand. Während der Revolution wurden viele religiöse Bauten beschädigt oder zerstört und die Stadtmauern geschleift. Im 19. Jahrhundert entwickelte sich Vernon zu einem wichtigen regionalen Zentrum, doch nach dem Zweiten Weltkrieg verlor die Landwirtschaft zunehmend an Bedeutung. An deren Stelle kam eine Industrie, die seit Jahrzehnten die Wirtschaft trägt, als sich hier die

Snecma ansiedelte, eine staatliche Firma, die sich mit der Entwicklung von Raketen und Flugzeugmotoren beschäftigte. Erste Impulse kamen von 28 deutschen Ingenieuren und Wissenschaftlern, die nach dem Zweiten Weltkrieg von der Heeresversuchsanstalt in Peenemünde hierher gebracht wurden. Die Firma entwickelte die Motoren der Ariane-Raketen, aber auch der Concorde. Noch heute beschäftigt sie in der Kleinstadt 1150 Mitarbeiter.

Ein Rundgang

Vom Schiffsanleger nimmt man die Rue Bourbon-Penthièvre zum Stadtzentrum. Am Anfang dieser Straße befindet sich das ehemalige **Haus des Herzogs von Penthièvre**, dem letzten Lehnherrn von Vernon, aus dem 18. Jahrhundert. Früher gab es in diesem Bereich ein Wassertor, eines von fünf Stadttoren. Das rustikale Pflaster und das Fachwerk der Fassaden der umliegenden Straßen blieben erhalten – zum größten Teil wurde das Gebiet in der unmittelbaren Nähe der Stiftskirche verschont. Hinter der Kirche biegt man links in die Rue du Chapitre ein. Die Domherren der Stiftskirche lebten in dieser Straße. Hier befindet sich das Haus Nummer 15 mit einer schönen gotischen Fassade. Weiter in dieser Straße ist das Haus Nummer 3/5, das einzig erhaltene Wohnhaus mit Fachwerk über zwei Stockwerke aus dem 17. Jahrhundert.

■ Notre Dame

Die Stiftskirche Notre Dame wurde Ende des 11. Jahrhunderts begonnen und 500 Jahre später fertiggestellt. Die älteren Teile der Kirche sind somit romanisch (Bögen und Säulen im Chor), während die Fassade aus dem 15. Jahrhundert ein gutes Beispiel des Flamboyant-Stils ist,

Die Seine

Glasfenster in der Stiftskirche Notre Dame

jener späten Ausprägung der Gotik, der man im Seine-Tal vermehrt begegnet. Der Turm ist aus dem 13. Jahrhundert. Luftangriffe im Zweiten Weltkrieg zerstörten die Fenster. Die schönen neuen Fenster sind von Gérard Hermet und Mireille Juteau aus Chartres. In der Touristeninformation ist ein Flugblatt erhältlich, in dem die Fenster gedeutet werden. Sie bestechen durch ihr buntes, subtiles Farbenspiel. Im südlichen Querschiff ist zum Beispiel das Fenster der 15 Mysterien des Lebens Christi zu sehen, eines der größten der Kirche.

Sehenswert ist der Orgelkasten aus dem frühen 17. Jahrhundert. Claude Monet malte die Stiftskirche zweimal, man könnte meinen, als Fingerübung für seine Arbeiten der Kathedrale von Rouen. Neben der Kirche befindet sich in einem prächtigen alten Fachwerkhaus die **Tou**risteninformation. An einer der geschnitzten Säulen an der Fassade ist eine Darstellung der Verkündung zu sehen. Es ist das einstige Kaffeehaus der Stadt. Gegenüber auf dem Platz steht das **Rathaus** mit dem sehenswerten Salle de Marriages (Trausaal).

■ **Tour des Archives**
Man geht am Rathaus vorbei und biegt rechts in die Rue Ste-Geneviève. Auf der Rue d'Albufera geht es zunächst nach rechts, anschließend auf der anderen Straßenseite in die Rue des Ecuries des Gardes. Hier gelangt man nach wenigen Metern an einem offenen Platz, an dem das 1992 eingeweihte **Kulturzentrum Philippe Auguste** liegt, das eine Mediathek, eine Musiksammlung und ein kleines Konservatorium beherbergt. Zudem sind hier häufig Ausstellungen zu sehen. Gegenüber ist der einzig erhalten gebliebene Turm der Festung zu sehen, die im 12. Jahrhundert von Philippe Auguste errichtet wurde. Lange Zeit befand sich in diesem Turm das Stadtarchiv, und daher stammt der heutige Name des Turms: **Tour des Archives**. Zwischen beiden liegt ein schönes Gebäude mit einer Trompe-l'oeil-Fassade.

Zurück auf der Rue d'Albufera, geht man in Richtung der Seinebrücke weiter und biegt dann links in die Rue Potard ein, die nach einer einflussreichen Familie der Stadt benannt wurde. Hier sieht man auf der rechten Seite ein sehr ungewöhnliches **Fachwerkhaus**, das in seiner heutigen Form erst Anfang des 20. Jahrhunderts entstand. Damals schuf Alphonse-Georges Poulain, ein lokaler Künstler, Amateurarchäologe und Kunstsammler, die Köpfe an der Fassade. Unklar ist, welche Personen die karikaturähnlichen Schnitzereien darstellen.

▲ Karte S. 186

■ A.-G.-Poulain-Museum

Folgt man der Rue Potard weiter, kommt man zum Place Chantereine. Hier ist das **Hôtel du Grand Cerf** (Zum großen Hirsch) zu sehen, ein ehemaliger Gasthof aus dem 18. Jahrhundert. Früher war hier das Stadttor, von dem die Straße nach Rouen begann. Geht man nun über die Rue Carnot zurück zum Stadtzentrum und biegt links in die Rue du Pont, dann steht man vor dem Musée A.-G. Poulain, das aus zwei Gebäuden besteht: einem ehemaligen Hotel aus dem 18. Jahrhundert und einem 300 Jahre älteren Fachwerkhaus. Das Museum, dessen Kern Poulains 1927 gestiftete Privatsammlung bildet, wurde 1983 eröffnet. Es bietet eine lebendige Sammlung, die neben einigen impressionistischen Werken auch Ausstellungen zur lokalen Geschichte umfasst. Daneben ist ›Tierkunst‹ zu sehen – auch einige lebensechte Skulpturen von Hunden – und eine Sammlung satirischer Zeichnungen, unter anderem von Théophile-Alexandre Steinlen.

■ Die alte Mühle

Von der Rue Clemenceau gelangt man in die Rue Boucherie, in der einige Häuser sehr schön erhalten geblieben sind. Die Auskragungen der alten **Fachwerkhäuser** dienten einerseits dem Schutz der Fassade und hatten wohl auch steuertechnische Gründe: Da Wohnsteuer auf die Grundfläche des Hauses berechnet wurde, konnte man mittels einer Auskragung im nächsten Stockwerk Platz gewinnen, ohne mehr zahlen zu müssen. Links biegt man in die Ruelle Malot ein, in deren Pflaster der alte Rinnstein erhalten geblieben ist. Bevor man zurück zur Stiftskirche und zum Schiff geht, ist ein Gang über die 1955 errichtete Pont Clemenceau fast schon eine Pflicht, denn auf dem anderen Ufer befindet sich eine der schönsten Sehenswürdigkeiten von Vernon: die einzig erhalten gebliebenen Bögen der um 1600 errichteten Brücke, auf der eine alte Mühle steht. Bei gutem Wetter sind hier fast immer Amateurkünstler zu sehen, die dieses Motiv in ihren Bildern einzufangen versuchen. Auf dem Platz direkt gegenüber der Brücke sieht man zudem das renovierte kleine **Schlösschen Tourelles**, die ehemalige Befestigung aus der Zeit des Philippe Auguste.

■ Château de Bizy

Außerhalb von Vernon befindet sich das Château de Bizy, ein prächtiges Schloss, das seine heutige Gestalt dem Enkel des unglücklichen Nicolas Fouquet, dem ehemaligen Finanzminister Louis XIV., verdankt. Nachdem dieser sich militärisch ausgezeichnet hatte, setzte er sich daran, seinen Besitz in der Normandie zu erweitern und berief sich dabei auch auf die Gelder aus dem privaten Vermögen seines Großvaters, die dieser in öffentliche Projekte gesteckt hatte. Gewissermaßen entschädigt für das, was seinem Großvater angetan worden war, begann er, das Château von Bizy in ein prächtiges Schloss umzuwandeln.

Die alte Mühle

Die Maler der Seine

›L'État, c'est moi‹, soll Ludwig XIV. gesagt haben, die Verkörperung des französischen Absolutismus im 17. Jahrhundert: Der Staat, das bin ich. Genauso hätte er sagen können: L'Art, c'est moi – die Kunst, das bin ich. Wie viele Herrscher vor ihm verteilte er Aufträge an Künstler jeder Art, doch sein Mäzenatentum nahm bald ungekannte Formen an. 1648 wurde die Königliche Akademie für Malerei und Bildhauerei gegründet, die offiziell die Aufgabe hatte, junge Künstler auszubilden und zu fördern. In der Praxis war die Akademie für Künstler mit eigenen Ideen ein zweischneidiges Schwert: Einerseits zeigte sie sich großzügig, andererseits gab die Akademie die Richtung vor.

Es dauerte fast 200 Jahre, bevor dieses stark zentralisierte Kunstverständnis ernsthaft in Frage gestellt wurde. Im Wald von Fontainebleau, rund um die kleine Ortschaft Barbizon, fand sich eine Gruppe von Malern, die sich mit dem herrschenden ›guten Geschmack‹ und der Vorliebe für monumentale historische Gemälde, die in Studios entstanden, nur schlecht anfreunden konnten. Stattdessen zogen es diese Künstler vor, im Freien zu malen, mit der Natur und dem Leben der Menschen auf dem Lande als Gegenstand. Zu damaliger Zeit war dies unerhört, zumal manche der Maler bald anfingen, die damals übliche genaue, virtuose Technik zugunsten einer freieren, ungenaueren Darstellung aufzugeben. Charles-François Daubigny war einer derjenigen, dessen Werke sich bald durch kurze, schwungvolle Pinselstriche auszeichneten. Jean-François Millet und Camille Corot, Weggefährten von Daubigny, malten zwar mit der üblichen Genauigkeit, doch erregten sie mit ihren Motiven wie Landarbeiten und Ernteszenen Aufsehen. Vincent van Gogh wurde von Millets Motiven inspiriert.

Den Paukenschlag der neuen Bewegung in der Malerei setzte aber Édouard Manet mit dem Gemälde ›Das Frühstück im Grünen‹. Es zeigt zwei junge Männer und eine nackte Frau, die den Betrachter anzuschauen scheint. In einem Bach hinter ihnen

André Derain: ›Les deux péniches‹

badet eine zweite Frau. Obwohl sich das Bild an klassische Beispiele anlehnt, löste es einen Skandal aus, als Manet das Bild dem Pariser Salon vorlegte. Der Salon war eine Institution der Akademie, in der Künstler ihre Werke von einer Jury beurteilen ließen. Eine Auszeichnung der Akademie bedeutete ein Gütesiegel und eine entsprechende Steigerung des kommerziellen Werts des Künstlers. Manets Bild provozierte durch die Unmittelbarkeit des Akts, der normalerweise in historisierenden Werken idealisiert und unnahbar dargestellt wurde. Wenig später folgte, nach dem gleichen Muster, seine ›Olympia‹, und wieder waren die Kritiker empört. Manet blieb auf Dauer nichts anderes übrig, als seine Werke ohne den Salon auszustellen.

1874 tat sich eine Gruppe von Künstlern zusammen und folgte Manets Beispiel, indem sie ihre Werke außerhalb des Salons ausstellte. Es vollzogen sich nun in der Malerei rasch große Änderungen, die schließlich zu der differenzierten Kunst des 20. Jahrhunderts führten. Der Zug brachte Maler von Paris (wo immer noch die Mäzene lebten) schnell ins Freie, und vor allem entlang der Seine fand man Motive: Manche Maler liebten vor allem das bunte Treiben in den Tanzdielen und auf dem Wasser, doch je mehr sich die Künstler mit dem Spiel des Lichts und der Farben beschäftigten, desto mehr wurden der Fluss und seine Ufer zu Motiven. Claude Monet malte in Le Havre, wo er aufgewachsen war, mit wuchtigen Pinselstrichen ein Hafengesicht in hellen Farben, das der neuen Bewegung seinen Namen gab. ›Impression, soleil couchant‹ nannte er sein Werk, Eindruck der untergehenden Sonne. Programmatisch brachte dieser Begriff die neue Kunst auf den Punkt: Den Impressionisten ging es nicht um eine getreue Darstellung eines Motivs, sondern vielmehr um die subjektive Wahrnehmung, allerdings ohne dabei das Motiv aus dem Blick zu verlieren. Vor allem beteten die Impressionisten das Licht an – und die Göttin des Lichtes war die Seine.

Unterstützt wurde die neue Bewegung durch technische Neuerungen: Farbe war jetzt in Tuben erhältlich, und synthetische Farben erweiterten die Palette ungemein. Für den ›Malerei-Boom‹ am Fluss spielte neben der Landschaft auch der Zufall eine Rolle: Viele der jungen Maler stammten aus Orten an der Seine, so zum Beispiel Gustave Caillebotte, ein Freund von Monet und wie dieser ein begeisterter Gärtner; Édouard Manet, dessen Familie seit Generationen in Gennevilliers gelebt hatte, und Monet. Zudem hatten in Honfleur Maler wie Eugene Boudin und Johan Barthold Jongkind die Rolle von Wegbereitern des Impressionismus erfüllt; Daubigny stammte aus Auvers-sur-Oise, dem Ort, der später durch Vincent van Gogh berühmt wurde. Andere Maler wie Camille Pissarro verbrachten wichtige Abschnitte ihrer Karrieren am Ufer des Flusses.

In der Folgezeit lösten sich die Gemälde immer mehr vom Subjekt: Die Pointillisten gestalteten ihre Werke in kleinen Punkten unvermischter Farbe. Ihre berühmtesten Vertreter, Paul Signac, Georges Seurat und später auch Pissarro, nahmen den Fluss immer wieder zum Thema, und auch Fauvisten wie Raoul Dufy und Othon Friesz fanden an seinen Ufern Inspiration. Letztere Bewegung, dessen bekanntester Vertreter Henri Matisse war, experimentierte wild (les Fauves heißt in etwa die Wilden) mit Farben und Formen, und die Subjekte waren teilweise kaum mehr erkennbar. Schließlich stellten auch Vertreter des Kubismus ihre Staffeleien an den Ufern des Flusses auf, wie etwa der in Argenteuil an der Seine geborene Georges Braque. Von Paris bis Le Havre gibt es somit kaum Städte oder Landschaften, die nicht in Form eines Gemäldes in die Kunstgeschichte Frankreichs eingegangen sind.

Giverny

Unweit von Vernon liegt das kleine Dorf Giverny, in dem sich 1883 Claude Monet niederließ. Als der Maler damals hierher zog und sich an das Anlegen seines prächtigen Gartens machte, waren seine Nachbarn recht unbeeindruckt. Heute hingegen steht das ganze Dorf im Zeichen Monets: Überall findet man verspielte Gärten mit üppigen Blumenbeeten, scheinbar willkürlich und ungeplant, und alle Wege führen zum berühmten Haus mit seinem Garten und dem Seerosenteich.

Monets Seerosenteich

■ Geschichte

Als Monet in das Haus Le Pressoir einzog, hatte er eigentlich bereits ein Künstlerleben hinter sich. Mit seinen Freunden und Kollegen wie Pierre-Auguste Renoir, Gustave Caillebotte, Camille Pissarro, Edgar Dégas und Alfred Sisley gehörte er zu den Prominenten des Impressionismus, doch die Bewegung als solche war im Begriff, sich aufzulösen, als ihre Vertreter neue Wege des künstlerischen Schaffens einschlugen.

Nachdem Monet erste Frau gestorben war, lebte er mit Alice Hoschedé, ihren sechs Kindern und seinen beiden Söhnen in dem großen Haus in Giverny, was er sich vor allem wegen der finanziellen Unterstützung des Kunstsammlers und Galeristen Paul Durand-Ruel leisten konnte.

Von Anfang an wollte sich Monet hier seinem Garten widmen. Der Maler, der noch wenige Jahre zuvor aufgefallen war, weil er in seinen Werken Fabriken, Schornsteine, Eisenbahnbrücken und Bahnhöfe darstellte, hatte vor, nur noch Motive zu malen, die er in seinem Garten vorfand. Allerdings haftete diesem Vorgehen nichts Zufälliges an: Der Garten wurde sorgfältig geplant, und es dauerte Jahre, bis er ihn genauso hatte, wie er ihn haben wollte.

Die Einwohner von Giverny waren Monet nicht besonders gut gesonnen. Sie hatten Bedenken, dass die exotischen Pflanzen, die Monet auf seinem Grundstück pflanzen ließ, schädlich sein könnten, und als er auch noch einen Antrag stellte, einen Teil der Epte für seinen Seerosenteich abzuzweigen, war bei einigen das Maß voll. Es dauerte sehr lange, bis er sich bei der Verwaltung mit seinem Antrag durchsetzten konnte. Andere Einwohner profitierten von dem Künstler, der mit Geld um sich zu werfen schien: So sagt man zum Beispiel, dass er für Getreideschober ordentlich Miete zahlen musste, damit er sie malen konnte.

Es wird häufig verkannt, welch grundlegende Änderung der Perspektive sich im Schaffen Monets mit dem Garten von Giverny vollzog. Der Impressionismus hatte seine Wurzeln in der Malerei am Motiv, im Freien. Der Spontaneität kam oft ein höherer Wert zu als der sorgfältigen Komposition des Bildes: Viele impressionistische Werke sind von einem fotografisch anmutenden Ausschnitt gekennzeichnet. Von diesen Prinzipien bewegte sich Monet immer weiter weg. Es ging ihm bei der Darstellung seines Gartens auf den immer größer werdenden Tüchern um die Wirkung des Lichts auf Form und Farbe. Dabei konzentrierte er sich zunehmend auf das reflektierte Licht des normannischen Himmels in seinem Seerosenteich. In seinem Studio wurden die Kompositionen immer wieder übermalt und überarbeitet. Das Paradox des Gartens war und ist der wildwüchsige Charakter, der aus einer äußerst sorgfältigen Planung hervorging. Monet beschäftigte sechs Gärtner und griff in die Natur ein, wie er es für richtig hielt. Der Maler gab auch große Summen für die Asphaltierung der Hauptstraße Givernys aus, weil der Staub seine Seerosen bedeckte.

Mehr als 200 Bilder entstanden im Garten von Giverny – will heißen: sind erhalten geblieben. Denn Monet verbrannte einige Dutzende Werke, die ihm nicht gefielen. Obwohl er in den ersten Jahren noch viel reiste, unter anderem nach Holland und Venedig, beschränkte er sich immer mehr auf seinen Garten und genoss die doppelte Existenz als Gärtner und Maler. Neben Gustave Caillebotte tauschte sich Monet auch gerne mit dem Staatsmann Georges Clemenceau über Botanik aus.

Am 5. Dezember 1926 starb Claude Monet in seinem Haus in Giverny. Begraben wurde er drei Tage später auf dem Friedhof des Dorfes. Einer der Sargträger war Clemenceau, der das traditionelle schwarze Tuch vom Sarg entfernte und stattdessen einen farbigen Schal drapierte, mit den Worten: »Pas de noir pour Monet« – Kein Schwarz für Monet. Der Maler Marc Chagall sagte später über ihn: »Monet ist der Michelangelo unserer Zeit«.

Die Seine

Seerosengemälde von Monet

Nach Monets Tod ging das Haus an seinen Sohn Michel, der aber kaum Interesse zeigte. Seine Stieftochter Blanche nahm sich des Hauses zunächst an, doch als sie verstarb, verwahrloste es. Schließlich vermachte der jüngere Monet das Haus der Academie des Beaux Arts in Paris. Erst 1977 ermöglichte das Geld amerikanischer Mäzene die Renovierung des Hauses und der Gärten. Die Leitung dieses Projekts übernahm Gerald van der Kamp, ein Franzose, der bereits die Restaurierung von Versailles geleitet hatte.

■ Ein Besuch

Durch ein Nebengebäude kommt man von der Rue Claude Monet direkt in den **Garten hinter dem Haupthaus**. Als Monet dieses kaufte, lag hinter dem Gebäude ein ummauerter Baumgarten, ein sogenannter Clos. Dieser Garten, etwa einen Hektar groß, wurde von einem mit Kiefern gesäumten Pfad geteilt. Monet ließ die Kiefern fällen, einige Obstbäume blieben erhalten, doch die Änderungen waren sehr eingreifend. Dicht aufeinander ließ er Blumen pflan-

zen, manche sehr selten, andere so gewöhnlich wie etwa die roten Mohnblumen, die auf vielen seiner Bilder auftauchen. Über dem Pfad stehen heute Rosenbögen. Insgesamt ist der Garten erstaunlich üppig. Von der Allee sind nur die beiden Bäume am Anfang geblieben, ein Zugeständnis an Monets zweite Frau.

Das **Haus des Malers** ist fast selbst ein Gemälde, mit der enormen Küche mit blauweißen Fliesen und Kupferpfannen sowie dem mit kostbaren Holzschnitten dekorierten gelben Esszimmer.

1893 begann Monet mit der Anlage seines **Japanischen Gartens**. Der Maler hatte sich von der japanischen Holzschnitzkunst inspirieren lassen, die damals in Künstlerkreisen in Europa sehr beliebt war. Die japanische Brücke, Bambus, Blauregen, Trauerweiden und die berühmten Seerosen, die den ganzen Sommer blühen, bilden im Garten das Ensemble, das Monet mit seinen Gemälden weltberühmt machte. Man erreicht den Wassergarten durch einen kleinen Tunnel unter der Straße hinter dem Clos.

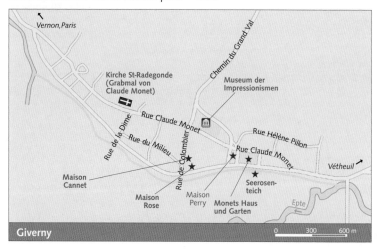

Monets Garten in Giverny

Am Ende der Visite kommt man zum Gebäude, in dem der Maler sein **Atelier** hatte, ein riesiger Bau, in dem heute Souvenirs aller Art verkauft werden. Man zeigt sich hier recht ungeniert bei der Vermarktung des Malers: Alles Mögliche kann man hier kaufen, solange es die Farben und Motive Monets trägt.

■ **Museum der Impressionismen**
Wesentlich ruhiger und geschmacksvoller geht es dagegen im Laden des Musée des impressionnismes zu. Hier finden wechselnde Ausstellungen zum Leben und Wirken Monets statt, um den herum in Giverny eine Künstlerkolonie entstand, die sich vor allem aus Amerikanern zusammensetzte. Ein Besuch des Museums ist nicht immer Teil des Landausfluges, aber wenn die Zeit reicht, lohnt es sich sehr. Das Gebäude, entworfen von Philippe Robert, befindet sich in einem Garten des Landschaftsarchitekten Mark Rudkin, der an sich schon sehenswert ist.

Auf dem Weg von Monets Garten zum Museum kommt man am **Maison Perry** vorbei, in dem Maler wie Frederick Frieseke und Lilla Cabot Perry lebten. Die Gärten dieses Hauses sind von Gemälden dieser Impressionisten inspiriert.
Am Busparkplatz liegt das **Maison Cannet**. Hier lebte Monets Tochter Suzanne mit ihrem Mann, dem Amerikaner Theodore Butler, und den Kindern James und Lili. Das daneben gelegene **Maison Rose** bietet Künstlern Obdach, die auf Einladung der Terra Foundation einen Sommer in Giverny verbringen. Auch der Garten dieses Hauses wird oft gemalt.

ℹ Giverny
Ein Ausflug nach Giverny wird im Rahmen der Kreuzfahrt fast immer angeboten, zudem kommt man leicht mit dem Bus von Vernon nach Giverny. Dieser hält am Place de Paris, unweit von der Stiftskirche, und verkehrt siebenmal am Tag.

Zwischen Vernon und Rouen

Etwa zehn Kilometer hinter Giverny kommt das Schiff an die Schleuse von Notre Dame de La Garenne. Diese hat vier Kammern und wird elektrisch betrieben. Die Hubhöhe beträgt etwa vier Meter. Ein Vorgänger wurde hier bereits 1840 gebaut.

Unweit von hier, bei Courcelles-sur-Seine, steht das prächtige **Schloss Gaillon**, von den Bischöfen von Rouen im großartigen Renaissancestil umgebaut. Ursprünglich war das Château Gaillon nach der Vertreibung der Engländer aus der Normandie gegründet worden, für den Fall, dass diese noch einmal wiederkommen würden. Während der Revolution wurde es weitgehend zerstört, nur das Hauptportal und das Erdgeschoss eines Flügels blieben erhalten. Das Schloss diente dann lange Zeit als Gefängnis, doch heute ist es, nach einer umfangreichen Restaurierung, ein Museum. Einige Minuten nach der Brücke bei Courcelles wird am rechten Ufer die Ruine der **Festung Gaillard** sichtbar, die über das kleine Petit Andelys hinausragt.

Les Andelys und Château Gaillard

Es gibt wenige Orte entlang der Seine, deren Lage so malerisch ist wie Les Andelys. Mag das Städtchen selber nicht mit großen Attraktionen aufwarten, so bietet doch das Ensemble aus Flussinsel, Hôpital St-Jacques, der von steilen Kreidefelsen gesäumten Flussbiegung und der Turmspitze von St-Saveur einen einmaligen Anblick. Und über dieses Panorama hinaus ragt die gewaltige Festungsruine des Château Gaillard, der Burg von Richard Löwenherz, die 1204 nach einer monatelangen Belagerung schließlich an die Truppen des französischen Königs fiel; ein Ereignis, das den Anfang vom Ende der englischen Herrschaft in der Normandie bedeutete. Vom Schiffsanleger führt ein Fußweg durch Petit Andely hinauf zur Burgruine. Die Anhöhe bietet weite, wunderschöne Blicke über das Seinetal.

■ Geschichte

1190 zogen Richard I., König von England und Herzog der Normandie, und Philippe Auguste, der König Frankreichs, gemeinsam mit dem Dritten Kreuzzug ins Heilige Land. Ein Jahr zuvor hatte Philippe Auguste Richard geholfen, gegen dessen Vater vorzugehen, um die englische Krone und die dazugehörigen Herzogtümer Bretagne, Normandie und Aquitanien sowie die Grafschaften Anjou und Maine für sich zu beanspruchen. Effektiv war damit Richard nach dem deutschen Kaiser der zweitmächtigste Herrscher Europas geworden. Während des Kreuzzuges machte man Station auf Sizilien, wo Richards Schwester nach dem Tode ihres Mannes, König Wilhelm II., inhaftiert worden war. Bei der Auseinandersetzung um die Freilassung seiner Schwester ging Richard sehr rücksichtslos gegen die Stadt Messina vor, was ihm von den Bewohnern den Namen Löwe oder Löwenherz einbrachte. Während des nachfolgenden Kreuzzuges zerstritt sich Richard zunehmend mit Phillippe August, und auch bei Leopold V. von Österreich und dem deutschen Kaiser machte er sich unbeliebt. Bei seiner Rückkehr geriet er in Dürnstein an der Donau in Gefangenschaft, und Phillippe August nahm sich vor, die Gelegenheit auszunutzen, um seine Ansprüche auf die Normandie geltend zu machen.

1194 kam Richard aber frei und beschloss sofort, Château Gaillard zu errichten. Der Bau begann 1196. In der Nähe von Tosny ließ er die Festung von Boutavant bauen, und auf der Île de la Coulture, der heutigen Île de Château, baute er eine von Schutzmauern umgebene Residenz. Die Festung selbst, zunächst Château de la Roche genannt, wurde in weniger als einem Jahr fertiggestellt. 3000 Arbeiter bauten an der Festung und errichteten vier Meter dicke Mauern. 14 Meter tief war der Graben um die Festung. Es war die erste Festung, in der Maschikulis gebaut wurden, Öffnungen zwischen zwei Kragsteinen,

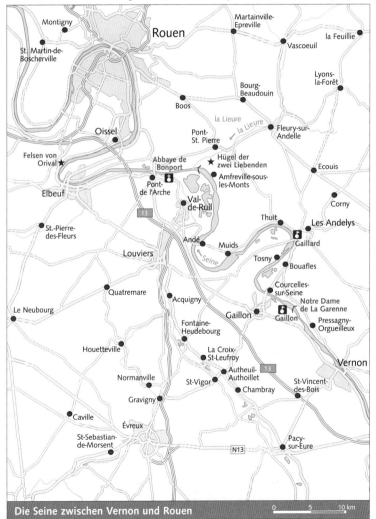

Die Seine zwischen Vernon und Rouen

0   5   10 km

Die Seine

durch die man Angreifer mit Steinen, kochendem Wasser oder Öl bewerfen konnte. Wenige Jahre später, 1199, wurde Richard tödlich verletzt und starb kurz darauf. Sein Erbe fiel an seinen Bruder, der mit wenig Geschick vorging, um dieses zu verteidigen. In einem Erbstreit ließ er Arthur von Bretagne, einen Verwandten des Königs, ermorden, und Philippe Auguste sah dies als guten Vorwand, die Normandie anzugreifen.

Château Gaillard war Teil einer umfangreicheren Verteidigung der Seine. La Coulture, heute Petit-Andely, war ummauert, und von der Festung ging eine Brücke zur Insel im Fluss. Einige hundert Meter flussaufwärts versperrte eine Palisade aus drei Pfahlreihen den Flussweg. Auf dem Plateau oberhalb der Burg stand ein Wehrturm, der Tour de Cléry. Der Tour de Boutavent nahm das linke Ufer ein. Beim Angriff wurde dieser zunächst außer Gefecht gesetzt, und danach machten sich die Franzosen an die Zerstörung der Palisade. Nun konnte man das nötige Holz zum Bau der Angriffs- und Belagerungsmaschinerie flussabwärts bringen. Zudem konnte das Heer am linken Ufer relativ ungestört

Blick von der Festung auf die Seine

vorrücken, und bald erreichte man die Seineinsel vor der unteren Festung. Eine Pontonbrücke mit zwei Wehrtürmen erlaubte es den Angreifern, die Insel einzunehmen und über die Brücke die Uferfestung anzugreifen. Die Einwohner, allesamt keine Soldaten, flohen zur Festung. Im September begann die Belagerung von Château Gaillard, die fast acht Monate dauerte.

Im Winter 1203 sah sich Roger de Lascy, der Verteidiger der Festung, gezwungen, die Bürger von Petit Andely (La Coulture) von der Festung zu verjagen, denn ihm würde sonst die Nahrung für seine Soldaten ausgehen. Der Angreifer ließ sie aber nicht gehen, und die Verteidiger ließen die Menschen nicht wieder ein: So kamen etwa 1200 Menschen zwischen den Fronten vor Elend und Hunger um.

Am Ende wurde Phillippe Auguste ungeduldig und ging zum Angriff über. Zunächst wurde das Chatelet angegriffen, eine große Wehranlage, die der Burg auf der Seite der Anhöhe vorgelagert war. Mithilfe von Angriffstürmen machte man sich daran, die Mauern zu untergraben, und bald stürzten diese

Karte S. 197

▲ *Das Château Gaillard*

ein. Nun wurde der tiefe Graben um die Festung zugeschüttet. Der erste Ring der Festung wurde eingenommen, indem man sich durch die Latrinen Eingang verschaffte. Vom Hof schleuderte man enorme Steine in Richtung des Donjons. Einer dieser Steine schlug ein Loch in die zweite Mauer, die Angreifer strömten herein und überwältigten die Verteidiger, Roger de Lascy und 153 Mann ergaben sich darauf, nur vier Ritter starben in der Schlacht.

Nachdem die Festung in französischen Händen war, dauerte es nur noch ein paar Monate, bis die Normandie dem König gehörte. Nur die Kanalinseln blieben, bis zum heutigen Tag, in englischem Besitz.

100 Jahre später wurde Château Gaillard vorübergehend zu einem Gefängnis für Margarete von Burgund, Frau des Louis X. le Hutin (Ludwig der Zänker). Sie wurde hier eingesperrt, nachdem sie angeblich ihren Mann betrogen hatte. Der Befehl für die Festnahme kam von König Philippe le Bel (Phillip der Schöne). Als dieser starb und Louis König Frankreichs wurde, entstand die merkwürdige Situation, dass die Königin Frankreichs eingesperrt war. Der König ließ daraufhin seine Gemahlin erdrosseln, und wenig später heiratete er Clémence von Ungarn.

1598 baten die Generalstände Henri IV., die Festung abbauen zu lassen. Mönche von Andely fingen an, Baustoffe mitzunehmen, und zwei Klosterorden zankten sich sogar um die Beute. 1611 wurde der Abbau vollendet; viele der Steine gingen an Schloss Gaillon, und einige der Kaimauern in Rouen sind wohl auch mit Steinen der Burg befestigt worden. 1852 wurden dann die letzten Reste unter Denkmalschutz gestellt.

■ **Les Andelys**

Die beiden kleinen Dörfer befinden sich in einem Tal, in dem zwei Bäche, Le Grand Rang und Le Gambol, in die Seine fließen. Nach der Revolution wurden beide Dörfer zu einer Gemeinde zusammengezogen.

In **Grand Andely** gibt es ein paar Sehenswürdigkeiten, unter anderem eine schöne spätgotische Stiftskirche und ein Museum, das nach einem berühmten Sohn des Ortes, Nicolas Poussin, benannt wurde. Nur ein einziges Werk dieses Malers ist in dem kleinen Museum zu sehen, ansonsten widmet es sich der Geschichte des Ortes.

Aus Les Andelys stammte auch ein Pionier der Luftfahrt: Jean Pierre Blanchard (1753–1809) überquerte als erster in einem selbstgebauten Ballon den Ärmelkanal, am 7. Januar 1785.

Andely bedeutet im Keltischen etwa Grenze. Eine erste Niederlassung lag auf der Zinnroute, der alten Handelsstraße, die Marseille und den Ärmelkanal miteinander verband. Die Stiftskirche Notre-Dame steht dort, wo ein Konvent gewesen sein muss, in dem Sainte Clotilde die letzten Jahre ihres Lebens verbrachte. Die Frau des ersten christlichen Frankenkönigs, Clovis I. (Chlodwig), half hier der Legende nach Anfang des 6. Jahrhunderts beim Bau des Klosters, indem sie für die Arbeiter das Wasser eines Brunnen in Wein umwandelte. Inwiefern dies dem Bau tatsächlich zuträglich war, erzählt die Geschichte nicht. Jedenfalls gibt es beim Brunnen heute eine Clotilde-Statue.

In **Petit Andely** wohnten die Fischer und Treidler. Die Kirche St-Saveur aus dem 12. Jahrhundert hat den Grundriss eines griechischen Kreuzes und ist damit recht ungewöhnlich. Die Orgel dieser Kirche gehört zu den ältesten Frankreichs.

Die Seine

Blick auf Les Andelys

Über das Dorf ragt die Kuppel des Hôpital St-Jacques. An dieser Stelle soll es bereits seit dem 12. Jahrhundert ein Krankenhaus gegeben haben, an einer Station am örtlichen Jakobsweg, doch der heutige Bau wurde 1785 vom Herzog de Penthièvre eröffnet.

Von Les Andelys geht es unter den Kreideklippen weiter in Richtung Rouen. Die Felder auf den Plateaus sind im Sommer eine Augenweide: Die blauen Flachs- und die gelben Rapsblüten mischen sich mit dem Grün von Weizen und Mais.

Nach einigen Kilometern kommt man an **Muids** vorbei. Hier fand man Anfang des 20. Jahrhunderts eine große Nekropole aus den ersten Jahrhunderten unserer Zeitrechnung. Die Funde aus den gallo-römischen und merowingischen Gräbern sind in einem Museum in Evreux zu sehen.

Côte des Deux Amants

Über Amfreville-sous-les-Monts erhebt sich der **Hügel der zwei Liebenden**. Die Geschichte erzählt von einem jungen Mann namens Raoul, der um die Hand

der Caliste anhielt, der Tochter des Königs vom nahegelegenen Pîtres. Dieser aber wollte sich von der Tochter nicht trennen und gab daher jedem Kandidaten eine schier unmögliche Aufgabe: Der potentielle Schwiegersohn sollte, mit der Tochter auf seinen Armen, den Hang hochrennen, der gegenüber Pîtres über die Seine hinausragt. Raoul unternahm den Versuch, doch oben angekommen, brach er zusammen und starb. Calixte, die sich offenbar in den jungen Mann verliebt hatte, starb an Ort und Stelle an einem gebrochenen Herzen. Die Geschichte der beiden Geliebten taucht in Schriftform im 12. Jahrhundert zum ersten Mal auf, in einem Gedicht von Marie de France, einer der wichtigsten Stimmen im Altfranzösischen.

Unterhalb der Côte des Deux Amants befindet sich die **Schleuse von Amfreville**. Durch die größere der zwei Schleusenkammern (220 mal 17 Meter) können bis zu 350 Schiffe pro Tag geschleust werden, 15 Schiffe der Freycinet-Länge (38 Meter) auf einmal. Der Komplex, der bereits 1854 begonnen wurde, ist

Karte S. 197 ▲

der letzte von sechs, die einen gleich-
bleibenden Wasserspiegel zwischen
Paris und hier gewährleisten.

Unterhalb von Amfreville beginnt der
von den Gezeiten beeinflusste Abschnitt: die **Seine Maritime**. Die Hubhöhe bewegt sich zwischen 4,40 und
7,90 Meter. Auf der ganzen Strecke zwischen Amfreville und dem Meer ändert
sich die Fließrichtung viermal täglich.
Zweimal täglich verwehrt die ansteigen-
de Flut dem Fluss den Ausgang in die
See, so dass das Flusswasser drei bis vier
Stunden lang zurückfließt. Je höher die
Flut steigt, desto weiter ist auch der
Rückstau und damit die Gezeitenwir-
kung. Bei Ebbe strömt der Fluss wieder
ins Meer hinaus, und der Wasserstand
fällt. Das Salzwasser reicht bis Aizier am
Kilometerpunkt 323. Dies wirkt sich auf
den Fischfang, aber auch auf die Navigation aus, da der Tiefgang eines Schiffes in Süßwasser zwei bis drei Prozent
größer ist. Manche der großen Frachter
haben einen Tiefgang von mehr als zehn
Metern, so dass dieser Unterschied

Die Schleuse von Amfreville

durchaus eine Rolle spielen kann. Die
meisten Flusskreuzfahrtschiffe dagegen
bringen es nicht mal auf zwei Meter
Tiefgang. Flussaufwärts können die
Schiffe nicht länger als 180 Meter und
nicht breiter als 11,40 Meter sein. Der
Tiefgang bis zur Pont de Bir Hakeim in
Paris beträgt 3,5 Meter. In der Fischleiter
im Stauwehr wurden 2008 mehr als 250
Lachse gezählt. Eine elegante, 700 Meter lange Fußgängerbrücke, eine eiffelar-
tige Konstruktion, überquert den Fluss.
Um die Schleuse herum bieten einige
Seen in alten Sand- und Kiesgruben tausenden von Vögeln Nahrung, unter anderem Kormoranen. Menschen finden
an den Seen eine Vielzahl an Freizeitmöglichkeiten.

Pont de l'Arche

Kurz vor Pont de l'Arche machen hoch
aufgetürmte Holzstämme und ein un-
verwechselbarer Geruch auf eine Papier-
fabrik aufmerksam. Der Ort verdankt
seinen Namen einem Sperrdamm, den
Charles le Chauve hier 862 errichten
ließ, um die Wikinger an der Weiter-
fahrt zu hindern. Aber er war nicht vor
Ort, als sie dann tatsächlich kamen und
ihre Schiffe einfach um das Hindernis
herumschleppten.

Später wurde eine hölzerne Konstruktion aus dem 11. Jahrhundert durch eine
Brücke mit 22 Bögen ersetzt. Über diese
Brücke wird eine Legende erzählt, die
man auch im bayerischen Regensburg
kennt, freilich in einer etwas anderen
Form: Der 22. Bogen des Bauwerks
wollte nicht gelingen, und der verzwei-
felte Baumeister ließ sich vom Teufel
helfen, der dafür die Seele des ersten
Brückengastes verlangte. Groß war dessen Enttäuschung, als man listigerweise
zunächst einen Esel über die Brücke
jagte.

Die Seine

Viele dieser Bögen wurden an Müller vermietet, die ihre Wassermühlen zwischen die Pfeiler setzten. Die Nutzung war aber durch die häufige Änderung der Strömung und des Wasserstandes schwierig. Die Brücke hatte große Bedeutung, denn bis ins letzte Jahrhundert gab es wenig Brücken oberhalb von Rouen und überhaupt keine unterhalb der Stadt. In der gotischen Kirche **Notre-Dame des Arts** aus dem 16. Jahrhundert ist ein Fenster zu sehen, das von einer der ärmsten Zünfte, der der Treidler, gestiftet wurde.

1870 sollte die Brücke von französischen Kämpfern zerstört werden, um vorstoßende preußische Truppen zu stoppen. 1914 wollten deutsche Soldaten die Brücke sprengen. 1930 wurde sie im Rahmen der Reparationsleistungen von deutschen Ingenieuren modernisiert, aber gleich am Anfang des Zweiten Weltkriegs von den sich zurückziehenden Franzosen wiederum gesprengt. Eine deutsche Pontonbrücke wurde 1941 von Eisschollen zerstört. Danach folgten weitere provisorische Bauten. Die heutige Brücke eine moderne Beton-Stahl-Konstruktion von 1951.

Hinter der Pont de l'Arche liegt die **Abbaye de Bonport**, in den letzten Jahren des 12. Jahrhunderts gegründet. Die tatsächlichen politischen Hintergründe für die Gründung sind nicht bekannt, aber folgende Geschichte wird erzählt: Nachdem Henry II., König von England und Herzog der Normandie, am 6. Juli 1189 in Chinon gestorben war, wurde am 20. des gleichen Monats sein Sohn Richard Löwenherz in der Kathedrale von Rouen als Herzog der Normandie eingesetzt. Zu diesem Anlass wurden großartige Feste veranstaltet. Bei einer Jagd stürzte Richard in die Seine und ertrank fast. Er schwor, genau dort eine

Abtei bauen zu lassen, wo sein Pferd wieder an Land gelangen würde. Diese Stelle nannte man fortan Bonport, Guter Hafen. Allerdings ist es wohl wahrscheinlicher, dass Richard die politisch einflussreichen und technologisch bewanderten Zisterzienser ohnehin mit der Verteidigung dieses Flussabschnittes hatte beauftragen wollen.

Elbeuf

Am linken Ufer, kurz vor einer besonders scharfen Flussschleife, liegt Elbeuf, eine Industriestadt mit 17000 Einwohnern. Im 15. Jahrhundert ließen sich hier Hugenotten nieder, die eine Textilindustrie gründeten, die vom 17. bis zum 19. Jahrhundert Elbeuf zu großem Reichtum verhalf. Wasser, unerlässlich für das Waschen der Wolle sowie die Färbung, kam von einem kleinen Fluss, der heute größtenteils unterirdisch verläuft. Während der Blütezeit arbeiteten an die 20000 Menschen im Textilgewerbe, die Arbeiter kamen aus ganz Frankreich nach Elbeuf, sogar aus dem Elsass. Einen letzten Aufschwung der Textilindustrie gab es noch einmal im Ersten Weltkrieg, als der Uniformstoff für die Soldaten hier hergestellt wurde. Heute ist es in den Fabriken still geworden, und Elbeuf versucht, sein Industrieerbe zu vermarkten. Neben der hübschen Kirche **St-Étienne** sind viele der **alten Fabriken** in der Altstadt sehenswert. Die Arbeiter von Elbeuf sind heute in der Chemie- oder Autoindustrie beschäftigt.

Etwas weiter am linken Ufer liegt der 100 Meter hohe **Felsen von Orival**, auf dem Johann Ohneland eine Burg baute, die von den Franzosen prompt zerstört wurde, als die Normandie gefallen war. Die Fabriken, die an beiden Seiten des Flusses nun vermehrt auftauchen, lassen darauf schließen, dass man sich Rouen nähert.

▲ Karte S. 197

Rouen

Auch wenn es heute eine Haute-Normandie und eine Basse-Normandie gibt und Rouen neben sich Caen als Hauptstadt (der Basse-Normandie) dulden muss, ist es für die Bürger der Stadt völlig unumstritten, dass Rouen das einzig wahre Zentrum der Region ist. Die historische Hauptstadt der Normandie hat mehrere Gesichter, die man als Besucher im Stadtzentrum und am Fluss entlang kennenlernen kann. Es ist die Stadt der Gotik, die Stadt der 100 Türme, die Stadt mit der berühmten Kathedrale und den Kirchen St-Maclou und St-Ouen. Rouen ist eine Hafenstadt, in der Hochseeschiffe ab- und anlegen und dessen Erbe bei der Armada gewürdigt wird, einer Feier, zu der aus aller Welt Drei- und Viermaster nach Rouen kommen. Eine Stadt des Impressionismus, in der Claude Monet nie müde wurde, die Kathedrale in reichen Farbtönen einzufangen, und deren Pont Boïeldieu ein Lieblingsmotiv von Camille Pissarro war. Sie ist Heimat von Weltentdeckern wie Robert Cavelier de la Salle, der den Mississippi bereiste. Es ist auch die Stadt, wo man vor 600 Jahren eine junge Frau der Hexerei bezichtigte und sie auf dem Scheiterhaufen bei lebendigem Leibe verbrannte.

Mit 400 000 Einwohnern ist Rouen heute nur noch eine mittelgroße Stadt. Für Flussreisende erschließt sie sich zunächst recht mühsam. Da ist bei der Anfahrt das herrliche Panorama mit dem alles überragenden Dachreiter der riesigen Kathedrale, doch legt das Schiff an, zeigt sich nur ein gepflegter Treidlerpfad der modernen Art, wo Studenten gerne joggen, es aber nicht so aussieht, als hätte man eines der Hauptziele einer Seine-Kreuzfahrt erreicht. An der Pont Boïeldieu geht man zunächst eine Treppe hoch, überquert die stark befahrene Uferstraße und lässt die Altstadt links liegen, und dann ist es überraschenderweise nur noch ein Katzensprung zum Place de la Cathédrale.

Die Seine

Blick auf Rouen

Geschichte

Hinter der Altstadt ragen Hügel hinauf, gegen die die nördlichen Vororte aufzustreben scheinen. Am gegenüberliegenden Ufer erstreckt sich die Stadt am Fluss entlang über eine Ebene. Dies ist aber die Neustadt – Rouens Geschichte beginnt am rechten Ufer, und hier konzentrieren sich auch die Sehenswürdigkeiten. Zwischen den beiden kleinen Nebenflüssen Cailly und Robec ließen sich die ersten Siedler nieder, die Ahnen des Keltenstammes der Véliocasses. Die Täler dieser Zuflüsse ermöglichten einen relativ einfachen Zugang zur Seine, und die Schifffahrt an dieser Stelle wurde von den Gezeitenströmungen begünstigt: Man musste, je nachdem, ob man flussauf- oder abwärts unterwegs war, einfach warten, bis man von der Ebbe- oder Flutströmung mitgenommen wurde. Die Kelten nannten den Ort Ratumacos, Handelsplatz am Fluss. Unter den Römern wurde der Ort Sitz einer Bezirksadministration, und bereits im frühen 4. Jahrhundert gründete man ein Bistum. Zur Zeit der Wikingerangriffe wurde Rouen geplündert, doch als Karl der Einfältige 911 mit dem Vertrag von St-Clair-sur-Epte den Wikinger Rollo zum Herzog der Normandie machte, wurde die Stadt Hauptsitz des Herzogtums. In der Kathedrale von Rouen wurden die normannischen Herzöge gekrönt, und Rollo und sein Sohn, Wilhelm Langschwert, sind in der Kathedrale beigesetzt.

■ Das Herzogtum

Unter den Wikingern erlebte die Normandie eine kulturelle und wirtschaftliche Blüte, die von einem regen kulturellen Austausch gekennzeichnet war. Die Wikinger bekannten sich fast sofort zum christlichen Glauben und machten sich daran, die Abteien, die sie zunächst ausgeraubt und zerstört hatten, wieder aufzubauen. Die romanischen Abteien im Seinetal erlebten ausgerechnet unter den ehemaligen Plünderern eine ungekannte Blüte.

Rollo war auch der erste Herrscher, der sich um die Entwicklung und Nutzbarmachung des Flusses kümmerte: Ufer wurden befestigt, Inseln konsolidiert und mit dem Festland verbunden, Sümpfe trockengelegt. Bis ins 19. Jahrhundert gab es keine weiteren Arbeiten, die den Flusslauf so stark veränderten. Der Fluss machte aus Rouen eine wichtige Hafenstadt, und an den beiden Nebenflüssen ließen sich Industrien nieder. Rouen war bald ein Zentrum der Tuchmacher, Filzmacher, Gerber und Färber. Zwischen 1160 und 1170 wurden Rouen die Stadtrechte verliehen.

■ Das späte Mittelalter

Nach der Wiedereroberung durch Phillippe Auguste 1402 änderte sich für Rouen nicht viel – der König bestätigte die Stadtrechte, und an der heutigen Rue de Gros Horloge wurde das erste Rathaus gebaut. Allerdings ließ der König die Festungsmauern schleifen und errichtete am Nordrand der Stadt eine Festung. Von dieser blieb nur ein Turm, und in diesem wurde während ihres Prozesses Jeanne d'Arc festgehalten. Heute trägt der Turm ihren Namen.

Die riesigen Wälder der Normandie lieferten Material für den Häuserbau, und entsprechend weit verbreitet ist die Architektur der normannischen Fachwerkhäuser, die hier ihre erste Blüte erlebte. Etwa 2000 zählt Rouen immer noch, und viele sind sehr gut erhalten. Überall sieht man großzügige Auskragungen, die bei kleiner Parzellengröße den Gesamtumfang des Hauses um einiges er-

▲ Karte S. 208

weiterten. Weil aber bald die Straßen kaum mehr Tageslicht bekamen, entschloss man sich ab 1520, diese Bauweise zu verbieten. Immer mehr zeigen diese Häuser heute wieder stolz die Farben, mit denen sie ursprünglich ausgestattet waren.

Auch im 13. Jahrhundert ging der Handel mit England ungehindert weiter, und Rouen wuchs zur zweitgrößten Stadt in Frankreich heran. Die Stadt zählte am Ende des Jahrhunderts 30 000 Einwohner. Nicht nur der Handel über den Fluss trug zur Entwicklung der Stadt bei: Bei Rouen kreuzte eine wichtige Handelsstraße von Norden in die Bretagne den Fluss, und die Felder und Äcker der Normandie belieferten den Markt mit einer Fülle von landwirtschaftlichen Produkten.

Durch ihre vorteilhafte Lage konnte sich die Stadt zu einem wichtigen Umschlagplatz entwickeln. Wein kam über die Seine aus dem Süden; Felle, Bernstein, Öl und Sklaven aus dem Norden über das Meer. Jahrhundertelang ließen die französischen Könige ihre Flotte in Rouen bauen. Kobalt aus Afghanistan wurde in den blauen Kirchenfenstern verarbeitet, Elfenbein und Edelsteine für Reliquienschreine verwendet, und Gewürze und kostbare Stoffe gingen an den Hof in Paris. In der ganzen Normandie entstanden prächtige Kirchen, prunkvolle Profanbauten sowie viele Schlösser und Herrenhäuser (Manoirs). Zu Beginn des 14. Jahrhunderts wählte der Echequier, der oberste Gerichtshof der Normandie mit wechselnden Standorten, Rouen als festen Sitz. Diese Institution hatte es bereits unter den Herzögen der Normandie gegeben, und unter den französischen Königen wurde sie weiter ausgebaut.

■ **Der Hundertjährige Krieg**

Doch der Hundertjährige Krieg und zwei Pestepidemien (1348 und 1379) hinterließen ihre Spuren, und 1373 verursachte die Seine große Schäden. 1382 gab es ein weiteres Hochwasser, und zudem brachen in diesem Jahr in der Stadt Unruhen aus. Die Bürger von Rouen genossen seit Jahrhunderten eine gewisse Autonomie und Selbstverwaltung. Nun fühlte man sich aber von der Besteuerung durch den König übermäßig in Anspruch genommen. Die Wut der Bürger richtete sich gegen die Vertreter des Königs, vor allem die Steuerbeamten. Laut brüllend zog eine Meute durch die Straßen, und die ›Harol‹-Rufe gaben dem Aufstand ihren Namen, La Harelle. In einer eher scherzhaften Aktion wurde ein Tuchmacher zum König gewählt, doch Charles VI. zeigte wenig Sinn für Humor: Der Aufstand wurde niedergeschlagen, das Bürgermeisteramt abgeschafft, der Turm mit der Glocke, die man zum Aufstand geläutet wurde, abgerissen.

1419 ergab man sich nach sechs Monaten Belagerung den Engländern, die Rouen 30 Jahre lang besetzt hielten. In

Fachwerkfassaden in Rouen

Die Seine

diesem Zeitabschnitt war es vor allem der Prozess der Jungfrau von Orléans, von dem die Geschichtsschreiber berichten. Die Besatzung war zwar wenig willkommen – die verhassten Engländer wurden von der Bevölkerung ›Goddons‹ geschimpft, eine Verballhornung des englischen Fluchworts ›Goddamn‹ –, doch ging das Leben relativ normal weiter. Es wurden sogar einige prominente Bauten wie etwa die Kirche St-Maclou fertiggestellt.

Nach dem Hundertjährigen Krieg brach eine Zeit des Wohlstands an. Rouen wurde wieder Verwaltungszentrum der ganzen Region. 1515 wurde der Gerichtshof in Parlament umbenannt. Es entstanden viele Renaissancebauten, von denen heute noch einige gut erhalten geblieben sind.

Gegen Mitte des 16. Jahrhunderts erreichte die Reformation Rouen, und nachdem sich in der Stadt viele zur neuen Glaubensrichtung bekannt hatten, kam es im Frühling von 1562 zu Gewaltausbrüchen, wobei die Hugenotten zunächst die Überhand hatten. Im Mai desselben Jahres wurden in Rouens Kirchen Skulpturen, Glasfenster und andere Kostbarkeiten zerstört und entfernt. Direkter Auslöser dieser Gewalt war die Schlacht bei Vassy, wo Herzog Franz von Guise einen protestantischen Gottesdienst mit Gewalt unterbrochen hatte. In der darauffolgenden Auseinandersetzung wurden mehrere Protestanten getötet, und der Zwischenfall markiert den Anfang des ersten französischen Religionskrieges. In Rouen nahmen prominente Katholiken die Festung Ste-Catherine flussaufwärts der Stadt ein und übten ihren Terror von hier aus. Die Hugenotten sahen sich schließlich gezwungen, die Hilfe der englischen Krone zu suchen. Die Präsenz englischer Truppen

auf französischem Boden wirkte aber wiederum wie ein rotes Tuch auf den französischen König, und Karl IX. ließ im Oktober Engländer und Hugenotten von seinen Soldaten aus Rouen verjagen. Drei Tage wüteten die Truppen in der Stadt. Drei Jahrzehnte später waren die Rollen umgekehrt: Ein (noch) protestischer König Heinrich IV. griff an. Die Katholiken der Stadt, unterstützt von Truppen des Herzogs von Parma, verteidigten sie. Diesmal ging der Kampf für die Verteidiger glimpflicher aus.

■ Die Neuzeit

Von den vielen Unruhen und Kämpfen erholte sich die Stadt nur langsam, doch vor allem im 18. Jahrhundert erlebte die Stadt eine wirtschaftliche Blüte. Als Verwaltungszentrum für die Region und die Kolonien in Kanada wurde Rouen das Tor zu einer immer größer werdenden Welt. Der Handel und die Verarbeitung von Baumwolle brachten neue Impulse, nachdem man hier neue Anwendungen für das Material gefunden hatte, das bislang hauptsächlich für Lunten verwendet worden war. Dieser Wachstum setzte sich auch im 19. Jahrhundert fort,

Die Pont Flaubert, Symbol der modernen Normandie

dennoch fiel die Stadt in den Rängen der größten Städte Frankreichs von zweiter Stelle auf Platz 5. Die mittelalterliche Stadt verlor zwar kurz vor der Revolution ihre Stadtmauern und konnte somit weiter wachsen, doch das verstopfte Stadtzentrum mit seinen schmalen Gassen zeigte sich widerspenstig, wenn es um städtische Erneuerung ging. An einigen Stellen mussten im 19. Jahrhundert Fachwerkhäuserzeilen Durchgangsstraßen weichen, dennoch war sie in größeren Teilen seit dem Mittelalter kaum verändert, als im Sommer 1940 der Zweite Weltkrieg über die Stadt hereinbrach. In den ersten Jahren gab es nur vereinzelte Attacken, doch im April, Juni und August 1944 wurde die Stadt von alliierten Bombardements übel zugerichtet. Nach Kriegsende entschied man sich für einen weitgehend restaurierenden Wiederaufbau, dem man den mittelalterlichen Charakter der Altstadt verdankt. Die Beziehung zum Fluss wurde allerdings dem Verkehr geopfert, und am Ufer herrschen heute die Autos.

Boulespieler in Rouen

Place de la Cathédrale

Das alte Stadtzentrum von Rouen ist fast komplett den Fußgängern vorbehalten. Bis auf die Uferstraße ist also die schönste und bequemste Art die Stadt zu erkunden à pied – zu Fuß.

Warum nicht gleich mit dem Schönsten beginnen? Der Platz vor der großen Kathedrale ist das Herz von Rouen und zudem ein sehr bequemer Einstieg, denn das **Tourismusbüro** befindet sich direkt gegenüber der Westfassade der Kathedrale von Meister Roulland le Roux. Es befindet sich im Gebäude des **Finanzamts**, das 1540 im Stil der Frührenaissance gebaut wurde. Die floralen Ornamente, die Putten und die mehr horizontal betonten Formen sind Merkmale des damals neuen Stils. Obwohl das Haus von außen ganz aus Stein zu sein scheint, entdeckt man im Innenhof viele Strukturteile aus Holz, da dieses Baumaterial wesentlich günstiger war. Im Torbereich des Hauses führt eine Treppe rechts hoch zu dem Zimmer, in dem Monet die Fassade der Kathedrale gleich dreißigmal malte. Erstaunlicherweise stammt die Fassade dieses Gebäudes, des ältesten Renaissancegebäudes in Rouen, genauso von Le Roux, dessen künstlerischem Werdegang man auch andernorts in Rouen folgen kann, so zum Beispiel im Justizpalast. Das Finanzamt wurde 1952 komplett renoviert.

Der Platz wird am nördlichen Ende von einem interessanten **Neubau** abgeschlossen. Früher stand hier das Gebäude des Rechnungshofs, auch von Le Roux, von dem heute nur noch die Renaissancefassade existiert; sie ist im Inneren des neuen Gebäudes bewahrt geblieben. Der Architekt Jean-Paul Viguier, aus dessen Feder der Neubau stammte, baute auch den französischen Pavillon für die Weltausstellung in Sevilla 1992 und in jüngerer Zeit den Park André Citroën in Paris. Das Gebäude enthält Büroräume, Woh-

Die Seine

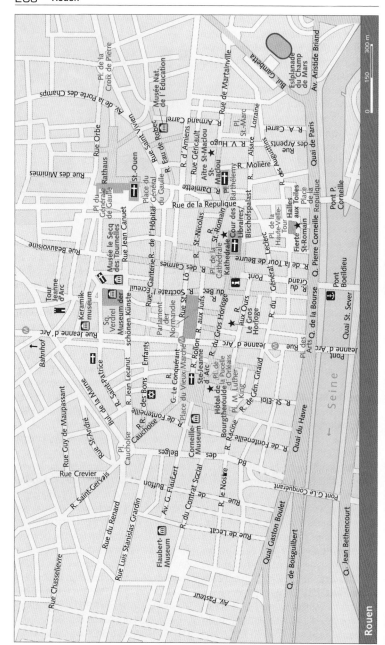

Rouen

nungen und öffentliche Bereiche und passt sich mit seiner Steinverkleidung seinem Umfeld an. Schmuckstück des Gebäudes sind die hängenden Gärten auf dem Dach.

Gegenüber vom Neubau begann man 2010 mit den Arbeiten am **Cour d'Albane**, dem Kreuzgang der Kathedrale, der nie fertiggestellt wurde. Hier entstand auf zwei Ebenen der **Jardin d'Albane**, eine spannender öffentlicher Raum, der für die Einwohner der Stadt zunächst etwas gewöhnungsbedürftig gewesen sein mag. Zwar wurde er in Anlehnung an den traditionellen Kreuzgang angelegt, trägt aber darüberhinaus sehr moderne Züge.

Etwas südlich der Kathedrale, am Place de la Haute-Ville-Tour, befindet sich vor der Tuchmacherhalle ein kleiner Renaissance-Vorbau, die **Fierté St-Romain**. Hier wurde bis zur Revolution einmal im Jahr ein zum Tode Verurteilter begnadigt. Der Brauch geht auf die Legende des Saint Romain zurück, der ein Flussungeheuer, die Gargouille, bezwingen wollte, wobei ihm niemand helfen wollte. Daraufhin forderte er einen zum Tode Verurteilten auf, und als die Gargouille tatsächlich erschlagen worden war, gewann dieser seine Freiheit. Das Bauwerk wurde 1542 von Jean Goujon erbaut.

Kathedrale Notre Dame de Rouen

Das Wahrzeichen der Stadt ist ausgerechnet dank seines Dachreiters, dem umstrittensten Teil dieses riesigen Gesamtkunstwerks, weit und breit zu sehen. Die Westfassade wurde durch Claude Monet weltberühmt. Dennoch ist sie nicht von klassischer Schönheit wie etwa die Kathedrale Notre Dame de Paris, sondern bezaubert gerade durch ihre etwas unordentliche Asymmetrie.

■ **Geschichte**

Der Bischofssitz von Rouen zeigt über die 17 Jahrhunderte seiner Existenz eine erstaunliche Kontinuität, und das Ensemble von Kathedrale und Bischofspalast ist alleine schon deswegen von großer historischer und architektonischer Bedeutung.

Bereits 260 begann die Bekehrung der heidnischen Gallier des Seinetals. Der erste Bischof, Saint Ouen (Sankt Mellon), gab der gotischen Stiftskirche neben dem Rathaus seinen Namen. Bei einer Ausgrabung 1986 fand man die Überreste einer großen römischen Wohnung eines gewissen Praecordius. Man vermutet, dass hier die ersten Gottesdienste in Rouen abgehalten wurden. Im Albanehof wurden Überreste einer zweiten Basilika gefunden, die 395 vom heiligen Vitrice gegründet worden war. Diese blieb erhalten, bis sie den Platz für einen romanischen Bau räumen musste. Als Karl der Große 769 in Rouen war, dürfte er noch diesen Vorgängerbau der romanischen Kirche besucht haben. Erzbischof Rémy (755–771), Sohn des Karl Martell, organisierte das Kapitel der Kirche. Überreste dieses Baus wurden

Die Westfassade der Kathedrale

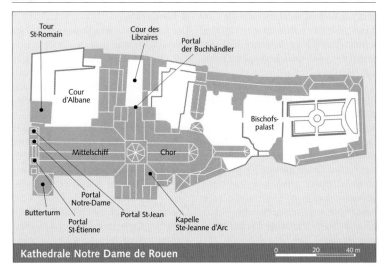

Kathedrale Notre Dame de Rouen

0   20   40 m

1985 bei Ausgrabungen entdeckt. Bei den Wikingerangriffen ab 841 fügten Plünderungen der Kirche erhebliche Schäden zu. Ironischerweise ließ sich der erste Herzog der Normandie, der Wikinger Rollo, nach dem Frieden von 911 in der Kathedrale taufen. Fortan wurden die Herzöge der Normandie hier gekrönt und bestattet. Einer der ersten Erzbischöfe, Robert, war der Sohn Richards I. Er begann 1020 mit dem Bau eines romanischen Chors, und 1063 wurde die neue Kathedrale von Erzbischof Maurille eingeweiht, in Anwesenheit von Wilhelm dem Eroberer.

1144 begann Erzbischof Hugues von Amiens, die Kirche im gotischen Stil zu erneuern. Er begann 1145 mit dem Bau des Turms St-Roman, und 25 Jahre später machte man sich an die Fassade. Noch einmal 175 Jahre später wurde das romanische Kirchenschiff abgerissen, Gottesdienste wurden in dieser Zeit im Chor abgehalten. In der Osternacht 1200 gab es einen zerstörerischen Brand, doch sofort wurde der Wieder-

aufbau angegangen. Baumeister Jean d'Andeli drückte der Fassade seinen Stempel auf. 1240 wurde die Kathedrale fertiggestellt. Bis ins 16. Jahrhundert wurde begeistert weitergebaut, und vor allem die Fassade wurde immer kühner und filigraner. Die Religionskriege des 16. Jahrhunderts, ein Orkan 1683 und die Revolution trafen die Kathedrale. 1822 brannte der Dachreiter ab.

Als die deutschen Truppen 1940 Rouen einnahmen, zerstörte ein Brand die Häuser zwischen Fluss und Kathedrale, das Dach des südlichen Seitenschiffes wurde von diesem Brand beschädigt. Vor der Landung der Alliierten in der Normandie regnete es Bomben. Am 19. April 1944 wurde der Chor getroffen, und das südliche Seitenschiff brach zusammen. Der Vierungsturm schwankte unter den Einschlägen, das Mobiliar in der Kathedrale wurde zerstört, und die Rosettenfenster und die anderen Fenster der Fassade wurden vom Druck der Explosionen zerschmettert. Am 1. Juni erreichte der Brand der umliegenden Häuser das Dach des St-Romain-Turms, und die Glocken der Kathedrale schmolzen im Turm. Die Häuser des Kanons und das nördliche Seitenschiff brannten auch noch ab, und es ist fast ein Wunder, dass eine Handvoll Verzweifelter unter der Anführung von Georges Lanfry, Steinmetz und Archäologe der Kathedrale, überhaupt noch etwas retten konnte. So verheerend der Bombenangriff war, es hätte schlimmer kommen können: Skulpturen wurden von Sandsäcken geschützt, Glasfenster hatte man zum Teil ausgebaut, und die vielen Kostbarkeiten des Chorraums hatte man auch in Sicherheit gebracht. Am 24. Juni 1956 wurde die Kirche mit einem Gottesdienst neu geweiht.

Momentan sind die Restaurationsarbeiten in vollem Gang, und es ist interessant zu sehen, wie die Skulpturen unter dem Schmutz der Jahrhunderte bewahrt worden sind.

In der Kathedrale von Rouen

■ **Besichtigung der Kathedrale**

Steht man vor der Fassade, ist der **Tour St-Romain** rechts vom Portal. Die vier Sonnen aus Gold auf dem Dach des Turms wurden 1944 von Bomben zerstört, aber 1987 erneuert. Bis auf das oberste Geschoss aus dem 15. Jahrhundert ist der Turm noch sehr schlicht gehalten. Über die Portale besteht die mit 61 Metern erstaunlich breite **Fassade** aus Blendarkaden, die von sechs Wimpergen gekrönt werden. Der durchbrochene Wimperg über dem Hauptportal, in dem ein kunstvoller Jessebaum zu sehen ist, wurde im Bildersturm von 1562 stark beschädigt. Die Tympana der Portale stammen aus dem 13. Jahrhundert und gehören somit zu den älteren Teilen der Fassade. Die drei Portale, von links, sind dem Leben Johannes des Täufers, der Muttergottes und des heiligen Stefan gewidmet. Insgesamt können an der Fassade 356 Statuen gezählt werden.

Rechts vom Portal steht der **Butterturm** im Stil der Hochgotik. Zum Teil wurde der Turm aus Spenden finanziert, die reichen Bürgern für die Erlaubnis, in der Fastenzeit Butter und Milch zu sich nehmen zu dürfen, abverlangt wurden. Das Recht, diese ›Buttersteuer‹ einzuholen, wurde dem Kardinal vom Papst erteilt. Im Turm klingen die große Glocke Jeanne d'Arc sowie 16 Glocken eines Glockenspiels (1920–1959), das als eines der schönsten Frankreichs gilt.

Der hinausragende **Vierungsturm** brach 1514 unter seinem eigenen Gewicht zusammen und wurde erst 30 Jahre später wieder aufgebaut. Ferdinand Marrou, ein Meister der Kupfer-, Zinn- und Eisenarbeit, vervollständigte den **Dachreiter** zwischen 1875 und 1882. 151 Meter thront das Gebilde aus Gusseisen über dem Dach der Kathedrale. 1848 hatte man die Arbeit wegen Geld-

Die Seine

mangel gestoppt, und jahrzehntelang hatte man sich über die halbfertige Struktur lustig gemacht. Mit der Vollendung war dies nicht vorbei: Vor allem bei einigen Schriftstellern war der enorme Dachreiter recht unbeliebt.

Das **Mittelschiff** ist 24 Meter hoch und 11 Meter breit. Der Aufbau gliedert sich in vier Geschosse: hohe Arkaden, eine Empore, Triforium und Obergaden. Der Chor hat fünf Joche, und hier sind die Arkaden noch höher, denn die Empore fehlt. Sehenswert in diesem Bereich sind die geschnitzten Chorstühle. Der Chorumgang hat einige sehr sehenswerte Grabmäler. Unter anderen liegen hier zwei Wikinger: Rollo und sein Sohn Wilhelm Langschwert. Das prächtige Grabmal des Kardinals von Amboise stellt eines der schönsten Kunstwerke der Renaissance in der Normandie dar.

Die Glasfenster der Kathedrale spiegeln die Entwicklung der normannischen Glasmalerei bis ins 20. Jahrhundert wider. Die ältesten Fenster sind zumeist aus kleineren Szenen zusammengesetzt, bei denen die Farben Rot und Blau dominieren. Die Fenster des Chors stammen teilweise aus dem frühen 13. Jahrhundert. In den Kapellen des nördlichen Seitenschiffs sind Teile von anderen Fenstern aus dieser Zeit eingebaut. Eine besonders gelungene Restaurierung ist die des Fensters der Sieben schlafenden Jünger von Ephesus der 1994 verstorbenen Künstlerin Sylvie Gaudin. Die Kapelle in der Ostwand des südlichen Querschiffs ist Jeanne d'Arc gewidmet. Die modernen Glasfenster von Max Ingrand erzählen, von links nach rechts, die Geschichte der Magd von Orléans.

Man verlässt die Kathedrale durch das nördliche Querschiff und kommt in den **Cour des Libraires**. In diesem schönen gotischen Hof trafen sich im Mittelalter zunächst die Geldhändler, später die Buchverkäufer. Zur linken Seite befindet sich die Bibliothek der Kathedrale, und rechts liegt der **Bischofspalast**. Vor allem die 150 Vierpässe des Nordportals sind sehr sehenswert. Hier ist kunstvoll ein ganzes mittelalterliches Bestiarium abgebildet, in dem Fabeltiere genauso Platz haben wie solche, die man in der Natur beobachten konnte. Die Skulpturen wurde hier größtenteils vom Steinmetz Jean Davi gefertigt.

Rundgang durch die Altstadt

Der Rue St-Romain folgt man zur Kirche St-Maclou. In dieser Straße gibt es einige sehr schöne **Fachwerkhäuser**, so zum Beispiel das Haus Nummer 74 mit einer dreistöckigen Auskragung, schönen Zierleisten und Statuetten. Die Südseite der Straße wird vom **Bischofspalast** eingenommen, in dem der Prozess gegen Jeanne d'Arc stattfand.

■ Kirche St-Maclou

Auf einem von Fachwerkhäusern gesäumten Platz steht die Kirche, deren Bau 1436 unter der englischen Besatzung in Angriff genommen wurde. Es

Die Kirche St-Maclou

Karte S. 210 ▲

dauerte aber fast 90 Jahre, bis sie fertig war. In St-Maclou erreicht die Flamboyant-Gotik einen Höhepunkt: Fünf reich geschmückte Portalbögen, von durchbrochenen Wimpergen gekrönt, sind reich mit filigranem Steinwerk geschmückt. Die Fassade scheint sich in diesem Steinvorhang fast aufzulösen. Die Türen aus dem 16. Jahrhundert haben die Gotik hinter sich gelassen – sie gehören stilistisch bereits zur Renaissance.

So üppig die Fassade, so schlicht gehalten ist das Innere der Kirche. Das schmale Mittelschiff und die fehlenden Kapitelle betonen die vertikalen Linien, und das Gewölbe wirkt höher, als es eigentlich ist. Sehenswert sind die von korinthischen Säulen getragene Orgelempore und die spätgotische Wendeltreppe.

Links von der Fassade steht ein **Renaissance-Brunnen**, der mit zwei wasserlassenden Putten ausgestattet ist.

■ Aître St-Maclou

Durch die Rue de Martainville kommt man zum Aître St-Maclou, einem der letzten erhalten gebliebenen Beinhäuser in Frankreich. Das Wort Aître kommt vom römischen Atrium und heißt somit nichts anderes als Hof. Zunächst wurden in dem Hof Menschen beerdigt, doch als ab 1521 die Pest in Rouen wütete, kam es auf dem kleinen Friedhof zu Problemen. Die Toten wurden in Tücher gewickelt und in Massengräbern beigesetzt. Dennoch war einfach nicht genug Platz da. Man entschied sich, die Dachstühle der Gebäude (in denen eine Schule für mittellose Jungen untergebracht war) auszubauen und sie als Beinhaus zu benutzen.

Die Gebeine sind heute nicht mehr hier, doch die Tradition der Schule hat sich erhalten: Seit 1940 beherbergt das Ge-

Im Aître St-Maclou

bäude eine Kunstakademie. An den Fassaden der Fachwerkbauten sind Schädel, Gebeine und Totengräberutensilien zu sehen, und auf den Steinsäulen ist noch ein Totentanz zu entdecken. Allerdings wurde der Bauschmuck während der Religionskriege teilweise zerstört.

Zurück zur Kirche St-Maclou und in die **Rue Damiette** eingebogen, geht es weiter in Richtung der Abteikirche St-Ouen. Die Nummer 30 in dieser Straße, ein Patrizierhaus aus dem 17. Jahrhundert, hat sehenswerte Steindekorationen. Geht man in der **Rue d'Amiens** nur kurz nach links, dann sind an der Fassade der Nummer 99 die allegorisch dargestellten Elemente Erde, Wasser, Feuer und Luft, und gegenüber die Göttinnen Venus, Minerva und Juno zu sehen.

Etwas weiter rechts verläuft durch die **Rue Eau de Robec** ein winziger Strom, als Erinnerung an den Bach, um den sich das Viertel der Tuchfärber bildete. In Gustave Flauberts Roman ›Madame Bovary‹ wird das Leben dieser Arbeiter beschrieben. Heute erkennt man an manchen Häusern noch die auskragenden Dachspeicher, in denen früher Tuch und Leinen getrocknet wurden.

Die Seine

■ **Kirche St-Ouen**

Die erste an dieser Stelle errichtete Kirche stammt aus der merowingischen Zeit und war den Aposteln Petrus und Paulus geweiht. In der Kirche wurde der Bischof Audoenus beigesetzt. Um 1318 begann der damalige Abt, der auf den Spitznamen Marc d'Argent (Silberling) hörte, den Bau einer gotischen Kirche. Bedingt durch den Hundertjährigen Krieg wurde das Langhaus erst 1549 fertiggestellt, und die nie vollendete Fassade wurde sogar erst 1851 neu aufgebaut. Die Abtei wurde nach der Revolution zerstört, und in den übriggebliebenen Bauten befindet sich heute das **Rathaus** von Rouen.

Man betritt die Kirche durch das Portal Marmouset, das mit einem großen hängenden Schlussstein ausgestattet ist. Die Basreliefs im Portal stellen das Leben des Bischofs dar, nach dem die Kirche benannt wurde. Das Innere bietet Hochgotik in seiner besten Form: Es ist 137 Meter lang und 33 Meter hoch und entfaltet durch die extrem schlanken Pfeiler eine beeindruckende Höhenwirkung. Durch die schönen Fenster strömt von überall Licht in den Raum, der in seiner relativen Schlichtheit zu den schönsten in Frankreich gehört.

■ **Museum der schönen Künste**

Vom Rathausplatz führt die Rue Jean Canuet zum Musée des Beaux Arts. Das Gebäude stammt aus dem frühen 19. Jahrhundert, und es war lange Zeit das einzige Museum in Rouen. Von 1989 bis 1994 wurde es komplett renoviert und zeigt seitdem in 63 Räumen eine imposante Kunstsammlung. Die Werke sind chronologisch geordnet,

und so findet man aus einer bestimmten Epoche Malerei, Skulptur, Schmiedekunst und Möbel zusammen.

Die italienische Malerei ist mit Werken von Véronèse und Carravaggio vertreten; von letzterem hängt hier die ›Geißelung Christi‹. Etwas weiter ist die ›Anbetung der Hirten‹ von Rubens zu sehen. Die französische Malerei des 19. Jahrhunderts bildet den Hauptteil der Sammlung, und Rouen pocht darauf, zu den wichtigsten Museen für impressionistische Kunst zu zählen. Werke von Monet befindet sich hier ebenso wie von Camille Pissarro, der hier sehr viel gemalt hat. Auch aus dem frühen 20. Jahrhundert zeigt das Museum einige sehr schöne Stücke.

■ **Musée le Secq des Tournelles**

Hinter dem Museum der schönen Künste liegt das etwas skurrile Musée le Secq des Tournelles, benannt nach dem Herrn, dessen Sammlung den Kern dieses Museums bildet. In der ehemaligen Kirche St-Laurent ist Schmiedewerk aus sechs Jahrhunderten zu sehen, von ganzen Treppen bis zu filigran bearbeiteten Schlüsseln, von reich dekorierten Schnallen bis zu Arztinstrumenten. Die ältesten Stücke der Sammlung stammen aus der gallo-römischen Zeit.

■ **Keramikmuseum**

Schräg gegenüber liegt das Keramikmuseum (Musée de la Céramique). Im Patrizierhaus der Familie Hocqueville aus dem 17. Jahrhundert untergebracht, erzählt es die Geschichte der Keramik in Rouen vom 14. bis zum 19. Jahrhundert. Der erste bekannte Meister in Rouen, Masséot Abaquesne, der rund

Das Mittelschiff von St-Ouen

1550 begann, ist mit Ziegeln und Vasen vertreten. 200 Jahre nach danach zählte Rouen viele große Faïencerien. Heute erlebt die Kunst wieder einen Aufschwung, und es gibt in der Altstadt viele Ateliers, in denen die handbemalte Ware produziert wird.

■ Justizpalast

Über die Rue Jeanne d'Arc erreicht man den Justizpalast (Palais de Justice), dessen Eingang sich rechts von der Fassade in der Rue aux Juifs neben dem Hof befindet. 1499 fing man mit dem Bau des Justizpalastes an. 1507 zog der Gerichtshof in das Gebäude ein, und acht Jahre später machte François I. aus dem Gericht das Parlament der Normandie. Man kann in dem Haus den gewaltigen **Salle des Procureurs** (Staatsanwaltssaal) bewundern, in dem der Dichter Pierre Corneille arbeitete, bevor er mit der Dichtung sein Geld verdienen konnte. 1973 bekam der Saal ein holzverkleidetes Betongewölbe, das zwar der ursprünglichen Kassettendecke nicht entspricht, doch dem Raum trotzdem etwas sehr Monumentales gibt.

Roulland le Roux arbeitete an dem **königlichen Palastflügel**, der sich dem In-

Der Salle des Procureurs

nenhof anschließt. An dem Komplex wurde über Jahrhunderte gebaut, doch jeder Baumeister hielt sich peinlich an das gotische Vorbild. 1976 wurden bei Ausgrabungen Reste einer Schule oder eines Haus eines jüdischen Vorstehers gefunden. Die Juden Rouens wurden 1306 nach einem Edikt von Philippe le Bel vertrieben. Es handelt sich bei den Überresten um eines der ältesten jüdischen Bauwerke Frankreichs.

Durch die Rue Massacre, in der früher mehrere Metzger ihrem Geschäft nachgingen, kommt man in die Rue du Gros Horloge. 1971 wurde diese für den motorisierten Verkehr und Radfahrer geschlossen, und damit hatte Rouen die erste Fußgängerzone in ganz Frankreich.

■ Gros Horloge

Der Turm, in dem man zunächst Rouens große Uhr unterbringen wollte, steht heute auf der Südseite der Straße. Er wurde im ausgehenden 14. Jahrhundert gebaut und ersetzte den Turm, der nach

Fassade des Justizpalastes

▲ Karte S. 208

dem Harelle-Aufstand von 1382 auf Befehl des Königs geschleift worden war. 30 Jahre nach dem Bau wurde zwischen dem Turm und dem alten Rathaus ein Bogen geschlagen. Das Uhrwerk wurde von einem Uhrmacher namens Jehan de Felains konstruiert, der im Turm wohnte. Die Uhr zeigt die mit den Wochentagen korrespondierenden Himmelskörper: die Sonne für den Sonntag; dann der Mond (Lunes), Mars, Merkur, Jupiter, Venus und Saturn. Über dem Zifferblatt ist ein Ball zu sehen, der die Mondphase angibt. Unter dem Bogen ist auf einem Relief der gute Hirte dargestellt.

Neben dem Turm steht ein **Brunnen** aus der Zeit Louis XV., der Alpheios und die Nymphe Aethusa darstellt. Besichtigt werden können der Glockenturm, die Uhrkammer und die Wohnung des Uhrmeisters. Die Führung wird mithilfe eines Audiogeräts auf eigene Faust unternommen.

■ **Der alte Markt**

Durch die Rue du Gros Horloge erreicht man den alten Markt (Vieux marché) von Rouen, dessen Mittelpunkt die 1979 geweihte Kirche **Ste-Jeanne d'Arc** bildet. Wie ein riesiger Fisch oder ein gekentertes Boot nimmt sie den Platz ein, an dem Jeanne d'Arcs bewegtes Leben auf dem Scheiterhaufen endete. Der ungewöhnliche Entwurf stammt von Louis Arretche.

Der Platz war im Second Empire doppelt so groß wie heute und wurde von zwei großen Markthallen eingenommen. Als der Großmarkt auf einen Platz außerhalb der Stadt verlegt wurde, fing man an, die mittelalterlichen Konturen des Platzes wiederherzustellen. Dies geschah teilweise recht wörtlich: So wurden viele der schönen Fachwerkhäuser, die man hier sieht, von anderen Orten

hierher gebracht. Vor der jetzigen Kirche befinden sich die Überreste der Kirche **St-Saveur**, der der Schriftsteller Pierre Corneille angehörte. Sie wurde 1833 abgerissen. Laut der Legende soll der Mönch Isambart de la Pierre aus dieser Kirche das Kreuz geholt haben, das er der Jeanne d'Arc vorhielt, als sie hingerichtet wurde.

Etwas versteckt hinter dem Eingang steht ein Denkmal für Jeanne d'Arc, das Maxime Réal de Sarte 1928 schuf. Unweit davon ragt ein großes Kreuz hinauf, das sogenannte **Kreuz der Rehabilitation**, das angeblich genau an der Stelle des Scheiterhaufens steht.

Der asymmetrische Innenraum des Gotteshauses wird von einer Reihe von **Glasfenstern** beherrscht, die in einem recht überraschenden Arrangement die Nordseite der Kirche einnehmen. Sie stammen aus der Kirche St-Vincent, die 1944 bei Luftangriffen auf Rouen völlig zerstört wurde. Drei der dreizehn Fenster wurden von der renommierten Le-Prince-Familie gefertigt, die anderen zehn von diversen Künstlern, die allesamt unter dem Einfluss von Arnold van Nimwegen standen, einem niederländischen Meister, der 1500 nach Rouen

Der Turm Gros Horloge

Die Seine

kam. Die Fenster waren bereits 1939 aus der Kirche entfernt worden, da sie restauriert werden sollten. Kirchen in der weiten Umgebung fertigten Kopien von den Fenstern an, da diese weit über die Stadtgrenzen hinaus große Bewunderung fanden.

St-Vincent war eine der reichsten Kirchengemeinden von Rouen, vor allem, weil sie vom König Charles VI. das Privileg für den Verkauf von Salz bekommen hatte – dies geschah 1409. Die 13 Fenster wurden im Zuge einer gründlichen Erneuerung der Kirche in einem Zeitraum von zehn Jahren angefertigt und sind von der Bildsprache her einheitlich. Die Fenster wurden wiederholt mehr oder weniger sorgfältig restauriert, und dies geschah eben das letzte Mal während des letzten Weltkrieges.

Nach dem Krieg gingen die Fenster des Schiffes und des Querschiffes sowie die oberen Chorfenster zur Kathedrale, andere in das Museum Le Secq des Tournelles. Fünf Fenster warten auf ein neues Zuhause. Das dritte Fenster von links, auf dem die triumphierende Muttergottes auf einem Siegeswagen dargestellt ist, zeigt die Kathedrale sowie die erste Steinbrücke über die Seine, die vom 12. bis zum frühen 17. Jahrhundert ihren Dienst tat. Im ersten Fenster von links, das dem heiligen Petrus gewidmet ist, sind die Kirchen St-Ouen und St-Maclou zu sehen.

Südlich vom alten Markt, am Place de la Pucelle d'Orléans, steht der **Renaissancepalast Bourgtheroulde**, der im 16. Jahrhundert errichtet wurde. Heute befindet sich in dem Gebäude ein modernes Hotel, in dem viele jahrhundertealte Bauelemente gekonnt verarbeitet sind. Die schönen Fassaden kann man auch bewundern, ohne in dem Haus Gast zu sein.

Die Kirche Ste-Jeanne d'Arc

Unweit vom Markt steht das **Geburtshaus von Pierre Corneille**, in dem Gebrauchsgegenstände, Möbel, Briefe und Schriften das Leben des Dichters erläutern. Sein Arbeitszimmer sowie eine Bibliothek mit kostbaren Erstausgaben sind hier untergebracht, und anhand von Modellen wird dargestellt, wie Rouen zu seiner Zeit (16. und 17. Jahrhundert) aussah.

Auch dem anderen großen Literaten von Rouen ist ein Museum gewidmet: Im städtischen Spital, in dem sein Vater Chirurg war, kam Gustave Flaubert zur Welt. Das Museum erzählt seine Geschichte, aber auch die der Medizin.

Das Seineufer

Nachdem sich der Hafen immer weiter flussabwärts angesiedelt hatte, machte man in Rouen in den letzten Jahrzehnten etwas zögerlich einen Anfang, wieder zum Fluss zu finden. In ehemaligen Packhäusern entstehen heute Restaurants und Clubs. Sicherlich halfen die

◄ Karte S. 208

großen Segelschiffveranstaltungen, die sogenannten Armadas, zu denen bisher viermal (1989, 1994, 1999 und 2013) Segelschiffe aus aller Welt nach Rouen kamen.

Von der Schiffsanlegestelle kann man gemütlich ein Stück spazieren gehen, in Richtung der **Pont Flaubert**, die am Fluss über alles hinauszuragen scheint. Diese 2008 eröffnete Hebebrücke ist ein technisches Meisterwerk: Die beiden Brückenteile können 55 Meter in die Höhe gehoben werden, immerhin gehen damit 2600 Tonnen in die Höhe. Sie ist die höchste Hebebrücke in Europa. Wegen ihrer Form nennt man sie hier auch ›Les Papillons‹, die Schmetterlinge.

Ein Gang über die **Pont Boïeldieu** lohnt sich ebenfalls. Die Brücke direkt am Anleger wurde von Camille Pissarro oft gemalt. Sie ist mit Art-Deco-Skulpturen von Jean Marie Baumel dekoriert, und zu diesen sind vor einigen Jahren die Büsten der großen Seefahrer gekommen: La Salle, Marco Polo, Kolumbus und sieben weitere.

Der jährliche Warenumschlag im **Hafen** beträgt 27 Millionen Tonnen, und pro Jahr legen hier an die 4500 Schiffe und Frachter an. Nur zehn Prozent dieses Volumens betreffen den Nahverkehr – Rouen ist wesentlich mehr Seehafen als Flusshafen. Die Riesen unter den Frachtern sind bis zu 300 Meter lang und tragen 160 000 Tonnen. Getreide ist nach wie vor eines der wichtigsten Exportgüter: Die Silos von Rouen machen die Hälfte der gesamten französischen Speicherkapazität aus. Dünger, Malz, Holz und Papierwaren werden von hier in alle Welt transportiert, und Rouen ist Frankreichs viertgrößter Containerhafen.

 Rouen

Im Bereich des alten Marktes gibt es viele Restaurants, und Rouen hat eine ausgeprägte regionale Küche. Eine Spezialität ist die Blutente, die man außerhalb Frankreichs nicht mehr serviert, weil das Tier nicht geschlachtet, sondern erstickt wird. Wie bei Gänseleber und Froschschenkel gewinnt hier Tradition gegen aufgeklärtes Denken. Man kann aber auch wesentlich unschuldiger die normannische Küche genießen. In der Rue Massacre (Nummer 12) befindet sich die **Crêperie La Régalière**, mit ausgesprochen zuvorkommendem Service und einer guten Speisekarte.

Die Fassade der Kathedrale wird jährlich von Anfang Juli bis Mitte September eine Stunde lang kunstvoll angestrahlt. Die Werke Monets werden zum Leben erweckt, indem diese auf eine riesige Leinwand direkt vor der Kathedrale projiziert werden. Das Tourismusbüro (gegenüber der Westfassade der Kathedrale) hat zu diesem Spektakel, das man nicht verpassen sollte, die notwendigen Informationen. Man bekommt hier auch gute Informationen auf deutsch.

Auf der website www.rouentourisme.com findet man auch einige Seiten auf deutsch.

Rouen is bekannt für seine **Fayence-Kunst**, und im Viertel hinter der Kathedrale gibt es viele Studios und Geschäfte, wo diese Ware hergestellt und verkauft wird. Entlang der Fußgängerzone findet man eher die herkömmlichen Geschäfte.

Die Seine

Die Magd von Orléans

Dort wo man sie verbrannte, ist Jeanne d'Arc längst zu einer Marke geworden. In Rouen findet man in einer Straße ein Reisebüro, einen Makler und einen Imbiss, die nach ihr benannt sind. Unweit von der Stelle, wo das Mädchen in Flammen aufging, kurbelt es die Wirtschaft an, nicht zuletzt im Museum, das – welch Wunder – seinen Namen trug. Durch einen mit dem üblichen ›Made in China‹-Schnickschnack vollgestopften Laden kam man in den dunklen Ausstellungsbereich und lernte durch eine Reihe von Wachsfiguren wenig Neues, nur: Mit der Magd kann man gute Geschäfte machen. Ironischerweise traf dem Museum das gleiche Schicksal wie die Magd: Es brannte vor ein Paar Jahren ab.

In Zeit und Raum weit von dieser Touristenfalle entfernt wurde Jeanne d'Arc im Winter 1412 in Domremy in Lothringen geboren – es mag auch ein Jahr früher oder später gewesen sein. Charles VII. war in Chinon, weit weg vom Zentrum der Macht. Der Norden des heutigen Frankreichs war in englischer Hand.

Mit 13 Jahren hörte Jeanne zum ersten Mal die Stimme Gottes, die sie aufforderte, nach Frankreich zu ziehen, Charles VII. zu helfen und Orléans zu befreien. Drei Jahre später entschloss sie sich, diesem Ruf zu folgen. Monatelang bettelte sie beim Hauptmann der königlichen Truppen in Vaucouleurs, Robert de Baudricourt, um militärische Begleitung, um Charles VII. in Chinon zu besuchen. Schließlich gab der Offizier nach, und Jeanne machte sich auf den Weg. Fast zwei Wochen war sie unterwegs, und zunächst war der Empfang nicht gerade herzlich: Man vertraute dem Mädchen natürlich nicht. Im April war es aber soweit, und eine kleine Armee setzte sich in Richtung Orléans in Bewegung. In den ersten Maitagen war der Angriff auf die englischen Befestigungen erfolgreich, und zum allgemeinen Staunen wurde die Stadt befreit. Darauf zog Charles VII. in Jeannes Begleitung nach Reims, wo die Salbung zum König stattfand.

Jeanne zog im Sommer gegen Paris, blieb aber erfolglos. In den nächsten Monaten zog sie unermüdlich in Frankreich herum, und dies wurde ihr schließlich zum Verhängnis. Sie wurde im Mai 1430 in Compiègne von den Burgundern gefangen genommen, die zu dieser Zeit auf englischer Seite kämpften. Die Burgunder verkauften sie für 10 000 Écus d'Or (Goldmünzen) an die Engländer, und erst Ende Dezember kam sie nach monatelanger Gefangenschaft in Rouen an.

Den Bräuchen der Zeit gemäß dürfte Jeanne bereits eine harte Zeit hinter sich gehabt haben, als sie in Rouen vor ihren Anklägern erschien. Weil man aus ihr keine politische Gallionsfigur oder eine Märtyrerin machen wollte, sollte sie in einem Prozess diskreditiert werden, und dazu wurde der Bischof von Beauvais herbeigeholt. Sie wurde der Ketzerei und Hexerei bezichtigt. Nach Monaten voller Verhöre und geistigem Terror wurde das erschöpfte Mädchen den Engländern zur Exekution überführt. Es brauchte dazu allerdings von englischer Seite eine ordentliche Dosis Einschüchterung: Sollte Jeanne ihre Ketzerei widerrufen, würde sie zu lebenslanger Haft verurteilt. Die Engländer gaben sich mit dem Urteil nicht zufrieden, Bischof Cauchon gab nach, und Jeanne wurde der Rückfälligkeit überführt. Am 30. Mai 1431 endete sie auf dem Scheiterhaufen. Ihre Asche streute man in die Seine – die Engländer wollten einen Reliquienkult vermeiden.

Dem französischen König, der in den Monaten ihrer Gefangenschaft nicht wirklich versucht hatte, ihr zur Hilfe zu kommen, bereitete der Prozess allerdings Schwierigkeiten, denn als von Gott sanktionierter König konnte er es sich schlecht erlauben, mit einer prominenten Ketzerin in Verbindung gebracht zu werden. Die Kirche eröffnete den Prozess erneut und stellte fest, dass der erste Prozess für nichtig erklärt werden sollte. Jeanne wurde rehabilitiert. Zunächst verschwand sie damit, genau wie es wohl vom König gewollt war, in den Annalen der Geschichte.

Im ausgehenden 19. Jahrhundert, als Frankreich von der verheerenden Niederlage im Französisch-Preußischen Krieg gekennzeichnet war, wurde sie als Symbol der Nation wiederentdeckt. 1909 wurde sie selig gesprochen und elf Jahre später kanonisiert. In vielen Städten erschienen Statuen und Denkmäler. Vielerorts, vor allem in Kirchen, wurde sie auf dem Scheiterhaufen abgebildet, betend, die Augen geschlossen und das Gesicht zum Himmel geneigt. In Rouen ist sie abseits vom Eingang der Kirche, die ihren Namen trägt, zu sehen, aber auch in der Kathedrale.

Auch in der Politik spielt die Jungfrau eine Rolle. Das erzkonservative Regime von Vichy war sich nicht zu schade, die Alliierten, die Rouen im Zweiten Weltkrieg bombardierten, mit den Mördern der Jungfrau zu vergleichen. Die extrem rechte Front National von Jean-Marie le Pen hat aus dem 1. Mai, der in Frankreich generell als Tag der Arbeit gefeiert wird, den Jeanne-d'Arc-Tag gemacht. Noch 2006 studierten Wissenschaftler fieberhaft

die Reste einer ägyptischen Mumie und mussten enttäuscht feststellen, dass diese dann doch wohl nicht die Magd war. In der Diskussion, die bis heute anhält, melden sich durchaus auch Skeptiker. Die Professorin Eliane Viennot zum Beispiel weist darauf hin, dass es in der Zeit des Hundertjährigen Kriegs, vor allem in unruhigen Regionen wie eben Lothringen, durchaus üblich war, dass sowohl Männer als Frauen mit einem Schwert umgehen konnten und dass Frauen auf dem Schlachtfeld keine Seltenheit waren. Während Viennot lediglich versucht, die Aura der Supermagd etwas zu relativieren, behauptet der Autor Marcel Gay sogar, Jeanne wäre gar nicht auf dem Scheiterhaufen geendet, sondern entkommen und hätte den lothringischen Ritter Robert des Armoises geheiratet, mit dem sie lange und glücklich weiterlebte. Seine heftig angegriffene These stützt sich auf Fakten, die nicht unumstritten sind, doch ist sie in sich schlüssig und hat eine gewisse Überzeugungskraft. Egal, wo man in der Debatte stehen mag, man ist sich darüber einig, dass das wirkliche Leben der Magd, so aufregend und tragisch es gewesen sein mag, gegenüber dem Mythos völlig verblasst.

Reiterdenkmal der Jeanne d'Arc in Paris

Von Rouen nach Caudebec-en-Caux

Beim Verlassen der Stadt kommt man durch den **Hafen von Rouen**. Er erstreckt sich direkt unterhalb der Stadt an beiden Ufern 15 Kilometer lang bis La Bouille am Kilometerpunkt 260. Zu Beginn des 20. Jahrhunderts konnten nur Schiffe bis 5000 Tonnen von der Seine-Mündung bis Rouen fahren, und die Fahrt dauerte drei bis vier Tage, da man sich den wechselnden Gezeiten anpassen musste. Die Abtragung einiger Flussinseln und das Ausbaggern eines Kanals ermöglichten die Zufahrt von Schiffen mit einem Tiefgang bis 10,5 Metern. Heute bewältigen Schiffe bis zu 20 Millionen Tonnen, während der Flut legen sie die Strecke in sechs Stunden zurück. Jedes Jahr legen in Rouen Schiffe aus rund 60 verschiedenen Ländern an, darunter auch etliche große Kreuzfahrtschiffe.

Am Ende des Hafenbereichs steht am linken Ufer das **Château de Robert-le-Diable**. Das Schloss steht auf einer strategisch günstigen und leicht zu verteidigenden Anhöhe, von wo der Fluss in beide Richtungen zu kontrollieren ist.

Die Abtei St-Georges

Robert der Teufel war eine mittelalterliche Sagenfigur. Es hieß, seine Mutter hätte ihn bereits vor der Geburt an den Teufel verkauft. Seine Geschichte wird sowohl im englischen als im französischen Sprachraum in mehreren Versionen erzählt, und sie bildet die Grundlage für Giacomo Meyerbeers Oper ›Robert le Diable‹ von 1831. Der wirkliche Robert wurde ›der Prächtige‹ genannt und war der Vater von Wilhelm dem Eroberer. Das Schloss wurde von Johann Ohneland zerstört, doch nach der Eroberung der Normandie durch Philippe Auguste wieder aufgebaut. Während des Hundertjährigen Kriegs wurde es erneut zerstört, diesmal von Franzosen, die vermeiden wollten, dass es in englische Hand geriet. Das restaurierte Schloss ist momentan nicht zu besichtigen.

Am linken Ufer liegt der Ort **La Bouille**, in dem 1830 der Schriftsteller Hector Malot geboren wurde, den sein Roman ›Heimatlos‹ weltberühmt machte.

St-Georges-de-Boscherville

Die Benediktinerabtei liegt am Beginn der sogenannten ›Straße der Abteien‹, die sich am rechten Seineufer erstreckt. St-Georges ist jünger als die bedeutend größeren Klöster Jumièges und St-Wandrille (es wurde erst im 12. Jahrhundert gegründet), wurde aber im Gegensatz zu diesen erhalten und hat sogar eine Klostergemeinschaft. Das romanische Bauwerk gilt als größtes und schönstes an der Seine.

Die **Abteikirche** wurde an einer Stelle errichtet, wo man schon vor 2000 Jahren zusammenkam, zunächst in einem heidnischen Tempel. Ausgrabungen haben Reste einer gallo-römischen Villa, einer

Karte S. 223

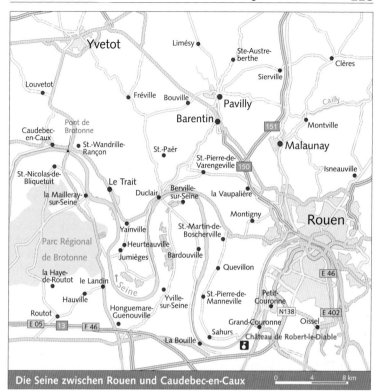

Die Seine

Die Seine zwischen Rouen und Caudebec-en-Caux   0   4   8 km

merowingischen Kapelle, einer Stiftskirche und einer Benediktinerabtei aus dem 12. Jahrhundert zu Tage gebracht. Die Stiftskirche stammt aus dem 11. Jahrhundert. Sie wurde von Raoul de Tancarville erbaut, dessen Sohn Guillaume 1114 die Abtei gründen ließ. Von dieser Zeit bis zur Revolution waren in der Abtei ununterbrochen Mönche tätig.

Die Kirche wurde zwischen 1080 und 1125 gebaut, bis auf die Gewölbe des Schiffes und des Querschiffs; diese wurden im 13. Jahrhundert fertiggestellt. Der Bau ist von großer Schlichtheit, doch gerade das macht seinen Reiz aus. Sowohl außen als innen besticht die einheitliche, klare Struktur. Das Portal

mit seinen einfachen geometrischen Dekorationen ist ein herausragendes Beispiel der normannischen Romanik.

Im **Kapitellsaal** sind neben den schlichten Verzierungen der Bögen romanische Kapitelle und Säulen erhalten, die eine Fülle von Motiven aufweisen: biblische Szenen aus dem Alten Testament, fantasievolle Monster und botanische Muster. Allgegenwärtig in der Bildsprache ist die mittelalterliche Warnung ›memento mori‹ –›Gedenke des Todes‹. Besonders eindringlich wird dies in drei Säulenskulpturen dargestellt: Die erste stellt einen Abt dar, der die Einhaltung der Regeln eines frommen Lebens fordert. Die zweite Säule zeigt eine sterbende

Die Türme von Jumièges

Figur mit durchgeschnittener Kehle, und auf der dritten Säule ist eine glückselige Frau zu sehen, die sich offenbar an die Regeln gehalten hat und nun das ewige Leben genießt.

Neben der Kirche erstreckt sich ein **Jardin à la française**, ein Garten im Stil von Le Nôtre, der über zwei Jahrzehnte renoviert wurde und jetzt wieder zugänglich ist. Zudem findet man auf dem Gelände einen **Obstbaumgarten** sowie dem Mittelalter nachempfundene **Kräuter- und Gemüsegärten**, in denen man teilweise historische und längst vergessene Gewächse angepflanzt hat. Am Ende des französischen Gartens befindet sich eine kleine Laube, der **Pavillon des Vents**, von dem aus man einen herrlichen Blick über St-Georges, das Dorf und die Seine hat.

In den nächsten Seineschleifen sind wieder die steilen Kreidefelsen sichtbar, die den Fluss an vielen Stellen säumen. Eine merkwürdige Formation einige Kilometer vor Duclair ist als **Stuhl von Gargantua** bekannt. Der Riese aus dem Werk des Renaissancedichters Rabelais wird auch für andere Landschaftsmerkmale in der Gegend verantwortlich gemacht.

Die Fähre von **Duclair** muss lediglich 150 Meter überwinden: Die Seine ist hier schmaler als anderswo. Die kleine romanische Kirche im Ort wurde im 11. Jahrhundert unter Aufsicht der Abtei von Jumièges errichtet. 1198 verlieh Richard Löwenherz dem Ort das Marktrecht, was ihm zu einem gewissen Reichtum verhalf.

Jumièges

Die Ausstrahlung der Ruine der enormen Abtei von Jumièges kennt in Frankreich nicht ihresgleichen. Die 46 Meter hohen Türme der Kirche sind vom Fluss aus deutlich sichtbar, auch wenn das Gebäude mehrere Kilometer entfernt ist. Wie ein riesiges Skelett zeugt die Ruine von der Kühnheit der Baumeister, die vor fast 1000 Jahren begannen, eine der größten Kirchen des Abendlandes zu errichten.

Jumièges, 654 auf den Befestigungen einer römischen Niederlassung gebaut, zählte bald 900 Mönche und mindestens ebenso viele Arbeiter und Gehilfen. Wikinger zerstörten die Abtei aber, und die überlebenden Mönche nahmen die Reliquien des Klostergründers, des heiligen Philibert, und zogen nach Tournus an der Saône. Nachdem die Abtei unter den normannischen Einfällen in Flammen aufgegangen war, unterstützten die Mönche nach dem Frieden die normannischen Herzöge tatkräftig, und die Abtei erlebte eine große Blütezeit.

Wilhelm Langschwert begann mit dem Wiederaufbau, doch erst nach der Schlacht bei Hastings wurde die Abtei fertiggestellt: Von 938 bis 1067 wurde am neuen Komplex gebaut. Die Abtei hatte einen eigenen Hafen, Weinberge, Vieh und Ackerland, aber auch ein Kranken- und Armenhaus, eine Schule und ein renommiertes Skriptorium. Wilhelm

Karte S. 223 ▲

der Eroberer kam eigens aus England, um die Abtei reich zu beschenken: Die Insel Hayling brachte Fischrechte und Dörfer, die von der Abtei genutzt werden konnten. Verbindungen reichten bis Melk, St. Gallen, Reichenau und Rottach in Bayern.

Im Hundertjährigen Krieg wurde die Abtei wieder zerstört, doch Charles VII. baute sie erneut auf. Der Monarch hielt sich oft und gern mit seiner Mätresse Agnes Sorel im nahegelegenen Mesnil-sur-Seine auf. Nach der Revolution wurde die Abtei aufgelöst und die Mönche vertrieben. 1793 wurde sie zum Verkauf angeboten, und man fing an, die Steine abzutragen. Im 19. Jahrhundert wechselte die Abtei den Besitzer, und was von ihr übriggeblieben war, wurde darauf erhalten. Der Pariser Börsenmakler Aimé Lepel-Cointet kaufte Jumièges und ließ neben der alten Pförtnerloge ein neogotisches Haus errichten. Durch dieses Gebäude betritt man heute das Gelände der Abtei. 1964 wurde die Ruine vom Staat gekauft.

Der Name der Abtei kommt wahrscheinlich vom lateinischen ›gemitus‹, das Seufzen. Damit wäre die reumütige Grundhaltung der Mönche beziehungsweise die Aufforderung zur Reue und zum Bußetun an die Gemeinde gemeint. Wesentlich heiterer ist eine zweite Erklärung, die besagt, dass Jumièges auf das Wort Gemme zurückgeführt werden kann, Edelstein. Während ihrer Blüte war die Abtei sicherlich das Juwel in der Krone der normannischen Abteien.

Im Museum der schönen Künste in Rouen findet man ein Gemälde, das die Legende der ›Énervés de Jumièges‹ darstellt. Die Geschichte dazu ist wie folgt: Clovis II. war so lange von zu Hause weg, dass seine beiden Söhne die Herrschaft für sich beanspruchten und sich gegen ihre Mutter, die heilige Bathilde, auflehnten. Der König bestrafte bei seiner Wiederkehr seine Söhne, und Bathilde ließ ihnen die Kniesehnen durchschneiden. Daraufhin taten aber die Söhne dem Vater leid, und er legte sie in ein Boot, befahl sie der Gnade Gottes und schickte sie flussabwärts, wo sie vom heiligen Philibert in Jumièges gerettet wurden. Die Söhne führten danach in der Abtei ein reuevolles Leben.

Im **Westwerk** ist der Einfluss des rheinischen Kirchenbaus zu erkennen: Die Türme und die Fassade erinnern an die des St. Pantaleon in Köln. Auf quadratischem Grundriss aufgebaut, gehen die Türme in oktogonaler Form auf. Die Spitzen aus Holz wurden erst um 1830 herum abgerissen.

Das heute nicht mehr vorhandene Dach des Kirchenschiffs lag 27 Meter über dem Boden. Es war nicht aus Stein, sondern aus Holz, und damit konnten die Wände höher und leichter gebaut

Die Abteiruine

werden. Mit den Mauern des Mittelschiffs ist auch ein Teil des Chors, der Sakristei und des Kapitellsaals erhalten geblieben.

Neben der Ruine befinden sich die Reste einer weiteren Kirche, **St-Pierre**. In die Mauern dieses Baus sind die typischen karolingischen Zwillingsfenster eingelassen. Im **Hôtel Lepel-Cointet** befindet sich die Kasse sowie eine sehr gute Buchhandlung.

Im Dorf selbst steht die Gemeindekirche **St-Valentin**, mit deren Bau im 11. Jahrhundert begonnen wurde. Einige Kunstwerke – Retabel und Glasfenster – der Kirche Notre Dame konnten hierher gerettet werden, weil Gemeindekirchen während der Revolution als ›Kirchen für das Volk‹ weniger als Symbole der Macht gesehen wurden und daher oft ungeschoren davonkamen. Man sagt, dass die Bürger von St-Martin de Boscherville die dortige Abteikirche retten konnten, indem sie behaupteten, es sei ihre Gemeindekirche. Die Revolutionäre rissen daraufhin die Gemeindekirche ab, ließen aber die Abtei unversehrt.

■ **Parc Régional de Brotonne**

Im Umfeld von Jumièges findet man an den Ufern des Flusses eine jahrhundertealte Kulturlandschaft, die heute im Parc Régional de Brotonne geschützt wird. Zwischen **Heurteauville** und **Duclair** hatten die Mönche von Jumièges schon immer ihre Baumgärten. Bereits im frühen 13. Jahrhundert sammelte man Äpfel im Wald von Brotonne für den Cidre. Bald wurden auf die Stämme der heimischen Sträucher Äste aus Spanien gepfropft. Ein Dutzend Bäume jährlich verlangten die Mönche ihren Bauern ab: Sechs Apfelbäume und sechs Birnbäume mussten angepflanzt werden. Nach und nach wurde das Land, auf

dem früher Weinreben angepflanzt wurden, von Obstbäumen übernommen. Dabei verschwanden die Birnbäume relativ bald, als deutlich wurde, dass diese sich im örtlichen Klima weniger gut hielten. Nach den Mönchen von Jumièges benannte man sogar einen Apfel: den Benediktiner.

Zwischen **Bardouville** und **Bliquetuit** wachsen Apfelbäume entweder auf dem Alluvialwall entlang des Flusses oder auf den Alluvialböden etwas weiter vom Fluss weg. Dazwischen ist das tiefer liegende Torf, das sich für Apfelbäume nicht eignet. Moderne Marktverhältnisse haben im Obstbau eine Verarmung der Vielfalt bewirkt. Noch Anfang des 20. Jahrhunderts gab es in der Gegend 40 verschiedene Pflaumensorten, jetzt machen etwa sechs den Löwen-anteil der Ernte aus.

In diesem Gebiet gab es lange Zeit Destillierer, die ihren Kessel von Hof zu Hof mitnahmen, um vor Ort Cidre zu erzeugen. Cidreäpfel sind zum Essen ungeeignet, aber auch bei den Handäpfeln besteht in der Normandie eine Vorliebe für einen kräftigen Geschmack, beliebte Sorten sind Reinette, Cox Orange, Boscop und die lokale Sorte Bailleul.

Bis 1924 wurde Obst aus dieser Gegend von Jumièges nach Le Havre und von dort weiter nach England transportiert. Die Bauern selbst brachten ihre Ware im Ruderboot zu den Kähnen. In den 1920er Jahren übernahm eine Eisenbahn den Transport. Heute wird das Obst häufig direkt verkauft (›Vente à la barrière‹, Verkauf am Zaun). Im Mai und Juni gibt es Kirschen, im September Pflaumen und im Herbst Äpfel.

Kurz hinter Jumièges liegt **Le Trait**. Die Stadt wurde 1917 für den Bau von Kriegsschiffen auf dem Reißbrett geplant. 1962 arbeiteten 2000 Menschen

▲ Karte S. 223

in der Werft, in der mittlerweile auch Frachtschiffe gebaut wurden. Als immer größere Schiffe gefordert wurden, kam die Werft in Schwierigkeiten. Die Seine war nicht breit und tief genug, um die Schiffe ans Meer zu bringen. Nach einem erfolglosen Versuch, Ölplattformen für die Nordsee herzustellen, wurde die Werft 1971 geschlossen. Der Ort verlor daraufhin in den nächsten Jahren 20 Prozent seiner Einwohner. Heute ist Le Trait das Verwaltungszentrum des Parc Régional de Brotonne. Das Gelände der ehemaligen Werft ist flussabwärts am rechten Ufer zu sehen.

St-Wandrille

In der Abtei St-Wandrille arbeiten und leben (mit Unterbrechungen) seit mehr als 1300 Jahren Benediktinermönche nach der Devise des heiligen Benedikt – ›Ora et labora‹, bete und arbeite. Dabei hat man sich immer wieder den Veränderungen des Umfelds angepasst:

Gotische Ruinen in St-Wandrille

Heute widmet man sich mit der Firma Fontenelle Microcopie dem digitalen Archivieren von kostbaren Schriften und Manuskripten.

Die dritte große Abtei entlang der Seine liegt ein wenig versteckt in den Wäldern. Sie ist nach ihrem Gründer, dem Grafen Wandrille, benannt, einem klugen jungen Mann am Hof des Königs Dagobert. Unklar ist, wie er genau zum Klosterleben kam. Der irische Missionar St-Colomban soll Wandrille und seine junge Frau dazu überredet haben, sich vom weltlichen Leben zu verabschieden und sich Gott zu widmen. Es kann aber durchaus sein, dass Wandrille sich erst zu diesem Leben entschloss, als seine Frau ankündigte, ins Kloster gehen zu wollen.

Wie dem auch sei, Wandrille zeigte sich als energischer Missionar: Im Auftrag des Bischofs St-Ouen baute er rasch sieben Kirchen im Tal der Fontenelle, einem kleinen Nebenfluss der Seine. 649 begannen die Rodungsarbeiten für den Bau des Klosters. Bis zu seinem Tod am 22. Juli 668 leitete Wandrille die Abtei, die drei Jahrhunderte lang eine Blütezeit erlebte. Aus Fontenelle kamen mehrere Bischöfe und mehr als zwei Dutzend Heilige. Königliche Unterstützung brachte Wohlstand, und viele Wunder, die in St-Wandrille geschehen sein sollen, brachten Pilger und damit Geld. Die Abtei wurde mehrfach zerstört und wiederaufgebaut.

Während der Französischen Revolution wurde sie aufgelöst und verfiel, bis 1919 Stanislas de Stacpoole die Ruine kaufte. Graf Stacpoole war eigentlich nur ein Tourist. Er kam, um sich bei Caudebec den Mascaret (Gezeitenwelle) anzuschauen, schaute sich in der Gegend um und stieß auf die Ruine der Abtei, von der er so begeistert war, dass

Die Abtei von St-Wandrille

er sie kaufte. Später kam die Abtei in den Besitz des belgischen Schriftstellers Maurice Maeterlinck, der im großen Refektorium Theateraufführungen veranstaltete. 1931 kamen die Mönche zurück und gründeten eine Bienenwachsfabrik.

Jenseits der kleinen Dorfkirche in St-Wandrille erblickt man eine üppige Pforte mit dem Wort ›Fontenelle‹ über dem Eingang. Dieses Bauwerk wurde einem ähnlichen Bau im Schloss von Fontainebleau nachempfunden. Es wurde vom Grafen Stacpoole errichtet.

Zugang zur Ruine der Kirche bietet das Pelikantor, über dem eine Skulptur dieses Vogels, Symbol Christi, thront. Durch dieses Tor erreicht man einen Hof, dessen Nordseite von einer eleganten Fassade aus dem 18. Jahrhundert eingenommen wird. Hier liegt das **Jarente-Tor**, nach einem ehemaligen Abt genannt. Links von diesem ist das Eingangsgebäude. Anschließend an diesen Hof befindet sich die bezaubernde Ruine der gotischen Kirche **St-Peter**. Eine Kapelle rechts von der Ruine wurde

1944 errichtet, nachdem Bombardements großen Schaden angerichtet hatten. Die **neue Abteikirche** liegt noch etwas weiter weg. Sie besteht aus einer umgebauten Scheune, die in den 1960er Jahren hierher gebracht wurde.

■ **Pont de Brotonne**
Bei St-Wandrille unterquert das Schiff die Pont de Brotonne. Bis 1959 gab es zwischen Le Havre und Rouen keine feste Verbindung zwischen den Seineufern. In diesem Jahr wurde die Pont de Tancarville eingeweiht, und zunächst gab es weiterhin die zahlreichen Fähren, die aber auf Dauer den Verkehr nicht mehr bewältigen konnten. 1974 wurde daher mit dem Bau dieser Brücke begonnen, und am 9. Juli 1977 wurde sie feierlich eröffnet. Die Straße befindet sich 50 Meter über dem Wasser, so dass auch Ozeanriesen die Brücke ohne Probleme unterqueren können. Die elegante Struktur hat eine Gesamtlänge von 1280 Metern, wobei die Überspannung zwischen den Pfeilern 320 Meter beträgt.

Kurz nach der Brücke am rechten Ufer liegt die Flugzeugfabrik ›Revima‹, ein wichtiger Arbeitgeber für Caudebec. Hier experimentierte man mit einem Flugzeug, das Roald Amundsen benutzte, um einer Expedition seines italienischen Kollegen und Konkurrenten, des Forschers Umberto Nobile, am Nordpol zu Hilfe zu kommen. Am 28. Juni 1928 verließ das Flugzeug Tromsø in Norwegen und verschwand für immer. Ironischerweise tauchte Nobile wenig später wieder auf. Aus einer Felswand ragt eine **Skulptur eines Flugzeuges** heraus, das an dieses Ereignis erinnern soll. Es stammt vom Künstler René Guilbaud und wurde drei Jahre nach der Tragödie enthüllt.

◀ Karte S. 223

Caudebec-en-Caux

In einer Urkunde aus dem 11. Jahrhundert wird dieser Ort zum ersten Mal erwähnt. Der Name setzt sich aus zwei Wörtern zusammen: caude (von kalde) und bec (von bekkr), und mag im Skandinavischen soviel bedeutet haben wie ›kalter Strom‹. Im **Maison des Templiers**, das ein Heimatmuseum beherbergt, sind Überreste zu sehen, die von einer keltischen Niederlassung an dieser Stelle zeugen. Das Oppidum der Caletes war, so schätzt man heute, etwa 26 Hektar groß. Unter anderem hat man auch Spuren von einer befestigten Straße gefunden, die bereits vor den Römern angelegt worden war. Von der frühmittelalterlichen Geschichte ist wenig bekannt, außer dass die Wirtschaft auf den beiden Pfeilern Handel und Fischfang ruhte. In Caudebec mussten Waren von größeren Schiffen auf kleinere umgeschlagen werden.

Im 12. Jahrhundert wurden Stadtmauern errichtet, doch diese hinderten die Engländer während des Hundertjährigen Krieges nicht daran, die Stadt ohne großen Kampf einzunehmen. In den Religionskriegen schlug sich Caudebec auf der Seite von Henri IV. und der Hugenotten. Der Monarch soll die Kirche Notre Dame in Caudebec als schönste im ganzen Königreich bezeichnet haben. Zu dieser Zeit blühte eine Industrie in Caudebec: Filzhüte und Ziegenlederhandschuhe wurden hier hergestellt, die am Hof in Paris getragen wurden. Doch mit der Widerrufung des Edikts von Nantes verließen viele Hugenotten die Stadt und nahmen ihr Know-how mit nach England; die Industrie brach zusammen.

Im 19. Jahrhundert wurde die Stadt ein Touristenzentrum, in dem Schaulustige beim Mascaretrennen ihr Leben wagten.

Caudebec profitierte auch vom englischen Küstentourismus, von den Badeorten am Ärmelkanal war es hierher nicht besonders weit.

Am 9. Juni 1940 wurde die Stadt beim Einmarsch der deutschen Wehrmacht von Bomben größtenteils zerstört. Nach dem Krieg zog sich der Wiederaufbau in die Länge, und erst in den 60er Jahren zeigte sich Caudebec größtenteils erholt. Allerdings war von der Altstadt nur noch sehr wenig geblieben. Heute ist Caudebec eine ruhige, schön angelegte Stadt mit einer einladenden Uferpromenade und einem kleinen, verkehrsberuhigten Zentrum. Nicht einmal mehr der Mascaret sorgt heute für Aufregung.

■ Le Mascaret

Der Mascaret ist eine Gezeitenwelle, die bei Flut entsteht, wenn das Seewasser in einen Flusslauf gedrückt und dadurch eine Welle erzeugt wird, die sich gegen die Stromrichtung flussaufwärts bewegt. Der Seine-Mascaret schaffte es manchmal bis Rouen und war sogar vereinzelt in Elbeuf noch spürbar. Die Welle erreichte an den Ufern bis zu sieben Meter

Le Mascaret auf einer alten Postkarte

Die Seine

Höhe. In der Mitte des Flusses war die Welle nur etwa vier Meter hoch, und somit wurden Schiffe eilig mitten im Fluss vor Anker gelegt, sofern man sich vorbereiten konnte, denn die Welle bewegte sich recht schnell: Zwischen Quillebeuf und Villequier erreichte sie eine Geschwindigkeit von 30 Kilometern pro Stunde.

Das Ausbaggern des Flusses und die Schiffbarmachung für Seeschiffe bis Rouen 1963 bereiteten dem Mascaret ein Ende. Um eine Flutwelle entstehen zu lassen, braucht es ganz bestimmte Voraussetzungen: Der Gezeitenunterschied muss recht groß sein, was im Ärmelkanal durchaus gewährleistet ist: Zwischen Ebbe und Flut liegen sieben bis neun Meter. Das Flussbett der Seine ist relativ flach, somit kann sich eine Welle weit fortpflanzen. Schließlich ist eine regelmäßige Trichterform der Flussmündung wichtig. Heute ziehen Surfer nach Südfrankreich, um auf der Garonne bei Saint Macaire die Gezeitenwelle zu reiten.

Der Mascaret wird hier auch Barre genannt – gegenüber Caudebec liegt Barre-y-va, was soviel heißt wie: Dort geht die Welle. Noch 1958 zogen 20 000 Schaulustige nach Caudebec, um das Naturspektakel zu sehen. Heute ist die Welle nur noch einen bis anderthalb Meter hoch, aber sie galoppiert immer noch mit bis zu 27 Kilometern pro Stunde dahin.

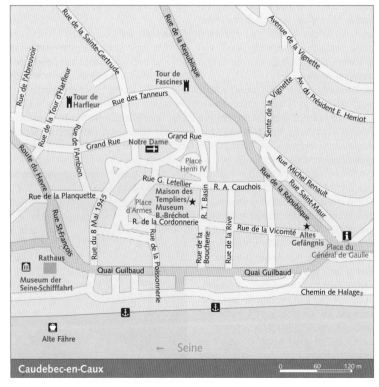

Ein Rundgang

Folgt man dem Ufer von der Schiffsanlegestelle flussaufwärts, gelangt man zum **Place du Général de Gaulle**, an dem das Tourismusamt zu finden ist. Von hier nimmt man die Rue de la Vicomté zum Stadtzentrum. Dabei kommt man am Anfang dieser Straße am **Gefängnis** aus dem 14. Jahrhundert vorbei. Der Bau ist alles, was vom Komplex der königlichen Vertretung in Caudebec geblieben ist.

■ Maison des Templiers

In der Rue Thomas Basin findet man das Maison des Templiers, ein schönes Beispiel der säkularen Baukunst des 13. Jahrhunderts. Es gilt als ältestes

Der Turm der Kirche Notre Dame

Haus von Caudebec. Man glaubt, dass die Mönche von St-Wandrille das Gebäude als Markthalle erbauten. Heute ist es das **Museum Biochet-Bréchot**, das der lokalen Geschichte gewidmet ist. Der aus Caudebec stammende Thomas Basin war der Mönch, der die Rehabilitation von Jeanne d'Arc auf sich nahm. Er war ein wichtiger Berater von Charles VII., doch fiel er bei dessen ältestem Sohn und Nachfolger, Louis XI., in Ungnade und verbrachte den Rest seines Lebens in der niederländischen Bischofsstadt Utrecht. Durch die Straße fließt der Bach Ste-Gertrude. Folgt man diesem, so kommt man in die Rue de Tanneurs, an der man Überreste der alten Stadtbefestigung findet, den **Tour de Fascines** (Faschinenturm) und den **Tour d'Harfleur**, durch den einst die Straße nach Harfleur beim heutigen Le Havre verlief. Gebaut wurden die Mauern während des Hundertjährigen Krieges, geschleift wurden sie auf Wunsch der Bürger 1759.

Von der Rue des Tanneurs geht man rechts auf die Grand Rue und biegt schräg links in die Route du Havre ein.

An dieser Durchgangsstraße stehen die alte Herberge **Du Dauphin**, eine **Schmiede** aus dem 17. Jahrhundert und ein schmuckes altes **Hôtel**, ein Wohnhaus aus derselben Zeit. Von hier kehrt man zum Stadtkern zurück zum Wahrzeichen der Stadt, der Kirche Notre Dame.

■ Kirche Notre Dame

Als ›Spitzen aus Stein‹ besang Victor Hugo die Fassade und die Turmspitze der Kirche von Caudebec. In der Tat kann man fast nirgends besser sehen, was die mittelalterlichen Steinmetze aus dem weichen Stein der Region zauberten. Die Turmspitze sieht einer Königskrone gleich. Das Hauptportal, mit 333 Figuren geschmückt, gibt Zugang zu einer dreischiffigen Kirche, an der ab 1426 bis zur Einweihung 60 Jahre lang gebaut wurde. Der Kirchenbau fand anfangs unter der Leitung des Meisters Guillaume le Tellier statt. Mit den beiden letzten Jochen sowie dem Portal fing man erst Anfang des 16. Jahrhunderts an, und an letzterem arbeitete man 100 Jahre. Bereits während der Religionskriege wurde der

Die Seine

Bau beschädigt, und auch die Revolution setzte der Kirche zu. Das Feuer, das 1940 die Stadt in Asche legte, hatte aber die verheerendsten Folgen.

Die gotischen Buchstaben, die unter dem Dach einen Fries bilden, waren ursprünglich vergoldet. Auch das Portal war ausgemalt: Gotische Kirchen waren wesentlich bunter, als man heute vermuten würde. Es handelt sich bei der Schrift um einen Psalm, der der Muttergottes geweiht ist.

Im Kircheninneren sind sechs Glasfenster aus dem 15. und 16. Jahrhundert zu sehen, die den Krieg überstanden. Sie gehören heute zu den schönsten in der Normandie. Ansonsten sind vor allem der Orgelkasten, eine schöne Renaissancearbeit, und der enorme hängende Schlussstein in der Kapelle der Jungfrau sehenswert. Dieser Koloss erreicht eine Länge von vier Metern und wiegt sieben Tonnen. Im 16. Jahrhundert wurde das Innere der Kirche mit Skulpturen aus der Abteikirche von Jumièges weiter angereichert.

■ Seine-Schifffahrtsmuseum

Die Grand Rue, die an der Nordseite der Kirche verläuft, folgt der alten römischen Straße von Lillebonne nach Rouen. Hier sind einige Häuser zu sehen, die im Zweiten Weltkrieg verschont blieben. Folgt man nun dem direkten Weg über den Place d'Armes zum Fluss, gelangt man in wenigen Minuten wieder an die Uferpromenade. Geht man am Schiffsanleger vorbei, findet man etwas flussabwärts in einem kleinen Park das schöne **Rathaus** aus dem 18. Jahrhundert und dahinter das Musée de la Marine de Seine, in dessen 13 Räumen man alles Mögliche zur Seine und zur Schifffahrt erfahren kann. Anhand von Modellen und Informationstafeln werden

Detail aus dem Portal von Notre Dame

Jahrhunderte der Schifffahrt erklärt, und vor dem Gebäude liegen einige kleinere Boote. Im Museum kann man einen Videofilm zum Mascaret sehen, und man erfährt Wissenswertes über alte und neue Brücken.

■ Alte Fähre

Vom Museum führt ein beschilderter Weg zu einem schönen **Aussichtspunkt**, von dem man die Dächer und die Kapelle von Barre-y-va sehen kann. Am Weg sieht man auch Überreste der keltischen Niederlassung. Schließlich liegt unweit von den Schiffsanlegestellen im Fluss ein

Das Schifffahrtsmuseum

Karte S. 230

weiteres Museumsstück: die alte Fähre, hier Bac genannt. Vor 1868 musste zum anderen Ufer gerudert werden, dann gab es eine Dampfradfähre. Die Fähre, die man heute hier sieht, wurde 1960 in Gebrauch genommen und war der Stolz von Caudebec. Mit 60 Metern Länge und 680 PS konnte die Fähre bis zu 24 Autos mitnehmen. Sie war die längste Fähre an der Seine. 1977, als die Pont de Brotonne fertiggestellt wurde, ging die Nummer 10 nach Duclair und hatte dann dort nach einigen Jahrzehnten ausgedient. Seit 2000 ist sie nun in Rente. Das Renovierung der Fähre geschieht im Rahmen einer Ausbildung: Zwölf Jugendliche arbeiten unter Begleitung an dem Projekt.

Die stillgelegte Fähre von Caudebec

Zwischen Caudebec-en-Caux und Honfleur

Nach Caudebec öffnet sich die Landschaft. Der Fluss wird breiter, man erreicht die Mündung. Zunächst sind es hier Felder, Baumgärten und Äcker, die den Fluss säumen, aber bald sind es große Industrieanlagen.

■ Villequier

Wenige Kilometer flussabwärts liegt am rechten Ufer Villequier, ein kleiner Ort, in dem sich am 4. September 1843 eine Tragödie vollzog. Die junge Leopoldine Hugo, Lieblingstochter des berühmten Schriftstellers, fuhr, frisch verheiratet, mit ihrem Mann in einem kleinen Boot auf der Seine, als es umkippte. Das junge Paar ertrank. Leopoldine und ihr Mann, Charles Vacquerie, liegen auf dem winzigen Friedhof des Dorfes begraben, wie auch die Frau von Victor Hugo, zu der der Dichter ein angespanntes Verhältnis hatte – kein Wunder, verbrachte er doch die meiste Zeit mit seinen Mätressen.

Im Haus der Familie Vacquerie direkt am Ufer ist heute das **Musée Victor Hugo** untergebracht. Ironischerweise verbrachte der Schriftsteller hier nur wenig Zeit und kehrte nach dem Tod seiner Tochter nur selten zurück – allerdings sagt man, dass er sein berühmtes Gedicht ›A Villequier‹ hier geschrieben haben soll. Im Museum sind zahlreiche Möbel der reichen Reedersfamilie sowie eine Sammlung von Zeichnungen von Hugo zu sehen.

■ Vatteville

Am anderen Ufer, heute etwas weiter vom Fluss entfernt, liegt Vatteville. Die Kirche in diesem verschlafenen Dorf scheint viel zu groß geraten, doch einst verfügte Vatteville über einen Hafen, in dem 200 Schiffe Platz hatten, mit denen die Reeder des Ortes einen blühenden Handel mit den französischen Kolonien unterhielten. Nachdem die Seine im letzten Jahrhundert aber begradigt und verschmälert wurde, verlor der Ort seine direkte Verbindung mit dem Wasser.

Gegenüber Vatteville liegt auf einem Plateau das **Château d'Etelan**. Das Schloss, eine Mischung aus Flamboyant-Gotik und Renaissance, wurde 1494 an

Die Seine

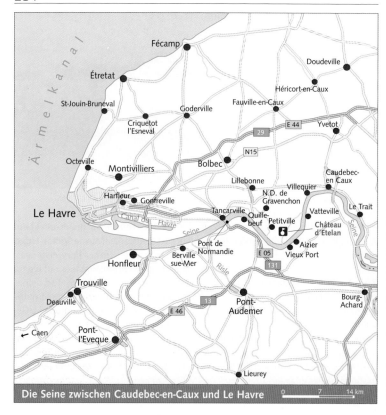

Die Seine zwischen Caudebec-en-Caux und Le Havre

der Stelle einer alten Burg aus dem 12. Jahrhundert errichtet. Teile des Hauses werden bewohnt, es finden aber auch Konzerte und Ausstellungen statt.

■ Aizier und Vieux Port

Am linken Ufer liegen die Dörfer Aizier und Vieux Port nebeneinander. In Azier fand man bei Ausgrabungen Zeugnisse einer 4000 Jahre alten Siedlung. Bis hierher kommt das Meerwasser bei Flut. Nebenan, in Vieux Port, haben viele betuchte Franzosen eine Zweitwohnung. Von Hecken getrennt, findet man hier kleine Grundstücke, auf denen gut erhaltene traditionelle Häuser stehen. Der Stil

dieser Häuser mit ihren enormen Dächern aus Schilfrohr und dem kräftigen Fachwerk hat sich seit dem 14. Jahrhundert äußerlich kaum mehr gewandelt. Beim Bau wurden die Materialien verwendet, die vor Ort vorhanden waren. Nur das Fundament der Häuser war früher aus Stein. Für die Mauern nahm man Eichen- oder Ulmenholz, hier und dort auch Pappel. Zwischen die Balken kam eine Mischung aus Ton und Stroh; die Häuser wuchsen förmlich aus der Landschaft heraus. Die Pflanzenreihen auf dem Dachfirst, häufig Schwertlilien, helfen, dem Rohrdach überflüssiges Wasser zu entziehen. Am Fluss weiden hier und dort nach uraltem Brauch die Kühe noch uneingeengt auf Land, das der Gemeinde gehört und von allen Einwohnern genutzt werden kann.

■ Quillebeuf

Ab Quillebeuf ist es mit der lieblichen Landschaft zunächst vorbei: Der Ort, dessen Kirche Notre Dame de Bon Port ein hervorragendes Beispiel der normannischen Romanik darstellt, ist zwar noch recht hübsch, doch direkt gegenüber der Kleinstadt liegt am rechten Ufer der bunte Stahlwald von **Port Jerôme**, eine riesige Ölspeicher- und Raffinerieanlage. In Quillebeuf waren lange Zeit die Lotsen dieser Flussstrecke zu Hause. Das Recht zu dieser Arbeit hatte Henri IV. der Stadt verliehen, weil diese in den Religionskriegen die protestantische Seite unterstützt hatten. Lange Zeit waren die Lotsen von großer Wichtigkeit, denn gerade bei Quillebeuf war die Seine recht gefährlich, und manches Schiff ging verloren.

■ Tancarville

Tancarville geht auf die Festung des Raoul de Tancarville zurück, der diese auf dem letzten Kreidefelsen vor der Mündung, unterhalb der heutigen Brücke, im 10. Jahrhundert errichten ließ. In den 1930er Jahren wurde mit der Planung einer Brücke angefangen, doch der Zweite Weltkrieg kam dazwischen, und erst 1959 konnte die Brücke eingeweiht werden. Vier Jahre lang hatte man an ›Frankreichs Golden-Gate-Brücke‹ gebaut. Die Brücke ist 1360 Meter lang, wobei die Überspannung zwischen den beiden riesigen Pfeilern etwas mehr als 600 Meter lang ist. Bis zum Bau der Pont de Normandie verlief der ganze Autoverkehr über die Seine über diese Brücke, an die sechs Millionen Fahrzeuge im Jahr.

Hinter der Brücke, am rechten Ufer, beginnt der **Kanal von Tancarville**, der sich 25 Kilometer bis Le Havre erstreckt. Er wurde 1887 eröffnet, so dass Schiffe fortan die gefährlichen Strömungen und wandernden Sandbänke vermeiden konnten. Heute braucht man den Kanal für den Frachtverkehr nicht mehr, nachdem die Mündung in den 1960er Jahren schiffbar gemacht wurde. Ein Teil der Kreuzfahrtschiffe, die wegen ihrer Größe nicht nach Honfleur fahren können, erreichen über den Kanal Le Havre.

■ Pont de Normandie

Fährt man auf der Seine weiter, erreicht man kurz vor der Flussmündung die Pont de Normandie, die 1995 fertiggestellt wurde. Die Schrägseilbrücke besitzt mit 856 Metern die größte Spannweite Europas. Mehr als 200 Meter hoch ragen die enormen Pylone in den Himmel. 184 Stahlseile halten das Gewicht der Brücke, die aus 32 Einzelsegmenten zusammengesetzt wurde, von denen jedes etwa 180 Tonnen wiegt. Insgesamt arbeiteten über 1600 Menschen an diesem monumentalen Bauwerk, das sofort zu einem Wahrzeichen der modernen Normandie wurde.

Dorfidylle in Vieux Port

Die Seine

Honfleur

Als Badeort kann sich Honfleur nicht verkaufen, hat doch die Seine dafür gesorgt, dass die Stadt längst nicht mehr an der Mündung des Flusses liegt. Die Ablagerungen, die der Fluss bis ans Meer mitführt, haben die Kleinstadt über Jahrhunderte vom Wasser abgeschnitten. Nun führt ein kurzer Kanal zum offenen Wasser, und die Küstenvillen am Boulevard Charles V. stehen etwas verloren da. Von Honfleur aus segelte der Endecker Samuel de Champlain in die Neue Welt, wo er Gründer der Kolonie Quebec wurde. Eine Gedenktafel am Zollhaus erinnert heute an seine Fahrt. Das herrliche Stadtbild verdankt Honfleur vor allem der Tatsache, dass die Stadt im Laufe der Jahrhunderte von anderen Häfen überflügelt wurde und zunehmend an Bedeutung verlor. Die Zerstörungen des 20. Jahrhunderts blieben der Stadt weitestgehend erspart, und somit kann sie zu Recht von sich behaupten, eine der schönsten Städte entlang der Seine zu sein.

■ Geschichte

Bereits im 11. Jahrhundert war Honfleur eine wichtige Hafenstadt. 1027 erscheint der Name zum ersten Mal, in einer Referenz von Richard III., dem Herzog der Normandie. Im 14. Jahrhundert wurde sie befestigt und im Hundertjährigen Krieg stark umkämpft. Sie musste sich schließlich den Engländern geschlagen geben. Die Seeleute und die hervorragenden Zimmermänner machten dennoch aus der Stadt ein Tor zur Welt. 1503 segelte Binot Paulmier de Gonneville von Honfleur in die weite Welt und landete, mehr aus Versehen, im heutigen Brasilien. Da er auf seiner Rückreise Schiffbruch erlitt, kam er als Mittelloser aus der Fremde zurück und wurde bald vergessen.

Ähnlich vergessen wurde der Seefahrer Jean Denis, der Neufundland entdeckte. Erst Samuel de Champlain bekam mit seiner Gründung von Quebec die Anerkennung, die seine beiden Kollegen durchaus auch verdient hätten. Handel

▲ *Honfleur auf einem Bild von Raoul Dufy*

mit den Antillen, Afrika und den Azoren brachte Wohlstand; Honfleur wurde übri-gens auch einer der größten Sklaven-märkte der Welt.

Die Kriege, die von der französischen Revolution ausgelöst wurden, und die kontinentale Blockade Napoléons hat-ten für Honfleur schlimme Folgen. Hin-zu kam die weitgehende Verschlam-mung des Hafens. Zwar wurde diese mit dem Ausbau des Beckens von 1874 bis 1881 gestoppt, aber bis dahin war Le Havre längst der modernere und besse-re Hafen geworden.

Bereits 1820 war das alte Hafenbecken mit den schieferverkleideten Häusern ein beliebtes Motiv für Maler wie Ri-chard Parks Bonington geworden. Paul Huet, Eugène Isabey und Eugène Bou-din waren auch unter den ersten, die Honfleur die in dieser Hinsicht entdeck-ten. Immer noch bauen Maler ihre Staf-feleien am Wasserrand gerne auf und werden selbst zu Motiven für Fotogra-fen.

Ein Rundgang

Die Kreuzfahrtschiffe legen im Bassin de l'Est an, und man steht am Ufer gleich vor der Innenstadt. Honfleur ist zu Fuß sehr einfach zu erkunden, denn die Alt-stadt ist nicht besonders groß. Zudem führen alle Wege bergab zum Vieux Bassin, dem alten Hafen, um den herum sich die Altstadt befindet.

Am Anleger ist ein **Fischmarkt** eingerich-tet, der täglich frischen Fisch liefert. Daneben findet am Pier nebenan jeden Samstagmorgen ein Fischmarkt im Frei-en statt. Nach wie vor ist es nur den Frauen der Fischer erlaubt, den Fisch direkt vom Schiff an Ort und Stelle an-zubieten. Jenseits vom großen Parkplatz verläuft der Quai de la Tour, der zum Quai Le Paulmier führt.

Malerin in Honfleur

■ Das Viertel St-Léonard

Wenn man den Quai Le Paulmier über-quert, kommt man auf einen Weg, der hinauf zum **Place St-Léonard** führt, an dem die gleichnamige Kirche steht. Die-se wurde ursprünglich 1186 erbaut und nach dem Schutzpatron der Gefangenen benannt, der 559 starb. Sie wurde im Hundertjährigen Krieg und den Religi-

Fachwerkhaus in Honfleur

Die Seine

onskriegen übel zugerichtet. Ihr heutiges Aussehen erhielt die Kirche im ausgehenden 16. Jahrhundert, der Turm aber wurde erst 1760 fertiggestellt. Von der Rue Cachin kommt man zur Rue de la République, in die man rechts abbiegt und so schnell wieder zum alten Hafen findet. Zum Hafen hinunter strömte hier früher ein kleiner Fluss, der mittlerweile unter dem Pflaster der Straßen verlorengegangen ist.

■ Der Hafen

Der Bereich rechts vom Hafenbecken ist der eigentliche Altstadtkern. Die ersten Mauern umschlossen nur dieses Viertel und das Hafenbecken, nicht aber die höher gelegenen Quartiere. Am Quai St-Étienne entlang kommt man zur ehemaligen Kirche mit dem gleichen Namen, die 1369 errichtet wurde. Saint Étienne spielte im Leben der Stadt eine wichtige Rolle, der Gouverneur des Königs hatte

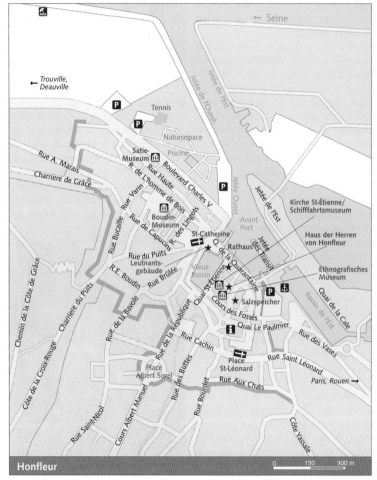

Honfleur

0   150   300 m

hier eine eigene Kirchenbank. Kapitäne besuchten die Kirche nach wohlbehaltener Rückkehr. Für größere Feiern reichte aber die kleine Kirche nicht aus: Diese fanden in Ste-Catherine statt. Nach der Revolution war die Kirche unter anderem als Theater, Zolldepot und Heringsgroßhandel in Gebrauch. Ende des 19. Jahrhunderts wurde sie restauriert und der eingestürzte Turm wieder aufgebaut. Heute ist hier das **Schifffahrtsmuseum** der Stadt.

Biegt man vor der Kirche rechts ab, kommt man in die Rue de Prison. Neben dem ehemaligen Gefängnis befindet sich in dieser engen, malerischen Gasse in einem Haus aus dem 16. Jahrhundert das **Ethnografische Museum** von Honfleur, das in neun Räumen das häusliche Leben in der Normandie im 18. und 19. Jahrhundert darstellt.

Folgt man der Gasse etwas weiter, kommt man an einen Torbogen, der sich links in einer Häuserwand befindet. Durch diesen kommt man in den Hof des **Hauses der Herren von Honfleur**, der Herren von Roncheville, deren Herrschaft im Hundertjährigen Krieg endete. Louis XI., der Honfleur nach dem Krieg wieder aufbauen ließ, beauftragte Louis de Bourbon damit, die Wehrmauern der Stadt wiederherzustellen, und die neu befestigte Stadt unterstand fortan einem Gouverneur des Königs, der in diesem Haus wohnte. Im Laufe der Jahrhunderte wurde der Bau immer wieder ausgebreitet und umgestaltet. Zwischen 1983 und 1990 wurde er gründlich renoviert und bietet heute Künstlerstudios und kulturellen Organisationen Obdach.

Durch das Gebäude kommt man zum **Place Boudin**, an dem viele Restaurants gelegen sind. Biegt man hier zweimal rechts ab, so steht man in der Rue de la Ville vor den alten **Salzspeichern** der Stadt. In diesen enormen Häusern wurde das Salz aufbewahrt, mit dem die Fischerboote, die zum Kabeljaufang nach Neufundland segelten, ausgestattet wurden. 10 000 Tonnen Salz konnten hier aufbewahrt werden. In den 1970er Jahren wurden die Häuser, die größtenteils aus dem Stein alter Stadtmauern gebaut worden waren, komplett renoviert, und seitdem finden hier Ausstellungen und kulturelle Ereignisse statt. Da diese häufig gratis angeboten werden, lohnt es sich immer, kurz hereinzuschauen, um die enormen Ausmaße dieser Bauten zu bewundern.

Die Seine

Fassaden am Hafen

Zurückgekehrt auf dem Place Boudin geht man nun am Rathaus vorbei über den Quai de La Quarantaine und kommt an das **Leutnantsgebäude**. Dieser Bau, der über Jahrhunderte organisch gewachsen scheint, wurde als Teil der Stadtbefestigungen errichtet. Hier befand sich das Tor, durch das der Weg nach Caen führte. Im 17. Jahrhundert wurde das Rouen-Tor auf der anderen Seite der kleinen Stadt zusammen mit den Wehrmauern geschleift, doch dieses Haus blieb erhalten. In einem der Appartements wohnte ab 1684 bis zur Revolution der Leutnant des Königs, eine Art Statthalter.

Am Boudin-Museum

■ Boudin-Museum

Durch das Stadttor geht man zunächst geradeaus, und dort, wo sich die Straße gabelt, hält man sich links und kommt so in die Rue de l'Homme de Bois. In dieser Straße befindet sich das Musée Eugène Boudin.

Dieses Museum, das aus dem bereits 1868 gegründete Gemeindemuseum hervorging, fand 1974 sein jetziges Zuhause in der Kapelle des Augustinerinnenkonvents. 1988 wurde es ausgebreitet und umfasst nun acht Räume, in denen hauptsächlich Gemälde gezeigt werden. Darüber hinaus aber zeigt das Museum auch eine regionale ethnografische Sammlung von Trachten, Möbeln und Gebrauchsgegenständen, die von Désiré Louveau, einem Geschäftsmann und Freund von Boudin, begründet wurde. Von Boudin selbst sind insgesamt fast 100 Werke zu sehen, von Pastellzeichnungen zu Ölgemälden.

Die bunten Werke der Fauvisten Othon Friesz und Raoul Dufy kontrastieren mit denen aus dem Kreis um Boudin. Unter anderem sieht man hier Claude Monets Étretat-Gemälde von 1884, Boudins ›Personnages sur la Plage de Trouville‹ und Gustave Courbets ›Rivage en Normandie près de Honfleur‹. Die Bilder, auf denen Boudin und seine Nachfolger die Welt der Badegäste und der Fischer festhielten, sind nicht nur künstlerisch von Bedeutung: Sie erzählen die Entwicklung der normannischen Küste seit Anfang des 19. Jahrhunderts.

■ Satie-Museum

Gegenüber dem Museum führt eine Treppe hinab zur Rue Haut. Biegt man hier links ab, kommt man zum Musée Erik Satie, das dem quirligen Vorreiter der minimalistischen Musik gewidmet ist. Das Museum hat wenige Ausstellungsstücke im traditionellen Sinne, sondern versucht vielmehr, den Besucher durch verfremdende Klangwerke und optische Effekte in eine Art Traumzustand zu versetzen, damit man sich in ganz eigener Weise mit dem musikalischen Schaffen von Satie auseinandersetzen kann.

Satie pflegte in Samtanzügen aufzutreten, bewaffnet mit Brille oder Monokel, immer auf die Wirkung seiner Person

Karte S. 238
▲

bedacht. Er selbst war ein Kunstwerk, das immer wieder neu inszeniert sein wollte. Im November 1888 schrieb er zu seiner Gymnopédie Nummer 3: »Dem Musikpublikum können wir dieses Werk nicht wärmstens genug empfehlen.« Satie wurde von seinen Zeitgenossen nicht immer geschätzt, und noch immer halten manche seine Musik für nicht mehr als anspruchsvollere Hintergrundmusik. Moderne Komponisten wie Philip Glass und John Cage allerdings sehen in ihm einen wichtigen Wegbereiter.

Über den gleichen Weg kommt man wieder in die Rue de L'Homme au Bois. Geht man nun wieder zum alten Hafen zurück, kann man rechts in die Rue des Lingots abbiegen, an dessen Ende der Glockenturm von Ste-Catherine zu sehen ist.

■ Das Viertel Ste-Catherine

Unweit vom Hafen befindet sich diese einmalige **Kirche**, nach der das Viertel benannt ist. Als Hafenstadt war Honfleur in internationalen Konflikten immer wieder Angriffen ausgesetzt, und während der englischen Besatzung im 15. Jahrhundert brannten die Engländer die beiden wichtigsten Kirchen, St-Léonard und Ste-Catherine ab. Nachdem die Besatzer abgezogen waren, wurde mit dürftigen Mitteln eine neue Ste-Catherine-Kirche gebaut. Schiffsbauer gab es zur Genüge in Honfleur, und aus dem benachbarten Wald von Touques wurde das Holz für die Kirche bezogen, deren erstes Schiff 1468 fertiggestellt wurde. Da in Ste-Catherine rasch viele Schiffer und Reeder zuzogen, brauchte man schon bald ein zweites Schiff, das 1496 errichtet wurde. In den Jahrzehnten darauf wurden beide Schiffe verlängert, und dem Gebäude wurde ein Renaissanceportal vorgestellt.

Während der Revolution blieb die Kirche verschont. 1827 wurde das Haus gründlich renoviert. Alle Balken wurden mit Gips bedeckt, die Pfeiler in Säulen umgewandelt, und das Renaissanceportal musste einem Vorbau mit vier griechischen Säulen Platz machen. 1879 wurde die Apsis renoviert, und weitere Restaurierungsarbeiten erfolgten. Der Portalvorbau verschwand 1929. Bis dahin hatte man den Putz größtenteils entfernt, und somit erhielt die Kirche vor etwa 80 Jahren ihr heutiges Aussehen.

Die Seine

ℹ Honfleur

Tourismusamt, Quai Lepaulmier, einen Katzensprung vom Schiffsanleger entfernt. Hier bekommt man eine Karte, die als Eintrittskarte zu den vier vorgestellten Museen gilt.

✖

Es gibt überall im Ort Restaurants und Cafés, doch die am **Alten Hafen** sind unschlagbar. Man mag etwas mehr bezahlen, aber die Aussicht und die Atmosphäre sind es durchaus wert. Natürlich sollte man hier die Meeresfrüchte und den Fisch probieren und zwischen Hauptmahlzeit, Käse und Dessert den Calvados nicht vergessen.

Honfleur ist eine Touristenstadt par excellence: Die Läden reihen sich aneinander, und das Angebot reicht von den üblichen Billigsouvenirs zu schönen und entsprechend teuren Andenken. Eine Flasche Calvados ist immer ein schönes Souvenir aus der Normandie, dies gilt auch für die Butterplätzchen. Käseliebhabern ist der mit Calvados affinierte Camenbert besonders zu empfehlen.

Trouville

Seinen Aufschwung ab der Mitte des 19. Jahrhunderts verdankt dieses Fischerdorf vor allem einer Gruppe von Malern, die den Strand von Trouville als Motiv entdeckten. Unter ihnen waren Wegbereiter des Impressionismus wie Eugène Boudin, Camille Corot, Eugène Isabey und Gustave Courbet. Trouville liegt am südlichen Ende der Corniche Normande, dem Küstenstreifen zwischen Honfleur und der Mündung des Touques-Flusses. Das ›Trou‹ im Namen kommt aller Wahrscheinlichkeit nach von ›Thorulf‹ – der Wolf von Thor. Nach dieser Erklärung heißt also Trouville soviel wie das ›Haus der Thor-Wölfe‹.

Heutigen Besuchern bietet Trouville einerseits den **Boulevard**, der entlang des Touque zum Casino führt und an dem sich der Fischmarkt befindet; andererseits gibt es die Strandpromenade, die **Promenade des Planches**, mit ihren großen Hotels. In der **Villa Montebello**, einem Neorenaissance-Bau aus der Zeit des Second Empire, befindet sich heute ein Museum, in dem die Geschichte des Ortes dargestellt wird. Vor allem die vielen Stücke aus der Zeit, in der Trouville und Deauville als Badeorte ihre besten Zeiten erlebten, sind interessant. Den Künstlern André Hambourg und Raymond Savignac ist je ein Raum gewidmet.

Trouville übte auf einige Autoren eine große Anziehungskraft aus: Marcel Proust verfasste hier ›Auf der Suche nach der verlorenen Zeit‹, und Marguerite Duras war Stammgast im Hotel Roches Noires.

Die Nähe zu England, die der Normandie oft zum Verhängnis wurde, ließ im 19. Jahrhundert Tourismus entstehen. Betuchte Londoner Bürger flohen vor der Hitze der Hauptstadt, und an der Küste entstanden die ersten Badeorte, die auch schon bald die Reichen und Schönen aus Paris begrüßen durften. Es entstand eine richtige Bäderarchitektur mit Elementen maurischer, neugotischer und normannischer Baukunst. Die Idee der Seebäder und deren heilsamer Wirkung wurde Ende des 18. Jahrhunderts von einem englischen Arzt eingeführt, und in dieser Hinsicht waren die Gäste von der Insel den Einheimischen weit voraus.

Deauville

Deauville und Trouville sind zwar engste Nachbarn, doch könnten sie unterschiedlicher gar nicht sein. Während in Trouville die Fischer ihrer Arbeit nachgingen, lange bevor die Maler den Ort entdeckten, wurde das moderne Deauville erst in der zweiten Hälfte des 19. Jahrhunderts gegründet, mit der ausdrücklichen Absicht, hier einen Tummelplatz für reiche Besucher zu kreieren. Noch heute scheint Deauville im Sommer aus dem Feiern kaum herauszukommen. Von Pferderennen über Polo-Weltmeisterschaft bis zu Segelwettbewerben und vom Amerikanischen Filmfestival bis zu Golfturnieren ist hier immer etwas los. Die 4500 Bürger des Städtchens lassen sich von Fürsten, Filmstars, Großindustriellen und anderen Prominenten kaum mehr irritieren, denn sie gehören zum täglichen Leben dazu.

Zwischen dem kleinen Toques-Fluss und dem Mont Canisy, dem höchsten Punkt an der Côte Fleuri, erstreckt sich der Ort

Die Seine

Umkleidekabinen an der Promenade von Deauville

Auf dem Fischmarkt von Trouville

Gerettet wurde das Unternehmen Anfang des 20. Jahrhunderts von zwei Männern, zum einen dem energischen Bürgermeister Désiré le Hoc, zum anderen Eugène Cornuché, Direktor des Kasinos von Trouville und Manager des Restaurants ›Maxims‹ in Paris. Ab 1910 machten diese beiden sich an dem Wiederaufbau. Man baute ein neues Casino, zwei Hotels, das Normandy und das Royal, eine Handvoll Geschäfte und das Café La Potinière. Das Casino öffnete seine Pforten im Juli 1912, und als das Hotel Normandy wenig später seine ersten Gäste empfing, begann, im zweiten Anlauf, die Blüte von Deauville.

> **ℹ Trouville und Deauville**
>
> Häufig werden bei Landausflügen beide Orte nacheinander angefahren, und daneben findet noch eine Calvados- oder Cidre-Verkostung statt. Oft wird die wenige Freizeit am Badestrand von Deauville verbracht, eine durchaus gute Wahl bei schönem Wetter.

zwei Kilometer entlang der Küste hinter einem breiten Sandstrand. Als Deauville geplant wurde, hieß es zunächst Mornyville, nach einem der drei Gründer des Badeortes, dem Grafen von Morny, Halbbruder von Napoléon III. Der Arzt von der britischen Botschaft in Paris und der Finanzier Donon waren die anderen beiden Geschäftsleute, denen eine große Zukunft vorschwebte. Es kam dennoch anders.

Das Experiment war gewagt: Ein Stück Sumpfland sollte in einen Badeort von Weltklasse umgewandelt werden. Architekt war ein gewisser Breney. Der Strand sollte zugänglich gemacht und mit allem modernen Komfort ausgestattet werden, ein Casino, ein Grand Hotel und eine Pferderennbahn wurden geplant. De Morny starb aber 1865, und fünf Jahre später brach das zweite Kaiserreich zusammen. Im Winter 1874/75 deponierte ein Sturm eine Kiesbank vor der Küste, auf der Sand aufschwemmte. Plötzlich lag die junge Stadt 500 Meter vom Wasser entfernt.

Karte S. 223 ▲

Das Hotel ›Normandy‹ in Deauville

Le Havre

Frankreichs zweitgrößtem Hafen, nördlich der Seinemündung gelegen, fehlt der mittelalterliche Charme seines Gegenübers Honfleur. Jahrzehntelang waren die Gebäude der Stadt als ordinäre Plattenbauten verschrien, die Nachkriegsplanung als misslungenes Experiment bewertet. Doch seit die UNESCO 2005 genau dieses jüngste Erbe auf ihre Liste des Weltkulturerbes eintrug, findet eine Neubewertung von Le Havre statt, das von Auguste Perret und seinem Team von Architekten und Stadtplanern entworfen wurde. Man entdeckt die eleganten Proportionen der Häuser, das Regelmaß in den Fassaden und die Großzügigkeit des Straßenplans wieder. Sicherlich ist Le Havre für viele Besucher gewöhnungsbedürftig, doch wer der Stadt offen entgegentritt, kann ihr viel abgewinnen.

■ **Geschichte**

Für die frühe Geschichte dieser Gegend muss man in das benachbarte Harfleur ausweichen, denn vor Jahrhunderten gab es größere Teile des Schwemmlandfächers, auf dem Le Havre gebaut wurde, noch gar nicht. In Harfleur dagegen gab es bereits im Neolithikum eine Niederlassung von Fischern, dort, wo die Lézarde in die Seine fließt. Eine gallo-römische Niederlassung an dieser Stelle trug den Namen Caracotinum, doch der heutige Name geht auf die Zeit der Wikinger zurück. In deren Sprache dürfte Harfleur ›am nördlichen Ufer‹ bedeuten, und Honfleur ›am südlichen Ufer‹. Urkundlich wurde die Stadt erst im 11. Jahrhundert erwähnt. Im darauf folgenden Jahrhundert wurde die Stadt zum Vorposten von Rouen. Der Hafen wurde in den Kriegen mit England stark beschädigt, doch wegen seiner Bedeutung immer wieder schnell aufgebaut. Dies fand im 16. Jahrhundert ein Ende, da die Seinemündung durch die Flussablagerungen über ihren Sedimentfächer immer weiter hinaus zum Meer wandert. 1517 beschloss François I. den Bau eines neuen Hafens. Sechs Jahre später verließ Giovanni da Verrazano an Bord der ›Dauphine‹ den Hafen auf seinem Weg in die Neue Welt, wo er das Gebiet des heutigen New York auskundschaftete. Eine lange Reihe von Entdeckern folgt, noch Anfang des 20. Jahrhunderts starteten von diesem Hafen aus Expeditionen in die Antarktis und zum Nordpol.

Während der Religionskriege stand Le Havre auf der Seite der Calvinisten. Diese verbündeten sich mit der englischen Königin Elizabeth I., die 1562 Louis I. de Condé 6000 englische Soldaten zur Verfügung stellte, um Dieppe und Le Havre zu beschützen. Nachdem der Krieg vorbei war, weigerte sie sich, ihre Soldaten abzuziehen, und ein vereintes französisches Heer zog gegen die Engländer der beiden Städte auf. Elizabeth, von ihren ehemaligen hugenottischen Verbündeten nun bekämpft, musste ihre Soldaten zurückrufen. Die Regentin Caterina de' Medici zog in Le Havre ein und wohnte eine Zeit lang im Viertel Sainte-Adresse.

Ab August 1563 gehörte Le Havre wieder zu Frankreich, und die Befestigungen der Stadt wurden sofort ausgebaut, um eine Wiederholung der englischen Besatzung zu vermeiden. 80 Jahre später gründete man in Le Havre eine Niederlassung der ›India Compagnie‹, und Le Havre war auf dem Weg, ein führender Seehafen zu werden. Der Walfang fand

Die Seine

von hier aus statt, und Schiffe aus aller Welt brachten Baumwolle, Kaffee, Tabak und exotisches Holz. Von hier fuhren die Schiffe mit Soldaten in die Neue Welt, um den amerikanischen Freiheitskampf zu unterstützen. Im Jahrhundert darauf folgten den Soldaten Auswanderer und dann Touristen. Das Segelschiff ›Franklin‹ schaffte es 1850 in 15 Tagen von New York nach Le Havre. Am Ende des amerikanischen Bürgerkriegs wurde der Dampfer ›Washington‹ auf einer ersten Linienfahrt eingesetzt, und im 20. Jahrhundert verkehrten die großen Ozeandampfer wie die ›Normandie‹, die ›Île de France‹ und die ›Liberté‹ zwischen den beiden Kontinenten.

Der Zweite Weltkrieg brachte eine brutale Zäsur: Von Le Havre aus plante man monatelang das deutsche Unternehmen ›Seelöwe‹, mit dem England angegriffen werden sollte. Obwohl es dazu nie kam, wurde le Havre einer der wichtigsten militärischen Stützpunkte des Atlantikwalls. Dies wurde der Stadt zum Verhängnis, als die Alliierten im Sommer und im Herbst 1944 angriffen. 146 Bombardements trafen die Stadt. Zwischen 4000 und 5000 Menschen kamen ums Leben, weitere 80 000 wurden obdachlos. 20 Prozent der Stadt, darunter das gesamte Zentrum, lagen in Schutt und Asche. Zwei Jahre dauerte nach dem Krieg allein die Freiräumung des Hafens.

Nach rationellen Planungsprinzipien wurde die neue Stadt in regelmäßigen Quartieren um drei Kernbereiche herum geplant: das Rathaus, den Seehafen und den Küstenstreifen. Le Havre hat somit einen angenehm überschaubaren Stadtkern. Der erste Eindruck ist der von Großzügigkeit. Breite Boulevards erschließen die Geschäfts- sowie die Wohnviertel, die einzelnen Gebäude sind elegant proportioniert, und man spürt überall die Nähe zum Meer. Das Schachbrettmuster, das man heute sieht, ist übrigens keineswegs eine Erfindung der Nachkriegszeit, dies gab es schon 1541, als die Stadt vom Italiener Girolama Bellarmato geplant wurde. Und so fügte sich das alte Viertel St-François auch relativ nahtlos in sein neues Umfeld.

Heute zeigt sich die Stadt nicht nur stolz, sondern hat gleich einen Stararchitekten der jüngsten Zeit, Jean Nouvel, engagiert, um die Weiterentwicklung des Hafens im Rahmen des Projektes Port 2000 voranzutreiben. Allerdings geriet diese groß angelegte Erneuerung nach der Finanzkrise von 2008 zunächst einmal ins Stocken.

Ein Rundgang

Vom Schiffsanleger sind es zu Fuß etwa 15 bis 20 Minuten zum Place du Général Charles de Gaulle, am Ende des Bassin du Commerce, einem der ältesten Hafenbecken der Stadt. Unterwegs kommt man an der eleganten Fußgängerbrücke **Passerelle du Commerce** vorbei, die 1969 in Gebrauch genommen wurde. Nördlich der Brücke befindet sich der **Börsenpalast**, in dem heute ein Casino untergebracht ist.

Gegenüber vom Denkmal für die Gefallenen der Kriege Frankreichs am großen Platz liegt der Vulkan. So jedenfalls nennen die Bürger Le Havres den futuristischen Bau, der amtlich **Espace Oscar-Niemeyer** heißt, nach seinem Architekten, dem weltberühmten Vater der Stadt Brasilia. In dem 1982 eingeweihten Bau sind ein Theater, mehrere Kinosäle und Ausstellungsräume untergebracht. Quer durch diesen Platz verläuft die Rue de Paris, entlang der die Bürgersteige vom Wetter geschützt sind, da sie sich unter den oberen Stockwerken der

◀ Karte S. 247

Die Seine

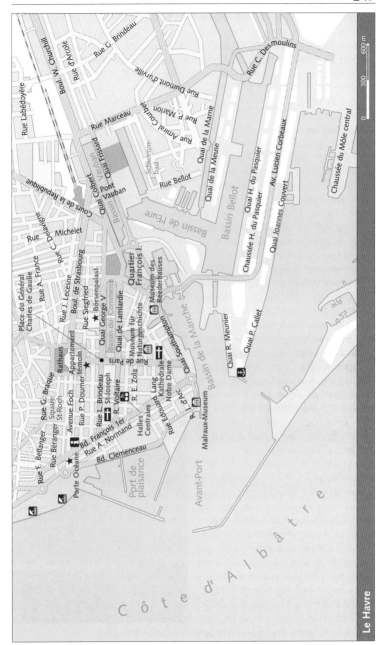

Le Havre

Häuser befinden. Damit erinnert das Straßenbild an Straßen in Paris, wie etwa die Rue de Rivoli. Die Anlehnung an ältere Formen und die kontrastierende Ausführung in Beton ist für die von Auguste Perret geprägte Architekturschule sehr typisch.

■ Das Rathaus

Der Rathausplatz ist einer der größten in Europa. Um den ganzen Platz herum formen dreistöckige Gebäude den Rahmen, während die Ecken der Straßen, die in den Platz münden, von sechsstöckigen Häusern eingenommen werden. Mit dem Rathaus inmitten des Platzes bilden diese Gebäude ein harmonisches Ensemble.

Im **Brunnen** vor dem Rathaus symbolisieren zwei verletzte Vögel die Deportierten und die Widerstandskämpfer der Stadt. Das Werk stammt vom Bildhauer Henri-Georges Adam. Am Rathausplatz liegt eine Wohnung, die man nach Absprache beim Tourismusamt der Stadt besuchen kann (Appartement témoin). Hier erfährt man, wie man sich in den 1950er Jahren das moderne Wohnen vorstellte. In die relativ kleinen Zimmer fällt erstaunlich viel Licht, und die schlichten, eleganten Möbel verstärken den Eindruck der Leichtigkeit.

■ Zum Strand

In Richtung des Strandes geht es über die Avenue Foch, eine breite Allee mit kleinen Parkanlagen an beiden Seiten. Gleich zu Anfang der Allee sind an den Häusern auf der linken Seite moderne Flachreliefs zu sehen, die die Geschichte le Havres erzählen. Auf etwa halben Wege rechts liegt der Square St-Roch, der von Perret selbst umgestaltet wurde. Am Ende dieser Straße befinden sich zwei Hochhäuser, die zusammen das

Porte Océane (Ozeantor) bilden. Jenseits des Platzes beginnt der Strand von Le Havre, der sich in nordwestlicher Richtung vor dem Edelviertel Sainte Adresse ausdehnt. Viele Maler ließen sich von den schönen Aussichten und den Villen inspirieren, und der Fauvist Othon Friesz bemalte sogar die dekorativen Fliesen eines der großen Häuser. Diese sind jetzt im **Musée Malraux** zu sehen. Im Sommer ist der Strandbereich voller Badegäste.

■ Kirche St-Joseph

Am Wasser angekommen, biegt man links ab, und vor dem Tourismusamt geht man wieder links, bis man den Boulevard François I. erreicht. Hier geht man nach rechts zur Kirche St-Joseph,

Die Kirche St-Joseph

▲ Karte S. 247

einem der wichtigsten Bauten von Auguste Perret. Sie wurde 1951 fertiggestellt und ragt über die Stadt hinaus wie ein Leuchtturm des Glaubens. Der oktagonale Turm ist 109 Meter hoch und wird von einem Betonkreuz gekrönt. Im Inneren überrascht der Bau durch seine intime Atmosphäre. Das einfallende Licht wird durch 13 000 Glasteile gefiltert. Für diese ist Marguerite Huré verantwortlich, eine Künstlerin, mit der Perret bereits beim Bau der Kirche Notre Dame im Pariser Vorort Le Raincy zusammenarbeitete.

An der Kirche vorbei, dann rechts in die Rue Diquemare und links in die Rue Voltaire kommt man zum Markt, den **Halles Centrales**, 1960 gebaut, mit einem auffälligen Betongewölbe als Dach. Die Rue Arthur Honegger führt in südlicher Richtung vom Markt weg, und man kommt an der Ecke der Rue de Richelieu an der **Handelsschule** vorbei, 1957 von einem Perret-Schüler gebaut. Am Ende der Straße biegt man rechts in einem 45-Grad-Winkel (von Perret geplant!) in die Rue Edouard Lang ein. Verfolgt man diese bis zum Wasser und biegt danach rechts ab, dann steht man vor dem Musée Malraux.

■ **Malraux-Museum**

Auf dem Platz vor diesem Haus ist die Betonskulptur **Le Signal** von Henri-Georges Adam zu sehen. Das Musée Malraux beherbergt eine der größten Sammlungen impressionistischer Kunst in Frankreich. Unter anderem findet man hier 220 große und kleine Werke von Eugène Boudin, der in Honfleur zu Hause war und auch dort mit einem Museum geehrt wird. Schön ist vor allem die Boudin gewidmete Wand, einen so umfassenden Einblick in das Schaffen eines Künstlers bekommt man selten gewährt.

Maler wie Alfred Sisley, Edouard Manet, Claude Monet und der Fauvist Raoul Dufy sind hier mit wichtigen Werken vertreten. Daneben sind Werke des berühmtesten Sohns von Le Havre im 20. Jahrhundert, Jean Dubuffet, zu bewundern.

■ **Quartier François I.**

Geht man vom Malraux-Museum zunächst ein Stück am Wasser entlang und biegt dann in die Rue de Paris links ab, kommt man zum einzigen Viertel der Innenstadt, in dem noch einige Gebäude aus der Vorkriegszeit zu sehen sind, unter anderem die **Kathedrale Notre Dame**, ein merkwürdiges Gemisch aus Renaissance und Gotik.

Hinter der Kathedrale befindet sich im ehemaligen Justizpalast das **Museum für Naturgeschichte**, während die Geschichte der Stadt im **Musée Maison de L'Armateur** (Museum des Reederhauses) dargestellt wird. Dieses befindet sich am Eingang zum Hafenbecken Bassin du Roi. Durch das Quartier St-François erreicht man wieder das Bassin du Commerce.

■ **Der Hafen**

Le Havre ist der wichtigste Außenhandelshafen Frankreichs. Öltanker beliefern eine enorme petrochemische Industrie, die sich entlang der Seine bis Port Jérôme erstreckt, auch Kohle sowie fertige petrochemische Produkte kommen in Le Havre an. Getreide, Maschinen und chemische Produkte werden über Le Havre in alle Welt geschickt, oder kommen von anderen Ufern hier an. Die Fährverbindung mit Portsmouth in England sorgt für einen regen Passagierverkehr, und der Containerhafen ist der wichtigste Frankreichs. Insgesamt legen mehr als 7000 kommerzielle Schiffe jährlich in Le Havre an.

Die Seine

Die **Schiffsanlegestelle für Flusskreuzfahrtschiffe** liegt am Rande des Hafens.
Schräg gegenüber sieht man das öffentliche **Schwimmbad**, nach einem Entwurf
von Jean Nouvel. Um das Bassin des
Docks herum werden alte **Packhäuser** in
Büroräume und Einkaufspassagen attraktiv umgestaltet. Von hier kommt man
über den Quai Frissard und die Pont
Vauban zum Quai Georges V., an dem
man links abbiegt, um zum Bassin du
Commerce zu gelangen.

Große Kreuzfahrtschiffe legen auch in Le
Havre an, etwa sechzigmal im Jahr. Die
Ozeanriesen laufen westlich von der
Schiffsanlegestelle an, während der grö-
ßere Teil des Hafens sich nach Südosten
erstreckt. Zugang bietet die enorme
Schleuse François I., eine der größten der
Welt: 400 Meter lang, 67 Meter breit
und 24 Meter tief. Durch diese passen
voll beladene Schiffe mit 250 000 Ton-
nen. Die allergrößten Schiffe mit einer
Ladung von 550 000 Tonnen legen aller-
dings 22 Kilometer nördlich der Stadt im
Hafen Le Havre-Antifer an.

▲ *Am Hafen von Le Havre*

Étretat

La mer a Étretat
Est sans couleur precise
Tantot bleue, tantot grise
Comme tes yeux parfois
Tranquille ou en fureur
Elle court au rivage
Qu'elle frole ou saccage
Au gres de son humeur.

Das Meer bei Étretat
hat keine genaue Farbe
manchmal blau und manchmal grau
wie manchmal deine Augen
ruhig oder wütend
Rennt es zur Küste
die es streift oder zerstört
je nach Laune.

George Garvarentz,
gesungen von Charles Aznavour

Die Kulisse von Étretat macht alles aus.
Der Ort an sich ist nicht ohne Charme,
aber die üblichen Souvenirgeschäfte, die
kleinen Restaurants mit den Speisekarten in vier Sprachen gibt es anderenorts
auch. Kommt man aber durch den Ort
an den Strand und sieht die 70 Meter
hohen Kreidefelsen, die wie Hörner eines Stiers in das Wasser hinausragen,
versteht man, warum Étretats Küste
Sänger, Schriftsteller und Maler seit eh
und je angezogen hat.

Kaum einer setzte die Kulisse gefühlvol-
ler um als Guy de Maupassant, der in
Étretat seine Kindheit verbrachte. Er verließ das Dorf nach seiner Jugend und
kam dann zurück, um die Villa La Guil-
lette zu bauen, in der er sechs Jahre
lebte. Maupassant wurde 1850 auf einem Schloss in Dieppe geboren. Nachdem der Vater mit seinem verschwenderischen Lebensstil die Familie in den
Ruin getrieben hatte und zudem immer

Am Strand von Étretat

Die Seine

wieder außereheliche Abenteuer hatte, trennte sich Maupassants Mutter von ihrem Mann und zog mit ihren beiden Söhnen nach Étretat. Der junge Guy war damals neun Jahre alt, und aus seinen späteren Beschreibungen wird klar, dass es ihm hier gefiel. Als er mit 18 in Rouen ins Gymnasium ging, lernte er Gustave Flaubert kennen. Wenig später fing er in Paris ein Jura-Studium an, musste dieses aber unterbrechen, als er in den Kriegsdienst ging. Im Französisch-Preußischen Krieg kämpfte er zwar nicht an der Front, doch bekam er vom Gemetzel genug mit, um sich in seinen Werken damit immer wieder auseinanderzusetzen. Nach dem Krieg arbeitete er als Beamter und vertrieb sich die Zeit mit Kanufahrten auf der Seine, dem Fluss, der wie die Küste der Normandie regelmäßig im Werk des Dichters beschrieben wird.

Rechts steht der **Falaise d'Amont**, was soviel wie ›Felsen stromaufwärts‹ heißt. Oben stehen die Kapelle **Notre-Dame-de-la-Garde** und das Monument **Nun-**

gesser-et-Coli. ›Oiseau blanc‹, Weißer Vogel, war das Flugzeug, mit dem Charles Nungesser und François Coli, zwei Abenteurer und Kriegshelden aus dem Ersten Weltkrieg, am 8. Mai 1927 den Pariser Flughafen Le Bourget verließen, um den ersten transozeanischen Flug zu versuchen. Über Étretat wurden sie zum letzten Mal von französischem Boden gesichtet. Danach sah man sie noch über Irland, doch die weiße Levasseur PL2 kam nie in New York an. Zwei Wochen später schaffte Charles Lindbergh in seinem ›Spirit of St. Louis‹ den ersten Transatlantikflug. Für das Hochklettern und das Genießen der Aussicht sollte man etwa eine Stunde rechnen.

Links ist der **Falaise Aval**, der ›Felsen stromabwärts‹, mit seiner Porte d'Aval. Etwas weiter im Meer steht der Felsen **L'Aiguille**, die Nadel, 70 Meter hoch. Um die 180 Stufen hinauf zu bewältigen, braucht man eine gute Stunde. Die Farben der Felsen ändern sich im Laufe des Tages, und dies macht einen großen Teil ihres Reizes aus. Nach Süden kann man bei gutem Wetter den Hafen von Le Havre-Antifer sehen.

Im Dorf selbst ist die neu aufgebaute **Markthalle** mit vielen Souvenirgeschäften sehenswert, und an der Boulevard du Président-René-Coty gibt es einige schöne **Fachwerkhäuser**. Im Dorf fehlt es nicht an Gastronomie, und auch Experimentierfreudige kommen hier auf ihre Kosten: Mindestens eine der vielen Eisdielen bietet Camembert-Eiscreme an.

Eine weitere Attraktion in Étretat ist das **Clos Lupin**, das ehemalige Haus des Autors Maurice Leblanc, geistiger Vater des berühmten Meisterdiebs. In dem großzügigen zweistöckigen Haus ist das Arbeitszimmer des Autors zu sehen sowie eine Ausstellung zu seiner wichtigsten Schöpfung.

Gelassen, langsam, schläfrig zogen
Im Rhônebett die matten Wogen;
Sie sehnten sich zurück nach Avignons Palast
Und froher Farandolen Weise.Der Strom gleicht hier dem müden Greise,
Der sich zur langen, letzten Reise
Anschickt und den am Ziel des Endes Leid erfasst.

Aus dem Versepos ›Mirèio‹ von Frédéric Mistral

Guinguette bei Avignon

RHÔNE UND SAÔNE

Flussporträt Rhône und Saône

812 Kilometer legt die Rhône zwischen dem gleichnamigen Gletscher in den Schweizer Alpen und ihrer Mündung bei Port-Saint-Louis-du-Rhône zurück, davon 552 in Frankreich. ›Där Rottu‹ nennen ihn die Walliser und benennen damit das Geschlecht richtig. Denn die unnachvollziehbaren Gesetze der Sprache spielen (Hoch-)Deutschsprachigen einen bösen Streich: Für Schweizer und Franzosen ist die Rhône ganz klar männlich, und die vielen allegorischen Statuen und Skulpturen zeigen einen Mann, der alles andere als androgyn ist.

Die Rhône ist der wasserreichste Fluss Frankreichs, und der zweitlängste nach der Loire. Ihr Einzugsgebiet ist fast 100 000 Quadratkilometer groß, und davon liegen mehr als 90 Prozent in Frankreich. Nebenflüsse tragen von den Vogesen, vom Jura, dem Burgund und vom Massiv Central ihr Wasser in den großen Strom. Zum Vergleich: Das Donaubecken ist etwa achtmal so groß, doch die Wasserführung an der Donaumündung ist lediglich viermal so groß wie die der Rhône. Wenn es um Entwässerung geht, ist die Rhône sozusagen ein Arbeitstier. Seit den 1930er Jahren wird diese Verlässlichkeit von der Compagnie Nationale du Rhône (CNR) ausgenutzt: Kaum ein anderer Fluss in Europa hat so viele Kraftwerke, Fabriken und Bewässerungsanlagen zu beliefern. Ganz hat sich der Fluss aber noch nicht zähmen lassen, und vereinzelt kommen Dürren und Hochwasser noch vor, wie zum Beispiel 1993.

Von den Hängen des Gotthardmassivs donnert ein reißender Bergbach zwischen den Berner und den Walliser Alpen von einer Höhe von 2300 Metern in die Tiefe und erreicht nach 150 Kilometern den Genfer See, der sich 375 Meter über dem Meeresspiegel befindet. Als breiter Strom verlässt die Rhône ihn wieder, und die trübe weißblaue Färbung ist in ein klares Blau verwandelt. Bevor die Rhône bei Lyon den Zusammenfluss mit der Saône erreicht, nimmt sie die Ain auf, die das französische Jura entwässert. Südlich von Lyon münden rechtsufrig die Ardèche und die Gard in den Strom. Vom Osten tragen Isère, Drôme, Aigues und, bei Avignon, Durance ihre Wässer bei. Ab Lyon fließt der Fluss sehr gradlinig auf das Mittelmeer zu. Dabei durchquert er bei Vienne eine Enge, die in das Urgestein im Randgebiet des Zentralmassivs ausgeschliffen wurde. Eine weitere Enge gibt es bei Tain l'Hermitage, wo sich der Fluss durch dicke Kalksteinschichten gegraben hat. ›Enge‹ ist übrigens in diesem Falle ein sehr relativer Begriff, denn nirgends ist die Rhône besonders schmal, immer trennen mehrere hundert Meter die beiden Ufer. Größtenteils bewegt sich das Wasser durch eine Flussebene, die mehrere Kilometer breit ist. Zunehmend sind diese Bereiche heute wieder naturbelassen, und das ursprüngliche Ökosystem, das ab Mitte des 19. Jahrhunderts immer mehr unter Druck geriet, erholt sich teilweise überraschend schnell.

Kurz vor Arles spaltet sich die Rhône: Die Petit Rhône trägt in südwestlicher Richtung etwa 15 Prozent des Wassers ans Mittelmeer, der Rest wird von der Grand Rhône zur Mündung gebracht.

▲ Karte: vordere Umschlagklappe

Allegorische Figur der Rhône

Gallorömische Treidler

Die Griechen nannten den Fluss Rhodanos, die Römer Rhodanus. Beide Namen sind Entstellungen eines keltischen Wortes: entweder ›Roth‹, was soviel wie ›gewaltig‹ oder ›reißend‹ bedeutet, oder ›Rod-Awn‹, ›schneller Strom‹. Plinius meinte, der Name stamme von einer Niederlassung von Siedlern der Insel Rhodos, für diese These gibt es aber keinerlei Belege. Den keltischen Stamm ›Rot‹ oder ›Rod‹ findet man übrigens auch im Namen ›Rotten‹ wieder; ebenso ist er im Namen der Stadt Rouen vorhanden.

Die Saône ist der wichtigste Nebenfluss der Rhône. Sie entspringt auf 404 Meter Höhe in der Nähe von Vioménil in den Vogesen. Nach 480 Kilometern fließt sie bei Lyon in die Rhône. Über diese Entfernung beträgt das Gefälle lediglich 246 Meter, und damit ist der Fluss für den Verkehr durchaus zuverlässig. An der Mündung trägt die Saône 410 Kubikmeter pro Sekunde zur Wasserführung bei, etwa ein Drittel des Gesamtvolumens. Damit ist sie immer noch ein kleinerer Fluss, und im Französischen wird sie nicht als ›fleuve‹, sondern als ›rivière‹ bezeichnet. Übrigens ist an der Stelle, wo sich beide Flüsse treffen, die Saône weiter von ihrer Quelle entfernt als die Rhône, und damit, so könnte man argumentieren, wäre letzterer als Neben-

fluss statt als Hauptfluss zu betrachten. In äußerster Konsequenz müsste der Fluss übrigens Doubs heißen, nach dem wichtigsten Nebenfluss der Saône, und er wäre mit einer Gesamtlänge von 1025 Kilometern plötzlich der längste Fluss Frankreichs.

Unterhalb von Corre ist die Saône schiffbar und durch ein Netzwerk von Kanälen mit anderen Flüssen verbunden. 1793 wurde die Verbindung mit der Loire gegraben, 35 Jahre danach die mit der Seine. Wenige Jahre später wurde die Saône mit dem Rhein verbunden und schließlich Anfang des 20. Jahrhunderts mit der Marne.

Die Saône durchmisst ein Gebiet von großer ländlicher Schönheit, und ihre Ufer sind von kleinen Dörfern und einsamen Bauernhöfen gesäumt. Der Frachtverkehr hält sich in Grenzen, und somit ist sie einer der beliebtesten Flüsse für den Wassersport. Im oberen Bereich fahren nur die Schiffe, die das Freycinet-Maß von 38,50 Metern nicht überschreiten, doch zwischen Auxonne und Lyon können auch größere Schiffe verkehren, denn hier sind die Schleusen 185 Meter lang. Schubverbände mit mehr als 2000 Tonnen können somit an Lyon vorbei ins Burgund fahren. Flusskreuzfahrtschiffe fahren generell nicht weiter flussaufwärts als Chalon-sur-Saône: Oberhalb dieser Stadt wird der zugelassene Tiefgang von drei Meter auf 1,80 Meter fast halbiert.

Wie Rhône und Seine hat der Name Saône keltische Wurzeln. Sauc-Onna hätte Pate gestanden, so wird gemutmaßt, für das lateinische Sauconna. Die Kelten könnten den Namen Arar bevorzugt haben, und Sauconna dürfte der Name einer Quelle in der Nähe von Chalon-sur-Saône gewesen sein. ›Onna‹ ist ein Wortstamm, den man auch in anderen Flußnamen Frankreichs wiederfindet, so etwa in Yonne, Garonne und Essonne. Die keltischen Namen Sauc-Onna und Sicauna (für die Seine) sind sich so ähnlich, dass die Vermutung naheliegt, dass es in diesen etymologischen Wirren durchaus Verwechslungen gegeben haben mag, zumal beide Namen so etwas wie ›heiliges Wasser‹ bedeuten sollen.

Die ›Points kilométriques‹ (PK) zählen der Mündung der Saône in die Rhône in Lyon. Dort beginnt die Kilometrierung der Rhône flussabwärts bei PK 0.

Geologie

Geboren wurde der Flusslauf der Rhône am Ende des Tertiärs, vor fünf bis zehn Millionen Jahren. Zu der Zeit floss das Wasser bereits in nord-südlicher Richtung und entwässerte die Gebiete zum Norden und Nordosten. Das Mittelmeer reichte bis in das künftige Rhônetal. Die bis heute andauernde Anhebung der Alpen ließ den Fluss nach Westen wandern, bis er gegen die Granitmauern des Zentralmassivs gedrückt wurde. Der Anfang des Quartär vor zweieinhalb Millionen Jahren läutete die Vergletscherung größerer Teile Europas ein, darunter auch der Alpen. Die gewaltigen Kontinentalgletscher reichten bis zur Mont-d'Or-Region im französischen Jura. So-

bald sich das Klima änderte und die Gletscher zu schmelzen begannen, entstanden Flussläufe hin zur Rhône, die das Schmelzwasser am Fuße des Zentralmassivs entlang ins Mittelmeer brachten. Einer dieser Flüsse erreichte den Ur-Fluss in der Nähe des heutigen Lyon. So groß war dieser neue Nebenfluss, dass der Oberlauf der Ur-Rhône in jüngerer Zeit als der Nebenfluss angesehen wurde: Die Saône entstand als Folge dieses hydrologischen Kuckuckseis. Das Ost-West Profil des Rhône hat sich seit der Entstehung des Flusses nicht geändert: Noch heute sind es im Westen kurze, wasserarme Flüsse, die steil zum Strom herabfließen, während sie im Osten länger sind, wesentlich größere Entwässerungsgebiete haben, mehr Wasser führen und wesentlich weniger steil sind.

Schifffahrt auf Rhône und Saône

599 vor Christus kam ein junger Grieche, ein gewisser Protos aus Phokaia (heute Foça in Izmir, in der Türkei) an Land und sagte zu seinen Matrosen: »Massalia, macht das Boot fest.« An Land gekommen, traf er auf Nann vom ligurischen Stamm der Segobrigen. An diesem Abend musste Nanns Tochter, so wollte es die gallische Tradition, sich einem Mann in die Ehe geben, indem sie ihm während einer großen Feier ihren Trinkpokal reicht. Gyptis, die junge Frau, überlegte nicht lange, sondern wählte den fremden Seemann.

So, wenn man der Legende glauben will, beginnt die Geschichte von Massalia, später Marseille, und damit auch die geschriebene Geschichte der Schifffahrt in der Region. Denn Protos und seine Mannen waren auf der Suche nach einer Abkürzung des Handelsweges nach England, von wo unter anderem Zinn, Kupfer, Felle und Amber aus dem Ostseeraum kamen. Der Weg am Felsen von Gibraltar vorbei war sehr lang, nicht ungefährlich, und man hatte es zudem mit der Konkurrenz der Karthager zu tun. Zum Tauschen brachten die Griechen Elfenbein, Gewürze und Stoffe aus feiner Wolle mit. Unweit der Stelle, wo die Saône eine Kurve nach Nordosten macht und die Händler damit zwang, den Fluss zu verlassen und über Land die Seine zu erreichen, blühte die legendäre Stadt Vix, schon zu keltischen Zeiten ein wichtiger Verkehrsknotenpunkt. Ausgrabungen zeugen von einer bereits sehr weit fortgeschrittenen Kultur.

Es ist anzunehmen, dass auf Rhône und Saône Fischer und Reisende bereits im Neolithikum in Einbaumkanus unterwegs waren. Allerdings muss die Rhône eine ziemlich imposante Barriere dargestellt haben: Der Fluss ist einfach an vielen Stellen zu breit, die Strömung zu stark, als dass man mit einem primitiven Boot fahren könnte, ohne sich großen Gefahren auszusetzen.

2003 fand man bei Bauarbeiten in Lyon sechs kleine, relativ gut erhaltene Schiffe, 15 Meter lang und drei bis vier Meter breit, die aus den ersten Jahrhunderten unserer Zeitrechnung stammen. Man weiß aus weiteren Ausgrabungen und Beschreibungen römischer ›Touristen‹, dass zu dieser Zeit römische und keltische Traditionen im Rhônetal eine Mischkultur bildeten, die man als gallorömisch bezeichnet. Entlang der Rhône erstreckte sich eine Kette von Niederlassungen, in denen Theater, Arenen und Tempel von einer fortgeschrittenen und reichhaltigen Zivilisation zeugen. Überreste der gallo-römischen Blütezeit findet man heute vor allem in Arles, Vienne und Lyon.

Zu dieser Zeit gab es sogenannte Collegia, Zünfte, in denen sich die einzelnen Berufe zusammenfanden. Das Collegium der Nautes, der Schiffer, war in den Rhône- und Saônestädten das mächtigste. Nautes waren nicht nur die Schiffslenker, sondern auch Reeder, Händler und Zollbeamte. Die Utricularii, Schiffer, die nur kleine Boote fuhren und sich größtenteils auf den Nebenflüssen oder auf stehendem Wasser aufhielten, waren weniger einflussreich. Südlich von Arles gab es die Navicularii marini, die Seeleute, während die Floßfahrer, die Fährenbetreiber und die Arbeiter, die Baumstämme zu riesigen Flößen zusammenbanden, in der Ratiarii-Zunft zusammengeschlossen waren. Schließlich gab es eine Gruppe, deren herausragender Status von ihrer Fracht herrührte: Die Negotiatores vinarii, die Weinhändler, spielten schon vor 2000 Jahren entlang der Rhône eine überaus wichtige Rolle. Übrigens zeugen

Karte: vordere Umschlagklappe

▲ *Die Rhône bei Lyon, Zeichnung von Johan Barthold Jongkind*

Hochwassermarken der Saône in Lyon

und die Fracht auf dem Schiff legte somit häufig längere Strecken zurück. Die Schiffswerften in Marseille arbeiteten mit dem Holz aus dem Jura, und auf den Holzflößen brachte man häufig Käse und Wein aus Savoyen mit. Getreide aus dem Burgund und Olivenöl aus der Provence gingen nach Nordeuropa, doch dies berührte, bis auf die Einkünfte aus Zöllen und Lagerungsgebühren, die örtliche Wirtschaft nur am Rande.

Mehr versprach man sich von der landwirtschaftlichen Nutzung des Flusses. Einmal war da die Bewässerung der Felder und Äcker, dann gab es die Inseln und Aufschwemmungsgebiete der breiten Flussebene. Land in diesen Bereichen war so ertragreich, dass man es sich leisten konnte, das Risiko eines regelmäßigen Ernteausfalls einzugehen. In den Auenwäldern wimmelte es von Wildschweinen, Hasen, Bibern, Hirschen, und natürlich ernährte man sich auch vom Fischfang. Allerdings gab es in diesen Nassgebieten auch erhebliche gesundheitliche Probleme, die schließlich zur Trockenlegung führten. Malaria war gerade an der unteren Rhône ein ernstzunehmendes Problem.

Amphorenfunde davon, dass der Weinhandel durchaus in beiden Richtungen verlief: Offenbar trank man auch bei den Gallo-Römern zur Abwechslung gerne mal einen Tropfen aus Italien oder Spanien.

Die Saône war immer relativ leicht zu meistern, doch auf der Rhône musste man Schiffe über längere Strecken treideln. Der Fluss bestand damals aus mehreren ruhigen Abschnitten, die durch Stromschnellen miteinander verbunden waren. Außer Wein transportierte man auch Olivenöl in Amphoren sowie Salzlake. Man exportierte Tontöpfe aus Lyon und importierte Marmor aus Italien. Sogar Säulen aus Ägypten für den Tempel von Rom und Augustus gelangten an die Konfluenz der beiden Flüsse. Militärisch waren die Flüsse natürlich bei der Unterwerfung der gallischen Völker durch Julius Cäsar wichtig gewesen.

Im Mittelalter ging der Warenverkehr ununterbrochen weiter. Erstaunlicherweise profitierten davon die einzelnen Orte am Fluss nur wenig. Die Einwohner pflegten sich selbst mit den Erträgen der umliegenden Landschaft zu versorgen,

Der Ingenieur Claude-François Jouffroy d'Abbans experimentierte bereits 1783 mit einem neuartigen Prototyp, einem Dampfschiff, das er ›Pyroscape‹ nannte. Er tat dies im relativ ruhigen Wasser der Saône am Rande von Lyon. Es sollte noch einige Jahrzehnte dauern, bis diese für den Schiffsverkehr einsetzbar waren, und der Amerikaner Robert Fulton brachte den Marquis um die Ehre, als er auf dem Hudson die erste erfolgreiche Dampfschiffverbindung in Betrieb nahm. Das Zeitalter der Dampfschiffe begann auf der Rhône recht spät, doch als es einmal da war, wurde die Entwicklung schnell vorangetrieben. Die ruhige Saône

Rhône und Saône

Atomkraftwerk an der Rhône

Flussverkehr gehörige Konkurrenz machte. 1858 taten sich aus der Not schließlich sämtliche Flusstransportfirmen zusammen und gründeten die Compagnie Générale de Navigation, die bis 1956 ein Monopol auf dem Flusslauf hatte.

Industrielle Nutzung der Rhône

Die französische Regierung griff der Schifffahrt ab den 1870er Jahren unter die Arme und entwickelte einen Plan, die Rhône auszubauen und von ihren Stromschnellen und anderen Engpässen zu befreien. Schon bald aber führten diese Pläne viel weiter: Bewässerungsprojekte in der Provence wurden avisiert, und 1874 gab es die ersten bescheidenen Experimente mit der Stromerzeugung, als von amerikanischen Ingenieuren ein Damm im Grenzgebiet zur Schweiz gebaut wurde. 1886 wurde Genf mit Strom vom Coulouvrenière-Kraftwerk versorgt. In dieser Zeit entwickelte man das Muster, nachdem die meisten Kraftwerke der Rhône gebaut werden sollten: Der Fluss wurde zum Teil in einen Kanal umgeleitet, und in diesem wurde das Kraftwerk mitsamt Schleusenanlage gebaut. Heute bezeichnet man vielerorts die Fluss-abschnitte, die damit ins Abseits geraten waren, als Vieux-Rhône.

Der Bürgermeister von Lyon, Édouard Herriot, und ein Senator aus dem Isère-Département, Léon Perrier, wurden die leitenden Befürworter einer industriellen Entwicklung und Nutzung der Rhône. Anfang des 20. Jahrhunderts halfen sie, die ganze Region für ein riesiges Unterfangen zu engagieren: Bewässerung sollte der Landwirtschaft zu Wachstum verhelfen und Strom aus Wasserkraftzentralen Fabriken versorgen. Ganz leicht waren die verschiedenen Interessen dann aber doch nicht unter einem Hut zu bringen: Zur Stromerzeugung ist

war relativ schnell bezwungen. Doch die Rhône ließ sich nur ungern zähmen. Ingenieure und Erfinder entwickelten immer wieder neuartige Schiffsformen. So entstand der Aal, ein Schiff mit einem recht flexiblen Rumpf, das seinen geringen Tiefgang und die damit einhergehende Instabilität durch seine erstaunliche Länge auszubalancieren suchte. Die ›Anguille‹ beförderte Passagiere zwischen Arles und Lyon. Das Schiff ›Le Méditerranée‹ konnte auf dieser Strecke nur in den beiden großen Städten wenden, denn es maß 157 Meter, war also um vieles länger als die meisten modernen Flusskreuzfahrtschiffe.

Ein weiteres Highlight technologischer Innovation war der ›Grappin‹, ein Schlepper. Dieses Schiff hatte neben zwei Schaufelrädern ein Zahnrad, mit Hilfe dessen es quasi über den Flussboden lief. Wo das Zahnrad den Boden nicht mehr erreichen konnte, wurden nur die beiden Schaufelräder eingesetzt.

So schnell die Dampffahrt auf der Rhône aufkam, so schnell erlebte sie nach einigen Jahrzehnten bereits wieder einen Niedergang, als das Eisenbahnnetz ab Mitte des 19. Jahrhunderts dem

Karte: vordere Umschlagklappe ▲

ein gewaltiger Fluss natürlich wesentlich besser als ein Strom, aus dem viel Wasser für die Landwirtschaft abgezweigt wird, und den Interessen der Schifffahrt ist mit allzu großen Wasservolumen wiederum nicht gedient. So dauerte es bis 1993, bis die Compagnie Nationale du Rhône gegründet wurde und die Arbeiten begonnen werden konnten.

Die ersten Projekte, die diese Organisation anging, waren der Bau des Édouard-Herriot-Hafens in Lyon und des Flusshafens von Marseille am südlichen Ende des auszubauenden Flussabschnitts. Der Kanal von Donzère-Mondragon, der kurz nach dem Zweiten Weltkrieg gebaut wurde, und das dazugehörige Kraftwerk waren in der Zeit unter den größten Bauprojekten in ganz Europa. Auch heute ist die Leistung des Kraftwerks imposant, denn es produziert genug Strom, um den Bedarf der ganzen Stadt Lyon abzudecken. Im Jahr sind dies mehr als zwei Gigawattstunden.

Die Kombination von Wasser und Wasserkraft bildet hervorragende Voraussetzungen für eine Reihe von industriellen Prozessen wie Textilfärbung und Kalkveredelung. Südlich von Lyon entwickelte sich bereits im ausgehenden 19. Jahrhundert eine chemische und pharmazeutische Industrie. Zudem befinden sich mittlerweile entlang der Rhône drei große Atomkraftwerke, die insgesamt ein Viertel des gesamten Atomstroms in Frankreich erzeugen. Man könnte meinen, es mit einer puren Industrielandschaft zu tun zu haben, doch dem ist glücklicherweise nicht so: Über längere Strecken wird der Fluss immer noch von kleinen Dörfern, Burgruinen, Weinbergen, Wäldern und Äckern gesäumt. Nichtsdestotrotz erholt sich die Natur vor allem aufgrund massiver Eingriffe, die helfen sollen, den ökologischen Rückgang der beiden Flüsse, vor allem aber der Rhône, nicht nur zu stoppen, sondern umzudrehen.

Staudämme der Rhône zwischen Lyon und Arles

KP	Name	Baujahr	Jahresleistung	Hubhöhe der Schleuse
5	Pierre-Benite	1966	535 Mio. kWh	9,25 Meter
34	Vaugris	1980	335 Mio. kWh	6,70 Meter
59	Péage de Roussilion	1977	850 Mio. kWh	14,50 Meter
86	St-Vallier	1971	700 Mio. kWh	10,75 Meter
106	Bourg les Val.	1968	1100 Mio. kWh	11,70 Meter
124	Beauchastel	1963	1200 Mio. kWh	12,65 Meter
143	Baix-Le-Logis-Neuf	1960	1220 Mio. kWh	13,00 Meter
164	Montélimar	1957	1600 Mio. kWh	17,10 Meter
188	Donzère-Mondragon	1952	2140 Mio. kWh	22,00 Meter
215	Caderousse	1975	860 Mio. kWh	10,00 Meter
230	Avignon	1973	935 Mio. kWh	10,50 Meter
263	Beaucaire	1970	1300 Mio. kWh	12,15 Meter

Rhône und Saône

Ökologie

Vor 100 Jahren gab es Finten, eine Heringsart, in solchen Mengen, dass die Wanderfische mit einer erstaunlich einfachen Methode gefangen werden konnten: Der ›vire-vire‹ bezeichnet eine Barke, aus der an einer Achse zwei Körbe in den Strom gelassen wurden. Die Strömung trieb dieses primitive Schaufelrad an, und wenn der Fischer sein Boot gut positioniert hatte, füllte es sich ganz von alleine mit den etwa 30 Zentimeter langen Fischen.

Stauwehre, Baggerarbeiten, Kraftwerke und Industrie haben vor allem in den letzten 100 Jahren dazu beigetragen, dass die Finte fast verschwand. Das erste Mal, dass man sich über die Umweltauswirkungen der Wassernutzung wirklich Gedanken machte und daraus wenigstens im Kleinen Konsequenzen zog, war beim Bau des Donzère-Mondragon-Kraftwerks. Hier installierte man eine Fischwanderhilfe, 30 Jahre bevor diese gesetzlich vorgeschrieben wurden. Mittlerweile gibt es an der Rhône 21 Fischtreppen der neuesten Art. Heute erreichen Finten wieder den See von Le Bourget in Savoyen, der Fischbestand beginnt sich zu erholen.

Eine wichtige Rolle in der Verbesserung der Flussökologie spielen die Bereiche der Flussebene, denen man wegen ihrer ›Nutzlosigkeit‹ lange überhaupt keine Beachtung schenkte. Heute sind gerade die toten Flussarme, die sogenannten Lônes, die als Vieux-Rhône bezeichneten Abschnitte und die Sümpfe und Auen, sofern nicht trockengelegt, die Hoffnungsträger für eine gesündere Natur in und am Fluss. In diesen Nasszonen ist der Biber nie weggewesen – sogar mitten in Lyon lebt eine Familie –, und man hofft auf die baldige Rückkehr des Flussotters. Die Île de Beurre – der Name kommt von einem altfranzösischen Wort für Biber und hat mit Butter nichts zu tun – südlich von Lyon ist ein Naturschutzgebiet mitten in einem der größten städtischen Gebiete Frankreichs.

Die Saône erlebte zwar eine ökologische Verarmung, als man im Laufe der Schiffbarmachung die Ufer befestigte und den Fluss begradigte, doch es gibt kaum Großindustrie in ihrem Einzugsgebiet. Allerdings wurde im Januar 2009 angekündigt, dass der Konsum von Bodenfischen wie Wels und Aal aus der Saône zwischen Doubs und Rhône verboten werden könnte, da diese Fischsorten bei Kontrollen zu hohe PCB-Werte aufzeigten. Auf der Saône sind zur Zeit noch 17 kommerzielle Fischer beschäftigt, was an sich ein Indiz dafür ist, dass die Wasserqualität dieses Flusses besser ist als die der Rhône.

Karte: vordere Umschlagklappe

▲ *Brücke über die Rhône*

Streckenverlauf von Saône und Rhône zwischen Chalon-sur-Saône und dem Mittelmeer

Flußkilometer	Ort	Region
122	Chalon-sur-Saône	Burgund
112	Tournus	Burgund
80	Mâcon	Burgund
44	Villefranche-sur-Saône	Rhône-Alpes
31	Trévoux	Rhône-Alpes
0	Lyon	Rhône-Alpes
0	Mündung der Saône	Rhône-Alpes
29	Vienne	Rhône-Alpes
42	Condrieu/ Rhône-Alpes	Rhône-Alpes
48	AKW von Saint-Alban-du-Rhône	Rhône-Alpes
91	Tain l'Hermitage und Tournon	Rhône-Alpes
110	Valence	Rhône-Alpes
148	AKW von Cruas-Meysse	Rhône-Alpes
157	Montélimar	Rhône-Alpes
167	Viviers	Rhône-Alpes
181	AKW von Pierrelatte	Rhône-Alpes
227	Châteauneuf-du-Pape	Provence
242	Avignon	Provence
265	Tarascon	Provence
282	Arles	Provence
323	Port-Saint-Louis	Provence

Das Burgund

Von der Natur ist diese Region zum Verkehrsknotenpunkt prädestiniert: Zwischen dem Zentralmassiv im Westen und Alpen und Jura im Osten liegt hier eine offene Hügellandschaft, die zudem von Flüssen durchmessen wird.

Knochenfunde weisen darauf hin, dass im Burgund wohl bereits vor 18 000 Jahren Menschen gelebt haben, doch die ersten Völker, von denen wir etwas mehr wissen, sind die Häduer oder Äduer, ein gallischer Stamm, der zu den mächtigsten der keltischen Völker zählte. Dennoch ließen sie sich von Julius Cäsar unterwerfen, als dieser ihnen zunächst zu Hilfe kam, um die einwandernden Helvetier zurückzudrängen.

Die Burgunder waren ursprünglich ein ostgermanisches Wandervolk, das sich zunäcbt vom Ostseeraum kommend am oberen Mittelrhein zwischen Worms und Mainz ansiedelte. Von dort wurde es aber von den Römern und Attilas Söldnern vertrieben, ein Ereignis, das in der Nibelungensaga beschrieben wird. Die Burgunder ließen sich zunächst in Savoyen nieder, wo sich ihr Herrschaftsgebiet rasch ausbreitete und bis Arles im Süden, Bourges im Westen, Troyes und Langres im Norden und dem heutigen Aargau in der Schweiz erstreckte. Als 493 die Tochter von Chilperich II., der von Vienne aus einen Teil des Burgunds regierte, den Frankenkönig Clovis I. heiratete, waren die Weichen für die Einverleibung Burgunds in Frankreich gestellt, aber bis es endgültig so weit war, vergingen noch mehrere Jahrhunderte. Zunächst wurden die Burgunder von Clovis' Söhnen 534 unterworfen, und für die nächsten 300 Jahre gehörte das Burgund zum Frankenreich. 843 teilten sich drei Enkel Karl des Großen das Erbe ihres Großvaters. Dabei wurde das Burgund geteilt: Die Saône wurde zur Grenze, und das Land östlich des Flusses kam zum Mittelreich, das Land westlich davon wurde Teil des Westfrankenreichs, über das Charles le Chauve regierte. Im Mittelreich sammelte sich bald Rudolf I. ein selbständiges Königreich zusammen, das neben dem Hochburgund, dem Gebiet zwischen Saône und Aargau, auch das Königreich Provence umfasste. Im Westreich wurde ein Lehnherzogtum mit gleichem Namen gegründet. Dieses wurde von den Kapetingern, die mittlerweile im Frankenreich an die Macht gekommen waren, besetzt. Die Herrschaft ging an den Sohn Roberts II., einen weiteren Robert, und das Burgund erreichte unter den Kapetinger Herzögen eine große Blüte, zu der vor allem die Klöster in Cluny, Cîteaux und Clair-

Landschaft im Burgund

vaux beitrugen. Von diesen Hochburgen der Kunst und der Gelehrtheit ging ein Einfluss auf das Denken und die Politik aus, der weit über die Grenzen des Burgunds hinausreichte.

Die Linie der Kapetinger Herzöge erlosch 1361, und der französische König belehnte daraufhin seinen Sohn Philippe le Hardi (Phillip der Kühne). Dessen Ehe mit Margarete von Flandern fügte neben Flandern auch die heutige Franche-Comté, die Freigrafschaft Burgund, zu seinem Reich. Damit war das Burgund größer, reicher und mächtiger als das damalige Frankreich. Phillipe der Kühne gilt somit als Gründer der Dynastie der großen Herzöge. Seine Nachfolger breiteten das Gebiet weiter aus und sorgten für eine zweite Blüte, während der vom Burgund wiederum ein Einfluss ausging, der durchaus als international zu bezeichnen war. Diesmal dehnte dieser sich vor allem in den Bereichen des Handels und der Kunst, aber auch der Mode und des höfischen Lebens aus: So wie die Burgunder Herzöge lebten, so machten es ihnen Fürstenhäuser in ganz Europa nach. Lothringen, das Oberelsass, die Picardie und die Grafschaft Artois sowie große Teile der heutigen Beneluxländer gehörten im 15. Jahrhundert zum Burgund. Der rege kulturelle Austausch, vor allem mit den reichen Städten in Flandern, bescherte dem Herzogtum ein besonders reiches Kunsterbe.

Ohne Probleme war allerdings die Zeit der großen Herzöge nicht: Philippe le Hardi setzte zwar einen Standard des höfischen Lebens, er gab dabei aber soviel Geld aus, dass er seinem Sohn nur unbezahlte Rechnungen hinterließ. Dieser, Jean sans Peur (Johann ohne Furcht) genannt, regierte 15 Jahre lang und stürzte das Burgund in den Krieg mit Frankreich, das bereits gegen England kämpfte. 1407 ließ der Burgunder Herzog den französischen Regenten Louis von Orléans umbringen und besiegelte damit sein eigenes Schicksal: Zwölf Jahre später ließ der französische König Charles VII. ihn ermorden, gerade als er sich zur Friedensverhandlung mit diesem treffen sollte. Der Sohn des Herzogs, Philippe le Bon (Phillip der Gute), schloss sich daraufhin mit den Engländern zusammen. In diesem Zusammenhang wurde Jeanne d'Arc von burgundischen Soldaten gefangengenommen und an die Engländer verkauft. Nachdem 1435 der Frieden von Arras das Ende der Auseinandersetzungen zwischen dem Burgund und Frankreich eingeläutet hatte, kehrte Frieden ein, und unter Philippe erlebte das Burgund eine Glanzzeit. In dieser Periode wurde der legendäre Ritterorden des Goldenen Vlies gegründet, in dem Philippe seinen Adel zu kontrollieren suchte.

Dem letzten großen Herzog von Burgund, Philippes Sohn Charles le Téméraire (Karl der Kühne), war kein langes Leben beschert. Er fühlte sich von Louis XI. immer wieder bedroht und suchte im Gegenzug seine Macht auszubreiten. In Holland eroberte er die Grafschaft Gel-dern, und zwischen Luxemburg und dem Burgund schaffte er einen ›Anschluss‹, indem er Lothringen und Teile des Elsass besetzte. Bei der Belagerung von Nancy kam er ums Leben, und noch im gleichen Jahr wurde sein Vermächtnis zerstückelt: Louis XI. besetzte größere Teile des Herzogtums, während die Gebietsteile in den heutigen Niederlanden, Belgien und Luxemburg sowie das Elsass und Lothringen unter Kaiser Maximillian zum Habsburger Reich fielen.

Heute umfasst das Burgund vier Départements. Während der Flusskreuzfahrt befindet man sich im Département Saône et Loire, während Beaune im Département Côte d'Or liegt. Im Norden und Westen findet man die sedimentbedeckten Beckenlandschaften des Auxerrois und des Chablis. Weiter südlich liegen die Hügellandschaften des Charolais, berühmt für seine Rinder, und das Mâconnais. Im Westen liegt der Burgunderwald, dessen Eichen, Birken und Buchen schon vor Jahrhunderten über die Flüsse Paris erreichten. Noch heute ist die Försterei ein wichtiger Wirtschaftszweig. Der ehemalige Herzogsitz Dijon ist nach wie vor das wirtschaftliche und kulturelle Herz der Region.

Charolais-Rinder

Rhône und Saône

Chalon-sur-Saône

Diese Handels- und Industriestadt im südlichen Burgund liegt an Kilometerpunkt 142, wo alle modernen Flusskreuzfahrtschiffe ihre Saônefahrt flussaufwärts beenden und umdrehen müssen, da der Fluss ab hier nicht mehr tief genug ist. Obwohl Chalon nicht über Sehenswürdigkeiten ersten Ranges verfügt, bietet die Stadt dem Besucher mehr als genug für einen angenehmen Nachmittag. So gibt es eine einladende Fußgängerzone, einige sehenswerte Kirchen, viele Cafés, eine gepflegte Uferpromenade sowie ein Museum, das dem Erfinder der Fotografie gewidmet ist. Zudem starten in Chalon Ausflüge in das Burgund – nach Cluny oder zum Weinanbaugebiet der Côte d'Or.

Geschichte

Handelswege kreuzten sich an der Stelle der heutigen Stadt bereits in der jüngeren Steinzeit, doch die Niederlassung entwickelte sich erst so richtig, als Julius Cäsar hier ein Versorgungslager anlegen ließ. Im 6. Jahrhundert machte der Burgunderkönig Guntram Chalon zur Hauptstadt seines Reiches. Sieben Jahrhunderte später, als das Burgund ein Herzogtum war, erhielt sie vom Herzog das Stadtrecht. Vom 5. Jahrhundert bis 1790 war Chalon zudem ein Bischofssitz, was die große Anzahl religiöser Bauten erklärt. Im Mittelalter gab es in Chalon den Wildmarkt, auf den man Felle aller möglichen Pelztiere kaufen konnte: Fuchs, Dachs, Iltis, Nerz und Fischotter. Er wurde zweimal im Jahr abgehalten und dauerte einen Monat. Der Ausbau der Kanäle, vor allem des 1793 fertiggestellten Canals du Centre und des 40 Jahre später in Gebrauch genommen Rhein-Rhône-Kanals, erlaubten die Weiterentwicklung von Handel und Industrie, Chalon wurde ein wichtiger Knotenpunkt der Binnenschifffahrt. Die Firma Schneider öffnete 1839 die Tore eines großen Werkes, später Creusot-Loire genannt, in dem Torpedoboote, U-Boote und Torpedo-Zerstörer gebaut wurden und das bis 1984 zum Wohlstand der Region beitrug, ebenso wie das Kodakwerk, bis es vor einigen Jahren geschlossen wurde.

Ein Rundgang

Die **Schiffsanlegestelle** an der Quai Gambetta liegt nur unweit vom Stadtkern – daher kann ein Spaziergang im wahrsten Sinne des Wortes direkt vor der Tür anfangen, indem man flussaufwärts am Ufer entlang geht.

Früher dienten die breiten Treppen zum Fluss dem Einstieg in die Dampfschiffe nach Süden. Die Brücke Jean Richard, flussabwärts, führte einst die Arbeiter des Creusot-Werkes über den Fluss zur Arbeit. Vor allem aus diesem Grund wurde sie 1913 erbaut. 1944 wurde sie von der sich zurückziehenden Wehrmacht

Café in Chalon-sur-Saône

Karte S. 268

ein Ende, als man die Brücke oben und unten räumen ließ. Am Ende des Zweiten Weltkriegs wurde sie zerstört, und bei dem Neubau verschwanden auch die letzten mittelalterlichen Reste.

Die Insel St-Laurent war lange Zeit eine Art Vorort von Chalon: Da der Fluss die Grenze zwischen dem französischen Königreich und dem Heiligen Römischen Reich bildete, befand sich die Insel sozusagen im Niemandsland zwischen beiden Reichen. Da sie amtlich zum Römischen Reich gehörte, der Kaiser aber seine Untertanen größtenteils in Ruhe ließ, prägten die Herzöge von Burgund hier ihre Münzen. Im 16. Jahrhundert wurde auf der Insel ein **Krankenhaus** gegründet, das zwischen 1854 und 1870 im Zuge einer gründlichen Restaurierung sein heutiges Aussehen bekam. Teile des Krankenhauses sind heute im Rahmen einer Führung zu besichtigen: das Nonnenrefektorium und der Küchenkorridor sowie einige Zimmer mit sehr schönen Holzverkleidungen und die Kapelle, in der Kunstwerke aus abgerissenen Teilen des Konvents untergebracht sind. Übrigens verdankt man es dem Widerstand hiesiger Mönche, dass Nicolas Rolin sein berühmtes Hospiz in Beaune gründete und nicht wie ursprünglich geplant in Chalon.

Der Turm, den man am Zipfel der Insel sieht, war ursprünglich der **Treppenturm** (Tour du Doyenné), der die Wohnung des Leiters des Kathedralenkapitells mit der Kathedrale verband. 1907 wurde der Turm auseinandergenommen und in Paris zum Verkauf angeboten. Darauf kaufte ihn der amerikanische Finanzier Jay Gould und gab ihn der Stadt zurück. Seit 1927 ist er nun hier zu sehen. Auf der Insel ist hinter dem Krankenhaus in einem ehemaligen Franziskanerkloster aus dem 15. Jahrhundert eine **Kaserne** untergebracht. In seiner langen Geschichte diente dieser Komplex auch schon als Gefängnis und in den Jahren 1814 und 1815 als Kaserne österreichischer Besatzungstruppen.

■ **Kathedrale St-Vincent**
Etwas weiter entlang der Saône biegt man links in die Rue Edgar Quinet ein, wo man an der Kreuzung mit der Rue da la Motte ein Fragment der **gallo-römischen Wehrmauer** sehen kann. Durch die Rue de l'Evêché kommt man zum Place St-Vincent, an dem die gleichnamige Kathedrale liegt. Diese wurde

Rhône und Saône

An der Uferpromenade von Chalon-sur-Saône

1080 begonnen und im 16. Jahrhundert fertiggestellt. Die neogotische Fassade von 1827 musste nach den Zerstörungen der Revolution angebaut werden. Der Bau ist ein Durcheinander verschiedener Stilrichtungen, in dem einzelne Teile aber durchaus sehenswert sind. Am Platz selber erkennt man die ältesten Fachwerkhäuser an ihren Auskragungen, die später aus Sicherheits- und hygienischen Gründen verboten wurden. An diesem Platz fand ab dem 15. Jahrhundert ein Markt statt, damals war der Platz aber wesentlich kleiner. Heute findet man hier viele Cafés, und es ist ein guter Ort, das Leben der Stadt an sich vorbeiziehen zu lassen.

Vom Platz und vom Fluss weg führt die Rue aux Fèvres, eine angenehme Fußgängerstraße, an der am Place du Théâtre das **Théâtre Piccolo** zu sehen ist, dessen Fassade der königlichen Oper in Versailles nachempfunden sein soll. Am Ende der Straße erreicht man den Place de Beaune, an dem früher das Stadttor stand, durch das die Straße nach Norden führte. In der zweiten Hälfte des 16. Jahrhunderts errichtete man gegenüber dem Tor eine Festung, die das Tor überwachen sollte. Bis zum Ende des 18. Jahrhunderts blieb die Festung erhalten, das Tor überlebte noch länger; es wurde dann aber 1853 abgerissen.

Überquert man diesen Platz und biegt vor dem Justizpalast in die Rue du Palais de Justice ein, kommt man zum breiten Boulevard de la République, entlang dem einige sehr schöne **Art-Nouveau-Fassaden** bewahrt worden sind. Nach diesem kleinen Abstecher geht man zurück zur Fußgängerzone und nimmt die Rue Grande zur Rue du Châtelet. Hier biegt man rechts ab, folgt dem Straßenverlauf nach rechts in die Rue au Change, um zum Rathausplatz zu gelangen. Entlang dieser Straßen sind einige interessante **mittelalterliche Häuser** bewahrt worden, zum Beispiel 37, Rue du Chatelet und 3, Rue au Change.

■ Rathausplatz

Am Rathausplatz fanden früher die großen Märkte statt. Hier findet man das Rathaus in einem ehemaligen Karmeliterkonvent, die Reste des ehemaligen Ursulinerkonvents, sowie die pompöse Kirche St-Pierre und die ehemalige **Benediktinerkapelle**, die beide 1713 geweiht wurden.

Dieser Bau, der ursprünglich zu einem Kloster gehörte, wurde zwischen 1698 und 1713 im Stile des italienischen Barocks neu aufgebaut – der Baumeister, der Benediktiner Don Vincent Duchesne, stammte aus Mailand. Die Kirche ist im Inneren mit vielen Statuen geschmückt, darunter die Heiligen Petrus, Benedikt, Anna und Maria. So imponierend dieses Gotteshaus, heute eine

Die Kathedrale St-Vincent

Karte S. 268

Am Rathausplatz

einfache Gemeindekirche, in seinen Ausmaßen auch sein mag, in seinem Umfeld wirkt es etwas deplaziert.

Am Rathausplatz ist in den Nebengebäuden des Ursulinerkonvents das **Musée Dominique Vivant Denon** untergebracht, benannt nach dem Kunstberater Napoléon Bonapartes, einer wichtigen Figur in der Entwicklung moderner Museen. Während des Ägyptenfeldzuges half der begeisterte Sammler (und damit freilich auch Räuber) bei der Gründung der Ägyptologie. Später organisierte er die Sammlungen verschiedener Museen, darunter des Louvre. Zudem war er selber Kupferstecher und brachte die Kunst der Lithografie nach Frankreich. In diesem Museum sind neben Kunstschätzen aus Italien, den Niederlanden und Frankreich aus dem 17., 18. und 19. Jahrhundert auch Gegenstände aus der frühen Schifffahrt auf der Saône zu sehen sowie die archäologischen Sammlungen, die sich schwerpunktmäßig mit der Epoche des Solutréen (18000–15000 vor Christus) auseinandersetzen.

Rhône und Saône

 Chalon-sur-Saône

Tourismusamt, 4 Rue du Port Villiers, direkt am Ufer. Die Stadt hat eine hervorragende Internetseite, allerdings nur auf französisch und englisch: www.chalon-sur-saone.net.

Chalon-sur-Saône ist keine besonders touristische Stadt, und in den Geschäften fehlen die einschlägigen Touristen-Mitbringsel, was allerdings auch eine Erholung sein kann.

La Ferme Saint Hubert, 47, Rue aux Fèvres. Hervorragende und schön ausgestattete Fromagerie, in der man sich mit Epoisses, dem typischen Burgunderkäse, eindecken kann.

Am **Place St-Vincent** findet man viele Cafés und Restaurants; direkt am Fluss leider nicht. Am **Rathaus** gibt es einige schöne Cafés.

Beaune

Eine halbe Stunde nördlich von Chalon, im Herzen der Côte d'Or gelegen, wartet Beaune mit einer prächtigen ummauerten Altstadt, zahlreichen Weinkellern, vielen Cafés und dem berühmten Hospiz auf. Die Fahrt zur Kleinstadt führt durch die Weinlagen der Côte de Beaune, an Weinbergen und schmucken kleinen Dörfern vorbei, deren Namen sich wie die Weinkarte eines guten Restaurants lesen: Montrachet, Meursault, Volnay, Pommard.

Die Häduer ließen sich bereits im 1. Jahrhundert vor Christus am Zusammenfluss von Aigue und Bouzaise nieder. Die glorreichste Zeit Beaunes aber war eindeutig das späte Mittelalter, als die Herzöge von Burgund zu den mächtigsten Herrschern Europas zählten. Die Herzöge hatten zunächst hier ihre Residenz, doch sie verließen Beaune zugunsten von Dijon. 1203 erwarb Beaune Stadtrechte, und der Handel mit Tuch und Wein sowie anderen landwirtschaftlichen Erzeugnissen machte aus ihr eine reiche Stadt. Bald reichte das Geld auch für die imposanten Befestigungen, die bis auf den heutigen Tag erhalten geblieben sind.

Burgundisches Dach in Beaune

▲ Karte S. 273

Das farbenprächtige Dach des Hospizes

Hospices de Beaune

Das Hospiz von Beaune wurde 1443 von Nicolas Rolin gegründet, dem aus Autun stammenden Berater des Herzogs Jean sans Peur und späteren Kanzler von Philippe le Bon. Zu dieser Zeit waren zwar die schlimmsten Auseinandersetzungen des Hundertjährigen Krieges vorbei, doch das Leiden der Bevölkerung war enorm. Räuberbanden – darunter viele ehemalige Söldner –, Pestepidemien und Hunger forderten ihren Tribut. Rolin und seine Frau Guigone de Salins beschlossen, sich ihrer Mitmenschen zu erbarmen und stifteten das Hospiz. Inspirieren ließ sich Rolin auf einer Reise durch Flandern, das damals zum Burgund gehörte. Ihm gefiel die dortige Krankenhausarchitektur, und er beauftragte den Maurermeister Jean Rateau und den Zimmerermeister Guillaume de la Rathe mit dem Bau des Hauses. Die Fassaden mit ihrem gotischen Schmuck, die bunten Dachziegel und die großartigen Dachreiter machen aus dem Gebäude ein Meisterwerk der burgundischen Architektur. Das bunte Dach, ursprünglich wohl eine mitteleuropäische Tradition, fand großen Anklang, und heute sieht man solche Dächer in vielen mittelalterlichen Städten Burgunds.

Das Krankenhaus hatte bald einen sehr guten Ruf, und Adlige und später auch wohlsituierte Bürger ließen sich zu Spenden anregen. Bis 1971 wurden im Haus Kranke verpflegt, heute befindet sich nur noch ein Altenheim in einem angebauten modernen Bau. Eines hat sich nicht geändert: Die jährliche Weinversteigerung im November ist in Beaune seit 1859 nach wie vor das wichtigste Ereignis des Jahres. ›Les Trois Glorieuses‹, wie die Versteigerung auch genannt wird,

geht auf den Stifter des Hospizes zurück. Rolin stellte dem Krankenhaus 61 Hektar feinster Weinreben zwischen den Ortschaften Aloxe-Corton und Meursault zur Verfügung, und mit dem Ertrag der Versteigerung finanzierte sich das Krankenhaus. Noch heute kommt der Ertrag dem Hospiz zugute: Einmal dient er dem Erhalt des mittelalterlichen Gebäudes mit seinen unbezahlbaren Kunstschätzen, und zweitens erlaubt er ihm, immer noch als Heilanstalt tätig zu sein. Eine zweite Einkommensquelle wurde von der jungen Frau des Rolin eingebracht: Diese bekam aus den Salzwerken ihrer Familie eine Jahresrente.

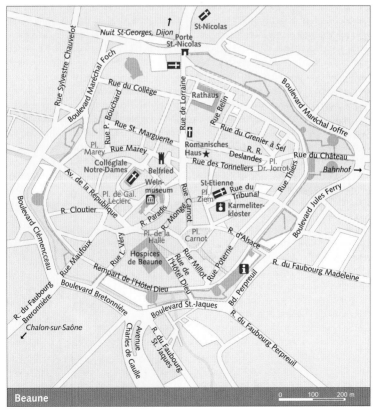

Rhône und Saône

Beaune

■ **Besichtigung des Hospizes**

Durch den Eingangsbereich kommt man in den bezaubernden **Innenhof**, über den sich die bunte Fläche des Dachs erstreckt. Die roten, gelben, grünen und schwarzen Dachziegel lassen sich am besten frühmorgens bewundern, denn dann steht die Sonne genau richtig. Der große **Armensaal** ist das Kernstück des Krankenhauses. Der Saal wurde neun Jahre nach der Gründung des Hospizes eingeweiht. Die ursprünglichen Dimensionen wurden bis heute beibehalten: 50 Meter lang ist der Saal, 14 Meter breit, und das riesige Gewölbe schließt sich in einer Höhe von 16 Metern. Mitten im Saal stehen Tische und Bänke, an denen die Mahlzeiten eingenommen wurden. Hier aß man mit Zinngeschirr, nicht mit Holz, wie es damals unter armen Leuten üblich war. Entlang der Mauern stehen die Betten, und neben jedem Bett befindet sich eine Truhe, in dem die Kleidung des Kranken aufbewahrt wurde. Das Mobiliar besteht aus historisierenden Nachbildungen, die von Maurice Ouradou, dem Schwiegersohn des berühmten Architekten Eugène Viollet-le-Duc, ab 1875 erstellt wurden. Die Querbalken, die das Gewölbe unterstützen, sind mit Drachenköpfen sowie den Gesichtern renommierter Bürger des Stadt dekoriert. Diese sind zum größten Teil Tierköpfen zugeordnet, die die schlechten Eigenschaften dieser Menschen symbolisieren sollen: Immer wieder wird man in den gotischen Bildprogrammen vor der Sünde gewarnt. Die Fliesen im Saal tragen teilweise die Initialen der Stifter. Durch einen Vorhang nur teilweise vom Krankensaal getrennt ist die **Kapelle**, eine Konstruktion, die es den Kranken erlaubte, der Messe beizuwohnen, ohne das Bett verlassen zu müssen. Das berühmte ›Jüngste Gericht‹ des Rogier van der Weyden war früher hier zu sehen. Unter einer Bronzeplatte befinden sich die sterblichen Überreste der Guigone de Salins, die ihren um 27 Jahre älteren Mann um einiges überlebte und sich nach seinem Tod ganz der Pflege hingab.

Der Besuch führt anschließend an drei Sälen vorbei, die von reichen Stiftern ausgestattet wurden. Im **Saal Saint Hugues** sind in neun Wandmalereien die Wunder Jesu festgehalten, zwei weitere zeigen Saint Hugues als Bischof und als Kartäusermönch.

Der große **Saal Saint-Nicolas** war damals so etwas wie eine Intensivstation. Männer und Frauen wurden hier zusammen gepflegt, was aber dem Sonnenkönig Louis XIV. so missfiel, dass er Geld spendete, damit man in neu zu bauenden Räumlichkeiten die Geschlechter trennen könne. Heute befindet sich in dem Saal eine **Dauerausstellung** zur Geschichte des Hôtel-Dieu. Im Boden ist eine Glasplatte eingelassen, durch die man einen kleinen Wasserlauf sehen kann, der für die Entsorgung verwendet wurde. Die **Küche** und die **Apotheke** zeigen in anschaulicher Weise den Alltag des Krankenhauses.

Im Krankensaal des Hospizes

◀ Karte S. 273

Im Innenhof des Hospizes

Im **Saal St-Louis** sind kostbare Wandteppiche aus Tournai und Brüssel aus dem 16. Jahrhundert zu sehen. Schließlich befindet sich in einem dunkel gehaltenen Annex das aus neun Paneelen bestehende **Jüngste Gericht** von Rogier van der Weyden. Neben diesem Meisterwerk sind die Klappen des Altars ausgestellt, die Rolin und seine Gattin inmitten religiöser Darstellungen zeigen. Van der Weyden stellte sein Werk wenige Jahre nach der Eröffnung des Hôtel-Dieu fertig, und es zeugt vom Reichtum der Stifter, dass man sich dieses große Gemälde eines damals bereits geschätzten Künstlers leisten konnte.

Weitere Sehenswürdigkeiten

Die ältesten Teile der **Gemeindekirche**, die 1957 zur Basilika geweiht wurde, stammen aus dem 12. Jahrhundert. Im 13. Jahrhundert kamen die beiden Westtürme sowie der Vierungsturm dazu. Der überdimensionale Narthex entstand zwischen 1322 und 1348, und bis ins 16. Jahrhundert baute man an den Kapellen. 1860 wurde die Kirche von einem Schüler Viollet-Le-Ducs restauriert. Im Inneren findet man unter anderem eine romanische Marienstatue aus Holz, der mehrere Wunder zugeschrieben werden. Im Volksmund wird sie Schwarze Jungfrau genannt. Im Chor ist eine Sammlung von sehr schönen Tapisserien aus dem späten 15. Jahrhundert zu sehen, die das Leben Mariens zeigen. Die Entwürfe dieser Teppiche stammten vom Maler Pierre Spicre. Neben der Kirche ist das sehenswerte **Presbyterium** erhalten geblieben.

Ein Straße weiter steht der **Belfried** aus dem 14. Jahrhundert. Dieser gehörte ursprünglich der Bastei von Maizières, doch in einem Meisterzug des mittelalterlichen Unternehmertums tauschte der Abt den Turm gegen das Recht, seinen Wein in Beaune verkaufen zu können. Philipp der Kühne machte aus ihm einen Uhrturm und ließ das Dach nach flämischem Vorbild mit blauen Ziegeln decken.

Die Gemeindekirche Notre Dame

Rhône und Saône

Uhr am Belfried

Das **Karmeliterkloster** aus dem 17. Jahrhundert besticht durch seine wohlproportionierte Fassade, wenngleich von dem Skulpturenschmuck wenig übriggeblieben ist. Im **Ursulinerkloster** befinden sich heute das Rathaus und das Städtische Museum der schönen Künste.

Im ehemaligen Palast der Herzöge von Burgund – besser, in den Überresten des Palastes – ist seit 1946 das **Weinmuseum** untergebracht, überschaubar, aber sehenswert. Hier wird anhand von alten Schriften, Werkzeugen, riesigen Keltern und Kunstgegenständen die Geschichte des Weinbaus in der Region erklärt. Einen Höhepunkt der Sammlung bildet der enorme Wandteppich des 1966 verstorbenen Künstlers Jean Lurçat.

Eines der ältesten Häuser der Stadt findet man in der **Rue Rousseau Deslandes**, Hausnummer 10. Die Fassade dieses romanischen Baus stammt aus dem 12. Jahrhundert. Auf dem ersten Blick ist es nichts Besonderes, aber wenn man bedenkt, wie selten gut erhaltene Profanbauten dieser Zeit sind, ist das Haus den kleinen Abstecher von der Hauptstraße durchaus wert.

Beaune

Zwischen Chalon und Beaune verkehren sowohl Züge als auch Busse (Linie 44).

Tourismusbüro, 6 boulevard Perpreuil. Sehr gut ausgestattet, auch auf deutsch gibt es reichlich Infos.

Die Website www.beaune-tourismus.com ist eine der besten, auch deutschsprachigen Seiten in Frankreich.

In Beaune hat man die beste Möglichkeit, die **Weine der Côte d'Or** zu verkosten und zu kaufen. Meistens wird Kreuzfahrtgästen im Rahmen des Ausflugs eine Verkostung angeboten; wenn man alleine unterwegs ist, muss man es nicht bei einem Haus belassen. Weine aus dieser Region sind nicht besonders günstig, dafür aber von einem besonderem Niveau.

▲ Karte S. 273

Du Vin – eine kurze Geschichte des Weines

Es gibt wohl kein anderes Land auf der Erde, in dem die Herstellung und der Genuss des Weins so eng mit der ganzen Kultur verzahnt sind wie in Frankreich. Wenn das Land schon nicht die Wiege des Weinbaus ist – diese Ehre muss man dem alten Ägypten lassen –, so ist es doch seit Jahrhunderten das Zentrum, der Maßstab, die einzig wahre Heimat des Weines. So sehen es jedenfalls die Franzosen.

Das moderne System der Appellations d'Origine Contrôlée wurde hauptsächlich für den Weinbau entwickelt, hier sind die Regeln auch am strengsten: Nicht nur geografische Herkunft, minimaler Alkohol- und Restzuckergehalt, Ertrag pro Hektar und Traubensorte werden genau umschrieben, sondern auch die Art des Anbaus und in manchen Fällen der Ernte. So darf man die Trauben im Beaujolais für den gleichnamigen Wein nur verwenden, wenn diese mit der Hand gepflückt worden sind – Maschinenernte ist verboten! 474 AOCs gibt es heute in Frankreich. Diese werden im Rahmen der Vereinheitlichung in der EU seit 2002 auch als Appellation d'Origine Protégée geführt, sehr zum Leidwesen vieler traditionsbewusster Franzosen, da diese Auszeichnung weniger strenge Kriterien als die AOC hat.

Dass es wichtig ist, die Herkunft des Weines festzuhalten, verstanden bereits die Ägypter, die ihre Amphoren vor 4000 Jahren mit hierogyphischen Bezeichnungen wie gut, doppelt gut oder sogar achtfach gut versahen. Von den Ägyptern lernten die Griechen den Weinbau, und dieses Händler- und Seefahrervolk brachte den Wein bald an alle Küsten des Mittelmeergebietes. Etwa zwei Jahrhunderte vor Christus begannen die Römer, sich für den Weinbau zu interessieren, und sie waren es, die im Zuge ihrer Eroberungen die Weinrebe überall dorthin brachten, wo sie gedeihen konnte. Von Plinius dem Älteren erfahren wir, wie weit das Handwerk des Winzers und das Wissen um die Rebe bereits entwickelt war. Man hatte unter anderem gelernt, dass manche Weine besser schmeckten, wenn man sie einige Zeit lagerte. Die ersten Weinkeller entstanden – Plinius berichtet von einem gewissen Hortensius, der etwa 10 000 Amphoren Wein hinterließ.

Die Gallier erfanden im Zuge des kulturellen Austausches mit den Römern das Holzfass. In den archäologischen Museen in Lyon, Marseille und in Saint-Roman-en-Gal findet man Darstellungen aller Art, die den Fortschritt des Weinbaus in dieser Zeit belegen. Entlang der Rhône begann die Rebe ihren Siegeszug durch Frankreich, bis hin zur Mosel im Nordosten.

Auch in das Burgund brachten die Römer den Weinbau, und es schien, als ob die Landschaft nur darauf gewartet hatte, in dieser Form genutzt zu werden. Bald hatte der Burgunderwein einen Ruf, der über die Grenzen der Region weit hinausging. Die Präfekten der Sequania-Provinz weiter nördlich sollen die ersten Besitzer des Weinbergs La Romanée gewesen sein – man wollte sich offensichtlich eines stetigen Nachschubs versichern. Es waren allerdings erst die Mönche des Mittelalters, allen voran die Zisterzienser, die den vollen Umfang des Zusammenspiels der Reben mit ihrem Umfeld, dem Terroir, zu erforschen begannen. Im 12. Jahrhundert waren es die Mönche von Citeaux, die den Weinberg Clos de Vougeot anlegten, der bald einen sehr guten Ruf genoss. So gut, dass Papst Gregor XI. den Abt aus Dankbarkeit für 30 Fässer Wein zum Kardinal ernannte. Der Rebschnitt, das Propfen und damit das Kreuzen der Reben wurden immer weiter verfeinert.

Der Wein brachte vielen Regionen wirtschaftlichen Aufschwung: Bereits ab dem 10. Jahrhundert machte der Weinexport (Rotwein nach England, Weißwein in die Niederlande) aus La Rochelle eine reiche Hafenstadt. Anfang des 13. Jahrhunderts erlaubte Johann Ohneland – der ansonsten weder für England noch für Frankreich viel Gutes tat – den steuerfreien Weinimport aus der Bordeaux-Region und verhalf dieser damit zu großem wirtschaftlichen Wachstum.

Im 15. Jahrhundert rühmten sich die Herzöge von Burgund, die besten Weine der ganzen Christenheit zu haben, und man betrieb eine aktive internationale Politik, die den Wein an viele Fürstenhöfen

Weinkeller im Burgund

Europas brachte. Louis XIV., so sagt man, liebte die Rotweine der Côte de Nuits, während Napoléon I. den Grand Cru von Chambertin bevorzugte.

Ab dem 18. Jahrhundert entwickelte sich der Weinhandel, und in Beaune, Dijon und Nuits-Saint-Georges wurden Großhandlungen eröffnet, Vertreter bereisten bald ganz Europa. Im 19. Jahrhundert erschloss man im Languedoc und in Algerien enorme neue Flächen, die allerdings zunächst einen recht mittelmäßigen Wein hervorbrachten. Im selben Jahrhundert kam der Weinbau durch Reblaus und Fäule fast zum Erliegen. Nur das Propfen französischer Reben auf amerikanische Weinstöcke konnte das Aus für den Weinbau abwenden. Noch heute beteuern Franzosen, dass die Qualität des Weins dabei keinen Schaden nahm – nur ungerne allerdings wird man daran erinnert, dass die französischen Weinbauern ihr Überleben den amerikanischen Kollegen zu verdanken haben. Daran, dass der Schädling und die Krankheiten aus Amerika eingeschleppt wurden, erinnert man sich freilich öfters.

Heute ist Frankreich weltweit immer noch führend – im Weingeschäft setzt man jährlich neun Milliarden Euro um. Eleganterweise verschleiert diese Zahl die peinliche Tatsache, dass Frankreich in den letzten Jahren regelmäßig hinsichtlich der Menge Italien an erster Stelle dulden muss. Für solche Jahre reicht

der dezente Hinweis, dass die französischen Weine teuer sind und damit der Gesamtwert der Produktion immer noch wesentlich höher liegt als der des Nachbarn. Besorgniserregend ist allerdings die Feststellung, dass die Franzosen für Wein immer weniger Geld ausgeben. Waren 1960 noch mehr als zwölf Prozent der Gesamtausgaben einer durchschnittlichen Familie für Essen und Trinken vorgesehen, so sind es mittlerweile

Trauben an der Rebe   nur noch knapp neun.

Von Chalon-sur-Saône nach Lyon

Sieben Kilometer südlich von Chalon liegt die kleine Stadt – heute praktisch eine Vorstadt – **Sanit-Loup-de-Varennes**. Seinen Namen verdankt der Ort einem gewissen Bischof Loup aus Chalon, der im 7. Jahrhundert in einer Periode großer Trockenheit hier eine Quelle entdeckt haben soll. Bis nach dem Zweiten Weltkrieg empfing die Stadt daher Pilger, und auch heute noch schreiben viele dem Wasser heilsame Kräfte zu. Nicéphore Niepce machte hier 1816 seine bahnbrechende erste Fotografie.

Tournus

Wenn Flusskreuzfahrtschiffe überhaupt in Tournus anlegen, dient der Ort häufig nur als Ausgangspunkt für weiterführende Landausflüge. Schade, denn er hat eine gemütliche kleine Altstadt und mit der ehemaligen Abteikirche einen romanischen Bau, der zu den interessantesten im Burgund zählt. Die Stadt ist zudem durch seine Größe für einen Rundgang geradezu maßgeschneidert, denn alle Sehenswürdigkeiten sind einfach zu Fuß zu erreichen.

Aus einer alten Häduersiedlung wurde in der gallo-römischen Zeit ein Castrum, in dem Vorräte gelagert wurden. 177 flüchtete Saint Valérien (Valerianus) nach der

Schiffsanleger in Tournus

Ermordung vieler Christen in Lyon hierher. Auf einem Hügel am Fluss erlitt er den Märtyrertod. Daraufhin bildete sich um seine Grabstätte eine Gemeinschaft von Mönchen, zu denen sich im frühen 9. Jahrhundert Mönche aus der Normandie gesellten. Diese brachten die Reliquien des Saint Philibert mit, des Gründers von Jumièges, nachdem die Abtei von den Wikingereinfällen heimgesucht worden war. Daraufhin wurde Saint Philibert der Schutzpatron der Abtei. Ganz sicher waren die Mönche aber auch hier nicht, denn Tournus lag in einem Grenzgebiet, und 937 griffen Ungarn die Abtei an. Zwölf Jahre vergingen, bis man sich an den Wiederaufbau machte. Die heutige Bausubstanz stammt hauptsächlich aus dem 12. Jahrhundert, obwohl einige Teile älteren Datums sind. Von bilderstürmischen Hugenotten wurde die Kirche im 16. Jahrhundert schlimm zugerichtet, doch die wesentlich gründlicheren Zerstörungen nach der Revolution gingen an dem Gotteshaus, nun Gemeindekirche des Ortes, vorbei.

■ Die Abtei

Vom Fluss kommend muss man, um den Grundriss der ehemaligen **Abtei** in etwa nachvollziehen zu können, etwas an der Kirche vorbeigehen und von der Route Nationale an sie herangehen. Am einfachsten geht man am Ufer entlang flussaufwärts zur Brücke und biegt dort links in die Rue Jean Jaurès ab, die durch den Ort führt. Dann biegt man rechts ab in die Rue du Docteur Privey, der bis zur Route Nationale zu folgen ist. Diese heißt hier Avenue du Maréchal Leclerc. Hier biegt man rechts ab, und nachdem man rechts in die Rue A. Thibaudet abgebogen ist, steht man vor dem ehema-

Rhône und Saône

ligen **Abteitor**, von dem die flankierenden Türmchen erhalten geblieben sind. Die Fassade des massiven Gotteshauses strahlt Wehrhaftigkeit aus. Es wurde im 10. und 11. Jahrhundert gebaut und ist bis auf die für die burgundische Romanik typischen Lisenen, hervorstehende Vertikalbahnen, schmucklos gehalten. Die schmalen Fenster sehen wie Schießscharten aus und verstärken noch den festungsähnlichen Eindruck.

Die Kirche kann durch ein kleines Gebäude neben der Fassade betreten werden. Von hier geht man am besten (mit etwas Vorsicht) hinauf zur **Michaelskapelle**, die sich im oberen Geschoss des Narthex befindet. Dieser überraschende Raum ist vermutlich älter als das Kirchenschiff, auf das man von hier einen schönen Blick hat. Die rätselhaften Figuren an der Basis des zentralen Bogens geben dem schlichten Raum etwas Mysteriöses. Experten vermuten, dass hier zu bestimmten Festtagen Gottesdienste nach karolingischer Liturgie abgehalten wurden.

Geht man nun hinunter durch die Vorhalle, an deren Decke noch Reste von Wandmalereien aus dem 12. Jahrhundert zu sehen sind, kommt man in das **Kirchenschiff**, das mit seinen massiven Steinsäulen und schmucken Rundbögen einen herrlichen Anblick bietet. Durch die unübliche Wölbung des Raums ist dieser für romanische Verhältnisse er-

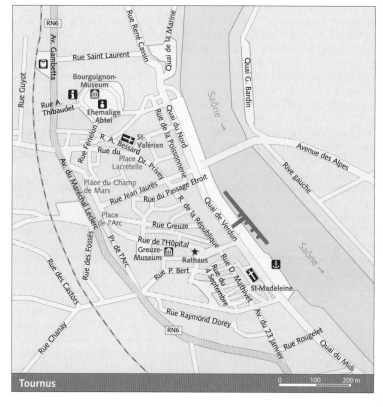

Tournus

Mosaik in der St-Philibert-Kirche

staunlich hell. Jedes Joch wird von einer Quertonne abgeschlossen; eine Bauweise, die sich kaum woanders durchsetzen konnte. An den Bogenlaibungen im Hauptschiff sind Malereien aus dem späten 12. Jahrhundert erhalten geblieben. Besonders die Fabeltiere im 4. und 5. Joch sind interessant. Eine weitere gut erhaltene Malerei findet man an der Westwand des Mittelschiffes. Sie stellt einen Bischof, vermutlich Geoffroy von Le Mans, dar. Auf etwa halben Wege zur Vierung ist in einer Nische im südlichen Seitenschiff eine schöne Holzfigur zu sehen, die Notre-Dame-la-Brune. Das Christkind auf ihrem Schoß wirkt etwas merkwürdig, weil es die Proportionen eines Erwachsenen hat.

Der **Vierungsbereich** und der **Chorraum** sind wesentlich schmuckvoller gestaltet als das Kirchenschiff: Es ist deutlich, dass in diesen Bereichen umfangreiche Umbauten späteren Datums getätigt wurden. Unter der Vierungskuppel ist eine Säulengalerie zu bewundern, die ihr Echo in den Rahmen der Chorfenster findet. Hier findet man die für die Romanik typischen Kapitelle, die in teils

recht grausigen Details vor allem menschliche Sünden und deren Folgen darstellen. Obwohl sie für den heutigen Betrachter auch manchmal belustigend wirken, ist die Botschaft deutlich: Gedenke des Todes.

Entlang des Chorumgangs befinden sich fünf **Kapellen**, von denen die Scheitelkapelle, dem heiligen Philibert gewidmet, am reichsten ausgestattet ist. Dennoch ist sie nicht der Höhepunkt des Chorbereichs, denn diesen findet man im Fußboden. Hier wurden im südlichen Chorumgang bei Restaurierungsarbeiten 2002 vier **Mosaikmedaillons** gefunden, die die Monate Mai und Juni sowie die Sternzeichen Zwillinge und Krebs darstellen. Sie stammen aus dem 12. Jahrhundert und wurden seit dem 18. Jahrhundert von Bodenplatten verdeckt. Es sind höchst seltene Beispiele dieser Kunst der romanischen Epoche. In der Romanik tauchten übrigens Tierkreiszeichen des

Die St-Philibert-Kirche

Rhône und Saône

öfteren auf, sie symbolisieren die Macht Gottes über die Zeit und den Wechsel der Jahreszeiten.

Vom nördlichen Querhaus gelangt man in die **Krypta**, in deren Scheitelkapelle der Sarkophag des heiligen Valerianus steht. Die schlanken Säulen der Krypta sind mit schönen Kapitellen versehen. An der Decke der südöstlichen Umgangskapelle befinden sich die besterhaltenen Malereien der ganzen Kirche. Sie stellen die Jungfrau mit ihrem Kind sowie den thronenden Christus dar.

Die erhalten gebliebenen Nebengebäude der Abtei erreicht man durch die ehemalige **Wärmestube**, in der sich die Pilger von ihrer Reise erholen konnten. Hier sind heute Skulpturen aus dem Kreuzgang und anderen Teilen des Komplexes ausgestellt. Die Säulenskulpturen der Heiligen Philibert und Valerianus sind hier zu sehen sowie ein Flachrelief über der Tür zum Kreuzgang, das den alttestamentarischen Leviathan, ein Meeresungeheuer, darstellt.

▲ *Das Rathaus von Tournus*

Vom **Kreuzgang** ist nur etwa die Hälfte erhalten geblieben. Vom nördlichen Flügel blickt man in den **Kapitelsaal**, der zu Ausstellungszwecken verwendet wird. Auch im **Refektorium**, einem großen, zwölf Meter hohen Raum, werden wechselnde Ausstellungen gezeigt. Vor diesem Saal befindet sich die städtische **Bibliothek**, in der auch die Sammlung der Abtei untergebracht ist.

■ Weitere Sehenswürdigkeiten

Hinter der Kirche befindet sich das **Musée Bourguignon**, ein volkskundliches Museum, in dem vor allem regionale Trachten zu sehen sind.

Vom kleinen Platz vor der Kirche geht man nun zurück zur Stadt, durch die Rue Fénelon und die Rue Alexis Bessard, die an der Kirche **St-Valérien** vorbeiführt, einem romanischen Bau aus dem 11. Jahrhundert, der dem ersten Märtyrer von Tournus geweiht ist. Am Place Lacretelle mündet diese Straße in die Rue du Docteur Privey. Sie wird bald zur **Rue de la République**, der Hauptstraße von Tournus. Diese führt zum Place de Hôtel de Ville, dem Rathausplatz. Entlang der Rue de La République findet man Häuser aus allen Stilepochen, unter anderem ein großes Fachwerkhaus, eines der wenigen in Tournus. Hier reihen sich kleine Geschäfte aneinander.

Das **Rathaus** von Tournus verdankt man dem Ingenieur Emiland Gauthey (1732–1806), der für das Amt der Straßen und Brücken der États de Bourgogne tätig war, einer Behörde aus der Zeit der Herzöge, die sich bis zur Revolution halten konnte. In seiner Rolle war er maßgeblich am Ausbau der Hafenbereiche der burgundischen Städte an der Saône beteiligt. Auf dem Platz vor dem Rathaus steht eine Statue des Malers Jean-Baptiste Greuze.

In der Rue de l'Hôpital

Cluny

Von Tournus führt der Weg durch die schöne Landschaft des Burgunds mit seinen Bauernhöfen, grünen Wiesen, auf denen die Charolais-Rinder grasen, und Dörfern, ausnahmslos um eine kleine Kirche gruppiert. Im Tal der Grosne biegt der Weg direkt nach Süden ab und erreicht die kleine Stadt Cluny, an deren Südgrenze die einst mächtigste **Abtei** der Christenheit stand. Heute sind von der riesigen Anlage nur Ruinen geblieben – Religionskriege und Revolution verschonten auch Cluny nicht.

Aus der heutigen Perspektive ist der Einfluss, den die Abtei im Mittelalter in der christlichen Welt besaß, kaum mehr nachzuvollziehen, und umso erstaunlicher ist es, dass 1928, als man mit Ausgrabungen begann, die Abtei weitgehend vergessen war: Viele Einwohner der Kleinstadt konnten sich nur noch vage oder gar nicht mehr an sie erinnern.

Die Geschichte von Cluny begann mit der Gründungsakte, die Guillaume I. von Aquitanien (Wilhelm der Fromme) im Jahr 910 unterschrieb. Dieser Fürst besaß in dieser Zeit enorme Teile des heutigen Frankreich, und seine Unterstützung garantierte mehr oder weniger den Erfolg der Abtei, die für immer von Steuern befreit sein sollte und direkt dem Papst unterstellt war. Diese Voraussetzungen erlaubten es der Abtei, eine Art Staat im Staat zu entwickeln. Cluny breitete seine Macht durch die Gründung von Abteien aus, die ihr direkt unterstellt waren. Ein Netzwerk von 800 Satelliten entwickelte sich, das sich bis Polen erstreckte. Finanziell wurden die Abteien unter anderem von adligen Familien unterstützt.

Unter Abt Hugues de Semur wurde die dritte Abteikirche gebaut, der größte Kirchenbau in der Christenheit, noch bevor der Petersdom in Rom errichtet

Vom Rathausplatz führt die Rue de l'Hôpital zum Hôtel-Dieu, dem ehemaligen Krankenhaus, in dem bis 1982 Kranke gepflegt wurden. Hier befindet sich heute das **Musée Greuze**, in dem Werke von Greuze ausgestellt sind. Der Maler wurde 1725 in Tournus geboren. Teile der Ausstattung des Krankenhauses konnten bewahrt werden, so die Apotheke mit hunderten von Töpfen aus Nevers-Fayence, und sind ebenfalls im Museum zu sehen.

Von hier geht man zurück zur Rue de la République, die in die Rue Désiré Mathivet übergeht. Diese führt zur Kirche **Ste-Madeleine** aus dem 12. Jahrhundert. Vor allem das gut erhalten gebliebene Rundbogenportal dieses Baus ist sehenswert. Im südlichen Seitenschiff befindet sich eine Renaissancekapelle, die zwar etwas deplaziert wirkt, aber mit einen schönen Kassettengewölbe besticht. Die Kirche befindet sich dort, wo das Römerkastell seine nördliche Mauer hatte.

Blick auf die Reste der Abtei von Cluny

wurde. Heute steht von diesem Bau nur noch ein kleiner Teil, doch das erhalten gebliebene südliche **Querhaus** ist immer noch so groß wie eine größere Gemeindekirche. 1989 machte der Südwestfunk einen Dokumentarfilm über Cluny und zeigte anhand von Computermodellen, wie die Kirche ausgesehen haben muss. Diese graphischen Darstellungen veranschaulichen heute im **Museum der Abtei** im Palast des Abtes Jean de Bourbon, wie es hier im Mittelalter ausgesehen haben dürfte. 187 Meter lang war die Kirche, und der Innenraum zählte 1200 reich dekorierte Kapitelle. Die Mönche von Cluny erlangten mit diesem enormen Bau den Ruf, besonderen Wert auf diese Pracht zu legen; eine kleine Armee von Künstlern und Handwerkern arbeitete an der Abtei, die sich ständig weiter ausbreitete. Dagegen hatten sich die Zisterzienser einem sehr asketischen Lebensstil verschrieben. Der Abt Clairvaux warf den Glaubensbrüdern vor, vom reinen Weg des Glaubens abgekommen zu sein. Zisterzienser und Cluniazenser übten als Berater von Fürsten und Königen großen Einfluss auf die Politik des Mittelalters aus, doch für Cluny ließ dieser nach, als ab 1516 der französische König das Recht erhielt, den Abt von Cluny zu benennen. Fortan verbrachten die Äbte ihre Zeit hauptsächlich in Paris, und die Abtei verlor zunehmend ihre Unabhängigkeit.

In der Revolution war Cluny als Hochburg des katholischen Glaubens der Inbegriff der alten Machtverhältnisse. Die Innenausstattung der Kirche wurde zerstört, und wenig später wurde der Kreuzgang vom Markt in Cluny eingenommen. Um den Markt besser erreichen zu können, baute man eine Straße quer durch die Kirche, wobei diese größtenteils zerstört wurde.

Heute sind auf dem Gelände nur noch Teile der **großen Basilika** sowie mehrere Nebengebäude zu sehen. Forschung und Ausgrabungen bringen immer noch neue Daten ans Licht, mithilfe derer man das Leben in Cluny rekonstruieren kann.

Karte S. 267 ▲

Mâcon

Schon vor mehr als 20 000 Jahren hielten sich in der Gegend von Mâcon Menschen auf. Damals waren es Jäger der jüngsten Steinzeit, heute sind es Winzer und Weinhändler. Denn die Stadt ist einerseits das Zentrum des Mâconnais, einer Weinregion, die vor allem Weißweine der Chardonnay-Traube produziert, andererseits aber auch Handelsknotenpunkt mit einer Geschichte, die mindestens bis zur Römerzeit zurückgeht. Auf dem Programm der Flusskreuzfahrten ist Mâcon, wie Tournus, zumeist Start- oder Endpunkt von Landausflügen, die über die Stadtgrenzen hinaus nach Cluny oder die Beaujolais-Region führen. Dies ist verständlich, denn die Stadt selbst hat nicht besonders viel zu bieten. Sie gibt sich dennoch Mühe: Eine schöne Uferpromenade, die abends einfallsreich beleuchtet ist und im Sommer Konzerten, Festivals und anderen Veranstaltungen Platz bietet, lädt zu einem Bummel am Fluss ein.

In der Altstadt von Mâcon

■ Ein Rundgang

Die **Esplanade Lamartine** wurde nach dem Poeten benannt, dessen Denkmal auf dem Platz vor dem Rathaus steht. Daneben findet unter den Platanen am Samstag der Wochenmarkt statt. Flussaufwärts liegen die neu angelegten **Jardins Romantiques**, die zum Verweilen einladen sollen. Die Umgestaltung des Uferbereichs von 2005 bis 2007 wurde unter anderem durch Zuschüsse der EU finanziert. Überquert man vor dem Rathaus die Straße, so gelangt man in die Rue Carnot, eine der Einkaufsstraßen der Stadt. Man biegt hier rechts ab und findet an der Ecke des Platzes vor der Kirche St-Pierre das **Tourismusamt**. Geht man in der Fußgängerzone etwas weiter, findet man auf der linken Seite am Place aux Herbes das **Maison de Bois** (Holzhaus). Das Fachwerk dieses Gebäudes aus der Renaissance ist mit schön geschnitzten Säulchen geschmückt. Es lohnt sich, vor der Fassade etwas stehen zu bleiben – man entdeckt immer wieder neue Grotesken und Fabeltiere.

Das Maison de Bois

Rhône und Saône

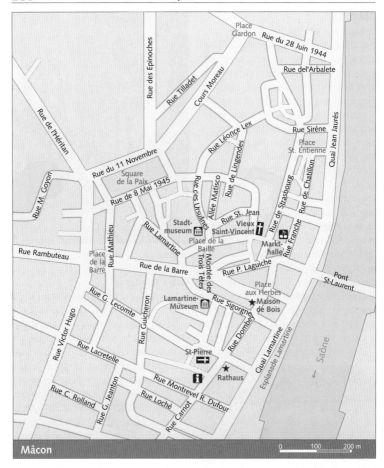

Mâcon

| 0 | 100 | 200 m |

Die nächste größere Querstraße ist die Rue Philibert Laguiche, die zur **Pont St-Laurent** führt. Über diese Brücke führt der Weg von Mâcon in die Region Bresse, aus der das beste Geflügel Frankreichs kommt. Sie wurde im 14. Jahrhundert gebaut und 500 Jahre später komplett renoviert. Mitten auf der Brücke kann man die ›Skyline‹ von Mâcon genießen, über die die beiden Türme der Kirche Vieux Saint-Vincent hinausragen. Flussaufwärts ist die Sâone so breit,

dass zwischen 1937 und 1939 hier Wasserflugzeuge der Imperial Airways, die eine Verbindung zwischen Southampton und Australien unterhielten, landen konnten.

Geht man parallel zum Fluss weiter, kommt man in die Rue France, die an der **Markthalle** vorbeiführt. Hinter diesem Bau biegt man links in die Petite Rue Franche, und dann wieder links in die Rue St-Vincent. Rechts steht nun die **Kirche Vieux St-Vincent**, dem Patron des Weins gewidmet. Sie wurde während der Revolution übel zugerichtet. In Wirklichkeit ist dies keine Kirche mehr, es sind nur der Narthex mit den ihn flankierenden achteckigen Türmen und das erste Hauptschiffjoch geblieben. In diesem befindet sich nur das **Musée Lapidaire** mit einer Steinskulpturensammlung. Zu den wichtigsten Stücken dieses Museums zählt ein Reliefstreifen der alten Kirche, der das Jüngste Gericht darstellt. Dies nahm, gemäß der burgundischen Romanik-Tradition, das Bogenfeld über dem Haupteingang zur Kirche ein. Heute sind allerdings nur noch die Darstellungen der Auferstehung der Toten, der Geretteten und der Verdammten zu sehen.

Von Vieux St-Vincent führt die Rue St-Jean zum Place de la Baille, und von hier nimmt man die Allée Matisco zum **Stadtmuseum**, das im ehemaligen Ursulinerkloster aus dem 17. Jahrhundert untergebracht ist. Dies zeigt unter anderem eine interessante archäologische Sammlung mit Funden aus den Solutré-Ausgrabungen, die in einem Ort unweit von Mâcon gemacht wurden. Gebrauchsgegenstände und Kunstwerke von der gallo-römischen Zeit bis heute sind in dem Museum ausgestellt. Zurück auf dem Place de la Baille kommt man durch die Montée des Trois Têtes zur Rue de La Barre. Geradeaus kommt man schließlich zur Rue Sigorgne, in der sich das Lamartine-Museum befindet.

Das **Musée Lamartine** ist dem berühmtesten Sohn des Ortes gewidmet, dem Dichter und Staatsmann Alphonse de Lamartine, der hier 1790 geboren wurde. Bereits sehr jung zeigte der junge Mann aus gutem Hause großes Interesse für Literatur und Kunst, was ihn mit 21 Jahren nach Italien brachte. Hier verliebte er sich in eine junge Frau namens Antonella, die ihn zu seinem ersten Werk ›Graziella‹ inspirierte. Wenige Jahre später verliebte er sich wieder, diesmal unglücklicherweise in eine verheiratete Frau, Julie Charles. Ihren Tod verarbeitete Lamartine in ›Le Lac‹. Erst 1820 gewann er überregionale Bedeutung, und im selben Jahr heiratete er Mary Ann Birch, eine Engländerin. Mit dieser hatte er eine Tochter, Julia, deren Tod in dem religiösen Dichter eine Glaubenskrise auslöste. Lamartine beschäftigte sich in den späteren Jahren seines Lebens mit mittelmäßigem Erfolg mit der Landespolitik, doch nach seiner Niederlage bei den Präsidentschaftswahlen, in denen der spätere Napoléon III. alle andere Kandidaten hinter sich ließ, zog er sich aus der Politik zurück.

Rhône und Saône

Blick auf das abendliche Mâcon

Das Beaujolais

Zwischen Mâcon und Lyon liegt das Beaujolais, das häufig, vor allem wenn es um Wein geht, in einem Atemzug mit der Region unmittelbar nördlich genannt wird. Doch nie in seiner Geschichte gehörte das kleine Land zum mächtigen Reich der Burgunder. Lange bewahrte es seine Unabhängigkeit, und sogar heute, obwohl es amtlich Teil der Weinregion des Burgund ist, geht es seinen eigenen Weg. Freilich begann das bereits mit der Traube, aus der der berühmte Wein produziert wird: Überall im Burgund ließ Philippe le Hardi die Gamaytrauben zugunsten der Pinot Noir ausreißen, doch im Beaujolais blieb sie erhalten. Dies hängt aber vor allem damit zusammen, dass sich die Pinot-Noir-Traube, die als recht empfindlich und schwierig gilt, in dieser Region nur mühsam kultivieren ließ.

In dieser Region gibt es den Monts-du-Beaujolais-Käse, der es kaum über die Grenzen der Region hinausschafft, weil die kleine Produktion in der Region genug begeisterte Abnehmer findet. Dieser Käse kann aus Ziegenmilch, Kuhmilch oder einer Mischung der beiden gemacht sein. Käsereste werden mit et-

Dorf im Beaujolais

Karte S. 267

was Comté (oder Gruyère) gerieben, etwas saure Käsemasse und etwas Weißwein und Porreebouillon werden dazugegeben. Den Aufstrich isst man auf Bauernbrot, mit einem Glas Beaujolais dazu. Aufstriche dieser Art sind auch in anderen Regionen Frankreichs immer noch recht beliebt.

Längst ist der Slogan ›Le Beaujolais nouveau est arrivé‹ um die Welt gegangen. Kaum ein anderer Wein wird so erfolgreich vermarktet, sogar in Kalifornien steht der Beaujolais Nouveau bereits vor dem 1. Dezember in den Regalen. Lange bevor es moderne Kellermethoden gab, kauften die Betreiber der Bistros in Lyon ihren Wein im Beaujolais fässerweise ein, und im Lokal gab es einen offenen Ausschank. Im Laufe des Jahres allerdings wurde der Wein zunehmend ungenießbar, und somit atmeten die Arbeiter von Lyon immer auf, sobald der neue Wein da war. Der neue Beaujolais wird immer noch groß gefeiert, und es gibt in vielen Orten der Region in der dritten Novemberwoche ausgelassene Weinfeste.

Vom 9. bis zum 11. Jahrhundert erlebte das Adelsgeschlecht der Beaujeu-Familie seine Blüte. Die Herren von Beaujeu gründetet die Belleville-Abtei und die Stadt Villefranche-sur-Saône und beherrschten die ganze Region zwischen Mâcon und Lyon, von den Ufern der Saône bis über die Berge, die das Rückgrat des heutigen Beaujolais bilden, hinaus zu den Ufern der Loire. 1400 ging der Besitz von Édouard de Beaujeu über auf die Familie Bourbon-Montpensier. Ein Sohn dieses Hauses, Pierre, heiratete die Tochter des französischen Königs, und diese führte dann den Namen Anne de Beaujeu. Eine spätere Herrin, Anne-Marie-Louise d'Orléans, die Herzogin von Montpensier, vermachte das Beaujolais dem

Die Mühle, von der der berühmte Rotwein Moulin à Vent seinen Namen hat

Hause von Orléans, und in dessen Besitz blieb das Land bis zur Revolution. Der Weinbau, dem die Region ihrem Ruf verdankt, wurde bereits von den Römern mit Erfolg betrieben. Im Mittelalter blühte das Geschäft, doch im 17. Jahrhundert lagen viele Weinberge praktisch brach. Im 18. Jahrhundert ging es wieder bergauf, der Wein verkaufte sich auch über Lyon hinaus. Der Beaujolais schaffte es sogar bis nach Paris, und als die Verkehrswege immer weiter ausgebaut wurden, öffneten sich weitere Märkte. Nördlich von Villefranche findet man auf tondurchsetzten Granitböden den Beaujolais Villages und die zehn mit einer AOC ausgezeichneten Lagen: Moulin-à-Vent, Fleurie, Morgon, Chiroubles, Juliénas, Chénas, Côte de Brouilly, Brouilly, Saint-Amour und Régnié. Südlich von Villefranche besteht der Boden hauptsächlich aus Sedimentgestein: Es wird das Land der goldenen Steine, Pays des pierres dorées, genannt. Hier werden die Beaujolais- und Beaujolais-Supérieur-Weine produziert. Mit Ausnahme der Weine aus Villié-Morgon halten sich die Weine des Beaujolais nicht be-

sonders lange, auch ein Grund dafür, dass die Bruderschaften der Weinproduzenten (Confréries) sich bemühen, den Wein schnellstmöglich in alle Welt zu verkaufen.

■ Juliénas

Im Keller der alten **Kirche** (cellier de la vielle église) kann man den Wein dieser Appélation verkosten. Auf den Mauern der ehemaligen Kirche sind heute Bilder von großen Bacchanalen zu sehen.

Im südlich gelegenen **Beaujeu** befindet sich das Museum Les Sources de Beaujolais, das anhand von Modellen und Videofilmen die Geschichte der Region, insbesondere des Weinbaus, vorstellt.

■ Romanèche-Thorins

Aus diesem Dorf und aus dem benachbarten **Chénas** kommt der Moulin-à-Vent, der beste der Beaujolais Crus. Im ehemaligen Wohnhaus von Benoît Raclet ist ein **Museum** eingerichtet, das die Geschichte dieses Winzers erzählt, der entdeckte, dass man die Reben gegen den schädlichen Pyraliswurm schützen konnte, indem man sie mit kochendem Wasser übergoss. Diese Methode fand noch bis Mitte des 20. Jahrhunderts Verwendung. Im ehemaligen Bahnhof des Dorfes ist ein **Weinmuseum** eingerichtet.

■ Montmelas-St-Sorlin

Montmelas-St-Sorlin hat eine alte Burg, die im 19. Jahrhundert im Zuge des Historismus in der Architektur komplett restauriert wurde. Ein gewisser Dupassier, ein Schüler von Viollet le Duc, war für die Arbeiten verantwortlich. Im nördlich von hier gelegenen **St-Julien** wurde Claude Bernard geboren, Sohn eines Winzers, der als Arzt interessanterweise die menschliche Leber studierte.

■ Belleville

Belleville, an den Ufern der Saône gelegen, ist ein wichtiger Distributionspunkt für den Wein. Darüber hinaus werden hier Landwirtschaftsmaschinen hergestellt. Die **Kirche** von Belleville ist praktisch alles, was vom Kloster übrig geblieben ist, das von den Herren von Beaujeu gegründet und von Augustinermönchen geleitet wurde. Das romanische Portal gibt Zugang zu einem gotischen Bau. Die Kapitelle im Kirchenschiff stellen unter anderem die sieben Todsünden dar. Das im 18. Jahrhundert gegründete **Hôtel Dieu** war bis 1991 noch das Krankenhaus der Stadt. Hinter Belleville liegt der **Mont Brouilly**, dessen Hänge die südlichsten Lagen der Beaujolais-AOCs bilden.

Wasserspeier an der Kirche Notre-Dame-des-Marais

■ St-Jean de Vignes

Südlich von Villefranche gibt es in St-Jean de Vignes das **Museum Pierres Folles**. Es ist ein Naturkundemuseum mit einer spezifisch auf den Weinbau ausgerichteten Perspektive. So wird anschaulich gemacht, wie die geologische Bodenbeschaffenheit des Beaujolais entstanden ist, aber auch, wie die Landschaft heute genutzt wird.

■ Theizé

In Theizé befindet sich in einem ehemaligen Schloss ein **Weinmuseum**, in dem die Geschichte des Weinbaus, aber auch seine tägliche Praxis vorgestellt werden. Die nahegelegene **Kirche** aus dem 16. Jahrhundert hat einen Altarbereich im gotischen Flamboyant-Stil. Sie wird heute für Konzerte und andere Veranstaltungen genutzt.

Villefranche sur Saône

Villefranche ist das Zentrum der Region, und von hier werden Ausflüge ins Beaujolais organisiert. Eine erste Niederlassung entstand unter den Herren von Beaujeu, die auch dem Ort seine Stadtrechte verliehen, 20 Jahre nach seiner Gründung 1140: Ville Franche heißt soviel wie freie Stadt. Die Industrie hier umfasst Metallbearbeitung, Lebensmittelproduktion und Bekleidung. Abgesehen von der sehenswerten Kirche gibt es in der Stadt einige sehr schöne **Renaissancehäuser**. Die Kirche **Notre-Dame-**

Karte S. 267

▲ *Die Kirche von Belleville*

des-Marais ist die Hauptsehenswürdigkeit des Ortes. Im 13. Jahrhundert baute man eine romanische Kapelle, zu Ehren einer Marienstatue, die in einem Sumpf in der Gegend gefunden worden sein soll. Heute ist von diesem Bau nur der Turm über dem Chorbereich geblieben. Von außen hat die Kirche heute ein rein gotisches Aussehen. Die Fassade wurde von Anne de Beaujeu und ihrem Mann, Pierre de Bourbon, gestiftet und ist ein gutes Beispiel des Flamboyant-Stils. Der Innenraum mit seinem hängenden Schlussstein ist sehenswert, aber auch einen Gang um die Kirche sollte man nicht versäumen, denn die Wasserspeier sind teilweise recht lustig: Am Chor gibt es zwei übereinander taumelnde Narren, und an der Nordfassade stellt ein weiterer Narr die Lust dar.

Trévoux

Das unscheinbare Trévoux, am steil abfallenden linken Ufer der Sâone an Kilometerpunkt 31 gelegen, wird nur – wenn überhaupt – mit einem kurzen Ein- oder Ausstieg von Ausflugsgästen auf dem Weg ins Beaujolais geehrt – selten ist der Ort ein Ziel an sich. Bis 1762 aber war Trévoux die Hauptstadt des kleinen, unabhängigen Fürstentums Dombes. Aus dem 18. Jahrhundert stammen einige große Häuser in der Innenstadt, in denen sich die Parlamentsmitglieder und Bürgerväter niederließen, als der Graf von Maine anordnete, dass diese, solange sie im Fürstentum etwas zu sagen haben wollten, in der Hauptstadt auch eine Bleibe haben sollten. Im 17. und 18. Jahrhundert erlebte Dombes seine größte Blüte. Zu dieser Zeit wurde von Jesuiten das Trévoux-Lexikon, eines der ersten Wörterbücher in französischer Sprache, herausgegeben. Nachdem Dombes zu Frankreich gekommen war, verlor Trévoux seine Rolle als Hauptstadt und wurde von anderen Städten überflügelt. Über dem Ort erhebt sich die **Ruine einer Burg** aus dem 14. Jahrhundert, von der man eine schöne Aussicht über den Fluss genießt. Die letzte Schleuse in der Sâone vor Lyon liegt bei **Couzon au Mont d'Or**, 17 Kilometer vor der Mündung. Die Gegend macht hier noch einen ländlichen Eindruck, doch dies ist bald vorbei – man nähert sich der Großstadt. Auf diesem letzten Abschnitt wird die Sâone gleich einundzwanzigmal von einer Brücke überquert.

Rhône und Saône

Blick von der Burg Trévoux

Lyon

Frankreichs drittgrößter Stadt fehlt es nicht an Selbstbewusstsein, und Lyon hat denn auch vieles, auf das es stolz sein kann. Vor 2000 Jahren, als Paris noch eine Insel war, auf der sich eine kleine Gemeinde von Fischern hinter einer Palisade versteckte, hatte Julius Cäsar von hier bereits Gallien erobert, und unter Munatius Plancus, einem der Leutnants des Cäsar war Lugdunum entstanden, bald ein wichtiger Verkehrsknotenpunkt und Hauptstadt der drei gallischen Provinzen – Aquitanien, Belgien und Lyon. Straßen führten von hier unter anderem nach Arelate (Arles), Rotomagus (Rouen), Treverorum (Trier) und Basilia (Basel). Das moderne Autobahnnetz folgt in großen Zügen den alten römischen Handelswegen noch heute. Seit 1981 verbindet der Hochgeschwindigkeitszug TGV Paris und Lyon miteinander, und der Flughafen Saint-Exupéry ist der zweitgrößte im Land. Darüber hinaus hat Lyon seit Jahrzehnten direkte Wasserverbindungen mit Piräus, Algier und Haïfa. Die Stadt hat hervorragende Universitäten und zahlreiche Museen. Chemische und pharmazeutische Industrien sind hier angesiedelt, und die Stadt verfügt über einige der besten Krankenhäuser im Land.

Die Autoindustrie, für die in Lyon Pionierarbeit geleistet wurde, ist nach wie vor ein großer Arbeitgeber, so auch die Metallbearbeitung. Die traditionellen Wirtschaftszweige leisten nach wie vor einen wichtigen Beitrag, doch die Stadt passt sich der Dynamik der Globalisierung an, und heute ist Lyon in Bereichen wie Medizin, technische Textilien, Landwirtschaftstechnik, Informatik und Umwelttechnik in Frankreich (mit)führend. Dabei genießt man hier das Leben, denn obwohl die Pariser meinen, ihre Stadt sei das kulinarische Zentrum der Welt, wissen die Leute hier ganz genau, dass man in Lyon besser essen kann als in der Hauptstadt.

Karte S. 297

▲ *Am Place Bellecour*

Geschichte

Nach der Eroberung Galliens richtete Marcus Agrippa in Lugdunum sein Hauptquartier ein. In den Jahrzehnten darauf wuchs die Stadt entsprechend ihrer zentralen Rolle sehr schnell: Auf dem Fourvière-Hügel entstanden ein Theater und direkt daneben das Odeon, eine kleinere Bühne.

Das große Amphitheater der Stadt lag auf dem Croix-Rousse-Hügel im Norden. Hier war auch der Tempel von Rom und Augustus sowie der Ort, an dem einmal im Jahr die etwa 60 Stämme der Gallier zusammenkamen – freilich von den römischen Besatzern überwacht. Im Jahr 177 lief die jährliche Versammlung trotzdem völlig aus dem Ruder, und unter den Opfern der Krawalle waren die ersten christlichen Märtyrer der Stadt, der heilige Pothinus und die heilige Blandina. 20 Jahre später fand mit 18000 anderen auch der damalige Leiter der christlichen Gemeinde Lyons, Saint Irenaeus, den Tod. 50 Jahre dauerte es, bevor sich Missionare aus Rom wieder nach Lyon trauten. Danach blühte das Christentum auf, was die Stadt allerdings unter dem römischen Kaiser Diokletian teuer zu stehen kam, denn dieser stand dem Christentum feindlich gegenüber und verschob prompt den Schwerpunkt der gallischen Verwaltung nach Vienne, damals Vienna genannt.

Im 2. Jahrhundert brachten Aquädukte Wasser in die Stadt. Die Stadt genoss ein Weinmonopol, was dazu führte, dass die Nautes, die Reeder und Schiffer, sowie die Töpfer, die Amphoren herstellten, besonders einflussreich und wohlhabend wurden.

Nach dem Zusammenbruch des Römischen Reichs kam Lyon in die Einflusssphäre der Burgunder und anschließend zum Frankenreich Karl des Großen. Als

Gasse in Vieux Lyon

das karolingische Reich allmählich zerfiel, übernahmen kirchliche Herrscher die Verwaltung. Der Ort wurde vom Erzbischof, dem wichtigsten Würdenträger des Gebietes, regiert, doch Anfang des 14. Jahrhunderts kämpften die Bürger der Stadt – der ständigen Besteuerung durch Bischof, Graf und Prälat müde –, um die Stadt der französischen Krone unterstellen zu können. Dies gelang 1312. Allerdings brachte diese Änderung nur wenigen wohl situierten Bürgern etwas, denn diese machten mit der Besteuerung der Handwerker einfach weiter. Als diese sich enttäuscht gegen die neue Obrigkeit kehrten, stellten sie fest, dass sie vom Regen in die Traufe geraten waren, denn Unruhen wurden genauso hart niedergeschlagen. Mit der Einverleibung lag Lyon in einem Grenzgebiet gegenüber der Dauphiné, Savoyen, sowie dem Deutschen Reich. François I. besuchte mit seiner Schwester Marguerite die Stadt, was ihr Ansehen ungemein erhöhte.

◼ Wirtschaftlicher Aufschwung

Im Jahre 1419 verordnete Charles VII. das Abhalten einer Messe jedes zweite Jahr, und Lyons Bedeutung als internationale Handelsstadt stieg enorm. 44 Jahre später begann man, die Messe jährlich abzuhalten, und der Handel erlebte einen weiteren Aufschwung. Louis XI. brachte die Seidenverarbeitung nach Lyon, doch wehrten sich die Bürger anfangs dagegen, und das Werk siedelte zunächst nach Tours um. Auch veranlasste er, dass Messen viermal im Jahr organisiert wurden. Im Viertel, das man jetzt als Vieux Lyon kennt, entstanden opulente Wohnhäuser im Flamboyant-Stil der Spätgotik, dann im neuen Renaissance-Stil, der von kleinen eckigen Türmchen, Galerien, Wendelsteinen und flachen Bögen gekennzeichnet ist. Im Viertel Croix-Rousse ließen sich die Seidenweber nieder. Die Seidenraupenzucht verschwand in Südfrankreich allerdings größtenteils Mitte des 19. Jahrhunderts durch eine verheerende Raupenseuche und die Entwicklung moderner Fasern. Die Bearbeitung von Seide, jetzt ausschließlich importiert, ist aber nach wie vor eine wichtige Industrie.

Die ersten Druckpressen erschienen an der Saône keine 40 Jahre nach Gutenbergs Erfindung um 1442, und Lyon wurde eine Stadt der Literatur und der Wissenschaft. Louise Labé, die Frau eines Reepschlägers (französisch Cordier) gründete einen Salon für Kunst und Literatur und wurde als La belle Cordière bekannt. Weitere 50 Jahre später zählte Lyon bereits 400 Drucker; die Erstauflagen der Rabelais-Werke ›Pantagruel‹ und ›Gargantua‹ erschienen 1532 und 1534 pünktlich zur Messe.

Im 17. Jahrhundert breitete sich das Viertel der Händler und der Handwerker, das um die Kirche St-Nizier auf der Halbinsel zwischen Rhône und Saône entstanden war, über die Halbinsel aus. Zunächst war dieser Stadtteil im Norden vom Place des Terreaux und im Süden vom Place Bellecour begrenzt. Im 18. Jahrhundert plante Jean-Antoine Morand ein Viertel am linken Rhône-ufer, Les Brotteaux. Michel Antoine Perrache (1726–1779) war für den Deich verantwortlich, der die Mündung der Saône nach Süden verlegte und damit die Halbinsel stark vergrößerte. Seine kühnen Pläne für dieses neu gewonnene Land wurden aber erst Jahrzehnte später realisiert: Lange Zeit gab es hier nur Schlachthöfe, Gefängnisse und eine Gasfabrik. Erst in der zweiten Hälfte des 19. Jahrhunderts änderte sich an diesem Zustand etwas. Inzwischen wuchsen die Viertel Croix-Rousse, Brotteaux und Guillotière einfach weiter.

◼ 19. und 20. Jahrhundert

Im 19. Jahrhundert brachte Lyon eine erstaunliche Zahl von Erfindern und Pionieren aller Art hervor. Hector Guimard, der mit seinen Jugendstilformen der Pariser Métro ihr unverwechselbares Aussehen gab, kam aus Lyon, so auch die Brüder Lumière, die Väter des Films. André Ampère, der seinen Namen der Basiseinheit der Stromstärke gab, wurde in einem Dorf in der Nähe der Stadt geboren, und Claude-François Jouffroy d'Albans, dessen Dampfradboot an den Ufern der Saône Aufsehen erregte, arbeitete in Lyon. Weitere Erfinder, die in Lyon lebten und arbeiteten, waren die Brüder Voisin, Pioniere der Automobil-

Rhône und Saône

St-Jean und Notre Dame de Fourvière bei Nacht

entwicklung und der Luftfahrt, und Joseph-Marie Jacquard, der den dampfangetriebenen Webstuhl erfand und wesentlich zur Industrialisierung dieses Wirtschaftszweiges beitrug.

Unter Bürgermeister Édouard Herriot (1872–1957) bekam Lyon ein Stadion, neue Krankenhäuser und moderne Schlachthöfe. Auch ließ er das Viertel der États-Unis planen. Dabei half ihm sein Freund, der Stadtplaner und Architekt Tony Garnier. Wie ähnliche Projekte des integrierten Städtebaus, in dem Wohnviertel, Infrastruktur und Büros, Fabriken und öffentliche Gebäude zusammen geplant wurden, war das Resultat recht durchwachsen. 1980 wurde das Viertel eingreifend renoviert und das Straßenbild verschönert, indem man die enormen blinden Mauern der Wohnblocks mit riesigen Wandmalereien schmückte. Mittlerweile haben sich solche Kunstwerke in der ganzen Stadt durchgesetzt. Nach dem Zweiten Weltkrieg, in dem Lyon ein Zentrum der Résistance war, breitete sich die Stadt weiter aus; die Einwohnerzahl wuchs auf über eine Million, und eine U-Bahn wurde gebaut. 1988 wurde das reiche kulturelle und industrielle Erbe der Stadt anerkannt, als die UNESCO 50 Hektar im alten Lyon, auf der Halbinsel und im Croix-Rousse-Viertel zum Weltkulturerbe erklärte. Nur in Prag steht ein ähnlich großer Bereich auf der UNESCO-Liste.

Der Fourvière-Hügel

Chronologisch gesehen müsste man eine Stadtbesichtigung auf dem Fourvière-Hügel beginnen. Dagegen spricht aber, dass man vom Aussichtspunkt neben der Kathedrale morgens die Sonne im Gesicht hat, was dem Panorama Abbruch tut. Es empfiehlt sich, morgens in Vieux Lyon anzufangen, wo die Ruhe in den Gassen und Straßen der Atmosphäre zuträglich ist. Auf der Halbinsel, wo es die großen Einkaufsstraßen gibt, beginnt das bunte Treiben mitten am Vormittag. Das Fourvière-Viertel kann man somit auch gut am Nachmittag besuchen, und wenn man den Tag gemütlich ausklingen lassen will, bietet sich ein weiterer Besuch in Vieux Lyon an, das abends mit vielen Restaurants und Cafés einlädt.

Das Fourvière-Viertel, manchmal überschwenglich als Akropolis Lyons bezeichnet, verdankt seinem Namen dem alten Forum – dem Forum vetus, das unweit von der heutigen Basilika gestanden haben dürfte. Man glaubt, dass es rund 840 zusammenbrach und anschließend nach und nach abgetragen wurde. Am Rande des Forums stand der kaiserliche Palast, während der Hang unterhalb des Gipfels von zwei Theatern eingenommen wurde, deren Überreste erhalten geblieben sind. Mehrere Tempel, öffentliche Bäder sowie ein Zirkus außerhalb der Stadtmauer sind auf dem Hügel durch Ausgrabungen belegt.

An der Stelle des alten Forums entstand im 12. Jahrhundert eine Kirche, die Thomas Becket und Maria gewidmet war. 1643 ging die Pest an Lyon vorbei, angeblich, weil die Gebete der Schöffen von der heiligen Jungfrau erhört worden waren. Aus diesem Grund findet bis heute am 8. September eine religiöse Feier statt.

Im 18. Jahrhundert wurde die Kirche vergrößert, und sie erhielt 1852 einen Glockenturm, der mit einer Statue vom Bildhauer Joseph Fabish gekrönt werden sollte. Ursprünglich war eine Einweihungsfeier für den 8. September geplant, doch im Atelier des Künstlers gab es eine Überschwemmung, und die Feier wurde auf den 8. Dezember, den Tag der unbefleckten Empfängnis, verlegt. Wegen des

▲ Karte S. 297

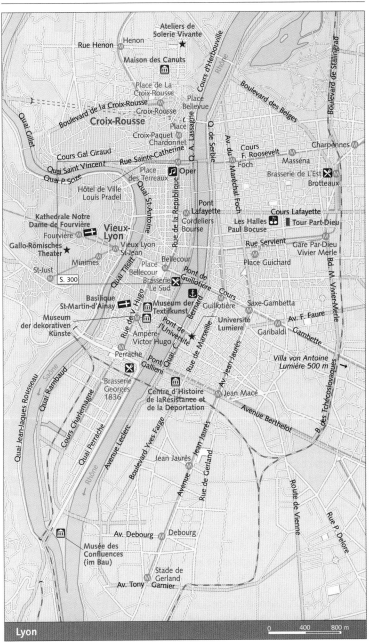

Rhône und Saône

Lyon

0   400   800 m

In der Basilika Notre Dame de Fourvière

schlechten Wetters wurden aber die Festlichkeiten wiederum abgeblasen. Als erstaunlicherweise am 8. Dezember abends der Regen aufhörte, stellten viele Bürger der Stadt spontan eine Lampe in ihre Fenster, und eine Tradition war geboren, die sich heute zu einem groß angelegten Lichterfest ausgewachsen hat.

Im preußisch-französischen Krieg bliebt Lyon verschont, und dies wurde vom Erzbischof als das Erhören seiner Gebete gedeutet. Daraufhin fing man an, Geld für eine neue Kathedrale einzusammeln, die zum Dank errichtet werden sollte. Die Architekten Pierre Bossan und Louis-Jean Sainte-Marie Perrin wurden mit dem Bau beauftragt. Dieser begann 1872, doch vier Jahre später starb Bossan, und das Gebäude wurde erst 1896 fertiggestellt.

■ Notre Dame de Fourvière

Die Basilika lässt sich nur als eklektizistisch beschreiben und ist schwer einzuordnen. Romanische, byzantinische und normannische Einflüsse sind mit etwas gutem Willen zu erkennen; insgesamt aber scheiden sich an dem Bau die Geister. Von außen sieht er mit seinen Tür-

◄ Karte S. 297

men fast wie eine Burg aus. An der reich dekorierten Fassade fallen die Engel auf, die hier die Rolle von Kariatyden übernommen haben.

Das **Bildprogramm** in der Kirche wird von sechs enormen Mosaikbildern des Künstlers Charles Lameire dominiert, der unter anderem auch in der Madeleine in Paris und im Trocadéro tätig war. Im wesentlichen konzentrieren sich die Bilder und die Symbolik der Mauern und Decken auf Maria; ihre Rolle in der Geschichte Frankreichs, die unbefleckte Empfängnis, ihre Rolle als Muttergottes. Daneben wird die Unfehlbarkeit des Papstes und der Kult der Jeanne d'Arc dargestellt. Die Farbe blau, wie der Mantel der Muttergottes, überwiegt. In den Fenstern von Georges Décote wird Maria als Königin der Engel, der Patriarchen, der Propheten, der Apostel, der Märtyrer und der Beichtenden dargestellt.

Die **Krypta** ist Josef geweiht, der symbolisch seine Frau und sein Kind unterstützt. Ursprünglich war die Idee gewesen, dass man durch einen Rosengarten am Hang zunächst durch die Krypta den Bau betreten würde, um dann erst in den Kirchenraum zu gelangen. Der Josefsaltar in der Krypta stammt vom Bildhauer Paul-Émile Millefaut, der Josef die Züge des verstorbenen Architekten der Basilika gab.

Neben der Basilika steht die ebenfalls der Jungfrau geweihte **Kapelle** aus dem 18. Jahrhundert, in der ein Marienbild aus dem 16. Jahrhundert zu sehen ist, dem man wundersame Kräfte nachsagt. Neben der Basilika hat man von der **Esplanade** einen herrlichen Blick über die ganze Stadt. Eine noch bessere Aussicht genießt man von der **Aussichtsplattform** der Basilika, von der man bei gutem Wetter sogar die Alpen sehen kann. Etwas nördlich auf dem Hügel steht der 1893 errichtete **Tour Eiffel Lyonnaise** (auch Tour Métallique genannt), heute ein Fernsehturm, in dem auch ein Restaurant untergebracht ist. Der Turm ist 85 Meter hoch, und angeblich soll die Spitze sich genauso hoch über dem Meeresspiegel befinden wie die des großen Bruders in Paris.

Es gibt mehrere Wege herunter in die Stadt – die Montée des Carmes-Déchaussés und die Montée Nicolas de Lange bringen es gemeinsam auf 798 Stufen zwischen dem Tour Eiffel und dem Place St-Paul in Vieux Lyon. Nimmt man vom Platz vor der Kirche die Rue Roger Radisson, kommt man zum Museum der gallo-römischen Zivilisation.

Das römische Theater

■ Museum der gallo-römischen Zivilisation

Dieses besondere Museum (Musée de la Civilisation Gallo-Romaine) ist neben dem antiken Theater und dem Odeon in den Felsen gebaut. Der Eingang befindet sich auf dem höchsten Niveau, und von hier macht man in einer herunterführenden Spirale eine Zeitreise. Die ältesten Stücke im Museum datieren vom 8. Jahrhundert vor Christus, aus der Hallstatt-Epoche. In breit gefächerten Ausstellungen werden das Militär, das Theater, das häusliche Leben, die Wirtschaft, kurz, alle Aspekte der reichen gallo-römischen Kultur erläutert. Vor allem einige der Mosaiken sind sehr sehenswert. Ein gallischer Kalender sowie eine Tafel mit einer Ansprache Kaiser Claudius, in der er die Gallier lobt, sind wichtige Stücke der Sammlung.

Das neben dem Museum gelegene **Theater** wurde im 1. Jahrhundert vor Christus unter Kaiser Augustus begonnen und unter Hadrian im 2. Jahrhundert ausgebaut. Es gilt als das älteste römische Theater in Gallien und ist mit einem Diameter von 108 Metern so groß wie das in Arles, aber kleiner als das in Vienne. Im Museum zeigt ein Modell, wie die Maschine funktioniert, mit dem man den Vorhang bediente. Der eigentliche Mechanismus ist erstaunlich gut erhalten geblieben. Im Odeon ist der Flur des Orchesters in geometrischen Mustern mit Breccia, Granit und Cipolin rosarot, grau und grün sehr schön eingelegt. Weitere Ausgrabungen in diesem Bereich belegten unter anderem ein ausgeklügeltes Wasserleitungsnetz sowie eine große Villa aus dem 1. vorchristlichen Jahrhundert.

Geht man von hier die Rue Cléberg hinunter, kann man links abbiegen in die Montée Barthélemy. An diesem Weg entlang gibt es zwischen den Bäumen immer wieder schöne Aussichten, und am Ende führen mehrere Treppen direkt ins Vieux-Lyon-Viertel.

Vieux Lyon

Zu römischer Zeit befand sich vor dem rechten Ufer der Sâone eine kleine flache Insel, die im Mittelalter bereits am Ufer festgemacht worden war. Auf dieser entstand das Lyon des Mittelalters und der Renaissance. Heute ist das Vieux-Lyon-

Rhône und Saône

Viertel mit seiner sehr gut erhaltenen Bausubstanz das malerischste der ganzen Stadt.

Fast wäre es aber ganz anders gekommen: Noch in den 1930er Jahren wurde ein örtlicher Architekt ausgezeichnet, der vorschlug, das alte Viertel komplett abzureißen. In den 1950er Jahren wollte man einen Teil des Quartiers St-Jean für einen Boulevard vom Fourvière-Hügel zur Halbinsel opfern. Die Organisation La Renaissance du Vieux Lyon und der

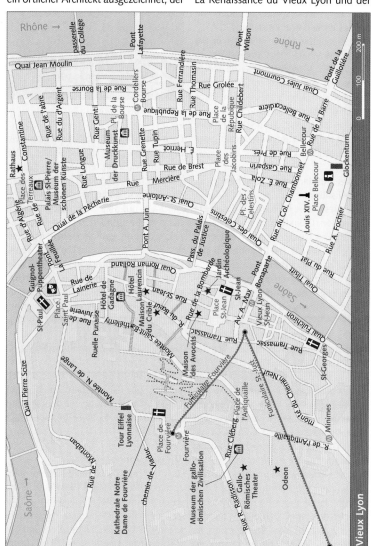

Kulturminister André Malraux machten sich aber für den Erhalt des Viertels stark, und 1964 entstand eine erste denkmalgeschützte Zone, die die drei Teile des Quartiers umfasste.

Seine heutige Form erhielt Vieux Lyon größtenteils bereits im späten Mittelalter: Damals waren viele Teile der Stadt, vor allem dort, wo sich Industrie ballte, bereits hoffnungslos verstopft. Besonders das Viertel auf dem schmalen Streifen am Fuße des Fourvière-Hügels am rechten Ufer der Sâone, wo die Bebauung extrem dicht war, litt unter dieser Problematik. Um diese zu lösen, begann man quer durch die Hinterhöfe Durchgänge zu kreieren, die bald nach dem lateinischen transambulare (durchqueren) **Traboules** genannt wurden. Diese Gänge gibt es auch in anderen Städten Frankreichs, doch nirgends in einer solchen Vielzahl. Die Durchgänge nutzten die Weber beim Aufstand von 1831 und die Mitgliedern der Résistance während des Zweiten Weltkrieges. Insgesamt findet man an die 230 Durchgänge in der Stadt.

Ein Gang durch die Traboules von Vieux Lyon ist ein Muss – dabei ist es gerade die Mischung des heutigen Alltags und der jahrhundertealten Architektur, die den Reiz eines solchen Spaziergangs ausmachen. Hier bewegt man sich in einer Welt, die alt und zugleich modern ist. Das heißt übrigens auch, dass man in den Höfen und Gängen die Privatsphäre der Bewohner berührt. Da diese es teilweise leid sind, täglich von Touristengruppen gestört zu werden, sind manche Traboules heute nicht mehr ohne weiteres geöffnet. Die meisten Gänge sind hinter einer Tür versteckt, die manchmal offen ist. Meistens muss man aber klingeln, um hereingelassen zu werden. Zu diesem Zweck gibt es einen Knopf, der

häufig mit dem Wort ›Service‹ angedeutet wird – manchmal aber ist es auch einfach die unterste Klingel, neben der kein Name steht. Man sollte sich beim hier vorgeschlagenen Rundgang nicht irritieren lassen, sollte mal eine Tür verschlossen bleiben. Man versuche einfach eine andere Tür, hinter der andere Höfe darauf warten, entdeckt zu werden. Außerdem ist das Viertel so klein, dass man sich nicht verlaufen kann.

Das alte Lyon besteht aus drei Teilen, die jeweils um eine Kirche gelegen sind: Im Norden steht die Kirche **St-Paul**, am großen Place **St-Jean** die gleichnamige Primatialkirche und am südlichen Ende die Kirche **St-Georges**. Insgesamt bilden diese drei Viertel eine Altstadt, die in ihrer Homogenität ihresgleichen in Frankreich sucht. Zur Zeiten der Römer waren hier die Schifferzünfte, die Nautes, zu Hause. Ab dem 5. Jahrhundert gab es im Viertel eine Gruppe religiöser Bauten: eine Kathedrale, eine Gemeindekirche, ein Baptisterium sowie einen Bischofspalast. In diesem kleinen Bereich standen Mitte des 16. Jahrhunderts 18 000 Webstühle. Auch Händler, Bankiers und königliche Würdenträger waren hier zu Hause. Aus

Traboule in Vieux Lyon

dem späten Mittelalter, der Renaissance und dem darauf folgenden Jahrhundert sind 300 Häuser erhalten geblieben.

■ Kathedrale St-Jean

Die Primatialkirche **St-Jean**, die den Hauptplatz des Stadtviertels im Osten begrenzt, wurde 1192 begonnen. Links vom Portal sind deutlich die Reste eines Vorgängerbaus zu erkennen. Während der Amtszeit von Philippe Auguste im 13. Jahrhundert und dessen Enkel Louis IX., dem späteren Saint Louis, wurde die Kathedrale vergrößert, noch im romanischen Stil. Die gotischen Skulpturen der Fassade stammen aus dem frühen 14. Jahrhundert und bestehen aus dem üblichen gotischen Gemisch aus religiösen und profanen Motiven. Chor und Apsis sind die ältesten Teile des Baus. Vor allem in der Apsis findet man gute Beispiele der romanischen Dekorationen, die für das Rhônetal damals typisch waren. Aus dem 14. Jahrhundert stammt die bunte astronomische Uhr, eines der schönsten Kunstwerke in der Kathedrale.

Mitten auf dem Place St-Jean steht der **Brunnen Johannes des Täufers**, der die Taufe Christi darstellt. Er stammt aus dem 19. Jahrhundert. Eine kleine Gasse links von der Fassade der Kathedrale führt zum **Jardin Archéologique**, in dem Überreste gallo-römischer Bäder, eines frühmittelalterlichen Baptisteriums und einer Kirche aus dem 15. Jahrhundert zu sehen sind.

■ Ein Rundgang

Vom Platz vor der Kathedrale führt der Weg in die Rue St-Jean. Die Nummer 37 ist das **Hôtel de la Chamarerie** im Flamboyant-Stil, in dem ein kirchlicher Beamter zu Hause war. Die Fassade wurde im 19. Jahrhundert renoviert. In diesem

Am Place St-Jean

Haus befindet sich ein wunderschöner **Salon de Thé**. Das Schaufenster ist eine Augenweide für Menschen mit einem süßen Zahn.

Schräg gegenüber liegt das **Maison des Avocats**. Den Innenhof mit seinen Arkaden aus dem 16. Jahrhundert im Stil der italienischen Renaissance kann man von der Rue de la Bombarde gut sehen. Etwas weiter befindet sich hinter der Tür mit der Hausnummer 54 die längste Traboule Lyons. Sie ist interessant, aber nicht besonders schön. Sie führt durch sechs teils winzige Höfe und vier Gebäude und verbindet das Haus an der Rue St-Jean mit dem Haus 27, Rue du Bœuf. In diese biegt man rechts ab und findet bei der Hausnummer 16 das **Maison du Crible**; über den Eingang ist die Anbetung der drei Könige zu sehen, eine Skulptur, die möglicherweise vom Bildhauer Giambologna stammt, einem Belgier, der unter dem Namen Jean Boulogne geboren wurde. Im Hof befindet sich die Tour Rose, ein sehr schönes Treppenhaus in einem ebenso schönen Hof.

Etwas weiter kommt man zur Ecke des Place Neuve St-Jean. Hier ist an der

▲ Karte S. 300

Fassade das Rind zu sehen, nach dem die Rue du Bœuf benannt wurde, eine Arbeit, die dem Lütticher Meister Martin Hendricy zugeschrieben wird. Über den Platz, eigentlich eine kurze, breite Straße, kommt man zurück zur Rue St-Jean. Hier geht man kurz rechts und dann sofort links, bis man links in die Rue des Trois-Maries einbiegen kann. Über dem Hauseingang der Nummer 7 ist eine Skulptur der Maria zu sehen, von zwei unbekannten Frauen flankiert. Im Haus nebenan, Nummer 9, kann man durchgehen bis zum Quai Roman Rolland. Das Haus mit der Nummer 3 hat das Treppenhaus an der Fassade.

Durch die Nummer 6 in der Rue des Trois-Maries erreicht man wieder die Rue St-Jean. Schräg gegenüber ist hinter der Tür mit der Nummer 28 ein sehr schöner doppelter Hof versteckt. Schön ist auch der Hof der Nummer 24 im **Hôtel Laurencin**. Von der Nummer 2 Place de Gouvernement (Hôtel du Gouvernement, aus dem 16. Jahrhundert), geht es zum 10, Quai Roman Rolland. Diese Traboule zeigt einige schöne gotische Details auf. Die Rue St-Jean mündet schließlich in den Place du Change:

Das Hôtel de Gadagne

Die astronomische Uhr in der Kathedrale St-Jean

Hier fand man früher die Geldleiher, auf einem Platz, der ursprünglich Place de Draperie hieß. Die **Loge du Change** rechts auf dem Platz, in der später die Wechselgeschäfte geregelter und unter einem Dach stattfanden, wurde von Jacques-Germain Soufflot entworfen. Seit 1803 ist das Gebäude eine protestantische Kirche, in Frankreich Temple genannt. Das **Maison Thomassin** gegenüber hat eine schön gegliederte gotische Fassade aus dem 15. Jahrhundert.

Am Anfang der Rue de Lainerie steht links das schöne **Maison de Claud de Bourg,** bei dem Gotik langsam in Renaissance überzugehen scheint. Rechts ist die Rue Louis-Garrand und das **Guignol-Puppentheater**. Laurent Mourget (1769–1844), der geistige Vater der Guignol-Marionette, hatte mit seinem Puppenspiel auf der Straße angefangen. In den Abenteuern des Guignol, der sich mit seinem Freund Gnafron und seiner Frau Madelon durch das Leben eines einfältigen Kleinbürgers schlägt, kommentierte Mourget satirisch das Zeitgeschehen und erreichte damit ein großes Publikum. Nach seinem Tod wurde das Theater von seinen Kindern weiterge-

Rhône und Saône

Am Place Bellecour

führt, und noch heute steht man vor der Vorstellung häufig Schlange.

Auf dem Place St-Paul angekommen, erreicht man durch die Nummer 3 die Rue de Juiverie. Zur rechten Seite gibt es an der Fassade der Nummer 4 in einer Nische eine Statue Henri IV. Links ist an der Fassade der Nummer 8 eine Tafel angebracht, auf der man lesen kann, dass die Renaissancegalerie im Inneren vom Architekten Philibert Delorme gebaut wurde, der für Maria de' Medici den Tuilerienpalast und später das Château Fontainebleau baute. Das Nachbarhaus, die Nummer 10, ist auch sehenswert. Auf der rechten Seite mündet die Ruelle Punaise in die Straße. Im Mittelalter war diese ein offener Abwasserkanal. Hausnummer 23 ist das Haus mit den Löwen, das im 17. Jahrhundert der Diplomatenfamilie Dugas gehörte. Vom Innenhof führte früher ein Weg in die Ställe, der andere ins Wohnhaus. Hier biegt man links ab in die Rue de la

Loge und geht gleich wieder rechts in die Rue du Bœuf. Rechts befindet sich hier das **Hôtel de Gadagne**, das größte Renaissancehaus im Viertel. Es wurde 1545 von den Brüdern Gadagne gekauft, Bankiers italienischen Ursprungs, die so reich waren, dass in Lyon der Ausdruck ›reich wie Gadagne‹ gebraucht wurde. In dem kürzlich komplett renovierten Haus befinden sich heute das **Historische Museum** (Musée d'Histoire de Lyon) und das **Marionettenmuseum** (Musée des Marionettes du Monde), gegründet von Mourget, in dem mehr als 2000 Puppen aus aller Welt zu sehen sind, natürlich auch Guignol.

Bis zum Haus Nummer 31 folgt man der Rue du Boeuf; durch diese Tür kommt man in eine Traboule, die zur 14, Rue de la Bombarde führt. Von hier ist man nur noch Schritte vom oben erwähnten Salon de Thé entfernt. An diesem vorbei gelangt man wieder auf den Hauptplatz des Viertels. Von hier ist es ein Katzensprung zur Seilbahn, die man hier Ficelle nennt und die zum Fourvière-Hügel hochfährt. Durch die Avenue Adolphe Max gelangt man zur Pont Bonaparte. Links befindet sich der ehemalige **Bischofspalast**, in dem heute Ausstellungsräume, eine Bibliothek und Stadtarchive untergebracht sind. Die Brücke verbindet Vieux Lyon mit der Halbinsel.

Die Halbinsel

Diese Landzunge war zu römischen Zeiten eine Insel aus Aufschwemmungsmaterial – erst Jahrhunderte nach der Gründung der Stadt wurde am Fuße des Hügels von Croix-Rousse eine Verbindung geschaffen; mit dem Zuschütten des Flussarmes zwischen dem Festland und der Insel verschob sich der Zusammenfluss von Rhône und Saône vier Kilometer nach Süden. Zunächst befand sich auf der Insel ein Militärlager, doch bald sah man die Handelsmöglichkeiten des Ortes, und es entstanden Packhäuser. Unter Henri IV. und Louis XIII. wurde die Halbinsel zum Kern der Stadt, und aus dieser Zeit stammen einige der prominenteren Gebäude, wie das **Rathaus** und das schräg gegenüberliegende **Palais St-Pierre**, in dem das Museum der schönen Künste untergebracht ist.

■ Place Bellecour

Dieser riesige Platz (310 mal 200 Meter) wurde bereits in der Zeit des Henri IV. geplant, doch tat sich die Stadt zunächst schwer, das Geld für das Land zusammenzubekommen. Robert de Cotte machte schließlich den Entwurf und ließ eine Reihe von Bäumen am südlichen Ende pflanzen, um die unregelmäßige Form des Platzes zu vertuschen. Die Gebäude um den Platz wurden während der Revolution in den Jahren des Terrors abgerissen, weil sich Lyon zunächst kaum für die revolutionäre Bewegung begeistern konnte. Anfang des 19. Jahrhunderts wurden sie wieder aufgebaut. Heute stehen auf diesem Platz das **Tourismusamt** und an der

Am Ufer der Saône

Nordseite ein **Reiterdenkmal von Louis XIV.** des Bildhauers François-Frédéric Lemot. Am Sockel sind zwei allegorische Figuren abgebildet, die Rhône und Saône darstellen. An der südöstlichen Ecke des Platzes steht ein **Glockenturm**, das einzige, was vom Hôpital de la Charité, das hier stand, übrig geblieben ist.

Auch wenn er zu vielen Zwecken gut ist – es werden häufig Konzerte und andere Veranstaltungen abgehalten – der Platz ist einfach zu groß; er erscheint fast wie eine ungewollte Lücke im Stadtplan.

■ Place des Terreaux

Das Wort Terreaux kommt vom lateinischen Terralia, der Bezeichnung für die Erdwälle entlang des Grabens, der im Mittelalter an dieser Stelle Rhône und Saône miteinander verband. Als der Graben zugeschüttet wurde, entstand hier zunächst ein Marktplatz, auf dem auch Hinrichtungen stattfanden. Das erste Rathaus wurde 1646 am Platz erbaut. Ein schlichter Brunnen diente damals einfach der Wasserversorgung, doch zweieinhalb Jahrhunderte später sahen einige einflussreiche Bürger auf der Pariser Weltausstellung 1889 einen enormen Brunnen, ein Werk des Elsässer Bildhauers Frédéric-Auguste Bartholdi. Man konnte den damaligen Bürgermeister davon überzeugen, den Brunnen zu kaufen. Ursprünglich war dieser einer von zwei Brunnen, die für die Stadt Bordeaux gedacht waren. Die Stadt kaufte den Brunnen zu einem Schnäppchenpreis, sehr zum Ärgernis des Künstlers. Dafür war es hier eben die Garonne, die allegorisch dargestellt war, und nicht die Saône oder die Rhône. Heute kümmert es kaum mehr jemanden, dass es sich bei diesem Prachtstück eigentlich um einen ›Secondhand‹-Brunnen handelt.

Rhône und Saône

Vom Elsass nach New York: Frédéric-Auguste Bartholdi

In Colmar, einer hübschen Stadt im Elsass, findet man in einer schmalen Straße im Schatten der großen Kirche ein schönes, kleines Hausmuseum, das dem Bildhauer Frédéric-Auguste Bartholdi gewidmet ist. Hier findet man Zeichnungen, Entwürfe und Gipsmodelle seiner berühmtesten Werke, allen voran natürlich die New Yorker Freiheitsstatue. In Paris ist Bartholdi gleich zweimal mit einer kleineren Kopie dieses Meisterwerks vertreten. Eine unauffällige kleine Version findet man im Jardin du Luxembourg, eine wesentlich größere Version (aber immer noch viel, viel kleiner als das Original) findet man flussabwärts von der Pont de Grenelle auf dem südlichen Zipfel der Île des Cygnes. Sie wurde Frankreich von der amerikanischen Gemeinschaft in Paris zum 200. Jahrestag der französischen Revolution geschenkt. Der Künstler war bei der Enthüllung der elfeinhalb Meter hohen Statue unglücklich darüber, dass sie in Richtung des Elysée-Palastes aufgestellt worden war, also nach Osten. Erst mehr als 30 Jahre nach seinem Tod entsprach man seinem Wunsch: Die Statue wurde 1937 umgedreht und blickt nun nach Westen, nach New York. Bei der Kopie in den Luxembourg-Gärten handelt es sich um eine Modellstudie für Lady Liberty, die übrigens in mehr als 200 Kisten verladen wurde und an der Seine ihren Weg in die Neue Welt antrat.

Es scheint, dass Bartholdi vor allem bei seinen monumentalen Werken in der Beziehung zwischen Auftraggeber und Künstler nicht immer glücklich war: Sein oben geschilderter Unmut über die Aufstellung seiner Statue muss gegen den Frust verblasst sein, den der Künstler beim Verkauf einer anderen großen Skulptur empfunden haben muss: die Darstellung der Garonne, die heute keinen prominenten Platz in Bordeaux einnimmt, sondern weit weg, am Place des Terreaux in Lyon, steht. Sicherlich spielte bei dieser ersten größeren Auseinandersetzung das Alter des Künstlers eine Rolle: Gerade mal 23 Jahre alt war Bartholdi, als er mit seinem Entwurf eine Ausschreibung der Stadt Bordeaux gewann. Seinen Preis bekam er, und dieser verhalf ihm zu einem recht bequemen Leben. Doch der Entwurf wurde zunächst nicht realisiert; erst als Bartholdi mit seiner Freiheitsstatue weltberühmt geworden war, machte man sich an die Arbeit. Die fertiggestellten Skulpturen wurden aber von den Stadtvätern in Bordeaux als zu teuer empfunden, und so musste Bartholdi mit seinem Werk hausieren gehen. In Lyon hatte man Platz und wollte das Kunstwerk auch haben, dennoch zeigte man sich in den Verhandlungen hart, und Bartholdi bekam sicherlich nicht das, was er zunächst verlangt hatte.

Sogar seinem größten Triumph, einer der bekanntesten Skulpturen überhaupt, war eine Enttäuschung vorangegangen: Ismail Pascha, der osmanische Vizekönig von Ägypten, hielt nichts von Bartholdis Plan, eine 28 Meter hohe Statue am Hafen von Alexandria zu errichten. Die Idee war dem Künstler 1856 bei einer Ägyptenreise gekommen. Ab 1875 arbeitete Bartholdi dann an der 64 Meter hohen Freiheitsstatue, die 1886 in New York eingeweiht wurde. Da diese sicherlich eines der bekanntesten monumentalen Denkmäler der Welt ist, dürfte Bartholdi auf eine erfolgreiche Karriere zurückgeblickt haben, als er im Alter von 70 Jahren in Paris starb. Er liegt auf dem Friedhof von Montparnasse begraben, unter einem Grabmal, das er selbst für sich und seine Frau schuf.

Der Bartholdi-Brunnen am Place des Terreaux in Lyon

■ Rathaus

Das Rathaus stammt aus der Zeit des Louis XIII. Angefangen wurde es von Simon Maupin, einem Architekten aus Lyon. Als es 1674 teilweise abbrannte, wurde der Neubau zunächst von Jules Hardouin-Mansart und nach dessen Tod von Robert de Cotte geleitet. Das Reiterdenkmal im Flachrelief stellt Henri IV. dar, während die vier Medaillons an der Fassade Louis XIII., Anna von Österreich, Louis XIV. und Henri IV. zeigen. Vor allem die Fassade, die Kuppel und das abgerundete Tympanon tragen die Handschrift de Cottes.

Hinter dem Rathaus steht die neue **Oper** von Lyon, hinter deren Fassade aus dem 19. Jahrhundert ein moderner Bau versteckt ist. Jean Nouvel wurde in den 1990er Jahren herangezogen, um die Akustik des Hauses zu verbessern und die Kapazität zu erweitern. Heute bietet der Saal 1300 Zuschauern Platz. Auffällig an der Fassade sind die acht

Die Oper von Lyon

Musen. Es sollten derer eigentlich neun sein, die Architekten legten aber auf die Symmetrie des Hauses mehr Wert als auf mythologische Genauigkeit.

■ Museum der schönen Künste

Schräg gegenüber dem Rathaus liegt das Musée des Beaux Arts, das im Gebäude einer ehemaligen Benediktinerabtei untergebracht ist. Das Museum ist eines der führenden in Frankreich. Im Innenhof ist die Skulptur ›Der Schatten‹ von Rodin zu sehen. Die Sammlungen umfassen Kunst aus der ganzen Welt und aus allen großen Perioden. Malerei, Skulptur, Kunstobjekte, antike Kunst und grafische Kunst sind hier vertreten, doch weil die Ausstellungen nicht allzu viele Exponate umfassen, bleibt man vor Ermüdungserscheinungen gefeit. Die italienische Renaissance ist durch Werke von Veronese (Bathseba), Bassano und Tintoretto vertreten. Aus dem 17. Jahrhundert stammen die Gemälde des Bernardo Bellotto, genannt Canaletto, der unter anderem auch an der Elbe viel malte. Lucas Cranach der Ältere, Quentin Metsys und Peter Paul Rubens ver-

Karte S. 297

▲ *Im Museum der schönen Künste*

treten Nordeuropa in der Sammlung. Aus allen Stilepochen ist Kunst aus Frankreich zu sehen, von Charles Le Brun bis Jean Dubuffet und von Eugène Dela-croix bis Marc Chagall. 35 impressionistische Meisterwerke stammen aus einer Stiftung der Schauspielerin Jacqueline Delubac. Interessante Skulpturen sind unter anderen die Kapitele aus romanischen Kirchen aus dem Rhônetal sowie eine Kore aus Griechenland und ein ägyptisches Tempeltor.

Zwischen den beiden Plätzen verlaufen parallel zueinander drei große Boulevards, an denen die großen Kaufhäuser der Stadt sowie unzählige andere Geschäfte liegen. In diesem Bereich befinden sich zudem das Museum der Druckkunst und die Place de la République mit einem weiteren schönen Brunnen.

■ Museum der Druckkunst

Im Musée de l'Imprimerie wird ein Abschnitt aus der glorreichen Zeit des wirtschaftlichen Aufschwungs der Renaissance dargestellt, als Lyon ein Finanzzentrum und eine Stadt der Drucker wurde. Alle möglichen Methoden zur Vervielfältigung von Schriften, von Holzschnittdrucken bis zu den neuartigen Druckpressen werden hier erläutert, ebenso wie die Geschichte des Bankwesens und seine Bedeutung für die Stadt. Die Sammlung enthält eine große Sammlung kostbarer Bücher, Flugblätter, Poster und Kupferstiche sowie von Werkzeugen, die man im Laufe der Jahrhunderte beim Buchdruck verwendete.

■ Basilika St-Martin-d'Ainay

Diese Kirche aus dem Jahr 1007 ist, auch wenn sie heute in Lyon etwas verloren dasteht, durchaus sehenswert. Französische Stadtführer beschreiben den romanischen Bauschmuck als ›Bandes Dessi-

nées du Moyen Age‹ (Comics des Mittelalters). Die Säulen des Schiffes stammen aus der römischen Zeit, und in der **Kapelle Ste-Blandine** wurden wahrscheinlich die christlichen Märtyrer nach dem Massaker von 177 beigesetzt.

■ Museum der Textilkunst

Unweit von der Kirche liegt das Musée des Tissus, ein Muss bei einem Besuch in der Seidenstadt. Dieses Museum ist in einem Stadtpalais aus dem 18. Jahrhundert, dem **Hôtel de Villeroy**, untergebracht, und um die Sammlung ganz zu sehen, muss man einiges an Treppen bewältigen. Ursprünglich hatte die Sammlung den Zweck, die Kreativität von Lyons Webern zu fördern. Aus aller Welt und aus allen Zeiten wurden die prächtigsten Stoffe hierher gebracht. Wenn auch die Räume hier und dort etwas dunkel sind, um die die Stoffe zu schützen, so bilden die Teppiche aus Persien, der Türkei und China, die grie-

Am Place de la République

Blick auf das Viertel Croix-Rousse

chischen Wanddekorationen aus dem 2. und 3. Jahrhundert, die religiösen Gewänder, die Kleider und die modernen Stücke eine imposante Sammlung. Im nebenan gelegenen **Musée des Arts Décoratifs** sind Möbel, Fliesen, Gold- und Silberbestecke und Porzellan aus Sèvres und Meissen zu sehen.

Das neueste Museum der Stadt, das **Musée des Confluences**, soll 2014 seine Türen öffnen. Der hypermoderne Bau wird der Natur- und Völkerkunde gewidmet sein.

Croix-Rousse

Das Viertel Croix-Rousse ist seit jeher ein Arbeiterquartier. Croix-Rousse, so heißt es in Lyon, ist der Hügel, der arbeitet; Fourvière ist der Hügel, der betet. Der Hügel der Arbeiter hat seinen eigenen, wenn auch weniger offensichtlichen Charme. Als Joseph-Marie Jacquard seinen Webstuhl entwickelte, zogen die Weber vom alten Viertel um die Kathedrale hierher, um in großen, mehrstöckigen Häusern zu arbeiten, in denen die Webstühle die obersten Stockwerke mit den größten Fenstern einnahmen und die Arbeiter weiter unten wohnten.

Um die Seide beim Transport nicht nass werden zu lassen, übernahm man auch hier die Bauart der Traboulen, von denen viele auch heute noch Abkürzungen durch die Wohnhäuser bieten. Geht man zum Beispiel hinter dem Brunnen auf dem Place de Terreaux durch das Haus mit der Nummer 6, erreicht man die Rue Sainte-Catherine. Biegt man dort rechts ab und geht vor zur Rue Saint Polycarpe, sieht man am Ende dieser Straße schon die gleichnamige Kirche. In dieser Straße befindet sich in Nummer 3 das **Gebäude der Condition Publique des Soies**, die im 19. Jahrhundert die Aufgabe hatte, die Seide auf ihre Feuchtigkeit zu überprüfen. Der Stoff kann 15 Prozent seines Gewichts an Wasser aufnehmen, was bedeutete, dass feuchte Seide zu hoch bezahlt wurde. Heute ist in dem Haus ein Kulturzentrum untergebracht.

Durch die **Passage Thiaffait**, die man durch die Nummer 19, Rue Leynaud erreicht, kommt man in die Rue Burdeau, und hier geht es gegenüber der Nummer 36 zum Place Chardonnet hoch. Das Denkmal hier ehrt den Erfinder der Kunstseide, Graf Hilaire de Chardonnet. Überquert man den Platz schräg, geht es in die Rue des Tables-Claudiennes. Auf der linken Seite, durch die Nummer 55, erreicht man die Rue Imbert-Colomès. Durch die Traboule Nummer 29 kommt man zum Cour des Voraces, wo eine Treppe noch weiter hinaufführt. Im Gegenuhrzeigersinn kommt man zum Place Colbert und zur Rue Bodin, der wiederum zum **Place Bellevue** führt. Von hier ist die Aussicht in der Tat, wie es der Name nahelegt, besonders schön. Folgt man von hier den Stufen immer weiter hoch, gelangt man auf dem **Place de Gros Caillou**, auf dem ein riesiger Findling von der letzten Eiszeit zurückgeblie-

◀ Karte S. 297

Die Pont de l'Université und das linke Rhône-Ufer

ben ist. Dieser Platz wird durch den Boulevard Croix-Rousse mit dem **Place de La Croix-Rousse** verbunden, und hier übersieht ein Denkmal von Joseph-Marie Jacquard das Viertel, das er schuf.

Nördlich von hier befindet sich das **Maison des Canuts**, in dem der Besucher die Weberei und ihre Geschichte kennen lernen kann. In diesem Bereich findet man auch die **Ateliers de Soierie Vivante**, eine 1993 gegründete Stiftung, die das Erbe von Croix-Rousse bewahren möchte. Von hier aus werden Rundgänge in verschiedene Ateliers organisiert. Bei Inter-esse kann man sich hier schon im voraus erkundigen, was das Tagesprogramm zu bieten hat. In Croix-Rousse befinden sich auch die nur teilweise ausgegrabenen Überreste des Amphitheaters der drei Gallien, in dem 177 Mitglieder der christlichen Gemeinde zu Tode gefoltert wurden. Kostbare Bronzetafeln mit einer Rede des römischen Kaisers Claudius, auf denen er Lugdunum einen Senatssitz zusagt, wurden im 16. Jahrhundert von einem Bauern hier in der Nahe gefunden. Diese sind heute im gallo-römischen Museum in Fourvière zu sehen (siehe Seite 299).

Das linke Ufer

Im Bereich der Schiffsanlegestelle verbindet eine Reihe von Brücken die Halbinsel mit **La Guillotière**, dem Viertel am linken Ufer der Rhône. Flussaufwärts ist da zunächst die **Pont de l'Université**, die eine Fähre ersetzte, als sie um die Jahrhundertwende errichtet wurde. Sie war die einzige Brücke in Lyon, die den Zweiten Weltkrieg ohne großen Schaden überstand. Nördlich dieser Brücke befindet sich die **Pont de Guillotière**, die vermutlich dort steht, wo die erste Rhônebrücke entstand, über die Richard Löwenherz und Philippe Auguste ins heilige Land zogen. 100 Jahre später brach diese Brücke unter der Last des Vierten Kreuzzuges zusammen. Zwischen diesen beiden Brücken liegt am linken Ufer das **Freibad**, das 1965 geöffnet wurde und 70 000 Badegäste pro Sommer empfängt. Die elegante Uferpromenade zieht nicht nur viele Studenten von der benachbarten Université Lumiere an, auch Geschäftsleute und Jogger sind hier unterwegs.

Auf dem linken Ufer der Rhône gibt es einige weitere Sehenswürdigkeiten: Zunächst ist da das **Centre d'Histoire de la**

Rhône und Saône

In den Halles de Bocuse

Résistance et de la Deportation, untergebracht im Gebäude der ehemaligen militärischen Schule, das von 1942 bis 1944 Gestapo-Hauptquartier war. Dokumente, Flugblätter und kurze Filme zeigen das Leben vor, während und kurz nach der Besatzung und erzählen die Geschichte der Résistance und ihres legendären Leiters, Jean Moulin, der hier festgehalten und von Klaus Barbie verhört wurde. Weitere Ausstellungsstücke dokumentieren die Deportationen und die Vernichtung der Juden Lyons und die öffentlichen Hinrichtungen, die hier im Sommer 1944 stattfanden.

Etwas weiter außerhalb liegt die **Villa von Antoine Lumière**. Hier wuchsen seine Söhne Auguste und Louis, die Erfinder des Films, auf. Das Haus ist opulent eingerichtet, mit wunderschöner Holzvertäfelung, enormen Kronleuchtern und eingelegten Fußböden, aber vor allem ist es durch seine Sammlung alter Filmkameras und die Ausstellung zu den berühmten Brüdern interessant. Im Haus und in der danebengelegenen Scheune finden regelmäßig Filmvorführungen statt.

Schließlich steht unweit der Schiffsanlegestelle ein überdachter **Markt**, der den Namen des Gastronomen Paul Bocuse trägt. Dieser Name steht für höchste Qualität, und die Stände sind eine Wohltat für die Augen, die angebotenen Produkte ein Genuss für den Gaumen. Manche Flusskreuzfahrtveranstalter organisieren informelle Besuche auf diesem Markt.

Der ehemalige **Crédit-Lyonnais-Turm** ist mit seinen 142 Metern der herausragendste Bau des linken Ufers. Ehemalig, weil der Turm heute amtlich ›Tour Part-Dieu‹ heißt, nach dem Viertel, in dem er steht. Er beherbergt Büroräume und ein Hotel. Den Bürgern der Stadt ist die Umbenennung relativ egal: Diese kennen den Turm vor allem unter seinem Spitznamen ›Le Crayon‹, der Bleistift.

Von Lyon nach Vienne

Zwischen Lyon und Vienne legt das Schiff gerade mal 28 Flusskilometer zurück, ein Katzensprung, für den man bei normalem Wasserstand etwa zwei Stunden braucht. Größtenteils führt die Strecke durch einen unattraktiven Industriegürtel, der sich südlich von Lyon bis etwa Loire-sur-Rhône erstreckt, nur wenige Kilometer nördlich von Vienne. Der Hafen von Lyon, nach dem ehemaligen Bürgermeister Édouard Herriot genannt, beginnt ungefähr am Kilometerpunkt 3. Zwei Kilometer weiter südlich wird der

◄ Karte S. 297

Fluss von der Autoroute du Soleil überquert, auf der im Sommer ganz Nordeuropa in den Süden zu kriechen scheint. Etwas weiter taucht der erste Staudamm zwischen Lyon und Arles auf. Die Schleusen sämtlicher Dämme, die im Rahmen der Energieerzeugung in den Jahrzehnten nach dem Zweiten Weltkrieg gebaut wurden, haben die europäischen Standardmaße: Sie sind 195 Meter lang und 12 Meter breit. Diese Breite reicht gerade noch für viele Kreuzfahrtschiffe, es ist für den Kapitän aber immer eine ordentliche Aufgabe, das Schiff in die Kammer zu führen.

Südlich der Schleuse liegt links die Raffinerie von **Feyzin**, die Rohöl verarbeitet, das per Pipeline von Marseille hierher gepumpt wird. Auf etwa zwei Drittel des Weges zwischen Lyon und Vienne liegt am rechten Ufer **Givors**, eine traditionelle Industriestadt, in der sich das **Maison du Rhône** befindet, eine Art Museum zur Rhône. Das Gebäude, eine ehemalige Privatvilla, liegt nahe am Wasser, aber Givors wird von Schiffen nicht angefahren. Am Südrand des Ortes liegt am rechten Ufer das Kraftwerk Loir-sur-Rhône, das mit Öl aus Feyzin Strom erzeugt. Wenig weiter flussabwärts ist an diesem Ufer die Pipeline zu sehen.

Kurz vor Vienne liegt am linken Ufer zunächst die **Ruine des Schlosses von Seyssuel**, von dem aus sich ein feudaler Herr durch Flusszölle bereicherte; danach folgt die **Ruine des Château de la Bâtie**, bis zur Entmachtung der Bischöfe durch Louis XIII. ein Bischofssitz.

ℹ️ **Lyon**

Vorwahl: 04.

Haupttourismusamt, Place Bellecour. Mit der Vorbereitung eines Besuchs kann man zu Hause bereits anfangen: www.de.lyon-france.com.

🍴

Lyon hat mehr als 1800 Restaurants, und da es für seine hervorragende Küche bekannt ist, sollte man ruhig einmal das Abendessen an Bord auslassen, um in der Stadt zu Abend zu essen. Paul Bocuse, der kulinarische Gigant von Lyon, hat vier Bistros, **Le Nord**, **Le Sud** (gegenüber der Anlegestelle, 11 Place Antonin Poncet, Tel. 72 778000), **L'Est** (14, Place Jules Ferry, Tel. 37 242526) und **L'Ouest**, und jedes hat seine eigenen Spezialitäten.

Die **Brasserie Georges 1836** ist eine Institution (30, Cours Verdun, Tel. 72 565456); eine weitere gute Adresse ist **Brasserie Léon de Lyon** (1, Rue Pléney, Tel. 72 10 11 12). Es ist in all diesen Lokalen empfehlenswert, über die Schiffsrezeption eine Reservierung vorzunehmen.

🛍️

Lyon ist immer noch eine Seidenstadt, und **Seidentücher und -schals** sind ein klassisches Mitbringsel.

Zwischen Place Bellecour und Place des Terreaux befinden sich die Einkaufsstraßen der Stadt.

Ⓜ️

Lyon hat ein modernes, sauberes und bequemes Netzwerk. Vom Schiffsanleger kann man mit der Tram (Linie 4, auf der Gallieni-Brücke) zum Perrache-Bahnhof fahren. Von hier führt die U-Bahn in alle Richtungen. Die Linie A hält am Place Bellecour. Hier kann man entweder umsteigen oder aber zu Fuß über die Saône gehen, um am Fuße des Fourvière-Hügels mit dem Funiculaire hochzufahren.

Vienne

»Wir verließen Vienne mit einem zu schlechten Eindruck von der dreckigen Herberge und vom Ort im Allgemeinen, um hier die Nacht verbringen zu wollen. Die schmutzige, deprimierende Erscheinung der Stadt selbst steht wahrlich in einem grellen Kontrast mit der schönen Landschaft ringsum (...)«

Kritische Reiseberichte gab es wohl auch schon vor fast 200 Jahren, als der Engländer John Hughes diese Eindrücke aufschrieb. Gott sei Dank hat sich in den letzten zwei Jahrhunderten in Vienne sehr viel getan: Heute ist es einer der angenehmsten und interessantesten Orte auf einer Flusskreuzfahrt.

■ Geschichte

Ausgrabungen belegen eine menschliche Präsenz an der Mündung der Gère, die bis ins fünfte Millennium vor unserer Zeitrechnung zurückgeht. Die ersten Siedlungen entstanden auf den Hügeln hinter der jetzigen Stadt: nahe genug am Wasser, aber nicht zu nahe, denn die Rhône fließt mit Wucht durch die Enge, die von Hügeln aus besonders hartem Gestein begrenzt wird. Manche Wissenschaftler meinen, der Name der Stadt könnte von einem keltischen Wort stammen, was soviel wie ›Auengebiet am Fluss‹ heißen würde.

Die Allobrogen, der keltische Stamm der Region, hatten bereits im 2. Jahrhundert vor Christi regen Kontakt mit den Kulturen des Mittelmeerraums und waren unter den ersten keltischen Stämmen, die von den Römern besiegt wurden: Das Gebiet um Vienne wurde 121 vor Christus dem Römischen Reich einverleibt. Strenge Besteuerung führte noch 62 vor Christus zu einem Aufstand, doch Vienne war auf dem besten Weg, eine der prominentesten Städte des sich neu bildenden gallo-römischen Kulturraums zu werden. Im 2. Jahrhundert hatte Vienne die gleichen Rechte wie die italienischen Städte und zählte bereits 30 000 Einwohner. Die Stadt war Zentrum einer administrativen Region, die 14 000 Quadratkilometer groß war. Fässer aus Ton, Mosaiken, Bleirohre und Gebrauchsgegenstände aus Bein aus den Werkstätten von Vienne fanden über die Grenzen dieses Gebiets hinaus

▲ *Blick auf Vienne*

Karte S. 316

ihren Weg zu den Verbrauchern. Daneben blühten die Landwirtschaft, der Weinbau und die Textilindustrie.

Ab dem 3. Jahrhundert war Vienne Angriffen der germanischen Stämme ausgesetzt, und in den nächsten Jahrhunderten befand sich der Ort in einer Grenzregion, eine Lage, die immer wieder einschneidende Änderungen mit sich brachte: Vom karolingischen Reich kam Vienne 879 zum Burgunderreich, doch keine 200 Jahre später wurde es zur unabhängigen Bischofsstadt. Bereits nach neun Jahren verlor jedoch der Bischof seine Herrschaft, und Vienne wurde dem Deutschen Reich einverleibt. 1450 beanspruchte der Dauphin, der spätere französischen König Louis XI., Vienne für sich. Damit verlor Vienne seine Grenzposition und wurde von Lyon als wichtigste Stadt der Region bald abgelöst. Ein steter Niedergang, verstärkt von Kriegen und Pestepidemien, setzte ein, und im 15. Jahrhundert zählte die Stadt nur noch etwa 3000 Einwohner.

Viennes Aufschwung kam im 19. Jahrhundert mit der Dampfschifffahrt, die den Handel mit Textilien, Eisen, Glas und Papier aufblühen ließ. Viennes Fabriken arbeiteten bald auf Hochtouren, und die Bevölkerung wuchs auf 24 000 Seelen. In den beiden Weltkriegen lieferten die Textilfabriken von Vienne die Uniformen der Soldaten, doch in der Nachkriegszeit ließ die Nachfrage bald nach. Vienne hatte aber bereits einen neuen Weg eingeschlagen, der gewissermaßen noch im 19. Jahrhundert angefangen hatte: Prosper Mérimée ließ den römischen Tempel von Augustus und Livia restaurieren, und Pierre Schneyder eröffnete ein erstes Museum. Die Stadt machte aus dem Erhalt ihres reichen Erbes eine wichtige Einkommensquelle. Eine frühe Ausgabe des Michelin-Reiseführers erteilte dem ›Restaurant de la Pyramide‹ neben diesem römischen Monument die erste Drei-Sterne-Auszeichnung seiner Geschichte. Im alten römischen Theater findet jährlich das Jazzfestival statt, das längst internationalen Ruf hat. Für Flussreisende bietet Vienne beidseitig des Flusses eine reiche Vergangenheit, die entdeckt werden muss, und eine gemütliche Gegenwart, die, am besten mit einem guten Glas, genossen werden muss.

Ein Rundgang

Die Altstadt von Vienne ist klein: Vom Schiffsanleger bis zur Pont de Lattre de Tassigny ist es nicht mal ein ganzer Kilometer.

Vor dem Tourismusamt verläuft der Cours Brillier entlang der alten römischen Stadtmauer. Wenn man links in die Rue Boson einbiegt, kommt man an den **Place Saint Pierre**. In der gleichnamigen ehemaligen Kirche befindet sich heute das **Archäologische Museum**. Die heutige Kirche, die im 19. Jahrhundert renoviert wurde, um als Museum zu dienen, stammt aus dem 12. Jahrhundert. Sie war im Mittelalter Teil einer Abtei, in der 1343 die Verhandlungen zum Verkauf der Dauphiné stattfanden, der Region am Westufer der Rhône, deren wichtigste Stadt Grenoble war. Nach dem Kauf wurde bestimmt, dass der älteste Sohn des Königs den Titel Dauphin tragen wurde. Allerdings sollte es noch ein Jahrhundert dauern, bevor der Dauphin, in diesem Falle der künftige Louis XI., seine Ansprüche gelted machte und der Bischof von Vienne seine Unabhängigkeit verlor. Im Museum sind schöne romanische Skulpturen zu sehen, aber auch Reste des karolingischen Bildhauerwerks. Aus der gallo-römischen Zeit sind Mosaiken sowie Grabmäler und Marmorstatuen zu sehen.

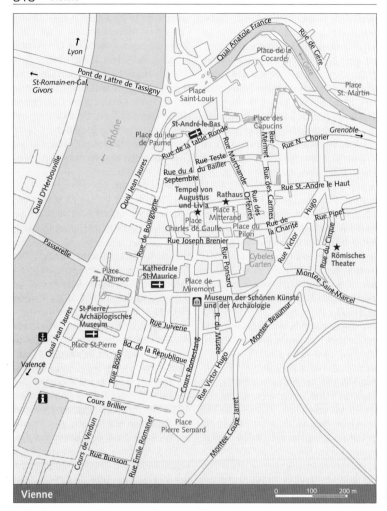

Vienne

0   100   200 m

■ **St-Maurice**

Nicht weit vom alten römischen Forum
entstand bereits im 4. Jahrhundert ein
Vorgängerbau der heutigen Kathedrale.
Die Geschichte des Bistums geht wahrscheinlich sogar bis in das 3. Jahrhundert
zurück. Die Kathedrale ist dem heiligen
Mauritius geweiht, dessen Schädel hier
aufbewahrt worden sein soll. Die Reliqui-

en brachten dem Bistum Pilgerspenden,
unter anderem von karolingischen Herrschern und den Königen des Burgunds.
An der Kirche wurde vom 12. bis zum
16. Jahrhundert immer wieder gebaut,
was sich daran zeigt, dass der auf dem
ersten Blick harmonisch gestaltete Raum
ein Sammelsurium verschiedener Stile ist
– der Sturz des Nordportals ist aus gallo-

römischer Zeit, während viele Kapitelle romanisch sind. Man findet sie ab dem vierten Joch. Sie sprechen eine sehr vielfältige Bildersprache, Pflanzenmotive, biblische Darstellungen und Fabelfiguren lösen sich ab. Im südlichen Seitenschiff ist ein Streifen zu sehen, der den Tierkreis darstellt – eine der schönsten und detailliertesten Skulpturen in der Kirche. Um den Chor herum sind flämische Tapisserien aufgehängt. Die Fenster im Obergaden des Chors stammen aus dem 16. Jahrhundert, das zentrale Fenster stellt Saint Maurice dar.

Hinter der Kathedrale liegt der **Place de Miremont**, der früher gerade außerhalb der mittelalterlichen Stadtmauern lag. Im 19. Jahrhundert, nachdem der Besitz von der Kirche säkularisiert wurde, plante man hier den Platz, auf dem jetzt das **Museum der Schönen Künste und der Archäologie** (Musée des Beaux Arts et d'Archéologie) steht. In einigen großen Räumen ist so ungefähr alles ausgestellt, was die Stadt an Exponaten zu bieten haben könnte: Gemälde, römische Skulpturen, Gebrauchsgegenstände und Porzellan. Überquert man am westlichen Ende die Rue Ponsard, kommt man in den Jardin de Cybele.

■ Cybeles Garten

An dieser Stelle stand bis 1938 ein Spital, und nach dessen Abbruch kamen die Ruinen zu Tage, die man heute bewundern kann. Über deren frühere Funktion ist man sich bisher noch nicht einig, doch es ist praktisch sicher, dass es einen Tempel für die orientalische Göttin Cybele hier nie gegeben hat. Die Ausmaße der Ruinen zeigen aber auch, dass es sich wohl um Überreste öffentlicher Gebäude handeln muss.

Durch den Garten kommt man zur Rue Victor Hugo. Hier kann man die Parkgarage durchqueren, um zur Rue du Cirque zu gelangen, in der der Eingang zum römischen Theater liegt.

■ Das römische Theater

Das römische Theater, dessen Ränge in den Pipetberg gehauen sind, lag unterhalb eines gallo-römischen Heiligtums. 13 000 Zuschauer fasste das Theater, das damit nach dem Gebäude in Autun das größte in ganz Gallien war (die Theater in Nîmes und Arles lagen in der römischen Provinz, die amtlich nicht zu Gallien gehörte). Das Theater wurde zwischen 40 und 50 vor Christus gebaut; südlich von diesem gab es ein Odeon, von dem nichts mehr geblieben ist. Ausgrabungen fanden hier zwischen 1908 und 1938 statt, unter der Leitung von Claude-Thomas Delorme. Seit 1981 wird im Theater ein besonders erfolgreiches Jazzfestival abgehalten, das große Namen aus der ganzen Welt anzieht. Darüber hinaus finden aber auch Opern- und andere Vorstellungen statt. Oben auf

Rhône und Saône

Tierkreiszeichen in der Kathedrale St-Maurice

Der Tempel von Augustus und Livia

dem Berg musste die Tempelanlage nach dem Fall von Rom einer Burg Platz machen, die zunächst den Königen des Burgunds und später den Bischöfen von Vienne gehörte. Im Zuge der Religionskriege wurde sie komplett zerstört.

■ Das Rathaus

Die Rue Pipet mündet in die Rue de la Charité, und diese führt zum Place du Pilori und weiter zum Place François Mitterand vor dem Rathaus, auf dem täglich ein Markt abgehalten wird. Das römische Forum befand sich an diesem Platz. Das Rathaus selbst war früher eine Adelsresidenz, bis die Stadt das Gebäude 1771 kaufen konnte. Teile der Innenausstattung des 17. Jahrhunderts sind bewahrt worden. Sein heutiges Aussehen bekam das Rathaus im Verlauf des 19. Jahrhunderts. Vom Place du Pilori bis zur Kirche **St-André-le-Bas** verliefen im Mittelalter Straßen, in denen Handwerker und Händler ihrer Arbeit nachgingen: Die Rue Teste du Bailer war früher die Rue des Boucheries (Metzgerstraße); in der Rue des Orfèvres waren die Goldschmiede zu Hause; die Rue du 4 Septembre hieß einst Rue des Peaux-Belles, die Straße der schönen Felle. Genau wie

Karte S. 316

einige Straßennamen sind auch einige Gebäude übrig geblieben, hier und dort ein romanischer Bau sowie mehrere gotische Häuser, während andere Platz für Neues machen mussten.

■ Tempel von Augustus und Livia

Durch die Rue Joseph Brenier erreicht man den Place Charles de Gaulle, an dem sich der Tempel von Augustus und Livia befindet. Dieser römische Bau wurde bereits im 5. oder 6. Jahrhundert zum christlichen Gotteshaus umfunktioniert, und diesem Umstand verdankt er sein Überleben bis zur heutigen Zeit. Ab dem 11. Jahrhundert war er als Gemeindekirche der Muttergottes geweiht und war bekannt als Notre-Dame-de-la-Vie (von La Vieille – die Alte) Zwischen 1852 und 1880 wurde das Gebäude renoviert, wobei man entschied, den gallo-römischen Tempel so gut wie möglich zu restaurieren und spätere Anbauten zu zerstören. Man glaubt, dass nur der hintere Teil während der Regierungszeit des Kaiser Augustus gebaut wurde, während eine zweite Bauphase etwa 50 bis 60 Jahre später, rund 40 nach Christus, begann. Nicht nur der Kaiser und seine Frau wurden im Tempel verehrt, sondern auch Rom. Die geschah zu dem Zweck, die Provinzen auch durch religiöse Rituale an Rom zu binden. Um den Tempel herum gab es einen Tempelhof, der von Säulenportalen abgegrenzt wurde.

■ Kirche St-André-le-Blas

Vom Platz führt die Rue des Clercs zur Kirche St-André-le-Bas. Ein erster Bau entstand hier bereits im 6. Jahrhundert. Von der Abtei, die hier im Laufe der Jahrhunderte errichtet wurde, sind heute nur die Kirche und der Kreuzgang geblieben. Ab dem 12. Jahrhundert wurde die Kirche stark renoviert, und man musste den Bau mithilfe von Strebewerken stabilisieren. Die Abtei verfiel ab Mitte des 18. Jahrhunderts nach und nach, 1765 wurde sie geschlossen. An den Dekorationen der Kapitelle und der Säule erkennt man, dass die Handwerker der Romanik sich an klassischen Beispielen orientierten: Man erkennt leicht Theatermasken und die Blätter- und Blumendekorationen, die in gallo-römischen Bauten verwendet wurden. Am Rhôneufer, unter der Kirche, befindet sich ein **Informationszentrum zur Stadtentwicklung**, die mithilfe von Modellen und alten Zeichnungen, Karten und Plänen dargelegt wird.

■ St-Romain-en-Gal

Vom Informationszentrum überquert man die Brücke, die zur Museumsanlage von St-Romain-en-Gal führt. Ähnlich wie in Arles befanden sich im gallo-römischen Vienne die Wohnviertel der betuchten Bürger am rechten Ufer der Rhône. Drei Hektar von diesem Viertel werden heute sorgfältig geschützt. Bis in die 1960er Jahre waren hier immer mal wieder schöne Mosaikfußböden gefunden worden, doch diese wurden einfach entfernt und in Museen ausgestellt. Überreste aus St-Romain-en-Gal schafften es damit in Museen in Lyon, Grenoble und Vienne, aber auch Paris und Malibu. Als man 1967 an der Stelle, wo sich jetzt das Museum befindet, eine Schule plante, stieß man auf die umfangreichsten Mosaiken, die man bis dahin entdeckt hatte, und man entschied, die Schule etwas weiter entfernt zu bauen, um einen Bereich von drei Hektar auszugraben, zu studieren und der Öffentlichkeit zugänglich zu machen.

1996 wurde das heutige **Museum** geöffnet, in dem einige der schönsten hier ausgegrabenen Mosaiken zu sehen sind.

In der Museumsanlage St-Romain-en-Gal

Seit 1981 wird an der Stelle intensiv geforscht und gegraben, doch von Anfang an war klar, dass ein Teil der Funde dort bleiben sollten, wo man sie vorfand, und dies erlaubt den Besuchern, an Straßen entlang zu schlendern, die mehr als 1800 Jahre alt sind.

Das **Haus der Ozeangötter** bilden den Kern der Ausgrabung, ein Haus mit einer Grundfläche von 3000 Quadratmetern und herrlichen Mosaikböden. Größtenteils werden die Mosaike im Museum aufbewahrt, aber auch an Ort und Stelle sind einige sehr sehenswerte Fragmente zurückgeblieben. In der Nähe des Hauses befinden sich Reste von Packhäusern und Vorratsräume – in einem dieser Räume sind im Fußboden Amphoren eingelassen, in denen eine gekühlte Lagerung möglich war. Interessant sind schließlich die **Thermen**, die öffentlichen Bäder, deren Funktion anhand der übriggebliebenen Reste sehr gut anschaulich gemacht werden kann.

ℹ️ Vienne

Das **Tourismusamt** ist direkt am Schiffsanleger und hat eine ganze Reihe sehr hilfreicher und kostenloser Faltblätter auf deutsch.

Rhône und Saône

Zwischen Vienne und Avignon

Westlich der Rhône, nur wenige Kilometer flussabwärts von Vienne, beginnt die Region Condrieu, die für ihren Weißwein der Viognierrebe bekannt ist. Die Stadt **Condrieu** selbst wurde 1193 zum ersten Mal urkundlich erwähnt. Sie bildet nach wie vor das Zentrum des Weinbaus und -handels der kleinen Region, und zudem findet hier einer der größten Obst- und Gemüsemärkte im weiten Umkreis statt. An den Ufern sind zahlreiche Obstbaumgärten zu sehen. Wenige Minuten später kommt das Schiff am Atomkraftwerk von St-Alban-du-Rhône vorbei.

Kurz vor dem nächsten Kraftwerk liegt am rechten Ufer der Ort **Serrières**, in dem es ein interessantes Schifffahrtsmuseum mit vielen Dokumenten und Gegenständen zum Leben der Flussfahrer auf der Rhône gibt. Es ist seit 1939 in der ehemaligen Kirche von St-Sornin aus dem 14. Jahrhundert untergebracht. Zu den interessantesten Stücke dieses Museums gehören die Schifferkreuze: bunte, reich dekorierte holzgeschnitzte Werke, die die Passion Christi darstellen. Früher wurden diese Kreuze auf den Schiffen mitgeführt, und die Tradition ist noch nicht ganz ausgestorben. Ganz oben auf den Kreuzen befindet sich immer ein kleines Schiff. Direkt an der Brücke von Serrières, die durch ihre hellen Farben auffällt, befindet sich ein kleines Schloss aus dem 14. Jahrhundert mit fünf Türmen. Vermutlich lag dieser Bau früher auf einer Insel.

Kurz vor dem Staudamm und Kraftwerk von St-Vallier sieht man rechts, bei Kilometerpunkt 80, den Runden Turm von **Arras-sur-Rhône** und gegenüber, bei **Serves-sur-Rhône**, die Überreste einer schönen Schlossanlage. Nach der Schleuse, bei Kilometer 89, liegt mitten im Fluss ein Felsen, der Table du Roi (Königstisch). Louis IX. behauptete, er habe 1248 hier, mitten im Fluss, sein Essen eingenommen.

▲ *Weinberg in Tain l'Hermitage*

Weine der Saône und Rhône

Von Chalon bis Arles lernt man auf einer Flusskreuzfahrt folgende Weinanbaugebiete kennen: die Côte Chalonnaise, die Region um Chalon herum; das Mâconnais mit Mâcon im Zentrum; das Beaujolais zwischen Mâcon und Lyon; das lang gedehnte Rhônegebiet; die Weinberge um Châteauneuf-du-Pape und schließlich Les Baux de Provence. Landausflüge bieten zudem die Möglichkeit, das Burgund zu besuchen. Viele Kreuzfahrtschiffe haben auf ihren Weinkarten Weine der Gebiete, die durchquert werden. Dennoch sollte ein Teil jeder Reise die Verkostung und die Auswahl bei einem Winzer sein, denn es geht nichts über einen Wein, dessen Lage man mit eigenen Augen gesehen hat und dessen Geschichte man erfahren hat. Kombiniert mit einem Stück Käse der Region genießt man ihn auf dem Sonnendeck, und dafür kann man schon mal ein üppiges Abendessen stehen lassen!

Bei den Jahrgängen der Weine sollte man bedenken, dass die Millesimes-Tafeln nur eine grobe Einschätzung geben und es von Lage zu Lage erhebliche Unterschiede geben kann. Unter diesem Vorbehalt: Die besten Jahrgänge in jüngster Zeit waren 2005 und 2009. 2002, 2006 und 2009 waren für Burgund-Weißweine gute Jahre. Im Côte Chalonnaise und im Mâconnais waren 2003, 2005 sowie 2009 gute Jahre. An der Rhône hatte man in den letzten zehn Jahren sehr gute Jahrgänge. 2005 und 2009 waren auch hier herausragende Jahre, während 2008 eine mittelmäßige Ausnahme darstellte.

Burgund

Das Gebiet, in dem die Burgunderweine mit AOC-Auszeichnung angebaut werden, umfasst etwa 27 000 Hektar. Zu diesen gehört die Chablis-Region sowie ein kleiner Bereich an der oberen Loire, doch der Kern erstreckt sich von Dijon bis Mâcon. Zwischen Dijon und Beaune liegt die Côte de Nuits; von Beaune bis Chalon erstreckt sich die Côte de Beaune; diese beiden Bereiche bilden die Côte d'Or, die Hochburg des Weines im Burgund. Um Chalon herum befindet sich die Côte Chalonnaise.

Herzog Philipp dem Kühnen verdankt man es, dass für die Burgunderweine nur blaue Spätburgundertrauben, hier Pinot Noir genannt, verwendet werden. Er schützte diese 1395 vor dem Aufkommen der Gamay-Rebe, indem er den Anbau anderer Trauben im Kerngebiet schlichtweg untersagte. Die Pinot-Noir-Rebe ist empfindlich und spätreif und stellt daher für den Winzer eine Herausforderung dar.

Die Weißweine des Burgunds kommen von der Chardonnay-Rebe. In den Lagen, wo weder Chardonnay noch Pinot Noir gedeihen, werden Aligoté-Reben angebaut, die einen frischen Weißwein produzieren, der die Basis für den Kir bildet, einen Aperitif aus Weißwein und Creme de Cassis, einem Johannisbeerlikör. Ein ehemaliger Bürgermeister von Dijon, Félix Kir, machte diesen bekannt, indem er ihn bei öffentlichen Gelegenheiten servieren ließ. Die Mischformel dieses typisch burgundischen Getränks ist ein Teil Cassis zu vier Teilen Wein. Nimmt man statt Wein Champagner, voilà, so hat man einen Kir Royal.

Die Sensibilität der Pinot-Noir-Rebe und die burgundische Winzertradition, gekoppelt mit der großen Verschiedenheit der Böden, hat im Burgund zu einer Differenzierung geführt, die auf so kleiner Fläche sonst nirgends in der Welt vorkommt. Unter den Burgunderweinen nehmen die Grand-Cru-Lagen der Côte d'Or die höchste Qualitätsstufe ein. Hier geht es um einzelne Weinberge, darunter den legendären Romanée-Conti, keine zwei Hektar groß, und den Romanée, dessen Fläche sogar nur halb so groß ist. Eine der berühmtesten Lagen ist der Clos de Vougeot, 50 Hektar groß, den sich gleich 70 Winzer teilen müssen. An diesen Weinen erkennt man, wie sehr die Kunst des Winzers ins Gewicht fällt, denn Clos de Vougeot ist nicht gleich Clos de Vougeot. Jeder Winzer produziert jährlich nicht viel mehr als 1000 Flaschen. Kein Wunder, dass der Preis für eine Flasche meist dreistellig ist.

Die Côte de Nuit zählt 24 Grand-Cru-Lagen, die Côte de Beaune dagegen nur 8. An zweiter Stelle stehen die Premier-Crus. Danach gibt es die Villages-Qualität, Verschnitte verschiedener Lagen innerhalb eines Dorfes. Auf dem Etikett ist bei diesen Weinen der Ortsname größer als der der Lage. Darunter sind die Weine, die einfach mit dem Begriff Bourgogne angedeutet werden. Diese kommen aus dem Burgund, bestehen ausschließlich aus Chardonnay- oder Pinot-Noir-Trauben, ansonsten gibt es aber keine Einschränkungen. Die unterste Stufe trägt den Namen (kaum mehr als Auszeichnung zu verstehen) Bourgogne Grand Ordinaire.

Die Côte Chalonnaise produziert Weine, die zwar nicht ganz so fein, dafür aber auch wesentlich erschwinglicher sind. Fünf Dörfer der Region sind mit einer AOC Village ausgezeichnet. Die Weißweine aus diesem Gebiet werden oft für die Herstellung des Crémant de Bourgogne, den hiesigen Sekt, verwendet.

Aus dem Umkreis von Mâcon, dem Mâconnais, kommt ein weißer Qualitätswein, der Pouilly-Fuissé. Das Mâconnais zählt fünf Appellationen und 43 Dörfer, die der Appellationsbezeichnung ihren Namen anhängen dürfen.

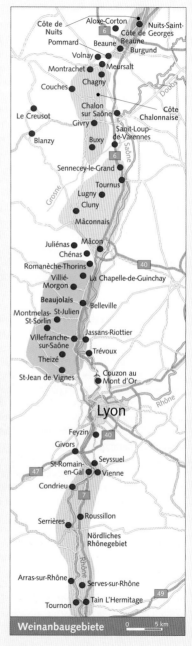

Weinanbaugebiete
0   5 km

Beaujolais

Südlich von Mâcon beginnt das Beaujolais, das sich über 60 Kilometer entlang der Sâone erstreckt. 1,25 Millionen Liter Beaujolais werden hier auf mehr als 22 000 Hektar produziert. Der rote Wein, den man vor allem in der Form des Beaujolais Primeur kennt, wird überwiegend jung und etwas gekühlt getrunken, doch dies gilt nur für die unterste Qualitätsstufe.

Die Beaujolais-Villages-Weine trinkt man etwa ein Jahr nach dem Abzug auf Flaschen, während die Crus bis zu zehn Jahre gelagert werden. Beaujolais-Weine stammen fast ausschließlich von der Gamay-Rebe.

Rhônegebiet

Der Abschnitt zwischen Vienne und Valence wird als nördlicher Bereich bezeichnet. Die Böden hier bestehen aus Schiefer und Granit, und den Wein findet man hier meistens in recht steil zum Fluss hin abfallenden Lagen. Die einzige Rotweintraube der Appellationen ist die Syrah-Rebe, die wichtigsten weißen Trauben sind Marsanne, Roussanne und Viognier. Die Rotweine sind meist kräftig und tanninreich.

Südlich von Valence gibt es einen Abschnitt von etwa 50 Kilometern, an dem kein Weinbau existiert. Danach beginnt der südliche Abschnitt, der sich von Montélimar bis Avignon erstreckt. Das Klima hier ist ausgesprochen mediterran, und der Kalkboden ist hier mit Lehm durchsetzt. Rotweine der Grenache-Noir-Rebe werden am häufigsten produziert, doch man ist nun auch im Bereich der Cuvées angekommen. Das südliche Rhônegebiet wird von den Appellationen der Côtes du Rhône und der höher geschätzten Côtes du Rhône Villages beherrscht. Am linken Rhôneufer liegen die Cru-Lagen

Weinanbaugebiete   0   5 km

Crozes-Hermitage und Hermitage. Die Rhône macht hier eine ihrer wenigen Kurven, und die Lagen befinden sich an Hängen, die in fast rein südlicher Richtung zum Fluss abfallen. Schon die Phönizier erkannten das Potential dieser Lage, als sie hier 400 Jahre vor Christus Syrah-Reben anpflanzten. Der Rotwein der Region wird aus Syrah und maximal 15 Prozent weißen Trauben der Marsanne- oder Roussanne-Rebe gekeltert und ist von großer Haltbarkeit. Der Weißwein besteht aus Roussanne und Marsanne. Der zulässige Ertrag ist in dieser Lage auf maximal 40 Hektoliter pro Hektar festgelegt. Der Eremit oder Einsiedler, der dem Ort seinen Namen gab, war der aus den Kreuzzügen zurückgekehrte Ritter Henri Gaspard de Sterimberg. Dieser zog sich ab 1224 auf den Hügel oberhalb des Ortes Tain l'Hermitage zurück, um sich dort dem Gebet und dem Weinbau zu widmen. Seine Kapelle auf dem Hang ist noch erhalten. Der Schriftsteller Alexandre Dumas (1802–1879) war ein Liebhaber der Weine aus diesem Gebiet.

Etwas nördlich von Avignon findet man den kleinen Ort Châteauneuf-du-Pape, wo Papst Johannes XXII. seine Sommerresidenz hatte. Aus seiner Heimat bei Cahors ließ er Winzer kommen, die den Rotwein ›Vin d'Avignon‹ herstellten. Aus dieser Tradition ging der Châteauneuf-du-Pape hervor. Die 3200 Hektar des Anbaugebietes wurden per Gesetz 1929 festgelegt, und sechs Jahre später folgte die AOC-Bezeichnung. Diese schreibt unter anderem vor, dass der Alkoholgehalt des Weines mindestens 12,5 Prozent betragen soll und dass bei der Ernte mindestens fünf Prozent aller Trauben aussortiert werden müssen.

Der Boden hier enthält Lehm, Kies und Sand, besonders charakteristisch aber sind die großen Kieselsteine, die den Boden bedecken und als Wärmespeicher fungieren. 13 Rebsorten sind für die Herstellung des Cuvées zugelassen. Zehn wurden 1923 vom Baron Le Roy de Boiseaumarié, dem Besitzer des Weinguts Château Fortia, vorgeschrieben, drei weitere kamen später hinzu. Der Baron war Jurist und leidenschaftlicher Winzer, und gemeinsam mit dem Landwirtschaftsprofessor Joseph Capus wurde er hauptverantwortlich für den weltbekannten Ruf der Appellation. Die roten Sorten, die im Cuvée zugelassen werden, sind Cinsaut, Counoise, Grenache Noir, Mourvèdre, Muscardin, Picquepoul Noir, Syrah, Terret Noir und Vaccarèse. Die weißen Sorten sind Bourboulenc, Clairette Blanc, Rousanne, Grenache Blanc, Picardan, Terret Blanc und Picquepoul Blanc. Die roten und weißen Varianten von Grenache, Terret und Picquepoul werden als eine Sorte gezählt. Jeder Winzer ist frei in der Bestimmung der Mischverhältnisse, doch für den roten Wein werden meistens zwischen 50 und 70 Prozent Grenache Noir genommen.

Zu 95 Prozent sind die Weine von Châteauneuf-du-Pape rot. Die Variationen sind bei diesem Prozedere natürlich endlos. Jeder Wein, so sagt man hier, ist wie ein Kind: Man weiß, wer die Eltern sind, doch wie sich das Kind genau entwickelt, ist immer wieder eine Überraschung.

Provence

Im äußersten Westen des Provence-Weingebietes schließlich befindet sich die Appellation Les Baux de Provence, eine relativ junge Appellation, die 1995 ins Leben gerufen wurde. Nur 300 Hektar groß ist das Gebiet nordöstlich von Arles, in dem ausschließlich biodynamisch erzeugte Weine zugelassen sind.

Tournon und Tain l'Hermitage

Diese beiden etwas verschlafenen Orte, die einander direkt gegenüberliegen, kann man in einigen Stunden gemütlich durchschlendern. Weder Tain noch Tournon haben wichtige Sehenswürdigkeiten vorzuzeigen, doch aus Tain kommen sehr gute Weine, und Tournon hat ein kleines Museum im Schloss, das auf einem Felsen am rechten Ufer über den Fluss thront. Beide Orte haben einen angenehmen Uferbereich: In Tain reihen sich die Platanen entlang des Flusses, wahrend in Tournon die riesigen Bäume den Pétanque-Spielern im Park an der Uferpromenade reichlich Schatten bieten.

Tain ist von beiden Orten wahrscheinlich der ältere: Auf den Hängen hinter dem Ort wurden Überreste keltischer Siedlungen nachgewiesen. Die steilen Hänge werden die **Balcons de l'Hermitage** genannt – es sind Ausläufer des Zentralmassivs. Es handelt sich hier um eine geologische Merkwürdigkeit, denn der Fluss lässt sich über seinen ganzen Lauf zwischen Burgund und Provence von dem harten Gestein bezwingen. Hier ist es ihm aber gelungen, den Granit zu durchschneiden, und so stehen die Balkone der Hermitage als einsame Granitinsel in der Hügellandschaft des Drôme-Départements.

Der Einsiedler Henri Gaspard de Sterimberg baute auf dem Hang die **Saint-Christophe-Kapelle**. Von den Hängen schaut man auf die roten Dachziegel der kleinen Stadt, die typisch für die Provence sind, die allerdings amtlich erst etwas weiter südlich beginnt. Auf dem Hügel hinter Tain hatten bereits die Römer einen Altar, etwa im Jahr 184. Von Tournons früher Geschichte weiß man weniger, doch als 1308 das Fürstentum Vivarais, zu dem Tournon damals gehörte, zum französischen Königreich

weit von hier die erste Hängebrücke über den Fluss baute. In der **Kapelle St-Vincent** befindet sich ein schönes Triptychon aus dem 16. Jahrhundert.

Nach einem Besuch im Schloss geht es über die Grande Rue durch die Stadt. Hinter den Häusern auf der rechten Seite, weiter oben auf dem Hang, befindet sich das **Doux-Viertel**, in dem früher die betuchten Bürger und die Offiziere wohnten, als Tournon eine Garnisonsstadt war. Von hier führt ein Wanderweg zu den beiden Turmruinen, die noch heute über die Stadt zu wachen scheinen, dem **Tour de l'Hôpital** und, weiter nordwestlich, dem **Tour de Pierregourde**. Die Türme sind die letzten Reste einer zweiten Stadtmauer, die im 16. Jahrhundert errichtet wurde, um Tournon gegen Angriffe der Hugenotten zu schützen.

Das Stadttor von Tournon

Die **Porte de Mauves** ist das einzig erhalten gebliebene Stadttor. In der doppelten Mauer, die größtenteils geschleift wurde, aber hier noch existiert, sind heute Häuser und Geschäfte. Die Grande Rue mündet außerhalb der Stadtmauern in den Place de La Résistance. An dem kleinen Parkpavillon vorbei biegt man etwas links in die Rue Pasteur und nimmt von hier die erste Straße nach links, die zum Flussufer führt.

■ **Ein Rundgang durch Tain**

Über die Brücke kommt man nach Tain, wo man in einem kleinen Park links von der Brücke das **Rathaus** findet. Geht man etwas weiter und biegt rechts in die Avenue Président Roosevelt ab, kommt man zur **Schokoladenfabrik** der Valrhona-Marke. Die Schokolade im Fabrikladen ist zwar nicht günstiger als im Supermarkt, dafür kann man sie aber gratis kosten! Geht man zurück zum

Rathaus und an diesem vorbei, geht es in der nächsten Straße zum Stadtkern und zur Kirche von Tain.

Die Kirche **Notre Dame** wurde 1838 an der Stelle einer älteren, in den Religionskriegen zerstörten Kirche errichtet. Im Vorgängerbau fand die Hochzeit vom Dauphin Charles, dem späteren Charles V., und Jeanne de Bourbon statt. Diese Ehe brachte die Dauphiné unter die französische Krone. Am Platz vor der Kirche befindet sich das **Tourismusamt** von Tain. Wer ausreichend Zeit hat und wandern möchte, kann hier eine Beschreibung für den Weg hinauf in die Weinberge bekommen. Die Aussicht von den **Balcons de Tain** ist die Anstrengung wert.

Vom Kirchplatz geht der Weg zur Avenue Jean Jaurès, dann rechts zum Place du Taurobole, auf dem ein **römischer Altar** zu sehen ist, der früher auf dem Hang hinter der Stadt in einem Herkules geweihten Tempel stand. Im Tempel wurde während einer drei Tage langen Feier ein Stier (taureau) der Göttin Cybele geopfert. Heute steht an der Stelle des Tempels die Kapelle **St-Christophe**, und der bescheidene Altar steht auf dem großen Platz recht verloren da, viele Besucher gehen einfach an ihm vorbei.

Von diesem Platz führt der Weg direkt zur Seguin-Brücke. In der Grand Rue liegt zwar rechts noch das kleine **Museum von Tain** im Hôtel des Courbis aus dem 16. Jahrhundert, doch dies ist nicht unbedingt lohnenswert. Es beherbergt vor allem Gemälde des lokalen Malers Paul Palué.

Ruhig flanieren sollte man über die **Passerelle Marc Seguin**. Die Hängebrücke verdient es, genossen zu werden. 1849 baute Marc Seguin mit Hilfe seiner Brüder diese Brücke über die Rhône,

Auguste Fauré ab, an dem das **Schloss** liegt. Im Schloss befindet sich rechts vom Ehrenhof das **Château St-Just**, der älteste Teil des Komplexes. Es stammt aus dem 10. Jahrhundert. Mitte des 16. Jahrhunderts ließ die damalige Gräfin einen Teil dieses Gebäudes abreißen, um Platz für eine Gartenanlage zu machen, die bis heute erhalten geblieben ist. Im nordwestlichen Flügel des Gebäudes, der von Guillaume II. von Tournon 1332 begonnen wurde, ist heute das Landesgericht untergebracht. Die beiden Teile werden durch einen Bau aus der Frührenaissance, der 1500 unter Jacques II. entstand, miteinander verbunden. In diesem befindet sich heute das **Museum**, in dem die Geschichte der Grafen von Tournon dargestellt wird. Einige Bereiche sind der Schifffahrt auf der Rhône und den Arbeiten des Marc Seguin gewidmet, der nicht weit von hier die erste Hängebrücke über den Fluss baute. In der **Kapelle St-Vincent** befindet sich ein schönes Triptychon aus dem 16. Jahrhundert.

Nach einem Besuch im Schloss geht es über die Grande Rue durch die Stadt. Hinter den Häusern auf der rechten Seite, weiter oben auf dem Hang, befindet sich das **Doux-Viertel**, in dem früher die betuchten Bürger und die Offiziere wohnten, als Tournon eine Garnisonsstadt war. Von hier führt ein Wanderweg zu den beiden Turmruinen, die noch heute über die Stadt zu wachen scheinen, dem **Tour de l'Hôpital** und, weiter nordwestlich, dem **Tour de Pierregourde**. Die Türme sind die letzten Reste einer zweiten Stadtmauer, die im 16. Jahrhundert errichtet wurde, um Tournon gegen Angriffe der Hugenotten zu schützen.

Rhône und Saône

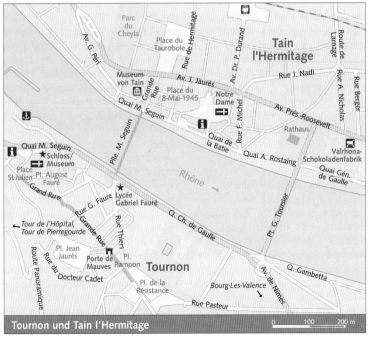

Tournon und Tain l'Hermitage

0   100   200 m

Das Stadttor von Tournon

Die **Porte de Mauves** ist das einzig erhalten gebliebene Stadttor. In der doppelten Mauer, die größtenteils geschleift wurde, aber hier noch existiert, sind heute Häuser und Geschäfte. Die Grande Rue mündet außerhalb der Stadtmauern in den Place de La Résistance. An dem kleinen Parkpavillon vorbei biegt man etwas links in die Rue Pasteur und nimmt von hier die erste Straße nach links, die zum Flussufer führt.

■ Ein Rundgang durch Tain

Über die Brücke kommt man nach Tain, wo man in einem kleinen Park links von der Brücke das **Rathaus** findet. Geht man etwas weiter und biegt rechts in die Avenue Président Roosevelt ab, kommt man zur **Schokoladenfabrik** der Valrhona-Marke. Die Schokolade im Fabrikladen ist zwar nicht günstiger als im Supermarkt, dafür kann man sie aber gratis kosten! Geht man zurück zum Rathaus und an diesem vorbei, geht es in der nächsten Straße zum Stadtkern und zur Kirche von Tain.

Die Kirche **Notre Dame** wurde 1838 an der Stelle einer älteren, in den Religionskriegen zerstörten Kirche errichtet. Im Vorgängerbau fand die Hochzeit vom Dauphin Charles, dem späteren Charles V., und Jeanne de Bourbon statt. Diese Ehe brachte die Dauphiné unter die französische Krone. Am Platz vor der Kirche befindet sich das **Tourismusamt** von Tain. Wer ausreichend Zeit hat und wandern möchte, kann hier eine Beschreibung für den Weg hinauf in die Weinberge bekommen. Die Aussicht von den **Balcons de Tain** ist die Anstrengung wert.

Vom Kirchplatz geht der Weg zur Avenue Jean Jaurès, dann rechts zum Place du Taurobole, auf dem ein **römischer Altar** zu sehen ist, der früher auf dem Hang hinter der Stadt in einem Herkules geweihten Tempel stand. Im Tempel wurde während einer drei Tage langen Feier ein Stier (taureau) der Göttin Cybele geopfert. Heute steht an der Stelle des Tempels die Kapelle **St-Christophe**, und der bescheidene Altar steht auf dem großen Platz recht verloren da, viele Besucher gehen einfach an ihm vorbei.

Von diesem Platz führt der Weg direkt zur Seguin-Brücke. In der Grand Rue liegt zwar rechts noch das kleine **Museum von Tain** im Hôtel des Courbis aus dem 16. Jahrhundert, doch dies ist nicht unbedingt lohnenswert. Es beherbergt vor allem Gemälde des lokalen Malers Paul Palué.

Ruhig flanieren sollte man über die **Passerelle Marc Seguin**. Die Hängebrücke verdient es, genossen zu werden. 1849 baute Marc Seguin mit Hilfe seiner Brüder diese Brücke über die Rhône,

◀ Karte S. 327

100 Meter flussabwärts von ihrem Vorgängerbau, der 1825 eingeweiht wurde. Die Anwendung von Stahlkabeln war eine Neuerung, die sich weltweit durchsetzte und zu vielen der schönsten Brücken der Welt führte: Die Brooklyn Bridge in New York, die Golden Gate Bridge in San Francisco und die Pont de Tancarville über die Seine sind einige Beispiele. Die Konstruktion in Tain erlaubte die Errichtung nur eines einzigen Brückenpfeilers, und Seguins Erfindung fand vor allem wegen ihrer wirtschaftlichen Vorteile Anklang. Dass die Bauwerke darüber hinaus häufig von großer Eleganz sind, war zunächst reine Nebensache. Als man 1958 eine dritte Brücke über den Fluss baute, hielt man es für notwendig, die erste Hängebrücke abzureißen, so dass die Brücke von 1849 heute als älteste Hängebrücke nach dem Seguin-Modell gilt.

Gegenüber der Brücke liegt links das **Lycée Gabriel Fauré**, das 1536 vom damaligen Kardinal von Tournon erbaut wurde. Das Gebäude hat unter anderem ein sehr schönes Renaissanceportal und eine Galerie mit kostbaren Wandteppichen, es ist aber normalerweise nur nach Absprache zu besichtigen.

Valence

Vier Kilometer nach der Schleuse am Kraftwerk von Bourg-Les-Valence erscheint am linken Ufer Valence, ein wichtiges regionales Zentrum. Die Stadt ist ein großer Markt für Obst und Gemüse, das vor allem aus den umliegenden Flusstälern kommt. Die Hauptstadt des Départements Drôme bietet die Dienstleistungen, die man von einer zentral gelegenen Provinzstadt erwartet. In den Fabriken werden elektronische Geräte, Papierprodukte, Bekleidung und chemische Produkte hergestellt.

Valence hat eine beachtenswerte Geschichte, die im 2. Jahrhundert vor Christus begann, als römische Siedler auf keltischen Mauerresten die Colonia Julia Valentia gründeten. Nach dem Zerfall des Römischen Reichs erlebte Valence die für diese Region übliche Folge von Eingliederungen in wechselnde Staaten, bis es als Stadt in der Dauphiné schließlich zu Frankreich kam. 1452 gründete der damalige Dauphin, der spätere Louis IX., die Universität von Valence, an der unter anderem der Renaissancedichter Rabelais studierte. Später sollte es einen weiteren berühmten Schüler nach Valence verschlagen, denn Napo-

Schiffsanleger in Tain

Rhône und Saône

léon Bonaparte verbrachte einige Zeit an der militärischen Schule der Stadt. Zu den – übrigens nicht allzu spektakulären – Sehenswürdigkeiten der Stadt gehören die Kathedrale **St-Apollinaire** und die Kirchen **Notre-Dame de Soyons** und **St-Jean**, das reich dekorierte **Maison des Têtes** aus der Renaissance und das **Musée des Beaux Arts**.

Keine 15 Kilometer flussabwärts von Valence steht bereits das nächste Kraftwerk, das von Beauchastel. Jenseits des Kraftwerkes liegt am rechten Ufer **La Voulte-sur-Rhône**. Hier beginnen und enden **Ausflüge in die Ardeche**, unterhalb der ersten Brücke ist der Schiffsanleger. Während die Ausflugteilnehmer hier in die Ausflugsbusse steigen, fährt das Schiff weiter und nimmt die Fahrgäste weiter flussabwärts, meistens in Viviers, wieder auf. Fährt das Schiff flussaufwärts, findet der Ausflug natürlich in umgekehrter Reihenfolge statt.

Etwas weiter südlich nimmt die Rhône zunächst von links den Drôme auf, dann, bei Le Pouzin, den kleinen Ouvèze von rechts. Nach dem nächsten Wasserkraftwerk tauchen am rechten Ufer die vier 155 Meter hohen Kühltürme des AKWs Cruas-Meysse auf. Satte 3600 Mega-

wattstunden produziert das Werk im Schnitt pro Jahr, das 20-fache der größeren Wasserkraftwerke. Der Künstler Jean-Marie Pierret schuf das 12500 Quadratmeter große, 1991 enthüllte Gemälde auf dem nördlichsten Turm. Das Werk mit dem Titel ›Aquarius‹ zeigt ein von den Elementen Wasser, Erde und Luft umgebenes Kind. Atomgegner warfen dem Betreiber des Werkes, der staatlichen EDF, eine Verniedlichung der Atomkraftproblematik vor.

Montélimar

Montélimar nennt sich selbst das nördliche Tor zur Provence. Amtlich beginnt diese zwar weiter südlich, doch spätestens hier merkt der Reisende, dass er im Herzen Südfrankreichs angelangt ist. Die Stadt verdankt ihren Namen einem Adelsgeschlecht aus dem 12. Jahrhundert, der Familie Adhémar, nach der man sie Montelium Adhemari und ab 1328 Montelimart nannte. Die **Festung**, der einstige Kern des Ortes, wurde ab 1383 von den Päpsten von Avignon erweitert und steht heute immer noch. Bis 1927 war sie ein Gefängnis, heute beherbergt der sorgfältig restaurierte romanische Bau ein Kunstzentrum. Ende des 17. Jahrhunderts fing man in Montélimar an, ein Konfekt herzustellen, in dem Mandeln, Lavendelhonig, Eischnee und Zucker verarbeitet wurden. Seit 1980 besagt die AOC, dass Nougat de Montélimar mindestens 30 Prozent Mandeln (oder 28 Prozent Mandeln und 2 Prozent Pistazien) und 25 Prozent Honig enthalten muss. Natürlich gibt es in Frankreich überall auch weniger edle Varianten, doch ein Connaisseur weiß den richtigen Nougat zu schätzen. Etwas südlich der Nougatstadt liegt das bislang größte Wasserkraftwerk entlang der Rhône.

Karte S. 325

▲ *Auf dem Weg nach Valence*

Atomkraft: Ja, bitte!

Zwischen Lyon und Avignon kommt man gleich an drei Atomkraftwerken vorbei. 50 Kilometer südlich von Lyon liegt die Anlage Saint-Alban, die mit zwei Druckwasserreaktoren und einer Bruttokapazität von etwa 2800 Megawatt zu den bescheideneren Werken Frankreichs zählt. 15 Kilometer flussaufwärts von Montélimar steht das Kraftwerk von Cruas, das mit seinen vier Reaktoren 3600 Megawatt produziert, genauso viel wie die vier Leichtwasserreaktoren des Kraftwerks von Tricastin, 65 Kilometer Flusskilometer nördlich von Avignon.

Das Kraftwerk von Tricastin ist ein Teil des zweitgrößten Atomkraftareals Frankreichs. Angefangen hat es hier mit einer Urananreicherungsanlage, die 1960 vom Militär gebaut wurde. Man produzierte hochangereichertes Uran für Atomwaffen und U-Boote. Im Sommer 1965 kam es zu einem Eklat, als ein amerikanisches Aufklärungsflugzeug mehrere Male über die Anlage flog und fast 200 Fotos machte. Zwar wurden die dem französischen Militär nach etwas Drängen übergeben, doch die diplomatischen Beziehung beider Länder litten sehr unter dem Zwischenfall.

Neben dem AKW gibt es bei Tricastin heute zwei Urananreicherungsanlagen und eine Urankonversionsfabrik. Der Komplex beschäftigt 5000 Arbeitnehmer und ist damit weit und breit der größte Arbeitgeber. Zum allergrößten Teil geht die im AKW erzeugte Energie übrigens direkt an eine der beiden Anreicherungsanlagen. Gekühlt wird das Kraftwerk, wie die beiden anderen, mit Wasser aus dem Fluss.

Auf dem Gelände der Urananreicherungsanlage Socatri kam es im Sommer 2008 zu einem Unfall. Aus einem undichten Tank flossen 30 000 Liter Wasser mit etwa 360 Kilogramm gelöstem Uran über die Nebenflüsse Gaffière und Lauzon in die Rhône. Gegner der Atomindustrie werfen den Betreibern der Anlage und der staatlichen Aufsichtsbehörde ASN (Autorité de sûreté nucléaire) routinemäßige Verharmlosung vor. Die freigekommene Strahlung sei hundertmal höher als die zulässige Obergrenze für ein ganzes Jahr, lautete die Einschätzung einer unabhängigen Kommission. In der unmittelbaren Umgebung des Werkes wurde die Verwendung von Leitungswasser vorübergehend untersagt, das Werk zunächst geschlossen. Im weiteren Verlauf wird untersucht, in wieweit erhöhte Werte im Grundwasser nicht bereits seit Jahren Regelfall sind, denn hier liegen auch tausende Tonnen Atommüll aus dem Atomwaffenprogramm des französischen Militärs vergraben.

In Frankreich produzieren heute 58 Reaktoren 80 Prozent des Stroms. Kein anderes Land der Welt ist auch nur annähernd in solch hohem Maße der Atomenergie verpflichtet. 2016 soll der erste Europäische Druckwasserreaktor (EPR) Frankreichs am Ärmelkanal fertiggestellt sein, und man liebäugelt mit der Idee, einen zweiten EPR auf dem Atomareal von Tricastin zu bauen. Aber sogar in Frankreich ist dieser neue Reaktortyp umstritten. Dabei geht es weniger um die Anlage an sich als um die Frage, ob man nicht besser die vierte Generation von Atomkraftwerken abwarten sollte. Diese wäre in jeder Hinsicht, auch im Verbrauch, wesentlich besser. Der Wert für den heimischen Markt, so die Gegner, sei nur sehr bedingt. Vielmehr würden die Hersteller, darunter auch der Siemens-Konzern, die Anlage bauen wollen, um den Verkauf des Modells weltweit anzukurbeln. Dies ist wiederum für viele Franzosen weniger ein Grund zur Besorgnis als ein Grund, stolz zu sein.

Blick auf das nächtliche Viviers

Viviers

Viviers ist die alte Hauptstadt des Vivarais, des südlichen Teil der Ardèche. In der Römerzeit leistete Viviers die Versorgung der nahegelegenen Stadt Alba, ein paar Kilometer flussaufwärts am Escoutay-Flusses: ›Vivier‹ ist französisch für Fischteich, damals nannte man den Ort Vivarium.

Im 5. Jahrhundert wechselte der Bischof von Alba seinen Sitz nach Viviers, und die Stadt wurde Hauptstadt der Helvie, einer Provinz, die sich mit der heutigen Region Vivarais in etwa deckt. Eine erste Kathedrale, dem heiligen Vincent gewidmet, wurde auf dem Felsen von Château-vieux unmittelbar südlich der Niederlassung errichtet. Nachdem die Rhône längere Zeit Grenzfluss gewesen war, wurde Viviers im 12. Jahrhundert dem Deutschen Reich einverleibt und kam erst 1307 wieder zu Frankreich. In der ›deutschen Zeit‹ baute man um die Kathedrale ein Domherrenquartier. Die Pforten, die dieses mit der ummauerten Stadt verbanden, sind erhalten geblieben. Im 14. Jahrhundert erlebte Viviers

zunächst einen Aufschwung, und die Bürger der Stadt leisteten sich eine bessere Stadtmauer, um sich in den unsicheren Zeiten des Hundertjährigen Kriegs keinen allzu großen Gefahren auszusetzen. Im Stadtplan ist die mittelalterliche Stadt sofort erkennbar. Der St-Michaelsturm direkt vor der Kathedrale bekam in dieser Zeit einen achteckigen Glockenturm.

Nach dem Krieg wuchs Viviers, nun zum Bistum von Tournon gehörend, stetig weiter. Im hochgotischen Stil wurde die Kathedrale um einen neuen Chor erweitert, und in der Stadt entstanden größere Häuser und einige reich dekorierte Fassaden, allen voran das sogenannte **Ritterhaus von Noël Albert**. Letzterer war durch den Salzhandel schnell zu Reichtum gekommen. Während der Religionskriege wandelte sich dieser Opportunist zum Protestanten und bereicherte sich durch Plünderung der Kathedrale und des Domherrenviertels, aus dem die katholischen Würdenträger geflohen waren. Nachdem die Kämpfe endgültig vorbei waren, kehrte der Bischof nach

Karte S. 333 ▲

Viviers zurück, und Noël-Albert wurde nach einem schnellen Prozess in Toulouse kurzerhand geköpft.

Der Bischofssitz wurde allerdings erst im 18. Jahrhundert wieder amtlich in Viviers angesiedelt, der damals entstandene Bischofspalast ist das heutige Rathaus. Weitere größere Häuser wurden gebaut: das **Haus von Roqueplane** (der heutige Bischofssitz) und die **Häuser de Tourville und de Beaulieu**. Darüber hinaus erhielt Viviers mit der Kirche **Notre-Dame-du-Rhône** ein weiteres Gotteshaus, und am Rande der Altstadt entstand ein riesiges Priesterseminar. Während der Revolution kam Viviers recht glimpflich davon. In den 1920er Jahren verweilte der pointillistische Maler Paul Signac einige Zeit in Viviers. Aus dieser Zeit stammen einige sehr schöne Skizzen und Aquarelle von der Stadt und der Kathedrale.

■ Ein Rundgang

Von der **Schiffsanlegestelle** führt eine prächtige platanengesäumte Straße zum Stadtkern, der sich weniger als 200 Meter vom Schiff befindet. Am Fluss liegt rechts der Straße eine Fläche, auf der die Männer von Viviers Pétanque spielen. Vom Place de la Roubine, auf dem dienstags der Wochenmarkt stattfindet, kann man sich von den Schildern führen lassen: Es gibt kaum eine Stadt dieser

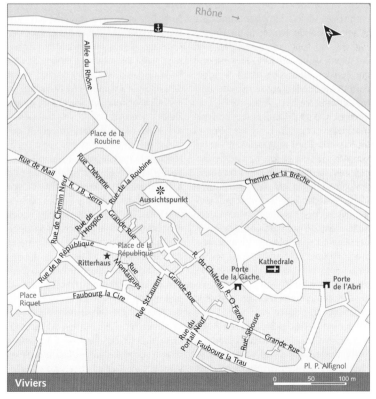

Rhône und Saône (Seitentext)

Viviers

Gasse in Viviers

lins, darunter drei, die der Bischof von Napoléon III. geschenkt bekam. Unter dem Tour St-Michel führt der Weg zu einem **Aussichtspunkt**, von dem aus sich Viviers am besten bewundern lässt. Geht man hinter der Kathedrale in Richtung des **Abri-Tors** weiter, so kommt man in das Stadtviertel, in dem sich das **Rathaus** befindet. Der Weg zurück führt durch die Grande Rue, bis man wieder den Place de la République erreicht. Hier geht der beschilderte Weg weiter in die Rue de la République, am **Ritterhaus** vorbei. Biegt man nun in die Rue de Chemin Neuf ab, so kommt man wieder zum Ausgangspunkt zurück.

Größe in Frankreich, die so gut beschildert ist wie Viviers. Ein Abendrundgang ist sehr zu empfehlen, denn die kleinen Gassen sind sehr gut beleuchtet, und vor allem, wenn der Ort still wird und die Fensterläden zugemacht werden, haftet den Straßen etwas märchenhaft Mysteriöses an.

Von der Rue de l'Hospice, die am Ende des Platzes beginnt, führt der Weg in die Grande Rue, immer leicht ansteigend. Es gibt nur einige wenige herausragende Gebäude oder Prunkbauten, und genau das macht den Charme von Viviers aus, das Stadtbild wirkt geschlossen. Gerade seine recht bescheidene Rolle in der Wirtschaft und der Politik der Region erlaubte es Viviers, sein Stadtbild über Jahrhunderte zu bewahren – keiner war groß daran interessiert, den Ort anzugreifen, bis auf einige wenige Auseinandersetzungen während der Religionskriege.

Biegt man nach der Place de la République links ab, kommt man bald zur **Porte de la Gache** und steht vor der **Kathedrale**. Zu den wichtigsten Kunstwerken zählen hier fünf herrliche Gobe-

Die Ardèche

Südlich von Viviers erstreckt sich am rechten Ufer der Rhône das Gebiet der Ardèche, eine stark zerklüftete Landschaft, die ihren Namen einem kleinen Fluss verdankt, der stark fallend, nach 119 Kilometern und vielen Windungen in die Rhône mündet. Die Quelle dieses Flusses befindet sich im Mazan-Massiv auf 1467 Meter Höhe. Vor allem der Unterlauf ist wegen seiner spektakulären Landschaftsformen bekannt. Hier fließt das Wasser durch stark erodierte Kalksteinschichten und bildet in diesen Höhlen, Naturbögen und steile Hänge. Im Herbst kann die Wasserführung des Flusses von 2,5 Kubikmeter pro Sekunde sprunghaft auf über 7000 Kubikmeter pro Sekunde anwachsen. Das Wasser donnert dann mit einer Geschwindigkeit von 20 Stundenkilometern durch das Tal und reißt alles mit, was im Weg ist. In der Mündung entsteht unter diesen Bedingungen ein Geröllfächer, der die Rhône in früherer Zeit manchmal zu stauen drohte. Einmal, 1890, durchbrach das Wasser den Damm des gegenüberliegenden Ufers.

▲ Karte S. 333

■ **Vallon-Pont-d'Arc**

Vom kleinen Ort Vallon-Pont-d'Arc durchquert der Fluss das Kalksteinplateau des Vivarais, die Landschaft um Viviers herum. Das rechte Ufer, südlich vom Fluss, wird **Plateau d'Orgnac** genannt, das linke – nördliche – Ufer das **Plateau des Gras**. Die kurvenreiche Landstraße mit zahlreichen Aussichtspunkten, die am Fluss entlang verläuft, gehört sicherlich zu den schönsten Südfrankreichs. Die **Steinbrücke**, die dem Ort seinen Namen gab, liegt an dieser Straße. Hier hat sich der Fluss über Jahrtausende einen Weg durch eine Felsmauer gefressen und fließt nun unter einem 34 Meter hohen Bogen.

■ **St-Remèze**

In St-Remèze befindet sich ein kleines **Museum**, das die Geschichte der Lavendelproduktion anschaulich macht. Dieser Strauch mit seinen duftenden lila Blüten hat sich zu einem der bekanntesten Symbole der Provence entwickelt, auch wenn seine Blüte nur kurz ist. Die Ernte, die je nach Höhenlage und Breitengrad zwischen Juli und September stattfindet, dauert nur wenige Tage und findet recht bald nach der Blüte statt, damit die Blüten nicht vertrocknen und das kostbare Öl verloren geht. Im 19. Jahrhundert stellte man aus wild wachsendem Lavendel Wäscheparfüm her, erst im 20. Jahrhundert begann man, Plantagen anzulegen. Man unterscheidet in der Provence zwei ähnlich Gewächse: den Lavendel, der in über 700 Meter Höhe auf dem steinigen Kalkboden der Plateaulandschaften gedeiht, und den weniger intensiv riechenden Lavandin in Höhenlagen zwischen 400 und 700 Meter. Aus 100 Kilogramm Lavendelblüten gewinnt man bei der Destillation nur einen einzigen Liter Essenz, die in der Kosmetikindustrie verwendet wird. Dieselbe Menge Lavandin produziert zehn Liter Essenz, doch dieses weniger hochwertige Produkt wird hauptsächlich in Wasch- und Pflegemitteln verarbeitet. Ein Teil der Ernte wird in kleinen Stoffsäckchen als typisches Provence-Souvenir verkauft.

■ **Défilé de Donzère**

Entlang der Rhône erstreckt sich in südlicher Richtung von Viviers das sogenannte Défilé de Donzère, eine Flussenge. Hier hat sich die Rhône durch die Kalksteinplateaus von Montélimar und Tricastin einen Weg geschliffen. Obwohl

Am Défilé de Donzère

Rhône und Saône

die Bezeichnung ›Schlucht‹ hier etwas verspricht, was die Landschaft nicht einhalten kann, ist diese Strecke eine der schönsten entlang der Rhône. Auf dem höchsten Gipfel am Fluss steht eine **Statue von St-Michel**, dessen Schutz sich die Schiffer an dieser ehemals gefährlichen Stelle sichern wollten. An der schmalsten Stelle ist der Fluss nur etwa 300 Meter breit. Das Plateau der Tricastin-Region ist für seinen Wein bekannt. Am gegenüberliegenden Ufer befindet sich das enorme Pierrelatte-Atomareal, das einen grellen Kontrast zur landschaftlichen Schönheit darstellt. Unterhalb von Pierrelatte liegt das Wasserkraftwerk von Donzère-Mondragon. Obwohl es auf der Strecke zwischen Lyon und dem Mittelmeer das erste von zwölf Kraftwerken war, ist es mit einer Produktion mehr als zwei Gigawattstunden pro Jahr immer noch das leistungsfähigste.

■ St-Étienne-des-Sorts

Am rechten Ufer liegt das kleine Dorf St-Étienne-des-Sorts, von dem man lange sagte, dass von hier die besten Schiffer der Rhône kamen. Weiter wird behauptet, dass hier früher Piraten zu Hause waren. Wenn in St-Étienne ein Kind geboren wurde, so geht eine andere Geschichte, tauchte man es in den Fluss – überlebte es diese Taufe, stand dem Kind eine große Zukunft als Schiffer bevor. Heute geht es im Dorf nicht mehr so wüst zu: Etwas verschlafen liegt es da und freut sich, wenn ab und zu ein Kreuzfahrtschiff anlegt. Unterhalb von St-Étienne liegt das stillgelegte Kernkraftwerk von Marcoule, dessen Abbau an die 1000 Arbeitsplätze bis etwa 2020 sichern wird.

Nach dem Kraftwerk von Caderousse erreicht die Rhône das Gebiet der Avignoner Päpste: Am linken Ufer liegt das **Schloss von Roquemaure**, in dem 1314 Clemens V. starb. Gegenüber liegt direkt am Ufer die malerische Ruine des **Tour de l'Hers**, der einzige Überrest des Schlosses, das die Nordgrenzen der päpstlichen Enklave während des 14. Jahrhunderts überwachte. Hinter dem Turm ist die Ruine der **Festung von Châteauneuf-du-Pape** zu sehen und am Horizont bei gutem Wetter der 1912 Meter hohe Gipfel des **Mont Ventoux**. Kurz vor Avignon fährt das Schiff ein weiteres Mal durch eine Schleuse.

Die Provence

Wie viele Regionen Frankreich blickt die Provence auf eine Geschichte vor der Eingliederung zu Frankreich zurück, die für den Charakter der Region prägend war. Mehr als in manch anderen Gebiet hängt man in der Provence an dieser Eigenart, die ihren Ausdruck im Brauchtum, der Küche und der Sprache findet. Dabei ist für das Selbstverständnis wichtig, dass die Provence eine der ältesten Kulturlandschaften Frankreichs ist: Bereits im Jahr 218 vor Christus zog der karthagische Feldherr Hannibal, von Spanien kommend, durch die Provence in Richtung Alpen. Sein Weg wurde später zu einer Ost-West-Handelsroute, die Spanien und Italien miteinander verband.

122 vor Christus schlugen die Römer die ligurischen Kelten und gründeten Aquae Sextiae, das spätere Aix-en-Provence. Gallia Narbonensis wurde der erste Teil des heutigen Frankreich, der unter römischer Herrschaft organisiert wurde. Bald übernahm man hier die neue Kultur, und die Region wurde zunehmend als Provinz des Kernreiches gesehen und weniger als weit entfernte Kolonie – aus dem römischen Sprachgebrauch stammt der Ausdruck Provence. Das Zentrum der

Lavendelfeld in der Provence

römischen Provinz war zunächst die Stadt Narbonne. Vom Zerfall des Römischen Reiches war die Provence genauso betroffen wie andere Gebiete auch – über Jahrhunderte fanden immer wieder Eingliederungen in größere staatliche Gebilde statt, ohne dass diese einen allzu großen Einfluss auf das tägliche Leben und die Kultur der Region hatten.

Im 9. Jahrhundert war Boso von Vienne, ein einflussreicher Adliger und der Schwager von Charles le Chauve, König des Burgund und der Provence. Im 11. Jahrhundert kam die Provence zum Heiligen Römischen Reich, doch die Herzöge der Provence blieben weitgehend unabhängig.

1246 kam die Provence in die Hände von Charles I. von Anjou, und im 15. Jahrhundert erlebte sie unter René von Anjou eine kulturelle und wirtschaftliche Blüte. ›Le bon Roi René‹ wurde zu einer legendären Figur. Nachdem sein Neffe, Charles de Maine, die Provence der französischen Krone vermacht hatte, dauerte es keine drei Jahre, bis die Provence zu Frankreich kam. 1501 gewährte Louis XII. durch die Gründung eines Parlaments (Gerichtshofs) eine gewisse Autonomie, die das Gebiet erst 1771 verlor. Der Gerichtshof tagte in Aix-en-provence, das sich damit in seiner Führungsrolle bestätigt sah.

1713 kam zunächst die Grafschaft Orange, ehemals im Besitz der Grafen von Nassau und historische Heimat des heutigen niederländischen Königshauses, an Frankreich, und einige Jahrzehnte später auch Avignon und die Grafschaft Venaissin. Allmählich stückelte sich die französische Krone die Provence in ihrer heutigen Form zusammen. 1859 erlebte die provenzalische Sprache durch die Arbeiten des Dichters Frédéric Mistral eine Wiedergeburt. Sein Werk bildet bis heute einen wichtigen Pfeiler der provenzalischen Identität.

Rhône und Saône

Avignon

Avignon kennt in Frankreich jedes Kind, und auch außerhalb des Landes kennen Millionen die Brücke, wo nun schon seit Jahrhunderten die Menschheit unaufhörlich tanzt: ›... on y danse tout en rond‹. Unweit der **Pont d'Avignon** (bürgerlicher Name: Pont St-Bénezet) liegt der **Papstpalast**, einer der größten gotischen Profanbauten überhaupt. Jährlich gibt es das Theaterfestival, eines der renommiertesten in Europa. Dennoch ist Avignon auch einfach eine ganz normale Provinzstadt. Sie ist nicht mal im Sommer besonders überlaufen und strahlt eine gelassene Ruhe aus. 1995 wurde die Altstadt in die Weltkulturerbe-Liste der UNESCO aufgenommen, und fünf Jahre später war Avignon Kulturhauptstadt Europas. Avignon ist auf die Pflege seines jahrhundertealten Erbes genauso bedacht wie auf die Kreativität, die das gegenwärtige kulturelle Leben so bunt und interessant gestaltet.

Geschichte

Als man in den 1960er und 70er Jahren Teile des Stadtzentrums in eine riesige Baustelle verwandelte, fand man menschliche Überreste, die aus dem 4. Jahrtausend vor Christi stammen. Weitere Ausgrabungen belegten anschließend, dass Avignon seit 5000 Jahren permanent bewohnt ist. Damit ist die Stadt eine der ältesten Städte Frankreichs. Ist man traditionell der Ansicht, die Stadt sei in der Römerzeit deutlich weniger wichtig gewesen als zum Beispiel Lyon, Arles oder Marseille, so gibt es doch immer wieder neue Entdeckungen, die dazu beitragen, dass der Rang Avignons in der gallo-römischen Zeit neu bewertet wird. Auf dem Felsen Rocher des Doms gab es bereits in der jüngsten Steinzeit eine

Siedlung. Römische Geschichtsschreiber berichten von einer Niederlassung der Cavaren, eines keltischen Stammes, dort, wo die Durance in die Rhône fließt. Auch die Römer erkannten die strategische Lage über der Biegung der Rhône. Nachdem die Niederlassung sich zunächst die Hänge hinunter ausbreitet hatte, zogen die Einwohner im frühen Mittelalter wegen der Bedrohung durch umherziehende Barbaren wieder auf den Berg zurück.

Charles Martel (Karl Martell), der Großvater Karl des Großen, eroberte die Stadt zweimal zurück, und im 10. Jahrhundert war Avignon Teil des Königreichs Arles. Im 11. Jahrhundert hatten sich im alten römischen Castrum die Grafen der Provence installiert. Nach und nach entwickelte die Stadt ein Selbstbewusstsein, und mit dem Reichtum der Bürger wuchs auch deren Wehrbarkeit: Neue Stadtmauern entstanden, und die Pont St-Bénezet verband die beiden Ufer miteinander. Hiermit wurde Avignon, besonders nach dem Niedergang von Arles als Hafenstadt, eine wichtige Handelsdrehscheibe zwischen

Der Rest der berühmten Brücke von Avignon

Karte S. 343

Der Bischofsthron, auf dem auch die Päpste gekrönt wurden

Spanien, Italien und den Gebieten flussaufwärts, bis zur Île de France.

Zu Anfang des 13. Jahrhunderts aber trafen die Bürger eine verhängnisvolle Entscheidung, als sie sich in ihrem Streit mit Louis VIII. dem Grafen von Toulouse anschlossen. Drei Monate lang wurde die Stadt belagert, und als sie fiel, waren die Auflagen drakonisch: Die Stadtmauern wurden geschleift, 300 befestigte Wohnhäuser abgerissen und die Brücke bis auf die ersten vier Bogen zerstört.

Avignon erholte sich aber, und bald fing ein Abschnitt der Stadtgeschichte an, der Avignon bis in unsere Zeit prägen sollte, als am 9. März 1309 Papst Clemens V. die päpstliche Residenz nach Avignon verlegte und in das Dominikanerkloster einzog, sechs Jahre, nachdem Bonifatius VIII. die Universität von Avignon gegründet hatte.

■ Die Zeit der Päpste

Clemens V. hatte die Konsequenz aus einer durchaus schwierigen Lage gezogen, als er Rom verließ. In Italien kam es im Rahmen der Bürgerkriege zwischen den Guelphs und den Ghibelines immer wieder zu Unruhen, der deutsche Kaiser bereitete ihm ständig Schwierigkeiten, und der König von Frankreich war ihm viel zu aufmüpfig. Auf dem Schachbrett der europäischen Politik seiner Zeit war der Umzug ein kühner, wenn auch etwas verzweifelter Akt. Avignon gehörte Charles I. von Anjou, und direkt nördlich der Stadt lag die Grafschaft Venaissin, die 1274 in den päpstlichen Besitz übergegangen war. Der Papst war also quasi bei sich zu Hause und kam keinem der weltlichen Herrscher zu nahe. Sicherlich war Clemens aber von seiner neuen Bleibe nicht begeistert. Vom Dichter Petrarca wissen wir, dass Avignon damals »die schmutzigste aller Städte, furchtbar windig, schlecht gebaut« war. Auch wenn er etwas übertrieben haben mag, die Stadt war sicherlich nicht imstande, ihren hohen Gast angemessen zu empfangen. Kurzfristig trug der Papst sogar zur Verschlechterung der Wohnsituation in Avignon bei. Der päpstliche Haushalt mit-

Die Päpste von Avignon auf einer Hauswand

Der gewaltige Papstpalast von Avignon

samt Kardinälen war um einiges größer als die komplette Bevölkerung der Stadt. Anfang des Jahrhunderts wohnten 6000 Menschen in Avignon – zur Zeit Clemens VI., keine 40 Jahre später, waren es unglaubliche 30000. Ein Kardinal alleine brachte einen Haushalt von bis zu 50 Personen mit. Dann gab es eine kirchliche Steuerbehörde, eine Art von Innenministerium, eine Justizbehörde sowie weitere Staatsorgane. Bereits Benedikt XII. erkannte, dass dieser Zuwachs für die Bürger der Stadt nicht immer vorteilhaft war, und stellte Regeln auf, die die Bürger vor den Praktiken bestimmter Kardinäle schützen sollten. Die Lebensverhältnisse in der überfüllten Stadt forderten Mitte des Jahrhunderts einen schrecklichen Tribut: Man schätzt, dass die Hälfte der Einwohner der Pestepidemie von 1348 erlag.

Offenbar brachte das päpstliche Asylrecht zum einen Häretiker und Juden, aber auch entflohene Häftlinge, Galeerensklaven und Verbrecher aller Art nach Avignon. Es mag also an der dunklen Beschreibung Petrarcas etwas Wahres gewesen sein. Die Söldnertruppen

zogen, wenn sie nicht gerade auf dem Schlachtfeld waren, in der Gegend umher und schafften es sogar mehrere Male, den Papst dermaßen in die Bedrängnis zu bringen, dass Lösegeld bezahlt werden musste.

Die Päpste und Kardinäle brachten aber auch einen ungekannten kulturellen und wirtschaftlichen Aufschwung. Die Stadt wurde zu einer großen Baustelle: Der ehemalige Bischofspalast musste einem neuen Palast, dem Papst würdig, Platz machen, und der Bischof wiederum ließ einen neuen Palast bauen. Von überall her kamen Handwerker und Künstler, um beim Bau mitzuwirken. Die Päpste förderten die Künste, und es entstand die gotische Schule von Avignon, in der sich italienische und niederländische Traditionen trafen und sich mit der örtlichen vermischten.

Die päpstlichen Hofmaler Simone Martini (1335–1353 in Avignon) und dessen Schüler Matteo Giovanetti da Viterbo (1342–1353) brachten den von Giotto geprägten Kunststil aus Sienna mit: zarte Farben und illusionistische Malerei (Scheinarchitektur). Ab Anfang

▲ Karte S. 343

des 15. Jahrhunderts gab es dann vom Norden stärkere Farben und Detailfreudigkeit. Enguerrand Quarton (1410–1466) und Nicolas Froment (1425–1486) waren die wichtigsten Vertreter der Avignon-Schule, sie verbanden die Detailfreudigkeit mit den lieblichen Farben der Sienna-Schule. Französische Elemente waren die monumentale Aufteilung der Fläche, die individuelle Gestaltung der Personen sowie die liebevolle Gestaltung der Natur.

Die päpstliche Bibliothek zählte mehr als 2500 Bücher, und die Universität eröffnete eine Jura-Fakultät, die bald zu den wichtigsten in Europa zählte.

Unter Innocent VI. wurden neue Stadtmauern gebaut, fast viereinhalb Kilometer lang, mit 35 Türmen und 7 Toren. Seither hat man den Graben, der einst um die ganze Stadt lag, zugeschüttet. Diese Mauern schützten nicht nur vor Feinden, sondern auch vor Überschwemmungen, derer es in jenem Jahrhundert an die 40 gab.

Die Geschichte des Papstpalastes ist im Grunde die zweier Päpste, die unterschiedlicher nicht sein hätten können. Benedikt XII., ein Zisterziensermönch, war ein strenger, asketischer, aber effizienter Herrscher, der den ausgebauten Bischofspalast, in dem bis dahin die Päpste gewohnt hatten, abreißen und einen neuen festungsähnlichen Palast bauen ließ. Sein Nachfolger Clement VI. war ein gebildeter Aristokrat, relativ liberal und ein Liebhaber der Künste. Er ließ den fast fertigen Palast weiter ausbauen. Im Gegensatz zu seinem Vorgänger sparte er nicht an der Ausstattung der Räume. Das Geld, das Benedikt durch kräftiges Besteuern und geiziges Verwalten zusammengespart hatte, wurde nun von Clemens großzügig ausgegeben.

Nachdem der letzte Papst Gregor XI., der im Exil gelebt hatte, in Rom gestorben war, zeigte sich, wie stark zerstritten die Kirche war. 13 französische Kardinäle gaben sich mit dem neuen römischen Papst nicht zufrieden, und der Gegenpapst Clement VII. wurde in Avignon installiert. Das Schisma dauerte 40 Jahre. Nach dem Konzil von 1409 in Pisa gab es sogar drei Päpste. Fünf Jahre später bekam die Kirche die Situation wieder in den Griff, doch der Papst von Avignon, Benedikt XIII., ließ sich nicht beirren. Er starb im Alter von 94 Jahren im spanischen Exil, immer noch davon überzeugt, der einzig legitime Papst zu sein.

■ Nach den Päpsten

Nachdem die Päpste die Stadt definitiv verlassen hatten, regierten deren Gesandte, die Legaten. Nach italienischem Vorbild entstanden in der Stadt prächtige Palais, von denen viele heute noch stehen. Nach wie vor konnten sich Juden in der Stadt aufhalten, jedoch nicht ohne Probleme. Die Tore zum Ghetto wurden abends geschlossen, die Juden mussten auf der Straße einen gelben Hut tragen und durften nur bestimmte Berufe ausüben, darunter ausgerechnet die, die später als typische ›Judenberufe‹ Anlass zur Stigmatisierung wurden: Schneider, Trödler, Geldverleiher und Händler.

Die Stadt behielt sehr lange eine relativ unabhängige Position und wurde erst während der Revolution Frankreich einverleibt. Heute ist sie für die Region ein wichtiges Verwaltungszentrum. Mit dem Anschluss an das TGV-Netz gewann sie darüber hinaus als Verkehrsknotenpunkt an Bedeutung. Mit dem Tourismus sorgen diese beiden Faktoren dafür, dass der Dienstleistungssektor in Avignon bei weitem der größte Arbeitgeber ist.

Rhône und Saône

Ein Rundgang

Vor allem frühmorgens lohnt es sich, eine Rundgang dort anfangen zu lassen, wo auch die Geschichte Avignons begann: auf dem Felsen, der über die Stadt hinausragt. Dazu geht man von der Schiffsanlegestelle zunächst über den Parkplatz vor den Stadtmauern. Durch die Porte de l'Oulle am Fuße der Pont Daladier gelangt man dann auf den Place Crillon. Vor allem abends ist es auf diesem intimen Platz schön. Er wird von der schönen Fassade der **Comédie** beherrscht, dem ersten Theater innerhalb der Stadtmauern, das Mitte des 18. Jahrhunderts seine Türen öffnete. Es wurde 1825 von einem neuen Theater am Place de Horloge abgelöst.

An der Comédie vorbei gelangt man in die Rue Joseph Vernet. Hier biegt man zunächst links ab, dann rechts in die Rue St-Étienne. Durch die Rue Racine, in die man rechts abbiegt, kommt man hinter dem Rathaus heraus. An diesem vorbei erreicht man den Place de Horloge, Avignons Hauptplatz. Von hier nimmt man den Weg, der hinter dem Papstpalast schließlich zu den Escaliers Ste-Anne führt, einer Treppe, die im Park auf dem Rocher des Doms endet.

■ *Muttergottes auf der Notre-Dame des Doms*

■ Rocher des Doms

58 Meter über den Fluss erhebt sich dieser Kalkfelsen, auf dem ein herrlicher Garten angelegt wurde. Ein Rundgang bietet Blicke auf die Pont St-Bénezet, die Rhônebiegung, Villeneuve-les-Avignon – hier ist der Turm Philippe le Bel zu sehen, der am rechten Ufer den Zugang zur Pont St-Bénezet kontrollierte – und die Berge im Osten, manchmal sogar den Mont Ventoux. Eine Orientierungstafel hilft, die einzelnen Punkte am Horizont zu erkennen. Ein kleines Café bietet mitten in dieser Oase Erfrischungen an. Durch den Park erreicht man, wenn man an der Flussseite hinab geht, Avignons wichtigste Kirche.

■ Notre-Dame des Doms

Bereits im 4. Jahrhundert stand an dieser Stelle eine Basilika, neben der der Bischof von Avignon seinen Sitz einrichtete. Der Name kommt wohl von domus episcopali, Haus des Bischofs. Nachdem die Basilika 731 von den Sarazenen zerstört worden war, dauerte es fast drei Jahrhunderte, bis eine neue Kirche gebaut wurde. Zunächst hatte die romanische Kirche nur ein Schiff, doch während des Pontifikats von Johannes XXII. wurden mehrere Kapellen hinzugefügt. Dieser Papst liegt in einer der Kapellen begraben.

1425 wurde der **Glockenturm** neu aufgebaut, nachdem er zehn Jahre zuvor zusammengebrochen war; stolze 35 Glocken zählt er heute, und das ganze Jahr über klingt regelmäßig das Glockenspiel über die Dächer von Avignon. 1672 kam im Kirchenschiff die barocke Galerie hinzu. Schließlich wurde die Muttergottes aus vergoldetem Blei, viereinhalb Tonnen schwer, auf die Turmspitze gestellt. Während der Revolutionsjahre benutzte man die Kirche als Gefängnis, und sie wurde übel zugerichtet. Unter anderem verschwand die liegende Figur vom Grabmal des Johannes XXII.; sie wurde später von einer Bischofsfigur ersetzt. Jakob du Pont (1835–1842 als Bischof tätig) beschäftigte sich mit der Renovierung. Die Vorhalle, im 12. Jahrhundert zugefügt, ist der römischen Antike nachempfunden. Direkt links vom Eingang sitzt ein müder Leidensmann in der Kapelle, die Johannes dem Täufer gewidmet ist.

Sehenswert ist der **Bischofsthron** aus Marmor im Presbyterium, auf der bei Gelegenheit auch die Päpste Platz nahmen. Sie ist mit einem Löwen (für den Evangelisten Markus) und einem Stier (Lukas) ausgestattet. Die letzten drei Avignoner Päpste wurden in der Kirche gekrönt, und Thomas von Aquin wurde hier heilig gesprochen. Erst 1475 wurde der Kirche der Titel einer Metropolkirche verliehen – der erste Bischof war ein

späterer Papst, Julius II. 1995 wurde die Kirche vom damaligen Kardinal Joseph Ratzinger besucht. 2011 wurde der 900. Jahrestag der Einweihung begangen.

■ Petit Palais

Das Petit Palais war die Residenz der Bischöfe von Avignon, nachdem 1316 der Papst im Bischofspalast eingezogen war. Die ältesten Teile des Palastes stammen somit aus dem 14. Jahrhundert, doch er wurde im 15. Jahrhundert umgebaut und erhielt Renaissance-Züge. Wichtige Gäste des Papstes wohnten ab und zu in dem Haus, das jetzt ein **Kunstmuseum** beherbergt. Ausgestellt sind romanische und gotische Skulpturen, italienische Gemälde aus dem 13. bis 16. Jahrhundert aus der Sammlung des Marquis Campana di Cavelli, ansonsten ist die Schule von Avignon vertreten.

Rhône und Saône

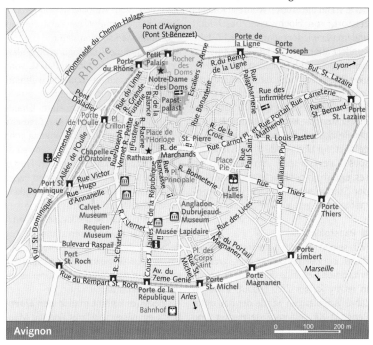

Avignon

0   100   200 m

■ Pont St-Bénezet

900 Meter lang war das stolze Bauwerk, als es noch bis zum Turm Philippe-le-Bel reichte. Von den 20 Bögen sind aber nur 4 geblieben. Auch der Turm du Châtelet ist verschwunden.

Der Hirte Saint Bénezet, so wird die Geschichte erzählt, wurde im Jahre 1177 von himmlischen Stimmen beauftragt, eine Brücke über die Rhône zu bauen. Ein Engel zeigt ihm sogar die genaue Stelle. Doch bei den Behörden stieß Bénezet auf Unglauben und Spott. Daraufhin begann er, enorme Steine mit einer gleichsam wunderbaren Kraft heranzuschleppen und wurde beim Volk rasch bekannt. Er gründete die Gemeinschaft der Brückenbauer, die sich großer Beliebtheit erfreuen konnte und Mittel fand, die Brücke ohne offizielle Unterstützung zu bauen. Dreieinhalb Jahrhunderte stand die Brücke, wurde in Kriegen zerstört, von Hochwasser beschädigt und immer wieder repariert. Im 17. Jahrhundert aber ließ der Eifer der Brückenbauer nach, und geblieben sind nur die vier Bögen, die aus dieser Brücke die wohl berühmteste machen, die nirgendwohin führt. Auf einem der Brückenpfeiler steht die **Kapelle St-Nicholas**. Auf der Brücke wurde übrigens wohl kaum getanzt: Im Lied wurde irgendwann aus *sous* (unter) *sur* (auf). Am Ufer des Flusses, unterhalb der Brücke und außerhalb der Stadtmauern dürften wohl regelmäßig Feste gefeiert worden sein.

■ Papstpalast

Mit seinen 15 000 Quadratmetern ist diese Burganlage eines der größten erhaltenen Gebäude der Gotik. Es wurde in relativ kurzer Zeit gebaut, etwa 18 Jahre. Angefangen wurde der Bau unter Benedikt XII., einem Zisterzienser, und die erste Phase ist entsprechend streng

Auf dem Papstpalast

und etwas karg gehalten. Sie wird als Palais Vieux bezeichnet. Benedikts Nachfolger, Clemens IV., ließ die Gemächer und Säle des Palais Neuf hingegen prächtig dekorieren und mit bunten Fresken ausmalen. Vom Mobiliar ist nur wenig übrig: Brände, mutwillige Zerstörungen und Auktionen sorgten dafür.

Man beginnt die Besichtigung des Palastes im sogenannten **Neuen Palast**, vom Baumeister Jean de Louvres während des Pontifikats von Clement VI. errichtet. Über dem Eingang, dem **Champeaux-Tor**, ist das Wappen von Clemens VI. zu sehen. Rechts im Toreingang geht es zur Wachstube mit einem sehr schönen Rippengewölbe und einem Fresko aus dem 17. Jahrhundert, das den Papst darstellt, flankiert von Gerechtigkeit (links) und Umsicht (rechts).

Der zweite Raum ist der **kleine Audienzsaal**. Die Grisaille-Fresken stammen aus dem 17. Jahrhundert, als dieser Saal in ein Arsenal umgewandelt wurde. Hier erhält man den Audioguide für eine individuelle Führung.

Als nächstes kommt man in den **Ehrenhof**. Gegenüber und links sind die Mauern des alten Palastes, und hier bekommt

◄ Karte S. 343

man den ersten Einblick in die unterschiedlichen Baustile. Auf der rechten Seite sind in der Mauer des Neuen Palastes ein großer Torbogen und drei kleinere zu sehen, ebenso ein paar Dutzend Fenster, darunter das große, mit Maßwerk dekorierte Ablassfenster, an dem der Papst seinen dreifachen Segen auszusprechen pflegte. Die Mauern des Alten Palastes gleichen einer uneinnehmbaren Festung; der **Papstturm**, gegenüber rechts, ist einer der ältesten Teile des Palastes. Er wurde 1335 gebaut.

Quer durch den Hof geht es in den **Alten Palast**, wo man zunächst die **Schatzkammern** besucht, die etwas unterhalb des Innenhofes liegen. In der großen Schatzkammer arbeiteten Notare, Schreiber und andere Beamte, während in geheimen Verstecken unter der kleinen Schatzkammer das Vermögen des Papstes aufbewahrt wurde.

Der sogenannte **Jesus-Saal** befindet sich über der Schatzkammer. Dieser wurde so genannt, weil die Wände mit den Initialen I.H.S. (Jesus Hominum Salvator – Jesus, Retter der Menschen) dekoriert waren. Hier befindet sich eine Ausstellung zur Geschichte des Palastes. Dass der Papst sich durchaus auch mal verteidigen musste, geht aus dem Helm eines Gardisten hervor, der im oberen Bereich ein übles Loch aufweist.

Relief im Papstpalast

Der nächste Raum, die **Wohnung des Kämmerers**, spielte im Leben am päpstlichen Hof eine wichtige Rolle, denn der Kämmerer war so etwas wie der Premierminister der Papstes, der unter anderem bestimmte, wer den Papst sehen durfte und wer nicht. Die Balkendecke ist sehr schön bemalt, und an einigen Stellen auf den Mauern sind auch noch die Rankenmotive zu sehen, die einst alle Mauern bedeckten. Von hier geht es in einen kleinen Raum, in dem der Papst sich umkleidete und seine amtlichen Gewänder anlegte.

Durch den Jesus-Saal geht es von hier in das **Konsistorium**, in dem der Papst seine Kardinäle versammelte und hohe Gäste empfing. Hier sind unter anderem einige Fresken aus der Kathedrale zu sehen, die vom Italiener Simone Martini stammen, einem bedeutenden Maler des 14. Jahrhunderts. An diesen Saal angebaut ist eine Johannes dem Täufer geweihte Kapelle. Sie wurde vom Freskenmaler Matteo Giovanetti da Viterbo zwischen 1346 und 1348 ausgemalt.

Im Großen Festsaal

Rhône und Saône

Vom Konsistorium geht die Führung weiter in den großen **Festsaal**; zuvor kann man einen Blick in den Hof des alten Palastes werfen. Mit 48 Metern Länge und mit einem großen Holzgewölbe ist der Grand Tinel (vom lateinischen ›tina‹, was soviel wie Fass bedeutet) einer der beeindruckendsten Räume im Palast. Hier wurde groß gefeiert, zum Beispiel bei der Ernennung eines Kardinals, denn normalerweise aß der Papst im kleinen Festsaal. Von hier hat man einen schönen Blick auf die ummauerten **Gärten**. Die Gobelins aus dem 18. Jahrhundert sind zwar sehenswert, doch erlauben sie es kaum, sich eine Vorstellung von den Dekorationen dieses Raums zu machen, die ihn bis zu einem Brand im Jahr 1413 schmückten. Neben dem Grand Tinel ist die **Küche** mit einem enormen offenen Kamin, der vermuten lässt, wie üppig die Festmähler hier gewesen sein dürften. Am Grand Tinel, über der Johanneskapelle, ist die **Kapelle des Saint Martials**. Matteo Giovanetti da Viterbo war auch hier für die Ausmalung verantwortlich; er arbeitete von 1344 bis 1345 an der Kapelle. Martial war Missionar im Limousin, der Heimat von Clemens VI. Vom Grand Tinel geht es zur **Paramentenkammer**, wo der Papst intime Empfänge, etwa mit Staatsoberhäuptern, abhielt. Hier sind heute zwei Gobelins aus dem 18. Jahrhundert zu sehen. Im Studierzimmer nebenan wurde 1963 ein Fliesenboden entdeckt, der in erstaunlich gutem Zustand erhalten geblieben war. In anderen Bereichen des Palastes findet man ähnliche Böden, doch nur dieser ist authentisch. Das päpstliche **Schlafzimmer** wurde in den 1930er Jahren restauriert und ist heute eines der am üppigsten dekorierten Räume des Palastes. Weinreben und Eichenzweige auf blauem Hintergrund

lassen Platz für Hörnchen und Vögel. Die gemalten Käfige erinnern daran, dass die Päpste oft Vögel in Käfigen hielten; vor allem Nachtigallen waren beliebt.

Nebenan sind die Wandmalereien noch interessanter und abwechslungsreicher. Im ehemaligen **Arbeitszimmer Clemens VI.** sind Jagdszenen, Fischerei- und Erntemotive zu sehen. Obwohl die Darstellung an französische Teppiche, die damals sehr beliebt waren, angelehnt ist, vermutet man, dass an dem Raum mehrere Künstler unter der Aufsicht von Matteo Giovanetti gearbeitet haben. Vor allem der Gebrauch der Perspektive in einigen Bereichen lässt auf die Mitarbeit von italienischen Künstlern schließen, denn diese Technik hatte sich in Frankreich zur Zeit der Päpste noch nicht durchgesetzt.

Durch die **Nordsakristei**, in der Repliken von geistigen Würdenträgern aus der Zeit der Päpste zu sehen sind, kommt man in die **Große Kapelle**, die Petrus und Paulus geweiht ist und unter Clemens VI. in nur vier Jahren gebaut wurde, obwohl zu dieser Zeit die Pest in Avignon wütete. Hier fand die Krönung des Papstes statt. Der Raum ist 52 Meter lang, 15 Meter breit und 20 Meter hoch, relativ gedrungen für eine gotische Kapelle. Sie durfte aber die mittlere Höhe des Palastes nicht überschreiten, und somit war der Architekt in seinen Möglichkeiten eingeschränkt. Im **Umkleideraum der Kardinäle** sind Kopien von Grabmälern vierer Päpste zu sehen. Von der Kapelle durch die Neue Wohnung des Kämmerers erreicht man den Weg zur **Terrasse der hohen Würdenträger**. Hier befindet sich heute ein kleines Café. Die Aussicht über die Stadt ist wunderschön, und zudem gewinnt man einen sehr guten Eindruck von den Aus-

Karte S. 343 ▲

maßen dieses enormen Baus und von der einschüchternden Wirkung, die dieser bei den Menschen des Mittelalters erzeugt haben dürfte.

Hinunter geht es nun über die große Treppe, über die man den **Audienzsaal** erreicht, wo früher die Bürger versuchten, ihr Recht zu erlangen. Jährlich kamen hier an die 18 000 Petitionen und Briefe an, die von einem großen Stab von Notaren, Richtern und Experten behandelt wurden. Der Saal teilt den Grundriss der Kapelle, ist aber nur elf Meter hoch. Dennoch besticht er durch seine gelungenen Proportionen, seine Kapitelle und die Fresken von Matteo Giovanetti.

Der Tour du Jacquemart

■ Place de l'Horloge

Gegenüber vom Papstpalast ist das **Hôtel des Monnaies** zu sehen, die alte Münze, in der sich heute eine Musikschule befindet. Ursprünglich wurde das Haus für einen Gesandten des Papstes gebaut; darauf weist das Wappen von Papst Paul V. hin. Die Quaderung und die Fruchtgirlanden sind typische Renaissancemerkmale.

An diesem Bau vorbei gelangt man wieder zum Place de l'Horloge, an dem das **Rathaus** gelegen ist. Zu römischen Zeiten befand sich hier das Forum, der Platz hat also eine sehr lange Geschichte. Im Mittelalter befand sich der Hauptmarkt am Platz. Das heutige Rathaus stammt von 1851. Über den Bau hinaus ragt der **Tour du Jacquemart**, der einzige Überrest des Vorgängerbaus aus dem 14. Jahrhundert. Nach der Uhr auf dem Turm wurde der Platz benannt. Heute ist dieser von der Straße nur noch schwer zu sehen.

Hinter dem Rathaus liegt die **Église St-Agricol**, eine schöne gotische Kirche mit einem Bogenfeld, das die Verkündigung

zeigt. Die Kirche wurde vom 14. bis zum 16. Jahrhundert gebaut. Am Mittelpfeiler des Portals ist eine schöne Marienstatue aus dem 15. Jahrhundert zu sehen. Im Inneren sind Gemälde aus der Avignon-Schule aus dem 16. und 17. Jahrhundert zu sehen sowie eine Barockkapelle des Meisters Jean Péru, der auch den Entwurf für die Galerie in der Notre-Dame-des-Doms machte.

In der südwestlichen Ecke des Place de l'Horloge versteckt findet man das **Palais du Roure**, den ehemaligen Adelshof der Familie Baroncelli-Javon mit seiner schö-

Café am Place de l'Horloge

nen gotischen Fassade. Hier befindet sich die Flandreysy-Espérandieu-Stiftung, die sich vor allem mit dem provenzalischen Erbe beschäftigt. Die Ausstellungen hier sind meistens gratis, und es lohnt sich, kurz in den Hof zu schauen. Etwas weiter kommt man in die Rue Viala, wo sich zwei Adelspalais aus dem 18. Jahrhundert gegenüberstehen, in denen sich heute die Präfektur und der Landtag befinden. Geht man hier rechts durch den Bogen, kommt man zur Rue St-Agricol. Hier geht man links bis zur Rue Joseph Vernet. Die **Chapelle de l'Oratoire** wurde 1750 fertiggestellt, nachdem vier Architekten sich an ihr versucht hatten. Die Fassade ist dennoch oder vielleicht gerade deswegen sehenswert. Die Rue Joseph Vernet folgt dem Verlauf der Stadtmauer, die nach der Belagerung von 1226 geschleift wurde. Im ehemaligen Stadtpalais liegen nebeneinander zwei Museen.

■ Calvet-Museum

Benannt wurde das Museum im ehemaligen Adelshof der Familie Villeneuve-Martignan aus dem 18. Jahrhundert nach dem Arzt Esprit Calvet, der in dem Haus wohnte; seine Sammlung ist der Kern des Musée Calvet. Im Erdgeschoss ist französische, spanische, flämische und italienische Malerei ausgestellt. Im oberen Geschoss sind unter anderem Goldschmiedearbeiten aus dem 18. Jahrhundert und Holzstatuen aus dem 16. und 17. Jahrhundert zu sehen. Die Sammlung ist überschaubar und hat dennoch eine große Vielfalt zu bieten, von Gemälden von Corot, Sisley und Manet zu einer Skulptur aus Kambodscha aus dem 13. Jahrhundert.

■ Requien-Museum

Stifter des Musée Requien war ein Naturwissenschaftler aus Avignon, der seine Bibliothek und sein Herbarium hinterließ: 200 000 Pflanzen aus aller Welt umfasst diese besondere Sammlung. Darüber hinaus beherbergt das Museum heute weitere zoologische, geologische und botanische Sammlungen.

■ Musée Lapidaire

Am Ende der Rue Vernet erreicht man die Rue de la République, die Hauptstraße der Altstadt, an der es neben vielen Geschäften und Kaufhäusern auch das **Tourismusamt** und die ehemalige **Jesuitenkirche** gibt, in dem sich heute eines der interessantesten Museen der Stadt, das Musée Lapidaire, befindet. Die Sammlung umfasst Bildhauerwerke aus allen Epochen der Stadt, von einem schönen römischen Flachrelief, das Rhônetreidler zeigt, bis zur Skulptur eines mythischen Flussungeheuers, der Tarasque. Die gallo-römischen Skulpturen sind besonders sehenswert. Insgesamt bietet die Sammlung eine schöne Übersicht der frühen Geschichte der Region, und man braucht in dem Museum nicht mehr als eine Dreiviertelstunde zu verbringen, um die wichtigsten Stücke zu sehen.

■ Angladon-Dubrujeaud-Museum

Das Musée Angladon-Dubrujeaud in einem ehemaligen Wohnhaus beherbergt eine bedeutende Kunstsammlung, die größtenteils aus dem Nachlass des Pariser Couturiers Jacques Doucet stammt. Im ersten Stock sind wertvolle Möbel zu sehen, Gemälde und Kunstgegenstände. Doucets Großneffe, der Kunstmaler Jean

◀ Karte S. 343

Blumenstand auf dem Markt von Avignon

Angladon-Dubrujeaud (1906–1979), baute die Sammlung weiter aus. Es sind Werke von Cézanne, Sisley, Manet, Degas, van Gogh, Honoré Daumier und Amadeo Modigliani zu sehen.

Geht man von diesem Museum parallel zur Rue de la République ein Stück weit geradeaus und dann rechts in die Rue Bonneterie, dann erreicht man die **Hallen von Avignon** (Marché des Halles), einen überdachten Markt, der an sich bereits einen Besuch wert ist, aber über die üppigen, bunten Marktstände hinaus eine weitere ungewöhnliche Sehenswürdigkeit zu bieten hat: An der nördlichen Fassade befindet sich ein **vertikaler Garten** des Künstlers Patrick Blanc, der der öden Außenseite des Gebäudes einen ganz ungewohnten Reiz gibt.

Der Weg von den Hallen zurück zum Platz vor dem Papstpalast führt an der gotischen Kirche **St-Pierre** vorbei, die zwischen 1358 und 1495 an der Stelle einer frühchristlichen Kirche errichtet wurde, in der laut Überlieferung die ersten Bischöfe von Avignon bestattet wurden. Das Innere der Kirche ist sehenswert; auf keinen Fall versäumen sollte man aber einen Blick auf das Portal mit herrlichen holzgeschnitzten Türen des Künstlers Antoine Vollard von 1551.

Blick auf Châteauneuf-du-Pape

ℹ Avignon

Tourismusamt, 41, Cours Jean Jaures. Hier bekommt man gute Stadtpläne, die Informationen sind aber zum größten Teil nur auf französisch oder englisch.

✕

Schöne Cafés zum Draußensitzen gibt es vor dem Papstpalast und auf dem Place de l'Horloge. Abends lädt auch der Place Crillon ein.

Châteauneuf-du-Pape

Das Dorf mit seinen 2000 Einwohnern, etwas nördlich von Avignon an der Rhône gelegen, verdankt seinen Namen der Tatsache, dass die Avignoner Päpste hier im 14. Jahrhundert eine Sommerresidenz einrichten ließen. Damals hieß der Ort noch Châteauneuf Calcernier, ein Hinweis auf die hohe Qualität des in der Umgebung abgebauten Kalksteins. Urkundlich erwähnt wurde der Ort zum ersten Mal 1094 unter dem Namen Castro Novo (Neue Festung). Johannes XXII. ließ zwischen 1317 und 1333 eine Festung errichten, und Châteauneuf gewann an Prominenz, so dass der Wochenmarkt des Ortes bald einer der wichtigsten der Region wurde. Den Namen Châteauneuf-du-Pape bekam der Ort erst 1893 von einem ehrgeizigen Bürgermeister. Aus dieser Zeit stammen auch die ersten Initiativen, den Weinbau der unmittelbaren Umgebung systematisch auszubauen.

Lange war der Wein von Châteauneuf zur Veredelung in das Burgund geflossen, als aber 1880 die Weinberge dort wegen des verheerenden Reblausbefalls alle neu angepflanzt werden mussten, ging diese Tradition zu Ende, und man war gezwungen, sich neu zu orientieren. Dies tat man mit großem Erfolg: Ab 1923 gab es strenge Regeln zur Begrenzung der Anbaugebiete, zur Bepflanzung, Lese und Auswahl der Rebsorten und zur Weinerzeugung selbst. Auf 3300 Hektar arbeiten etwa 300 Winzer, und im ganzen Ort findet man Weinkeller, in denen man die edlen Tropfen verkosten und kaufen kann.

Ein kleines **Winzermuseum** befindet sich im Caveau du Père Anselme. Es illustriert die Arbeit des Winzers (Pflüge, Spaten, Schneidegerät, Spritzen, Körbe, Kiepen) und die des Kellermeisters (Bottiche, Kelter aus dem 16. Jahrhundert, ein Fass aus dem 14. Jahrhundert).

Über dem Ort stehen nur noch wenige Mauern der ehemaligen **Festung**, die wegen der sehr schönen Aussicht über das umliegende Land dennoch einen Besuch wert ist. Dieses Land– genauer, der Boden – ist es, dem Châteauneuf seinen internationalen Ruf verdankt: Auf dem Kalkstein liegt eine Schicht heller Kieselsteine, die tagsüber die Sonnenstrahlen hinauf in die Weinreben reflektieren und nachts die gespeicherte Wärme langsam abgeben. Jede der Rebsorten, die im Wein von Châteauneuf verwendet wird, soll diesem etwas Bestimmtes mitgeben: So sorgen Mourvèdre, Syrah, Muscardin und Camarèse für Robustheit, Reife und Farbe; Grenache und Cinsault für Süsse, Wärme und Milde; Counoise und Picpoul für das besondere Bukett und Clairette und Bourboulenc für Finesse, Feuer und Helligkeit – so wenigstens wird es in der meisterhaften Werbung erklärt.

Pont du Gard

Nach einer Busfahrt von etwa 45 Minuten erreicht man das Tal des Gardon, eines relativ unbedeutenden Nebenflusses der Rhône, in dem sich eines der imposantesten Bauwerke der gallo-römischen Zeit in ganz Frankreich befindet. Aus dem 1. Jahrhundert nach Christus stammt die Pont du Gard, eine Aquäduktbrücke, die Wasser von Quellen in der Nähe von Uzès nach Nîmes, 50 Kilometer entfernt, leitete.

Rhône und Saône

Die Pont du Gard

Die Zahlen sind beeindruckend: Die untere Ebene zählt sechs Bögen, jeweils 22 Meter hoch, mit einer Gesamtlänge von 142 Metern. Die mittlere Ebene besteht aus elf Bögen, die 20 Meter hoch sind; sie ist 242 Meter lang. Die obere Ebene schließlich, durch die das Wasser lief, hat 35 Bögen, misst 275 Meter und ist 7 Meter hoch. Die für die Konstruktion verwendeten Steine sind bis zu 61 Tonnen schwer. Sie wurden mittels einer ausgeklügelten Mechanik, bei der Menschen in enormen Tretmühlen die Muskelkraft leisteten, an ihren Platz gehoben. Etwa 1000 Männer arbeiteten drei Jahre lang an dem Bau. Überall stehen unregelmäßige Steine hervor, an denen bei der Konstruktion Baugerüste verankert waren.

Etwa 20 Millionen Liter Wasser flossen täglich nach Nîmes, wo man pro Kopf satte 1000 Liter Wasser am Tag verbrauchte (zum Vergleich: der Wasserverbrauch in Deutschland beträgt heute etwa 130 Liter). Zwischen Anfang und Ende bestand ein Höhenunterschied von nur 12 Metern, 24 Zentimeter pro Kilometer. Noch heute staunt man über die Leistung der Baumeister.

Dennoch war der Bau nicht für die Ewigkeit. Als das Römische Reich zu bröckeln anfing, bröckelte auch das Aquädukt. Die Wasserleitung wurde nicht mehr gepflegt, und Ablagerungen verstopften bald zwei Drittel des Kanals. Nach 800 Jahren hatte die Brücke in ihrer ursprünglichen Funktion ausgedient. Menschen in der Umgebung begannen, Steine abzutragen, um diese weiter zu verwenden. Eine vollständige Zerstörung wurde vermieden, indem das Aquädukt zur Straßenbrücke wurde.

Karte S. 325

▲ *Die Festung von Tarascon*

Noch im frühen 18. Jahrhundert fanden Unterhaltsarbeiten statt, doch 1747 wurde eine zweite Brücke über den Fluss gebaut, und damit verlor die Brücke ihre Bedeutung.

Von Avignon nach Arles

Anderthalb Stunden nach der Abfahrt in Avignon erreicht das Schiff die Schleuse von Beaucaire, die letzte der zwölf Staustufen, die zur Stromerzeugung im Fluss gebaut wurden. Am Fluss entlang stehen südlich der Schleuse zudem einige riesige Windräder. Unweit von Port-Saint-Louis-du-Rhône gibt es eine weitere Windkraftanlage.

◾ Festung von Tarascon

Nur wenige Kilometer weiter steht am linken Ufer die mächtige Festung von Tarascon, die 1449 vom Bon Roi René in ihrer heutigen Form fertiggestellt wurde. Die Burg diente zum Schutz der Provence: Auf dem gegenüberliegenden Ufer begann das Königreich Frankreich. Bereits die Römer hatten an dieser Stelle ein Castrum gebaut. Heute nur noch schwer zu sehen ist, dass der Bau ursprünglich auf einer Insel stand und erst später am Ufer festgemacht wurde. König René war für die prächtige Innenausstattung verantwortlich, und zu seiner Zeit wurden in den Sälen des Châteaus große Feste gefeiert. Nach seinem Tod wurde die Burg nicht mehr bewohnt, und später wurde sie zu einem berüchtigten Gefängnis. Erst 1926 wurde sie zu einem Denkmal, und man fing mit der Restaurierung an. Heute kann man die Burg besuchen.

Weitaus mehr als mit der Burg wird der Name Tarascon in Frankreich mit einer Legende in Verbindung gebracht, die von einem Ungeheuer erzählt, das sich in der Rhône aufhielt und regelmäßig Schiffs-

besatzungen und Spaziergänger am Flussrand vernaschte. Mit dem Kopf eines Löwen, dem Schwanz einer Schlange, mit zwei Flügeln und messerscharfen Zähnen – laut einer Beschreibung aus dem 13. Jahrhundert – muss es alle Sterblichen in Todesängste versetzt haben. Die heilige Martha soll das Untier aber schlicht und ergreifend mit Weihwasser besprengt haben, und dieses wurde daraufhin so zahm, dass die Heilige das Tier durch den Ort führen konnte, ehe es unschädlich gemacht wurde. Eine andere Geschichte erzählt von 16 Rittern. Acht sollen vom Drachen gefressen worden sein, doch die restlichen acht bezwangen die Tarasque. Beide Versionen waren bereits im späten Mittelalter Anlass zum Festefeiern. Eine weitere Version erhielt die Legende, als der Schriftsteller Alphonse Daudet den Helden Tartarin erfand, der das Monster bezwang. In der Kirche neben der Burg werden die Reliquien der heiligen Martha aufbewahrt.

◾ Beaucaire

Gegenüber Tarascon liegt Beaucaire, eine Stadt mit einer glorreichen Vergangenheit als Marktort. Vom 13. bis zum 19. Jahrhundert zogen Händler aus ganz Europa zu der jährlichen Messe im Juli. Bis zu 300 000 Besucher zählte man in dem kleinen Ort, der zu dieser Gelegenheit so weit über seine Grenzen hinauswuchs, dass man Unterkünfte auf Schiffen im Fluss einrichten musste.

Kurz bevor das Schiff in Arles ankommt, spaltet sich der Fluss: Die Petit Rhône fließt in westlicher Richtung weiter, um bei Les Saintes-Maries de la Mer in das Mittelmeer zu münden, während die Grand Rhône an Arles vorbei sich kaum von ihrem direkten Südkurs abhalten lässt.

Arles

Die Stadt Arles steht auf geschichtsträchtigem Boden. Gräbt man tief genug, wie es zum Beispiel 1975 gemacht wurde, kommt das 6. Jahrhundert vor unserer Zeitrechnung an die Oberfläche. Arles feiert diese Jahrhunderte der Geschichte, zeigt stolz seine römischen Ruinen, romanischen Kirchen, klassizistischen Stadtpalais und modernen Museen. Darüber hinaus ist Arles das Zentrum einer wichtigen landwirtschaftlichen Region und eine Hochburg der lebendigen provenzalischen Kultur.

■ Geschichte

Die Saluvier, ein ligurischer Stamm, lebten in einer Siedlung, die von den Griechen und später den Römern Arelate genannt wurde. Sein Wachstum verdankte der Ort dem felsigen Boden, der hier die Rhône noch einmal in ein relativ enges Flussbett zwingt, bevor der Fluss sich im Delta verzweigt und in Sümpfen verliert. Darum verlief der Weg von Spanien nach Italien über Arelate, und mit dem zunehmenden Handel, vor allem im Römischen Reich, blühte die Stadt auf. Eine Brücke wurde über den Fluss geschlagen, oder genauer, in den Fluss, denn sie bestand aus Schiffen und ließ sich daher recht einfach für den Verkehr auf der Rhône öffnen. Ein Kanal zum Mittelmeer, parallel zum Fluss, erschloss die Stadt weiter, und bald lief sie Marseille den Rang ab.

Kaiser Konstantin hatte in Arles eine Residenz und berief 314 ein Konzil, das Bischöfe aus dem ganzen Christentum hierher brachte. Im Jahr 400 wurde die römische Präfektur von Trier nach Arles verlegt, und damit wurde die Stadt Verwaltungszentrum eines riesigen Gebietes, das neben Gallien auch Spanien und Großbritannien umfasste.

Zu dieser Zeit galt Arles als das gallische Rom. Die ummauerte Stadt des Militärs lag am linken Ufer, das Villenquartier Trinquetaille am rechten. Der Ort war nach römischer Tradition ausgelegt: Der Cardo, die Nord-Süd-Achse, stand senkrecht auf dem Decumanus, der Ost-West-Achse. Sämtliche Straßen passten sich diesem Muster an, wodurch der Stadtplan wie ein Schachbrett aussah. Sämtliche Straßen waren mit Fliesen belegt, zwei Aquädukte brachten Wasser. Unter den öffentlichen Einrichtungen waren ein Forum, mehrere Tempel, ein Theater, ein Zirkus und eine Basilika. Die öffentlichen Toiletten zeugten vom Wohlstand der Stadt, denn man setzte sich hier auf eine Marmorplatte; fließendes Wasser gab es auch.

Nach dem Untergang des Römischen Reichs zogen West- und Ostgoten in das Gebiet um Arles, und auch Normannen und Sarazenen suchten die Mittelmeer-

Modell der römischen Brücke in Arles

Karte S. 356

küste heim, so dass die Stadt sich hinter großen Mauern verstecken musste. Im 9. Jahrhundert war Arles Hauptstadt eines Königreichs, wozu das Burgund und ein Teil der Provence gehörten. Als Arelat kam dies 1032 zum Heiligen Römischen Reich. Arles wurde wie viele Städte entlang der Rhône zu einer Grenzstadt. Allerdings konnte das Gebiet eine gewisse Selbständigkeit innerhalb des Reiches bewahren, denn dem Kaiser fehlten bei den großen Entfernungen einfach die Möglichkeiten, sich ohne breiten Konsens der Adligen durchzusetzen. Im späten Mittelalter versuchte Arles sich selbständig zu machen, und der Vertreter des Kaisers, der Erz-bischof, ergriff die Flucht, aber nicht, ohne zuvor die Herrschaft über Arles dem spanischen Grafen von Provence übergeben zu haben. Von der Grafschaft Barcelona wanderte die Provence dann in den Besitz des Herrschers von Anjou, und schließlich kam die Provence 1481 zur französischen Krone. In einem immer größer werdenden Land wurde Arles bald von anderen Städten überflügelt, und dieser Umstand trug dazu bei, dass so viel vom römischen Erbe bewahrt worden ist.

Ein Rundgang

Vom Schiffsanleger kommt man in einer knappen Viertelstunde zum Amphitheater von Arles, wo fast 2000 Jahre nach seiner Errichtung dem Volk immer noch Spiele geboten werden – freilich weniger blutig als in alten Zeiten.

■ Amphitheater

Die Arènes entstanden wahrscheinlich im ausgehenden 1. Jahrhundert. Sein heutiges Aussehen bekamen sie allerdings erst wesentlich später, denn im Laufe der Jahrhunderte erfüllten sie recht unterschiedliche Funktionen. Nach dem Zerfall des Römischen Reiches zogen sich die Bewohner der Stadt bei Unruhen in die Arènes zurück. Nach und nach wurde dann aus der Festung eine kleine Stadt, und man bediente sich der Steine des Theaters, um Häuser zu bauen. Wehrtürme wurden auf dem zweiten Geschoss errichtet, drei davon sind übriggeblieben. Insgesamt entstanden an die 200 kleine Häuser sowie zwei Kapellen, die 1825 abgerissen wurden.

Das Theater ist ein Oval mit einer Länge von 136 Metern und einer Breite von 106 Metern. Wie üblich wurde es aus Repräsentationsgründen wahrscheinlich größer gebaut, als man es je gebraucht hätte. Es bot damals 20 000 Menschen Platz. Auf zwei Etagen von 21 Metern Höhe – die dritte wurde im Laufe der Zeit abgebaut – sind die Zuschauerränge angelegt. Jede Etage zählt 60 Arkaden, wobei die Pfeiler der zweiten Etage mit korinthischen Halbsäulen geschmückt sind. Der eigentliche Platz misst 70 mal 40 Meter, und es werden hier immer noch Stierkämpfe sowie andere Veran-

Das Amphitheater

Rhône und Saône

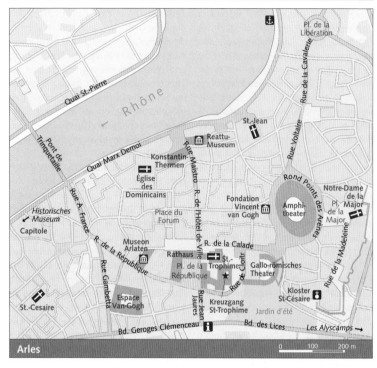

Arles

staltungen abgehalten. Am Eingang kann man eine Karte kaufen, die außer zu den Arènes auch zu vielen anderen Sehenswürdigkeiten der Stadt Zugang gibt – ein durchaus lohnendes Arrangement. Wer es sich zutraut, sollte den Blick flussaufwärts von dem **nördlichen Wehrturm** nicht versäumen.

■ Fondation Vincent van Gogh

Die Fondation Vincent van Gogh, unmittelbar neben den Arènes gelegen, sucht das Erbe des niederländischen Malers in Arles zu bewahren. Van Gogh wünschte sich in Arles ein Atelier, und die Stiftung versteht sich als die Umsetzung dieses Wunsches. In einer **Galerie** sind Werke renommierter Künstler aus allen Bereichen zu sehen und zu hören,

die zu Ehren van Goghs gemacht wurden: Gemälde von Fernando Botero, Francis Bacon und David Hockney bis hin zu Musik, die für den Maler komponiert wurde. Unweit von hier ist ein Zimmer zu sehen, das so hergerichtet ist wie das des Malers, das man von mehreren Werken van Goghs kennt.

Im **Espace van Gogh**, heute ein Kulturzentrum an der Stelle des ehemaligen Hôtel Dieu, in dem er gepflegt wurde, ist im Innenhof ein Garten eingerichtet, der von van Goghs Gemälde dieses Ortes inspiriert sein soll. Ansonsten findet man überall dort, wo er berühmte Werke schuf, Erklärungstafeln. Diese Punkte sind durch einen Wanderweg verbunden, dem man mittels in der Straße eingelassenen Wegweisern folgen kann.

Vincent van Gogh

Ein Maler, der wie kaum ein anderer mit den intensiven Farben der Provence identifiziert wird, stammte gar nicht aus dieser Region, er wohnte nicht einmal sonderlich lange in der Provence. Der niederländische Pfarrerssohn Vincent van Gogh verbrachte etwas mehr als zwei Jahre in Arles und St-Rémy de Provence. Dass er dennoch als einer der wichtigsten Maler der Provence gilt, hängt mit seiner herausragenden Bedeutung als Wegbereiter der Moderne überhaupt zusammen. Zudem produzierte er in dieser Zeit mehr als 300 Gemälde, darunter eine imposante Fülle an Meisterwerken. In Arles und St-Rémy ist van Gogh allgegenwärtig, in den Landschaften, die er malte, den Tafeln, die sein Schaffen dokumentieren, der Brücke von Langlois, die man erst wieder aufbaute, als das Gemälde, auf dem sie zu sehen ist, weltberühmt geworden war, und in den unzähligen mehr und weniger geschmackvollen Mitbringseln. So heiter viele seiner Werke aus der Zeit in Arles und St-Rémy heute erscheinen mögen, van Gogh war hier, wie auch andernorts, nicht besonders glücklich.

Geboren wurde van Gogh in Zundert in der südniederländischen Provinz Noord-Brabant am 30. März 1853 als ältestes von sechs Kindern. Seine Kindheit war zunächst recht unauffällig, abgesehen von der Tatsache, dass Vincent sehr zurückhaltend war. Aus unbekannten Gründen beendete er seine Schulbildung nicht und stieg mit 16 Jahren in den Kunsthandel Goupil & Co ein, in dem sein Onkel Teilhaber war. Dort sollte auch Vincents Bruder Theo arbeiten, zu dem der Maler ein inniges, wenn auch nicht immer unkompliziertes Verhältnis hatte. Für die Firma arbeitete van Gogh in Den Haag, London und Paris. Obwohl er in der Schule für seine Zeichnungen recht gute Noten erhalten hatte, war zunächst von einem eigenen künstlerischen Schaffen keine Rede. Doch der junge Mann erhielt im Rahmen seiner Arbeit ein breit gefächertes Kunststudium und verbrachte darüber hinaus viele Stunden in Museen.

In England lernte van Gogh seine erste große Liebe kennen, Eugenia, die Tochter seiner Vermieterin. Diese wies ihn aber ab, und der junge Mann, gerade 20 Jahre alt, litt sehr darunter. Die Intensität seiner Gefühle bereitete seinen Eltern große Sorgen, und er wurde nach Paris versetzt. Hier zeigte sich zunehmend, dass der junge van Gogh durch seine kompromisslose Haltung als Verkäufer nicht besonders geeignet war. Nachdem er sich von Goupil & Co getrennt hatte, entschied sich der tiefreligiöse van Gogh zum Theologiestudium, doch schon nach einem Jahr gab er auf, da er aus seiner Sicht auf Scheinheiligkeit und Unaufrichtigkeit gestoßen war. Er versuchte danach ein Studium für Laienprediger in Brüssel, doch auch hier fand er sich nicht zurecht. Schließlich fand er eine Anstellung als Hilfsprediger im belgisch-französischen Gebiet der Borinage, einer äußerst armen Gegend. Van Gogh identifizierte sich stark mit den Menschen und begann, sich wie diese zu kleiden, also arm auszusehen. Diese allzu starke Identifikation war seinen Vorgesetzten nicht recht, und seine Anstellung wurde nicht verlängert.

Van Gogh hatte aber in der Borinage angefangen zu zeichnen und entschloss sich nach seiner Kündigung, Maler zu werden. Sein kompromissloses Dasein wurde ihm von seinem Bruder Theo ermöglicht, der ihn ab 1880 finanziell unterstützte. Seine Entscheidung, fortan als Künstler zu arbeiten, wurde von seinen Eltern nicht begrüßt. Als sich er auch noch in seine Cousine verliebte und diese seine Liebe nicht erwiderte, verschlechterte sich die Beziehung zur Familie immer mehr.

Die ersten Jahre seines künstlerischen Schaffens verbrachte van Gogh in den ländlichen Provinzen Drenthe und Noord-Brabant; hier malte er die Bauern und Landarbeiter, und aus dieser Zeit stammen seine ›Kartoffelesser‹, ein Werk, das vor allem in den Niederlanden als eines seiner wichtigsten Gemälde gesehen wird.

1885 brach er nach Antwerpen auf, etwas später zog er zu Theo nach Paris um und lebte zwei Jahre lang mit seinem Bruder unter einem Dach. In Paris zeichnete ihn Henri de Toulouse-Lautrec – vielleicht ist es das ausdrucksvollste Porträt des Malers, der im Profil dargestellt wird und einen starken Willen, sogar eine gewisse Aggressivität ausstrahlt. Van Gogh lernte in Montmarte viele andere Künstler kennen, neben Lautrec auch den Pointillisten Paul Signac und Paul Gauguin. Seine Versuche, sich mit anderen Künstlern dauerhaft zusammenzutun, resultierten zwar in zwei gemeinschaftlichen Ausstellungen, blieben aber weitgehend erfolglos. Das wilde Leben der Künstlerszene in der Großstadt wurde van Gogh schließlich zu viel, und er entschloss sich, nach Arles aufzubrechen. Hier kam er im Februar 1888 an.

In Arles widmete van Gogh sich immer mehr der Landschaft, und seine Werke aus dieser Zeit sind voller Farben. Auch unternahm er einen weiteren Versuch, ein Künstlerkollektiv zu gründen, das Atelier des Südens. Hier sollten Künstler, ähnlich wie in Montmartre, zusammen leben und arbeiten. Paul Gauguin ließ sich als einziger dazu überreden, zu van Gogh nach Arles zu ziehen, und es begann sofort ein reger Austausch von Ideen, der zunächst durchaus produktiv war. Gauguin und van Gogh malten manchmal nach dem gleichen Motiv, wie es auch die Impressionisten machten. So entstanden die Porträts der Madame Ginoux, der Inhaberin des Café de la Gare, wo van Gogh wohnte, und auch die Bilder vom Alyscamps, der alten Nekropole von Arles. Schließlich tauschten die beiden Maler Selbstporträts aus. Beide zeigen sie Menschen, die sich selbst als Außenseiter verstanden, doch dort enden die Gemeinsamkeiten: Van Gogh stellt sich selbst vor einem kühlen Hintergrund als asketische, fast mönchähnliche Gestalt dar – ein Prediger einer neuen, reinen, kompromisslosen Kunst, in der die schnelle, spontane Arbeit am Modell und die Treue zu den Farben der Natur eine große Rolle spielte. Gauguin malte sich selbst als Bohémien, ein mehr romantischer Aussteiger. Gauguin meinte, der Maler sollte seine Motive durch den Filter der eigenen Wahrnehmung am besten aus der Erinnerung malen. Auf Dauer scheiterte die Zusammenarbeit an der Intoleranz van Goghs. Es kam zu einer Auseinandersetzung zwischen den beiden Malern, die damit endete, dass van Gogh sein Ohrläppchen durch ein Rasiermesser verlor und Gauguin Arles schleunigst verließ.

Was sich in dem Streit genau abgespielt hatte, bleibt bis heute unklar, jedenfalls war es das Ende der Freundschaft und der Anfang von van Goghs Leidensweg. Inwiefern eine erbliche Veranlagung für

›Café bei Nacht‹ von Vincent van Gogh

Van Goghs Zimmer in Arles

eine psychische Krankheit vorhanden war, ist umstritten, doch klar ist, dass van Gogh zunehmend instabil wirkte. Die Einwohner von Arles wollten ihn denn auch loswerden, und nach einem ersten Krankenhausaufenthalt folgte eine Zwangsinternierung. Als diese vorbei war, zog van Gogh nach St-Rémy, um sich dort in der Nervenheilanstalt pflegen zu lassen. Die darauf folgende Zeit war sehr produktiv, und er erlebte einen seiner wenigen kommerziellen Erfolge, als Theo eines seiner Werke in Brüssel verkaufte. Auf Dauer aber wollte van Gogh zurück in den Norden, und er ließ sich in Auvers-sur-Oise nieder. Er malte nun mehr als ein Gemälde am Tag, doch litt er unter immer heftigeren Gemütsschwankungen, die schließlich dazu führten, dass er sich am 27. Juli 1890 in die Brust schoss. Zwei Tage später starb er.

Sein früher Tod, sein gequältes Künstlerdasein und sein leidenschaftliches Festhalten an seinen Idealen (man könnte auch sagen: sein fehlender Realitätssinn) gaben van Gogh bald nach seinem Tode eine Aura, die er bis heute behalten hat und die eine ungetrübte Einschätzung seiner Arbeit manchmal erschwert: van Gogh ist ein Rockstar der Malerei, der weltweit Millionen von ›Fans‹ hat, die aber häufig nur die Schlager kennen und mit dem Gesamtwerk der Künstlers weniger bekannt sind. Die schwindelerregend hohen Preise mancher seiner Gemälde haben ihn zum Eintrag in das Guinness-Buch der Weltrekorde verholfen, sein Schaffen aber auch zu einer ›Best of‹-Liste reduziert. Glücklicherweise aber bemühen sich immer wieder renommierte Museen wie etwas das Baseler Kunstmuseum und die Wiener Albertina darum, einen weniger bekannten van Gogh zu zeigen. Die zu diesen Gelegenheiten herausgegebenen Kataloge bieten einen wesentlich frischeren Blick auf das Werk des Künstlers als die Bildbände, die überall verkauft werden, wo der Niederländer seine Staffelei aufbaute.

Reste des römischen Theaters

■ Notre-Dame de la Major

Hinter dem Amphitheater liegt die schlichte Kirche Notre-Dame le la Major. Am Platz vor der Kirche treffen sich am 1. Mai die Gardians, die berittenen Hirten der Camargue, am Ende einer Prozession zu Ehren des heiligen Georg zu einer feierlichen Segnung. Am Nachmittag folgen Reiterspiele in der Arena. Alle drei Jahre wird zudem an diesem Tag eine Königin von Arles gewählt. Während ihrer Amtszeit hütet sie mit ihren Ehrenjungfrauen die Kultur, die Trachten und das sprachliche Erbe der Provence. Die Krönung findet im Juli im antiken Theater von Arles statt. Ebenfalls im Juli strömen aus der ganzen Region Menschen in traditioneller Tracht nach Arles, um das Kostümfest zu feiern.

Von der Kirche führt die Rue de la Madeleine durch eine angenehm ruhige Wohngegend am ehemaligen Kloster **St-Césaire** vorbei. Durch die Stadtmauer kommt man zum **Jardin d'été** und von hier zum gallo-römischen Theater.

■ Gallo-römisches Theater

Man könnte hier fast meinen, die Römer hätten dieses Theater so geplant, denn es ist ausgesprochen malerisch. In Wirklichkeit aber sind es nur die Reste eines großartigen Baus, der 200 Jahre vor den Arènes entstanden war. Es bot 12000 Zuschauern Platz, doch wurde er nach dem Untergang des Römischen Reiches bald zum Steinbruch – Steine des Theaters findet man heute im Kreuzgang von St-Trophime. Auch hier findet eine Vielzahl an Veranstaltungen statt. Einige Ausgrabungen, darunter die sogenannte Venus von Arles, kann man heute im Musée d'Arles antique bewundern – dabei handelt es sich im Falle der Venus allerdings um einen Abguss.

Durch die Rue de la Calade erreicht man den Place de la République, an der das Rathaus und die Kirche St-Trophîme liegen.

■ Kirche St-Trophime

Diese dem ersten Bischof von Arles geweihte Kirche stammt aus dem 12. Jahrhundert und hat eine der schönsten romanischen Fassaden Frankreichs. Wahrscheinlich hängt die unübliche Form mit den allerorts vorhandenen Beispielen der Klassik zusammen, denn der Portalbereich hat etwas von einem römischen Siegestor. Vor dem **Portal**

Im Kreuzgang von St-Trophime

Brunnen vor dem Rathaus

stehend sieht man von links die Apostel Bartholomäus und Jakobus, den heiligen Trophimus von Arles und Johannes und Petrus links von den Türen; Paulus, Andreas, Stefanus (der gerade gesteinigt wird), Jakobus der Ältere und Philippus flankieren die Türen auf der rechten Seite. Das Bogenfeld über den Türen wird vom Jüngsten Gericht eingenommen, darunter sind die zwölf Apostel zu sehen. Das Portal wurde in den letzten Jahren äußerst sorgfältig restauriert, und man ist nun dabei, den Kreuzgang ebenso schön herauszuputzen.

So üppig die Fassade, so schlicht ist der Innenraum der Kirche, wo es dennoch einige Kunstschätze gibt, allen voran den Marmorsarkophag aus dem 4. Jahrhundert im nördlichen Seitenschiff, der heute als Altar dient.

Den **Kreuzgang** von St-Trophime erreicht man durch einen Hof rechts der Kirche – der Eingang ist etwas versteckt. Über 200 Jahre wurde an diesem Bauwerk gearbeitet, was sich daran zeigt, dass der Ost- und Nordflügel (gegenüber beziehungsweise links der Eingangstür) romanische Rundbögen aufzeigen, während Süd- und Westflügel bereits gotische Spitzbögen haben. Geht man gegen den Uhrzeigersinn durch den Gang, findet man zunächst in den Kapitellen und Säulen die Lebensgeschichte des heiligen Trophimus. Im Bildprogramm des Ostflügels wird das Leben Christi dargestellt, während der nördliche Flügel eine Mischung aus religiösen, botanischen und geschichtlichen Bildern bietet. Im Westflügel sind typisch provenzalische Motive zu sehen, unter anderem ist hier die Geschichte der heiligen Martha und der Tarasque abgebildet (zweite Doppelsäule von der südwestlichen Ecke, schräg gegenüber dem Eingang).

Neben dem Kreuzgang liegt der **Kapitellsaal**, in dem kostbare Wandteppiche aus Flandern und Aubusson zu sehen sind. Hier und im **Refektorium** werden wechselnde Ausstellungen gezeigt.

■ Das Rathaus

Neben der Kirche steht das Rathaus aus dem 16. Jahrhundert mit einem Turm, der dem Mausoleum von Glanum nachempfunden ist. Bis auf diesen wurde der ganze Bau im 17. Jahrhundert nach den Plänen des berühmten Architekten Jules Hardouin-Mansart umgestaltet. Ein Weg führt durch das Haus, in dem ein imponierendes Gewölbe zu sehen ist. Wer Zeit hat und nicht an Klaustrophobie leidet, sollte sich die sogenannten **Cryptoportiques** anschauen, die unterirdischen Säulenhallen. Diese Räume aus dem 1. Jahrhundert vor Christus haben einen mysteriösen Reiz.

Auf dem Rathausplatz steht inmitten eines Brunnens ein **Obelisk**, der im römischen Zirkus das Ziel der Wagenrennen markierte.

■ Museon Arlaten

Unweit vom Rathausplatz liegt das charmante Museon Arlaten. Dieses wurde

Anfang des 20. Jahrhundert von Frédéric Mistral gegründet, dem Schriftsteller, der sich während seines ganzen Lebens für die Kultur und die Sprache der Provence einsetzte. 1904 wurde er mit einem Nobelpreis für diese Arbeit belohnt, und mit dem Geld kaufte er sich das Stadtpalais der Laval-Castellane-Familie, das drei Jahrhunderte überdauert hatte und Spuren aller Stilepochen dieses Zeitraums trug.

Direkt am Eingang ist im Kassenbereich ein kleiner **Laden**, in dem es interessante Schriften zu Arles, der Provence und der Camargue und auch eine Auswahl an geschmackvollen Mitbringseln zu kaufen gibt.

Im Innenhof stehen die Überreste einer kleinen römischen **Basilika** aus dem 2. Jahrhundert, und um den Hof herum befinden sich die Ausstellungsräume. In diesen findet man provenzalische Möbel, Trachten, Keramik und Gebrauchsgegenstände aller Art sowie einige Schiffsmodelle und nachgestellte Alltagsszenen, die zwar etwas amateurhaft anmuten, dennoch aber mit ihrer Liebe zum Detail überzeugen. Ein letzter Raum ist dem Schriftsteller selbst gewidmet. Das Haus atmet immer noch den Geist des leidenschaftlichen Künstlers – es ist ein Heimatmuseum, das seinem Namen wirklich Ehre erweist.

Auf dem **Place du Forum** nördlich vom römischen Forum steht neben Resten einer Tempelvorhalle aus dem 2. Jahrhundert ein **Denkmal für Mistral** – das Gitter besteht aus Dreizacken der Gardian, der berittenen Schäfer der Camargue, deren Kultur von Frédéric Mistral besungen wurde. Hier lag das von Vincent van Gogh gemalte Nachtcafé. An seiner Stelle befindet sich heute ein Lokal, das sich diese Tatsache gekonnt zunutze macht.

■ Reattu-Museum

Das Musée Reattu, in einer Komturei (Konventshaus) der Malteserritter aus dem 15. Jahrhundert untergebracht, wurde 1868 gegründet und nach dem Maler Jacques Reattu (1760–1833) benannt. Es hat zwar auch Sammlungen älterer Kunst (17. bis 19. Jahrhundert), doch sind es vor allem die modernen Exponate, für die sich ein Besuch lohnt. Pablo Picasso stiftete dem Museum 1971 anlässlich der zweiten Ausstellung seiner Werke 57 Zeichnungen. Neben diesen Werken des Künstlers, für den die Provence zu einer Wahlheimat wurde, sind Gemälde von Fernand Léger, Raoul Dufy, Henri Rousseau und Skulpturen von Ossip Zadkine ausgestellt. Seit 1965 hat das Haus zudem eine fotografische Sammlung, die mittlerweile 3500 Originalbilder umfasst.

■ Konstantin-Thermen

Unweit vom Musée Reattu sind im Palais Constantin Überreste alter römischer Thermen erhalten geblieben, das **Tepidarium** (das lauwarme Wasserbad) und das **Caldarium** (das Warmwasserbad) sowie zwei Schwimmbecken. Kon-

▲ *Die Thermen des Konstantin*

stantin hatte in Arles eine Residenz, und diese Thermen dürften ein Teil davon gewesen sein. An der Außenseite fällt das Gebäude durch das Mauerwerk auf, in dem sich große weiße Steine mit roten Ziegeln abwechseln. Von den Bädern ist man in wenigen Minuten wieder am Schiffsanleger.

■ Historisches Museum

Dieses moderne Gebäude, etwas außerhalb auf dem ehemaligen römischen Zirkusgelände gelegen, enthält eine wunderschöne und lehrreiche Kollektion römischer Gegenstände und Kunstwerke. Für Flusskreuzfahrer ist das **Modell der römischen Brücke** interessant, die nördlich der jetzigen Anlegestelle lag.

Höhepunkte des Museums (Musée de l'Arles et de la Provence antiques) sind die wunderschönen **Mosaikböden**, die man von einem Laufsteg aus bewundern kann. Viele dieser prächtigen Kunstwerke stammen von Ausgrabungen aus dem römischen Villenviertel Trinquetaille am rechten Rhôneufer. Hier sind unter anderem die Entführung Europas und die vier Jahreszeiten zu sehen. Die Sarkophag-Sammlung ist die zweitgrößte der Welt, nur die Sammlung im vatikanischen Museum ist größer. Sehr anschaulich sind auch die Ausstellungen zum Zirkus und zu den Pferderennen. Schließlich kann man von der Terrasse aus die Reste des Zirkus noch bewundern.

■ Les Alyscamps

Am Rande der Innenstadt liegen die Alyscamps, ein Friedhof, der schon bei den Römern in Gebrauch war. Auch sollen die Märtyrer Saint Genès und Trophime hier bestattet worden sein. Auf dem Grab des ersteren wurde eine Kirche gebaut, **St-Honorat**, deren Ruine

dem Friedhof ihr malerisches Aussehen verleiht. Vincent van Gogh und Paul Gauguin kamen hierher, um die Nekropole zu malen. Laut der Überlieferung soll er eine Zeit lang so beliebt gewesen sein, dass Leichname, Geld für die Bestattung zwischen die Zähne geklemmt, die Rhône hinuntergeschickt wurden, um hier den letzten Ruheplatz zu finden.

> **ℹ Arles**
>
> Das **Tourismusamt** liegt am Rande der Altstadt, am Boulevard des Lices, wo es auch eine ganze Reihe einladender Cafés gibt. Vorbereiten kann man sich mit der hervorragenden Website www.tourisme.ville-arles.fr (auch dt.).
>
> Bei vielen Monumenten kann man eine Karte kaufen, die Zutritt zu den wichtigsten Sehenswürdigkeiten erlaubt. Dieses Arrangement ist wärmstens zu empfehlen – man spart bereits nach drei Eintritten, und die schafft man ohne Probleme an einem halben Tag.

Les Baux de Provence

20 Autominuten von Arles entfernt liegt diese winzige Stadt mit 500 Einwohnern auf einem 900 Meter langen, 200 Meter breiten Felsen, der zur Kette der Alpilles gehört. Am Fuße des Tafelbergs erstrecken sich die Weinberge und die Olivenbaumgärten. Eine kieselhaltige Lehmschicht liegt hier über einem Kalksteinboden, der die charaktervollen Weine hervorbringt, die bereits in der Antike bekannt waren. Auf nur etwa 345 Hektar werden jährlich etwa 14 000 Hektoliter produziert. 1822 wurde hier ein rotes Mineral gefunden, das Bauxit getauft wurde und zur Aluminiumherstellung verwendet wird. Es besteht aus

Eisenoxid (daher die rote Farbe, die eigentlich nur Rost ist), Aluminiumhydroxid und Wasser. Jahrelang war die Region ein wichtiger Produzent des Rohmaterials, doch diese Industrie gehört heute der Vergangenheit an. 70 Prozent des Industriebedarfs werden heutzutage durch Importe aus Guinea abgedeckt.

■ Geschichte

Die Herren von Les Baux kannten ihre Ahnentafel und führten diese auf Balthasar, einen der drei Könige Bethlehems zurück. Im Mittelalter war die Festungsstadt eine Hochburg des höfischen Lebens, und der Einfluss des Geschlechts ging weit über den Felsen der Burg hinaus: Bereits im 11. Jahrhundert besaß die Familie mehr als 79 Burgen und Dörfer. Auf der Burg fanden Troubadoure für ihre Minnesänge eine Zuhörerschaft von adligen Damen. Es wurden regelrechte Wettbewerbe veranstaltet, bei denen es für den Sieger einen Kranz aus Pfauenfedern und einen Kuss einer adligen Jungfrau gab.

Ab 1372 vollzog sich aber ein langsamer Untergang des Fürstentums: Der Vormund der letzten Erbin Alix war ein gewisser Raimund von Turenne, der die Burg als Ausfallbasis für Raubzüge verwendetet. Es dauerte nicht lange, bis der Papst in Avignon, der Graf der Provence und schließlich auch der französische König auf den Raubritter aufmerksam wurden. Auf der Flucht ertrank der Bösewicht bei Tarascon.

Als Alix 1426 starb, übernahm König René und in weiterer Folge der König von Frankreich das Erbe. Während der Reformation herrschte in Les Baux das Adelsgeschlecht Manville, eine protestantische Familie. In den folgenden Auseinandersetzungen ließ Kardinal Richelieu schließlich auf Kosten der Einwohner des Ortes die Burg schleifen. Ein Bußgeld verlangte man darüber hinaus den Armen auch noch ab. Heute sind die Burg und der Felsen im Besitz der Grimaldi-Familie, dem Fürstenhaus von Monaco.

■ Ein Rundgang

Am einzigen Eingang zu Les Baux befindet sich das **Tourismusamt**, in dem man einen Straßenplan bekommt. Die erste Sehenswürdigkeit ist das entzückende kleine **Santon-Museum**. In Schaukästen sind hunderte dieser Krippenfiguren ausgestellt, und man erfährt Wissenswertes über dieses typisch provenzalische Phänomen. Der Brauch der Krippen stammt ursprünglich aus Italien – man behauptet, dass der heilige Franziskus von Assisi anfing, die Weihnachtsgeschichte vor der Kirche mit Menschen und Tieren nachzustellen. Holzgeschnitzte Figuren ersetzten auf Dauer die menschlichen und tierischen Akteure, und die Tradition verbreitete sich bald auch außerhalb Italiens. In Frankreich dürfte sie über Marseille Eingang gefunden haben, und in dieser Stadt entstand auch die moderne Tradition. Die Revolution machte mit vielen kirchlichen Bräuchen zunächst einmal Schluss, was dazu führte, dass Menschen ihre Krippe zu Hause im Taschenformat aufstellten. Ein Unternehmer aus Marseille namens Jean-Louis Lagnel fing daraufhin an, Tonfiguren zu produzieren, die relativ preiswert waren. Als das Geschäft anlief, meinte dieser, dass man sich durchaus auch nicht-biblische Figuren in Bethlehem vorstellen könnte, und so entstand eine Tradition, nach der sich um den Stall Dutzende von Figuren mit allen möglichen Berufen und in allen möglichen Trachten scharten. Heute sind Santons beliebte Mitbringsel geworden, und es gibt auch in Les Baux Geschäfte, die sich auf die kleinen Figuren speziali-

▲ Karte S. 325

siert haben. Das Wort heißt übrigens so viel wie ›kleiner Heiliger‹ und stammt aus dem Provenzal oder aus dem Italienischen. Vom Platz vor dem Santon-Museum kann man am Hang die **Porte Eyguières** sehen, die früher der einzige Zugang zur Stadt war.

Im Hôtel des Porcelet aus dem 16. Jahrhundert ist das **Musée Yves Brayer** untergebracht. Der Maler (1907–1990) ist auf dem Friedhof von Les Baux begraben. Hier in der Umgebung schuf er seine besten Werke. Für eine Kostprobe reicht aber ein Besuch an der **Chapelle des Pénitents Blancs** (Kapelle der Bruderschaft der weißen Büßer), deren Wände der Künstler bemalte.

Die am **Place St-Vincent gelegene Kirche** mit dem gleichen Namen ist ein romanischer Bau aus dem 12. Jahrhundert, mit einer steinernen Totenleuchte an der Nordseite. In der Kirche ist das aus dem Felsen gehauene Taufbecken interessant sowie die Fenster von Max Ingrand. In der Kirche steht ein kleiner Wagen aus Holz, der zu Weihnachten von einem Widder gezogen wird und ein Lamm durch den Ort führt – Weihnachten wird hier auch als Fest der Hirten begangen.

Im Hôtel de Manville aus dem 16. Jahrhundert befindet sich das **Rathaus**. Unweit davon liegt das **Hôtel Jean de Brion**, das vom Drucker und Verleger Louis Jou fast 30 Jahre lang bewohnt wurde und heute seine Sammlung von Stichen und Radierungen beherbergt. Unter anderem sind Werke von Dürer und Goya zu sehen. Gegen-über dem Haus ist eine kleine Druckerei mit Handpressen, die noch heute in Gebrauch sind.

Über den Ort erhebt sich die **Ruine der Burg**, die besichtigt werden kann. Lohnenswert sind vor allem die Aussichtspunkte und die Sammlung von Belagerungsmaschinen, die nach mittelalter-

lichen Beschreibungen gebaut wurden. In täglichen Vorführungen wird gezeigt, wie man mit diesen Riesenschleudern Schaden anrichten kann. 2011 wurden die Restaurierungsarbeiten an der Ruine nach 20 Jahren abgeschlossen. Obwohl es einiges zu sehen gibt, stört die penetrante ›Disneyfizierung‹ der Ruine etwas. Es scheint, dass man sich nicht so recht traut, den Besuchern die Ruine auf übliche Art und Weise näher zu bringen und sie stattdessen in einer Reihe von ›Attraktionen‹ vorführt.

🖥 **Les Baux de Provence**

Les Baux hat mit seiner herrlichen Lage und mit seiner Burg schon viel zu bieten, doch es sind vor allem die unzähligen Geschäfte, vollgestopft mit den typischen Mitbringeln der Provence (Tischdecken, Seife, Tücher, Lavendelsäckchen und so weiter), die Besucher hierher locken. Sowohl in St-Rémy als hier findet man diese in ungewohnt geballter Form.

St-Rémy de Provence

St-Rémy scheint für Touristen gemacht zu sein. Die kleinen Plätze mit ihren großen Platanen und Brunnen, die schmalen Gassen, die alten Fassaden mit ihren Blumentöpfen und pastellfarbenen Fensterläden: Es ist das Klischeebild einer provenzalischen Kleinstadt. Und das Klischee hält in diesem Falle, was es verspricht, denn die Haupteinkommensquelle der Stadt ist bereits seit Jahren der Tourismus. Dennoch ist es nicht überlaufen – auch in der Hochsaison halten sich die Besuchermengen in Grenzen und ist immer noch irgendwo ein Platz frei für eine gemütliche Runde Pétanque.

Nachdem das südlich gelegene Glanum im 3. Jahrhundert den Germaneneinfällen zum Opfer gefallen war, entstand

das Dorf, unter dem Schutz der Abtei von St-Rémy de Reims. Im späten Mittelalter kam in einem kleinen Haus nahe dem Zentrum der berühmteste Sohn von St-Rémy zur Welt, Michel de Nostre-dame, in aller Welt als Nostradamus bekannt. 1550 veröffentlichte dieser zum ersten Mal einen Almanach, in dem er in Vierzeiler Prophezeiungen für das Jahr zum Besten gab, und diese sollten ihn auf Dauer berühmt machen und sogar an den Königshof bringen. Die Prophezeiungen waren niemals mit einem auch nur annähernd genauen Datum versehen und darüber hinaus in einer Sprache abgefasst, die so reich an Metaphern war, dass ihre Interpretation großen Spielraum ließ. Beabsichtigt oder zufällig wurde ihnen dadurch ein hoher Wahrheitsgehalt zugesprochen. Unter anderem soll Nostradamus für 2012 einen dritten und letzten verheerenden Weltkrieg vorhergesagt haben.

■ Glanum

Die alte römische Stadt lag an der Straße, die Arles mit Mailand und Rom, fast 1000 Kilometer weiter südöstlich, verband, der sogenannten Via Aurelia. Die Straße zwischen Les Baux und St-Rémy verläuft nicht viel anders, und so durchquert sie die Ruinen der Stadt. Links von der Straße steht das 18 Meter hohe **Mausoleum**, ein erstaunlich gut erhalten gebliebener Bau mit Flachreliefs, die Jagd- und Kampfszenen darstellen. Auf einem viereckigen, triumphbogenähnlichen Bau steht eine von korinthischen Säulen getragene kleine Kuppel; eine überaus elegante Struktur, die aus dem 1. Jahrhundert vor Christus stammt. Übrigens geht es hier nicht, wie der umgangssprachli-

che Name sagt, um ein Grabmal, sondern um ein Denkmal, vermutlich für die Ahnen einer reichen Familie.

Neben dem Mausoleum steht das alte **Eingangstor** zur Stadt, etwa aus der gleichen Zeit. Die ungewöhnlich hohe Qualität des Bildhauerwerkes lässt griechische Einflüsse vermuten. Auch hier stellen die Flachreliefs Schlachten, Sieger und Besiegte dar. Vermutlich hatten die Überreste von Glanum für die Bildhauer der romanischen Kirchen in der Gegend, wie etwa St-Trophime in Arles, eine Beispielfunktion.

Auf der anderen Straßenseite befinden sich die Reste der eigentlichen Stadt, die seit 1921 ausgegraben werden. Archäologen unterscheiden heute drei Bauphasen: Glanum I. (auch Glanon genannt), eine kelto-ligurische Niederlassung, die unter dem Einfluss der griechischen Siedler Massalias stand; Glanum II, das unter den römischen Eroberern im 2. Jahrhundert vor Christus entstand; und schließlich Glanum III, in der die meisten griechischen Spuren von einem umfangreichen Neubauprogramm verwischt wurden. Rund 270 wurde Glanum von seinen Einwohnern wegen eines Germanenangriffs weitgehend verlassen. Viele kostbare Ausgrabungsgegenstände werden heute im Hôtel-de-Sade-Museum in St-Rémy aufbewahrt.

■ Die Altstadt

Bevor man von Glanum kommend den Stadtkern erreicht, führt rechts ein Weg zum **Spital**, in dem Vincent van Gogh einige Zeit verbrachte. Die Klinik ist heute immer noch in Betrieb und befindet sich in einem Kloster, St-Paul de Mausole. Van Gogh schuf hier mehr als 150 Ge-

Laden im Zentrum von St-Rémy de Provence

mälde. Heute wird die Malerei als Therapie eingesetzt, und im Haus werden Werke von Patienten ausgestellt. Eine Nachbildung des Zimmers, in dem van Gogh lebte, kann besucht werden.

Das Herz der Stadt ist der **Place de la République**, gerade außerhalb der ehemaligen Stadtmauern gelegen, die noch heute den Plan von St-Rémy bestimmen: Die Boulevards Marceau, Gambetta und Victor Hugo folgen dem Verlauf dieser alten Befestigungen. Der Platz, an dem der erlebenswerte Markt abgehalten wird, ist von Cafés gesäumt. An ihm liegt auch die Kirche **St-Martin**, die nach ei-

nem Einsturz Anfang des 19. Jahrhunderts wieder aufgebaut wurde. Der Glockenturm aus dem 14. Jahrhundert ist der älteste erhalten gebliebene Teil des Baus.

Geht man vom Marktplatz rechts an der Kirche vorbei, kommt man an die Rue Hoche. In dieser verwinkelten schmalen Straße erkennt man das **Geburtshaus des Nostradamus** an einer Tafel, die an der schlichten Fassade befestigt ist. Weiter an dieser Straße liegt das ehemalige **Spital St-Jacques** aus dem 17. Jahrhundert. Biegt man am Ende der Rue Hoche links ab, kommt man wieder zum klei-

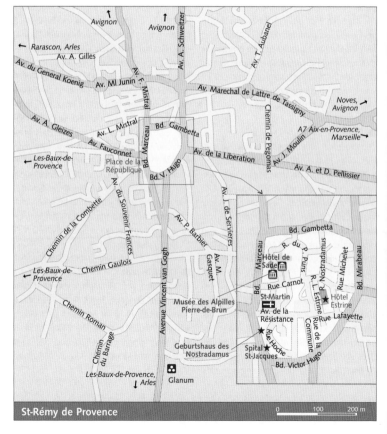

St-Rémy de Provence

nen Rathausplatz, der von Vincent van Gogh in einem Gemälde dargestellt wurde. Übrigens gibt es hier, wie in Arles und Auvers-sur-Oise, im ganzen Ort Tafeln an Stellen, an denen van Gogh gemalt hat. In manchen Fällen ist kaum mehr etwas zu erkennen von dem, was der Maler sah, bei anderen Tafeln ist die Ähnlichkeit zwischen Wirklichkeit und Dargestelltem erstaunlich.

Wenn man vor dem Rathaus nun rechts abbiegt und danach nach links, kommt man zum **Hôtel Estrine**, nach einem Seilermeister aus Marseille benannt, der dieses Haus einst besaß. Hier ist heute ein Kulturzentrum untergebracht, in dem neben zeitgenössischer Kunst auch Ausstellungen zu sehen sind, die van Goghs Zeit in St-Rémy erläutern. Etwas weiter kommt man zum **Nostradamus-Brunnen**, der im 19. Jahrhundert errichtet wurde. Er zeigt ein Porträt des berühmten Astrologen. Von hier kommt man, links abbiegend, zum Place Favier, der von schönen Stadtpalais gesäumt wird. Hier befindet sich im **Hôtel de Sade** eine Sammlung von Stücken aus Glanum, neben anderen Bildhauerwerken aus späteren Zeiten sowie Ausgrabungen aus der Prähistorie des Gebietes.

Gegenüber liegt das **Musée des Alpilles Pierre-de-Brun** in einem ebenso schönen Haus aus dem 16. Jahrhundert. Wie andere Heimatmuseen in der Provence sind hier Trachten, Möbel und Gebrauchsgegenstände zu sehen, aber auch eine Santon-Sammlung sowie Ausstellungsstücke zum Leben und Werk des Nostradamus. Unweit von hier fand im Hôtel d'Almeran-Maillane die Erstaufführung der Charles-Gounod-Oper ›Mireille‹ statt, deren Libretto auf eine provenzalische Erzählung zurückgeht. An der Fassade des Hauses erinnert ein Hochrelief an dieses Ereignis.

Die Camargue

Im Dreieck zwischen Grand Rhône, Petit Rhône und der Mittelmeerküste liegt die Camargue, ein Landstrich, mit dem sowohl ausländische Besucher als auch die Franzosen selbst einen Begriff der Freiheit, der Ungezähmtheit verbinden.

Die Camargue wird von einer bunten Sammlung an Behörden und privaten Grundbesitzern verwaltet und geschützt. Das **Parc Naturel Régional de Camargue** ist in diesem Patchwork die größte Instanz. 120 000 Hektar umfasst der Park – etwas mehr als ein Viertel der Fläche ist Wasser, doch auch im restlichen Bereich ist Festland ein dehnbarer Begriff. Wasser ist in der Camargue überall: in den Sümpfen, den Seen, den Wasserläufen und den matschigen Reisfeldern.

Im Park leben 7500 Menschen, viele von ihnen auf kleinen Gehöften, die nicht auf jede Karte stehen. 30 feste Mitarbeiter setzen sich mit der Bevölkerung für den Erhalt der Camargue ein. Die Ziele sind breit gefächert: die Wiederaufforstung und die Wiederherstellung der Hecken mit heimischen Arten, die Bekämpfung von fremden Pflanzen- und Tierarten, das harmonische Zusammenspiel von Landwirtschaft und Natur, die Entwicklung besserer Produkte und natürlich der Schutz und Erhalt der Vogelbestände. Darüber hinaus hat man sich zum Beispiel auch für die AOC (Appellation d'Origine Contrôlée) des Fleisches der Taureaux, der heimischen Stiere, eingesetzt, und für eine ähnliche Auszeichnung für den Reis aus der Camargue. Der Aufbau einer nachhaltigen Infrastruktur für den Tourismus ist ein weiteres wichtiges Ziel.

Jährlich schleppt die Rhône 20 Millionen Tonnen Geröll, Sand und Lehm mit und schiebt diese ins Mittelmeer. Ein Teil

Rhône und Saône

davon droht immer wieder die Küstenkanäle zu verstopfen, denn die Strömung im Meer verläuft parallel zur Küste und schiebt die Flusssedimente vor sich her. Allerdings hat man die sich ändernde Landschaft größtenteils bezwungen, indem Deiche und Dämme angelegt wurden. Aber immer noch wandert die Küste mancherorts 10 bis 50 Meter pro Jahr ins Meer. An anderen Stellen gräbt das Meer aber die Küste weg – Les Saintes-Maries de la Mer muss sich heute mit einem Deich vor dem vorrückenden Wasser schützen.

■ Flora und Fauna

Das Delta kann grob in drei Bereiche eingeteilt werden. Da ist zunächst das **nördliche Delta** und die Streifen entlang der beiden Flussarme. Hier wird Landwirtschaft betrieben: Weizen, Obst, Gemüse, Mais, Raps – abgesehen von der Fläche und dem mannshohen Heckenschilf sieht dieses Gebiet nicht viel anders aus als andere Landwirtschaftsgebiete.

Der zweite Bereich ist durch die **Salzförderung** gekennzeichnet, an zwei Stellen im Delta wird seit Jahrhunderten Salz gewonnen. Zwischen März und September wird Meerwasser in große flache Becken gepumpt. Das Wasser verdunstet, und das Salz bleibt zurück. Im Herbst wird es dann geerntet. Da stehen enorme Maschinen zwischen Salzbergen in einer unwirklichen Landschaft und schieben das Salz, für das schon die Phönizier hierher kamen, vor sich her. Im kleinen Ort Salin-de-Giraud arbeitet fast jeder für die Salins de Midi.

Schließlich liegt im **Süden des Deltas** ein Gebiet, das bisher noch wenig menschlichen Einfluss gesehen hat. Wegen des hohen Salzgehalts im Boden kann das Land nicht urbar gemacht werden, und während es zu Zeiten des Sonnenkönigs

hier Salzwerke gab, zieht man jetzt die Lagen am Rande des Deltas vor. Die Pflanzen- und Tierwelt in diesem Bereich ist besonders vielfältig und durch ihre Anpassung an die natürlichen Gegebenheiten interessant. Tamarisken, Ulmen, Eschen und Pappeln bilden dort, wo ausreichend Süßwasser vorhanden ist, kleine Bauminseln, während in vielen Bereichen nur Schilf und kleinere Pflanzen überleben können. Narzissen, Schwertlilien und Orchideen wachsen hier, und auf den Sanddünen findet man Pinien. Dort, wo Wasser ist – salz oder süß –, findet man schließlich eine **Vielfalt an Vögeln**, die aus der Camargue ein Paradies für Ornithologen macht. Störche, Flamingos, Rohrdommeln, Knäkenten, Wasserläufer, Tafelenten, Reiher in allen Sorten und Größen – über 400 verschiedene Vogelarten, davon an die 160 Zugvogelarten.

In den Salzseen sind die Flamingos zu Hause, die hier unaufhörlich ihren Tanz aufführen; hiermit wühlen sie den Bodenschlamm auf und bringen die Salzkrebschen an die Oberfläche, die für die Vögel Hauptnahrung sind. In dem wild gebliebenen Bereich hat der Fluss hier und dort höher liegende Ablagerungsgebiete zurückgelassen, in denen teilweise Süßwasser vorhanden ist. Die erkennt man daran, dass hier häufig kleine Wäldchen entstehen, während im Umfeld generell nur Gesträuch wächst, das eine sehr hohe Salztoleranz hat. In den Kanälen findet man Zander, Karpfen, Brassen und Aale.

Vereinzelt sieht man die Herden der Camargue, die aus den **Taureaux-Stieren** und den **Camargue-Pferden** bestehen. Auf 200 Rinder gibt es etwa zehn Pferde, doch öfter sieht man auch nur kleine Gruppen der grauweißen Pferde im Gebüsch. Beim Camargue-Pferd handelt es

▲ Karte S. 325

Camargue-Pferde

sich um eine sehr alte Rasse, die schon auf den Höhlenzeichnungen von Solutré zu finden ist. Die Fohlen werden schwarz oder braun geboren, und erst nach etwa fünf bis sechs Jahren bekommen die Tiere ihre charakteristische Farbe. Es sind kleine Tiere, nur etwa 1,45 Meter groß und etwas gedrungen. Sie haben sich über Jahrtausende der Landschaft perfekt angepasst, scheinen einen sechsten Sinn für gefährliche Stellen in den Sümpfen zu haben und sind besonders geschickt im Vermeiden der scharfen Hörner der Taureaux, wenn es ums Zusammentreiben geht. Die Taureaux werden aus drei Gründen gehalten: Einmal sind sie für den Stierkampf da, der in der Camargue mittlerweile nur noch in der unblutigen Variante vorkommt. Daneben hat das Fleisch der Stiere einen hervorragenden Geschmack, doch letztendlich geht es aber mehr als sonst irgend etwas um die Erhaltung einer Tradition: Die schönen schwarzen Tiere gehören zur Camargue wie die **Merinoschafe** und deren Hirten, die Cowboys der Region, die man hier **Gardians** nennt. Diese Hirten zu Pferd erscheinen in ihrer ganzen Pracht, das heißt, mit dem Hut mit breitem Rand und Dreizack, heute vor allem zu Feierlichkeiten wie zur Prozession am 1. Mai in Arles. Die Gardians gehören alle zur Bruderschaft des heiligen Georg, die bereits 1512 gegründet wurde. Das Kreuz des Gardians, das Symbol der Camargue, besteht aus einem Dreizack, in dem Kreuz (Glaube), Herz (Barmherzigkeit) und Anker (Hoffnung) zusammengebracht sind. Man findet es unterhalb von Arles immer wieder abgebildet.

■ Camargue-Museum

Entlang der Straße von Arles nach Les Saintes-Maries de la Mer befindet sich das Musée Camarguais in einer ehemaligen Schäferei. Durch Modelle, Gebrauchsgegenstände und einen Lehrpfad lernt man hier die Naturgeschichte der Region kennen, aber auch die landwirtschaftliche Nutzung – vor allem den Reisanbau.

Überall in der Camargue sieht man **Reisfelder**. Vor allem im September, kurz vor der Ernte, sind die Felder eine Augenweide. Die reichen Gelb- und Ockertöne kontrastieren mit dem Grün der Schilfhecken. Reis wurde zunächst hauptsächlich angebaut, um dem Boden Salz zu entziehen, doch in den 1940er Jahren wurde die Produktion intensiviert. Ausländische Konkurrenz in den 60er Jahren führte wiederum zu einer Einschränkung der Anbaufläche, und heute wird die Ernte hauptsächlich im unmittelbaren Umfeld verkauft. Bevor gesät werden kann, pumpt man 10 bis 15 Zentimeter Wasser vom Fluss auf den Acker und drängt so das Salzwasser tiefer in den Boden. Sechs Monate lang brauchen die Pflanzen dieses Wasser, bis es vor der Ernte abgelassen wird.

Etwas weiter südlich befindet sich das **Château d' Avignon**, das zuletzt einem Industriellen aus Marseille gehört hat.

Rhône und Saône

Heute ist es ein Museum, in dem man kostbare Möbelstücke und Gobelins sehen kann. Passender zur Camargue ist allerdings der ornithologische Park etwas weiter südlich. Im **Parc ornithologique du Pont de Grau** kann man die Vogelvielfalt des Gebietes aus nächster Nähe erleben. In einem Gebiet mit großen Teichen sind Wanderwege angelegt, entlang derer man Flamingos, Tafelenten, Reiher, Rohrdommeln, Wasserhühner und viele andere Arten beobachten kann.

■ **Les Saintes-Maries de la Mer**
Am Ende der Straße, die im Sommer oft völlig verstopft ist, liegt der kleine Ort Les Saintes-Maries de la Mer. Bis vor 50 Jahren lag er am Ende der Welt, und bis auf die Roma, die von ganz Europa im Mai hierher zogen, kannte ihn nur die lokale Bevölkerung. Doch dann wurde er ›entdeckt‹, und heute leben Brauchtum und Tourismus in einer friedlichen, wenn manchmal auch etwas unbequemen Koexistenz. Laut der Legende strandete 40 Jahre nach Christus hier ein Boot mit aus Palästina vertriebenen Christen, darunter einige sehr prominente neutestamentarische Personen: Maria Jakobäa, die Schwester der Muttergottes, Maria Salome, die Mutter der Apostel Johannes und Jakobus, Maria Magdalena und ihre Schwester, Martha, sowie der Bruder der beiden, der auferweckte Lazarus. Daneben war in dem Boot auch die schwarze Dienerin der beiden ersten Marien, Sara. Die Gruppe entschied sich, den christlichen Glauben in der Region zu verbreiten, und so brachen ihre Mitglieder in alle Himmelsrichtungen auf. Lazarus zog nach Marseille, Martha ging nach Tarascon, Maria Magdalena zog sich zur Buße in das Sainte-Baume-Massiv zurück. Die erstgenannten Marien

und Sara blieben in der Camargue, und ihre Reliquien spielen in den Feiern von Les Saintes-Maries de la Mer eine große Rolle. Sara wurde im Laufe der Jahrhunderte Schutzpatronin der Roma, und aus diesem Grund findet die jährliche Wallfahrt statt. Am 24. Mai wird der doppelte Schrein der beiden Marien aus dem Fenster der oberen Kapelle der Ortskirche an Seilen in den Chor heruntergelassen, so dass er von den Gläubigen berührt werden kann. Einer Prozession, in der den Frauen aus Arles in ihren traditionellen Trachten eine sehr wichtige Rolle zukommt, schließen sich die Roma an, und die Statue der heiligen Sara, ebenfalls aus der Kirche, wird mitgetragen. Die Prozession endet am Strand. Nach einer kurzen Predigt und einem Segen für das Meer geht es zurück in die Kirche. Am nächsten Tag wird der Schrein der Marien auf ein Schiffchen, das sich ebenfalls in der Kirche befindet, geladen, und die Prozession zum Strand wiederholt sich. Am 26. Mai findet ein Fest zu Ehren des Marquis de Baroncelli-Javon statt, eines Adligen, der sehr viel für die Erhaltung der Kultur der Camargue getan hat und hier besonders beliebt ist.

Flamingos in der Camargue

▲ Karte S. 325

Im kleinen Ort ist die **Kirche** die wichtigste Sehenswürdigkeit, schön ist vor allem die Aussicht vom Dach. Die kleine dunkle Kirche ist hauptsächlich wegen der Reliquien interessant, einige schöne romanische Kapitelle sind auch noch zu sehen. Unweit von der Kirche befindet sich das **Musée Baroncelli**, das dem Marquis gewidmet ist. Am Rande des Zentrums liegt die **Arena**, in der Stierkämpfe abgehalten werden.

Neben den üblichen Souvenirs gibt es in Les Saintes-Maries de la Mer typische Andenken der Camarague zu kaufen: zum einen das hier geerntete Salz, zum anderen den Reis der Camargue. Durchaus banale Produkte, die man hier aber in eleganter Verpackung kaufen kann.

Von Arles nach Marseilles

Südlich von Arles verkehren nur wenige Flusskreuzfahrtschiffe, und diese machen meistens die Fahrt nach Port-Saint-Louis-du-Rhône oder Martigues nur einige Male im Jahr. Die übliche Route führt zunächst nach Port-Saint-Louis und danach durch den Golfe de Fos und die enge Liaison Fos-Bouc zum Canal de Caronte nach Martigues.

■ Port-Saint-Louis-du-Rhône

Die Gründung dieser kleinen Stadt wurde von Napoléon Bonaparte angeordnet, doch der Hafen entstand erst 1864; der Kanal St-Louis, der die Rhône mit dem Golfe de Fos verbindet, weitere neun Jahre später. Am Rhôneufer steht das Wahrzeichen von Port-Saint-Louis, ein **Turm** von 1737, der als Leuchtturm und Wachturm in Gebrauch war. Heute befindet sich hier das **Tourismusamt**. Nachdem in den 1960er Jahren die Hafenaktivität sich zunehmend nach Osten verschob, setzte Port-Saint-Louis auf den Tourismus und baute einen **Yachthafen**.

Darüber hinaus versucht man sich auch als Tor zur Camargue zu vermarkten, doch obwohl es eine Fährenverbindung etwas oberhalb der Stadt gibt, führt der Weg in die Camargue nur in den wenigsten Fällen durch Port-Saint-Louis. Entsprechend ruhig gibt sich der Ort, der von Flusskreuzfahrtreisenden vor allem als Ausgangspunkt für Ausflüge nach Marseille benutzt wird.

Zwischen Port-Saint-Louis und Martigues erstreckt sich eine Industrielandschaft, die in ihren Ausmaßen fast schon einschüchternd wirkt. Raffinerien, Fabrikschlote und große Aluminiumtanks bestimmen die Landschaft. Flugzeug- und Schiffbau haben sich hier angesiedelt, und zudem erscheinen zwischen **Fos** und Port-Saint-Louis immer mehr Windturbinen. Nach dem Ersten Weltkrieg fand man hier gute Verbindungen zum Mittelmeer und eine dünn besiedelte Landschaft vor, und zwischen 1922 und 1934 wurden hier drei riesige Raffinerien gebaut.

Die Kais des nahegelegenen **Lavéra** können Schiffe mit einer Kapazität von 90 000 Tonnen aufnehmen – die Hafenbecken hier sind 12 bis 13,5 Meter tief. Die Anlage ist auf die Einfuhr und Lagerung von Erdöl ausgerichtet, aber sie ist auch ein Umschlagplatz für chemische Produkte. Die Südeuropa-Pipeline leitet seit 1962 Rohöl von Fos in ein Dutzend Raffinerien, unter anderen auch nach Deutschland und in die Schweiz. 23 Millionen Tonnen Öl wandern durch den Hafen, und damit ist Fos der drittgrößte Ölhafen der Welt.

■ Martigues

Martigues ist von Chalon-sur-Saône der am weitesten entfernte Ort, der mit einem Flusskreuzfahrtschiff zu erreichen ist. Die Schiffe gehen hinter dem **Rat-**

haus, erbaut auf einem ehemaligen Sumpf, vor Anker. Unweit vom Schiffsanleger befindet sich auch das **Tourismusamt**. Maler wie Camille Corot und Félix Ziem haben hier gemalt und machten die pastellfarbenen Häuser, die sich im Wasser der Kanäle spiegeln, berühmt.

Der alte Stadtkern auf der Insel ist mittlerweile Teil eines schnell wachsenden städtischen Gebiets, und unweit von hier rasen die Autos über eine Autobahnbrücke auf Marseilles zu. Doch dies stört nicht, wenn man an den Kanälen von Martigues entlang läuft, hier zählt nur die einmalige Kulisse. Nach einem kurzen Rundgang und einem Glas Pernod in einem Café hat man dann bereits alles Sehenswerte hinter sich gebracht.

Vom **Pont Sébastien** auf der Insel Brescon hat man einen schönen Blick auf den **Miroir aux Oiseaux** – den beliebten Malerwinkel. In der Nähe liegt die sehenswerte kleine Église **Ste-Madeleine-de-l'Île**

aus dem 17. Jahrhundert. Der Bau ist von außen sehr schlicht gehalten, doch im Inneren sind die Wände elegant durch Pilaster und Gesimse gegliedert, und es gibt einen schönen Orgelpros-pekt.

Das **Musée Félix Ziem** wurde gegründet, als die Enkelin des Landschaftsmalers einen großen Teil seiner Werke der Stadt vermachte: Gemälde, Zeichnungen und Skizzen von Ziem sind hier zu sehen, daneben Bilder von provenzalischen Künstlern wie Paul-Camille Guigou, Henri Manguin und Émile Loubon. Zudem hat das Museum heute auch archäologische und ethnologische Sammlungen und verdient mithin den Namen Heimatmuseum.

Die **Chapelle de l'Annonnciade** wurde am Anfang des 17. Jahrhunderts für die Ordensbrüder der weißen Büßer im Barockstil gebaut. Das reiche Dekor der Kapelle umfasst vergoldete Täfelungen und Deckenmalereien im venezianischen Stil.

Karte S. 325

▲ *Kanal in Martigues*

Marseille

Auf ihre 2500 Jahren lange, teils glorreiche Geschichte ist die zweitgrößte Stadt Frankreichs sichtlich stolz. Schon als Massalia war die Stadt eine unabhängige Republik – am liebsten wäre sie das wohl noch heute. Marseille scheint sich dem Meer zuzuwenden und zeigt Frankreich den Rücken, so jedenfalls will es das Klischee. Vom Meer kamen die ersten Siedler, der Reichtum, die immer wieder neuen Einwandererwellen, die aus Marseille eine Multi-Kulti-Hochburg machen, mit allen Vorteilen und Herausforderungen, die dazu gehören – Marseille ist auch eine Hochburg der rechtsextremen Front National. Vom Meer kamen auch immer wieder die Angreifer und 1720 mit einem Schiff aus Syrien die Pest. Doch die Menschen hier hängen am Meer und an ihrem Hafen. Heute spielt sich das Leben um den Vieux Port herum ab: Hier sind die angesagtesten Bars, die feinsten Restaurants, und hier kann man am schönsten flanieren. Wie schon vor 2500 Jahren.

Geschichte

Die griechischen Stadtgründer ließen sich zunächst südlich vom Lakydon, dem Hafenbecken, nieder, doch rasch breitete sich die Niederlassung auch in östlicher und nördlicher Richtung aus. Auf dem Hügel (butte) nördlich des Hafens wurden drei Tempel errichtet. Öl, Wein, Salz, und Keramik wurden gehandelt, doch bald schon fuhren die Massalianer weiter hinaus und kamen bis zum Senegal, nach Island und zum Baltikum und brachten Bernstein, Silber und Zinn mit. Zur gleichen Zeit drangen sie weiter ins Landesinnere und fanden schließlich die Route quer durch Frankreich. Ausgrabungen haben dieses weit verzweigte Handelsnetz erstaunlich detailliert belegen können.

Doch der Reichtum brachte auch den Neid der Einheimischen, und die Griechen baten Rom um Hilfe gegen die ligurischen Stämme. Genau wie es später auch Julius Cäsar machte, ›befreiten‹ die Römer Massalia vom Feind, doch dann blieben sie, und obwohl die Stadt zunächst nach wie vor unabhängig war, sollte es keine 80 Jahre mehr dauern, bis Marseille von Julius Cäsar angegriffen wurde, an Macht stark einbüßte und seine führende regionale Position an Arles abgeben musste.

Zur Zeit der Völkerwanderungen und Wikinger- und Sarazenen-Angriffe setzte ein Niedergang ein, und der Hafen erholte sich erst, als die Kreuzzüge von hier in das Heilige Land segelten und die Ritter sich ausrüsten, versorgen und verschiffen ließen. Der Aufschwung setzte sich durch, und Marseille machte den italienischen Hafenstädten Konkurrenz. Die Stadt verwaltete sich selbst, bis Karl von Anjou sie 1252 nach einer erfolgreichen Belagerung einnahm. Ab 1481 gehörte dann die Stadt, wie die restliche Provence, zu Frankreich. Bald darauf gewannen die Atlantikhäfen mit der Entdeckung der Neuen Welt an Bedeutung, und dies ging auf Kosten von Marseille. Eine Pestepidemie halbierte die Bevölkerung von 90 000 Seelen ab 1720. Insgesamt schätzt man, dass 100 000 Menschen in der Provence bei dieser Epidemie ums Leben kamen. Doch Region und Stadt erholten sich schnell; zwei Generationen später hatte es Marseille geschafft, ein ordentliches Stück vom Kuchen des Handels mit der Neuen Welt abzubekommen: Auf den Kais wurden Zucker, Kaffee und Kakao umgeschla-

Markt in Marseille

gen, und in den Betrieben wurden Textilien, Rohrzucker und Glas hergestellt. Berühmt wurde die Seife von Marseille. Für die Revolution konnten sich die Bürger von Marseille besonders begeistern – die Stadt war eine der ersten, die die Abschaffung der Monarchie forderten. Als das revolutionäre Frankreich im Frühling 1792 Österreich den Krieg erklärte, reagierte die Stadt schnell. Eine 500 Mann starke Miliz wurde gebildet, und man machte sich auf dem Weg nach Paris. Unterwegs sangen die Soldaten immer wieder das Kriegslied für die Rheinarmee, in Straßburg von Claude Joseph Rouget de Lisle geschrieben. Als die Freiwilligen in Paris ankamen, wurde das Lied bald als Marseillaise bekannt, und 1795 wurde es zur Nationalhymne erklärt.

In den auf die Revolution folgenden Wirren und auch unter Napoléon I. taten sich die Marseiller schwer, der autoritären Zentralgewalt Gehorsam zu leisten. Dennoch wurde im Jahr 1833 auf dem Butte des Carmes, dort, wo die Griechen einen Tempel gebaut hatten, ein Triumphbogen, der Porte d'Aix, er-

richtet. Die zweite Hälfte des 19. Jahrhunderts war eine Zeit des Aufschwungs, unter anderem durch die Eröffnung des Suezkanals 1869. Napoléon III. ließ, wie in Paris, die Stadt sanieren, und es entstanden breite Alleen, Monumente und neue Hafenbecken, die der Stadt ihr heutiges Gesicht gaben. Der Zweite Weltkrieg setzte Marseilles besonders zu: Zunächst war die Stadt den Bomben des deutsch-italienischen Angriffskrieges ausgesetzt, und später zerstörten die sich zurückziehenden Besatzer das ganze Viertel nördlich des alten Hafens. Der Wiederaufbau wurde, wie in Le Havre, von Auguste Perret geplant. Einer seiner Schüler, der berühmte Architekt Le Corbusier, baute hier eine seiner ›Wohnmaschinen‹, die Cité Radieuse. Es war schon bald unter dem Namen ›La Maison du Fada‹ – das Haus der Verrückten – bekannt, denn auf den ersten Blick sah der Betonbau nicht gerade gemütlich aus. Nachdem aber Le Corbusier als einer der weltweit größten Architekten der Nachkriegszeit gefeiert wurde, hatte man kein Problem, die geräumigen Wohnungen des Hauses an den Mann zu bringen.

Berühmtes Produkt Marseilles: Seife

▲ Karte S. 378

Anfang des 21. Jahrhunderts blickt die Stadt selbstbewusst nach vorne: Die Gebäude vom Arsenal am Südrand des Hafenbeckens wurden renoviert und bieten jetzt Restaurants und Cafés Platz. Die renommierte Irakerin Zaha Hadid schuf mit dem ›Tour French Line‹ das erste Hochhaus in Marseilles seit 30 Jahren. 2013 war Marseille Kulturhauptstadt Europas, und man hat den Anlass genutzt, die Stadt zur kulturellen Hochburg umzuwandeln, zum Beispiel durch die Eröffnung des **MUCEM**, des Museums für Europäische und Mittelmeer-Kulturen, ein futuristischer Bau des französisch-algerischen Architekten Rudy Riciotti, das **Musée Regards de Provence** und das Kulturzentrum **Villa Méditerranée**.

Am Alten Hafen

Vieux Port

Bis ins 19. Jahrhundert kamen in diesem Becken die Schiffe aus aller Welt an, und fuhren von hier in allen Himmelsrichtungen fort. Erst dann wurden zwei neue Becken gegraben, und heute ist der Verkehr auf Sportboote beschränkt. Davon gibt es an die 3500, die dicht aneinandergereiht liegen. In den vielen Restaurant rings um den Hafen wird die Bouillabaisse serviert.

Am östlichen Ende des Hafens, an der **Quai des Belges**, fahren kleine Boote zu einer Hafenrundfahrt los. Im April 2013 wurde am Hafen die **Ombrière** von Norman Foster enthüllt, ein riesiger Sonnenschutz aus Stahl, der die Menschen unter ihm widerspiegelt. Und natürlich findet hier täglich der **Fischmarkt** statt, sowie an Sonntagen der Wochenmarkt.

■ Jardin des Vestiges

Vom Tourismusamt an der Quai des Belges geht man an der Kirche **St-Férreol** entlang in die Rue de la République.

Die Rue Coutellerie führt nach rechts zum archäologischen Garten, dem Jardin des Vestiges (Garten der Überreste), wo Zeugen der griechischen und römischen Vergangenheit zu sehen sind. Hafenkais und eine Straße aus dem 4. Jahrhundert wurden freigelegt. Aus dem 2. Jahrhundert sind Befestigungen erhalten geblieben: Türme, Bastionen, ein Stadttor. Eine Wasserleitung brachte Quellwasser aus dem Osten in die Niederlassung, auch diese ist zu erkennen. Ein angenehmer Stadtpark bildet den Rahmen.

Das Gebäude der Börse hinter dem Garten mutet nicht gerade attraktiv an, aber im Erdgeschoss geht es mit der Entdeckung des alten Marseilles weiter, denn im Erdgeschoss des Einkaufszentrums ist das neu renovierte und erweiterte **Stadtmuseum** untergebracht. Anhand eines Modells, das Massalia im 3. oder 2. Jahrhundert vor Christus zeigt, lernt man sehr viel über diese Zeit, die ferner durch Amphoren und andere Transportgefäße zum Leben erweckt wird. Interessant sind auch die alten Schiffswracks. Andere Ausstellungsberei-

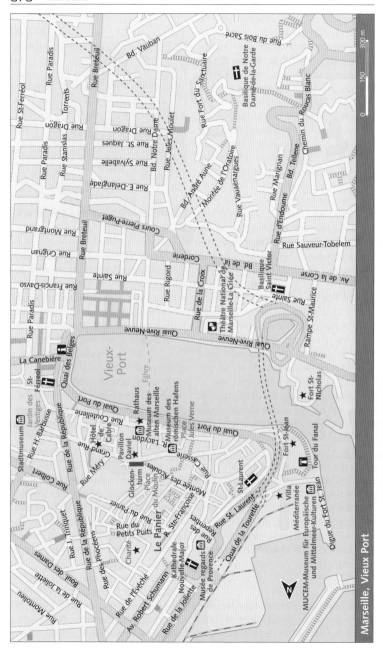

Basilique de Notre
Dame-de-la-Garde

Rue du Bois Sacré

Rue Fort du Sanctuaire

Bd. Vauban

Rue Breteuil

Rue Paradis

Rue St-Ferréol

Torrents

Rue Stanislas

Rue Dragon

Rue Paradis

Rue Notre Dame

Rue St. Jaques

Rue Jules Moulet

Rue Sylvabelle

Bd. André Aune

Montée de l'Oratoire

Rue Vauaenargues

Chemin du Roucas Blanc

Rue Marignan

Bd. Tellene

Rue d'Endoume

Rue Sauveur-Tobelem

Rue E.-Delanglade

Rue Montgrand

Rue Breteuil

Cours Pierre-Puget

Rue Grignan

Corderie

Rue Francis-Davso

Rue Sainte

Rue Rigord

Rue de la Croix

Bd. de la

Basilique
Saint Victor

Rue Sainte

Av. de la Corse

Rue Paradis

Théâtre National de
Marseille-La Criée

Quai Rive-Neuve

Quai Rive-Neuve

Rampe St-Maurice

La Canebière

Quai des Belges

Vieux-
Port

Fähre

St-
Ferréol

Jardin des
Vestiges

Stadtmuseum

Rue H.-Barbusse

Rue de la République

Hôtel
de
Cabre

Grand Rue

Rathaus

Rue Coutellerie

Quai du Port

Museum des
alten Marseille

Pavillon
Daviel

Place
de Lenche

R. Lacydon

Place
Jules Verne

Museum des
römischen Hafens

Rue Caisserie

Fort St-
Nicholas

Fort St-Jean

Fort du Fanal

Tour du Fanal

Rue Colbert

Rue Méry

Glocken-
turm

Montée des Accoules

Rue du Panier

Le Panier

Rue Ste-Françoise

St-Laurent

Rue St. Laurent

Villa
Méditerranee

Rue J. Trinquet

Rue de la République

Rue du
Petits Puits

Charité

Rue des
Repenties

Rue des Phocéens

Kathedrale
Nouvelle-Major

Musée regards
de Provence

Boul des Dames

Rue de la Joliette

Rue de l'Evêché

Av. Robert Schumann

Rue de la Joliette

Rue Montiou

MUCEM-Museum für Europäische
und Mittelmeer-Kulturen

Quai de la Tourette

Digue du Fort St. Jean

N

0   150   300 m

che widmen sich der Industrie und dem Handwerk ab dem 13. Jahrhundert.

In der Grande Rue kommt man an dem aus dem Jahr 1535 stammenden **Hôtel de Cabre** vorbei (Nummer 27), einem der ältesten erhalten gebliebenen Gebäude von Marseille, das die Zerstörungen von 1943 ohne einen Kratzer überstand. An der Place Daviel geht man rechts, entlang der Guirlande du Mairie bis an den Quai du Port.

Der **Pavillon Daviel** aus der Mitte des 18. Jahrhunderts fällt auf durch seine vielen schmucken Details: Der schmiedeeiserne Balkon, die wohlproportionierte Fassade und ihre Statuen machen aus diesem Bau einen der elegantesten in diesem Viertel.

■ Rathaus

Das Rathaus ist einer der wenigen Bauten, die den Zerstörungen des Krieges entkommen konnte. Rechts und links des Rathauses stehen Gebäude, die von Fernand Pouillon entworfen wurden, einem Architekten, der ein bewegtes Leben führte und unter anderem wegen eines Finanzskandals im Gefängnis war, aber von Georges Pompidou begnadigt wurde.

Der Bau selbst sticht durch seine barocke Fassade hervor, dessen Schmuck von Pierre Puget stammt, dem Maler, Bildhauer und Architekten, der als einer der wichtigsten Vertreter des Barock in Frankreich gilt. Auf dem Platz des Quartier Arsenals, dem Cours Jean Ballard, steht eine Kopie seiner Skulptur ›Milon von Kroton‹; das Original ist im Louvre zu sehen.

Hinter dem Rathaus steht zunächst der mittels einer Seufzerbrücke verbundene alte **Gerichtshof**, und dann das **Maison Diamantée** aus dem 16. Jahrhundert, das die Kriegszerstörungen sehr gut überstan-

den hat und bis vor einigen Jahren das Musée du Vieux Marseille beherbergte. Die Trachten und Gebrauchsgegenstände sowie die große Sammlung von Santons (Krippenfiguren) aus dem Museum des Alten Marseille sind nun im erweiterten Stadtmuseum untergebracht.

■ Museum des römischen Hafens

Im nahegelegenen Musée des Docks Romains sind Ausgrabungen bewahrt, die entdeckt wurden, als man nach dem Zweiten Weltkrieg anfing, das Viertel wieder aufzubauen.

Die beeindruckendsten Stücke sind hier wohl die enormen Tonfässer, die Dolias, die zum Aufbewahren von Nahrung verwendet wurden. Ansonsten sind hier Objekte aus Ausgrabungen ausgestellt, die Marseilles Geschichte von der griechischen Zeit bis ins Mittelalter veranschaulichen. Münzen und Messgeräte erzählen vom Handel, während andere Exponate den Schiffsbau vorstellen.

Le Panier

Rechts vom Rathaus liegt der **Place Jules Verne**, mit enormen Blumentöpfen dekoriert, in denen Olivenbäume wachsen. Etwas weiter durch die Rue de la Loge sind über den Portalen einer Mietskaserne einige schöne moderne Flachreliefs zu sehen.

Durch das Haus an der Rue Lacydon führt ein Durchgang hinauf zur Rue Caisserie. Hier befand sich 1943 die Grenze der Zerstörung des alten Hafenbereichs, und entsprechend sieht das Viertel hier etwas älter aus. Geht man kurz rechts in die Rue Caisserie und dann links in die Montée des Acoules, durchquert man das Viertel Le Panier. Am Anfang der Gasse steht der **Glockenturm** der Kirche des Viertels, die aus dem 11. Jahrhundert stammt. Hier leben Immigranten,

Rhône und Saône

Fischer und Matrosen zusammen, und neben Französisch spricht man Italienisch oder Spanisch, Arabisch oder Berbersprachen. Noch einmal scharf rechts, und man erreicht den **Place du Moulin**, der einen Hügel einnimmt, auf dem früher Windmühlen standen.

Durch die Rue du Panier und die Rue de Pistoles kommt man zum alten Charité-Krankenhaus.

■ Charité

Pierre Puget machte die Pläne für diesen Bau, eine wunderschöne Überraschung in diesem Stadtviertel. Mitten auf dem Hof eines dreistöckigen Hauses steht eine Kapelle mit einer ungewöhnlichen elliptischen Kuppel. Zum Hof hin ist das Gebäude in harmonischen Arkadengängen gegliedert, und weil es praktisch keine Dekorationen gibt, sind es die Formen der Architektur, die man hier in einer sehr reinen Form genießen kann. Dies gilt auch für das Innere der Kapelle, die heute völlig schmucklos als Ausstellungsraum benutzt wird.

Das **Museum** hat Sammlungen von orientalischen, griechischen, ägyptischen und römischen Antiquitäten. Die Sammlung aus dem Nahen Osten zeigt Exponate aus Assyrien und dem Westen des Iran; manche sind 6000 Jahre alt. Alle Kontinente sind hier vertreten: Nach dem Musée du Quay Branly in Paris ist dieses das größte Völkerkundemuseum Frankreichs.

Marseille, nördlich des Vieux Port

Im Viertel Le Panier

■ **Kathedrale Nouvelle-Major**

Von der Charité führt die Rue du Petits Puits hinab zum Wasser. Biegt man kurz links in die Rue St-Françoise und dann rechts in die Rue des Repenties, kommt man zur Cathédrale Nouvelle-Major, einen riesigen Bau aus der Mitte des 19. Jahrhunderts im neobyzantinischen Stil. Mit dem Bau wurde 1852 begonnen; der Auftraggeber war der spätere Napoléon III. Neben der Kathedrale steht die **Ancienne Cathédrale de la Major**. Diese romanische Kirche aus der Mitte des 11. Jahrhunderts wurde beim Bau der neuen Kathedrale teilweise zerstört. Ein Reliquienaltar von 1073, ein Fayencen-Relief von Lucca delle Robbia, das die Kreuzabnahme darstellt, und ein Lazarus-Altar aus dem 15. Jahrhundert gehören zu den Schätzen. Der Bau ist wegen Renovierungen derzeit geschlossen.

Von hier geht es zurück zum Alten Hafen. An dessen Eingang hat man vom Platz neben der Kirche **St-Laurent** einen wunderbaren Blick auf den Hafen. Diesseits des Wassers liegt das **Fort St-Jean**, jenseits **Fort St-Nicolas**. Diese Wehr-

anlagen wurden auf Veranlassung von Louis XIV. errichtet. Dabei ging es mehr darum, die Marseiller zu kontrollieren als den Hafen zu schützen. Am 30. April 1870 wurde Fort St-Nicolas denn auch prompt gestürmt, und im Fort St-Jean hielt man Mitglieder der königlichen Familie fest. Der elegante **Tour du Fanal** ist als Leuchtturm in Gebrauch.

Von hier kann man entweder am Ufer entlang oder über den Place de Lenche zum Ausgangspunkt zurückgehen.

Südlich des Hafens

Auf der gegenüberliegenden Seite des Hafenbeckens liegt das **Quartier de l'Arsenal**. Ende des 17. Jahrhunderts lagen hier die Galeeren vor Anker. Die Stadt hatte 40 davon, für die man 18 000 Mann brauchte, zu zwei Dritteln Strafgefangene. Neben einem Ankerplatz standen hier eine Waffenfabrik, eine Schiffswerft und ein Sträflingslazarett. Als 1749 die Sträflinge nach Toulon verlegt und die Galeeren abgeschafft wurden, zogen Handwerker, Künstler und Bohemiens hierher. Später wurde das Arsenal abgerissen. 1787 gab es hier in der Mitte des Bereichs einen Kanal, doch dieser wurde 1926 zugeschüttet. Hier befindet sich jetzt der **Course Honoré-d'Estienne-d'Orves**, ein Platz, der von Cafés und Restaurants eingenommen wird.

■ **Basilika St-Victor**

Am Quai Rive-Neuve stehen große neoklassische Gebäude, die dieser Seite vom Alten Hafen ein schönes Aussehen geben. Auch befindet sich hier das **Théâtre National de Marseille-La Criée**. Der Fischmarkt, der hier früher stattfand, wurde 1975 nach L'Estaque verlegt, auf der gegenüberliegenden Seite der Marseiller Bucht.

Rhône und Saône

Über dem Quai Rive-Neuve erhebt sich die Basilika St-Victor, erbaut auf einem letzten Überrest der Abtei, die im 5. Jahrhundert vom heiligen Cassianus gegründet wurde. Der Märtyrer Viktor kam im 3. Jahrhundert in Marseille auf besonders unangenehme Weise ums Leben: Er wurde zwischen zwei Mühlensteinen zermahlen. Er gilt heute als Schutzpatron der Fischer und, ironischerweise, der Müller. Im 11. Jahrhundert musste die Kirche nach einem Angriff der Sarazenen wieder aufgebaut werden. Heute existiert von der frühchristlichen Kirche nur noch der Teil, der heute als Krypta dient. Die heutige Kirche wurde im 13. und 14. Jahrhundert weiter umgebaut.

In der **Krypta** sind Katakomben, in denen der heilige Lazarus verehrt wird. Dieser soll nach langen Irrfahrten auf dem Mittelmeer in Les Saintes-Maries de la Mer gelandet sein und vorübergehend in Marseille gewohnt haben, wie auch seine Schwester Maria Magdalena. In der Krypta sind **Sarkophage** aus der Antike, der frühchristlichen sowie der ›heidnischen‹ Zeit zu sehen. 1965 entdeckte man in der mittleren Kapelle beim Sarkophag des heiligen Cassianus das Grab zweier Märtyrer aus dem 3. Jahrhundert. Am 2. Februar (Maria Lichtmess) zieht eine Prozession hierher, die von den Fischhändlern angeführt wird. Zur Erinnerung an die Landung der heiligen Maria und des heiligen Lazarus werden in der ganzen Stadt bei dieser Gelegenheit Navettes verkauft, Plätzchen in Form eines Schiffes.

■ Basilika Notre-Dame de la Garde

Diese enorme Kirche, die vom Architekten Henri Espérandieu anstelle einer alten Wallfahrtskapelle errichtet wurde, ist das Wahrzeichen von Marseille. Vom 60 Meter hohen Glockenturm blickt eine vergoldete Marienstatue auf den Hafen hinab. Früher stand an dieser Stelle ein Wachturm, der der Kirche ihren Namen gab. Der Innenraum des Baus ist wie die Cathédrale Nouvelle-Major, die ebenfalls von Espérandieu stammt, mit verschiedenfarbigem Marmor, Goldmosaiken und Wandgemälden ausgeschmückt. Das Gotteshaus, immer noch ein Wallfahrtsort, hängt voller Votivgaben. Von der Basilika hat man einen wunderschönen Ausblick über die Stadt und das Umland.

■ La Canebière

An diesem breiten Boulevard befanden sich einst die feinsten Adressen der Stadt, nachdem Louis XIV. die Straße der Seilmacher hatte ausbauen lassen. Der Name des Boulevards kommt vom provenzalischen Wort für Hanf. Heute findet man an der Canebière immer noch viele prachtvolle Bauten, doch in ihnen befinden sich jetzt die Filialen von Warenhausketten. Immer noch ist der Boulevard recht belebt, aber von seinem Glanz hat er doch etwas verloren. Am Anfang, nahe dem Hafen, befindet sich im Erdgeschoss des Palais de Bourse das **Musée de la Marine et de l' Économie de Marseille**, in dem sich die Stadt auf ihr Erbe als Handels- und Hafenstadt besinnt. Die im 17. Jahrhundert gegründete Börse war die erste in Frankreich. Etwas weiter vom Hafen weg kreuzt die Rue St-Ferréol die Canebière, heute eine Fußgängerzone. Über sie erreicht man das **Musée Cantini**, nach der Sammlung des Bildhauers Jules Cantini benannt. Es beherbergt Kunst aus den ersten sechs Jahrzehnten des 20. Jahrhunderts: Fauvismus und Surrealismus sind hier vertreten, und Werke von Dubuffet, Kan-

▲ Karte S. 378

Auf dem Boulevard La Canebière

dinsky, Chagall, Picasso, Matisse, und André Derain werden gezeigt.

Nördlich vom Museum liegt das **Noailles-Viertel**, in dem es viele Tagesmärkte gibt, auf denen man Kräuter, Gewürze, Obst und Gemüse aus aller Welt kaufen kann: Hier schlägt noch das Herz der alten Hafenstadt als Treffpunkt der Kulturen.

■ Palais Longchamp

Dieser monumentale Bau wurde Mitte des 19. Jahrhunderts von Espérandieu entworfen. Im Mitteltrakt steht der **Wasserturm** mit einem riesigen Brunnen. In den Flügeln des Hauses befinden sich eine **Gemäldegalerie** mit Werken

aus dem 16. und 17. Jahrhundert. Französische, flämische, provenzalische und italienische Malerei ist hier zu sehen. Sehenswert ist der Saal für den aus Marseille stammenden Pierre Puget. Der zweite Stock wird von der Malerei aus dem 18. und 19. Jahrhundert eingenommen. Die Barbizonschule ist stark vertreten, und man findet hier auch eine Sammlung von Honoré Daumier, dem Bildhauer, Satiriker und Maler aus Marseille.

Im **Naturhistorischen Museum** im Palais Longchamp sind die Aquarien, die Fische aus der Region in ihrem natürlichen Umfeld zeigen, interessant. Zudem sind die Ausstellungen zur provenzalischen Tier und Pflanzenwelt sehenswert.

■ Der Hafen

Der Hafen erstreckt sich heute westlich der Stadt, und wenn man von Martigues nach Marseille fährt, bekommt man ihn fast in seinem vollen Umfang zu sehen. Hier wird Obst und Gemüse für ganz Europa ausgeladen, und von hier fahren mehr als eine Million Passagiere ab, nach Korsika, Nordafrika oder zu einer Kreuzfahrt. 50 Prozent aller Schiffsreparaturen in Frankreich werden auf den Werften von Marseille durchgeführt.

ℹ Marseille

Die vielen neuen Sehenswürdigkeiten Marseilles, die 2013 enthüllt wurden, haben Marseille sicherlich zu einem neuen Elan verholfen. Dennoch bekommen viele Schiffsreisende die Stadt, wenn überhaupt, nur im Rahmen eines halbtägigen Ausflugs zu sehen. Angesichts der Fülle von alten und neuen Sehenswuerdigkeiten ist es wichtig, sich vom Bordpersonal gründlich beraten zu lassen, bevor man die Katze im Sack kauft.

Rhône und Saône

Ein Wein von erhabener Reichhaltigkeit, Mineralität,
Präzision und Edelmut.

*Robert Parker, amerikanischer Weinpapst, zum 2003er
Château Pavie aus Saint-Émilion*

Jeder, der meint, dies sei ein guter Wein, braucht ein
Hirn und einen Gaumen.

Clive Coates, britischer ›Master of Wine‹, zum selben Wein

Blick auf Langoiran an der Garonne

Flussporträt Garonne, Dordogne und Gironde

Flusskreuzfahrten auf den Flüssen Aquitaniens sind eine relativ neue Erscheinung, und das tatsächliche Fahren hält sich in Grenzen: Sämtliche Reisen beginnen und enden in Bordeaux, und im Laufe einer Woche fährt man eine Runde, mit oder gegen den Uhrzeigersinn. Etwa 43 Flusskilometer weiter flussabwärts liegt **Pauillac**, 43 Kilometer flussaufwärts **Libourne** an der Dordogne und 39 Kilometer flussaufwärts **Cadillac** an der Gironde. Zwischen diesen Punkten, nie viel mehr als eine Autostunde von

Bordeaux entfernt, spielt sich die Kreuzfahrt ab. Angelpunkt ist **Bec d'Ambes**, etwa 25 Kilometer flussabwärts von Bordeaux.

Von den wenigen Häfen aus finden Ausflüge in die Umgebung statt, die sich oft um den Wein und alles, was damit zusammenhängt, drehen. Die wunderschöne Altstadt von **Bordeaux**, die unnahbare Zitadelle von **Blaye** und die malerischen Straßen von **Saint-Émilion** sorgen dennoch für eine ausgewogene und bunte Erlebnispalette.

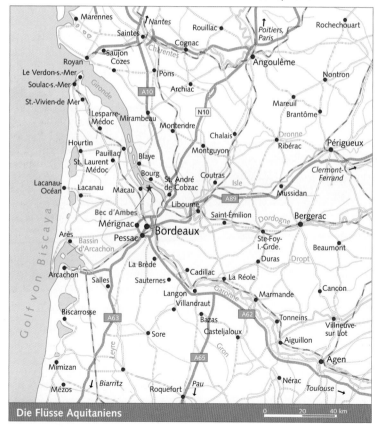

Die Flüsse Aquitaniens

In der Altstadt von Saint-Émilion

Gleich vorweg: Eigentlich ist die Gironde kein Fluss, sondern ein Ästuar, eine trichterförmige Flussmündung, wie es im Duden heißt. Genau genommen ist die Gironde die Mündung der Garonne, und die Dordogne ist wiederum ein Nebenfluss dieses Stroms. Es ist daher sinnvoll, zunächst die Garonne vorzustellen.

Garonne

Die Garonne entsteht in den Spanischen Pyrenäen, und es gibt gleich drei Auffassungen, wenn es um die genaue Quelle geht. Man ist sich einig, dass diese im kleinen Arantal im äußersten Nordwesten Kataloniens liegt, in Spanien also, doch dann scheiden sich die Geister. Die Einwohner des Tals selber, die Aranier, sehen den sogenannten Uelh deth Garona als den Ursprung, während man in Frankreich auf die Arbeit des Speläologen Norbert Casteret hinweist. Dieser warf 60 Kilo von dem Farbstoff Fluoreszein in das Wasser des Trou du Toro und stellte fest, dass dieses Wasser nach einem unterirdischen, vier Kilometer langen Weg jenseits der Pyrenäen-Wasserscheide in die Garona floss. Damit gilt der Trou de Toro in Frankreich als der Ursprung, doch Wissenschaftler, die nach der Regel gehen, dass die Quelle der Punkt sein sollte, der am weitesten von der Mündung entfernt ist, halten das Ratera-Saboredo-Kar für die einzig wahre Quelle. Über die Länge des Flusses ist man sich erstaunlicherweise im Großen und Ganzen einig: etwas mehr als 647 Kilometer legt das Wasser bis zum Ozean zurück. Rechnet man die 75 Kilometer der Gironde nicht mit, sind es 572. Der Name Garonne setzt sich aus zwei Teilen zusammen: ›Garr‹ bedeutet so viel wie Felsen, während ›onna‹ im Keltischen einfach ›Wasser‹ heißt. Die Römer schrieben den Flussnamen ›Garumna‹, und wussten, dass der Fluss voller Hindernisse und Stolpersteine war.

Geht man von der amtlichen französischen Auffassung aus, dann beginnt die Garonne ihren Lauf auf 2074 Meter Höhe. Relativ schnell donnert das Wasser vom Nordhang der Pyrenäen herunter, denn bei der französischen Grenze befindet sich der Fluss nur noch auf 575

Aquitanien

Die Garonne in der Nähe von Cadillac

Von den beiden Flüssen, die bei Bec d'Ambes zusammen die Gironde bilden, ist die Garonne der größere: Sie trägt 650 Kubikmeter pro Sekunde bei, die Dordogne im Schnitt etwa 370. Auch das Einzugsgebiet der Garonne ist größer: 55000 Quadratkilometer gegen 24000, und schließlich ist die Dordogne mit 483 Kilometern auch noch etwas kürzer.

Dordogne

Die Dordogne beginnt auf 1680 Meter Höhe auf dem Puy de Sancy im Massif Central und hat ein anderes Höhenprofil als die Garonne: Vor allem im oberen Bereich durchmisst der Fluss mehrere enge Talabschnitte, verliert über einen längeren Bereich gleichmäßig an Höhe und bietet somit ideale Voraussetzungen für industrielle Nutzung. Es gibt im Einzugsgebiet fünf große und ein paar Dutzend kleinere Wasserkraftwerke. Obwohl auch die Kraft des Garonne-Wassers genutzt wird, generiert man im Vergleich weniger Strom. In der Karstlandschaft, die von der mittleren Dordogne durchmessen wird, befinden sich die Höhlen **Lascaux** mit den berühmtesten Höhlenmalereien der Welt. Manchmal wird der Fluss daher auch als die ›Wiege der Prähistorie‹ bezeichnet. Wegen der vielen kleinen Burgen an seinen Ufern nennt man das Tal auch das ›Tal der tausend Burgen‹ (vallée aux mille châteaux). Der Name ›Dordogne‹ kommt möglicherweise vom prä-keltischen ›Du-onna‹, was wohl ›schnelles Wasser‹ bedeuten könnte. Garonne und Dordogne bilden durch ihr Zusammenfließen das größte Ästuar Europas, die Gironde: 75 Kilometer lang, an der Mündung sechs Kilometer breit, mit einer Wasserfläche von insgesamt 635 Quadratkilometern.

Metern Höhe, und in Toulouse sind es gerade noch 146 Meter. Danach fällt sie nur noch etwa einen dreiviertel Meter auf jedem Kilometer. Die Garonne gilt dennoch als ›wildester‹ Fluss Frankreichs, denn das Schmelzwasser der Pyrenäen einerseits und das Regenwasser des Massif Central, das über die größten Nebenflüsse Tarn und Lot das Flusstal erreicht, sorgen öfter für verheerende Überschwemmungen. Gregor von Tours erzählt von einer Überschwemmung im Jahr 592, und im September 732 gab es für die Flussanrainer eine doppelt unangenehme Überraschung: Auf der Flucht vor Karl Martell, der ihnen bei Poitiers schwerstens zugesetzt hatte, konnten die maurischen Soldaten von Ab dar-Rahman den Fluss zwölf Tage lang nicht überqueren, so dass sie frustriert und plündernd umherzogen. Das letzte Hochwasser gab es im Jahr 2000.

▲ Karte S. 386

Gironde

Im Ästuar fällt und steigt das Wasser mit Ebbe und Flut, und zusammen mit der Strömung von Garonne und Gironde ergibt dies komplexe Bedingungen, die das Lenken eines Schiffes zu einer Herausforderung machen. Vor allem bei Ebbe müssen die Kapitäne achtgeben, nicht auf Sandbanken stecken zu bleiben. Weiter flussaufwärts haben sie zudem mit dem Mascaret zu kämpfen, einer Gezeitenwelle, die Surftouristen aus ganz Europa anzieht. Das Salzwasser reicht bei Flut bis Bec d'Ambes, während Ebbe und Flut sich im Wasserniveau der Flüsse noch weitere 70 Kilometer bemerkbar machen.

Im oberen Bereich der Gironde trennt eine Serie von Inseln das Ästuar in zwei Teile – die Fahrrinne für die Schifffahrt verläuft entlang des linken Ufers. Auf vielen dieser Inseln gab es früher Siedlungen und Äcker – heute sind die meisten nicht mehr bewohnt. Die Strömungen in der Gironde sind für regelmäßige Bildungen von Inseln, aber auch für deren Verschwinden verantwortlich. Auf

Der Hafen von Pauillac

Die Zitadelle Blaye

der Höhe von Pauillac befindet sich die Insel **Patiras**, eine der größten und ältesten Inseln in der Gironde. Auf ihr steht ein Leuchtturm, und es wird Mais und Wein angebaut. Die nächste Insel flussaufwärts ist die **Île Nouveau**, die neue Insel, die Mitte des 19. Jahrhunderts aus dem Zusammenwachsen zweier Inseln, die selber gerade mal ein Jahrhundert alt waren, entstand. Bis in die siebziger Jahre des vorigen Jahrhunderts wurde die Insel kultiviert, dann wurde es auch den letzten Inselbewohnern zu schwierig, und somit ist die Neue Insel ein naturbelassenes Schutzgebiet geworden. Auf der Insel **Paté** befindet sich eine ovale Festung, Teil der vom Marquis de Vauban angelegten Verteidigungswerke der Gironde, während auf der **Margaux-Insel** Weintrauben wachsen – die Weine sind trotz des berühmten Namens von verhältnismäßig bescheidener Qualität.

Aquitanien

Geologie

Aquitanien besteht, wie das Seine-Becken, aus Sedimentsteinschichten, die sich in den letzten 200 Millionen Jahren abgelagert haben, hauptsächlich auf den Böden einer Reihe von Seen, Buchten und Lagunen, die hier im Laufe der geologischen Geschichte das Land bedeckten. Jede Landschaftsform bildete dabei eine spezifische Steinschicht, und so stapelten sich Kalkstein, Mergelstein und Ton aufeinander. Im Norden wird dieses Becken von dem Aremoricanischen Massiv begrenzt; im Osten liegt das Zentralmassiv, und im Süden bilden die Pyrenäen die Grenze des Beckens. Auch hier findet man die ältesten Steinschichten am Rande des Beckens und die jüngeren in der Mitte. Im Süden sind die Steinschichten allerdings durch die Anhebung der Pyrenäen vor 50 bis 100 Millionen Jahren horizontal stark ›aufgekrempelt‹.

Meereshöhlen bei Meschers-sur-Gironde am rechten Flussufer

Diese Anhebung entstand, als die Iberische Halbinsel sich in den damaligen Kontinent weiter hineinbewegte. Fährt man auf der A5 von Poitiers nach Bordeaux, durchquert man nacheinander Gebiete, deren Böden aus Ablagerungen aus dem Jura, der Kreidezeit respektive dem Eozän stammen – man reist also von ›alt‹ nach ›weniger alt‹. Im Süden sind diese geordneten Ablagerungen nur an einigen wenigen Stellen vorhanden, und dort, wo es sie gibt, sind die jeweiligen Streifen kleiner und unregelmäßig geformt. Das Urgestein unter dem Sedimentgestein liegt im Westen wesentlich tiefer als im Osten, dafür sind die Ablagerungen im Westen um einiges dicker, die Landschaft fällt also nicht besonders steil zur Küste ab. Im Westen nämlich haben die Flüsse von Aquitanien einen riesigen Alluvial-Fächer abgelagert, der sich unter Wasser bis zum Rande des Kontinentalschelfs, an die 100 Kilometer vor der Küste, erstreckt. Der Wind vom Meer bläst zudem schon seit ewigen Zeiten Sand auf das Land; bei Pilat sind dadurch die höchsten Dünen Europas entstanden. Für das Aussehen der Landschaft ist schließlich eine von Südost nach Nordwest verlaufende Verwerfung quer durch Aquitanien wichtig, die vor mehreren hunderttausenden Jahren entstand. Südlich von diesem Bruch findet man einen wesentlich stärker zerklüfteten Boden (im geologischen Sinne) als im Norden. Die Flüsse Aquitaniens wässern alle entlang dieser Verwerfung in die Gironde ab; vor allem nördlich von Bordeaux ist deutlich zu erkennen, dass das rechte Flussufer um einiges höher liegt als die gegenüberliegende Seite, und der Marquis de Vauban musste feststellen, dass er seine Festung bei Blaye auf einer felsigen Anhöhe bauen konnte, das Fort Médoc am anderen Ufer aber in einem Sumpfgebiet geplant werden musste.

Karte S. 386

Vor 18 000 Jahren befand sich die Küste noch 50 bis 100 Kilometer weiter westlich, der Meeresspiegel lag 100 Meter tiefer als heute. In derselben Zeit, in der die Höhlenmalereien von Lascaux entstanden, schliff die Gironde sich tief in die Kalksteinschichten ein und mündete an die 100 Kilometer weiter im Westen und 100 Meter tiefer ins Meer. Das Gefälle im Fluss war um vieles größer als heute, und das Wasser brachte Kies und Sand mit, die in dicken Schichten im Unterlauf abgelagert wurden. Als die Eiskappen zu schmelzen begannen, überflutete das Meer den Unterlauf der Gironde, praktisch bis zu dem Punkt, wo diese aus den beiden Nebenflüssen, die wir heute als Garonne und Dordogne kennen, hervorging. Ihre heutige Form erreichte die Landschaft vor etwa 6000 Jahren; bis auf die Sümpfe am Gironde-Ufer, die vor etwa 2000 Jahren entstanden, dann aber größtenteils ab dem 17. Jahrhundert trockengelegt wurden.

Schifffahrt und industrielle Nutzung

Bereits bevor die Römer das Land besetzten und Aquitanien seinen Namen gaben, war die Garonne eine Verkehrsader. Zinn aus Cornwall oder der Bretagne und Wein aus Griechenland kreuzten sich hier, und bis Mitte des 19. Jahrhunderts spielte der Fluss im überregionalen Verkehr eine Rolle. Die Wikinger schafften es ab 830 dreimal bis Toulouse und brachten damit den Verkehr zum Erliegen, bis Raymond VII. de Toulouse im 13. Jahrhundert den Handel und die Schifffahrt wiederbelebte. Wein, Färberwaid, Salz, Getreide, gesalzter Fisch, Öl, Obst, sogar Vieh wurde auf dem Fluss transportiert. Damit entstand auch ein reges Zollgeschäft: gleich 39-mal durften die Bootsleute zwischen Bordeaux und Toulouse in die Tasche greifen.

Über Jahrhunderte blieb der Fluss trotz der Schifffahrt auch eine Grenze: Hinter

Aquitanien

Die Pont de Pierre ist für größere Schiffe nur bei Ebbe passierbar

ihm hatten sich die hier angesiedelten Kelten sehr lange gegen die Armeen Roms gewehrt – und eigentlich war und ist der südwestlichste Teil Aquitaniens nicht nur in geographischer Hinsicht weit von dem Zentrum der Macht entfernt. Erst 1827 wurde bei Agen eine erste permanente Brücke über den Fluss gebaut, nachdem im Mittelalter eine Holzbrücke fünfmal vom Wasser weggespült worden war.

1856 wurde der Garonne-Seitenkanal (Canal latéral à la Garonne, Canal de Garonne) für die Schifffahrt geöffnet, der Fluss selber war durch die recht großen Pegelunterschiede nicht zuverlässig genug. 54 Schleusen zählt man zwischen Castets-en-Dorthe und Toulouse, wo der Kanal Anschluss an den bereits im 17. Jahrhundert fertiggestellten Canal du Midi hat. Mit diesem bildet der Garonne-Seitenkanal einen Wasserweg, der Atlantik und Mittelmeer miteinander verbindet, und folglich Canal des Deux Mers genannt wurde. Noch heute kann man die Strecke per Boot zurücklegen, doch wirtschaftlich spielt der Kanal keine Rolle mehr.

Noch 1973 wurde der Garonne-Seitenkanal für größere Schiffe erweitert; als man aber feststellte, dass der Verkehr über die parallel verlaufende Autobahn einfacher und günstiger war, sah man von Bauarbeiten am Canal du Midi ab, und damit wurden zunächst die Versuche, den Wasserweg in diesem Gebiet an moderne Zeiten anzupassen, auf Eis gelegt. Für die kleineren Schiffe auf dieser Strecke hat sich dies übrigens als Segen herausgestellt.

Jahrhundertelang war die Dordogne für das stark zerklüftete Hinterland des Massif Central eine wichtige Verkehrsader. Bis zum Ende des 19. Jahrhunderts wurde in den Wäldern der Auvergne

und des Limousin Holz geschlagen, Eichenholz wurde zum Bau von Fässern und Kastanienholz für Weinspaliere gebraucht. Käse aus der Auvergne, wie der Cantal oder der Fourme d'Ambert beispielsweise, fanden ihren Weg auf die Märkte Aquitaniens, aber auch Pelze, Kastanien und Schweinefleisch.

Die Fahrt flussabwärts war mühsam, und die Schiffer und Matrosen der Gabarren, der für die Region typischen Schiffe, galten als hervorragende Fachleute. Kaum mehr nachvollziehbar ist heute der enorme Aufwand, den dieser Schiffsverkehr mit sich brachte, denn wenn die Fahrt flussabwärts schon schwierig und gefährlich war, so war sie flussaufwärts spätestens ab Souillac einfach unmöglich. Und so baute man jährlich bis zu 500 bis 600 dieser flachbodigen Schiffe, die nach Ankunft in

Auch heute noch spielt der Weinhandel eine wichtige Rolle in der Region

Karte S. 386 ▲

Libourne, Bordeaux oder Bourg verkauft, auseinandergenommen und verheizt oder zu anderen Zwecken wiederverwendet wurden. Die Besatzung der Schiffe machte sich zu Fuß auf den Weg zurück in die Heimat. Man nannte diese Art von Handel ›à bateau perdu‹ – mit dem verlorenen Boot.

Abgesehen vom Wasserlauf mit seinen Stromschnellen war häufig das Wasserniveau im Fluss ein Problem. In Jahren extremer Dürre konnte es passieren, dass nur 50 Boote gebaut werden konnten, oftmals reichte das Wasser für die Schifffahrt nicht viel länger als ein oder zwei Monate – im Sommer führte der Fluss nicht genug Wasser. Um 1875 mussten die Schiffsbesatzungen zum ersten Mal nicht zu Fuß zurück: Sie fuhren mit dem Zug, das Transportmittel, das sich in Kürze zu einem überlegenen Mitbewerber entwickeln sollte.

Zwischen 1935 und 1957 wurden im Wasserlauf der Dordogne fünf größere und zwei Dutzend kleinere Wasserkraftwerke gebaut. Vorübergehend wurde das Einzugsgebiet zu einem wichtigen Stromlieferanten, doch mit der Entwicklung nuklearer Energieerzeugung nach dem Zweiten Weltkrieg wurde dies unbedeutend. Für den Tourismus sind aber durch die Wasserkraftnutzung entstandenen Stauseen seit vielen Jahren von großer Bedeutung: An die 800 000 Besucher zieht es jährlich an den Fluss und seine Stauseen.

Auf der Dordogne ist heute vereinzelt noch eine Gabarre zu sehen, die Touristen durch die malerische Landschaft befördert. Darüber hinaus gibt es die private Vergnügungsfahrt, doch kommerziell gilt die Dordogne heute eigentlich nicht mehr als schiffbar. Im Ästuar herrscht dagegen nach wie vor reger Verkehr.

Ökologie

Im Wasser des Gironde-Ästuars leben wenige Arten, aber diese in großen Mengen. Der sich stündlich ändernde Salzgehalt des Wassers macht das Leben für Flora und Fauna so schwer, dass nur wenige Pflanzen- und Tierarten gedeihen – dadurch, dass im Wasser aber große Mengen Nahrung vorhanden sind, geht es diesen Arten besonders gut. In der Nahrungskette stehen über dem Zooplankton und dem Phytoplankton die Felsengarnelen des Deltas, die von allen anderen Fischarten gegessen werden, die aber auch für den Fischfang nicht unwichtig sind.

Die kleinen Sandgruben bieten den Fischarten Nahrung, die wiederum von Fischern bevorzugt werden, den Wanderfischen des Ästuars. Nirgends in Europa gibt es eine vergleichbare Vielfalt in dieser Kategorie. Die Gironde ist der einzig verbliebene Lebensraum für den Atlantischen Stör (hier Créa genannt), der aber auch hier bedroht ist. Der Aal, der im Meer ablaicht, Neunauge, Maifisch, Finte, Seeforelle, atlantischer Lachs, Stint, Flunder und Meeräsche, die alle zum Ablaichen flussaufwärts schwimmen müssen, sind die anderen Wanderfische, die für den Fischfang eine sehr wichtige Rolle spielen.

In den zwanziger Jahren introduzierte ein russischer Besucher die Herstellung von Kaviar an der Gironde, und 30 Jahre lang produzierte man drei bis fünf Tonnen im Jahr. 1963 waren es aber gerade noch 250 Kilogramm, und in den siebziger Jahren brach die Produktion völlig zusammen. Der Kaviar, den man heute an der Gironde wieder bekommen kann, ist das Resultat einer groß angelegten Aquakultur, die in den Nassgebieten des Ästuar aufblüht. In diesen Nassgebieten, anders als im

Hauptstrom des Ästuars, gestaltet sich Flora und Fauna nicht nur sehr üppig, sondern auch in großer Vielfalt. Das reichlich vorhandene Wasser, das Sonnenlicht und die Mineralien in den Tiefen der alluvialen Böden sorgen dafür, dass alle möglichen Lebensformen in großen Mengen vorhanden sind, die Nahrungskette daher sehr robust ist. Zu Brachvögeln, Lach- und Mittelmeermöwen, Weißstörchen, Kiebitzen, Purpur-, Grau-, Seiden- und Kuhreihern gesellen sich je nach Jahreszeit Mauersegler, Mehlschwalben, Buch-, Flachs-, Grün- und Distelfinken, Schafstelzen und an die 100 andere Zugvogelarten. 130 Arten nisten im Ästuargebiet, und damit ist es für Vogelfreunde ein wahrer Wallfahrtsort.

Die Gironde ist ein ständiges Zusammenprallen und -fließen von Salz- und Süßwasser, das Süßwasser ein ständiger Strom, das Salzwasser wechselnd steigend und fallend, dafür aber in wesentlich größerem Volumen: Die beiden Flüsse zusammen gießen etwa 1000 Kubikmeter pro Sekunde in das Ästuar, bei Flut schiebt das Meer zwischen 15 000 und 25 000 Kubikmeter Wasser pro Sekunde hinauf. Wie in einer riesigen Waschmaschine wird Wasser hin- und her geschleudert, und beide Strömungen tragen enorme Sedimentmengen zu dem bei, was die Franzosen den ›Bouchon vaseux‹ nennen – wenn man so will, den Schlammstöpsel. Die Menge der suspendierten Teilchen in diesem Bouchon ist ein Vielfaches von dem, was in einem Fluss normalerweise vorhanden wäre, entsprechend ist das Wasser der Gironde immer braungelb. Obwohl Flora und Fauna sich diesem Zustand völlig angepasst haben, bildet der Bereich eine Art von Falle, die Schwermetallverschmutzungen von zum Beispiel Zink oder Cadmium festhält. Dadurch ist das Ästuar schon bei relativ harmlosen Mengen dieser Schadstoffe, die größtenteils von einem Zinkbergwerk im Massif Central stammen, recht empfindlich. So können die wilden Austern aus der Girondemündung seit längerem nicht mehr gegessen werden, und auch andere Lebensformen leiden unter dieser Umweltbelastung.

Den Wanderfischen ist es jahrzehntelang nicht besonders gut gegangen. Wie in allen Flüssen Europas versperren Staudämme den Weg in die Laichgebiete, fehlen durch Kiesförderung die Böden, die manche Arten zum erfolgreichen Ablaichen benötigen, und wird zu viel Wasser für andere Zwecke abgezweigt oder verschmutzt. Seit 1994 dürfen in der Garonne Kies und Sand nicht mehr abgegraben werden; stattdessen fördert man diese Materialien nun in alten Flussläufen, die es in den dicken Alluvialschichten reichlich gibt. Nach einer Flut 1952 – katastrophale Überschwemmungen werden hier ›Aygats‹ genannt – wurden drei Viertel der Flussufer im mittleren Bereich der Garonne befestigt. Jahrzehnte später fing man an, sich zu fragen, ob dies wirklich so eine gute Lösung war, und heute hat man begonnen, Wasserrückhaltegebiete zu kreieren, Flussauen entstehen zu lassen und insgesamt ein Gleichgewicht wiederherzustellen, das mehr der natürlichen Ökologie der Flüsse entspricht. Inwiefern diese Maßnahmen für die Fische und in weiterer Folge für den Fischfang ausreichen werden, muss abgewartet werden.

▲ Karte S. 386

Die Gironde bei Fort Médoc

Geschichte Aquitaniens

Mehr als 400 000 Jahre alte Gebrauchs-gegenstände weisen im Südwesten von Frankreich auf eine menschliche Ge-schichte hin, die weiter zurückgeht als in den meisten anderen Orten der Erde. Weltberühmt sind die Höhlenmalereien von Lascaux; Dolmen und Menhire aus dem Neolithikum dagegen wirken fast schon jung. Und als römische Ge-schichtsschreiber den Einwohnern des Gebietes einen Namen gaben, wohnten die Aquitanii bereits seit sieben Jahrhun-derten dort. Aquitania, das Land des Wassers, hat Wurzeln so tief wie die der Reben auf den Kieshügeln von Pauillac; wie diese sind sie tiefer als anderswo. Nachdem Aquitania erobert worden war, dauerte es nicht lange, bis man so viel Wein produzierte, dass ein Teil da-von seinen Weg nach Italien fand – der Großteil wurde aber von durstigen Gal-liern selber getrunken.

Nach dem Zusammenbruch des Römi-schen Reiches entfaltete sich das Mittel-alter in Aquitanien zunächst wie in ande-ren Teilen Europas auch: Völkerwan-derungen, Einverleibung in das Fränkische Reich, Wikingerangriffe. Ab dem 7. Jahr-hundert begannen sich die Konturen ei-nes Herzogtums abzuzeichnen, und so-gar unter Karl dem Großen war das Verhältnis zur zentralen Macht problema-tisch. Ab 852 ließen sich die Herzöge von Aquitanien von den Herren aus der Ferne kaum mehr etwas sagen, und da sie oft mehrere Titel innehielten (Graf von Poi-tiers, Herzog der Gascogne), herrschten sie über einen beträchtlichen Teil des heutigen Frankreichs. Die Ehe des franzö-sischen Königs Louis VII. mit der 15-jäh-rigen Eleonore von Aquitanien, Tochter von Guillaume X., dem Herzog von Aqui-tanien, wurde als Meisterzug im Spiel um die Vorherrschaft Westeuropas gesehen.

Am 25. Juli 1137 heirateten die beiden in der Kathedrale St-André in Bordeaux. Und damit hätte die Geschichte von Eleo-nore von Aquitanien enden können: eine Fußnote in der Erzählung des unaufhalt-samen Aufstiegs des französischen Reichs. Doch 15 Jahre später war die Ehe vorbei, und wiederum sechs Wochen später war Eleonore zum zweiten Male verheiratet, diesmal mit Henri Plantage-net, der bald Henry II. von England sein würde. Da Henry zudem Herzog der Normandie und Graf von Anjou war, verschob sich innerhalb kürzester Zeit das Machtgleichgewicht in Westeuropa in Richtung der englischen Krone – 200 Jahre Tauziehen und 100 Jahre Krieg folgten. Dabei war die Ehe von Eleonore zu Henry auch nicht unkompliziert, und auch wenn spätere Geschichtsschreiber die zweite Ehe Eleonores manchmal als wahre Liebe darstellen wollen, war die junge Frau wohl viel mehr eine gekonnte Politikerin, der es in erster Linie um den Erhalt ihrer Erbschaft, Aquitanien, ging. Beim Aufstand der drei Königssöhne ge-gen Henry II. stellte sich Eleonore auf die Seite ihrer Kinder und wurde, als der Konflikt zugunsten des Vaters ausging, von ihrem Mann eingesperrt. 1453, rund 200 Jahre nach der Hochzeit von Eleono-re und Henry, bedeutete die Schlacht bei Castillon, einer Stadt an der Dordogne, das definitive Ende englischer Machtan-sprüche auf dem europäischen Festland. Damit verschwanden auch die Herzogtü-mer Aquitanien und Gascogne und die Grafschaft Poitou von der Karte, denn diese wurden Frankreich einverleibt. Die heutige Region Aquitanien umfasst den Süden der ehemaligen Grafschaft Poitou, das Herzogtum selbst und die Gascogne, und damit liegen sowohl Garonne als auch Dordogne heute größtenteils in Aquitanien.

Bordeaux

Fast eine Viertelmillion Einwohner zählt das Zentrum von Aquitanien heute, und damit schafft es Bordeaux gerade noch in die Top Ten der größten Städte Frankreichs. Der Hafen von Bordeaux ist der siebtgrößte Frankreichs, um einiges kleiner als Marseille, Le Havre oder Rouen. Und weil sie etwas weg vom Schuss liegt, ist die Stadt von Besuchern nicht überrannt, und dies macht einen großen Teil ihres Charmes aus. Und dann ist da natürlich das herrliche städtebauliche Erbe des 18. Jahrhunderts. Oft wird von einer Wiedergeburt gesprochen, wenn es um die schönen harmonierenden Fassaden, befreit vom Schmutz der Jahrhunderte, geht. Doch dies geht an der Tatsache vorbei, dass, seit die ersten Häuser nach dem Gabriel-Plan vor 250 Jahren errichtet wurden, Generationen von Stadtplanern und Architekten versucht haben, auf Bestehendes aufzubauen, statt von vorne anzufangen. Die vielen Projekte, die Bordeaux in den letzten Jahrzehnten schöner und angenehmer gemacht haben, passen zu diesem sorgfältigen Umgang mit der Erbschaft der Jahrhunderte.

Bischöfe am Königsportal der Kathedrale St-André in Bordeaux

Geschichte

56 vor Christus wurde Burdigala von Publius Crassus eingenommen, einem politischen Weggefährten Julius Caesars. Die Biturigen waren 200 Jahre zuvor aus der Umgebung von Bourges eingewandert und hatten die Iberier verjagt, die selber wiederum im 5. Jahrhundert vor Christi die Ligurier verdrängt hatten. Gewiss kann es nur Zufall gewesen sein, dass die Biturigen eine Tonne aus Holz erfanden. Es sollte ja noch Jahrhunderte dauern, bis das Bordelais, wie man die Region auch nennt, zum bekanntesten Weingebiet Europas werden würde. Man muss sich Bordeaux zur Zeit der Biturigier als eine Niederlassung in einer Sumpflandschaft vorstellen, zwischen zwei kleineren Flüssen, der Devèze und der Peugue, die beide in die Garonne mündeten. Bordeaux war schon zu dieser Zeit ein Handelsknotenpunkt zwischen Nordwest- und Südost-Europa.

Am Ende des 2. Jahrhunderts wurde Burdigala Hauptstadt von Aquitanien. 20 000 Einwohner zählte die Stadt damals, und sie war eine der reichsten in Gallien. Etwas vom strengen römischen Grundriss der Stadt ist noch geblieben: Die Rue Sainte Catherine verläuft dort, wo zu dieser Zeit der Cardo verlief, die Rue Porte Dijeaux folgt dem ehemaligen Decumanus. Der Hafen war dort, wo heute die Rue du Parlement und die Rue de Cancéra verlaufen. In der gallo-römischen Zeit kamen zum Wein und Zinn Leder aus Spanien und Olivenöl aus Italien als Handelsware hinzu. Neben Burdigala nahmen ein halbes Dutzend anderer Niederlassungen an der Gironde an diesem Handel teil, darunter auch Blaye. Die ersten Stadtmauern um Burdigala wurden im 3. Jahrhundert errichtet, im Nachhinein ein erstes Zeichen dafür, dass das Römische Reich seinen Höhepunkt hinter sich hatte: Aus der Stadt wurde eine Festung. Um sich gegen sächsische Piraten wehren zu können, wurden ab dem 4. Jahrhundert auch die anderen Orte an der Gironde zu Festungen umgebaut, doch den Angriffen der Wikinger konnten auch diese nicht standhalten.

Nachdem im 10. Jahrhundert eine gewisse Stabilität eingekehrt war, entstanden bald die Klöster St-Seurin und Ste-Croix; St-Éloi und St-Michel folgten etwas später. Im frühen 14. Jahrhundert hatte Bordeaux 30000 Einwohner, und der ummauerte Teil der Stadt war bereits mehrere Male ausgebreitet worden.

■ Die englische Zeit

Als Henri Plantagenet 1154 den Thron Englands bestieg, wurde die Gironde als Verbindung zweier Gebietsteile desselben Reiches auf einmal besonders intensiv befahren. Sein Enkel Henry III. zeigte für den Bordeauxwein so eine große Begeisterung, dass er als ›Henry der Einkäufer‹ in die Geschichte einging. Im Jahre 1306 fanden 10 000 Fässer Wein ihren Weg in den Export. Gleichzeitig erreichten gesalzter Fisch, Leder, Pelze, Stoffe und Metallgegenstände aus Nordeuropa Aquitanien, und Öl, Wachs und Zucker wurden von der Iberischen Halbinsel importiert. Nur wenige der Schiffe, die diese Ladungen verfrachteten, kamen aus Bordeaux selbst; vor allem die Engländer zeigten sich beim Transport der Waren fleißig. Der Handel war immer wieder umkämpft: aus dem Küstengebiet etwas weiter nördlich, dem Talmont, wurden Kaperschiffe zum Schutze von Handelskonvois von bis zu 200

Porte Saint-Éloi, ein Tor der mittelalterlichen Stadtbefestigung

Schiffen rekrutiert – ironischerweise kamen die Piraten des Öfteren aus dem benachbarten La Rochelle, aus der Bretagne oder der Normandie. 1451 fand vor der Küste Blayes eine wahre Seeschlacht zwischen Piraten und Kapern statt. Der einzige Unterschied beider Gruppen bestand darin, dass erstere für sich stahlen, während letztere es im Namen eines Herrschers taten.

■ Die Kolonialzeit

Auf dem Schlachtfeld von Castillon wurde 1453 der englischen Zeit ein Ende bereitet, sehr zur Unzufriedenheit der Bürger von Bordeaux. Der französische König verstand sich selbst zunächst durchaus als Besetzer, und er ließ drei Festungen errichten: das Château Trompette, dort, wo heute der Place des

Quinconces liegt, das Fort du Hâ, von dem ein Turm etwas westlich der Kathedrale geblieben ist, und das Fort Louis, südlich von der Kirche St-Michel. Die Seefahrt in Aquitanien litt keineswegs unter der neuen Herrschaft, die Schiffe segelten immer weiter hinaus. 1517 fuhren die ersten Fischer in die reichen Gewässer der Neufundlandbank, und es dauerte nicht lange, bis sich eine Flotte gebildet hatte, die alljährlich zum großen Fang aufbrach. Auch für dieses Geschäft wurde Bordeaux das Zentrum, hier wurde der Fisch verkauft, die Schiffe gewartet und ausgerüstet. Von den Ufern der Gironde brachen Schiffe auf nach Madeira, dann nach Guyana, Brasilien und Florida.

Im 17. Jahrhundert war auch der Handel in den Küstengewässern Europas wichtig, der von der niederländischen Flotte dominiert wurde. Viele Niederländer ließen sich in Bordeaux nieder – lange Zeit war es die größte Gruppe Ausländer in der Hafenstadt. 70 Prozent des Handelsvolumens segelte unter niederländischer Flagge, darunter zwei Drittel des Weinhandels. Kriege mit den Niederlanden machten es Bordeaux aber auf Dauer unvermeidbar, seine eigene Flotte zu bauen. Nach und nach umsegelte man im wahrsten Sinne des Wortes die Länder an der Nordsee, und in zunehmendem Maße fand der Handel auch direkt mit dem Baltikum statt. Neben Wein wurden auch Färberwaid, Cognac, Teer, Harz und Salz exportiert. Im Kolonialhandel spielte vor allem die Insel Santo Domingo (heute Haiti und Dominikanische Republik) eine wichtige Rolle. Zucker, Kaffee, Indigo und Baumwolle wurde auf Plantagen angepflanzt, auf denen afrikanische Sklaven, in einem Dreieckhandel von Ostafrika in die Neue Welt verschleppt, arbeiteten. Zwischen 130 000 und 150 000 Unglückliche wurden von Schiffen aus Bordeaux in die Sklaverei gebracht, und damit stand die Stadt hinter Nantes zusammen mit La Rochelle in diesem schmachvollen Geschäft in Frankreich an zweiter Stelle.

Zur Zeit des Sonnenkönigs war der Kolonialhandel in Bordeaux wichtiger geworden als der Weinhandel. In Frankreich war Bordeaux auch führend im Handel auf dem Indischen Ozean, und schließlich mischte man sich von hier aus in die Geschäfte Nordamerikas ein. Eine Flotte aus Bordeaux kam dem Marquis de Montcalm bei der Verteidigung von Quebec gegen die Engländer zwar zu spät zu Hilfe, doch von Pauillac aus fuhr ein anderer Marquis in die Neue Welt, der den Engländern die Eroberung von Quebec doppelt und dreifach heimzahlen sollte: Ohne Gilbert du Motier, den Marquis de Lafayette, hätte George Washingtons Kolonialarmee gegen die englischen Truppen den Sieg und damit die Unabhängigkeit Amerikas kaum davontragen können. Und natürlich wurde sofort nach dem Unabhängigkeitskrieg Bordeaux zum wichtigsten Hafen für den Handel mit der neuen Republik.

Typisch für Bordeaux sind die Maskarone an den Hausfassaden

Aquitanien

Das vom Handelsminister Jean-Baptiste-Colbert verliehene Handelsmonopol mit dem karibischen Gebiet verhalf Bordeaux zu einem enormen Reichtum, der sich im Baubestand der Stadt niederzuschlagen begann. Entlang der Cours Victor Hugo wurden 1711 die ersten Häuser in dem uniformen Stil gebaut, der für Bordeaux typisch werden sollte: drei Ebenen mit Mansardendach; das Erdgeschoss oft mit Bögen, geschmückt mit reich verzierten Schlusssteinen, meistens mit einem Gesicht, den sogenannten Maskaronen (Mascarons); das erste Stockwerk mit einem Balkon aus Schmiedeeisen, das Mansardendach mit regelmäßigen Dachgauben. Zwischen 1720 und 1757 wurde die Stadt tiefgreifend erneuert, vor allem unter dem Intendanten Louis-Urbain-Aubert de Tourny. Sein teilweise recht rücksichtsloses Vorgehen sollte dem Erneuerer von Paris, Baron de Hausmann, zum Vorbild dienen. Im Laufe dieser Erneuerung entstanden die Bauten am Place de La Bourse, das Grand Théâtre und das Palais Rohan, das heutige Rathaus. Im 19. Jahrhundert erlebte die Stadt noch einmal eine Erneuerungswelle, bei der man auch die letzten Reste der mittelalterlichen Stadt wegputzte, dafür aber eine gewisse Ehrfurcht für die Werke aus dem 18. Jahrhundert zeigte, was zu einer erstaunlichen Kontinuität führte. In den Bereichen außerhalb der Altstadt zeigt Bordeaux heute eine ausgeprägt moderne Architektur.

■ Vom 18. Jahrhundert bis heute

Kurz vor dem Zusammenbruch des Ancien Régime war Bordeaux eine bedeutende Hafenstadt, reich durch den Kolonialhandel. Die Revolution und das Kaiserreich dagegen brachten militärische Niederlagen und Unruhen, die diesen Handel größtenteils zum Erliegen brachten. Die Händler von Bordeaux, die ihre Handelsflotte vor allem gegen die Engländer nur unzureichend schützen konnten, erlitten enorme Verluste, auch wenn Bordeaux zu gewissen Zeiten mehr als 1000 Kaperschiffe zählte. Der Verlust von Santo Domingo und Louisiana (ein riesiger Teil Nordamerikas zwischen Mississippi und den Rocky Mountains) hatte für den Handel verheerende Folgen.

Karte S. 403

▲ *Der Hafen von Bordeaux im Jahr 1804, Gemälde von Pierre Lacour (1745–1814)*

Im Second Empire ging es aber rasch wieder bergauf. Firmen aus Bordeaux bestückten die Küstengewässer Indochinas und Südamerikas mit Schiffen, und der Handel wuchs stetig weiter. Aus Argentinien kam Getreide, aus Peru Guano, aus Kolumbien Kaffee und aus Venezuela Kakao. Und in entgegengesetzter Richtung, wie immer schon, floss der Wein.

Das moderne Zeitalter begann in Bordeaux Mitte des 19. Jahrhunderts, als Gustave Eiffel eine Eisenbahnbrücke über den Fluss baute. Zur Jahrhundertwende hatte die Stadt an strategischem und kommerziellen Wert noch nichts eingebüßt, und so wurde die Gironde im Ersten Weltkrieg zu einem heiß umkämpften Gebiet. Im Zweiten Weltkrieg kehrte sich mit der deutschen Besetzung der Spieß um: Nun war es die Wehrmacht, die die Flussmündung befestigte, um den Alliierten den Zugang zu versperren. Nördlich von der Altstadt ist aus dieser Zeit eine U-Boot-Basis übrig geblieben, die heute als Mehrzweckbereich vor allem für die moderne Kunst eingesetzt wird. Im Krieg spielte Bürgermeister Adrien Marquet, der in den Jahren zuvor die städtische Entwicklung energisch vorangetrieben hatte, als Kollaborateur eine sehr dubiose Rolle, die darin gipfelte, dass im Rathaus 1942 die unmissverständliche Wanderausstellung ›Le Juif et la France‹ (Der Jude und Frankreich) zu sehen war. Positives gab es aber in dieser Zeit auch: Als im August der Sprengstoffspezialist Heinz Stahlschmidt den Auftrag erhielt, die Altstadt beim Rückzug zu sprengen, weigerte er sich nicht nur, sondern jagte stattdessen das Sprengstoffdepot in die Luft und rettete somit Bordeaux. Stahlschmidt heiratete seine französische Freundin und nannte sich fortan Henri Salmide. Der französischen Regierung war er zunächst peinlich, denn seine Tat stellte die Resistance in Bordeaux in den Schatten. Im Nachkriegsdeutschland wurde er lange einfach als Verräter angesehen. In den neunziger Jahren bekam er den höchsten französischen Dienstorden und damit endlich die Anerkennung, die er verdiente.

In den sechziger Jahren gab es die ersten groß angelegten Bemühungen, das Architekturerbe der Stadt zu bewahren, und in den achtziger Jahren begann man vorsichtig, hier und dort zu sanieren. Fast 12 000 Wohnungen entstanden in der Altstadt, die damit nicht zu einem Museum wurde, sondern an Lebendigkeit noch gewann. Unter Bürgermeister Alain Juppé, ehemaliger Premierminister der Republik, wurde die neue Straßenbahn in Gebrauch genommen, und man begann mit der Neugestaltung des Garonneufers. Nicht von ungefähr wird diesem Bereich so viel Aufmerksamkeit geschenkt: Wachstum und Reichtum der Stadt sind mit dem Fluss untrennbar verbunden, ihm verdankt Bordeaux seine glorreiche Geschichte, seine dynamischen Gegenwart und seine vielversprechende Zukunft.

Ein Rundgang

Die Schiffsanlegestelle in Bordeaux ist nicht direkt im Stadtzentrum, doch die unmittelbare Umgebung, das Chartrons-Viertel, ist durchaus angenehm, und weit ist es zur Innenstadt nicht. Alternativ fährt man ein Stück mit der Straßenbahn – es sind gerade mal zwei Haltestellen bis zum Grand Théâtre. Auf jeden Fall sollte man sich am Abend etwas Zeit nehmen, die Altstadt zu Fuß zu besichtigen, denn sie wird wunderschön angestrahlt, und die Atmosphäre ist einfach bezaubernd.

Von Chartrons bis zum Place des Quinconces

Im Chartrons-Viertel, benannt nach dem Kartäuserkloster, das früher hier stand, waren die Negociants, die Weinhändler, zu Hause. Im Viertel gibt es immer noch ein kleines **Museum des Weinhandels** (41 Rue Borie); daneben findet man hier ein paar andere Fachgeschäfte, wie die **Bäckerei** an der 72 Cours de la Martinique und einen **Käseladen** an der 73 Quai des Chartrons. Geht man am Wasser entlang, erreicht man die **Bourse Maritime**, ein vornehmes Gebäude im ›Bordeaux-Stil‹, das aber erst 1925 gebaut wurde. Rechts daneben steht ein schönes Haus, das **Hôtel Fenwick**, das erste US-amerikanische Konsulat der Welt, eröffnet 1790 und benannt nach seinem Inhaber und dem ersten Konsul, Joseph Fenwick, ein Händler aus South Carolina.

Bald danach erreicht man den **Place des Quinconces**, mit zwölf Hektar der größte Stadtplatz Europas. Hier stand die

Springbrunnen am Girondisten-Monument

Karte S. 403

ungeliebte Zwingburg Château Trompette, die 1818 abgerissen wurde. Der offene Platz trennte Chartrons, wo die größtenteils ausländischen Weinhändler lebten, vom Stadtteil der feinen Familien. Bald fanden Jahrmärkte und große Feiern auf dem Platz statt, und der Gedanke, den Platz kleiner zu machen oder gar ganz zuzubauen (bei Bau der Festung hatte man 600 Häuser abgerissen) kam einfach nicht mehr auf.

Auf der Garonneseite stehen zwei riesige **Columna Rostrata** von Pierre-Alexandre Poitevin, die 1829 fertiggestellt wurden. Die Schiffsbuge, Rostrums genannt, symbolisieren die nautische Überlegenheit der Stadt. Der Stab des Merkur und der Polarstern sowie die Statuen auf den Säulen symbolisieren Handel und Schifffahrt. Halbwegs durch den Park stehen zwei Denkmäler, die zwei der größten Denker Aquitaniens ehren: Links steht Michel de Montaigne, rechts ist Montesquieu zu sehen. Ringsum stehen die Platanen im Quincunx-Muster, wie die fünf Punkte auf dem Würfel. Diese Formation gab dem Platz seinen Namen.

Geradeaus erreicht man die 43 Meter hohe **Säule**, auf der die Statue der Freiheit zu sehen ist, die ihre Ketten zerbricht. Zwei riesige **Springbrunnen** flankieren die Säule: Rechts siegt allegorisch die Eintracht, links die Republik. Unwissenheit, Lüge und Laster werden unter den Pferdehufen zertrampelt. Auf dem Sockel der Säule ist über dem französischen Hahn die Widmung des Monuments zu sehen: Geehrt werden die Girondisten, eine Gruppe von Politikern aus Bordeaux und Umgebung, die während der Revolution einen gemäßigten Kurs befürworteten und dadurch zu Opfern des Terrors von Robespierre wurden. Auf der anderen Seite vom Hahn sitzt Bordeaux, flankiert von den Flüssen

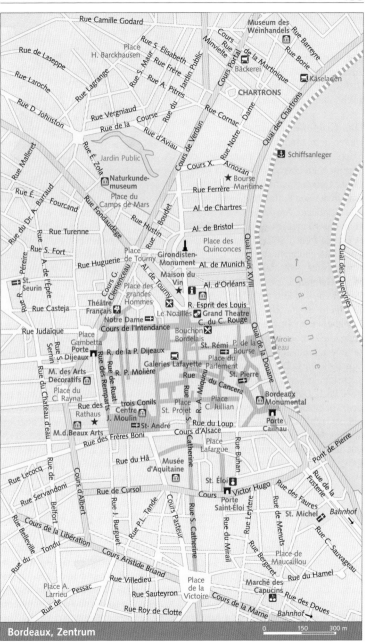

Rue Camille Godard

Museum des Weinhandels
Rue Barreyre

Cours Minvielle
Rue Portal
de la Martinique
Rue Borie

Place H. Barckhausen
Rue S. Élisabeth
Rue Frère
Rue A. Pitres
Rue du Jardin Public

Bäckerei
Käseladen

Rue de Laseppe
Rue S. Maur

Rue Laroche
Rue Lagrange

CHARTRONS

Rue D. Johiston
Rue Vergniaud
Rue de la Course
Rue d'Aviau
Rue du
Rue Notre Dame
Rue Cornac

Quai des Chartrons

Rue Malleret
Rue É. Zola
Cours de Verdun

Jardin Public

Cours X. Arnozan

Schiffsanleger

Rue E.
Rue du Dr. A. Baraud
Fourcand

Naturkunde-museum

Place du Camps de Mars
Rue Fondaudège
Rue Boudet
Rue Hustin

Cours X. Arnozan

★ Bourse Maritime
Rue Ferrère

Al. de Chartres

Rue Turenne
Rue S. Fort
Rue Pereire
A. de l'Épée

Rue Huguerie
Al. de Tourny

Place de Tourny
Girondisten-Monument
Maison du Vin

Al. de Bristol

Place des Quinconces

Al. de Munich

St. Seurin
Rue Casteja

Cours G. Clemenceau
Place des grandes Hommes

Al. d'Orléans

Quai Louis XVIII

R. Esprit des Louis

Rue Judaïque
Théâtre Français
Notre Dame
Le Noailles
Grand Theatre
C. du C. Rouge

G a r o n n e

Quai des Queyries

Place Gambetta
Porte Dijeaux
Cours de l'Intendance
Bouchon Bordelais

Miroir d'eau

Rue Sernin
R. de la P. Dijeaux
St. Rémi
P. de la Bourse

Rue des Remparts
R. P. Molière
Galeries Lafayette
Place du Parlement

Quai de la Douane

M. des Arts Decoratifs
Rue de Ruat
Rue
du Cancera
St. Pierre

Place du C. Raynal
Rue des Rathaus
trois Conils
Centre
J. Moulin
Place St. Projet
Rue A. Miqueu
Place C. Jullian

Bordeaux Monumental

Rue du Château d'eau
M.d.Beaux Arts
St-André
Rue du Loup
Porte Cailhau

Rue des Frères Boni
Cours d'Alsace

Pont de Pierre

Rue Lecocq
Rue de
Rue du Hâ
Musée d'Aquitaine
Place Lafargue
Rue Buhan

Rue Servandoni
Rue Sainte Catherine

St. Éloi

Rue de la Fusterie

Rue d'Albert
Rue de Cursol
Cours Victor Hugo
Rue des Faures

Cours d'Albert
Befort
Rue Tandé
Porte Saint-Éloi
St. Michel
Bahnhof

Rue Belleville
Rue du Tondu
Cours de la Libération
Rue J. Burguet
Rue P.L. Tandé
Rue S. Catherine
Cours Pasteur
Rue du Mirail
Rue Bergeret
Rue de Menuts
Rue C. Sauvageau

Cours Aristide Briand

Place de Maucaillou

Place A. Larrieu
Pessac
Rue Villedieu
Rue Sauteyron
Place de la Victoire

Marché des Capucins
Rue du Hamel
Rue des Doues

Rue de
Rue Roy de Clotte
Cours de la Marne
Bahnhof →

| 0 | 150 | 300 m |

Bordeaux, Zentrum

Aquitanien

Garonne (Dame mit Schwan) und Dordogne (Dame mit Ente). Während der deutschen Besatzung wurden die Brunnen entfernt, doch seit 1983 ist das Ensemble wieder komplett. Die Künstler Victor Rich und Alphonse Dumilatre zeichneten für das Werk verantwortlich.

Das Goldene Dreieck

Hinter dem Monument geht es in die Cours de Tournon bis zum Place de Tourny. Man überquert den Platz in die Cours George Clemenceau, biegt dann links in die Rue Buffon und rechts in die Rue Condillac. Am Ende dieser Straße steht das schmucke Gebäude des **Théâtre Français** von 1800, in dem heute ein Kino untergebracht ist. An der Cours de l'Intendance geht man rechts, bis zum **Place Gambetta**, wo Architekt Nicolas Portier für das Ensemble der Gebäude zeichnete, die diesen Platz säumen. Die regelmäßigen Fassaden mit ihren zierlichen Maskaronen geben dem Platz eine seltene geschlossene Form.

Durch die **Porte Dijeaux** (das Judentor), auch von Portier, kommt man in die Rue de la Porte Dijeaux. Direkt rechts hinter dem Tor gibt es in der Rue des Remparts auf der rechten Seite einige schöne Maskaronen sowie mehrere kleinere Läden mit bunten, einladenden Schaufenstern. Es geht nun zurück in die Rue de la Porte Dijeaux und in die Rue du Temple links. Diese wird nach der Cours de l'Intendance zur Rue Franklin.

Man erreicht den **Place des Grand Hommes** im Herzen des Triangle d'Or, dem Goldenen Dreieck von Bordeaux, eingeklemmt zwischen Allée de Tourny, Cours Clemenceau und Cours de l'Intendance. Das Dreieck war historisch eines der schönsten und wohlhabendsten Viertel der Stadt. Am besten geht man im Uhrzeigersinn um den Platz, der nach

Maskaron in der Rue des Remparts

den großen Denkern benannt wurde, die ihre Namen den umliegenden Straßen gaben (Franklin, Diderot, Voltaire, Montesquieu usw.). Das runde Gebäude mitten auf dem Platz ist ein wenig gelungener Versuch, die frühere Struktur des Platzes wiederzugeben.

Kurz nachdem man die Rue Diderot gekreuzt hat, geht es links in das ruhige Cour Mably, einst ein Kreuzgang, heute der Innenhof der ehemaligen Stadtbibliothek. Durch den Hof kommt man zur **Église Notre Dame**, einer herrlichen Barockkirche, an der Stelle, wo früher ein Benediktinerkloster stand. Dummerweise befand dieses sich im Schussfeld des Château Trompette, und so wurde es mitsamt Kirche abgerissen. 1684 wurde die Kirche Saint Dominique wieder aufgebaut. Die einschiffige Kirche mit Tonnengewölbe besticht durch ihre klaren Linien und ihren relativ zurückgehaltenen Bilderschmuck. An der Fassade sind neben der Tür in Nischen die vier Kirchenlehrer zu sehen und über der Tür ein Flachrelief der Erscheinung der Muttergottes an Sankt Dominikus. Damit ist die Fassade reicher geschmückt als das Innere der Kirche.

An der Kirche vorbei geht es in die **Passage Sarget**, die 1878 entstand und eine angenehme Ruhe ausstrahlt. Am Ende der Passage geht es links bis zum Place de la Comédie, an dem das **Grand Théâtre** liegt, der Stolz von Bordeaux. Bevor man sich den Bau etwas genauer anschaut, sollte man an der Fassade vorbeigehen und eine Runde über die Allée de Tourny drehen. Direkt an der Ecke, in dem dreieckigen Bau, findet man das **Maison du Vin** des **Conseil Interprofessionnel du Vin de Bordeaux**. Hier kann man in der Weinbar eine enorme Auswahl an Weinen relativ günstig verkosten, und zwar in einer passenden, schönen Umgebung. Zum Beispiel findet man hier zwei Glasfenster von René Buthaud: den Triumph von Bordeaux und den Triumph des Bacchus. Am anderen Ende steht das Haus, das für Daniel Christoph Meyer, den Konsul von Hamburg, gebaut wurde. Er lebte hier am Ende des 18. Jahrhunderts und hatte für seine Kinder einen Hauslehrer, der auf den Namen Friedrich Hölderlin hörte. Der Brunnen vor dem Meyer-Haus ist leider ein ästhetischer Ausrutscher, das Karussell am anderen Ende dagegen verleiht dem Platz etwas Heiteres.

Grand Théâtre

Nach der Runde kommt man wieder zum Grand Théâtre. Nach italienischem Vorbild von Victor Louis entworfen, musste es auf recht unstabilem Boden gebaut werden, wodurch der Bau kostspieliger war als geplant und länger dauerte. 1114 Sitzplätze bot der Saal, der leider heute nicht mehr existiert. Die grandiose **Treppe im Foyer** ist aber immer noch da, und die herrliche **Fassade** sieht nach der gründlichen Renovierung von 1990 so gut aus wie nie. Zwölf Frauenstatuen von Pierre-François Berruer krönen den Bau. Es sind die Musen von Parnass sowie die Göttinnen des Urteils des Paris (hier die römische Version). Von links sind es: Euterpe, Urania, Venus, Kalliope, Terpsichore, Melpomene, Thalia, Polyhymnia, Juno, Minerva, Erato und Clio.

Nach einer Bauzeit von sieben Jahren erlebte das Haus mit Jean Racines ›Athalie‹ am 7. April 1780 seine Eröffnung. Die Besucher waren von der üppigen Ausstattung – heute wieder wie damals in gold und königsblau – besonders angetan. Vor allem der 1,2 Tonnen schwere **Kronleuchter** sowie das **Deckengemälde** von Jean-Baptiste Robin bezauberten

Aquitanien

Das Grand Théâtre

die Zuschauer. Stolz erzählen die Führer im Haus heute immer noch, dass der Meisterarchitekt Charles Garnier sich für sein Pariser Opernhaus hier in Bordeaux inspirieren ließ. Die Kolonnade an der Außenseite wurde übrigens erst 1850 hinzugefügt, fügt sich aber nahtlos in den Originalbau.

Vom Grand Théâtre zum Place de la Bourse

Das Hotel gegenüber dem Grand Théâtre wurde auch von Victor Louis entworfen, genau wie viele Gebäude in dem Viertel zwischen der Oper und dem Place de La Bourse, das daher den Namen **Îlot Louis** trägt. Hier findet man in der Cours du Chapeau Rouge einige schöne Maskarone, zum Beispiel an der Nummer 40. Nun geht es bis zum Fluss, dann biegt man rechts ab zum **Place de la Bourse**.

Hier beginnt die Geschichte der Stadt, wie man sie heute kennt und wie sie von der UNESCO als Weltkulturerbe anerkannt wurde. König Louis XV. gab den Anstoß für die städtische Erneuerung von Bordeaux, und er beauftragte seinen Architekten, Jacques Gabriel, mit der Planung. Dieser hatte bei dem Wiederaufbau von Rennes gezeigt, was er konnte, und nun wollte er auch in Bordeaux Großes leisten. Er schlug vor, die Stadtmauern am Fluss zu schleifen und stattdessen eine Häuserzeile zu bauen, etwa einen Kilometer lang, an beiden Seiten eines neuen Platzes, der nach dem König benannt werden sollte. An drei Seiten sollte der Platz von Gebäuden gesäumt sein und an der vierten Seite offen zum Fluss hin sein. Viele Bürger der Stadt hielten ihn für verrückt, aber unter dem Intendanten Claude Boucher wurde mit den Arbeiten begonnen. Der Plan war 1733 komplett umgesetzt, und fünf Jah-

re später stand am südlichen Ende des Platzes das **Hôtel de la Douane**, das Zollamt, in dem sich heute das Zollmuseum befindet. Elf Jahre brauchte es dann noch, bis das **Hôtel de la Bourse** fertiggestellt wurde; heute befindet sich in diesem Bau die Handelskammer der Stadt. Mittlerweile hatte Ange-Jacques Gabriel seinen Vater abgelöst, und anstelle von Claude Boucher war de Tourny nun Intendant. Zwischen den beiden Häusern stand ein Reiterdenkmal von Louis XV. Dies wurde während der Revolution abgerissen, und heute steht auf dem Platz ein **Brunnen mit den drei Chariten** (Grazien), die Schönheit, Heiterkeit und Freude repräsentieren. Die Flachreliefs des Sockels sind im Musée d'Aquitaine aufbewahrt. Im zentralen Bau, der erst 1755 fertig war, befindet sich heute **Le Gabriel**, ein Restaurant, das mit einem Michelinstern ausgezeichnet ist.

Der Skulpturenschmuck der Gebäude stammt größtenteils von zwei Künstlern aus Antwerpen, deren Arbeit auch in Versailles zu sehen ist: Jacques Verberckt und Michiel van der Voort. Wie auf allen anderen Gebäude der Stadt sind die Köpfe in den **Maskaronen** oft nicht willkür-

Nächtliche Spiegelungen am Place de la Bourse

Der Place de Parlement bei Nacht

lich gewählt, sondern erzählen etwas über das Haus, seine Einwohner oder das Geschäft des Inhabers. Am Place de la Bourse erinnern die Maskarone zum Beispiel an den Handel, dessen Zentrum dieser Platz war, es ist unter anderen eine Sklavin zu sehen sowie Gesichter, die mit Trauben oder Weinreben geschmückt sind oder Neptun darstellen, den Gott der Meere. Am Flussufer wurde 2006 eine neue **Promenade** eingeweiht, deren Mittelpunkt der **Miroir d'eau** (Wasserspiegel) ist, ein Brunnen, in dem sich die Gebäude des Platzes spiegeln oder von dessen Nebel sie eingerahmt werden. Michel Corajoud, der für das ganze viereinhalb Kilometer lange Projekt der Lichtgärten (Jardin des Lumières) verantwortlich war, ließ sich für diesen Teil der Uferpromenade angeblich vom Markusplatz in Venedig inspirieren.

Vom Place de la Bourse zur Kathedrale

Nun geht es durch die Rue Fernand Philippart zum **Place de Parlement**, ein weiterer Platz, der durch sein Regelmaß besticht. Mitten auf dem Platz, der früher Place du Marché Royal hieß, steht

ein Brunnen von Louis Garros von 1865, der sich aber nahtlos in das Gebilde der Häuser aus dem 18. Jahrhundert einfügt. An der Ecke der Rue du Parlement und der Rue de Pas-Saint-Georges ist sogar ein Haus zu sehen, das in den neunziger Jahren des vorigen Jahrhunderts errichtet wurde und sich dennoch hervorragend und praktisch unsichtbar in sein Umfeld eingliedert. Rechts an diesem Haus vorbei geht es in die Rue de Pas-Saint-Georges bis zur Rue de la Devise, wo früher der Devèze-Fluss verlief. Hier geht man links bis zur Kirche **St-Pierre**, die auf einer alten Kaimauer steht, denn hier war früher der Hafen von Bordeaux. Vor der Kirche geht es nun rechts in die Rue des Bahutiers. Wenn man hier zunächst an dieser Straße vorbeigeht, ein paar Schritte nur, befindet sich in einem kleinen Hof rechts ein **Überrest der römischen Siedlung**. An der Ecke zur Rue Cancéra gibt es eine schöne Statue an der Fassade, doch eine Straße weiter, an der Rue Maucoudinat, ist ein noch schöneres Flachrelief zu sehen. Hier biegt man rechts ab, bis man zum Place Camille Jullian kommt. Kurz vor dem Platz biegt man kurz rechts, in die Rue Vinet, wo sich etwas weiter links ein kleiner Park befindet, der von einer grünen Mauer des ›Grünkünstlers‹ Patrick Blanc geschmückt ist.
Am **Place Camille Jullian**, nach einer französischen Historikerin benannt, steht die **Saint-Siméon-Kirche** aus dem 14. Jahrhundert, die heute zum Kino umgebaut ist. Es gibt kaum eine Schandtat, die man an diesem Gotteshaus nicht verübte, denn es musste auch schon als Schießpulverfabrik, Sportsaal, Konservenfabrik und Garage herhalten. Geradeaus kommt man in die Rue des 3 Conils, die zum Place St-Projet führt. Hier überquert man die **Rue Sainte-Catherine**, eine der längs-

Die Kathedrale St-André in Bordeaux

ten Fußgängerzonen Europas. Der Platz selbst wurde nach einem Märtyrer aus dem 7. Jahrhundert benannt. Der **Brunnen** auf der Südseite des Platzes ist eine Arbeit von Michiel van der Voort. Er erinnert an das Netzwerk von Wasserleitungen, die in römischer Zeit gebaut wurden. Entlang der ganzen Rue Catherine gab es zum Beispiel einen langen Wassergraben. Von der Kirche **St-Projet** ist mitten auf dem Platz nur die Spitze übrig geblieben. Man folgt der Rue Sainte-Catherine zur Rue du Loup und geht hier rechts am schönen **Hôtel Ragueneau** von 1640, heute das Stadtarchiv, vorbei zum Platz der Kathedrale.

Kathedrale St-André

Schon im 5. Jahrhundert stand an der Stelle der Kathedrale St-André eine Kirche, die an die damalige Stadtmauer gebaut worden war. 814 wurde ein Nachfolgebau von Wikingern zerstört, und etwa im 10. Jahrhundert standen hier mehrere Kirchen, von denen bald St-André die wichtigste wurde. Die Heirat zwischen Eleonore von Aquitanien und Louis VII. fand 1137 hier statt, und fast 500 Jahre später auch die zwischen Louis XIII. und Anna von Österreich. Dieses Paar betrat die Kathedrale durch das **königliche Portal**, das Mitte des 13. Jahrhunderts entstanden war, als eine Erneuerung des Baus durch den Papst aus Bordeaux, Clemens V., vorangetrieben wurde. Das Portal wurde zwischen 2010 und 2013 sorgfältig renoviert. Im **Tympanon** ist das Jüngste Gericht abgebildet, darüber ist eine schöne Reihe von Bischöfen von Bordeaux mit einem Erzbischof (erkennbar am Pallium) sowie König und Königin zu sehen.

1787 verursachte ein unachtsamer Dachdecker einen Brand, bei dem der Bau stark beschädigt wurde. Nicht viel später wurde in der Kirche ein Stall eingerichtet, und somit ging die Innenausstattung größtenteils verloren. Aus Kirchen aus der weiteren Umgebung wurde eine neue Ausstattung zusammengetragen. Sehenswert sind unter anderem die **Kreuzigung** von Jacob Jordaens und die **Wiederauferstehung** von Alessandro Turchi, genannt l'Orbetto.

Neben der Kirche steht der **Tour Pey Berland**, nach dem Bischof benannt, in dessen Amtszeit der Bau stattfand. Da man befürchtete, dass das Läuten großer Glocken die Mauern der Kathedrale (eine riesige Hallenkirche, die durchaus strukturelle Schwächen hatte) beschädigen könnte, hielt man es für vernünftiger, den Turm in einiger Entfernung von der Kathedrale zu bauen. Bei einem Sturm wurde der Turm bereits 1667 stark beschädigt, und bei einer Straßenerweiterung nach der Revolution wollte man den Turm eigentlich verschwinden lassen. wurde dann aber als Fabrik in Betrieb genommen und Mitte des 19. Jahrhunderts endlich renoviert, zum ersten Mal mit Glocken ausgestattet und mit der etwas übertriebenen Jungfrau mit Kind gekrönt. Wer sich die Mühe des Aufstiegs macht, wird am Ende der Wendeltreppen ganz oben mit einem herrlichen Blick über die Dächer von Bordeaux, allen voran die der Kathedrale, belohnt.

Der Platz der Kathedrale bekam sein heutiges Aussehen 2004. Am westlichen Ende steht das **Palais Rohan**, vom Architekten Richard-François Bonfin 1776 für Maximillien Mériadeck, den Erzbischof von Bordeaux, erbaut und seit 1837 als **Rathaus** in Gebrauch. Hinter dem Gebäude liegt das **Musée des Beaux Arts**, in dem Werke von van Ruysdael, van Goyen und Rubens bis zu den Impressionisten sowie wichtige regionale Werke, wie etwa das Gemälde ›Vue d'une partie

Der Turm der Basilika St-Michel, rechts die Porte Saint-Éloi

du port et des quais de Bordeaux‹ von Pierre Lacour zu sehen sind.

Vom Place Pey Berland kommt man über die Cours d'Alsace et Lorraine einfach zum Quai Richelieu, wo man links abbiegt und am Wasser entlang immer geradeaus geht, bis man zum Schiffsanleger kommt.

Weitere Sehenswürdigkeiten

Das mittelalterliche Stadttor, die **Porte Saint-Éloi**, auch Grosse Cloche genannt, schützte die Kirche Saint-Éloi sowie das benachbarte Rathaus, das Maison des Jurats. Ursprünglich hatte das Tor vier Türme, von denen aber 1449 zwei abgebrochen wurden. Bei diesem Umbau wurden die verbleibenden Türme durch einen Bogen miteinander verbunden, und die große Glocke wurde dazwischen gehangen. Henry II., nicht der erste französische Monarch, der mit der freigefochtenen Provinz seine Probleme hatte, ließ die Glocke und die Uhr am Turm ein Jahrhundert danach entfernen, um den Bürgern zu zeigen, wer das Sagen in Bordeaux hatte. 1757 musste der Turm renoviert werden, nachdem ein Brand der im Rathaus ausgebrochen war, den

obersten Stock zerstört hatte. Glocke und Uhr wurden im Laufe dieser Arbeiten neu angefertigt. In jüngster Zeit hat man eine neue Beleuchtungsanlage in Gebrauch genommen. Wie gelungen das blaue Licht ist, darüber lässt sich freilich streiten. Der Mosaikboden im Torbereich stammt von der örtlichen Künstlerin Danielle Justes.

Am Fluss ist ein weiteres Stadttor erhalten geblieben, das **Porte Cailhau**, in seiner heutigen Form 1496 errichtet. Neben dem Tor stand früher das Palais d'Ombrière, das im Laufe der Jahrhunderte den Herzögen von Aquitanien, den englischen Königen, die zu Besuch waren, verschiedenen Versammlungen sowie Gefängnissen Obdach bot. 1800 wurde das stark verwahrloste und von Bränden beschädigte Gebäude abgerissen. Der Place du Palais befindet sich ungefähr dort, wo früher der Palast stand. Auf dem Platz gibt es einen **Brunnen** von Emmanuelle Lesgourgues und Frédéric Latherrade. Das Wasser verläuft unterirdisch, und nimmt damit Bezug auf die Peugue, die hier früher verlief. Große Kieselsteine aus Stahl erinnern an die riesigen Schiffsballaststeine, die hier ver-

Karte S. 403

laden wurden und möglicherweise dem Tor seinen Namen gaben: Solche Steine nennt man hier Caillou. An der Fassade zum Fluss hin ist am Turm eine Statue von Charles VII. zu sehen; links von ihm steht Christus, rechts der Kardinal d'Epernay. Der Turm feierte Charles' Sieg in der Schlacht bei Fornovo 1495 – die allerdings in Wirklichkeit unentschieden ausging. Unweit von hier findet man in der 28 Rue des Argentiers **Bordeaux Monumental**, eine Ausstellung, die das Architekturerbe von Bordeaux zum Thema hat und sicherlich einen Besuch wert ist.

Südlich der Innenstadt steht die Basilika **St-Michel** mit ihrem 114 Meter hohen freistehenden Turm. Ab 1350 baute man zwei Jahrhunderte an der Kirche, und da wiederholt Teile abgerissen werden mussten oder einstürzten, spiegelt sie verschiedene Stilrichtungen wieder. Obwohl sie nicht im traditionellen Sinne schön ist, lohnt es sich, die Kirche außen und innen anzusehen – es gibt genug Überraschungen, wie das nördliche Portal an der Rue des Faures, oder das filigrane Renaissance-Retabel in der Josefskapelle, die vierte Kapelle auf der linken Seite. Zusammen mit den Kirchen St-Seurin und der Kathedrale St-André gehört die Basilika seit 1998 wegen ihrer wichtigen Rolle für den Jakobsweg des Mittelalters zum UNESCO-Weltkulturerbe.

Im Viertel St-Michel südlich der Basilika findet man die schöne romanische Kirche **Ste-Croix** und den überdachten **Marché des Capucins**. Beide sind einen Abstecher in das Arbeiterviertel durchaus wert, obwohl man die Markthallen früh morgens besuchen sollte, damit man den Betrieb im vollen Umfang miterleben kann.

Das **Musée d'Aquitaine**, eine Fundgrube der regionalen Geschichte, ist einige Stunden wert. Von der 25000 Jahre alten Venus von Laussel bis zum Gemälde eines jungen schwarzen Sklaven und von römischen Statuen bis zu Schiffsmodellen bietet es einen kaleidoskopartigen Querschnitt. Zwei weitere sehenswerte Museen sind das **Centre Jean Moulin**, das die Geschichte des Widerstands im Zweiten Weltkrieg erzählt, und das **Hôtel Lalande**, in dem das **Museum der dekorativen Künste** untergebracht ist. Hier kann man erfahren, in welchem Luxus eine feine Familie des Ancien Régime lebte.

Aquitanien

ℹ **Bordeaux**

Für etwa fünf Euro bekommt man eine Tageskarte für das sehr feinmaschige Straßenbahnnetz. Am Schiffsanleger ist man nur Schritte von der Chartrons-Haltestelle entfernt.

✖

Regionale Küche gibt es im **Bouchon Bordelais**, 2 Rue Courbin, Tel. 0556/443300 und im **Le Noailles**, 12 Allée de Tourny, Tel. 0556/819445.

In der Nähe der Place de Comédie, in der Rue Sainte-Catherine, findet man einander gegenüber die **Galeries Lafayette** in einem schönen Einkaufstempel und die **Galeries Bordelais**, eine alte überdachte Galerie, die nach und nach renoviert wird.

🚲

VCub heißt die größte Fahrradverleihfirma in Bordeaux. Manche der Räder wurden vom Designer Philippe Starck entworfen; insgesamt stehen fast 1600 Räder an vielen Orten in der Stadt zur Verfügung (www.vcub.fr). Das Ausleihen ist mit Kreditkarte möglich.

Flussaufwärts

Cadillac

Um nach Cadillac zu gelangen, müssen die Schiffe unter der 491 Meter langen Pont de Pierre in Bordeaux durchfahren, die nicht von ungefähr 17 Bögen hat. 17 ist nämlich die Zahl der Buchstaben im Namen Napoleon Bonaparte, der den Auftrag zum Bau der Brücke gab. Erst 1822 wurde sie fertiggestellt, einem Jahr nach seinem Tod. Der Ingenieur der Brücke, Claude Deschamps, wollte die Brücke ganz aus Stein bauen, doch damit wurde sie zu schwer. Aus dem Grund wurden neben Stein auch andere Materialien wie Schutt und Backstein verwendet – dennoch heißt sie, der ursprünglichen Idee nach, **Steinerne Brücke**. Ganz leicht ist die Durchfahrt nicht – größere Schiffe passen nur bei Ebbe unter der Brücke durch, und dies hat zur Folge, dass der Fahrplan nach Cadillac oft gezeitenbedingt angepasst werden muss. Entlang der Garonne findet man kleine Holzhäuser auf Stelzen, die sogenannten **Carrelets**. Sie werden nach den viereckigen Netzen genannt, die unter den Häuschen hängen und mit

Ein Carrelet, ein Anglerhäuschen, an der Garonne

denen Fisch und Schaltiere gefangen werden. Freilich wird von den Carrelets auch Fisch mit der Angel gefangen.

Cadillac ist ein kleiner Ort mit gerade mal 2500 Einwohnern. Er entstand im 13. Jahrhundert zunächst als Hafen für das nahegelegene **Château de Benauge**. Cadillac ist eine Bastide, ein befestigter Ort, und Teile der Stadtmauern sowie eines der Tore stehen heute noch immer. Das **Rathaus** mitten im Städtchen hat eine recht ungewöhnliche Form, denn es befindet sich über den Marktplatz, der damit eben den Vorteil hat, dass er überdacht ist.

Die wichtigste Sehenswürdigkeit ist die **Burg der Herzöge von Épernon**, die über Cadillac hinausragt. Diese hat eine recht traurige Geschichte: Jean Louis Nogaret de la Valette, der erste Herzog von Épernon, begann mit dem Bau des Schlosses 1599, doch es sollte erst von seinem Sohn 1610 vollendet werden. Épernon war ein enger Vertrauter von König Henri III. und damit ein sehr mächtiger Mann. Des Königs Nachfolger aber, Hen-

Karte S. 386

▲ *Die Burg der Herzöge von Épernon*

ri IV., setzte alles daran, Épernon vom Hof fern zu halten, und so blieb dem Herzog eben der Bau an seinem Schloss, weit weg von Paris. Der zweite Herzog starb ohne Erben, und Verwandte rissen Teile des Schlosses ab, um es modernisieren zu können. Als die Revolution kam, fiel es in die Hände der Revolutionäre und wurde übel zugerichtet. Von 1818 bis 1890 war es ein Frauengefängnis (die Flügel des Hauses und das Eingangsgebäude entstanden in dieser Zeit), danach eine Erziehungsanstalt für Mädchen. 1956 wurde das Schloss von der französischen Regierung übernommen, und seitdem wird es als Denkmal gepflegt und geschützt. Heute enthält es einige schöne Wandteppiche sowie sehenswerte Kamine, ansonsten ist es aber relativ karg möbliert.

Antoine Laumet, ein Abenteurer aus der Gegend, zog im späten 17. Jahrhundert nach Amerika, wo er sich eine neue Identität erlaubte: Er nannte sich fortan Antoine de Lamothe, Sieur de Cadillac, obwohl er mit dem Schloss nichts zu tun hatte. Da er aber 1701 eine Niederlassung gründete, die später Detroit genannte wurde, verbindet man heute den Ort an der Garonne mit einer berühmten amerikanische Luxusautomarke, denn 1902 wurde diese nach ihm benannt. Jährlich findet in Cadillac im Sommer eine Feier statt, bei der mit Oldtimern durch die Weinberge gefahren wird – natürlich alles Cadillacs.

Sauternes

Der Ort ist oft der Ausgangspunkt für Ausflüge in das Sauternes-Gebiet, bekannt für seine edelsüßen Weißweine. Erst recht spät fing man im Bordelais mit der Produktion von Weißwein an, und wie es dazu kam, ist eine recht interessante Geschichte: Im Mittelalter waren die Britischen Inseln der wichtigste Markt für die Weinproduzenten in Aquitanien, doch im 17. Jahrhundert kamen die Niederlande dazu. Hier bekam man seinen Wein lange Zeit aus dem Rheinland, doch als dort Bier immer beliebter wurde, begann diese Quelle zu versiegen. Nun musste der Wein woanders herkommen, und so kamen die niederländischen Kunden auf Bordeaux. Die örtlichen Winzer mussten zunächst von diesen lernen, wie man mit Schwefel das Fermentieren anhalten kann, damit mehr Restzucker in

Aquitanien

Das Weingut Château d'Arche in der Sauternes-Region

dem Wein bleibt. Die Gegend um Sauternes eignete sich hervorragend für die Zucht weißer Trauben. Später stellte man fest, dass sie zudem ein Klima besaß, das zur Entwicklung von Edelfäule, Botrytis cinerea, besonders geeignet war; südlich von Barsac fließt der kleine Ciron-Fluss in die Garonne, dessen Wasser wesentlich kälter ist als das in der Garonne. Vor allem im Herbst entsteht dadurch in diesem Bereich ein Nebel, der für die Entwicklung des Schimmels besonders günstig ist. Der spätere U.S.-Präsident Thomas Jefferson war bei seinem Besuch in der Gegend von der Qualität besonders angetan und berichtete sogar Präsident George Washington von dem Wein. Zum Sauternes werden etwa 70 bis 80 Prozent Sémillion- und 20 Prozent Sauvignon-Blanc-Trauben genommen, oft mit etwas Muscadelle dazu. Die Sémillion-Trauben sind besonders anfällig für den Schimmel, der dafür sorgt, dass die Trauben an der Rebe vertrocknen, sodass der Saft konzentriert wird, was zum intensi-

ven süßen Geschmack des Weines führt. Der Wein von Château d'Yquem gilt als der beste Tropfen aus dem Sauternes-Gebiet – eine Flasche von 1811 wurde vor einigen Jahren für 75 000 britische Pfunde versteigert – die teuerste Flasche Weißwein, die jemals verkauft wurde.

Libourne

Nach Libourne fährt das Schiff zunächst flussabwärts unter der **Jacques-Chaban-Delmas-Hebebrücke** hindurch, die am 16. März 2013 von François Hollande und Alain Juppé eingeweiht wurde. Bei **Bec d'Ambes** geht es dann auf der Dordogne flussaufwärts weiter. Kendaten nannten die Kelten die Niederlassung an dem Platz, wo die Isle in die Dordogne fließt. Die Römer nannten sie Condatis und machten sie zum Oppidum, einer befestigten Niederlassung. An der Handelsroute zwischen Périgeux und Bordeaux gelegen, war Condatis von strategischer Bedeutung. Eine spätere Niederlassung an gleicher Stelle wurde Fozera genannt, und so heißt heute immer noch das älteste Viertel der Stadt. In der englischen Zeit bekam Libourne seinen Namen und seinen heutigen Straßenplan. Prinz Edward von England ließ im 13. Jahrhundert hunderte von befestigten Niederlassungen, sogenannte Bastiden, bauen, mit dem Ziel, Aquitanien zu befrieden. Diese Dörfer erhielten das Marktrecht und bekamen einen rechteckigen Straßenplan, dessen Zentrum ein Markt war, der von Arkadengängen gesäumt wurde. Im Auftrag des Königs gründete somit Roger de Leyburn 1270 an der Stelle von Fozera das heutige Libourne. Ein paar Jahrzehnte später wurde die Stadt ummauert, und Reste dieser Wehranlage sind immer noch zu sehen, obwohl sie 1294 von französischen Truppen größtenteils geschleift wurde. Nach

Karte S. 386

▲ *Auf dem Markt in Libourne*

dem Hundertjährigen Krieg und den Religionskriegen dauerte es bis zum frühen 19. Jahrhundert, bis es wieder bergauf ging: 1824 wurde eine Brücke über die Dordogne fertiggestellt, sechs Jahre danach wurde auch die Isle überbrückt. Seitdem ist Libourne ein wichtiger Knotenpunkt für die Region.

■ Ein Rundgang

Vom Schiffsanleger In Libourne sind es keine 300 Meter zum Marktplatz, doch man sollte sich einen kleinen Schlenker leisten, um das Städtchen etwas besser kennenzulernen. Zunächst geht man am Fluss entlang und mit der Biegung der Straße kommt man zur Mündung der

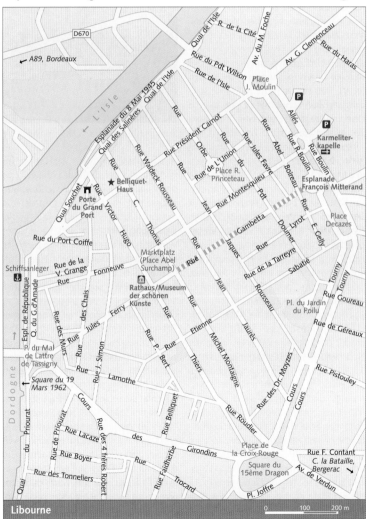

Libourne

Aquitanien

Isle. Bald sieht man schon das **Porte du Grand Port** mit seinen flankierenden Türmen. Unter dem Torbogen geht es in die **Rue Victor Hugo**, in der es einige sehenswerte Häuser gibt, wie zum Beispiel die Nummer 17 aus dem 16. Jahrhundert. Links in der ersten Querstraße, der **Rue Président Carnot,** steht ein Haus mit einem kleinen Turm, das im 17. Jahrhundert einem einflussreichen Anwalt namens **Belliquet** gehörte. Hier fand der junge König Louis XIV. während der Fronde 1650 Unterschlupf, als er mit seinem Gefolge unterwegs war und in großen Teilen Frankreichs nicht mit Unterstützung rechnen konnte. Stolz sagt man in Libourne, dass die Stadt vom 1. bis zum 26. August Hauptstadt Frankreichs war – gewiss etwas übertrieben, wenn man bedenkt, wie wenig Einfluss der zwölfjährige Monarch, sein Berater Jules Mazarin und seine Regentin Anna von Österreich in dieser Zeit hatten. Man sieht hier schon den Turm des Rathauses, und an zwei schönen Häuser zur Rechten vorbei erreicht man den Marktplatz.

Am **Marktplatz** (amtlich: Place Abel Surchamp) liegt das schmucke **Rathaus**, das am Ende des 19. Jahrhunderts gründlich im neogotischen Stil renoviert wurde. Im Gebäude ist das **Museum der schönen Künste** der Stadt untergebracht. Die ältesten Häuser am Platz, die Nummern 35 und 16, stammen aus dem 16. Jahrhundert; sie sind an den bossierten Arkaden zu erkennen. Dienstags, freitags und sonntags wird hier der Markt abgehalten. Von der gegenüberliegenden Ecke verläuft die **Rue Gambetta**, die Einkaufsstraße Libournes, bis zum kleinen Platz, der nach François Mitterand genannt wurde, dessen Sohn lange Zeit Bürgermeister von Libourne war. An diesem Platz liegt die **Kapelle des ehemaligen Karmeliterkonvents**, jetzt eine

Wein und alte Mauern: Saint-Émilion

Ausstellungshalle. Vom Marktplatz erreicht man über die Rue Fonneuve, in der es auch noch einige schöne alte Häuser gibt, die Schiffsanlegestelle.

Saint-Émilion

Von Libourne aus findet normalerweise ein Ausflug in das benachbarte Saint-Émilion statt, ein Höhepunkt der Kreuzfahrt, denn weit und breit gibt es kaum einen Ort mit einer schöneren Lage. Oben auf dem Plateau mit seinen engen Gassen und seinen herrlichen Ausblicken auf das umliegende Land kann man sich wohl keinen malerischeren Ort vorstellen. Jahrhunderte des Weinbaus haben Saint-Émilion gezeichnet, und diese Geschichte, die bis in die Gegenwart reicht, verhalf der Stadt 1999 zum Status eines UNESCO-Weltkulturerbes. Nach der Legende lebte der römische Historiker und Dichter Ausonius im 4. Jahrhundert in dieser Region. Den Inhabern des vornehmen Château Ausone wäre es recht, wenn man annehmen würde, seine Villa hätte dort gestanden, wo sich jetzt die

▲ Karte S. 415

Kellerei befindet. Klar ist jedenfalls, dass es in der Umgebung römische Villen gab. Doch die Geschichte des Ortes begann eigentlich erst richtig, als ein gewisser Emilian aus der Bretagne sich hier niederließ, nachdem Neider am Hof des Grafen von Vannes ihm das Leben dort unmöglich gemacht hatten. Hier lebte er fortan als Eremit in einer Höhle nach der asketischen Regel des heiligen Benedikt. Bald war es mit der Einsamkeit allerdings vorbei, denn um ihn herum bildete sich eine Glaubensgemeinde.

Drei Jahrhunderte später ordnete der Bischof von Bordeaux die Gründung eines Chorherrenstifts an, die zu einer neuen religiösen Blüte führte. Nochmal 100 Jahre später erhielten die Einwohner einen Stadtrat, die Jurade, die sehr weitreichende Befugnisse hatte und sich im Laufe der Zeit auch in benachbarten Ortschaften als weltliche Macht durchsetzte. Obwohl die Jurade ihre Macht vom englischen König Johann Ohneland bekommen hatte, blieb diese auch gewahrt, als Aquitanien Frankreich einverleibt wurde und konnte sich bis zur Revolution behaupten. Immer wichtigere Aufgaben dieses Rates wurden ab dem 17. Jahrhundert die Vergabe von Gütesiegeln für den Wein, die Festlegung von Produktionsregeln und Qualitätsstandards sowie das Bestrafen von Winzern, die gegen die Regeln verstießen. Die Jurade, die ansonsten keine politische Macht mehr hat, kündigt heute nicht nur den Beginn der Ernte an, sondern urteilt auch über die Tropfen von Saint-Émilion.

Der Hundertjährige Krieg und die Religionskriege setzten Saint-Émilion ordentlich zu. 90 Prozent des Baubestandes wurden zerstört, und von vielen Kirchen blieben nur Ruinen, denn die Stadt wurde von Hugenotten wiederholt heimgesucht. Als schließlich etwas Ruhe einkehrte, begann man die Weinberge der Umgebung weiter auszubauen, zunächst, um den Wein als Rohstoff für den in den Niederlanden begehrten Branntwein zu verkaufen, aber nach einigen Jahrzehnten auch im Bestreben, bessere Weine zu produzieren. Interessanterweise spielte dabei das Kalksteinplateau, auf dem Saint-Émilion liegt, eine doppelte Rolle: Einmal stellte sich das Land direkt außerhalb der Stadtmauern als ideal für den Weinbau heraus, und darüberhinaus baute man fleißig Tunnel in das Plateau hinein, förderte den Kalkstein, aus dem viele Häuser in Bordeaux gebaut sind, und finanzierte mit diesem Geschäft wiederum den Weinbau. Die berühmte Weltausstellung von 1855 kam etwas zu früh – und daher erschienen auf der damaligen Klassifizierung keine Weine der Region –, doch bei der nächsten Ausstellung 1867 festigte Saint-Émilion seinen Ruf. Wenige Jahre später schlug die Reblaus zu, und die Wirtschaftskrise der Zwischenkriegszeit war ein weiterer Schlag. Schließlich musste man auch noch eine verheerende Kälte im Jahr 1956 überstehen, aber das Weingeschäft zeigte sich immer wieder erstaunlich anpassungsfähig.

Heute ist Saint-Émilion unter anderem bekannt für seine sogenannten Garagenweine. Aus oftmals mittelmäßigen Trauben wird von jungen Weinmachern – teilweise tatsächlich in Garagen – in ausgeklügelten Prozeduren Wein produziert, der sich erstaunlicher Erfolge erfreuen kann.

■ Besichtigung

Der Besuch von Saint-Émilion beginnt meistens vor der **Kollegiatskirche** im oberen Bereich des Dorfes. An dem Gotteshaus wurde vom 12. bis zum 14. Jahrhundert gebaut, somit hat es Merkmale der Romanik und der Gotik. Schön

Aquitanien

ist der Kreuzgang mit seinen schmalen, eleganten Säulen, und interessant sind die Fresken aus dem 13. Jahrhundert, die das Leben der heiligen Katharina darstellen. Nebenan in der ehemaligen Abtwohnung befindet sich heute das **Maison des Vins**, wo man einen Überblick über das Angebot der Region bekommen kann. Der bessere Start wäre aber die **Touristeninformation** im ehemaligen Speisesaal des Konvents, denn hier kann man sich mit einem Stadtplan und Informationen zu den umliegenden Weinbergen eindecken. Zudem bekommt man nur hier die

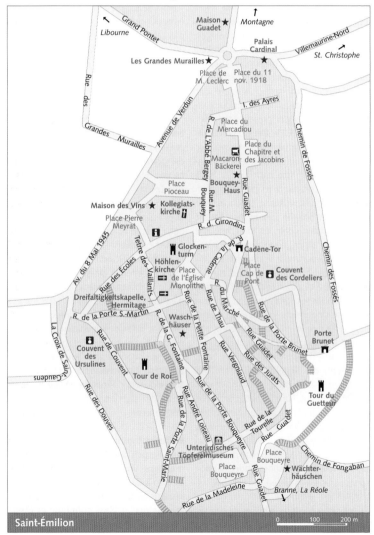

Saint-Émilion

Eintrittskarten für die unterirdischen Sehenswürdigkeiten Saint-Émilions, die nur im Rahmen einer Führung zu sehen sind, sowie den Schlüssel zum 54 Meter hohen **Glockenturm**, der auf der anderen Seite vom Platz vor der Touristeninformation steht. Ganz oben entschädigt der herrliche Blick für die Kletterei.

In der Rue Guadet im oberen Bereich des Dorfes ist über der Tür der Nummer 17 eine Tafel zu sehen, die Thérèse Bouquey gewidmet ist. In diesem Gebäude versteckte sie eine Gruppe von sechs sehr prominenten Girondisten, die von Robespierres Mannen gesucht wurden. Im Innenhof des Gebäudes gab es eine Verbindung zu einem unterirdischen Gang – nichts Ungewöhnliches in Saint-Émilion, denn es gibt unter dem Plateau Gänge von mehreren Kilometern Länge. Das Verstecken nutzte aber trotzdem nichts, die Girondisten wurden verraten und mussten fliehen. Bis auf einen wurden alle gefasst und exekutiert, und auch Madame Bouquey musste für ihre Tat das Leben lassen. Etwas weiter in der Straße, auf der linken Seite findet man in der Nummer 11 eine **Bäckerei** mit den besten Macarons von Saint-Émilion.

In den Gassen von Saint-Émilion

Durch das malerische **Cadène-Tor** erreicht man die untere Stadt, und dort befindet sich die **Höhlenkirche**, ein aus den Felsen gehauener Raum, 30 Meter lang und 20 Meter breit. Über Jahrhunderte wurde an der Kirche gearbeitet: Das Tor mit dem Tympanon des Jüngsten Gerichts stammt aus dem 14. Jahrhundert, während die Katakomben wohl bereits kurz nach dem Tod des heiligen Emilian angefangen wurden. Ein mysteriöses Flachrelief eines Drachen gehört zu den interessantesten Teile der Innenausstattung, die ansonsten recht karg ist, nicht zuletzt, weil die Kirche nach der Revolution eine Zeitlang als Salpetersäurefabrik herhalten musste. Über der sehr schlichten Hermitage, der Höhle des Emilian, befindet sich die **Dreifaltigkeitskapelle** mit einigen sehr schönen mittelalterlichen Fresken in den Gewölben.

Nicht weit vom Platz, an dem die Höhlenkirche liegt, erhebt sich der massive **Tour de Roi**, der Königsturm, der einzige noch erhaltene Teil der mittelalterlichen Burg von Saint-Émilion aus dem 13. Jahrhundert. Vom Turm verkünden die Mitglieder der Jurade den Anfang der Traubenernte und ihre Qualitätsurteile.

Die Höhlenkirche von Saint-Émilion

Aquitanien

Flussabwärts

Pauillac

Mit drei Châteaux der Premier-Grand-Cru-Classé ist Pauillac so etwas wie der Nabel der französischen Weinwelt, eine Bedeutung, die man dem Örtchen auf dem ersten Blick nicht ansieht. Zwar hat Pauillac einen hübschen kleinen Hafen, ein paar nette Cafés und Restaurants und ein schönes Rathaus, doch insgesamt stellt man sich die Hochburg des teuren Weins vielleicht doch anders vor. Vom Städtchen aus werden normalerweise Ausflüge in die benachbarten Weinberge organisiert, und die Landschaft um Pauillac herum ist so, wie man sich sie vorstellen würde: An der **Route des Châteaus** sind viele sehr schöne Schlösser zu sehen, vor allem das Château **Latour**, eines der drei Premier Grand Crus, und die Châteaus **Pichon Longueville** und **Pichon Longueville Comtesse de Lalande**, noch relativ am Anfang der Straße, die bis in die Margaux-Region an malerischen kleinen Dörfer, Châteaus und endlosen Weinbergen vorbeiführt.

Etwas nördlich liegen die Châteaux **Lafite Rothschild** und **Mouton Rothschild**. Letzteres bietet Führungen, die zwar sehr teuer sind, aber dafür auch einen sehr interessanten Einblick in die Welt der Spitzenweine bieten. Mouton-Rotschild ist das einzige Château, das es nach der Klassifizierung von 1855 an die Spitze der Liste geschafft hat, dank der Hartnäckigkeit Philippe de Rothschilds, der das Haus 66 Jahre lang führte und für viele Neuerungen im Weingeschäft verantwortlich war. Er war der erste, der den Wein selber abfüllte, statt dies den Händlern in Bordeaux zu überlassen. Heute machen es die meisten Châteaux so, die alte Arbeitsteilung gibt es nur noch vereinzelt. Nach der Führung durch die moderne Kellereianlage kann man zwei kleine, aber sehr sehenswerte **Museen** besuchen, eines, in dem anhand einer ausgewählten Sammlung von Kunstgegenständen die Geschichte des Weins dargestellt wird, und ein zweites, in dem von Künstlern kreierte Flaschenetiketten

▲ *Château Pichon Longueville*

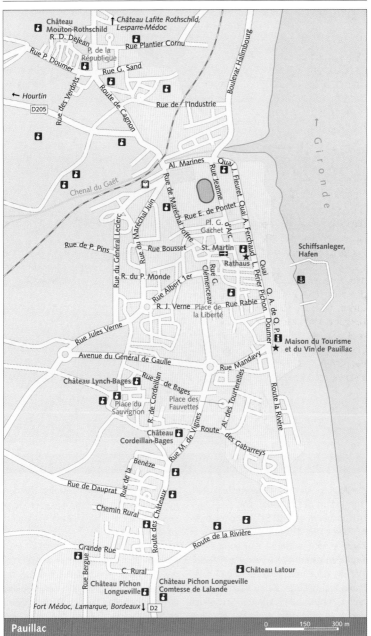

Aquitanien

Pauillac

0   150   300 m

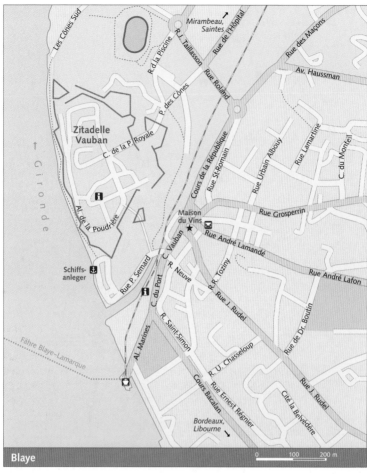

Blaye

der letzten Jahrzehnte ausgestellt sind. Von jedem der Künstler sind das Originalkunstwerk und oft Skizzen oder andere Fassungen des Etiketts zu sehen. In kaum einem anderen Museum dieser Größe wird man Werke von Karel Appel, Wassily Kandinsky, Nikki de Saint Phalle, Pablo Picasso oder Andy Warhol an einem Ort bewundern können. Schließlich darf man auch den Wein des vorangegangenen Jahres kosten, en primeur so

zusagen; wie die Weinhändler, die den ›unreifen‹ Wein kaufen, bevor er lange genug gelagert ist, um seinen Marktwert zu erreichen.

Bei der Rückkehr am Hafen sollte man kurz an dem **Denkmal** stehen bleiben, das eines der wichtigsten Ereignisse der Weltgeschichte gedenkt: Von Pauillac aus kam der Marquis de Lafayette George Washington zu Hilfe. Im Hafen von Pauillac beginnen übrigens auch Teile des

Airbus 380 ihren Weg flussaufwärts, bis nach Langon an der Garonne. Von dort werden die Teile weiter über den Landweg nach Toulouse gebracht, wo das Riesenflugzeug zusammengestellt wird. Wie für die Flusskreuzfahrtschiffe, so gilt auch für die Schiffe, mit denen die Airbusteile transportiert werden: Nur bei Ebbe kann man unter der Steinernen Brücke durchfahren, sonst nicht.

Blaye

Sébastien Le Prestre de Vauban war ein ehrgeiziger junger Mann: Bereits mit 22 Jahren war der 1633 geborene Burgunder trotz bescheidener Herkunft als Militäringenieur für die Verteidigungswerke des Königreichs unter dem Sonnenkönig, Louis XIV., verantwortlich. Dabei hatte er zunächst als Rebell gekämpft, doch er ließ sich bald vom ehemaligen Gegner überzeugen. Im Krieg um die spanischen Niederlande führte er die Belagerungen von Lille, Douai und Tournai an; die Städte hielten weniger als zwei Wochen stand, und Vauban war auf dem besten Weg, der wichtigste Stratege des Königreichs zu werden. ›Mit Vauban fällt keine Festung, gegen Vauban fällt jede‹, so sagte man. Am Ende des 17. Jahrhunderts erhielt Vauban den Auftrag, an der Mündung der Gironde eine Festung zu bauen. Diese Befestigung war Teil eines Rings, der um das ganze Königreich herum geschaffen wurde, um Frankreich gegen seine vielen Gegner zu schützen. Viele dieser Anlagen wurden von Vauban selber entworfen, doch oft hatte er Bauherren, die die eigentliche Arbeit übernahmen. Auch außerhalb des modernen Frankreichs findet man Werke von Vauban, zum Beispiel in der Nähe von Traben-Trarbach an der Mosel und in Solothurn in der Schweiz.

Sébastien Le Prestre de Vauban (1633–1707), Portrait von Charles Le Brun

In Blaye gab es wohl schon um 625 eine erste Burg auf der Anhöhe, die jetzt von der **Zitadelle** eingenommen wird; während der Religionskriege wurde ein Nachfolgerbau von Protestanten angegriffen, und zwischen 1686 und 1688 machte sich François Ferry nach den Plänen von Vauban an die Arbeit. Die Gironde war aber so breit, dass man auf der anderen Seite des Flusses und im Fluss selber zwei weitere Festungen bauen musste, um die ganze Breite des Flusses in das Schussfeld der damaligen Kanonen zu bringen. Das **Fort Paté** auf der Paté-Insel stellte sich als eine große Herausforderung heraus: Der Boden war so weich und die Insel so instabil, dass sie zunächst komplett mit einem riesigen Holzgerüst stabilisiert werden musste. Trotzdem war die Festung 1705 bereits zwei Meter in den Boden gesunken, was sie aber nicht weniger wehr-

Aquitanien

Map labels:
Pauillac · Île Nouvelle · Gironde · Rue de l'Hôpital · Libourne, Bordeaux → · D937 · Av. Haussman · Zitadelle · Blaye · Cussac-Fort-Médoc · Fort Médoc · Fort Paté · Île Paté · Cours Bacalan · Plassac · D2 · Lamarque · Rue du Port · Rue · Bordeaux ↓ · Île Verte

Festungsbauten Vaubans

0   150   300 m

haft machte. **Fort Médoc** auf der gegen-überliegenden Seite besteht aus einem Erdwall, der einige Steinbauten schützt. Wie auf der Paté-Insel musste man auf große Steinmauern verzichten, denn der Boden ist auch hier recht weich.

Die Kreuzfahrtschiffe legen direkt unter-halb der Festung an, und sie kann zu Fuß besucht werden. Im Inneren findet man einige Läden und Cafés sowie ein Informationszentrum. Die Wanderwege sind in Englisch und Französisch be-schriftet. An der Straße, die am Hafen entlang verläuft, gibt es ein paar kleine Lokale, ansonsten ist das Dorf Blaye wenig spannend.

▲ *Blick von der Zitadelle Blaye auf die Île Nouvelle*

Karte S. 422

Die Weine von Bordeaux

Plinius der Ältere schrieb in seiner ›Naturalis Historia‹ eine Liste nieder, die 80 Weine umfasste – es dürfte der erste systematische Versuch einer Klassifizierung gewesen sein. 1855, fast 19 Jahrhunderte und viele weitere Klassifizierungssysteme später, ließ Napoleon III., neidisch auf den großen Erfolg der Londoner Industrieausstellung, in Paris eine Weltausstellung organisieren, die – das versteht sich – besser sein sollte als die in London. Zu diesem Anlass wurde die Handelskammer von Bordeaux beauftragt, die Weine und andere Produkte der Region auszustellen – dazu gehörten natürlich Verkostungen und Auszeichnungen. Und so machten sich die Weinmakler von Bordeaux an eine Liste, die zum Schluss 57 Rotweine, bis auf den Haut Brion alle aus dem Médoc, sowie 21 Weißweine aus der Sauternes-Region zählte. Ein paar Wochen nur hatte man für die Arbeit, und so verließ man sich auf die vorhandenen Preise und Verkaufsdaten – die Liste wurde eine Momentaufnahme des Weinhandels der vorangegangenen Jahre.

Die Rotweine teilte man in fünf Stufen ein, die Grand Crus Classés; bei den Weißweinen gab es drei Stufen. Während aber bei den Rotweinen die Stufen ganz einfach von premier bis cinquième nummeriert wurden, gab es in Sauternes eine Gruppe von premier und deuxieme Crus, sowie einen einzigen premier Cru supérieur. Da die Weine vom sogenannten rechten Ufer (darunter die heute renommierten Güter in Pomerol und Saint-Émilion) damals noch keinen besonderen Rang hatten, blieben sie unberücksichtigt. Niemand konnte damals ahnen, dass die Klassifizierung bis in unsere Zeit erhalten bleiben würde; das war nie beabsichtigt, und sicherlich ist sie auch heute nicht unumstritten. Während die AOC-Klassifizierung (und die AOP der EU) auf genauen Vorschriften und Regeln basiert, ist die Klassifizierung der Bordeauxweine der Ausdruck eines gewissen Konsens, doch über Geschmäcker lässt sich bekanntlich sehr gut streiten.

Damit es Kennern und Laien ja nicht langweilig wird, hat das Weingebiet von Saint-Émilion seit 1955 eine eigene Klassifizierung, die eine Premier-Grand-Cru-Classé-Stufe kennt (wiederum unterteilt in zwei Kategorien, A und B) und eine Grand-Cru-Classé-Stufe. Im benachbarten Pomerol gibt es keine Klassifizierung, doch der Wein vom Château Pétrus gilt als einer der teuersten Weine der Welt. Die gute Nachricht ist freilich, dass es in diesem Gebiet sehr viele erschwingliche gute Weine gibt und man sich von den Preisen, die mitunter für eine (!) Flasche Château Lafite Rothschild 1869 bezahlt werden – deftige 230 000 Dollar – nicht irritieren lassen muss.

Im Haute Médoc und Médoc (das ›Basse‹ lässt man aus marketingtechnischen Gründen gerne weg) produziert man Rotweine, für die man hauptsächlich Cabernet-Sauvignon-Trauben nimmt, mit einem ordentlichen Anteil Merlot (etwa 40 Prozent), etwas Petit Verdot oder Malbec (zusammen nicht viel mehr als 5 Prozent) und nur manchmal ein wenig Cabernet Franc oder Carménère. Die genaue Zusammenstellung der Cuvées hängt von der Ernte und vom jeweiligen Château ab. ›Château‹ heißt übrigens in Bordeaux jedes Weinhaus; man sollte sich nicht überall kleine Burgen oder Paläste vorstellen. Obwohl manche Häuser tatsächlich sehr schön sind, gibt es viele Châteaux in Gestalt eines gepflegten Bauernhofs.

Weiter südlich am linken Ufer liegt die Sauternes-Region, aus der die süßen Weißweine stammen, deren Trauben durch Edelfäule einen sehr hohen Zuckergehalt erreichen, bevor sie geerntet werden. Zwischen Médoc und Sauternes liegt die Graves-Region und zwischen den beiden Flüssen das Weingebiet Entre deux Mers (›Zwischen zwei Meeren‹), dessen Weine diejenigen sind, die man als Bordeaux-Weine in der ganzen Welt kaufen kann, ohne dass gleich dreistellige Zahlen auf dem Kassenbon erscheinen.

Am rechten Ufer, in der Nähe von Libourne, findet man das Kalksteinplateau von Saint-Émilion und die Kiesböden von Pomerol, von denen hervorragende und recht teure Rotweine kommen, bei denen der Merlot-Anteil im Cuvée wesentlich höher liegt als in anderen Gebieten: im Schnitt 74 Prozent, mit etwa 10 Prozent Cabernet Sauvignon und 16 Prozent Cabernet Franc. Weiter nördlich liegen die Côtes de Bourg und die Côtes de Blaye, die eher durchschnittliche Weine produzieren.

Erstaunlicherweise sorgt gerade die relative Monokultur um Bordeaux dafür, dass die Region abgesehen vom Wein nicht gerade als kulinarische Hochburg bekannt ist. Dennoch gibt es einige Spezialitäten, die man sich nicht entgehen lassen sollte. Zunächst sind da die Wanderfische, die in den Restaurants mit regionaler Prägung auf keiner

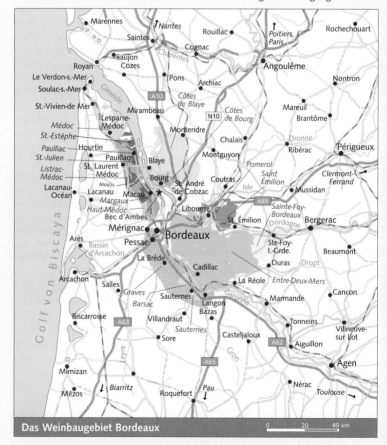

Das Weinbaugebiet Bordeaux

0   20   40 km

Karte fehlen. Da ist zum Beispiel das für Nicht-Einheimische recht exotische Neunauge, Lamproie à la Bordelaise, das in einer Soße serviert wird, zu deren Zutaten unter anderem Rotwein und das Blut des Fisches gehören. Dazu trinkt man einen jungen Rotwein, der noch relativ fruchtig ist. Sicherlich weniger herausfordernd ist das Steak Bordelaise vom Bazadais-Rind. Traditionell gegrillt auf Holz von Weinreben und -stöcken, serviert mit einer Schalotte und etwas Butter, ist es ein einfaches Vergnügen.

Auch mit der Weinproduktion zusammenhängend sind die kleinen Canelés, die man überall in der Region bekommt: Um Festteilchen aus dem Wein zu filtern, benutzt man teilweise immer noch Eiweiß, und es gehört zur Weinproduktion, hunderte Eier zu zerschlagen und Eiweiß und Dotter voneinander zu trennen. Letztere wurden traditionellerweise den örtlichen Nonnen gegeben, um damit die Armen zu ernähren. Eine der wichtigsten Zutaten der Canelés ist somit Eigelb. Es sind ideale Mitbringsel, doch sie sollten recht schnell vernascht werden: Frisch sind sie sehr lecker, nach längerer Lagerzeit werden sie zu Gummi.

Weingut bei Pauillac

Sprachführer

Deutsch	Französisch
Allgemeines	
Guten Morgen!	Bonjour!
Guten Tag!	Bonjour!
Guten Abend!	Bonsoir!
Gute Nacht!	Bonne nuit!
Hallo!/Tschüß!	Salut!
Wie heißt Du?	Comment tu t'appelles?
Wie heißen Sie?	Comment appelez-vous?
Ich heiße ...	Je m'appelle ...
Herr ...	Monsieur ...
Frau ...	Madame ...
Danke!/Danke schön!	Merci!/Merci beaucoup!
Bitte!	S'il vous plaît!
Bitte (schön)!	Je vous en prie!
ja	oui
nein	non
Ich verstehe nicht.	Je ne comprends pas.
Sprechen Sie Deutsch/Englisch?	Parlez-vous allemand/anglais?
Entschuldigung!	Pardon!
Macht nichts!	C'est rien!/Ça va!
gut/in Ordnung	bien
Sprechen Sie bitte langsamer.	Plus lentement, s'il vous plaît.
Ich weiß es nicht.	Je ne sais pas.
Schreiben Sie es bitte auf!	Pourriez-vous le noter?
Darf ich?	Vous permettez?
gratis	gratuit
der/die	le/la
Zeitangaben	
Wie spät ist es?	Quelle heure est-il?
Wann?	Quand?

Deutsch	Französisch
heute	aujourd'hui
morgen	demain
bis morgen	à demain
übermorgen	après demain
gestern	hier
vorgestern	avant-hier
Stunde	(une) heure
am Morgen/am Vormittag	le matin
am Abend	le soir
Nacht	nuit
Woche	semaine
(am) Montag	(le) lundi
Dienstag	mardi
Mittwoch	mercredi
Donnerstag	jeudi
Freitag	vendredi
Samstag	samedi
Sonntag	dimanche
Monat	mois
Frühjahr	printemps
Sommer	été
Herbst	automne
Winter	hiver

Orientierung

Wo?	Où?
Sagen Sie bitte, wo ist ...?	Où se trouve ..., s'il vous plaît?
Wo ist ...?	Où se trouve ...?
... die Post	... la poste
... die Bank	... la banque
... ein Bankautomat	... un distributeur de billets
... ein Hotel	... un hôtel

Deutsch	Französisch
... ein Theater	... un théâtre
... ein Museum	... un musée
... ein Laden	... un magasin
... ein Kaufhaus	... un grand magasin
... ein Supermarkt	... un supermarché
... die Polizei	... un commissariat
... die deutsche Botschaft	... l'ambassade d'Allemagne
hier	ici
dort/dort drüben	là/là-bas
Gehen sie ...	Vous-allez ...
... rechts, nach rechts	... à droite
... links, nach links	... à gauche
links, rechts abbiegen	tourner à gauche, à droite
geradeaus	tout droit
um die Ecke	au coin de la rue
hinter der Brücke	après le pont
weit	loin
nah	près
Norden	nord
Süden	sud
Osten	est
Westen	ouest

Orte

Abtei	abbaye
Ausgrabungen	fouilles
Aussichtspunkt	belvédère
Bach	ruisseau
Belfried (Glockenturm)	beffroi
Bergfried (Wehrturm)	donjon
Boulevard	boulevard
Brücke	pont

Deutsch	Französisch
Brunnen	fontaine
Bucht	crique
Deich	digue
Düne	dune
Felsen	rocher
Festung	fort
Fluss	fleuve (groß), rivière (klein)
Flusshafen, Schiffsanlegestelle	port fluvial, halte fluviale
Fremdenverkehrsamt, Tourismusamt	office du tourisme, syndicat d'initiative
Gasse	ruelle
Hafen	port
Haus	maison
Höhle	grotte
Hof	cour
Hügel	colline
Insel	île
Kapelle	chapelle
Kirche	église
Klamm, enge Schlucht	défilé
Klippe	falaise
Kreuzgang	cloître
Kreuzung	carrefour
Küste, Berghang	côte
Landhaus, Herrenhaus	manoir
Landstraße	route
Leuchtturm	phare
Markt	marché
Markthalle	halle
Mönchkloster, Nonnenkloster	monastère, couvent
Mühle	moulin
Museum	musée

Deutsch	Französisch
Platz	place
Rathaus	mairie
Sackgasse	impasse
Schleuse	écluse
Schloss, Burg	château
Schlucht	gorge
See	lac
Stadtmauer	remparts
Stadtmauerring	enceinte
Stadtpalais, Herrenhaus, Hotel	hôtel
Staudamm, Talsperre	barrage
Straße	rue
Sumpf	marais
Teich	étang
Uferstraße, Kai	quai
Weg, Pfad	chemin

Unterwegs

Bahnhof	gare
Zug	train
U-Bahn	métro
Taxi	taxi
Fahrkarte	ticket, billet
einfach	simple
hin und zurück	aller-retour
Bahnsteig	quai
Abfahrt	départ
Ankunft	arrivée
Wann fährt der Zug nach ...?	À quelle heure part le train pour ...?
Von welchem Bahnsteig?	De quel quai?
Gepäck	bagages
Gepäckaufbewahrung	consigne

Deutsch	Französisch
Gute Reise!	Bon voyage!

Hotel

Zimmer	chambre
Doppelzimmer	chambre double
für eine Nacht	pour une nuit
Bad	bain
Dusche	douche
Preis	prix
Das funktioniert nicht.	Ça ne marche pas.
Licht	lumière
Heizung	chauffage
Steckdose	prise
Klimaanlage	climatisation

Einkaufen

Haben Sie?	Avez-vous …?
Was kostet das?	Ça fait combien?
Das ist zu teuer.	C'est trop cher.
Geben sie mir bitte …	Pourriez-vous me donner …

Post

Wo ist hier die Post?	Où se trouve la poste?
Wo ist hier ein Briefkasten?	Où se trouve une boîte aux lettres?
Brief	lettre
Briefmarke	timbre
Paket, Päckchen	paquet, petit paquet
Briefumschlag	envelope
Postkarte	carte postale

Gesundheit

Arzt	médecin
Zahnarzt	dentiste
Krankenhaus	hôpital
Apotheke	pharmacie

Deutsch	Französisch
Medikamente	médicaments
Könnten Sie mir bitte helfen?	Pourriez-vous m'aider?
Ich habe ...	J'ai mal ...
... Kopfschmerzen	... à la tête
... Halsschmerzen	... à la gorge
... Bauchschmerzen	... au ventre
... Rückenschmerzen	... au dos
... Zahnschmerzen	... aux dents
Ich habe Fieber.	J'ai de la fièvre.
Ich habe Durchfall.	J'ai la diarrhée.

Essen und Trinken

Restaurant	restaurant
Frühstück	petit déjeuner
Mittagessen	déjeuner
Abendessen	dîner
Tageskarte	menu
Speisekarte	carte
Die Speisekarte bitte!	La carte, s'il vous plaît!
Guten Appetit!	Bon appétit!
Ich möchte zahlen.	L'addition, s'il vous plaît.
Bringen Sie mir bitte ...	Je voudrais bien ... s'il vous plaît.
... einen Teller	... une assiette
... eine Tasse	... une tasse
... ein Glas	... un verre
... ein Messer	... un couteau
... eine Gabel	... une fourchette
... einen Löffel	... une cuillère
... Zucker	... du sucre
... Salz	... du sel
... eine Vorspeise	... un hors-d'oeuvre
... warme Speisen	... des plats chauds

Deutsch	Französisch
... kalte Speisen	... des plats froids
... einen Nachtisch	... un déssert
... Fisch	... du poisson
... Fleisch	... de la viande
... Rindfleisch	... du bœuf
... Schweinefleisch	... du porc
... Lamm-, Hammelfleisch	... de l'agneau, du mouton
... Käse	... du fromage
... Obst	... des fruits
... Gemüse	... des légumes
... Brot	... du pain
... Saft	... du jus
... Mineralwasser	... de l'eau minèrale
... einen Tee	... du thé
... einen Kaffee	... du café
... Rotwein	... du vin rouge
... Weißwein	... du vin blanc
... Bier	... de la bière

Zahlen

0	zéro
1	un
2	deux
3	trois
4	quatre
5	cinq
6	six
7	sept
8	huit
9	neuf
10	dix
11	onze

Deutsch	Französisch
12	douze
13	treize
14	quatorze
15	quinze
16	seize
17	dix-sept
18	dix-huit
19	dix-neuf
20	vingt
21	vingt et un
22	vingt-deux
30	trente
40	quarante
50	cinquante
60	soixante
70	soixante-dix
80	quatre-vingts
90	quatre-vingt-dix
100	cent
1000	mille

Schilder

entrée	Eingang
sortie	Ausgang
toilettes	Toiletten
homme	Mann
femme	Frau
hors service	Außer Betrieb
caisse	Kasse
travaux	Umbau, Renovierung
ouvert	geöffnet
fermé	geschlossen

Reisetipps von A bis Z

Ärztliche Versorgung

Im Gegensatz zu Hochseekreuzfahrtschiffen ist für Flussschiffe kein Arzt an Bord vorgeschrieben. In Frankreich ist es denn auch unüblich, einen Arzt an Bord zu haben. Das Personal ist in Erster Hilfe geschult; natürlich gibt es die Adressen von Krankenhäusern, Notfalldienste und Apotheken an der Strecke. Wenn es überhaupt eine gibt, hat die Bordapotheke nur die Mindestausstattung. Persönliche Medikamente nicht vergessen! Es ist ratsam, eine Auslandskrankenversicherung abzuschließen.

Ausstattung des Schiffes

Die mittlerweile starke Konkurrenz zwischen den Anbietern ist für den Reisegast nur gut: Die Schiffe werden immer luxuriöser und bieten immer mehr Leistungen, ohne dass sich dies beim Preis immer bemerkbar macht. Je nachdem, worauf man Wert legt, sollte man sich beim Reisebüro oder beim Reiseveranstalter genau informieren. Viele Schiffe haben auf dem Sonnendeck einen Pool oder Whirlpool; auf den meisten sind die Kabinen mit Fernseher und Telefon ausgestattet, und immer häufiger kann man auch mit Internetempfang rechnen. Ein Bordshop mit Souvenirs und Toilettenartikeln, eine rund um die Uhr geöffnete Rezeption und Wasch- und Bügelservice gehören mittlerweile schon fast zum Standard. Manche Schiffe haben kleine Wellnessbereiche oder eine Sauna.

Behinderte

Viele Schiffe sind nur eingeschränkt oder gar nicht auf Behinderte eingestellt. Im Zweifel sollte man direkt im Reisebüro oder besser noch, bei der Reederei nachfragen. Darüber hinaus ist zu bedenken, dass je nach Wasserstand die Laufplanken manchmal sehr steil liegen können und man bei den Landausflügen häufig zu Fuß unterwegs ist.

Bordsprache

Auf Schiffen deutschsprachiger Reedereien oder Bordcharterer ist die Umgangssprache Deutsch. Die Besatzungsmitglieder kommen in der Regel aus vielen europäischen Ländern, sind jedoch auf ein internationales Klientel eingestellt und beherrschen oft mehrere Sprachen.

Einreisebestimmungen

Für Frankreich genügt der Personalausweis.

Elektrizität

An Bord durchgängig 220 Volt. Alle Steckdosen entsprechen der EU-Norm, Adapter sind nicht erforderlich.

Schöne Aussichten

Fernglas

Obwohl weder die Seine noch die Rhône, geschweige denn die Saône oder die Flüsse bei Bordeaux, besonders breit sind, lohnt es sich, ein Fernglas mitzunehmen, damit man auch kleine Details von Ortschaften, Flora und Fauna erkennen kann.

Filmen und Fotografieren

Die meisten Orte, die während der Fahrt angelaufen werden sind touristisch frequentiert. Daher ist es fast überall möglich, sich mit Batterien oder Speicherkarten einzudecken. In vielen Orten findet man die FNAC, eine Kette von Buchläden, die meist auch eine breite Auswahl an Kamerazubehör bieten.

Kreuzfahrt im Herbst

Kleidung

Festes Schuhwerk an Land ist oberstes Gebot, ansonsten kleidet man sich, wie man will. Zumeist gibt es mindestens einmal pro Woche ein etwas feierlicheres Dinner, zu dem viele Reisende sich gerne etwas feiner anziehen. An Deck kann es morgens und abends recht kühl sein, während es vor allem im Süden Frankreichs teilweise sehr heiß werden kann.

Je nach Ausstattung des Schiffes sollte man auch Bade- und Sportkleidung dabei haben.

Klima und Reisezeit

Die Flussreisen werden in der Regel zwischen Anfang April und Ende Oktober angeboten, in den Wintermonaten finden vereinzelt auch Reisen mit speziellen Schwerpunkten statt. Jede Saison hat sowohl im Norden als auch im Süden ihren Charme, wer aber keine Hitze verträgt, sollte die Provence im Juli und August meiden. Wer sehr früh oder sehr spät in der Saison reist, muss bedenken,

dass ihm am Ende des Tages das Licht fehlen wird, um die Landschaft genießen zu können. Die angenehmsten Reisezeiten sind Mitte Mai bis Ende Juni und Mitte August bis Mitte September.

Kriminalität

Nicht besser oder schlimmer als in Deutschland. Wo viele Menschen zusammenkommen, werden immer wieder Taschendiebe auftauchen, und es empfiehlt sich, sofern vorhanden, vom Safe an Bord oder in der Kabine Gebrauch zu machen. Ansonsten gelten die üblichen Vorsichtsmaßnahmen.

Landausflüge

Am ersten Tag der Reise informiert die Reiseleitung über die geplanten Landausflüge. Diese müssen zumeist auch schnell gebucht werden; die Bezahlung erfolgt zusammen mit der Kabinenrechnung am Ende der Reise. Manche Anbieter verkaufen die Ausflüge auch als Paket bereits im voraus. Sofern diese Ausflüge den Hauptbestandteil des Besichtigungsprogramms bilden, sollte man sich vorab umfassend informieren.

Mahlzeiten an Bord

Das Pauschalarrangement beinhaltet immer eine Vollverpflegung. Drei Mahlzeiten am Tag, dazu ein Nachmittagstee oder eine abendliche Kleinigkeit, gehören auf allen Schiffen zum Standard. Auf besondere Wünsche kann häufig nur eingegangen werden, wenn der Veranstalter im voraus informiert wird.

Post, Telefon und Internet

Briefe und Ansichtskarten können an der Rezeption abgegeben werden. Sie werden beim nächsten Stopp zur Post gebracht. Karten und Briefmarken sind meist im Bordshop erhältlich. An Bord existiert kein regulärer Festnetzanschluss, und dies macht, sofern die Kabinen mit Telefonen ausgestattet sind, das Telefonieren sehr teuer. Es ist günstiger, das eigene Handy mitzunehmen. In Notfällen kann man sich auch durchaus auf die Handys der Schiffsoffiziere verlassen. Immer häufiger gibt es auch Internetanschluss. Häufig ist dieser Service aber noch wenig zuverlässig, und man sollte nicht davon ausgehen, dass die Verbindungen für mehr als das gelegentliche Lesen von E-Mails ausreichen.

Landgang mit Reiseführer

Radio und Fernsehen

Auf den meisten Schiffen sind Fernseher in den Kabinen, doch das Programmangebot schwankt stark. Oft aber sind einige deutschsprachige Programme zu sehen.

Reiseveranstalter

Biblische Reisen
Silberburgstr. 121
70176 Stuttgart
www.biblische-reisen.de

Dertour
Emil-von-Behring-Str. 6
60439 Frankfurt am Main
Tel. 069/958 80-0
www.dertour.de

Nicko Tours
Mittlerer Pfad 2
70944 Stuttgart
Tel. 0711/24 89 80-0
www.nicko-tours.de

Phoenix Reisen
Pfälzer Str. 14
53111 Bonn
Tel. 0228/926 00
www.phoenixreisen.de

Transocean Kreuzfahrten GmbH

Es wird angerichtet

Reisetipps von A bis Z

Esperantostr. 4
30519 Hannover
Tel. 0511/33 64 41 20
www.transocean.de
A-ROSA Flussschiff GmbH
Loggerweg 5
18055 Rostock
Tel. 0381/440 40 100
www.a-rosa.de
CroisiEurope
12 rue de la division Leclerc
67000 Strasbourg
Tel. 03 88/76 44 44
(in Frankreich)
www.croisieurope.com

Typisch französisch

Hausboottouren in Frankreich:
Kuhnle Tours
Hafendorf Müritz
17248 Rechlin (Müritz)
Tel. 039823/266-0, Fax -10
www.kuhnle-tours.de

Sprache

Nimmt man an einem organisierten Ausflug teil, muss man sich keine Gedanken machen, da die Reiseleitung und die Fremdenführer Deutsch sprechen – oft mit einem entzückenden Akzent. Mit Englischkenntnissen ist eine Verständigung in vielen Museen, Geschäften und Lokalen meistens problemlos möglich. In Restaurants sind auch Speisekarten oft mehrsprachig gehalten.

Tiere

Die Mitnahme von Tieren ist bis auf Blindenführhunde nicht gestattet.

Trinkgeld

Ist in den meisten Lokalen bereits inbegriffen. Ist der Service sehr gut, rundet man den Rechnungsbetrag um ein paar Euro auf und lässt diese nach dem Bezahlen auf dem Wechselgeldteller liegen. Es ist üblich, dem Bordpersonal vor der Ausschiffung ein Trinkgeld zu hinterlassen oder zu übergeben, das die gesamte Reise und Serviceleistungen berücksichtigt. Viele Reedereien geben ihren Gästen hierzu Tipps während der Fahrt.

Zahlungsmittel

Währung an Bord ist der Euro, Kreditkarten werden akzeptiert. Bei älteren Geldautomaten werden die auszuzahlenden Beträge manchmal noch in französischen Francs (!) und Euro angegeben, was verwirrend wirken kann.

Reserviert für Kreuzfahrtschiffe

Glossar

Archivolte Die durch Profilierung oder figürliche Dekoration geschmückte Stirnseite eines Rund- oder Spitzbogens.

Basilika Christlicher Sakralbau, der sich vor allem durch zwei beziehungsweise vier Seitenschiffe auszeichnet.

Eklektizismus künstlerische Ausdrucksweise, die sich bereits entwickelter und abgeschlossener Stile bedient. In der Architektur wird damit die Vermischung verschiedener Baustile bezeichnet.

Fayence Glasierte, bemalte Tonware.

Fortifikation veraltete Bezeichnung für Festungs- oder Befestigungswerk.

Freskomalerei Wandmalerei, die abschnittsweise auf noch feuchtem Putz aufgetragen wird.

Grisaille (Glas-)Malerei, die in grau, weiß und schwarz ausgeführt ist. In Glasfenstern häufig für den Hintergrund in größeren Werken verwendet.

Karner Auch Beinhaus genannt, ein vom Mittelalter bis ins 19. Jahrhundert gebräuchlicher Friedhofsbau zur Aufbewahrung ausgegrabener Gebeine.

Kassettendecke Deckenkonstruktion, die durch sich kreuzende Träger gebildet wird und dazwischen kastenförmige und vertiefte Felder aufweist.

Kreuzrippengewölbe Konstruktion von zwei Tonnengewölben, bei der die Grate durch Rippen verstärkt sind.

Krypta Unterirdischer Sakralraum in christlichen Kirchen.

Lapidarium Stein- oder Skulpturensammlung.

Lettner Steinerne oder hölzerne Schranke, die den Raum für Priester oder Mönche vom Kirchenraum trennt.

Obergaden Obere Wandfläche des Mittelschiffs einer Basilika. Die Fenster des Obergadens ermöglichen einen direkten Lichteinfall in das Mittelschiff.

Presbyterium Altarraum in katholischen Kirchen.

Putte/Puttenfigur In der Malerei und vor allem in der Bildhauerei vom 15. bis zum 19. Jahrhundert beliebte Darstellungen kleiner, nackter, oft geflügelter Knaben.

Relief In der Steinmetzkunst eine plastische, an einen festen Hintergrund gebundene Darstellung.

Retabel Altaraufsatz.

Reliquiar Behälter von Reliquien.

Treideln Schleppen eines Schiffes gegen die Strömungsrichtung durch Menschen- oder meist Pferdekraft.

Triforium aus Dreifachbögen gebildeter Gang in der Hochwand des Mittelschiffs einer Basilika.

Tryptychon Dreiflügliger Altar.

Tympanon Schmuckfläche im Bogenfeld von Portalen.

Vierpass In der Gotik verwendete Rahmenverzierung, in der oft kleinere Skulpturen gefasst werden.

Wimperg in der Architektur der Gotik eine giebelartige Bekrönung über Portalen und Fenstern.

Gotisches Gewölbe

Literaturhinweise

Zu den Flüssen gibt es auf Deutsch kaum Bücher. Eine Ausnahme ist das antiquarisch (und bei Amazon) erhältliche Buch ›Die Rhône‹ (Franz auf der Maur/Maximilien Bruggmann). Zu den Weinen des Burgunds, der Rhône, der Provence und der Bordeaux-Region gibt es eine Fülle von Büchern. Eines der umfassendsten Werke ist der jährlich erscheinende ›Kleine Johnson‹ von Hugh Johnson.

■ Frankreich allgemein

Willms, Johannes, Frankreich. München, 2008. Ein Buch aus der Serie ›Die Deutschen und ihre Nachbarn‹. Eine elegante Beschreibung des Landes, die sich auf das letzte Jahrhundert und die Gegenwart konzentriert.

Große, Ernst Ulrich/Lüger, Heinz-Helmut, Frankreich verstehen. Frankfurt am Main, 2000. Recht akademische Darstellung mit soliden Informationen, aber nicht besonders spannend.

Großer, Alfred, Wie anders ist Frankreich? München, 2005. Großer ist Deutschfranzose (oder umgekehrt) und setzt sich mit dem Verhältnis seiner Heimat und seiner Wahlheimat in ernster Form auseinander.

Calla, Cécile, Tour de Franz. Mein Rendezvous mit den Deutschen. Berlin, 2009. Flott geschrieben; nicht frei von Klischees und dennoch erfrischend setzt sich die Autorin mit ihrem deutschen Umfeld auseinander und erzählt dabei von sich und den Franzosen mindestens genauso viel wie von ihren Gastgebern.

Kuhn, Irène, Tour de France. Frankreich in kleinen Geschichten. München 1992. Kurzgeschichten, ideal für das Sonnendeck.

■ Geschichte

Braudel, Fernand, Frankreich. Stuttgart, 2009. Standardwerk des französischen Historikers. In seiner Ausführlichkeit nicht zu überbieten.

Orsenna, Érik, Portrait eines glücklichen Menschen: Der Gärtner von Versailles. André Le Notre 1613–1700. München, 2004. Biografie des berühmtesten französischen Gärtners.

■ Bildbände

Padberg, Martina, Kunst und Architektur. Paris. Königswinter, 2009. Die Neuauflagen der ehemaligen Könemann-Ausgaben in einem kleineren Format kann man nur begrüßen.

Toman, Rolf/Bednorz, Achim, Provence: Kunst, Landschaft, Architektur. Königswinter, 2009. Neuauflage des schönen Bildbandes, der auch einen informativen Text hat.

Laule, Ulrike/Toman, Rolf/Bednorz, Achim. Burgund: Kunst, Landschaft, Architektur. Königswinter, 2009. Siehe oben!

■ Kulinarisches

Dominé, André, Culinaria Frankreich. Küche. Land. Menschen. Königswinter, 2009. Neuauflage eines wunderschönen Buches, das die Franzosen und ihre mannigfaltige Küche beschreibt. Vielleicht als Reisebuch sogar empfehlenswerter denn als Kochbuch.

Comité Gastronomique (Hrsg.), Der große Larousse Gastronomique. 2500 Rezepte. München, 2008. Nur für Leute, die sich ernsthaft mit der französischen Küche auseinandersetzen wollen. Für Hobbyköche ist der Preis, über 100 Euro, wohl zu happig.

Internethinweise

Die meisten Städte entlang der Route haben Websites. Allerdings findet man leider nach wie vor nur sehr wenige Informationen in deutscher Übersetzung. Oftmals ist das wichtigste auf einer Website aber auf englisch. Die Website des nationalen Verkehrsamtes bietet einen sehr guten Startpunkt für die Reisevorbereitung (in deutscher Fassung): **http://de.franceguide.com** An diese Behörde sind die regionalen Verkehrsämter angeschlossen, und hier gibt es große Unterschiede in der Qualität und Fülle der Informationen. Hilfreich ist auch die Website der Normandie: **www.norman-die-tourisme.fr** (auch dt.).

http://de.parisinfo.com Bei einem längeren Besuch in Paris kann man sich mithilfe der Seite des städtischen Tourismusamtes vorbereiten.

Internetportale bieten Informationen zu den Hochsee- und Flusskreuzfahrten, Buchungen sind ebenso möglich. Als verlässlich haben sich erwiesen: **www.travelshop.de**, **www.kreuzfahrtenpool.de**, **www.kreuzfahrten-spezialist.de**.

Über den Autor

Joost Ouendag, geboren 1963 in Soest (Niederlande), lebt seit 1994 mit Unterbrechungen in Südkalifornien. Sprachwissenschaftsstudium, ab 1988 im Reisegewerbe, momentan für einen Flusskreuzfahrtenanbieter tätig.

Danksagung

Dank an alle Kollegen die in vielerlei Form an diesem Band beigetragen haben: Tony Hofmann, Harald Seebacher, Klaus Schemminger, Gisela Rückert, Miriam Heskamp, Thomas Bogler, Sarah Laurentz, sowie die Crew der MS Burgundy und MS Seine, insbesondere Rene van Loon und Monique van Mierlo. Magalie Kaufling und Jean-Claude Benninger sei gedankt für Inspiration in Sachen französischer Esskultur. Merci à Paulette. Für Engelsgeduld Dank an Hinnerk Dreppenstedt und Corinna Grulich, meine Lektoren, und auch für die stets ausgesprochen freundliche Unterstützung. More than anyone else: thank you, Christine and Charlie.

Joost Ouendag

Anhang

Ortsregister

Personen- und Sachregister

A

Abadie, Paul 117
Abaquesne, Masséot 214
Absolutismus 27, 29
Adam, Henri-Georges 248, 249
Adam-Brüder 47
Albert, Noël 332
Alemannen 20
Allobrogen 314
Alluvial-Fächer 390
Amicis, Edmondo de 70
Ampère, André 295
Amundsen, Roald 228
Ancien Régime 29, 30
Angevinen 24
Anna von Österreich 182, 409, 416
AOC (Appellation d'Origine Contrôlée) 54, 277, 289, 290, 321, 322, 330, 369, 425
Apollinaire, Guillaume 109, 120
Aquitanien 18, 292, 396
Aranier 387
Arelate (Arles) 292
Armoises, Robert des 221
Arp, Hans 158
Arretche, Louis 217
Art Nouveau 48
Ärztliche Versorgung 437
Astérix 51, 52
Atomkraft 260, 331
Audoenus, Bischof 214
Aufklärung 29, 50

Augustus 18, 299
Aulenti, Gae 105
Ausonius 416
Ausstattung des Schiffes 437
Aznavour, Charles 53

B

Baedecker, Charles 64
Baker, Josephine 113
Balladur, Édouard 38
Balzac, Honoré de 50, 120
Bandes Dessinées 51, 52
Barbizonschule 48, 111, 173, 174, 190, 383
Baroncelli-Javon, Familie 347
Baroncelli-Javon, Marquis de 372
Barthes, Roland 37
Bartholdi, Frédéric-Auguste 305, 307
Bartholomäusnacht 27, 73
Bartók, Béla 53
Basilia (Basel) 292
Basin, Thomas 231
Baudouin (Balduin II.) 82
Baumel, Jean Marie 219
Beaujeu-Familie 288, 290, 291
Beaumont, Graf von 168
Beauvoir, Simone de 51, 101, 103, 120
Beckett, Samuel 120
Behinderte 437
Belgien 18, 292
Bellarmato, Girolama 246

Belle Époque 33, 74
Belliquet 416
Bendit, Daniel-Cohn 75
Benedikt XII. 340, 341, 344
Benedikt XIII. 341
Benjamin, Walter 74
Berlioz, Hector 53, 117
Bernabei, Domenico 94
Bernard, Claude 289
Bernhardt, Sarah 120
Bernini, Giovanni Lorenzo 136

Berruer, Pierre-François 405
Bertoni, Flaminio 37
Bethencourt, Jean de 185
Bienvenue, Fulgence 128
Bing, Samuel 48
Biturigen 397
Bizet, George 53
Blanc, Patrick 107, 407
Blanchard, Jean Pierre 199
Blandina 293, 309
Blériot, Louis 160
Bocuse, Paul 312
Boiseaumarié, Le Roy de 324

Bonfin, Richard-François 409
Bonifatius VIII. 339
Bonington, Richard Parks 237
Bordsprache 437
Borges, Jose Luis 103

Bildnachweis

Anhang

Kartenlegende

🚉	Bahnhof	🏊	Strand
⛲	Brunnen	🎭	Theater
🏰	Burg/Festung	🚪	Tor
⛺	Campingplatz	ℹ️	Touristeninformation
🗼	Denkmal	🏛	Turm
✈️	Flughafen		
🏬	Geschäft		
⚓	Hafen, Anlegestelle		Autobahn
🏨	Hotel		Schnellstraße
⛪	Kirche		Hauptstraße
🏯	Kloster		sonstige Straßen
🗼	Leuchtturm	E 65	Europastraße
🛒	Markt	A 65	Autobahn
Ⓜ	Metro	243	Bundesstraße
🏛	Museum		Eisenbahn
🎵	Oper	⊖	Grenzübergang
✉️	Post		Staatsgrenze
🍴	Restaurant	◼	Hauptstadt
★	Sehenswürdigkeit	●	Stadt/Ortschaft

Kartenregister